气象部门计财业务系统管理与应用实务

（上卷）

任振和　曹卫平 ◎ 编著

科学技术文献出版社
SCIENTIFIC AND TECHNICAL DOCUMENTATION PRESS
·北京·

图书在版编目（CIP）数据

气象部门计财业务系统管理与应用实务. 上卷 / 任振和，曹卫平编著. —北京：科学技术文献出版社，2017.10
ISBN 978-7-5189-3459-1

Ⅰ.①气…　Ⅱ.①任…②曹…　Ⅲ.①气象—行政事业单位—财务管理—管理信息系统—中国　Ⅳ.① F812.4-39

中国版本图书馆 CIP 数据核字（2017）第 252031 号

气象部门计财业务系统管理与应用实务（上卷）

策划编辑：郝迎聪　责任编辑：张　红　郝迎聪　责任校对：文　浩　责任出版：张志平

出　版　者	科学技术文献出版社
地　　　址	北京市复兴路15号　　邮编　100038
编　务　部	（010）58882938，58882087（传真）
发　行　部	（010）58882868，58882874（传真）
邮　购　部	（010）58882873
官方网址	www.stdp.com.cn
发　行　者	科学技术文献出版社发行　全国各地新华书店经销
印　刷　者	北京时尚印佳彩色印刷有限公司
版　　　次	2017年10月第1版　2017年10月第1次印刷
开　　　本	787×1092　1/16
字　　　数	501千
印　　　张	32.5
书　　　号	ISBN 978-7-5189-3459-1
定　　　价	148.00元

版权所有　违法必究

购买本社图书，凡字迹不清、缺页、倒页、脱页者，本社发行部负责调换

编委会

主　任（按姓氏笔画排序）
　　任振和　曹卫平
副主任（按姓氏笔画排序）
　　司惠菊　周　欣　郑　慧　赵　栋
成　员（按姓氏笔画排序）
　　王　甜　毛源春　司惠菊　任振和　孙筠婷　周　欣
　　郑　慧　赵　栋　姜　琳　袁　琳　徐相明　席　楠
　　曹卫平　曾雪云
统　稿
　　蔡　军　赵空军　王　立　董　江　郭雪飞　李　伟

气象部门计财业务系统建设领导小组

顾　问：谢　璞　刘　彤
组　长：曹卫平　任振和
成　员：赵空军　王　立　熊　毅　宋　伟　郭雪飞　司惠菊
联系人：赵　栋　司惠菊

气象部门计财业务系统建设工作小组

组　长：任振和　赵空军
成　员：赵　栋　董　江　陈昭艳　张瑞丹　邹　晋　蔡　军
　　　　司惠菊　许希海　周　欣　席　楠　张　莹
联系人：赵　栋　席　楠

序 言

  党的十八大以来，全国气象部门按照习近平总书记系列重要讲话精神和中央统筹推进"五位一体"总体布局、协调推进"四个全面"战略布局的要求，牢固树立和落实新发展理念，气象部门全面推进气象现代化、全面深化气象改革、全面推进气象法治建设和全面加强气象部门党的建设，气象工作取得了长足发展。气象计划财务工作是气象工作的重要支撑和基础保障，随着新《预算法》《国务院关于深化预算管理制度改革的决定》等法规及政策相继出台，国家各项财政预算改革步伐明显加快，也对气象部门计划财务工作提出了新的更高要求。同时，国家网络强国战略、"互联网+"行动计划、国家大数据战略的实施和中国气象局大力推进气象信息化建设等则为气象计划财务工作提供了很好的机遇。

  气象部门计划财务工作如何适应新时代和新要求，如何把握新机遇？信息化应用是其必然的路径选择。气象部门计划财务管理信息化是整体信息化，"整体"有两层含义：第一，计财管理信息化具有全程性。信息化是一种思维维度，它包含了管理思路、管理需求、管理执行、决策调整、过程控制、结果反馈、绩效考核全过程的信息化，重点是数据挖掘与分析应用。信息化是计财管理水平提升的最佳路径选择，是计财管理的本质要求，在不同时代有不同的内涵和表现。第二，计财管理的信息化具有全员性。提升气象部门计财管理工作水平，绝不仅仅限于从事具体计财工作的人群，还包括分管计财工作的领导、预算单位的法人、项目和课题负责人、具体编报预算的同志等，他们都是计财信息化的受众范围。所有人员对于计财管理信息化的态度和接受程度，都不同程度地影响着计财管理工作的最终成效。

  计财管理信息化是一场变革，信息化手段作为一种新的生产力，一些"游戏规则"相比过去会有变化甚至是颠覆性的重构，就像移动互联的普及应用深刻改变了人们的生活和消费方式一样。这些规则的变化恰恰是新价值爆发的原点，是我们解决一些传统老大难问题的突破口，只有解放思想、洞察领会并积极落实，才能真正实现计财管理工作的跨越式发展。

正是在这种形势下，中国气象局决定大力推进计财业务系统应用工作。首先，加快推进计财管理信息化，建设计财业务系统是计财管理部门推进气象现代化的重要举措，是落实中国气象局党组现代化工作部署的必然选择，计财工作的信息化，是气象现代化不可或缺的组成部分。其次，是计财管理部门提质增效的重要抓手。牢牢抓住信息化这个强大武器，才能把法制规范、国家政策、党组部署的管理思路和要求固化在系统中，真正促进计财工作提质增效，发挥好计财部门保障和调控作用。最后，是计财管理科学化、精细化深入发展的必然要求。计财管理业务的内在逻辑性客观上要求管理工具也要一脉相承、环环相扣，建立一个整合的计财管理信息系统平台，从而实现资源共享共用、规范业务流程、注重数据分析应用，实现计财管理业务信息化、集约化、标准化，才能真正实现发展方式向系统集成和成果应用并重的质量效率型集约发展的转变，实现科学化、精细化管理。

气象部门计财管理工作的信息化方向，符合部门计财管理工作的特点，契合"管理级次多，区域分布广，资金来源渠道多"的部门特点。作为计财信息化的最新平台，计财业务系统经过5年多的建设和推广，已经取得了显著的成果。计划财务司和资产管理事务中心（财务核算中心）作为牵头和主要建设单位做了大量开创性及本地化的工作，把信息化的理念和技术与气象部门计财管理实际工作相融合，初步解决了计财信息重复采集、标准不一、信息孤岛等问题，实现了由预算控制、财务核算、项目管理、资产管理、部门决算、统计分析等环节组成的全过程管理。规范了财务核算行为，提高了计财工作效率，为加强预算和财务监管提供了可靠手段和工具，为深化计财管理改革提供了抓手。特别是解决了一些传统老大难问题，如杜绝了无预算、超预算支出行为，变预算的事后监督为事前、事中控制，实现了市局会计对县级账务的远程监管。计财业务系统在全国气象部门的全面推广应用，基本实现了"一门户、一平台、一体系、一网络"和"全口径、全覆盖、全流程"的气象计财业务管理新模式，为气象部门计财管理信息化工作的进一步深入推进打下了坚实基础。

在数年的建设和推广工作中，计财司及资产中心逐渐认识到基层财务人员对信息化观念的理解程度和信息化手段的应用水平直接决定了计财管理信息化的成效。《气象部门计财业务系统管理与应用实务》这套教材，从计财管理和具体实务的角度出发，把计财工作业务和系统操作流程融合在一起，把管理要求、内部控制、业务流程、岗位分工等融合其中，是一本集合了5年多来计财业务系统工作经验和成果的专著，蕴含了各位编写专家多年来从事计财管理和信息化工作的实践成果和宝贵经验，是很有针对性的一本教科书。无论是一线从事具体计财工作的财务工作者，还是计财工作的管理者，都能从本书中有所启发。

中国气象局高度重视计财业务系统建设，局领导多次召开专题会议研究指导，计财司和资产中心成立了工作组，得到了局办公室、预报与网络司、人事司，各省（区、市）气象局计财处、核算中心的大力支持，得到了基层单位的广泛参与，特别是得到了试点地区，如江西、山西、黑龙江、上海、四川、江苏、安徽、新疆等的大力支持和密切配合。在此，向为计财业务系统付出辛勤劳动的所有领导、专家，计财处和核算中心有关人员，用友公司、久其公司、中科软公司相关人员表示衷心感谢！

2017年9月20日

前　言

近年来，随着新的《预算法》《国务院关于深化预算管理制度改革的决定》等相继出台，国家各项财政预算改革步伐明显加快，同时中国气象局也下发了全面推进气象现代化建设的意见，对气象部门计财管理提出了新的更高要求。为适应国家财政预算改革要求，推进计财工作管理科学化、业务流程化、信息数字化、资源网络化，实现由核算型财务向管理型财务转变，由事后监督向事前、事中控制转变，由局部性管理向全局性管理转变，由分散自建向统筹集约转变，中国气象局计划财务司会同资产管理事务中心，自2011年起，在财务账簿数据库管理系统的基础上，结合财政部下发的预算编制系统、决算编制系统、国库管理外围系统、中央预算单位财政资金支付管理系统、行政事业单位资产管理信息系统（二期）、《财政部关于全面推进行政事业单位内部控制建设的指导意见》等要求，组织实施了气象部门计财业务系统建设。

计财业务系统建设按照中国气象局党组有关信息化、集约化、标准化的要求，适应国家财政预算改革科学化、精细化、规范化的部署，将计财工作的预算、项目、资产、资金、财务、综合统计等各个环节的信息整合在一起，加强顶层设计，构建统一的基础信息数据平台，为计财科学管理提供支撑。

系统建设的总体目标是：通过信息网络技术，构建以主管部门计财资源全面管理为目标，以部门基础信息为基础，以计财业务信息化管理为核心，以预算控制、财务核算、资产管理、部门决算、统计分析等全过程管理为主线，以规范财务核算为前提，以强化内部控制为重点，以预算刚性约束为手段，全面反映部门资金、资产、人员、台站等计财资源信息的动态管理。

系统建设主要解决3个方面的问题。一是重复采集：系统缺乏顶层设计，集约化程度不高，相互独立，同样信息在不同系统中都需要录入，给基层增加了负担。

二是标准不一：信息数据标准不统一，同样信息在不同系统中可能不一致。三是信息孤岛：各个系统之间互不相通，未能做到资源、信息充分共享，难以发挥信息化的整合优势，各应用软件的数据集成和应用集成困难，信息反映迟缓，相关业务信息难以全程跟踪，不能实现实时、动态监管。

系统建设分两期进行。一期建设以已有的财务账簿数据库管理系统为基础，对其进行了升级完善，增加了财务报销（含网上报销）功能，实现预算控制、报销、记账一体化。二期建设在系统稳定运行后，逐步增加资产、项目库、基础信息、综合统计等管理子系统及功能模块，最终全面涵盖所有计财业务。

系统建设从3个层面展开，一是管理层面：对现有业务流程进行了梳理、完善乃至重构，制定修改完善了一批业务规范，明确了各项计财业务的相互关系和衔接点。二是技术层面：统一了数据格式，构建了统一的数据平台，确定了计算和网络设备的逻辑架构设置和物理存放。三是实施层面：对原有系统的历史数据进行转换，加强对相关人员的培训，改变部分陈旧的观念和操作习惯，提高系统应用水平。

整个计财业务系统由基础资料、预算管理、财务核算、项目库、资产管理、综合统计6个子系统、18个辅助功能模块构成。其中，基础资料子系统包含单位树形结构、单位信息、银行账户3个辅助模块，预算管理子系统包含预算指标管理、预算执行2个辅助功能模块，财务核算子系统包含报销系统（财务网上审批）、会计核算、会计报表、工资发放、领导查询5个辅助功能模块，项目库管理子系统包含项目申报、专家库2个辅助功能模块，资产管理子系统包含资产管理信息、资产清查、产权登记3个辅助模块，综合统计子系统主要满足气象部门综合统计需求。利用中间库，实现子系统及功能模块之间相互控制和数据的相互支撑。此外，还优化了综合门户，建立"一次登录、身份锁定、权限清晰、业务分明、应用流畅"的办公格局，实现所有系统的单点登录。构建全部工作人员统一、规范的角色和权限控制机制，实现人员权限的统一管理。

计财业务系统的推广应用，基本实现了"一门户、一平台、一体系、一网络""全口径、全覆盖、全流程"的气象计财业务管理新模式。"一门户"即优化了综合门户，实现与中国气象局综合管理信息系统的无缝对接，避免重复建设；"一平台"即推进预算、财务、资产、项目、统计数据整合,构建统一数据信息平台,实现共享共用;"一体系"即初步建立集中、实时的网络化计财综合管理体系,实现计财管理业务流程化、规范化和资料数字化;"一网络"即构建"分布+集中式"计财业务系统存储传输网络,有效保证计财业务信息的传输及各子系统数据交换的效率,提高系统使用效率和稳定性。"全口径"即中央财政收入、地方财政收入、气象科技服务收入均纳入计财业务系统核算、管理;"全覆盖"即纵向到底,"国、省、地、县"四级气象机构共6721个单位均纳入本系统管理;"全流程"即横向到边,实现业务范围、业务流程全面覆盖,预算管理、项目管理、资产管理、网上报销、账务核算、决算管理等业务均统一纳入本系统。

系统按照边建设、边运行、边发挥效益的原则,取得了很好的成效。一是规范了财务核算行为。计财业务系统的应用,克服了气象部门单位层级多、数量大、分布广带来的难以全面规范化的困难,把管理思想和规范化要求细化、固化在系统中,特别是在规范基层财务人员的会计行为、提高记账的时效性等方面改进明显。二是为加强预算和财务监管提供了可靠手段和工具。实现了根据预算控制财务支出和财务核算,解决了预算和财务"两张皮"的问题,杜绝了无预算、超预算支出行为,变预算的事后监督为事前、事中控制;同时解决了对基层财务的监管难题,市局会计和出纳可通过系统定期同县级银行对账,加强了内控管理,有效防范财务风险。三是为深化计财管理改革提供抓手。计财业务系统建设为统一数据格式标准、汇总整合数据做好了准备,更为今后计划财务的大数据应用、为决策提供信息支撑打下了坚实基础。四是提高了计财工作效率。一方面减轻了财务人员劳动强度,另一方面减少了报销人的现场等候和处理时间,同时提高了对实行"县账市管"模式基层单位的账务核算及财务管理工作的时效性。随着更多子系统和功能模块的开发上线,尤其是各子系统之间的数据联通后,相应工作的完成将越来越便捷,效益会越来越高。

在系统建设及推广运行过程中,按照中国气象局领导有关"好用、管用、实用、易用"的要求,工作组先后开展了50多次部门内外调研,走访了国家专利局信息中心、水利部预算执行中心、国家林业局计财司、国管局财务司、国家体育总局财务管理与审计中心等单位;接待了国家审计署后勤服务中心、国管局财务司、文化部办公厅等单位针对计财业务系统的调研并介绍经验；召开了100多次需求确定会、座谈会、研讨会；对全国35个省（区、市）的计财管理和财务核算中心相关人员进行了培训，培训人员超过4000人次。同时注重系统顶层设计，优化管理协调机制，强化制度建设，先后制定下发4个规范性文件，对系统应用软件维护、系统运行维护、系统上线运行等提出明确要求；创新工作机制，积极稳妥推进系统建设，每一个模块都在东、中、西部4个以上的省（区、市）进行半年以上的试点测试运行，完善后再进行全国推广，确保系统建设稳定可靠。

计财业务系统建设与应用推广工作取得了较好的成绩，但仍然存在一些困难和问题。下一步计财司要继续加强对系统建设推广运行工作的领导，资产中心要继续完善已有模块的功能，加强相关培训，确保整个系统全面上线稳定运行。气象部门各级领导要高度重视计财业务系统推广运行工作，分管计财工作的负责同志要亲自协调解决运行中的相关问题。各级计财管理部门要负起管理、协调、培训的主体责任，要确定专人负责，把计财管理的思路和需求落实到计财业务系统中。要根据国家财政体制改革的要求，从部门计财管理实际出发，建立健全及细化相关的规章制度，优化业务流程，完善操作规范。要整合各子系统及模块数据，精心设计出一批数据产品，满足计财管理工作的需要，为各级领导科学决策提供及时有效的信息支撑，充分发挥计财信息化的效益。各单位要把计财业务系统的服务器和网络运行维护任务从制度上落实到各级信息网络维护部门，纳入整个气象业务运维工作中，共同把计财业务系统建设好、维护好、运行好，切实发挥作用和效益。

中国气象局领导高度重视计财业务系统建设，于新文副局长多次召开局长协调会进行研究部署，并提出明确要求。计财司和资产中心成立了专门的工作组，由刘彤、谢璞同志任总顾问，曹卫平副司长任组长，任振和任副组长，计财司相关处室领导参加的领导小组，核算中心也成立了专门的工作组，明确了任务分工。各省（区、市）气象局也成立了相关工作机构，加强了对计财业务系统推广应用工作的领导。

计财业务系统建设过程中，得到了中国气象局领导、计财司领导的亲切关怀，得到了局办公室、预报与网络司、人事司，各省（区、市）气象局计财处、核算中心的大力支持，得到了基层单位的广泛参与，特别是得到了试点地区，如江西、山西、黑龙江、上海、江苏、浙江、福建、四川、新疆等的大力支持和密切配合，计财业务系统领导小组和工作小组向他们表示衷心感谢！并对为计财业务系统付出辛勤劳动的所有领导、专家，计财处和核算中心有关人员，用友公司、久其公司、中科软公司相关人员表示衷心感谢！

  本书在编写过程中参考了《行政事业单位内部控制规范讲座》《内部会计控制》两部著作，同时因本书内容涉及多个学科领域和大量基础资料，成果应用范围广泛，加之编者水平所限，错误和不足之处在所难免，恳请广大读者批评指正。

2017 年 9 月 29 日

目 录

第一章 系统简介 ··· 001
  第一节 系统概述 ·· 001
    一、系统建设的必要性 ··· 001
    二、系统建设背景与目标 ··· 002
  第二节 系统架构及功能 ·· 007
    一、系统架构 ··· 007
    二、系统功能 ··· 009
    三、系统内部控制 ·· 010
    四、系统运行效益 ·· 020

第二章 系统初始化设置 ··· 022
  第一节 系统概述 ·· 022
  第二节 系统初始化 ·· 022
    一、硬件环境 ··· 023
    二、操作软件环境 ·· 023
    三、应用软件初始化 ·· 024

第三章 基础资料 ··· 038
  第一节 系统概述 ·· 038
    一、总体介绍 ··· 038
    二、目的与目标 ··· 038
  第二节 系统架构 ·· 039

第三节 系统功能········040
一、单位树形········040
二、单位基础信息········042
三、权限管理········046

第四章 预算指标········049
第一节 系统概述········049
一、总体介绍········049
二、目的与目标········050
三、架构及流程········051
第二节 系统功能········052
一、基层单位指标管理········053
二、预算指标执行控制········055
三、预算指标执行评价········058
第三节 系统初始化········061
一、岗位及权限设置········061
二、系统选项设置········062
三、指标要素设置········063
四、指标流程设置········064
五、导入年初预算········065
第四节 系统操作········069
一、指标新增········069
二、指标分解········070
三、指标调剂········075
四、指标审核········077
五、预算指标的追加与减少········079
六、预算控制设置········079
七、设置报销人项目权限········080

八、报销时选择指标 ··· 082

第五章　财务报销 ··· 089
第一节　系统概述 ··· 089
　　一、总体介绍 ··· 089
　　二、目的与目标 ·· 089
第二节　系统功能 ··· 090
　　一、总体介绍 ··· 090
　　二、内部控制 ··· 091
第三节　系统初始化 ·· 094
　　一、岗位及权限设置 ··· 095
　　二、初始设置 ··· 097
　　三、记账规则设置 ·· 102
　　四、报销标准设置 ·· 112
第四节　系统操作 ··· 114
　　一、财务报销业务 ·· 114
　　二、借款业务 ··· 170
　　三、逆向操作 ··· 176

第六章　出纳管理 ··· 180
第一节　系统概述 ··· 180
　　一、总体介绍 ··· 180
　　二、目的与目标 ·· 180
第二节　系统功能 ··· 181
　　一、业务流程 ··· 181
　　二、内部控制 ··· 182
第三节　系统初始化 ·· 184
　　一、岗位及权限设置 ··· 184

二、出纳管理模块安装 185

三、系统衔接设置 186

四、账簿管理 189

五、账簿权限分配 192

第四节 系统操作 193

一、期初登账 193

二、日常业务处理 193

第五节 系统应用 203

一、查询账表 203

二、银行对账 204

三、总账对账 208

四、结账 209

第七章 会计核算 212

第一节 系统概述 212

一、总体介绍 212

二、目的与目标 213

第二节 系统功能 213

一、总体介绍 213

二、内部控制 215

第三节 系统初始化 219

一、岗位及权限设置 219

二、系统初始化 220

第四节 日常处理 239

一、总体介绍 239

二、系统操作 240

第五节 期末处理 260

一、总体介绍 260

二、系统操作 ··· 261
第六节　账表查询 ··· 272
一、功能描述 ··· 272
二、系统操作 ··· 273
第七节　综合应用 ··· 278
一、固定报表 ··· 279
二、自定义报表任务 ··· 306
三、跨单位财务查询系统 ··· 325

第八章　工资发放 ··· 333

第一节　系统概述 ··· 333
一、总体介绍 ··· 333
二、目的与目标 ··· 333
三、组织与推广 ··· 334
第二节　系统功能 ··· 338
一、系统架构及流程 ··· 338
二、人员和工资信息数据库 ··· 340
第三节　系统初始化 ··· 345
一、岗位及权限设置 ··· 345
二、系统初始化 ··· 346
第四节　系统操作 ··· 350
一、单位初始化 ··· 350
二、工资日常发放 ··· 361
三、其他业务和注意事项 ··· 371
四、工资报表查询 ··· 372
第五节　系统应用 ··· 377
一、基于报表系统的数据查询 ··· 377
二、直接导出数据库信息 ··· 423

三、职工工资查询系统设计方案 ································· 428

四、工资发放模块数据监控 ······································· 433

第九章　领导查询 ·· 435

第一节　系统概述 ··· 435

一、总体介绍 ·· 435

二、目的与目标 ··· 435

三、系统架构 ·· 436

第二节　系统功能 ··· 437

一、预算情况分析 ·· 437

二、预算执行查询 ·· 440

三、收入查询 ·· 443

四、支出查询 ·· 447

五、资金存量 ·· 450

六、重点费用 ·· 452

七、监控预警 ·· 454

第三节　系统初始化 ·· 459

一、岗位设置 ·· 459

二、自定义查询方案 ··· 460

第四节　系统操作 ··· 465

一、系统登录 ·· 465

二、查询方法 ·· 465

第五节　系统应用 ··· 466

一、预算执行 ·· 467

二、财务分析 ·· 468

三、质量监控 ·· 469

四、监控预警 ·· 471

第十章　常见问题及解决方案……475

第一节　基础资料……475
第二节　预算指标……475
第三节　财务核算……478
第四节　工资发放系统……493
第五节　软件安装……496

第一章 系统简介

计划财务管理信息化是将现代信息技术与先进的计财管理理念相融合,推进计财工作管理科学化、业务流程化、信息数字化、资源网络化的动态过程。气象部门计财业务系统是按照国家财政预算改革科学化、精细化的方向,依据中国气象局党组全面推进气象现代化、信息化,全面深化气象改革的各项部署,结合气象部门工作实际,加强顶层设计,将计财工作的预算、项目、资产、资金、财务、综合统计等各个环节的信息整合在一起,构建统一互连互通的计财信息数据平台。

第一节 系统概述

一、系统建设的必要性

计财业务系统是强化计财管理的重要基础,是推动实现气象部门计财管理规范化、科学化、精细化的重要手段。计财业务系统的建设和推广对气象部门计划财务管理工作意义重大。

(一)有利于气象部门计财管理的规范化、科学化、精细化

计财管理工作的好坏事关气象部门事业发展的大局,对保障气象事业发展十分重要。近年来,财政部要求各部门进一步完善预算和财务管理体系,深入推进预算和财务管理科学化、精细化、规范化。计财业务系统建设,就是通过计财业务全流程的信息化管理,来实现气象部门计财管理工作的科学化、精细化,进而推动计财管理工作的规范化。

(二)有利于实现气象部门计财工作的统筹管理

信息化是财务管理提出的基本要求。计财业务系统建设之前,中国气象局计财

管理虽然也实现了信息化，但未建立统一的系统平台。财务管理各部门为实现管理目的，自行建设了各自的系统。多个系统各自为战，互不兼容，形成了一个个信息"孤岛"，无法做到信息和资源充分共享。计财业务系统是一个综合管理信息系统，将计财工作的预算管理、项目管理、资产管理、财务核算、决策分析、银行账户、用款计划、综合统计等职能整合到系统中，形成了计财业务的全过程信息化管理，有利于实现气象部门计财工作的统筹管理和信息的共享共用，提高计财工作的效率和效用。

（三）有利于气象部门计财业务与气象业务紧密结合

为气象业务提供支撑和保障是对气象部门计财管理工作的基本要求，计财管理工作必须与气象业务紧密结合才能发挥真正的效益。从结合业务工作编报预算，到按照既定的业务工作计划与已批复的预算执行支出，到最后的业务成果和资金管理的绩效考评，每个环节都需要气象部门全体人员的共同参与，而平台化的计财业务系统为计财与业务结合的规范化、流程化提供了全面成熟的解决方案。例如，计财业务系统为办公系统预留了接口，通过网上报账的模式，实现了财务部门与报账人之间的信息互动，报账人能随时在网上查询相关支出的明细信息。更为重要的是，可以促使报账人树立预算理念、规范财务行为，形成人人都参与财务管理和财务监督的局面，更好地将计财业务与气象业务紧密结合起来，使计财工作更好地融入整个气象事业发展全局中。

二、系统建设背景与目标

近年来，随着新的《预算法》《国务院关于深化预算管理制度改革的决定》等相继出台，国家各项财政预算改革步伐明显加快，同时中国气象局也下发了全面推进气象现代化建设的意见，对气象部门计财管理提出了新的更高要求。为适应国家财政预算改革要求，推进计财工作管理科学化、业务流程化、信息数字化、资源网络化，实现由核算型财务向管理型财务转变，由事后监督向事前、事中控制转变，由局部性管理向全局性管理转变，由分散自建向统筹集约转变，中国气象局计划财务司（以下简称"计财司"）会同资产管理事务中心财务核算中心，自2011年起，在财务账簿数据库管理系统的基础上，结合财政部下发的预算编制系统、决算编制系统、国库管理外围系统、中央预算单位财政资金支付管理系统、行政事业单位资产信息管理、计财管理等要求，组织实施了计财业务系统建设。

（一）建设背景

气象现代化是无法阻挡的发展趋势，特别是互联网、大数据、云计算、物联网等新一代信息技术的发展，为推动气象事业技术进步、效率提升和组织变革，提升气象创新能力注入了不竭动力，给气象各领域发展带来了广阔前景和无限潜力。计财业务系统的建设和推广，是适应新形势下国家财政改革的要求，完成中国气象局党组提出的计财现代化管理目标，实现气象部门计财管理工作科学化的必然途径。

1. 适应国家财政改革科学化、精细化、规范化的要求

2014年，国务院下发了《国务院关于深化预算管理制度改革的决定》（国发〔2014〕45号），要求按照新修订的《预算法》，改进预算管理，实施全面规范、公开透明的预算制度，完善政府预算体系，健全预算标准体系，推进预决算公开等。其实质就是推进预算和财务管理科学化、精细化、规范化，这就从客观上要求必须通过信息化手段来不断提高气象部门计财管理的科学化、精细化水平。

2. 落实中国气象局党组信息化、集约化、标准化的要求

中国气象局《全国气象现代化发展纲要（2015—2030年）》提出，到2020年，基本建成适应需求、结构完善、功能先进、保障有力的以智慧气象为重要标志的，由现代气象监测预报预警体系、现代公共气象服务体系、气象科技创新和人才体系、现代气象管理体系构成的气象现代化。2015年，全国气象局长会提出，要以信息化、集约化、标准化推进气象业务现代化，促进气象管理创新。随着气象业务现代化的发展，对计财管理也提出了更高的要求，提高计财管理信息化水平对提高计财管理乃至整个气象管理的科学化水平具有重要作用。

3. 推进计财管理科学化的需要

推进气象工作现代化对计财管理科学化、精细化的要求越来越高，客观上要求发挥好信息资源的整体优势，达到数据信息的共享共用，这就需要将分散在预算、项目、资产、财务、资金等各个环节的信息整合在一起，为计财管理科学化提供支撑。

（二）系统建设的原则及解决的问题

1. 系统建设的原则

建立统一的信息数据标准，加强顶层设计，分步实施；充分利用已有信息化成果，不进行重复建设。

2. 系统要解决的主要问题

一是重复采集。集约化程度不够，系统相互独立，同样信息在不同系统中重复录入，给基层增加了负担。二是标准不一。信息数据标准不统一，同样信息在不同系统中统计口径不统一导致差异。三是信息孤岛。各个系统之间互不相通，未做到资源、信息充分共享，难以发挥信息的整合优势。各应用软件的数据集成和应用集成困难，信息反映迟缓，相关业务信息难以全程跟踪，不能实现实时、动态监管。

（三）系统建设总体目标

2011年11月，计财司下发《关于委托行政管理局研发计财综合计财业务系统的函》（气计函〔2011〕233号），正式委托资产管理事务中心（原行政管理局）具体负责计财业务系统的研发和建设工作，并明确了系统建设的目标、进度及功能要求。

系统建设的总体目标是：通过信息网络技术，构建以主管部门财务资源全面管理为目标，以部门基础信息库为基础，以预算计划管理为核心，以项目管理为重点，以预算决策、预算执行、财务核算、资产管理、部门决算、统计分析等全过程管理为主线，积极配合内部控制，以预算过程控制为手段，全面反映部门资金、资产、人员、台站等计财资源信息的动态管理。

系统建设分两期进行。一期建设以现有的财务账簿数据库管理系统（初步实现财务核算和财务联网监督功能）为基础，将财务账簿数据库管理系统升级为A++ 6.0版本，并综合资产管理事务中心开发的财务核算中心报账业务系统功能，实现预算管理及预算执行分析、用款计划、银行账户管理等功能。

二期工程在系统运行稳定后，逐步增加资产、政府采购、项目、基础信息、统计等功能模块，最终全面涵盖所有计财业务。建立集中、实时的网络化计财综合业务及管理平台，各业务子系统间数据充分共享，切实减轻基层财务人员工作量，实现计财管理的各项业务流程化、规范化、资料数字化，真正实现计财业务科学化、信息化、集约化管理，为科学管理提供决策支撑。

1. 推进相关数据互联互通，实现与政务办公系统和有关业务系统衔接，为不同系统的协同或对接奠定基础

单点登录。实现综合办公与计财业务系统的一站式登录，用户一次登录即可访问平台中的不同应用；而不需要访问每个应用时都重新输入用户名和密码，便于使用和管理。

门户整合。优化计财业务系统的综合门户，实现计财业务系统与办公系统对接，有效提高计财管理效能，根据用户需要配置门户中的内容，将计财所有业务进行整合。例如，将资产、项目库、综合统计、财务报销业务等子系统或模块进行整合，实现业务一体化的工作平台协同办公，提高行政效率，构建高度集约化的管理框架，实现办公方式的革命性转变。建立"一次登录、身份锁定、权限清晰、业务分明、应用流畅"的办公格局。构建全部工作人员统一、规范的角色和权限控制机制，并通过身份认证技术加强安全管理，实现全系统人员权限的统一管理（图1-1）。

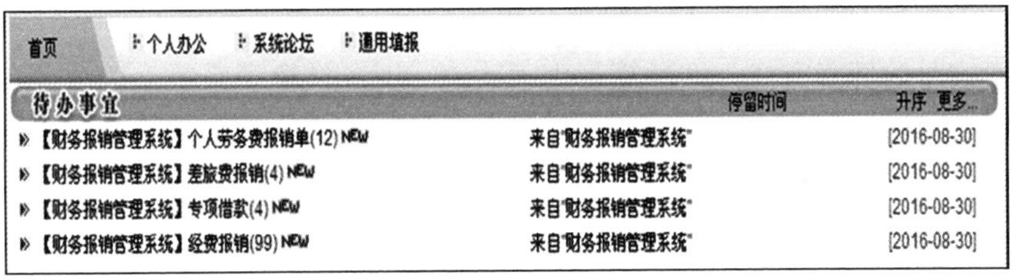

图 1-1　办公系统单据展示

2. 建立网络化计财综合管理平台

计财业务系统采用 B/S 架构，使用 Java 语言开发，遵循 J2EE 标准，可以跨平台运行，通过 XML 技术提供了可跨平台交换和移植的业务数据，同时采用 Web Services 提供了其他应用的调用接口，实现该应用的开放性和集成度，并提供丰富的适配器产品和适配器开发框架。系统平台的开发在数据库的选型、数据库结构的设计、选用的工作流产品、开发工具、门户技术等方面均已建立。

通过建立统一的数据标准、统一的数据格式、统一的数据平台，逐步推进各子系统或模块间的数据衔接和衔接点的建设，实现业务数据互联互通；进一步完善整合计财业务计算和网络、设备的逻辑架构，建立全面反映部门计财资源信息的动态管理系统，达到财务数据资源信息充分共享，形成计财业务信息应用支撑平台（图1-2）。

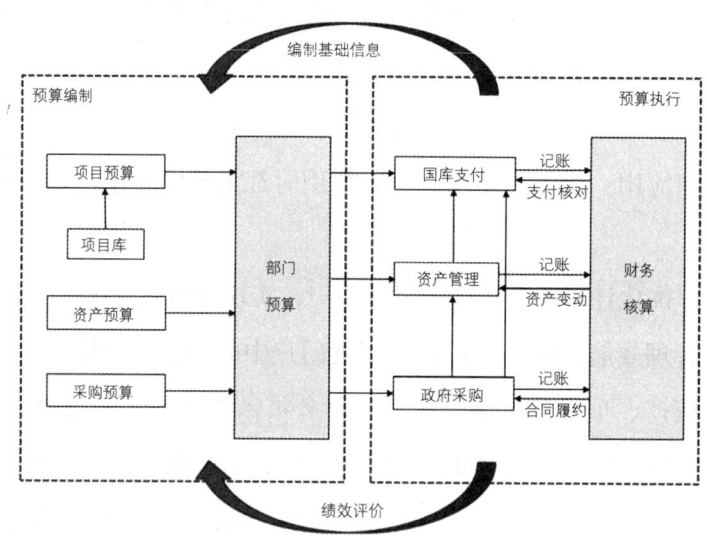

图1-2 计财业务系统流程

3. 构建覆盖气象部门四级预算单位的计财业务网络

本着集约高效、降低运行维护成本的原则，计财业务系统的服务器采取"分布+集中式"的部署方式，即预算管理子系统、财务核算子系统采取"分布式"部署，服务器部署在国、省两级；基础资料子系统、项目库子系统、资产管理子系统、综合统计子系统等采取"集中式"部署，通过建立数据采集平台，实现各子系统间数据的采集与交互（图1-3）。

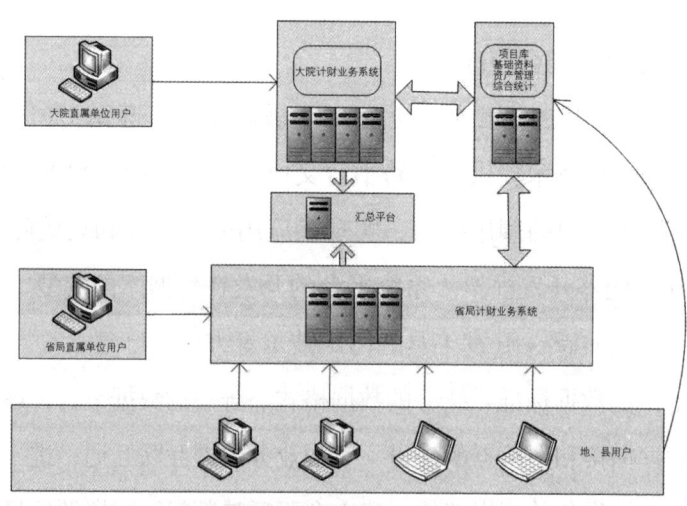

图1-3 系统网络架构

第二节 系统架构及功能

一、系统架构

计财业务系统由基础资料、预算管理、财务核算、项目库、资产管理、综合统计6个子系统及18个辅助功能模块构成,子系统及功能模块之间实现了流程的相互控制和数据的相互支撑。

系统架构主要由3个层次组成(图1-4):

基础信息数据库:主要包括计财基础信息(单位树形结构、预算单位名称及预算代码等)、气象业务基础信息(台站情况、各专业设备配备情况等)、人员基础信息、银行账户信息等。是最底层的数据库,为所有其他子系统提供基础支撑。

计财业务及管理子系统层:主要包括预算管理、财务核算、项目库、资产管理、综合统计子系统。主要是完成各项财务核算业务和计财管理工作,并生成相应的财务数据。

分析产品层:主要包括整体财务分析报告、预算执行分析报告、各项收入及支出实时分析等。可根据气象事业发展对计财管理工作的要求、主管部门专项工作或支撑领导决策的需求定制数据产品,整合计财业务及管理数据,生成各种统计表、统计图及相应的分析报告。

各个子系统之间相互关联,预算管理子系统和项目库子系统共同生成部门预算数据,批复后的部门预算经细化形成预算指标,作为财务报销的控制指标,将预算控制关口前移,变为事前监控、事中控制,预算资金支付基于预算指标,待支付行为完成,由会计审核报销凭证、出纳支付后,直接生成记账凭证,从而形成了财务核算一体化、规范化、标准化,最终形成财务信息数据产品。各子系统与外部其他系统的数据交互采用建立中间库的方式。例如,财政部资产管理系统、综合管理信息系统(OA办公系统)与财务数据的交互,分别通过两个中间库完成,即财务资产中间库主要实现资产与财务数据交互,保证财务账与资产账的有效衔接;办公财务中间库主要完成财务报销"网上审批"人员信息的同步、财务代办单据的展示等(图1-5)。

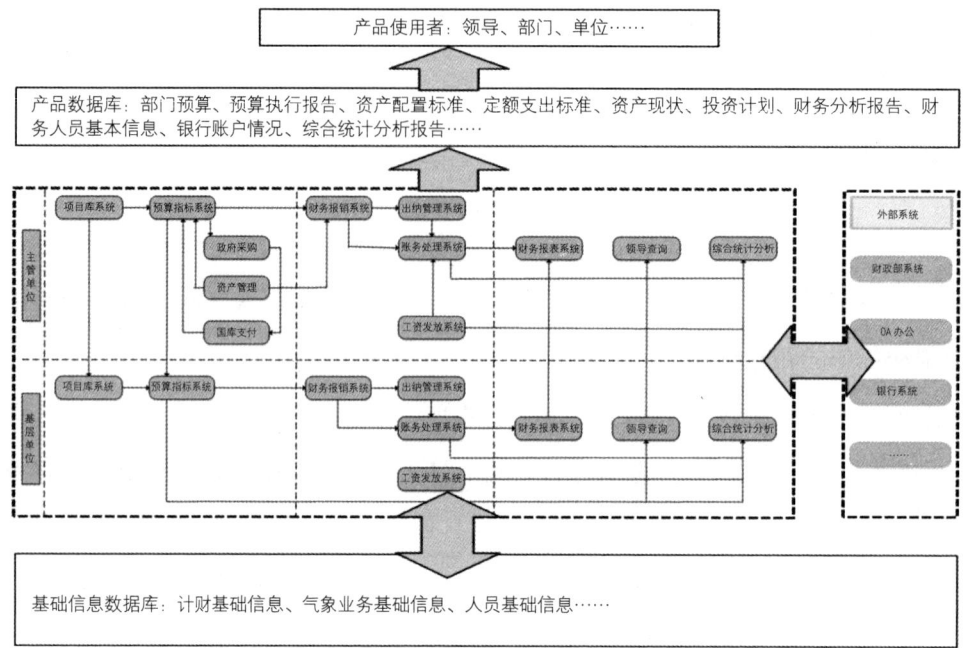

图1-4 计财业务系统框架

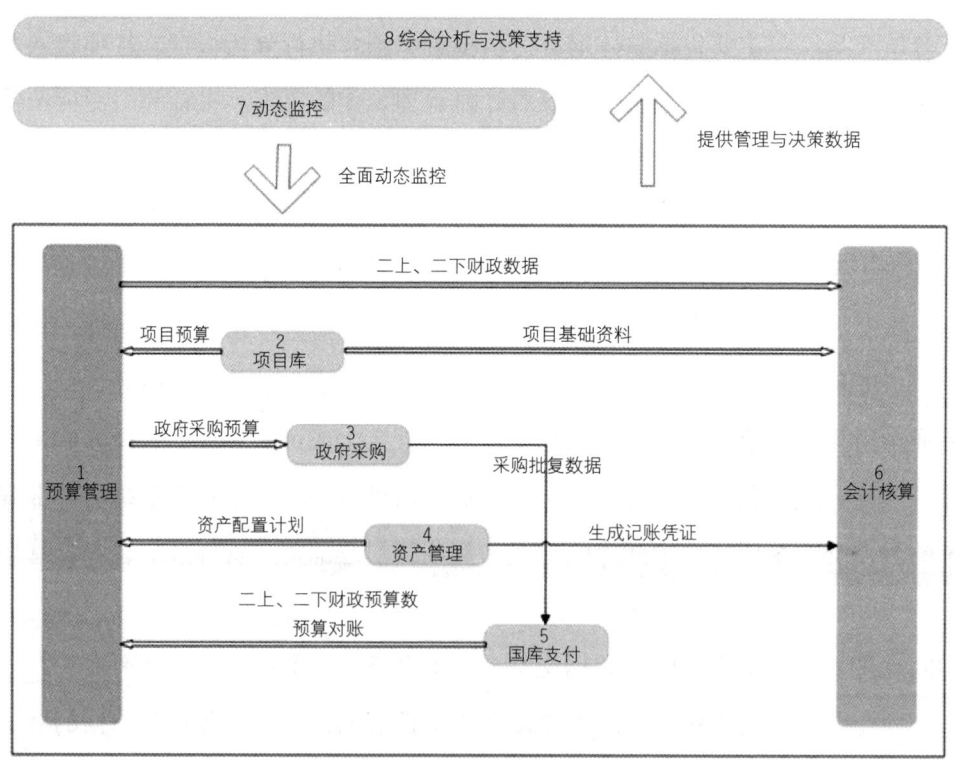

图1-5 计财业务系统流程

二、系统功能

1. 基础资料

主要包括单位树形结构和单位信息辅助功能模块。统一了气象部门各单位的名称，制定了统一的编码规则，建立了单位树形结构，解决了同一单位在不同信息系统中名称、编码不同的问题，以及单位层级不清，单位人员、编制、业务等基础信息不一致的问题。完成了单位树形结构管理，提供并预留与其他系统的接口功能，实现了全国气象部门单位信息标准化管理。

2. 预算管理

主要包括预算指标管理和预算执行两个辅助功能模块。主要功能包括通过对预算的细化分解，在系统中实现了通过预算控制财务支出和财务核算，解决了预算和财务"两张皮"的问题，杜绝了无预算、超预算支出行为，达到事前、事中控制预算支出的目的。实现了分单位、分科目、分项目实时查询预算执行情况及与财政部部门预算系统实现各级次数据导入、导出的功能。实现预算追加、追减数据的导入及使用。通过预算细化，完成账务辅助核算信息设置。实时监控各级预算单位预算执行情况等。

3. 财务核算

主要包括报销系统（财务网上审批）、会计核算、会计报表、工资发放、领导查询5个辅助功能模块。构建了集中核算模式（财务核算中心模式）下的统一核算平台，实现了财务报销、审核、出纳、记账一体化、网络化，规范了日常核算，实现了数据资源互通互联，提高了核算的及时性和数据查询的准确性。统一了工资类别，实现了个人工资和劳务收入实时查询。领导查询模块分类预置了数套报表，通过设定单位层级、查询时间、收支范围等条件，让使用者能从不同角度了解并掌握被查询对象的各项财务情况。网上审批功能能够实现各项财务报销的单据提交、分级审核、批准、资金支付等环节的全程网络化，创新报销业务模式，大大提高了报销业务的效率。

4. 项目库管理

主要包括项目申报、专家库、报表查询3个辅助功能模块。根据管理部门的需求，建立了包括项目申报、审核、下达在内的完整的全流程项目管理平台，充分考虑了项目库与预算、财务、资产数据衔接，为财务信息共享、互通奠定了坚实的基础。实现项目库数据与计财业务系统中其他财务数据的紧密结合，增强数据的关联性，同时满足项目的滚动式管理，满足各单位的管理需求。

5. 综合统计

主要满足气象部门综合统计需求，反映气象事业发展动态，内容包括但不限于：公共服务、预报与网络、综合观测、科技发展、人事教育、财务、固定资产投资、技术装备、科技服务、外事往来、精神文明等。按照新的统计制度，综合统计子系统预置了6类报表体系，统一了底层数据库结构，预留了与财务、预算、项目库、资产子系统的接口，为数据相互交换奠定基础，为管理部门提供完整的统计资料。实现了气象部门各级预算单位综合统计数据的填报、汇总、上报报表及查询等功能。

6. 资产管理

主要包括资产管理信息、资产清查、产权登记3个辅助功能模块。全面、精准、动态地反映气象部门资产的各项数据信息，包括资产总量、构成、分布、结构、变动等信息，实现资产管理的"准确、动态、细化"，为资产同预算的有效衔接奠定了基础；通过中间库实现与财务等其他子系统的数据交互，实现账账、账表相符，彻底解决资产与账务"两张皮"的问题。实现国有资产日常业务管理，如资产增加、减少、处置、报废；实现了对在建工程资产的管理；完成资产清查各类报表的自动提取、汇总；完成财政部需要的相关报表的汇总、上报；对气象部门产权情况进行登记；完成不同条件查询资产业务数据等。

三、系统内部控制

计财业务系统内部控制重点应关注计财业务在信息系统应用方面的具体控制，目的是对计财业务应用建立具体控制过程，从而确保全部的经济业务都经过授权和记录，并进行完整、准确和及时的处理。主要体现在各子系统间的控制与衔接，以及财务风险控制。

(一）各子系统间的控制与衔接

1. 各子系统流程相互关联、数据共享共用

各子系统之间的流程互联及数据交互是计财业务系统顶层设计的核心原则之一，是实现计财管理科学化、精细化，充分发挥管理效益的必然要求，详见表1-1。

表1-1　计财业务系统各子系统之间主要共享数据和控制情况

接受控制或共享数据的子系统	控制或提供共享数据的子系统	内容描述
财务	预算	根据预算建财务账
	银行账户	凡未经批准或过期的银行账户，冻结其财务收支
	用款计划	凡用款额度未到账的，财务不得报销
	资产	凡资产未经登记的，财务不得报销
	政府采购	凡涉及政府采购，无采购计划、未履行采购程序的，财务不得报销
预算	财务	财务结账后，结余和结转资金纳入预算
	项目	凡未进入项目库的项目，不得列入预算
	资产	审核预算时，已达到资产配置标准的，资产购置不列入预算
项目	资产	审核项目时，已达到资产配置标准的，资产购置不列入项目
	财务	项目执行和绩效情况，从项目支出财务情况获取
	预算	已安排项目从预算系统获得
用款计划	预算	用款计划申报不得超过预算
	财务	结余、结转资金用款额度的申请和返回
资产	财务	资产购置资金来源、处置、出租收益等数据在财务记账（竣工决算）后获得，通过中间库实现与财务接口
政府采购	预算	未在部门预算编制采购预算的，不能进行采购
	项目	未列入项目建设内容的，不能进行采购
综合统计	其他所有子系统	凡是能从其他子系统取得的所有数据均从其他子系统获得

预算是资金流动的起点，计财业务系统以预算控制为龙头，各单位根据财政部批复的预算，按照单位实际需求，在各项财经法规和工作要求下进行细化分解，形成单位预算指标。以预算指标控制经费支出的用途和金额等，杜绝了无预算、超预算支出行为，将原本对预算执行情况的事后监督关口前移，实现事前、事中控制，

事后监督的全程性监管，有效加强了预算管理。

计财业务系统日常业务运行主要有预算指标、网上报销、会计核算、资产管理等子系统和模块，这些子系统之间相互衔接，数据相互交互，形成了系统的财务核算模式。例如，单位经办人通过网上报销系统填报单据时，可以调用预算指标模块（选择预算指标）、账务系统（选择费用项）、资产系统（中间库）、合同系统（中间库），选择相关信息，完成单据填报，经过财务审批、支付，系统自动生成记账凭证，形成了一体化、规范化的财务报销、核算流程。

2. 预算指标控制流程

通过将财政部"二上""二下"部门预算数据导入（或录入）预算指标管理模块，按照单位管理要求细化、分解，形成可用的预算指标，对接财务报销系统，形成刚性（或柔性）约束（预算指标可调整），完成账务处理后，形成预算执行情况查询及执行结果评价（图1-6）。

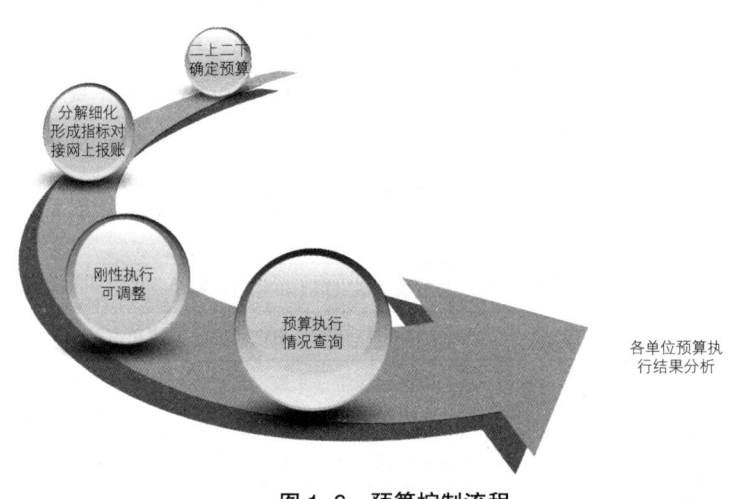

图1-6 预算控制流程

3. 财务报销业务控制

单位经办人通过网上报销系统办理报销业务时，必须选择已细化分解后的经费支出预算指标，基于指标的用途及额度填写经费报销单据，无预算或超预算均无法完成报销单据的填报。之后经过相关岗位的审批、会计审核、出纳支付后，完成报销业务。最后，系统按照设定好的记账规则，自动生成会计凭证。这样，在报销环节对经费支出进行有效控制，实现了由财务支出事后监督转变为事前、事中控制，事后监督的全程性管理（图1-7）。

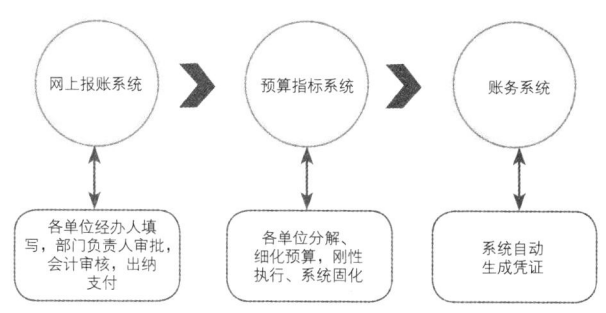

图1-7　报销业务流程

4. 会计核算控制

通过与网上报销模块衔接，接收来自报销模块的凭证，系统按照计财司下发的科目、项目等核算要求，设定了标准化的记账规则，多维辅助核算标准，完成会计科目明细账、辅助明细账和总账，生成相关会计报表。通过标准化、规范化的科目体系、账务设置及核算流程，保证账簿、报表的统一、规范（图1-8）。

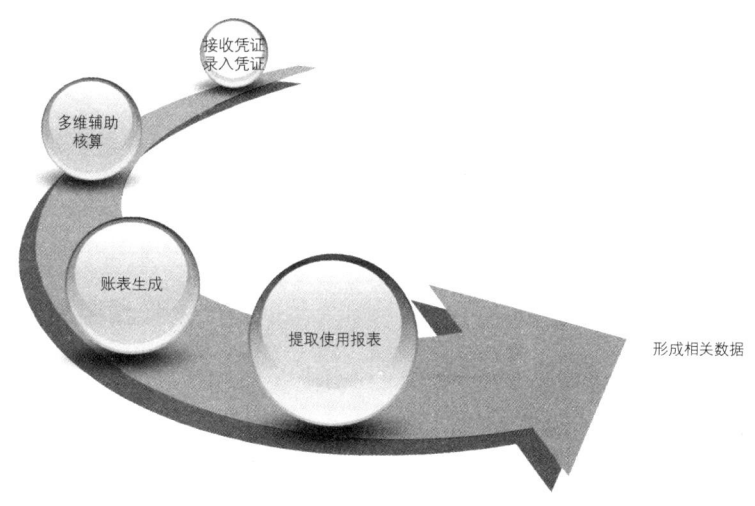

图1-8　财务核算流程

5. 资产与财务衔接控制

财务系统与行政事业单位资产信息系统通过中间库方式衔接，资产系统会将新发生的资产业务推送至中间库，财务报销后，财务系统会将确定的金额、凭证号、记账日期、支出途径等信息反传到中间库，资产系统进行数据同步，实现财务系统与资产系统数据的一致，有效避免了资产与会计"两张皮"的现象（图1-9、图1-10）。

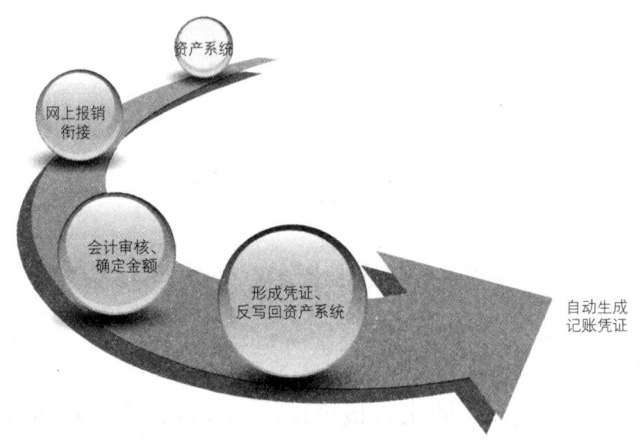

图1-9 资产与财务衔接流程

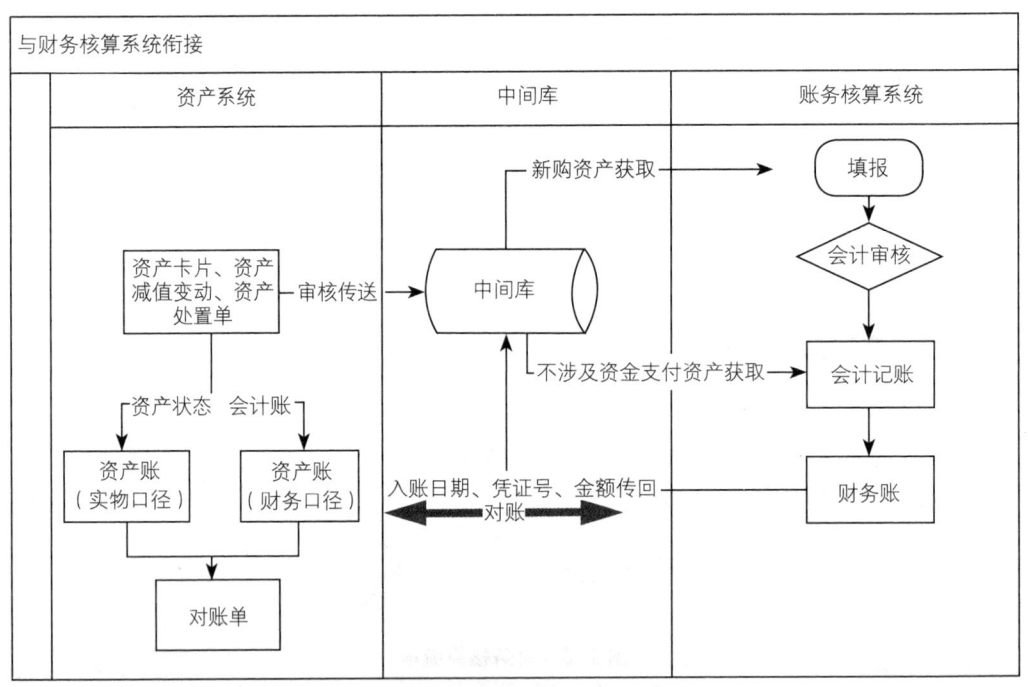

图1-10 财务与资产衔接

6. 合同管理与财务系统衔接控制

合同管理系统基于综合管理信息系统平台进行研发，用于规范合同审批、管理（日常、归档），及时了解掌握合同支付情况，对合同信息进行统计分析。合同的支付与财务紧密联系，为实现对合同款支付管理与监督，合同管理系统与计财业务系统通过中间库的方式衔接，合同管理系统将新发生的合同文本推送至中间库，财务报销记账后，财务系统会将确定的付款金额、付款次数、凭证号、付款日期、支出途径等信息反传到中间库，合同管理系统进行数据同步，保证了合同支付与财务记账的一致性，有效加强了合同管理（图1-11）。

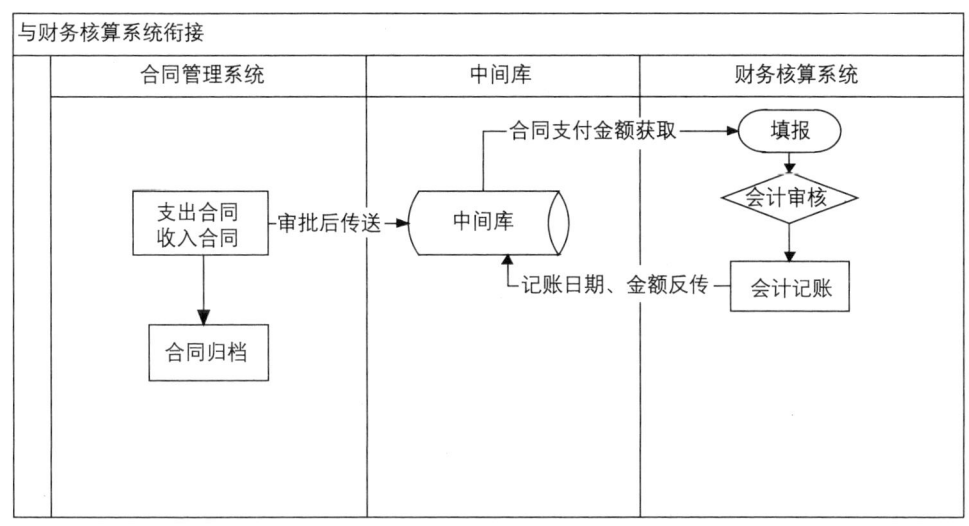

图1-11　财务与合同流程

7. 财务与银行衔接

通过银企直连，能够实现单位财务与银行系统的衔接，通过互联网或专线连接的方式，使单位的财务系统与银行综合业务系统实现对接。单位无须专门登录网上银行，就可以利用自身财务系统自主完成对其银行账户的查询、转账、资金归集、信息下载等功能，并在财务系统中自动登记账务信息，免去了以往财务系统、网银系统两次指令录入的过程，提高了工作效率，确保了财务系统与银行综合业务系统账户信息的一致性。

得益于银企双方的账务联动，单位财务人员不必再填制大量的银行票据，减少了来回奔波于银行与单位之间的路途时间，使资金划拨更加及时准确，提高工作效率，缩短资金在途时间，整个过程全自动处理，人工干预少，降低了差错率。同时，更加方便双方的账务核对（图1-12）。

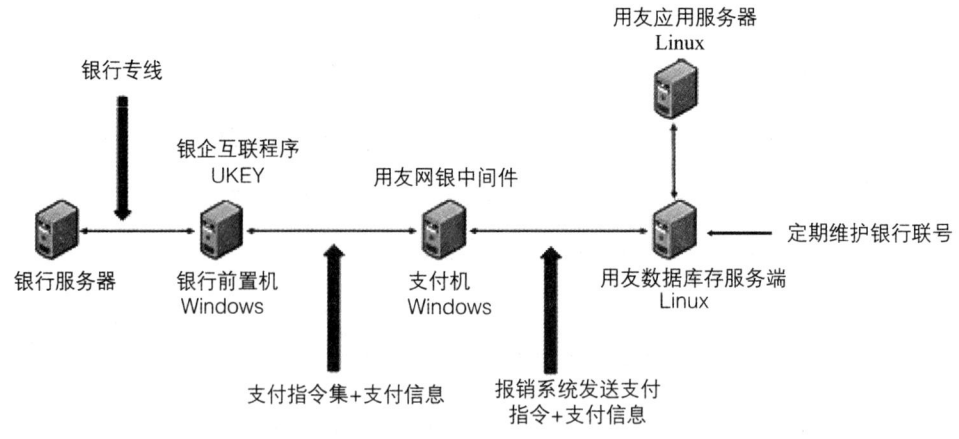

图 1-12 银企直联

注：支付指令集由建设银行提供，银行前置机和支付机为同一台服务器
对公支付：实时转账指令（能实时获取支付状态）
对私支付：银行代发指令（不能实时获取跨行支付状态，建行默认跨行代发都是 T+3 天）
支付信息：收款方银行网点 + 银行联号 + 收款方账户名 + 账号 + 金额
　　　　　支付方银行网点 + 银行联号 + 付款账户名 + 账号（默认一个建行账号）

（二）财务风险控制

财务风险控制是内部控制的一个重要方面。财务风险主要指单位财务框架缺乏合理性，资金应用欠妥当，使得单位丧失可偿付能力，进而造成投资预期收益减少的风险。财务风险是每个单位在财务管理的过程中或多或少会经历的一个现象。财务风险通常是以客观身份出现的，单位的相关人员可以采用相关的措施来将财务风险控制到最低，但是不能完全消除风险。

在计财业务系统运行中，财务风险主要从执业、管理、政策、流程、现金流、信息安全 6 个方面进行控制。

1. 执业风险控制

执业风险控制是在执业过程中具有一定发生频率并由该执业者承受的风险，包括经济风险、政治风险、法律风险。

目前，气象部门大部分单位采取集中财务核算模式，财务人员独立于单位，为各单位提供会计服务与监督，在日常工作中存在法律风险、信任风险、政策风险、岗位竞争风险等。如何有效避免执业风险，需要从外部和内部进行一些约束。首先，要有一个良好、规范的外部环境，形成良好的会计执业氛围，如通过信息化手段,建立全流程、一体化的会计核算体系,形成相互控制、相互制约的业务流程,减少人为因素。其次,加强内部管理,提高财务人员自身素质,如通过日常培训、业务交流,提高人员的业务素质和职业道德,通过定期、不定期地参与一些财务专项检查、重点学习,提升财务人员的综合能力,促进团队整体能力的提高。

2. 管理风险控制

管理风险是指管理运作过程中因信息不对称、管理不善、判断失误等影响管理的水平,具体体现在构成管理体系的每个细节上,可以分为4个部分:管理者的素质、组织结构、企业文化、管理过程。对于计财业务系统来说,管理风险主要定位于通过系统的本地化实施配置及初始设置,形成对业务风险的控制,即通过严格控制系统权限,建立分级权限管理,按照管理级次,建立国家、省两级权限管理,构筑风险控制体系。例如,在岗位权限分配方面,做到不相容岗位相互分离,会计、出纳、审核、预算等权限规范设置,降低管理风险的产生,有效防范风险。

3. 政策风险控制

政策风险是指政府有关政策发生重大变化或是有重要的举措、法规出台,引起市场的波动,从而给投资者带来的风险。本文中的政策风险是指在日常财务业务中,财务人员在执业过程中面对丰富、多变的经济业务,对政策理解不准确而产生的风险。

财务人员执业行为受《会计法》《预算法》《公司法》《税法》和其他财经规章制度的制约,但针对实际工作中出现的很多情况,各项规章制度难以做到一一对应。财务人员既要基于事业、企业会计制度、准则等规范要求履职,又要从实际业务出发,发挥主观能动性做出职业判断,不同的人会对同一笔业务做出不同的职业判断,在客观上对会计业务的处理具有一定的弹性,很大程度上未能实现标准化。尤其是近年来,国家对很多以往的法规制度做了修订,同时出台了很多新的政策、规定,客观上提高了对财务人员职业能力的要求,按照以人工职业判断为主的传统执业模式,进一步提升了实现业务标准化的难度。而通过信息化平台模式,将相关规章制度明确并细化为标准化信息固化于系统中,可实现政策风险的事前控制及业务处理的标准化。例如,为了加强对会议费、培训费、三公经费的管理,利用预算指标管理模块,通过对相关预算指标的刚性控制,加强预算控制,杜绝经费的超预算、无预算执行，有效加强了政策风险控制。

4. 流程风险控制

计财业务系统中的流程风险主要是财务核算流程风险，是指财务核算过程中产生的风险，如日常业务报销、支取和报销差旅费、填写经费支用单（包括单位名称、经费来源、金额、用途等）、填写领款凭证等过程中产生的风险。

对流程风险的控制，是在财务核算过程中，采用信息化手段，构建报销、核算、支付一体化流程，实现事前预警、事中控制、事后监督机制，促使经费报销、核算工作更加规范、透明。

计财业务系统的运行，实现了财务报销、核算、支付、归档一体化、流程化，会计核算更加规范、透明、有效，从而强化风险控制，减少财务风险的发生。例如，一笔报销业务，通过网上填报就已经进入系统，系统会对这笔业务的全流程进行跟踪、记录，通过系统进行实时监督（图1-13）。

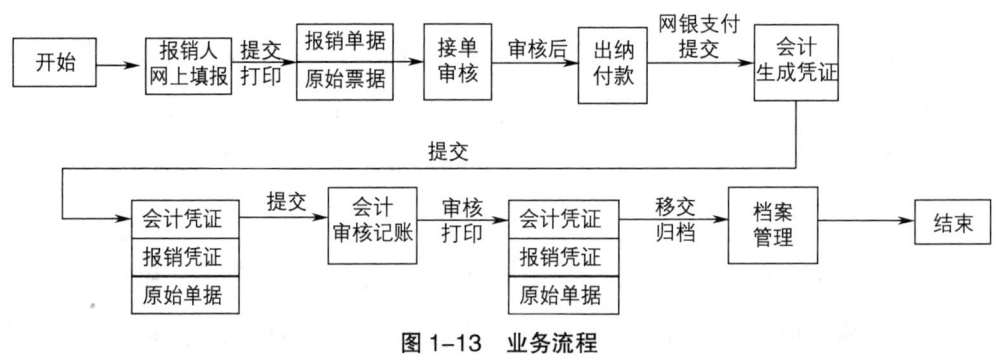

图1-13 业务流程

5. 现金流风险控制

现金流风险主要是指在集中核算模式下，会计对单位现金流的监督、预测缺少依据，存在一定的不确定性。通过计财业务系统大数据分析功能，可以对单位资金流进行分析、预测，帮助财务人员预测资金的使用量，避免备用金提取过多的现象；也可以对借款进行实时监督，定期或不定期对往来款项进行清理、督查，最大限度减少资金风险。例如，财务人员可以根据网上报销单的填报情况，比较准确地预测后一天的现金需求量，也可以对往来款进行实时监控，采取一些措施，有效避免风险。

6. 信息安全风险控制

信息安全风险是指在信息化建设中，各类应用系统及其赖以运行的基础网络、处理的数据和信息，由于其可能存在的软硬件缺陷、系统集成缺陷等，以及信息安全管理中潜在的薄弱环节，而导致的不同程度的安全风险。本文所指的信息安全主要包括网络安全、数据信息安全两方面。

伴随计财业务系统在全国气象部门的全面上线运行，信息安全将越来越重要，目前的风险流程控制主要通过系统自动备份策略，定时对系统数据进行备份，保证数据信息的安全。网络安全主要基于中国气象局的局域网安全策略，系统管理员通过定期检查网络，内、外网分离，定期不定期查杀病毒等措施，防范网络安全。

计财业务系统在全国气象部门的全面上线应用，是气象部门计财信息化的一次重大飞跃，是先进的信息化思维和工具与气象部门计财工作交汇融合的结晶。一方面，为满足不断提高的计财管理要求提供了有效的方案；另一方面，有效减少了重复性、低水平的工作，帮助财务人员把时间和精力集中在数据分析和管理工作上。同时，深度结合本单位的实际情况，不断深化系统的本地化工作，建立一整套业务流程和配套制度机制，能够有效防范各类财务风险（图1-14）。

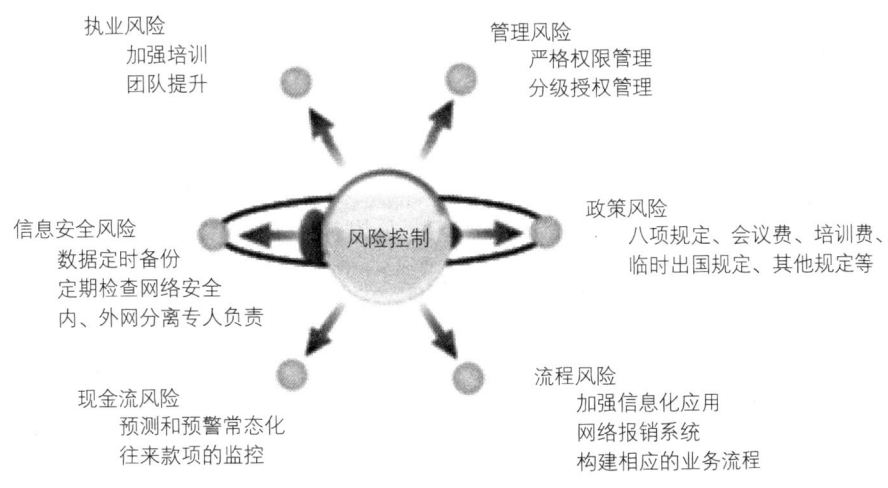

图1-14 风险控制

四、系统运行效益

（一）管理效益

1. 规范了财务核算行为

解决了气象部门单位层级多、数量大、分布广带来的难以全面规范的困难，把管理思想和规范化要求细化、固化在系统中，特别是在规范基层财务人员的会计行为、提高记账的时效性等方面效果明显。

2. 为加强预算和财务监管提供了可靠手段和工具

解决了预算和财务"两张皮"的问题，杜绝了无预算、超预算支出行为，变预算的事后监督为事前、事中控制，事后监督的全程性管理。

3. 为深化计财管理改革提供抓手

计财业务系统的全面应用为统一数据格式标准、汇总整合数据做好了准备，更为今后计划财务的大数据应用、为管理决策提供更充分的信息支撑打下了坚实基础。

4. 提高了计财工作效率

一方面，减轻了财务人员劳动强度；另一方面，减少了报销人的现场等候和处理时间，同时提高了实行"县账市管"模式基层单位的账务核算及财务管理工作的时效性。

（二）业务效益

1. 实现了个人工资的在线查询

通过数据传输，将个人工资定期上传办公网，实现工资收入的查询统计。

2. 提供预算、收入等数据查询分析产品

利用领导查询模块，能够提供反映单位财务运行情况的财务数据信息图、表，为决策者提供有效的财务支撑。

3. 实现了账务的多维度查询

利用账务系统可以完成科目账、项目账、总账、余额汇总等多维度查询，为单位管理、日常审计、项目课题结题等提供比较完善的数据信息。

4. 提供了业务质量监督评价手段

利用财务预警信息查询，通过对账务处理过程的监控，可以实现对会计凭证数量、记账、结账状态，工资的发放、结账状态的实时监控，并对业务质量进行监督、评价。

计财业务信息化的建设及推广是艰难而曲折的，需要各级领导的重视和支持，也需要各单位密切配合。中国气象局非常重视计财业务系统建设与推广，先后下发了《计财司关于做好计财业务系统一期（省级版）2015年上线工作有关事项的通知》（气计函〔2015〕31号）、《中国气象局关于印发2015年气象部门目标管理考核方案和省（区、市）气象局工作目标和评分标准的通知》（气发〔2015〕16号），对系统上线运行做了明确的要求，并将计财业务系统建设及推广工作纳入年度目标考核，对具体指标做了明确解释和相关要求。2015年，资产中心按照中国气象局和计财司的工作部署，完成了全国35个省（区、市）气象局计财业务系统的本地化部署，同时，配套提供了分层次全方位培训，共计举办了培训班35期，培训人员达3500人次，为系统的稳定上线运行奠定了坚实基础。

随着国家网络强国战略、"互联网+"行动计划、国家大数据等信息化战略的实施，我们秉承"鼓励创新、积极借鉴"的态度，积极借鉴各省和其他部委先进经验和好的做法，在广大计财工作者的不懈努力下，我们坚信计财信息化工作会有更大的发展，系统将真正做到管用、实用、易用、好用。

第二章 系统初始化设置

第一节 系统概述

初始化就是把变量 (variable) 赋为默认值,把控件设为默认状态,把没准备的准备好。系统初始化一般包括硬件系统初始化和软件初始化,包括对系统的运行环境和资源进行设置,系统运行和控制参数的设定,数据加载及调整系统与业务工作同步等内容。

任何一个软件系统在使用前,必须进行初始化设置,也就是对系统适应性参数及用户需求做相应的配置,才能正常使用。计财业务系统包括预算、项目库、财务(含报账,下同)、资产(含产权登记,下同)、综合统计等若干个子系统,它的初始化包括系统初始设置和通过改变系统参数来适应不同用户需求的本地化实施,以及各功能模块使用前的初始化工作。包括应用环境初始化,即硬件配置要求和操作软件要求,以及系统使用时的初始设置两部分。硬件设备及操作系统的安装和初始化由供货方操作完成,系统应用软件初始设置由软件开发人员操作完成。

第二节 系统初始化

计财业务系统采用 B/S 架构,使用 Java 语言开发,遵循 J2EE 标准,可以跨平台运行,通过 XML 技术提供了可跨平台交换和移植的业务数据,同时采用 Web Services 提供了供其他应用使用的调用接口,实现该应用的开放性和集成度,并提供丰富的适配器产品和适配器开发框架。系统平台的开发在数据库的选型、数据库结构的设计、选用的工作流产品、开发工具、门户技术等方面均已建立。

一、硬件环境

（一）服务端

数据库服务器配置要求：CPU 数量：2 颗 6 核，内存：64GB 以上，网卡：千兆网卡 2 块，2 块 HBA 卡。

应用服务器配置要求：CPU 数量：2 颗 6 核，内存：32GB 以上，网卡：千兆网卡 2 块。

磁盘阵列配置要求：双控制器 10 块 SAS 硬盘 10K 以上，光纤交换机两台 8 端口。

（二）客户端

根据政府采购计划管理系统台式机批量采购标准配置。台式机配置最低要求：

操作系统：Windows XP 以上；

噪声：平均＜35dB；

辐射：GB9254—2008；

声卡：内置集成声卡；

显卡：显卡类型：独立显卡（支持数字接口），显存容量：1GB，显卡接口：DVI＋HDMI＋VGA，显卡位宽：64 位；

内存：容量：8GB，频率≥1600MHz；

网卡：有线网卡：千兆，网卡接口：PCI-E；

USB：规格/数据≥6 个，USB 接口要求：4 个 USB 3.0；

CPU：核心数≥4 核，速度≥3.2GHz；

硬盘：硬盘容量：1TB，硬盘接口类型：SATAIII，转速：7200 转。

二、操作软件环境

（一）服务端

中间件：weblogic 版本 10.3.4.0；

数据库软件：Oracle Database 11.2.0.3 以上；

操作系统：Linux 5.5 以上。

（二）客户端

操作系统：Windows XP /7/8/10；

IE 浏览器：IE 7 以上；

Java 版本：Java 6 update 26 及 Java 6 update 37。

三、应用软件初始化

在手动财务报销、记账方式下，任何单位在进行业务处理前，都必须对本单位的单位结构、账套设置及其他基础信息等进行确定。在实现信息化后，也要做以上工作，只不过相关的设置在系统上进行，这部分工作叫作系统初始化，它是软件正常使用的前提。包括单位基础信息设置、岗位权限设置、系统门户设置。

（一）单位基础信息设置

1. 科目、账套设置

中国气象局计财司每年都会对账簿使用范围、树形结构、账套设置、项目代码提出规范性要求，系统在初始化时都需要按照管理部门的要求进行设置。

案例 2-1　账套设置规则

按照中国气象局计财司的要求，原则上每个单位同一性质的账套只有 1 个，如地方政府有特别要求单独核算地方财政经费，可以区别经费来源、分项目、单独设置凭证类型核算。账套代码分 3 个字节，以 001 开始，依次递增。001～009 代表事业账套、011～019 代表基建账套，021～029 代表工会账套，031～039 代表企业账套。具体编码规则为：001 事业（含单位各项经费，含中央和地方）、004 事业（省级拨款，仅限省级单位使用，用于原各省财务处转拨经费账户）、005 事业（学会）、006 事业（挂牌 1，括号内注明挂牌单位名称）、007 事业（挂牌 2）；011 基建（含中央和地方）；021 工会；031 企业 1、032 企业 2 等（图 2-1）。

对于账套设置一般系统初始使用时，一次设置完成，不需要每年重新设置，只需要每年进行结转。

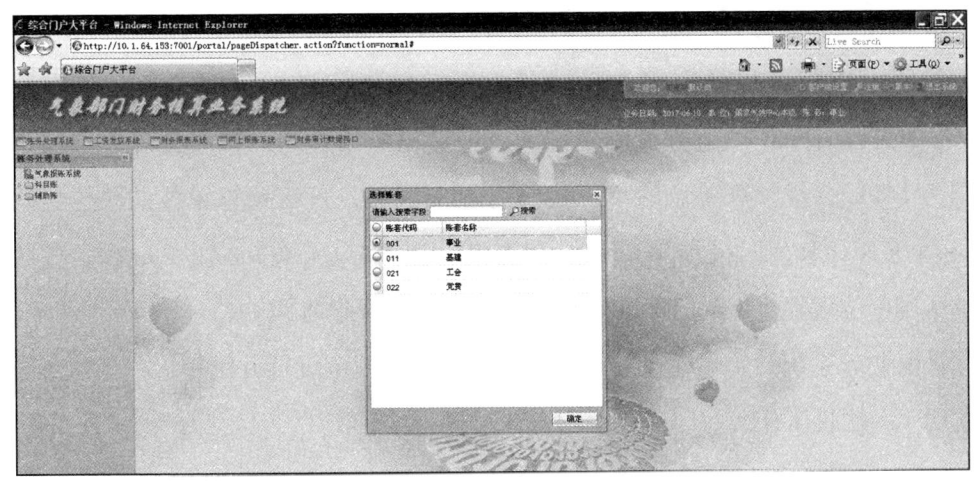

图 2-1　账套设置规则

案例 2-2　会计科目、项目编码规则

从 2012 年起，计财司每年都会下发气象部门系统级项目编码，各单位应对照系统级编码对项目进行编码。项目编码规则为：2-2-2-2-2-2-2，分为 5 个字段：项目起始年份、资金来源、项目属性、项目类型和项目明细分类。二级预算单位应在系统级项目编码基础上对本单位当年所有项目统一确定编码下发，同一个项目在省级单位范围内只能有一个编码。

自 2014 年起，科目编码规则调整为 4-2-2-2-2-2-2-2，计财司要求：

（1）不得自行设置平级科目，但可以增设下级科目；

（2）有辅助核算项的，不再设置明细科目；

（3）按规定横向课题收入应调整为事业收入；

（4）不得设置非标准科目体系类型（如 F 民间非营利组织科目体系，此体系仅限中国气象学会使用）；

（5）小企业科目设置应严格符合标准。

每年由计财业务系统维护人员根据计财司的规范性要求将科目、项目规则统一制作成脚本，下发各省系统维护人员进行更新。更新完成的科目、项目均是系统级，各省不能随意增加平级科目、项目，如果确需增加，只能增加下级科目、项目。

2. 单位信息设置

按照中国气象局计财司相关文件要求,单位信息在计财业务系统中分为3类:中央预算单位、地方编制单位和企业。树形结构为:一级预算单位的单位代码为141,二级预算单位的单位代码为14×××,三级预算单位的单位代码为141××××××,四级预算单位的单位代码为141×××××××××。各单位在给所属单位设置自编码时不能重码,非末级单位要设本级。

计财业务系统初始化时也要根据以上要求进行规范设置并维护,单位树形结构建立属于一次性工作,每年年初由财务人员进行结转。

(二)岗位权限设置

系统首次使用时,系统管理员要进行岗位的设置和人员权限的分配,按照单位业务管理要求、内部控制原则,进行权限分配,岗位人员调整或离岗要及时进行人员权限调整、加强权限管理,是防范资金风险,加强财务管理的重要环节。下面就以计财业务系统人员权限创建为例,具体对操作进行说明。

1. 岗位创建

系统最初要进行岗位的设置,软件预置了一些岗位,如制单、审核、记账等岗位,系统管理员可根据本单位的情况新增岗位(图2-2)。

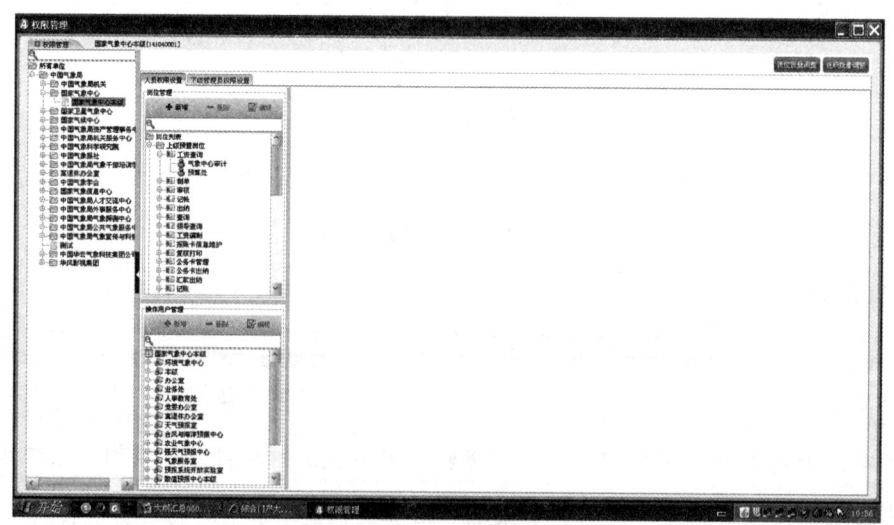

图2-2 系统预置岗位

2. 人员创建

由系统管理员在应用平台进行创建。以系统管理员（sa）身份登录到系统，进入应用平台，打开"权限管理"界面，对指定单位进行人员创建。如图2-3、图2-4所示。

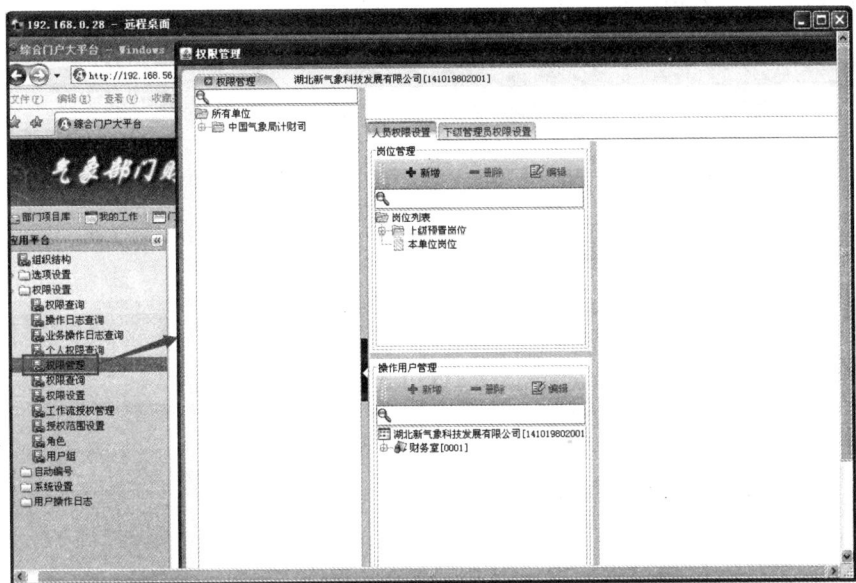

图 2-3　权限管理

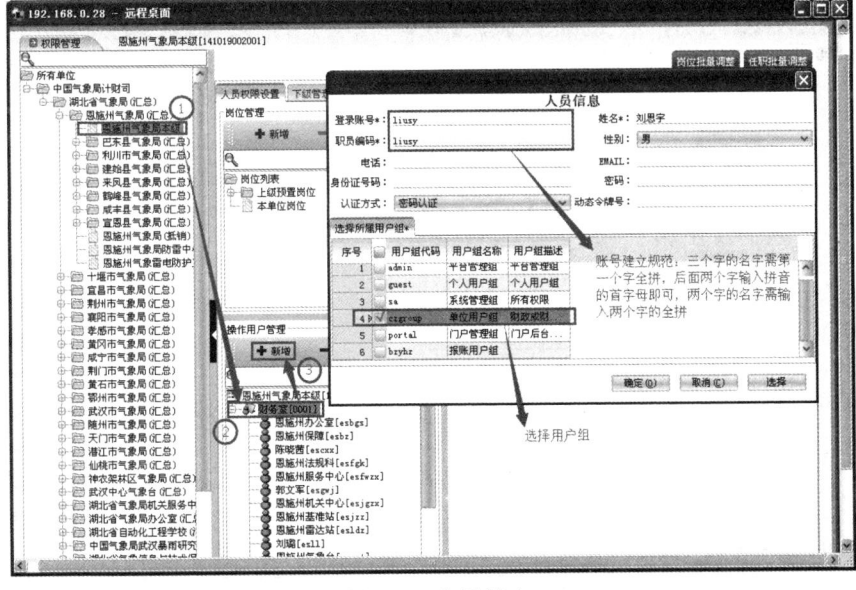

图 2-4　人员创建

3. 人员删除

人员离岗或调整岗位后，要进行调整或删除。在"岗位管理"里，单击相应岗位左边的加号，显示出该岗位下的所有人员，鼠标左键单击选中要删除该权限的对象，单击"删除"按钮即可。删除人员权限时，需要先把对应岗位下的该人员删除，才能再删除该人员。如图 2-5 至图 2-7 所示。

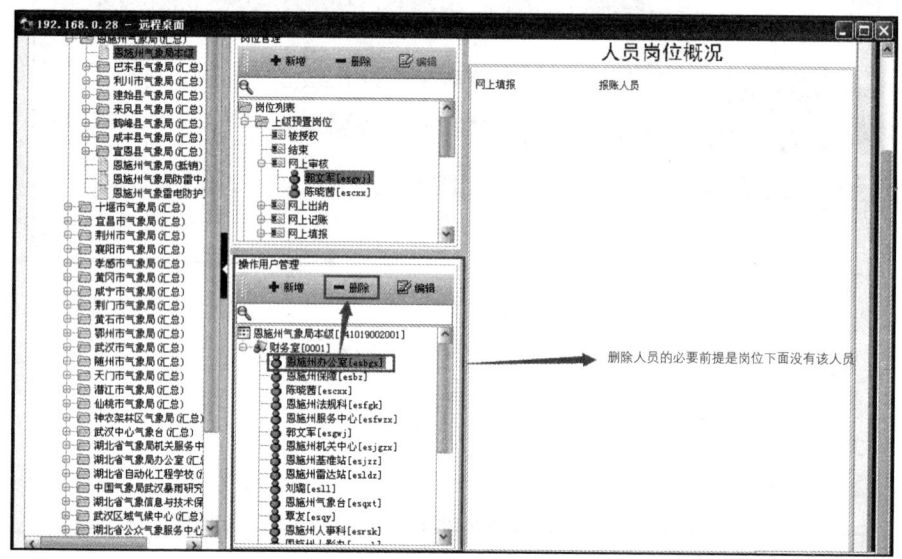

图 2-5 人员删除

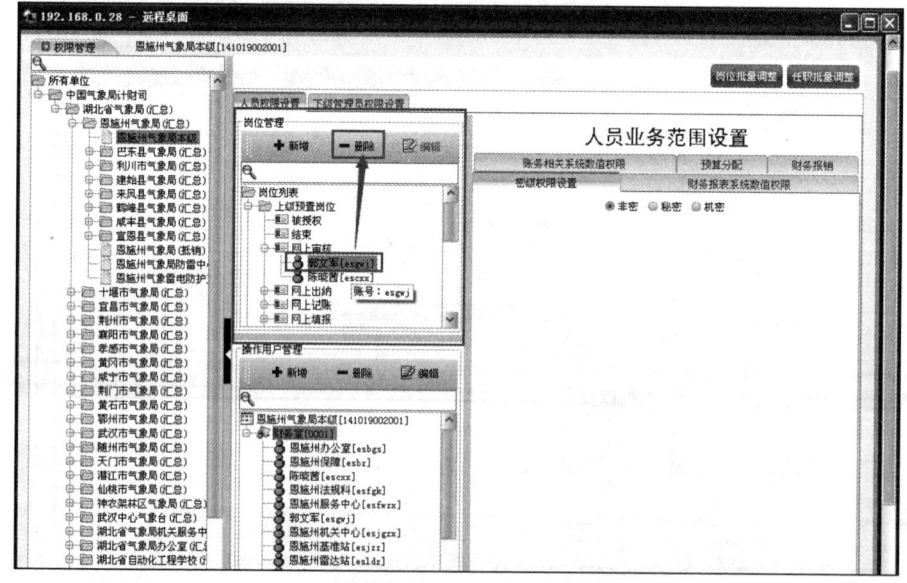

图 2-6 权限删除

第二章 系统初始化设置

图 2-7 岗位职责设置

4. 赋予权限

按住鼠标左键，选中要进行权限赋予的对象，直接拖拽到相应的岗位上即可。

5. 删除权限

在"岗位管理"里，单击相应岗位左边的加号，显示出该岗位下的所有人员，鼠标左键单击选中要删除该权限的对象，单击"删除"按钮即可。如图 2-8 至图 2-10 所示。

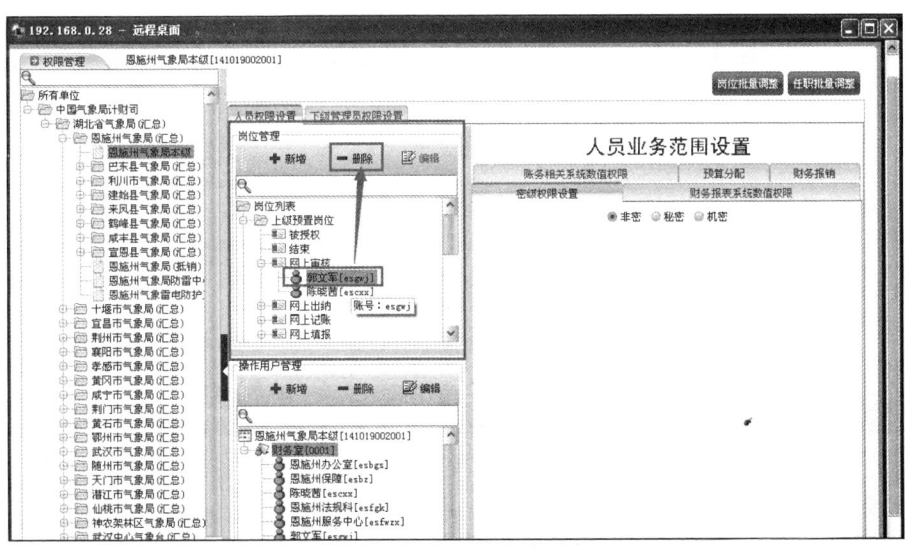

图 2-8 人员业务范围设置

图 2-9 权限设置

注:删除岗位权限只要把要删除权限前面的钩去掉,然后单击保存即可。

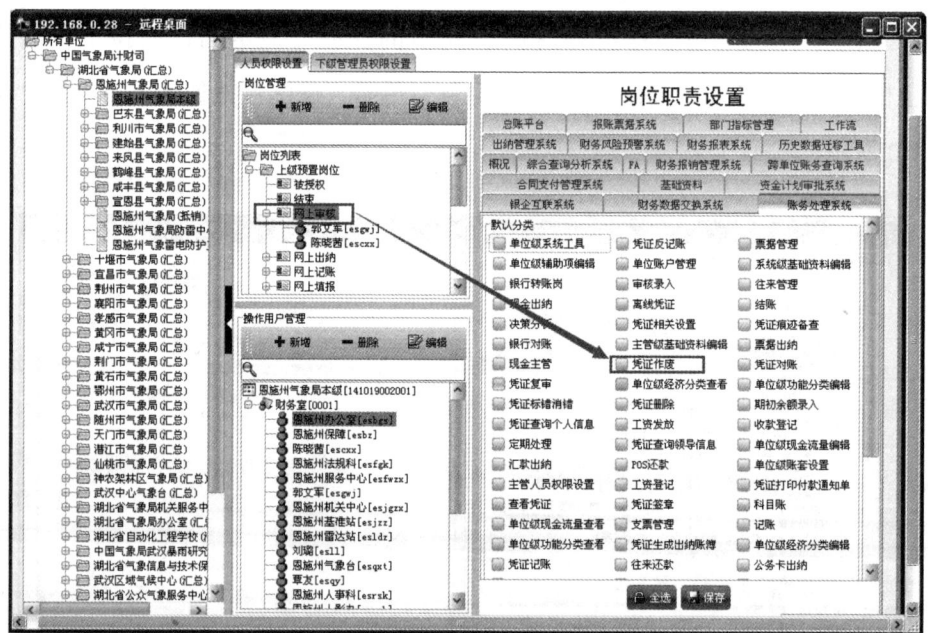

图 2-10 岗位职责设置

注:增加岗位权限,直接在要增加的权限前面选中复选框即可,最后单击保存。

6. 数值权限设置

以"sa"身份登录到系统,进入财务报销管理系统。如图 2-11、图 2-12 所示。

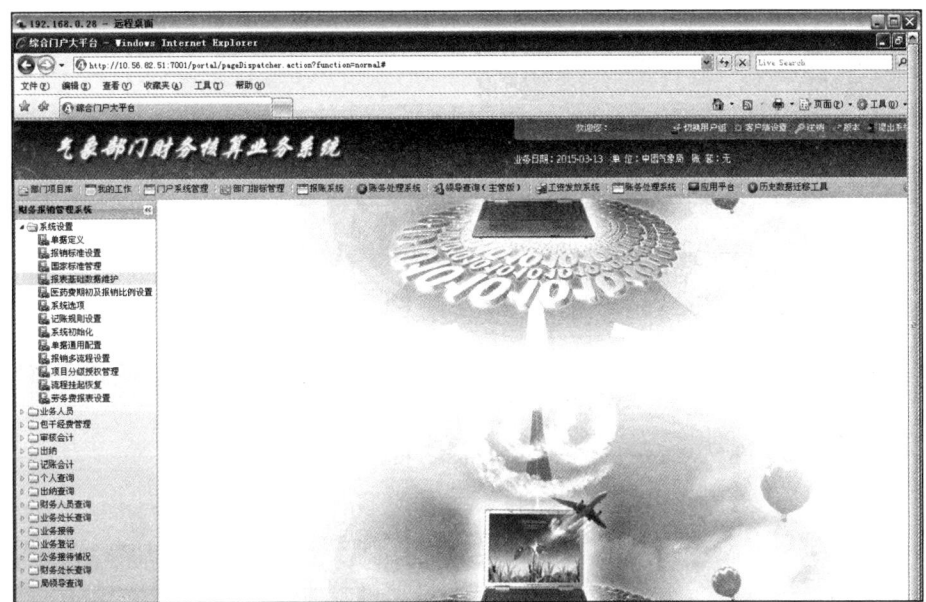

图 2-11　系统截图

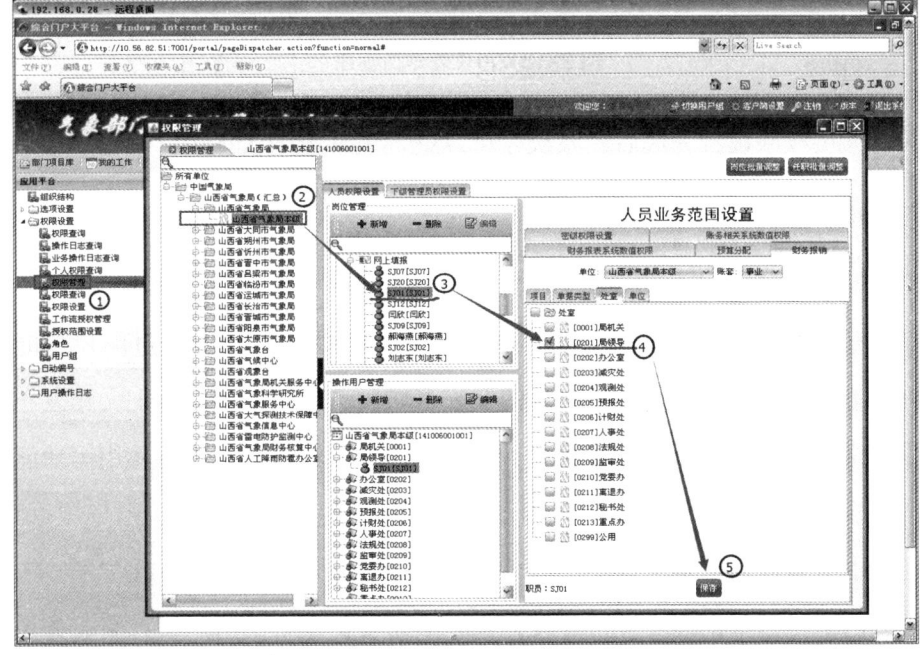

图 2-12　数值权限设置

7. 单位管理员的创建

单位管理员的创建需要在单位汇总栏目下的部门里进行创建，创建后的人员属于单位管理员，单位管理员对该单位和该单位的所有下级单位都有管理的相关权限。

以"sa"账户登录到系统，打开应用平台→权限管理界面，单击某一个单位的汇总条目，进行单位管理员的创建（图 2-13）。

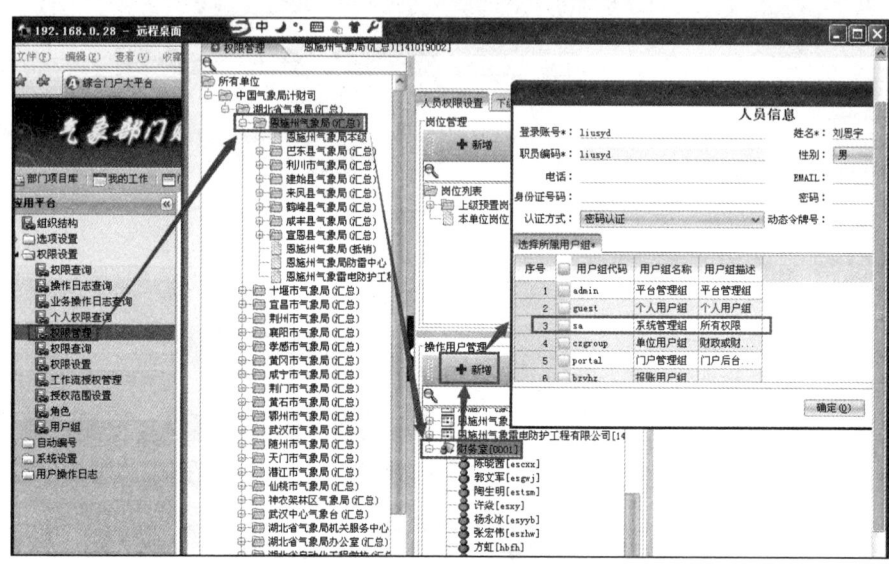

图 2-13　单位管理员创建

只有人员权限设置完成后，系统才可以进入正常使用状态。

（三）系统门户设置

门户是一个 web 应用框架，它将各种应用系统、数据资源和互联网资源集成到一个信息管理平台之上，并以统一的用户界面提供给用户。通过门户功能的设置，可设置系统的名称、登录及首页的 logo，增加菜单和功能，增加文章发布模块并提供搜索功能，增加外部链接模块，为用户提供交流论坛、快捷应用等功能。通过门户的设置，计财管理部门可将管理要求、系统使用通报、相关财务规章制度、系统操作手册等信息发布于系统首页，方便系统使用人员查阅和下载。

综合门户可以根据需要进行开发，如果不需要很复杂的门户，计财业务系统中 A++ 平台自带门户，各省可以根据需要由系统管理员自行添加、设置（图 2-14）。

第二章　系统初始化设置

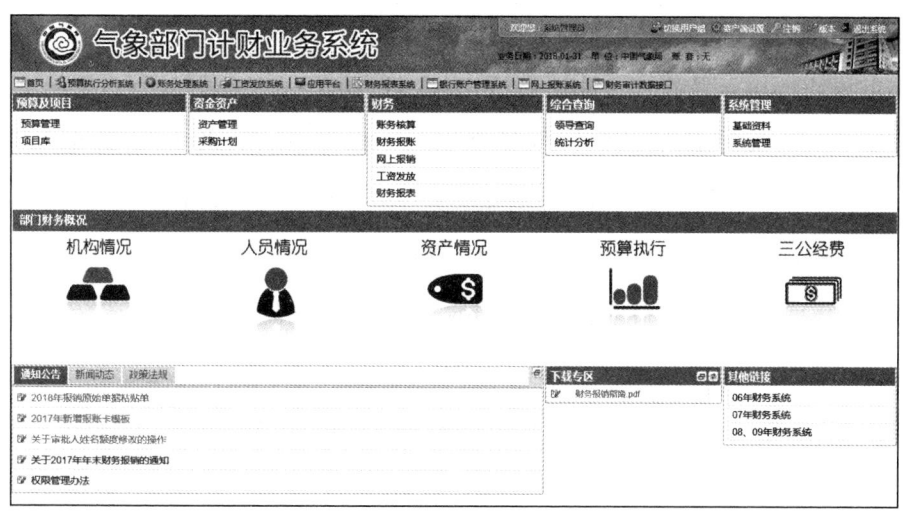

图 2-14　综合门户

1. 综合门户基本配置

基本配置主要设置门户的名称、主题风格、系统 logo、登录设置等。

操作步骤：

系统管理员登录系统，依次打开"门户系统管理"—"门户配置及管理"—"门户基本设置"（图 2-15）。

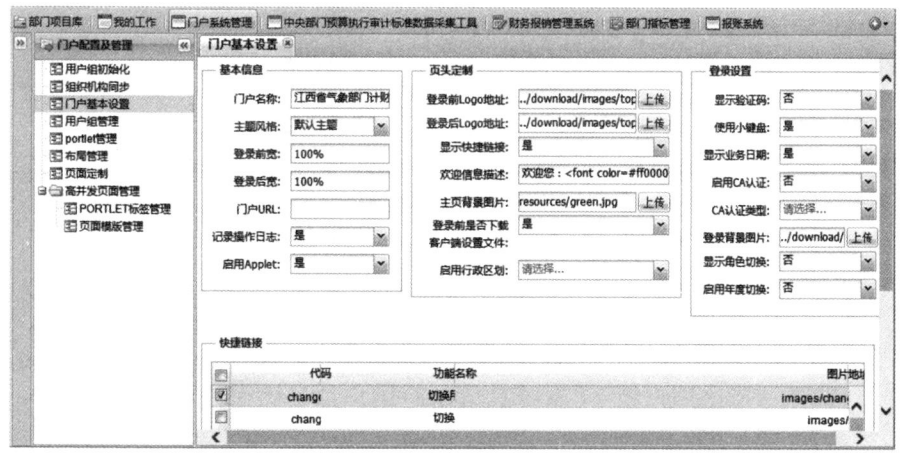

图 2-15　基本配置

门户名称：系统的名称，登录后在网页标题栏显示的系统名称。

门户 URL：一般情况应留空。如果需要设置登录前的门户则将其设置为

033

"/portal/homePage.jsp",并在页面定制中为个人用户组定制一个首页,在首页中添加相关的模块即可。普通登录地址为"userLogin.jsp"。

登录前/后 logo 地址:系统的顶部 logo。也可以直接将 logo 图片文件上传至服务器"/home/weblogic/Oracle/Middleware/user_projects/domains/ufgov/manager/download/images"目录下,替换原目录中的 top.jpg 文件。

登录设置—显示业务日期:选择"是",则在登录界面显示日期选择功能。

登录背景图片:系统登录的背景图片。也可以直接将 logo 图片文件上传至服务器"/home/weblogic/Oracle/Middleware/user_projects/domains/ufgov/manager/download/images"目录下,替换原目录中的 login.jpg 文件。

2. 页面定制

定制用户组的菜单和界面。我们以定制单位用户组登录后的门户为例(图 2-16)。

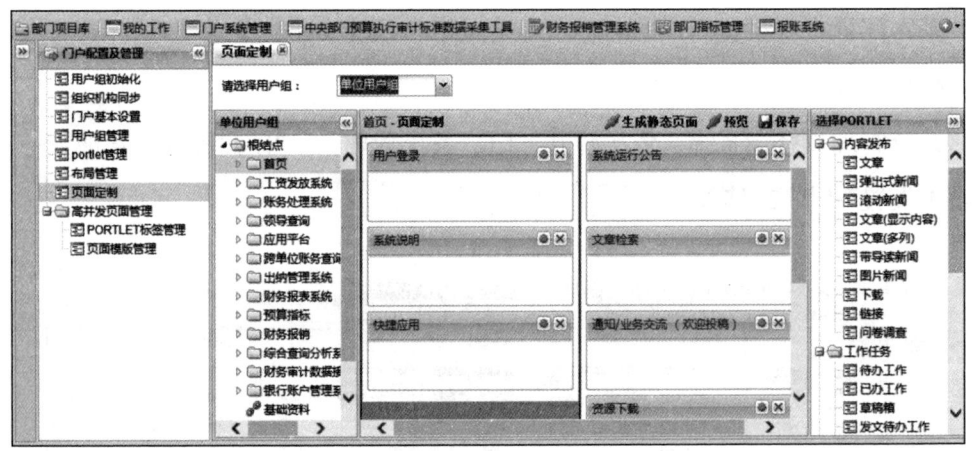

图 2-16　页面定制

操作步骤:

系统管理员登录系统,依次打开"门户系统管理"—"门户配置及管理"—"页面定制"。选择"单位用户组"(系统默认所有用户都是该组人员)。

在"根节点"上单击右键,选择"添加子菜单"(图 2-17)。

菜单名称录入"首页",再单击"保存"。再在"根节点"上单击右键,选择"子菜单排序",将首页的排序号修改为最小值,如"0",单击保存。

双击新增好的菜单"首页",选择布局为"1 行 2 列"(布局可以通过"布局管理"功能进行新增)(图 2-18)。

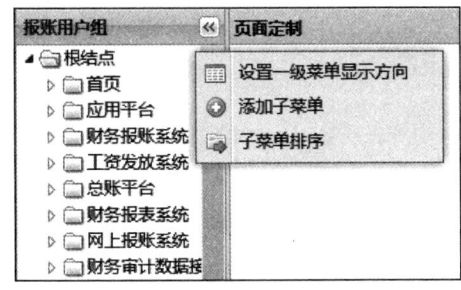

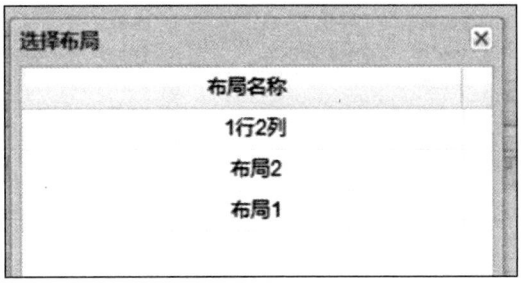

图 2-17　添加子菜单　　　　　　　　图 2-18　选择布局

然后将右侧的 PORTLET 拖入对应的板块，再单击保存。一般可拖入用户登录、文章（显示内容）、文章、下载、链接等功能。

3. 内容和资源管理

通过内容和资源管理，可以发布通知、新闻、上传资料、发布链接等。

操作步骤：系统管理员登录系统，依次打开"门户系统管理"—"内容管理"—"文章管理"，将显示文章列表（图 2-19）。

图 2-19　内容管理

单击"新增"，弹出新增文章界面。录入相关的内容，上传相关附件，单击保存即可（文章中的图片建议通过附件功能上传，然后复制图片的地址，再插入该图片的地址来插入该图片）(图 2-20)。

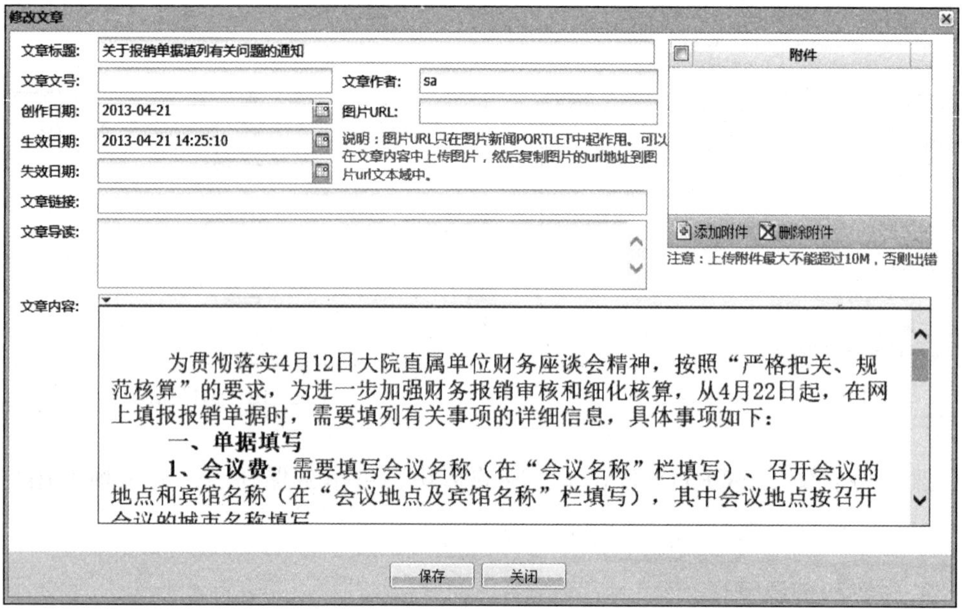

图 2-20 新增文章

在文章列表中，勾选该文章，单击"发布"，在弹出的界面选择要发布的区域，再单击"发布"（图 2-21）。

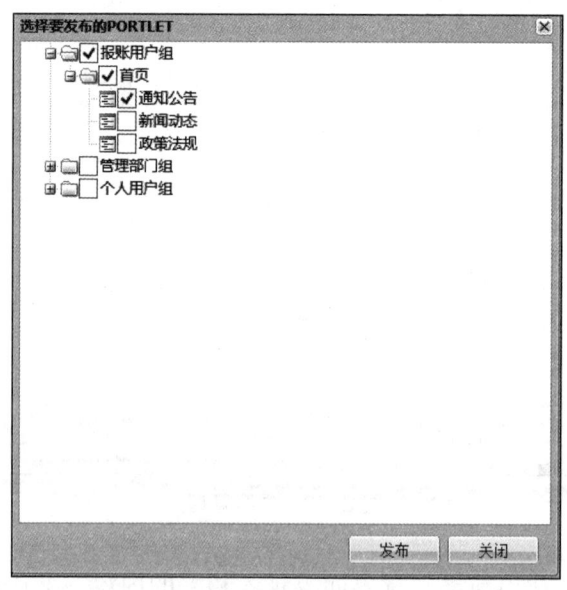

图 2-21 发布文章

通过"内容管理"中的"资源管理""链接管理""问卷管理"等可上传资源、

新增链接等。操作步骤与新增和发布文件类似。

4. 菜单管理

通过门户系统可以定制用户组的导航菜单和功能，添加外部链接。

系统管理员登录系统，依次打开"门户系统管理"—"门户配置及管理"—"页面定制"。选择"单位用户组"，在相应的节点上单击右键，可以添加新的页面菜单、超级链接菜单、系统内的部件菜单。

在"根节点"上单击右键，可以添加一级菜单。例如，可以将资产管理系统、基础资料系统、项目库系统等加入。

另外，在我们增设的"首页"下，可以新增系统中一些常用的功能作为首页的快捷导航。

系统初始化是应用软件运行的基础。它将通用的软件转变为满足特定单位需要的系统，使手动环境下的会计核算和数据处理工作得以在计算机网络环境下延续和正常运行。系统初始化一般在系统初次运行时一次性完成，但部分设置可以在系统使用后进行修改。系统初始化将对系统的后续运行产生重要影响，因此系统初始化工作必须完整且尽量满足单位的需求。

第三章 基础资料

第一节 系统概述

一、总体介绍

基础资料,是指计财业务系统中使用的各种基础信息的总称。用户在计财业务系统中处理各项业务,如预算指标录入、报销单据的填报、记账凭证的录入、资产卡片的登记、项目的填报等,都需要调用单位名称、预算代码、账套等基础信息。可以说,所有的凭证、单据都是由基础资料信息和具体的财务数据信息构成的。对于这些基础资料,为了便于进行统一的设置与管理,计财业务系统提供了基础资料子系统,用于基础信息的存储与调用。

由于计财业务系统功能较多,范围较广,为了便于管理,根据业务性质将各种功能分配在不同的子系统及功能模块中进行维护管理,这样子系统和功能模块都需要调用公共基础资料。本章主要对公共基础资料的内容及操作进行阐述,每个子系统和功能模块的基础资料参见各子系统和功能模块相关章节内容。

二、目的与目标

基础资料子系统是计财业务系统重要的子系统之一,它是计财业务系统运行的基础,是准确了解单位基本信息的重要子系统之一。该子系统包含单位树形结构、单位信息、权限管理等辅助功能模块。基础资料子系统的推广运行,可以进一步规范单位编码、单位基础信息，形成清晰的单位树形结构及准确的单位基础信息，单位树形结构及基础信息在不同子系统及功能模块间互联互通、相互调用，实现各模块间基础数据规范、标准、统一，为计财业务系统建设奠定良好的基础。

规范的基础资料设置既是财务管理工作的基础，也是计财信息化工作的前提。准确设置单位编码、形成清晰的树形结构是其核心内容之一，是逐步展开、深度推进计财业务系统工作，实现不同子系统及功能模块间数据互联互通，各层级数据自动化处理，充分发挥系统效益的关键前提。

第二节 系统架构

基础资料子系统是2017年正式上线运行的，为保证系统的顺利运行，中国气象局资产管理事务中心举办了相关的培训，中国气象局计划财务司下发了《关于核对气象部门计财业务系统单位编码及树形结构的通知》。根据中国气象局计划财务司的要求，中国气象局财务核算中心对气象部门计财业务系统中的单位树形结构设置、账套设置进行了多次核查，规范了单位基础信息的填报与维护。

基础资料子系统主要完成单位树形结构、单位信息的建立与维护等系统录入工作。它的运行统一了气象部门各单位的名称，制定了统一的编码规则，建立了单位树形结构，解决了同一单位在不同信息系统中名称、编码不一致，单位层级不清，单位人员、编制、业务等基础信息不一致的问题。实现了全国气象部门单位信息标准化，完成了单位树形结构管理，提供并预留了与其他子系统的接口功能。主要功能包含单位树形结构、单位基础信息、权限管理（图3-1）。

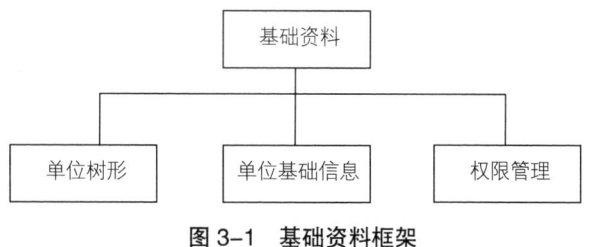

图3-1 基础资料框架

第三节 系统功能

一、单位树形

单位树形是将气象部门纳入财务管理的各级单位,根据中国气象局计财司相关文件要求,按照一定的编码规则完成单位的建立、删除等功能。树形结构包括中央预算单位、地方预算单位和企业,设置规则按照计财司有关文件执行,主要解决了同一单位在不同信息系统中名称、编码不一致,单位层级不清,单位人员、编制、业务等基础信息不一致的问题,实现了全国气象部门单位信息标准化、信息化管理,构建完成了气象部门财务管理完整的单位树形结构,提供了单位新建、删除、下发等功能。

系统登录账户设置为单位预算代码+ca。以××省气象局为例,假设登录账户为1410××ca,初始密码为××××。登录后在单位本级填写相关单位基础信息(图3-2)。

图3-2 基础资料功能菜单

左侧单击"组织结构"即显示出单位树型结构（图 3-3）。

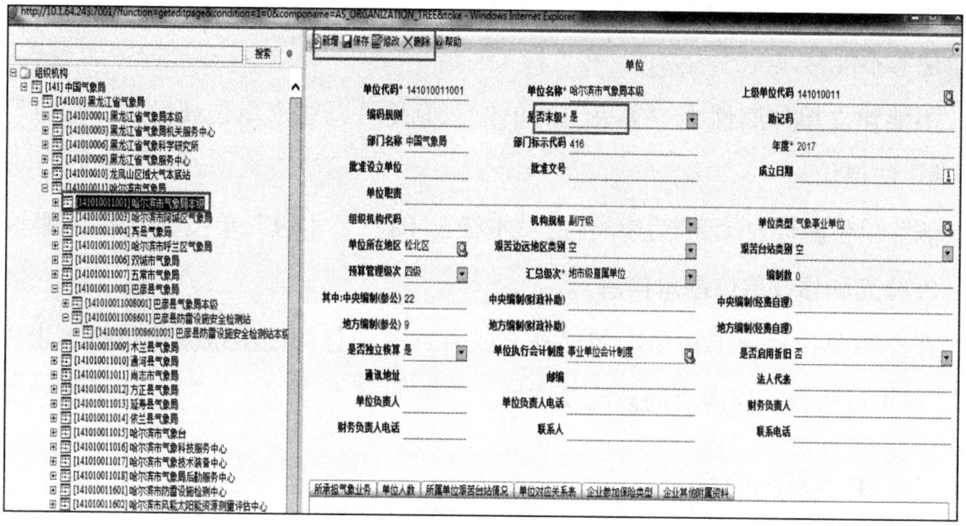

图 3-3 单位树型结构

1. 新增单位

选择所在单位的汇总节点，在右侧单击"新增"，则在下级出现该单位，右侧填写单位代码、单位名称，以及是否末级等信息。

单位必须设立"本级"。因为每个单位存在所属单位"汇总"和该单位"自身"，为区分"汇总"和"自身"，该单位在树形结构中为汇总节点，该单位的本级在树形结构中为该单位"自身"。

部分单位没有下级单位，不存在区分"汇总"和"自身"的情况，这部分单位目前虽无设立"本级"的必要，但今后一旦新成立了下级单位，就必须设立"本级"，为避免因该单位代码在树形结构中的级次发生改变，而影响数据前后一致性及延续性，这部分没有下级单位的单位，也应设立"本级"。

在系统中，新建单位时将自动建立该单位的"本级"单位。

修改本级单位信息时，仅涉及汇总的部分（包括编制数、艰苦台站个数、人数等），会相应按修改后的数据汇总至上一级单位，其余信息的修改不影响上一级单位的信息。

2. 删除单位

删除单位要选择该单位的本级，在右侧单击"删除"，则会自动删除本级及其上级汇总单位。

凡是单位属性为"中央"的，不能删除，名称、组织机构代码、单位编码、上级单位等不能修改。

不能建立单位属性为"中央"的单位，但是可以建立单位属性为"地方"或"企业"的单位。

删除单位时会自动删除该单位的"本级"单位，"本级"单位不能单独删除。

3. 补充和修改单位基本信息

在左侧单位树形结构单击需要补充或者修改信息的"本级"单位，单击"修改"，就可以进行相应内容的修改及维护。

二、单位基础信息

单位基础信息包含名称、代码、单位类型、组织机构代码、法人、台站等基础信息，需要单位自行维护、修改。通过对单位相关信息的维护，可以满足其他子系统和模块的调用需求，也为管理者提供可参考的资料和信息。

1. 单位代码编码规则

中央预算单位代码为中央部门预算系统中的预算编码，不在中央部门预算系统中的，由各单位按现行规则自行确定。

企业单位、地方单位编码按现行财务系统编码规则确定，本级单位编码末3位为001，非本级单位末3位编码不得为001。

案例3-1 山东省气象局本级单位编码为141017001、山东省气象服务中心本级单位编码为141017002001、烟台市气象局本级单位编码为141017009001、长岛县气象局本级单位编码为141017009011001、长岛县防雷中心本级单位编码为141017009011601001，除本级单位以外的单位，末3位编码不得为001，以山东省气象局"单位树"为例（表3-1）。

表3-1 单位代码编码规则

单位代码	单位名称
141017	山东省气象局
141017001	山东省气象局本级

续表

单位代码	单位名称
141017002	山东省气象服务中心
141017002001	山东省气象服务中心本级
141017009	烟台市气象局
141017009001	烟台市气象局本级
141017009011	长岛县气象局
141017009011001	长岛县气象局本级
141017009011601	长岛县防雷中心
141017009011601001	长岛县防雷中心本级

2. 单位名称

事业单位为事业单位法人登记证书所载名称；社会团体为社团组织证书所载名称；企业为营业执照所载名称；无事业单位法人登记证书的，为中央部门预算系统中的名称，本级单位的名称为"单位名称"+"本级"。

3. 上级单位代码

为该单位的上一级单位代码，由系统自动生成。

4. 编码规则

按照确定的规则，由系统自动生成。

5. 是否末级

选择"是"或"否"。本级单位一律为"是"，其他单位一律为"否"。

6. 部门名称

中国气象局。

7. 财政年度

为单位树形结构使用的年份。

8. 批准设立单位、批准文号、成立日期

批准成立该单位的机关（企业、社团组织为注册登记机关）、批准文号和批准日期。中央预算单位中，因历史原因无法确定批准单位的，省级气象局填"中国气象局"，省级气象局直属单位、地市和区县气象局填所在省的省级气象局名称。因历史原因无法确定批准文号、批准日期的，批准文号、成立日期不填。

9. 单位职责

单位职责的概括，企业为营业执照所载经营范围的概括。字数控制在250字以内。

10. 单位类型

按系统选项分中央、地方、企业三大类下所列单位类型进行选择。其中，河北、安徽、湖北、四川、新疆5所中专学校为"中央—事业单位—教育事业单位"，一院八所为"中央—事业单位—科学事业单位"。企业按现企业报表中企业类型选择。

11. 组织机构代码

事业单位法人证书所载的组织机构代码（企业为营业执照所载的统一社会信用代码）。

12. 编制数

编制数、中央编制（参公）、中央编制（财政补助）、中央编制（经费自理）、地方编制（参公）、地方编制（财政补助）、地方编制（经费自理），分别为该单位本级的相关编制数，如无相应编制则为0。

注：编制数涉及汇总，因此修改编制数需要在最末级修改（该单位的本级单位修改）。另外，新建单位时所填列的编制数将由系统转存至该单位的本级单位（仅限新建单位第一次保存）。

13. 预算管理级次

仅中央单位填列，地方、企业单位不能填列。按现行部门预算系统中中央预算单位级次选择。

例如，新建中央预算单位时默认为"四级"，可以修改，但不能选择"无"；新建地方单位、企业时默认为"无"。

14. 管理级次

即汇总层级，按系统所列选项选择。

例如，山东省气象局选择省级、山东省气象局本级选择省级本级。选项包括国家级、国家级本级、国家级直属单位、省级、省级本级、省级直属单位、地市级、地市级本级、地市级直属单位、区县级、区县级本级、区县级以下。

15. 单位执行会计制度

单位所执行的会计制度类型，按系统所列选项选择，应与现行财务系统中单位（本级）所使用的会计制度一致。

16. 单位所在地区

单位事业单位法人证书、营业执照登记地址所在地的行政区划，在系统中选择。

17. 法人代表等

法人代表、通信地址、邮编、单位负责人、单位负责人电话、财务负责人、财务负责人电话、联系人、联系电话、机构规格，在系统中选择或自行按实际情况填列。

18. 独立核算、折旧、艰苦边远地区和台站

台站类别：是否独立核算、是否启用折旧、艰苦边远地区类别、艰苦台站类别，该单位的本级是否独立核算、是否计提固定资产折旧、艰苦边远地区类别、艰苦台站类别，分别在系统中选择。

19. 补充资料

分"承担业务""企业参加保险类型""单位对应关系表""单位人数""企业其他附属资料""所属艰苦台站情况"6项。其中：

（1）"承担业务""单位对应关系表"不填列；

（2）"企业参加保险类型""企业其他附属资料"在系统中选择填列；

（3）"单位人数"不填列，由系统自动从工资系统中读取并汇总；

（4）"所属艰苦台站情况"按单位本级所属未在树形结构中建立的艰苦台站个数、在职人数、离退休人数填列。

注：个数、在职人数、离退休人数涉及汇总，因此修改需要在最末级修改（该单位的本级单位修改）。另外，新建单位时所填列的个数、在职人数、离退休人数将由系统转存至该单位的本级单位（仅限新建单位第一次保存）。

例如，本级单位（末3位编码为001的单位）可录入"个数""在职人数""离退休人数"，非本级单位不得录入。

非末级单位的"个数"为：该单位所有下级单位的本级单位（包括该单位本级）中，单位类型为"中央"、"艰苦台站类别"不为"空"的单位数汇总+所有下级单位中单位类型为"中央"的本级单位所录入的"个数"。按一类至六类分别累加。

非末级单位的"在职人数"为：

第一种情况：该单位所有下级单位的本级单位（包括该单位本级）中，单位类型为"中央"、"艰苦台站类别"为"空"的单位，录入的"在职人数"。分一类至六类分别累加。

案例 3-2 B 为 A 的本级单位，B 的艰苦台站类别为空，在编在职人数为 30 人，B 录入所属单位艰苦台站类别为：六类 3 人，三类 8 人，一类 5 人，则 A 单位为：六类 3 人，三类 8 人，一类 5 人（均由系统自动计算）。

第二种情况：该单位所有下级单位的本级单位（包括该单位本级）中，单位类型为"中央"、"艰苦台站类别"不为"空"的单位，其"在编在职人员"减去录入的"在职人数"（一类至六类之和），加录入的相同类别的"在职人数"。分一类至六类分别累加。

案例 3-3 B 为 A 的本级单位，如果 B 的艰苦台站类别为六类，在编在职人数为 30 人，B 录入所属单位艰苦台站类别为：六类 3 人，三类 8 人，一类 5 人，则 A 单位为：六类 17 人（即 30-3-8-5+3），三类 8 人，一类 5 人（均由系统自动计算）。

非末级单位的"离退休人数"同"在职人数"。

三、权限管理

基础资料子系统与其他子系统一样，各单位初次使用时，都要进行权限设置，将系统不同的岗位赋予相关的使用者，一是便于系统的管理，二是保证系统信息的安全。只有权限设置完成，系统才能正常使用。

案例 3-4　以浙江省为例进行相应的权限设置

首先，使用系统管理员账号登录系统（图 3-4）。

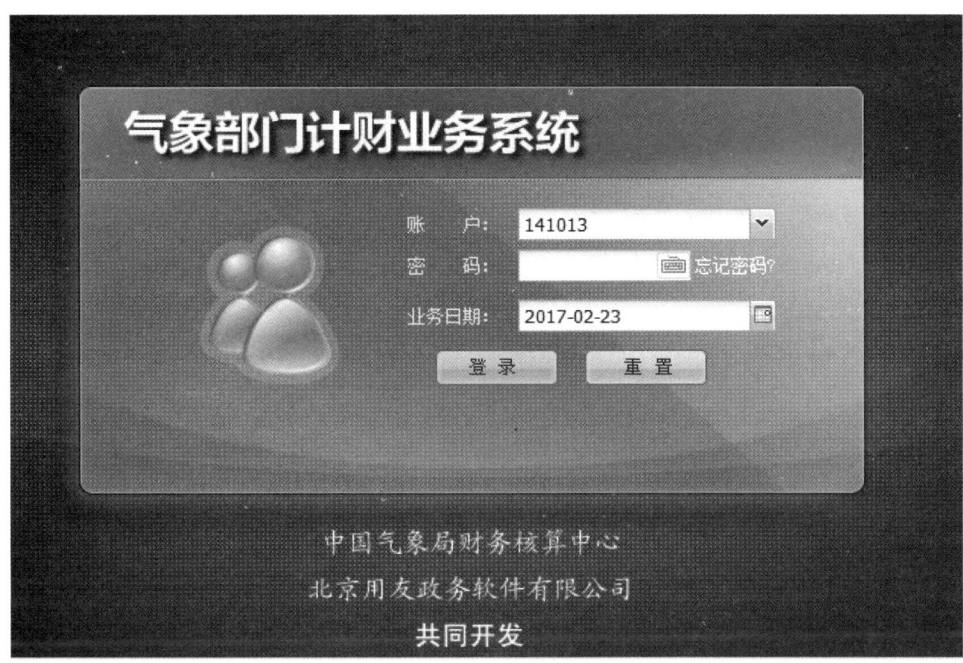

图 3-4　登录界面

单击"应用平台"模块，双击打开"权限设置"目录下的"权限管理"功能，选择"汇总"节点单位，做相应的权限设置（图 3-5）。

图 3-5　权限设置 -1

其次，进行岗位权限设置。单击"权限管理"窗口，在左侧选择需要设置的单位（"汇总"节点），然后选择"下级管理员权限设置"岗位列表中的"单位管理员"，然后再将该用户拖至单位管理员岗位即可（图3-6）。

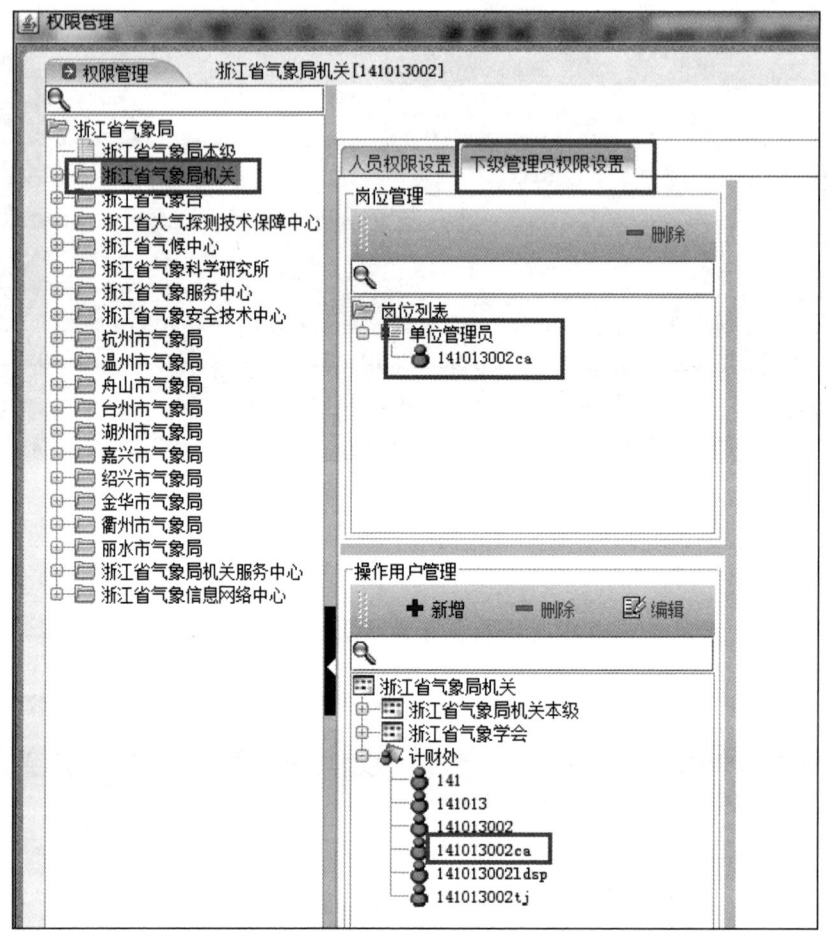

图 3-6　权限设置-2

注：目前，各单位基础资料系统管理员权限未下放，由中国气象局资产管理事务中心运维统一管理，批量增加。

完善、准确的基础资料信息，是系统正常运行的基础，也是保证财务数据准确性、可用性的前提，因此，基础资料子系统中单位的建立、删除，信息的填写等都是重要的基础工作。尤其是单位的层级，必须按照中国气象局的要求建立，否则将影响其他子系统和功能模块的调用及全国财务数据汇总的准确性。

第四章 预算指标

第一节 系统概述

一、总体介绍

气象部门预算是依照本部门职能需要，按照统一的预算编制方法，由基层单位进行编制，逐级上报、审核、汇总后，报送财政部门审核并经过全国人民代表大会审议批准的法律文件。气象部门预算综合反映了本部门在预算年度内所有的收入和支出预算，具有法定效力，贯穿于单位各项业务活动事前、事中和事后的全过程。按照《预算法》要求，气象部门所有收支全部纳入预算管理。收入预算应将中央财政拨款、地方财政拨款、事业单位经营性收入、往来收入、其他收入、上年结转、事业基金弥补收支差额全部纳入预算管理。支出预算要与收入预算匹配，要坚持厉行节约、量入为出的原则，将各项支出全部纳入预算。单位要严格界定基本支出和项目支出，基本支出中人员经费和日常公用经费支出范围，合理确定支出预算规模，各项支出不得相互挤占、挪用。各单项支出要按照规定的标准测算，不得超标准、超范围编制支出预算。根据《行政事业单位内部控制规范》，预算控制作为有效的控制方法之一，在单位经济活动中发挥着事前计划、事中控制、事后考核评价的作用。单位收支业务、政府采购业务、建设项目等各项经济活动都需强化预算约束，严格按照预算执行。例如，单位办理资金支付业务、政府采购之前，须先查看有无预算，在预算批复的额度和规定的开支范围内，办理采购手续，完成支出。预算指标管理模块通过将指标下达、指标分解细化、指标调剂、指标增加、指标减少等业务流程固化于计财业务系统，实现了单位在预算批复、预算细化、预算审核、预算执行、预算调整等工作环节中的审批控制和岗位分离管理。气象部门以经人大批复的部门预算为依据，可通过预算指标管理模块从一级预算单位—二级预算单位—三级预算单位—四级预算单位层层下达。各级预算单位按照"简明实用、口径清晰、保持衔接"的原则，结合工作计划对预算指标进行分解细化，形成了各项与报销系统相衔接并可对照执行的指标，便于单位在工作中执行预算的可操作性更强。

单位预算是对业务规划的量化，预算指标细化的过程明确了业务规划与预算执行的责任主体，从而确立了预算主体内部的管理责任。预算指标管理模块与工资发放、会计核算、资产管理、项目库等子系统或模块相衔接，通过数据分析，可以为管理者提供预算执行结果分析及其他管理所需的决策数据。单位通过在预算指标管理模块设立预算指标控制方案，可以实现对各项收支的事前、事中控制。单位将预算指标管理模块与报销子系统、会计核算数据对接，指标层层分解后，管理部门可随时监控各单位预算执行情况，单位内部预算责任主体也可以根据预算指标，对预算执行全过程进行监控，并对预算执行结果进行分析评价。细化的预算指标可以规范和加强气象部门预算管理，提高资金使用效益，进一步推进气象部门预算管理改革，使气象部门预算管理更加规范化、标准化，对提高部门预算管理水平、提高预算资金使用效益发挥重要的基础作用。

二、目的与目标

通过预算指标管理模块与工资、账务、资产、项目库等模块的衔接，以满足决策分析、风险预警为导向，形成控制数下达、执行控制、绩效考评的闭环管理体系。在预算编制、定额标准和控制数测算、预算审核、预算批复及调整、预算指标分解、预算执行控制、预算分析、绩效考核全过程中，实现信息化、标准化、流程化管理，全面提升部门预算规范化管理水平。

通过预算指标管理模块的应用，强化单位的预算主体责任意识，预算指标的细化分解，明确了承担部门和相关人员的责任，有利于树立管理者与职工的预算意识。

通过预算指标管理模块的应用，强化预算刚性约束，单位将预算模块与报销系统、会计核算系统数据对接,对支出实现了事前、事中控制,建立了"先有预算,后有支出"的刚性约束机制。

通过预算指标管理模块的应用,提升预算编制科学化、精细化水平,预算执行结束后,对预算指标与预算执行结果进行差异性分析,查找产生差异的原因,改进预算编制方法。

通过预算指标管理模块的应用,促进绩效目标的顺利实现,在预算执行中,可建立预算指标执行情况与绩效目标跟踪监控机制,对绩效目标运行情况进行跟踪管理和督促检查,发现绩效运行目标与预期绩效目标发生偏离时,及时采取措施予以纠止。

三、架构及流程

1. 系统组织架构

系统的组织架构主要包括指标综合管理、指标审核和查询报表三大部分。指标综合管理包含指标的新增、分解、调剂,指标的控制方式等。指标审核主要包含对指标新增、分解、调剂业务的审核。查询报表主要包含指标执行情况的查询(图4-1)。

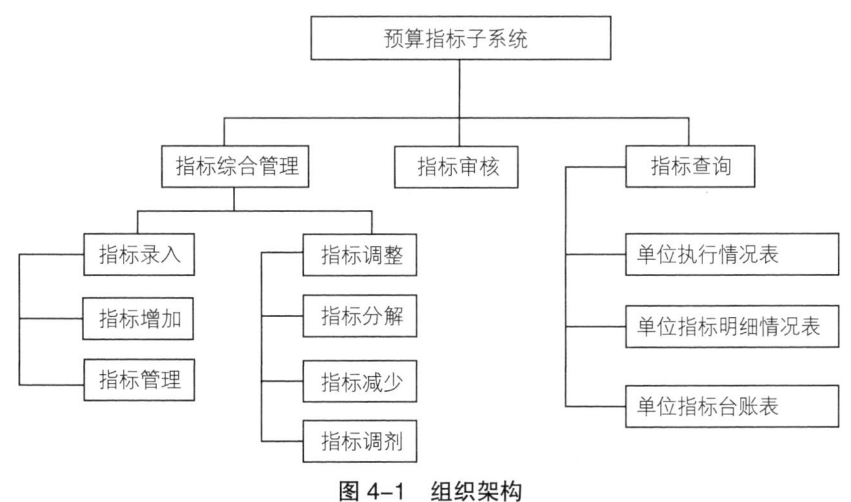

图 4-1 组织架构

2. 业务流程

预算指标管理模块的业务流程主要为年初录入/批量导入预算指标→指标分

解→指标审核→执行过程中的指标调整→查询执行结果（图4-2）。

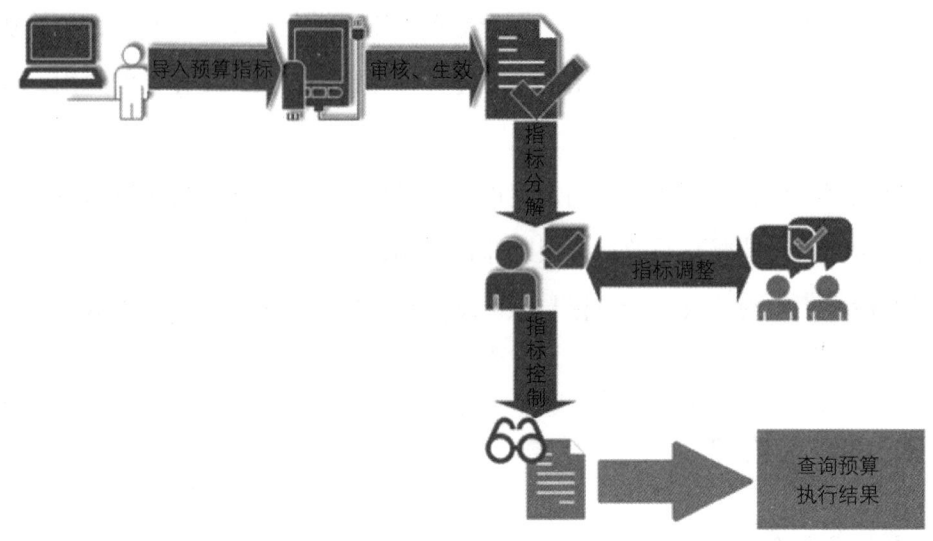

图4-2 业务流程

第二节 系统功能

《行政事业单位内部控制规范》第二十一条规定："单位应当根据内设部门的职责和分工，对按照法定程序批复的预算在单位内部进行指标分解、审批下达，规范内部预算追加调整程序，发挥预算对经济活动的管控作用。"预算内部审批下达作为《行政事业单位内部控制规范》中一项有效的控制措施，有利于强化预算约束，发挥预算对单位经济活动的管控作用，同时也为提高预算执行的有效性奠定了基础。

根据《行政事业单位内部控制规范》关于实施预算内部审批下达的要求，各级预算单位应当按照法定程序批复的预算和单位内部各业务部门提出的支出规划，将预算批复指标按照部门、项目进行分解，下达至各业务部门，将预算责任落实到业务活动的各个环节及相关岗位。省级计财管理部门可结合本省实际，确定指标下达方案。在实务工作中，管理部门可以一次性将指标下达到相应的业务部门，明确资金来源；也可以先下达预算总额度，在预算执行中履行指标申请与审批程序，分批下达细化的预算指标,保留适当的灵活性,避免频繁地进行指标调整。

省级计财管理部门可结合本省实际,制定本省预算指标管理流程和审批权限,利用计财业务系统预算指标管理模块中的指标导入、新增、分解、调整等功能,将内部控制中"预算内部审批下达"这一控制措施固化到系统中,提高单位预算编制的规范性、科学性和预算执行的有效性。

一、基层单位指标管理

省级预算指标管理模块主要包含预算指标新增、预算指标分解和预算指标调整3个方面。这3个方面相辅相成,共同作用,构成了一套完整的预算指标管理系统。

预算指标新增。预算指标新增有两种方式,一种是通过录入新增指标业务单据实现指标新增,另一种是年初初始化时,通过年初预算导入功能,导入预算指标。录入的指标如果发现错误,可以对单据进行修改或者删除。导入的指标无法直接修改或删除,只能通过后台操作数据库进行。按照实施的主体区分,预算指标新增可由基层预算单位自行新增或由省局统一导入。自行新增指标是指由基层预算单位自行录入或者导入年初预算指标,省局统一导入指标是指由省局的系统管理员或者预算管理人员按统一的表格将全省所有单位的预算指标导入系统。单位自行新增指标需要有专人对录入的指标进行审核,检查录入的指标是否与批复的预算一致。省局统一导入指标需要由省局统一设计指标导入模板,由基层预算单位根据模板进一步细化指标的其他资金来源构成情况,再由省局统一导入系统,采取这种模式需要省局有专人对部门预算进行导出、整理并导入系统,以确保所有单位的预算指标和批复的预算一致。

预算指标分解。预算指标分解又称为预算指标细化,是指将预算指标细化至子项目、部门、经济分类的过程。如果系统导入的预算指标为二级项目,需要单位首先将其分解为三级项目。"三公经费"需要分解至对应的款、项、经济分类。预算指标的分解可由基层单位进行分解,上级管理部门进行审核。

预算指标调整。预算指标调整是指在预算执行过程中,预算指标的新增和减少、预算指标之间互相调剂等业务。在预算执行过程中,如有追加预算,可由单位新增、省局审核，或者由省局统一导入。如果预算指标细化至经济分类的款级，在预算执行过程中，经济分类的款级（不含三公经费）之间需要调整，可以通过预算调剂业务进行预算指标调剂，由单位申请预算调剂，上级单位审核完成。

案例 4-1　江西省气象局指标管理模式

2017 年，江西省气象局在对预算指标管理模块进行初始化时，结合《预算法》《行政事业单位内部控制规范》要求，充分利用计财业务系统预算指标管理模块规范本省预算指标下达、分解细化、调整的程序和权限，研究确定了适合本省实际的预算指标管理模式和流程。

部门预算批复下达后，中央财政资金的预算指标由省局系统管理员直接导入系统，其他资金预算由系统管理员从中央部门预算系统导出电子表下发给各单位，待各单位细化资金来源并在系统中增加项目代码和名称后，再由省级系统管理员统一导入系统。各单位在预算执行过程中发生的预算追加和调减，由单位发起申请，省局统一审批，完成相应的预算指标调增或调减。

各单位将省局导入的预算指标（含资金来源、功能分类、项目代码、支出类型、金额）细化至经济分类，省局机关及直属单位的预算细化由各预算单位完成，计财处审核。县局的预算细化由县局细化，市局审核。

关于预算调剂，省局机关及直属单位的预算调剂由单位申请，计财处审核。市县的预算调剂由市县调剂，市局审核（图 4-3 至图 4-5）。

按照以上方案和流程，江西省气象部门 2017 年的预算指标在较短的时间内完成了录入和细化，确保了计财业务系统的报销在规定的时间内上线。

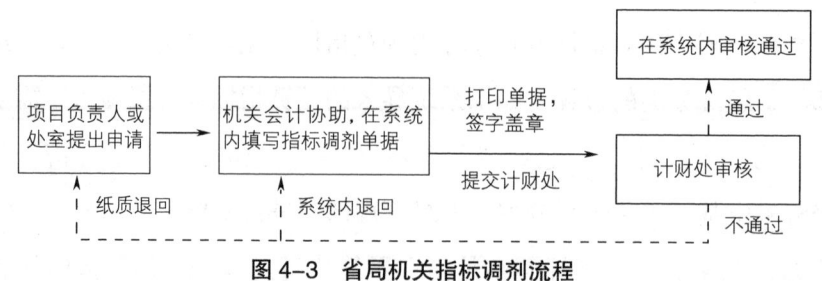

图 4-3　省局机关指标调剂流程

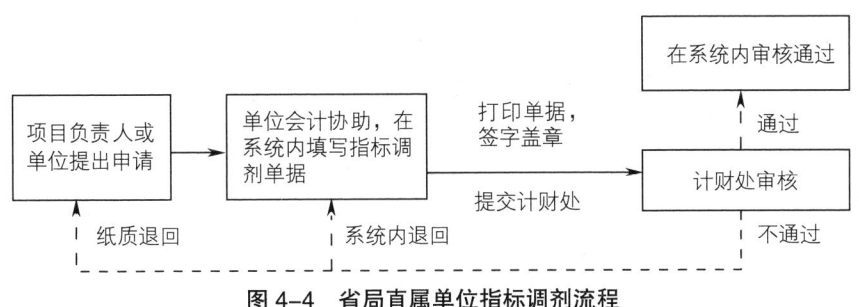

图 4-4　省局直属单位指标调剂流程

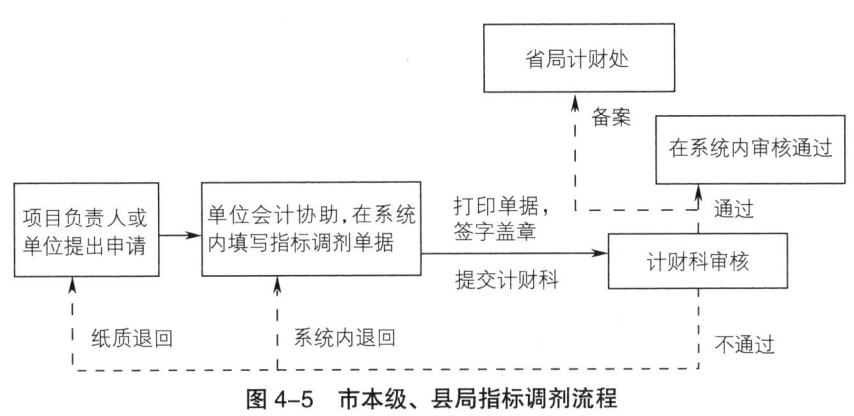

图 4-5　市本级、县局指标调剂流程

二、预算指标执行控制

《中华人民共和国预算法》第十三条规定："经人民代表大会批准的预算，非经法定程序，不得调整。各级政府、各部门、各单位的支出必须以经批准的预算为依据，未列入预算的不得支出"。

《行政事业单位内部控制规范》第十二条第四款规定："强化对经济活动的预算约束，使预算管理贯穿于单位经济活动的全过程。"

（一）控制范围

气象部门经财政部批复的部门预算应纳入控制范围。控制的资金来源是全口径，除了中央财政拨款预算，还应包含其他资金来源预算。按支出类型划分，除了应控制基本支出和项目支出，还应控制经营支出、上缴上级支出、对附属单位补助支出等。

部门预算批复中资金来源分为中央财政拨款和其他资金，功能分类支出科目细化至项级，经济分类支出科目细化至类级，所以预算执行至少应按资金来源、项目、功能分类项级及经济分类类级进行控制。

"三公经费"作为重点支出费用，部门预算批复中单独进行了列示，这部分支出科目的预算指标应细化"三公经费"的款级经济分类，控制属性应设置为刚性控制。其他款级经济分类科目，可以由单位根据管理需要，自行确定是否进行进一步细化和控制。考虑到要进一步提升预算编制的精细化水平，预算执行应和预算编制相统一，细化其他款级经济分类并进行支出控制，有利于逐步提升预算的管理水平。

部门下属企业、工会、学会等单位预算可根据其管理需求自行研究是否纳入控制范围。

（二）控制方式

指标的控制方式是指在预算执行过程中对超预算支出的处理方式。指标控制方式分为提醒、禁止和不控制三种方式（图4-6）。

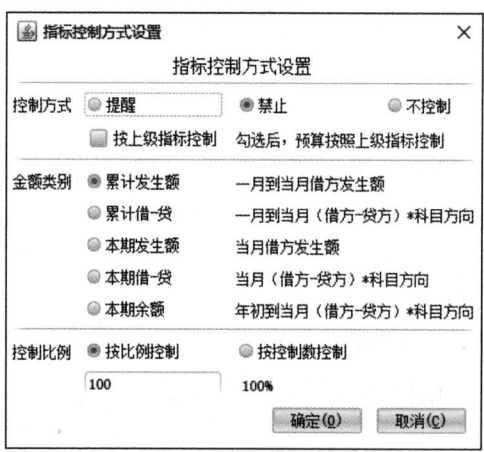

图4-6 指标控制方式

提醒方式是指在报销或者录入会计凭证时，如果当前报销金额和支出分录金额超过当前指标的余额，系统将弹出一个提示框，提醒当前指标已经超支。用户确认以后，报销单可以正常保存并流转，凭证可以正常保存。

禁止方式是指该项预算指标采用刚性控制，经办人在报销或者录入会计凭证时，如果当前报销金额和支出分录金额超过当前指标的余额，系统将弹出一个提示框，提醒当前指标已经超支，用户确认以后，报销单和凭证无法保存。

不控制方式即不纳入刚性控制范围，在报销或者录入会计凭证时，如果当前报销金额和支出分录金额超过当前指标的余额，不进行任何的提示。

（三）控制方案

控制方案是指对预算指标的控制方式的集合。按照指标控制方式的属性和覆盖面，可将控制方式分为刚性控制、一般控制和弹性控制3种模式。

刚性控制是指对所有的指标进行严格控制，适用于已经将所有预算指标细化到了经济分类的款级甚至更细的单位。该种方式对单位的预算编制水平要求较高，在年初编制预算时必须考虑到所有的开支项目，准确预测各类资金来源收入。该种控制方式不仅能控制无预算项目不得支出，同时还能对该项目预算的款级支出经济分类进行控制。如果预算编制不够精准而使用该种方式，将导致在预算执行过程中需要进行大量的预算指标调剂操作。

一般控制是指将预算指标按项目设置为禁止控制方式，包含中央财政项目和其他资金项目，同时"三公经费"进行严格控制，对其他已经细化的款级经济分类预算指标设置为提醒或者不控制方式。该种方式对单位的预算编制水平要求高，在年初编制预算时应将所有的项目纳入部门预算。该种控制方式能控制无预算的项目不得报支。

弹性控制是指仅将中央部门预算和中央财政"三公经费"支出预算设置为禁止控制方式，其他预算指标设置为不控制。该种方式按中央财政的项目控制预算指标，在预算执行过程中基本不存在预算调剂的业务。

案例4-2　江西省气象局指标控制方案

江西省气象局在编制2017年部门预算时，细化了经济分类的款级，要求各单位必须从款级科目开始编制预算，准确预计地方财政、事业收入、用事业基金弥补收支差额等其他资金的收入来源（图4-7）。

表2-2 公用支出预算明细表

单位：万元

单位		支出类型	功能分类		经济分类		支出内容		年度支出合计	资金来源											用项目资金在项目支出中弥补	事业基金（以前年）	无资金来源
										上年结转			当年收入										
名称	代码		名称	代码	名称	代码	支出项目	详细说明及测算标准		中央财政（结转）	地方财政（结转）	其他资金（结转）	中央财政	地方财政	事业收入	经营收入	附属单位收入	其他收入	上级补助	事业基金（弥补结余）			
1	2	3	4	5	6	7	8	9	10	11	12	13	14	15	16	17	18	19	20	21	22	23	24
			合计						71.43	0	0	0	46.3	0	16.6	0	0	0	0	8.49	0	0	0
江西省气象科学研究所本级	141016015001	公用经费	气象事业机构	2200504	办公费	30201	日常办公消耗用品		5.51				5.07		0.44								
江西省气象科学研究所本级	141016015001	公用经费	气象事业机构	2200504	办公费	30201	订阅杂志、报刊书籍		0.7				0.7										
江西省气象科学研究所本级	141016015001	公用经费	气象事业机构	2200504	办公费	30201	单位购买茶叶水等		0.5				0.5										
江西省气象科学研究所本级	141016015001	公用经费	气象事业机构	2200504	电费	30206	日常办公用电		11.4				11.4										

图4-7 预算编制表样

2017年在对计财业务系统初始化时，确定继续沿用刚性控制的控制方案，要求所有单位将批复的预算细化到资金来源和经济分类，并对所有的预算指标采取了禁止控制方式。同时在报销系统中按照经济分类对应会计科目设置自动记账规则，减轻记账会计错误率，将会计的职责提前到预算审核（图4-8）。

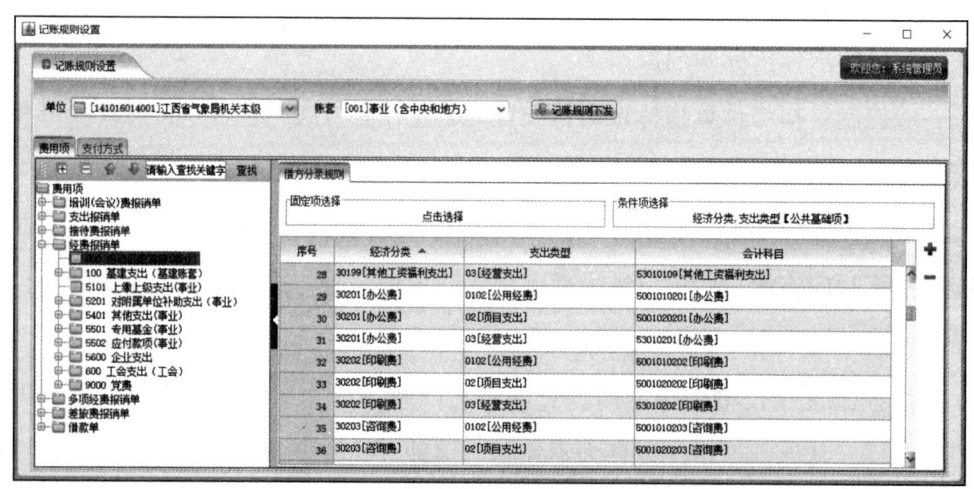

图4-8 根据经济分类设置的记账规则

在预算执行过程中，基层单位基本上避免了无预算列支和超预算列支的行为。

三、预算指标执行评价

《行政事业单位内部控制规范》第二十二条第二款规定："单位应当建立预算执行分析机制。定期通报各部门预算执行情况，召开预算执行分析会议，研究解决预算执行的有效性。"各级气象部门通过预算指标子系统的预算指标执行评价功能可以实时、直观地查询到每个细化指标的执行情况，促进单位预算执行信息传输更加及时、畅通、有效。

各级气象部门通过指标执行情况表，可按单位、项目、支出类型、资金来源、功能分类等要素查询预算指标执行情况，当预算指标细化至经济分类时，还可以查询到具体项目的经济分类指标的执行情况。单位通过系统中查询出的指标总金额，即经过调整后的最终预算，将其与年初批复数相比，可以直观了解预算的编制质量。单位通过对表中执行金额和执行比例的查询，可全面实时了解预算执行进度，预算执行金额中包含了已填制报销单暂未生成记账凭证的报销事项金额，是一个比较全面的执行情况，在指标执行情况表中还可以联查到预算执行的明细借款单、报销单和记账凭证，便于对具体支出事项进行查看和分析（图 4–9）。

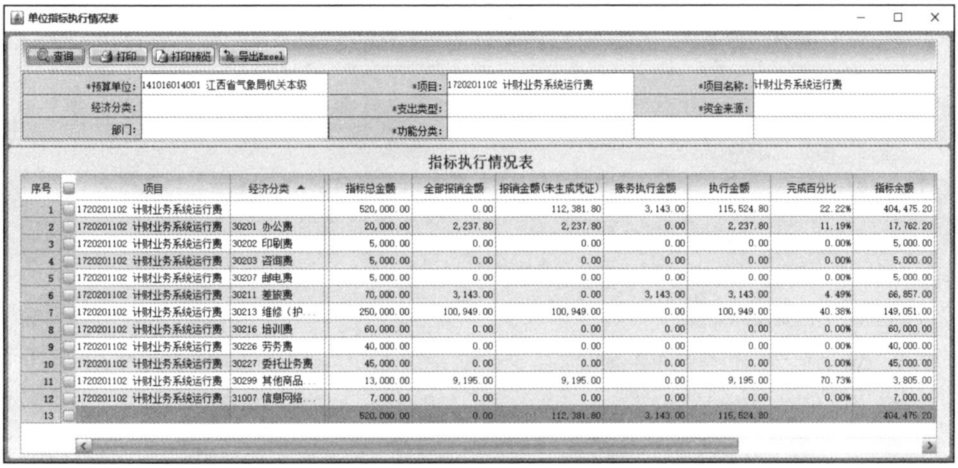

序号	项目	经济分类	指标总金额	全部报销金额	报销金额(未生成凭证)	账务执行金额	执行金额	完成百分比	指标余额
1	1720201102 计财业务系统运行费		520,000.00	0.00	112,381.80	3,143.00	115,524.80	22.22%	404,475.20
2	1720201102 计财业务系统运行费	30201 办公费	20,000.00	2,237.80	2,237.80	0.00	2,237.80	11.19%	17,762.20
3	1720201102 计财业务系统运行费	30202 印刷费	5,000.00	0.00	0.00	0.00	0.00	0.00%	5,000.00
4	1720201102 计财业务系统运行费	30203 咨询费	5,000.00	0.00	0.00	0.00	0.00	0.00%	5,000.00
5	1720201102 计财业务系统运行费	30207 邮电费	5,000.00	0.00	0.00	0.00	0.00	0.00%	5,000.00
6	1720201102 计财业务系统运行费	30211 差旅费	70,000.00	3,143.00	0.00	3,143.00	3,143.00	4.49%	66,857.00
7	1720201102 计财业务系统运行费	30213 维修（护...	250,000.00	100,949.00	100,949.00	0.00	100,949.00	40.38%	149,051.00
8	1720201102 计财业务系统运行费	30216 培训费	60,000.00	0.00	0.00	0.00	0.00	0.00%	60,000.00
9	1720201102 计财业务系统运行费	30226 劳务费	40,000.00	0.00	0.00	0.00	0.00	0.00%	40,000.00
10	1720201102 计财业务系统运行费	30227 委托业务费	45,000.00	0.00	0.00	0.00	0.00	0.00%	45,000.00
11	1720201102 计财业务系统运行费	30299 其他商品...	13,000.00	9,195.00	9,195.00	0.00	9,195.00	70.73%	3,805.00
12	1720201102 计财业务系统运行费	31007 信息网络...	7,000.00	0.00	0.00	0.00	0.00	0.00%	7,000.00
13			520,000.00	0.00	112,381.80	3,143.00	115,524.80		404,475.20

图 4–9 预算指标执行评价

指标总金额：调整后的项目总预算及经济分类预算。借款余额：该指标的借款余额，借款余额 = 借款单占用的余额 – 已冲账金额 – 手动确认还款金额。报销金额（未生成凭证）：暂未生成记账凭证的报销单占用的金额，包含未送审和退回的报销单。账务执行金额：已生成凭证的支出事项占用的预算指标金额。执行金额合计：预算指标的执行数，执行金额合计 = 借款余额 + 报销金额（未生成凭证）+ 账务执行金额。执行百分比：预算指标的执行比例，执行百分比 = 执行金额合计 ÷ 指标总金额。指标余额：指标的当前可用余额，指标余额 = 指标总金额 – 执行金额合计。

案例 4-3　江西省气象科学研究所项目预算管理

江西省气象科学研究所负责全省综合减灾创新体系和气象科技创新体系的具体组织工作，管理省防灾减灾研究基金和气象科技创新专项基金。牵头开展应用研究、技术开发和技术推广工作，组织开展综合减灾、气象资源、遥感应用、环境影响评价等相关研究开发和技术服务。作为一个科研型事业单位，其科研项目非常多，仅 2016 年预算就申报了 68 个项目。如何管理这么多的项目、实时掌握各项目的报支情况、做好项目的绩效评价工作一直是困扰单位的一个难题。该单位自 2016 年使用预算指标管理系统以后，这个问题便迎刃而解。在 2016 年年初，省局将该单位批复的预算项目全部导入指标系统。各个项目负责人报销要在预算执行时选择对应的预算指标方可进行报销，项目负责人可以实时查询到其所管理项目的预算执行情况（图 4-10）。

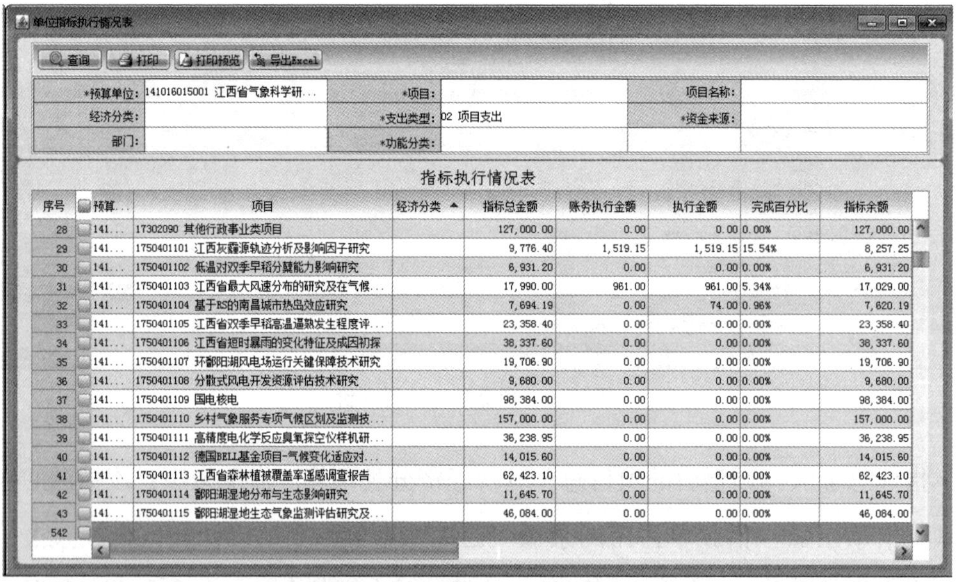

序号	预算...	项目	经济分类	指标总金额	账务执行金额	执行金额	完成百分比	指标余额
28	141...	17302090 其他行政事业类项目		127,000.00	0.00	0.00	0.00%	127,000.00
29	141...	1750401101 江西灰霾源轨迹分析及影响因子研究		9,776.40	1,519.15	1,519.15	15.54%	8,257.25
30	141...	1750401102 低温对双季早稻分蘖能力影响研究		6,931.20	0.00	0.00	0.00%	6,931.20
31	141...	1750401103 江西省最大风速分布的研究及在气候...		17,990.00	961.00	961.00	5.34%	17,029.00
32	141...	1750401104 基于RS的南昌城市热岛效应研究		7,694.19	0.00	74.00	0.96%	7,620.19
33	141...	1750401105 江西省双季早稻高温逼熟发生程度评...		23,358.40	0.00	0.00	0.00%	23,358.40
34	141...	1750401106 江西省短时暴雨的变化特征及成因初探		38,337.60	0.00	0.00	0.00%	38,337.60
35	141...	1750401107 环鄱阳湖风电场运行关键保障技术研究		19,706.90	0.00	0.00	0.00%	19,706.90
36	141...	1750401108 分散式风电开发资源评估技术研究		9,680.00	0.00	0.00	0.00%	9,680.00
37	141...	1750401109 国电核电		98,384.00	0.00	0.00	0.00%	98,384.00
38	141...	1750401110 乡村气象服务专项气候区划及监测技...		157,000.00	0.00	0.00	0.00%	157,000.00
39	141...	1750401111 高精度电化学反应臭氧探空仪样机研...		36,238.95	0.00	0.00	0.00%	36,238.95
40	141...	1750401112 德国BELL基金项目-气候变化适应对...		14,015.60	0.00	0.00	0.00%	14,015.60
41	141...	1750401113 江西省森林植被覆盖率遥感调查报告		62,423.10	0.00	0.00	0.00%	62,423.10
42	141...	1750401114 鄱阳湖湿地分布与生态影响研究		11,645.70	0.00	0.00	0.00%	11,645.70
43	141...	1750401115 鄱阳湖湿地生态气象监测评估研究及...		46,084.00	0.00	0.00	0.00%	46,084.00
542								

图 4-10　预算执行评价 -1

单位管理部门现在可以实时查询到各项目的执行情况，也可以按经济分类查询具体项目的执行情况，同时还可以联查到具体的报支明细，为单位加强项目管理提供了数据支撑（图 4-11）。

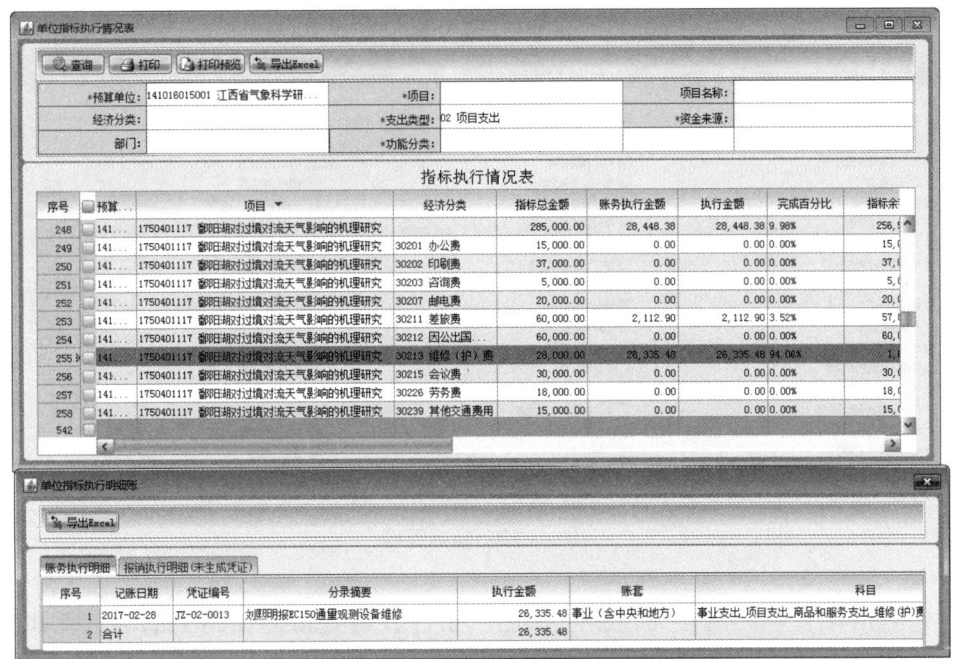

图 4-11 预算执行评价 -2

第三节 系统初始化

预算指标管理模块主要包含预算指标新增、分解和调整等功能，直接作用于报销系统，为报销系统提供预算指标的来源，为财务核算系统提供预算控制依据，为领导查询系统提供数据支撑。

本节主要介绍该模块的年初初始化设置，主要包含功能介绍，岗位和流程的设置，年初预算指标的导入。

一、岗位及权限设置

预算指标管理模块主要包含指标增加、指标分解、指标追加、指标调剂等具体业务功能，以及业务单据的审核功能。模块中还预置了指标执行明细表、指标明细情况表、指标余额表等查询功能，以及提供了修改指标控制方式、导入年初预算指标等其他功能。具体功能见（图 4-12）。

图 4-12 指标管理

预算指标管理的流程为：新增指标→指标分解→指标控制（报销系统和会计核算模块中）→执行过程中的预算调整→指标查询。根据该流程，至少应设置一个"预算编制"岗位，负责具体的新增指标、分解指标、调剂指标等业务。如果指标调剂等业务需要审核，还应增加"指标审核"岗位，负责指标的审核。

案例4-4 江西省气象局在对预算指标管理模块进行初始化时，系统中设置了"预算编制""指标审核""指标查询"3个岗位。"预算编制"岗位设置了新增指标、追加指标、减少指标、指标分解、指标调剂、指标查询等权限。"指标审核"岗位设置了指标审核和指标查询的权限。"指标查询"岗位具有指标查询的权限。同时收回了指标控制方式、导入年初预算指标两个权限，由系统管理员执行这两项操作。

"预算编制"岗位由单位的会计人员担任，"指标审核"岗位由计财处负责预算管理人员和市局负责预算管理人员担任，"指标查询"功能可由单位领导和报销人员担任。

二、系统选项设置

系统设置主要设置系统的一个初始选项，包含显示选项和与财务系统对接等设置。主要设置如下（图4-13）：

是否从账务系统中取执行数：是；

财务系统是否按照辅助核算项匹配指标：是；

指标执行报表和指标管理是否显示账务执行数：一般选“是”；

指标执行报表和指标管理是否显示全部报销金额：一般选“否”；

指标执行报表和指标管理是否显示借款余额：一般选“是”；

指标执行报表和指标管理是否显示报销金额（未生成凭证）：一般选“是”。

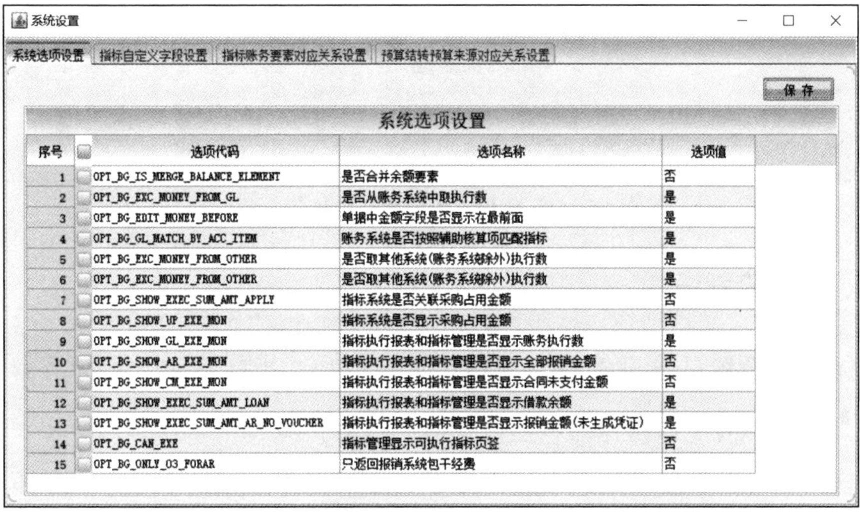

序号	选项代码	选项名称	选项值
1	OPT_BG_IS_MERGE_BALANCE_ELEMENT	是否合并余额要素	否
2	OPT_BG_EXC_MONEY_FROM_GL	是否从账务系统中取执行数	是
3	OPT_BG_EDIT_MONEY_BEFORE	单据中金额字段是否显示在最前面	是
4	OPT_BG_GL_MATCH_BY_ACC_ITEM	账务系统是否按照辅助核算项匹配指标	是
5	OPT_BG_EXC_MONEY_FROM_OTHER	是否取其他系统(账务系统除外)执行数	是
6	OPT_BG_EXC_MONEY_FROM_OTHER	是否取其他系统(账务系统除外)执行数	是
7	OPT_BG_SHOW_EXEC_SUM_AMT_APPLY	指标系统是否关联采购占用金额	否
8	OPT_BG_SHOW_UP_EXE_MON	指标系统是否显示采购占用金额	否
9	OPT_BG_SHOW_GL_EXE_MON	指标执行报表和指标管理是否显示账务执行数	是
10	OPT_BG_SHOW_AR_EXE_MON	指标执行报表和指标管理是否显示全部报销金额	否
11	OPT_BG_SHOW_CM_EXE_MON	指标执行报表和指标管理是否显示合同未支付金额	否
12	OPT_BG_SHOW_EXEC_SUM_AMT_LOAN	指标执行报表和指标管理是否显示借款余额	是
13	OPT_BG_SHOW_EXEC_SUM_AMT_AR_NO_VOUCHER	指标执行报表和指标管理是否显示报销金额(未生成凭证)	是
14	OPT_BG_CAN_EXE	指标管理显示可执行指标页签	否
15	OPT_BG_ONLY_03_FORAR	只返回报销系统包干经费	否

图 4–13 指标管理

同时需要设置指标与会计核算模块中各个账务要素的对应关系：部门对应部门的辅助核算项、资金来源对应资金来源的辅助核算项，支出类型对应支出类型的辅助核算项。

三、指标要素设置

指标要素设置是指设置预算指标中包含的具体要素，如预算单位、支出类型、项目代码、项目名称、资金来源、功能分类、经济分类和部门等。各种要素皆可设置是否为必填项。

同时设置“单位指标余额要素”和“单位指标要素”，启用预算单位、支出类型、项目代码、资金来源、功能分类等要素，并设置必填项。经济分类和部门可根据单位需求决定是否启用（图 4–14）。

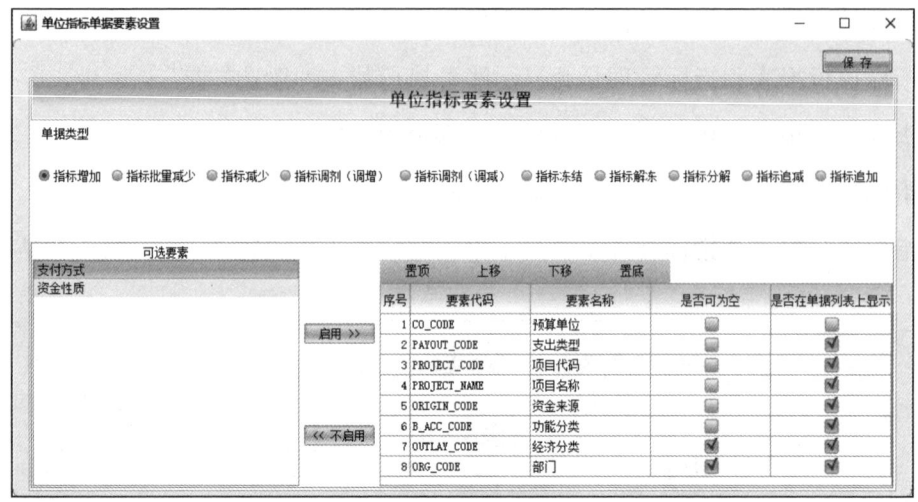

图 4-14 指标要素设置

四、指标流程设置

指标流程设置是指设置指标新增、指标追加、指标减少、指标分解、指标调剂等业务单据的审核流程。审核流程可以设置自编自审或设置同一单位的不同岗位审核,也可以设置指定某个用户审核,还可以按金额的大小来设置审核条件(图4-15)。

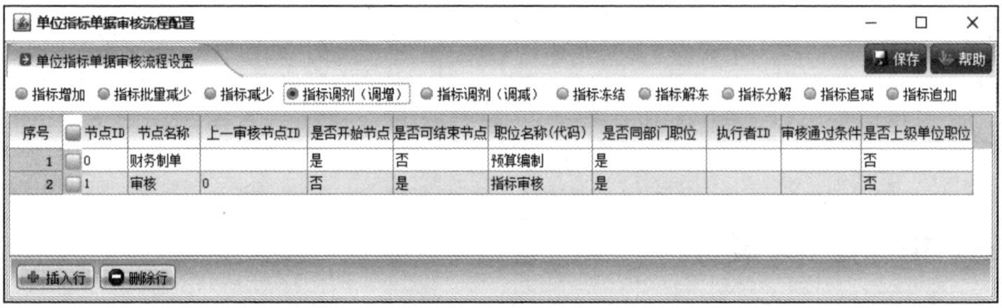

图 4-15 指标流程设置

案例 4-5　江西省气象局指标流程设置

江西省气象局对每个业务单据都设置了相应的审核流程。因年初由省局统一导入指标,日常管理中禁止单位自行随意增加预算指标,所以将全省所有单位的指标增加、指标减少、指标追加等涉及总体支出规模变化的业务单据的审核权限设在省局计财处,指定省局计财处负责预算管理人员为"执行者 ID"审核。

指标分解和指标调剂等业务直接由单位的"预算审核"岗位审核。

五、导入年初预算

2014 年修订的《预算法》规定"各级预算经本级人民代表大会批准后，本级政府财政部门应当在二十日内向本级各部门批复预算"，单位经财政部门批复的部门预算即为最终的预算，具有法律效应。单位经财政部门批复的预算，非经法定程序，不得调整。各部门、各单位的支出必须以批复的预算为依据，未列入预算的支出不得支出。各部门、各单位的支出必须按照预算执行，不得虚假列支。

系统级预算指标的管理可由省级统一管理。由省局统一将批复的预算导入预算指标管理模块，然后再将指标细化分解到下级单位。系统级预算指标的管理也可由单位自行管理。由各单位根据批复的预算在系统中新增预算指标，省市级管理部门根据管理需求设计是否需要由其审核。

年中预算的调剂也可以采取由省级统一管理或者由基层调剂后报主管单位审核的模式。

年初预算导入是指将年初预算按一定的格式填列，然后导入系统生成年初预算指标。系统管理员可从中央部门预算系统中导出中央部门预算电子表，按照规则整理好以后统一导入系统。

导入步骤：

第一步：从中央部门预算系统导出。在中央部门预算系统中打开"部门预算"—"二上阶段"—"预算编制"—"一般公共预算基本支出表、一般公共预算项目支出表"，依次导出基本支出和项目支出表（图 4-16）。

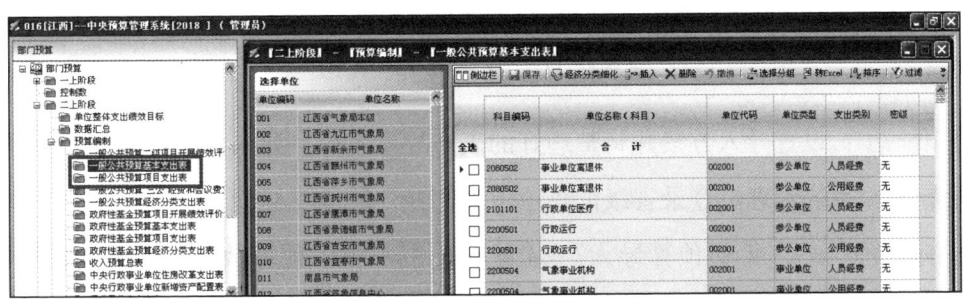

图 4-16　中央部门预算系统

第二步：将导出的表格按照以下的电子表格整理好（图 4–17）。

单位代码：根据中央部门预算系统内的单位代码与计财业务系统内的单位代码对应关系进行整理（整理时要注意多个单位合并成一个预算单位编报预算的情况）。

支出类型：根据导出的预算直接整理。

资金来源：根据导出的预算可以整理好中央财政的资金来源，非中央财政资金来源需要单位细化。

功能分类：根据导出的预算直接整理。

项目代码：中央财政二级项目可以直接对应系统中的项目代码（特别注意基建类项目由系统管理员统一增加明细基建项目）。其他资金的项目需要单位自行在系统中增加后，再录入项目代码和名称。

项目名称：中央财政二级项目可以直接对应系统中的项目代码。其他资金的项目应与单位添加的项目名称一致。

金额：根据导出的预算直接整理。需注意导出预算的金额单位为万元，上年结转项目及其他资金项目可能涉及万元以下的金额，应根据实际情况进行整理。

序号	单位名称	单位代码	支出类型	支出类型代码	资金来源	资金来源代码	功能分类名称	功能分类代码	项目代码	项目名称	预算金额（单位：元）	备注
1	江西省九江市气象局本级	141016002001	人员经费	0101	中央财政当年预算	001001	事业单位离退休	2080502	18100130	离退休人员经费(2080502)	3205500.00	
2	江西省九江市气象局本级	141016002001	公用经费	0102	中央财政当年预算	001001	事业单位离退休	2080502	18100230	离退休公用经费(2080502)	21000.00	
3	江西省九江市气象局本级	141016002001	人员经费	0101	中央财政当年预算	001001	行政单位医疗	2101101	18100115	参公医疗经费(2101101)	115600.00	
4	江西省九江市气象局本级	141016002001	人员经费	0101	中央财政当年预算	001001	行政运行	2200501	18100110	参公人员经费(2200501)	1032100.00	
5	江西省九江市气象局本级	141016002001	公用经费	0102	中央财政当年预算	001001	行政运行	2200501	18100210	参公公用经费(2200501)	336000.00	
6	江西省九江市气象局本级	141016002001	人员经费	0101	中央财政当年预算	001001	气象事业机构	2200504	18100120	事业人员经费(2200504)	2686000.00	
7	江西省九江市气象局本级	141016002001	公用经费	0102	中央财政当年预算	001001	气象事业机构	2200504	18100220	事业公用经费(2200504)	513000.00	
8	江西省九江市气象局本级	141016002001	人员经费	0101	中央财政当年预算	001001	住房公积金	2210201	18100140	住房公积金(2210201)	370000.00	
9	江西省九江市气象局本级	141016002001	人员经费	0101	中央财政当年预算	001001	住房公积金	2210201	18100140	住房公积金(2210201)	140000.00	
10	庐山气象局本级	141016002002001	人员经费	0101	中央财政当年预算	001001	事业单位离退休	2080502	18100130	离退休人员经费(2080502)	764100.00	
11	庐山气象局本级	141016002002001	公用经费	0102	中央财政当年预算	001001	事业单位离退休	2080502	18100230	离退休公用经费(2080502)	4500.00	

图 4–17　导入的电子表格

第三步：设置导入方案并将整理好的表格导入系统。导入可按单位导入，也可分批导入。系统管理员登录省级汇总单位，选择“单位指标管理”菜单，打开“单位指标管理”—“年初预算导入” 功能。单击“导入预算数据（Excel 格式）”，单击“浏览”按钮选择整理好的电子表格（图 4–18）。

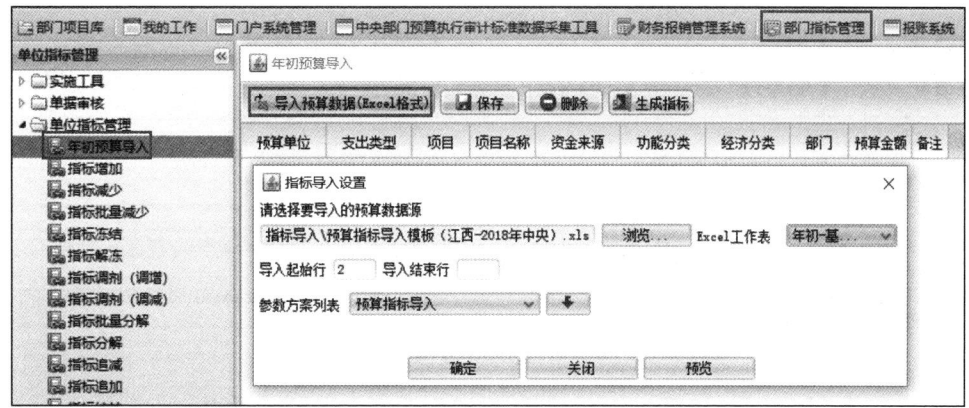

图 4-18 年初预算导入功能

选择导入方案,单击右侧的箭头展开方案设置。按照电子表格的格式设置预算单位、支出类型、项目代码、项目名称、资金来源等数据所在的列。设置完成后,单击"确定"(图 4-19)。

图 4-19 导入方案设置

第四步:生成指标。导入后单击"保存",再单击"生成指标",提示"成功生成指标!"(图 4-20)。基层单位登录指标系统,即可查询到导入的预算指标,并开始指标的分解工作。

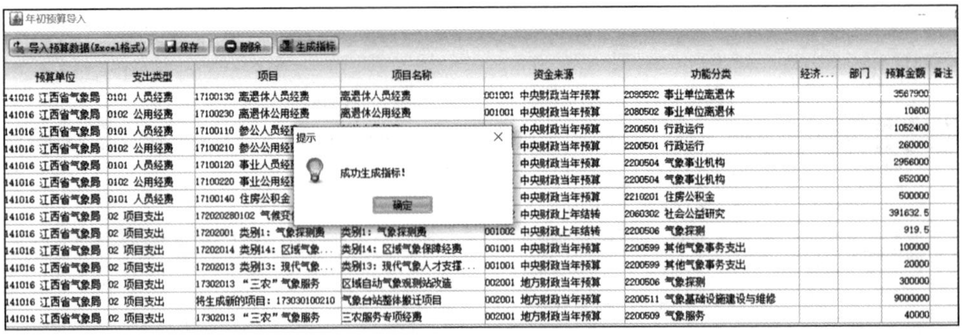

图 4-20 生成指标

注：导入的指标无法从前台修改。导入的电子表中的项目代码和名称必须与该单位中的项目代码和名称一致，如果非系统级项目，须事先增加项目。中央部门预算系统中的金额单位为万元，导入的电子表中的金额单位应为元，在转移的时候要考虑到项目的实际金额。中央部门预算系统中的非中央财政资金统称为其他资金，需要单位对其他资金进行细化。

案例 4-6　江西省气象局导入 2017 年预算

为快速准确地生成年初预算指标，江西省气象局进行了如下操作：

（1）在系统级项目"1710 基本支出"下增设了"171001 人员支出"和"171002 公用支出"两个明细项目。在"171001 人员支出"下分别增设了参公人员经费、事业人员经费、离退休人员经费、住房公积金、购房补贴、机动人员经费等明细项目。在"171002 公用支出"下分别增设了参公公用支出、事业公用支出、离退休公用支出、机动公用支出等明细项目。在系统级辅助核算项资金来源的"006 自有资金"下增设了事业收入、其他收入、事业基金（结存）、事业基金（以前年度项目转入）等下级明细资金来源。同时，由系统运维商将系统级的项目、科目、辅助核算项统一下发至下级单位。

（2）中央财政预算指标的导入。计财处负责预算管理人员从中央部门预算系统中导出全省的"基本支出表"，按一定的格式整理好，将当年财政拨款和上年结转的基本支出的预算指标导入系统。从中央部门预算系统中导出全省的"项目支出表"，按一定的格式整理好，将当年财政拨款和上年结转的项目支出的预算指标导入系统。

（3）其他资金的预算指标的导入。由计财处负责预算管理人员从中央部门预算系统中导出其他资金的基本支出、项目支出、经营支出和其他支出等预算，按一定的格式整理好，将表格下发至各单位，要求各单位在计财业务系统中添加预算项目代码。同时将预算细化至具体的资金来源，然后再由计财处负责预算管理人员导入系统。

（4）导入后再由单位将项目分解细化至三级项目，最后再将预算指标细化分解至经济分类款级。

（5）涉及部门预算中包含了其他下级单位预算的情况，由单位在部门预算中调减相应指标，同时在下级单位新增相同指标来完成。

第四节　系统操作

一、指标新增

通过"指标增加"功能，可以增加单位的预算指标。指标新增时应新增预算大指标，子项目、部门及经济分类应通过指标分解功能进行分解（图4-21）。

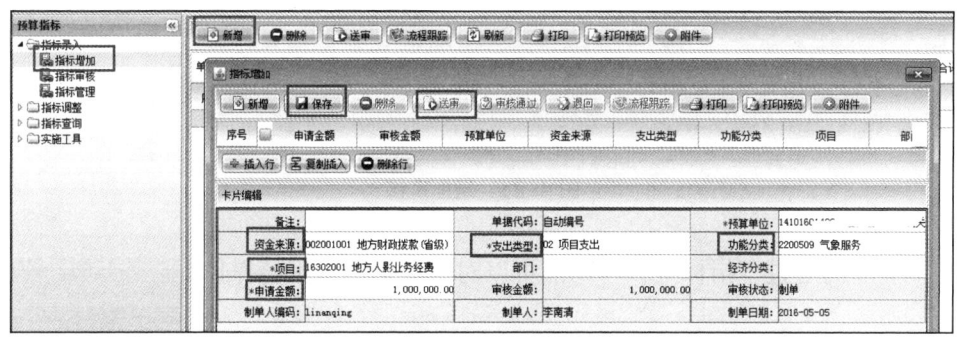

图4-21　指标增加

操作步骤：

单击"指标录入"目录下的"指标增加"，单击"新增"新增一笔业务单据，在"备注"中输入新增的原因等，选择"单位""资金来源""支出类型""功能分类""项目",输入"指标金额",单击保存。保存后单击"打印"可以将指标新增单据进行打印。打印方案可自定义设计并下发(图4-22)。

图 4-22　指标增加打印

打印成功之后,再单击"送审",即可将该单据提交给审核部门进行审核。送审之后通过选择"待审"的"单据状态",可以查看当前的业务单据的流程信息(图4-23)。

图 4-23　指标审核

审核部门通过"指标审核"功能可以对该单据进行审核操作。

二、指标分解

预算指标管理模块管理员通过"指标分解"功能,可以将省局统一导入和单位新增的指标分解至子项目、部门,然后再将分解后的预算指标分解至经济分类。

（一）核对上级部门导入的年初预算数据

如果预算指标由上级单位统一导入，基层单位在分解指标时，下级单位应先核对导入的年初预算指标是否正确（图 4–24）。

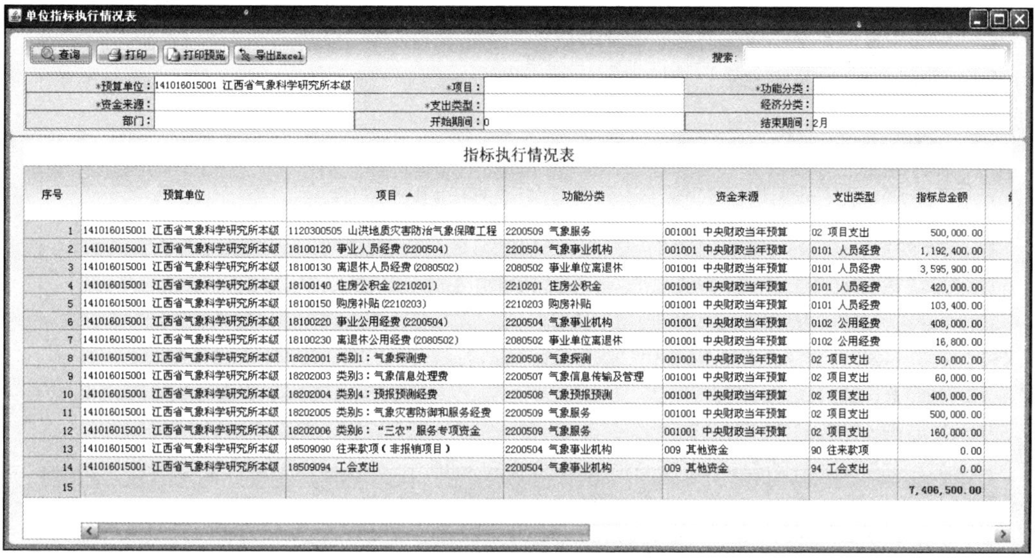

序号	预算单位	项目 ▲	功能分类	资金来源	支出类型	指标总金额
1	141016015001 江西省气象科学研究所本级	1120300505 山洪地质灾害防治气象保障工程	2200509 气象服务	001001 中央财政当年预算	02 项目支出	500,000.00
2	141016015001 江西省气象科学研究所本级	18100120 事业人员经费(2200504)	2200504 气象事业机构	001001 中央财政当年预算	0101 人员经费	1,192,400.00
3	141016015001 江西省气象科学研究所本级	18100130 离退休人员经费(2080502)	2080502 事业单位离退休	001001 中央财政当年预算	0101 人员经费	3,595,900.00
4	141016015001 江西省气象科学研究所本级	18100140 住房公积金(2210201)	2210201 住房公积金	001001 中央财政当年预算	0101 人员经费	420,000.00
5	141016015001 江西省气象科学研究所本级	18100150 购房补贴(2210203)	2210203 购房补贴	001001 中央财政当年预算	0101 人员经费	103,400.00
6	141016015001 江西省气象科学研究所本级	18100220 事业公用经费(2200504)	2200504 气象事业机构	001001 中央财政当年预算	0102 公用经费	408,000.00
7	141016015001 江西省气象科学研究所本级	18100230 离退休公用经费(2080502)	2080502 事业单位离退休	001001 中央财政当年预算	0102 公用经费	16,800.00
8	141016015001 江西省气象科学研究所本级	18202001 类别1：气象探测费	2200506 气象探测	001001 中央财政当年预算	02 项目支出	50,000.00
9	141016015001 江西省气象科学研究所本级	18202003 类别3：气象信息处理费	2200507 气象信息传输及管理	001001 中央财政当年预算	02 项目支出	60,000.00
10	141016015001 江西省气象科学研究所本级	18202004 类别4：预报预测经费	2200508 气象预报预测	001001 中央财政当年预算	02 项目支出	400,000.00
11	141016015001 江西省气象科学研究所本级	18202005 类别5：气象灾害防御和服务经费	2200509 气象服务	001001 中央财政当年预算	02 项目支出	500,000.00
12	141016015001 江西省气象科学研究所本级	18202006 类别6："三农"服务专项资金	2200509 气象服务	001001 中央财政当年预算	02 项目支出	160,000.00
13	141016015001 江西省气象科学研究所本级	18509090 往来款项（非报销项目）	2200504 气象事业机构	009 其他资金	90 往来款项	0.00
14	141016015001 江西省气象科学研究所本级	18509094 工会支出	2200504 气象事业机构	009 其他资金	94 工会支出	0.00
15						7,406,500.00

图 4–24 统一导入的指标数据

操作步骤：

单位经办人员通过单击“指标查询”目录下的“单位指标明细情况表”，单击“查询”，将会显示当前单位的所有指标，核对单位的支出预算是否一致。通过按资金来源查询，可以核对中央财政、地方财政、事业收入等与预算批复是否一致。通过按支出类别查询，可以核对基本支出、项目支出与预算批复是否一致。

（二）增加项目等基础信息

因为预算指标管理模块中各预算指标的项目、部门信息与会计核算模块中使用的是同一套数据，所以在分解预算指标之前，经办人在年初建账设置辅助核算信息时，应先对会计核算模块基础资料中的项目和部门等基础信息进行合理设置（图 4–25、图 4–26）。

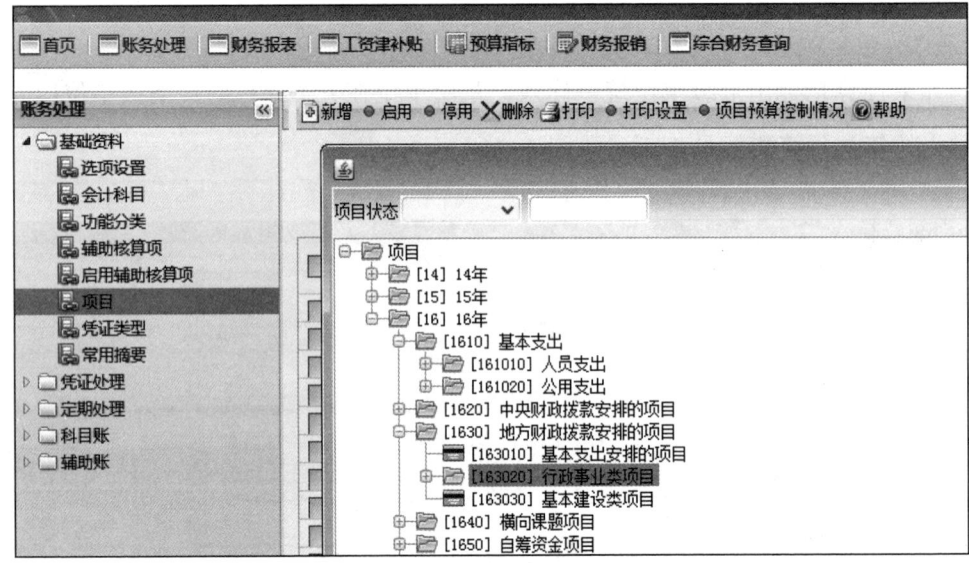

图 4-25 项目信息

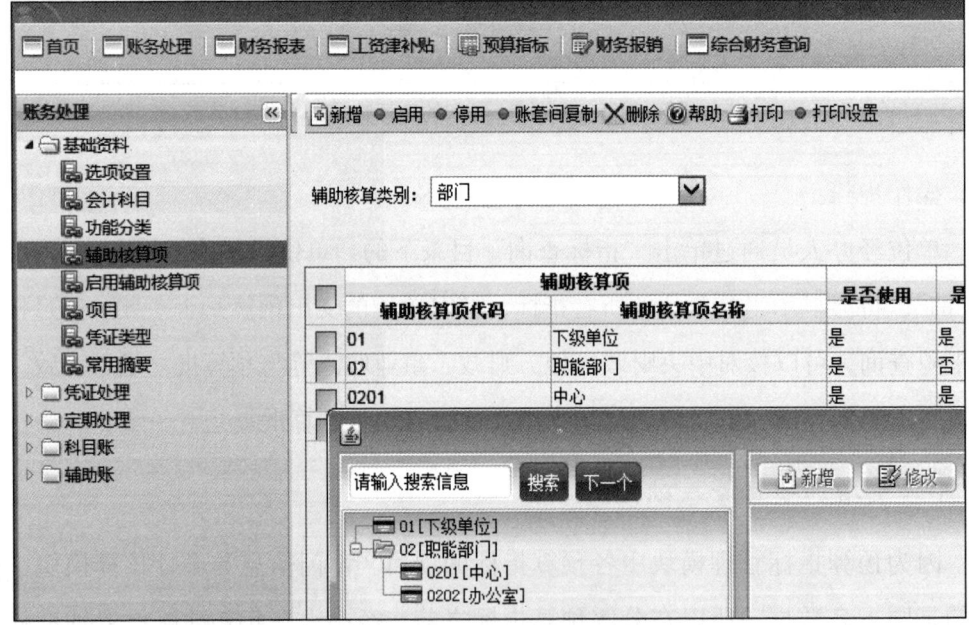

图 4-26 部门等辅助核算项信息

(三)分解子项目或部门

单位可以将导入的部门预算指标分解至三级项目核算,也可以选择分解至具体的核算部门进行核算控制。

操作步骤：

单击"指标分解"功能，单击"新增"新增一条分解单据，单击"选择指标"，选中需要分解的指标，单击"确定"。单击左下角的"插入行"插入明细数据，在项目中选择明细项目（或者部门），并录入相应项目（或者部门）的金额（单位是元）。分解完成以后，单击"保存"，再单击"送审"。送审后由审核部门进行审核（图4-27至图4-29）。

图4-27 指标分解—新增业务单据

图4-28 指标分解—选择指标

图 4-29 指标分解

注1：项目预算在中央部门预算批复中只细分到二级项目，但是在会计核算模块中核算到了三级项目，此类项目需要将二级项目指标分解至三级项目。

注2：如果启用了部门控制项，则会计核算模块中的"事业支出""经营支出"等科目必须设置按"部门"核算，否则凭证记账时，系统无法扣减预算指标。

注3：最终分解后的指标中的项目、资金来源、功能分类等必须是账务系统中相应辅助核算项的最末级，否则自动生成的记账凭证还需要手动修改成最末级。

（四）分解经济分类

将分解后的子项目（部门）指标分解至具体的经济分类（图4-30）。

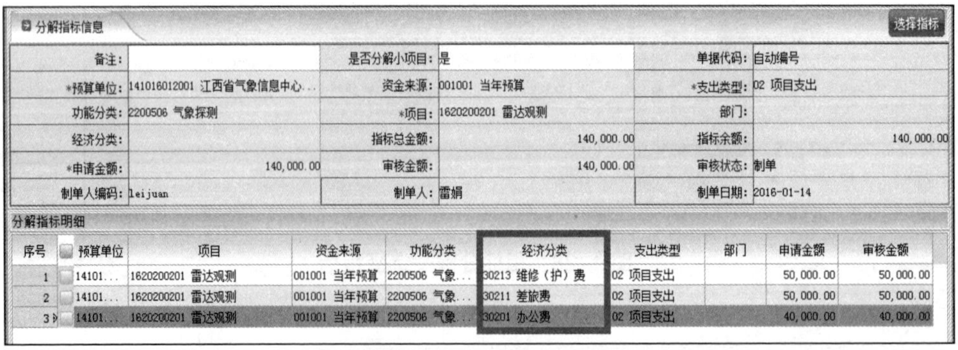

图 4-30 指标分解—经济分类

操作步骤：

单击"指标分解"功能，单击"新增"新增一条分解单据，单击"选择指标"，选中需要分解的指标，单击"确定"。单击左下角的"插入行"插入明细数据，选择"经济分类"（必须是款级），并录入相应项目的金额（单位是元）。分解完成以后单击"保存"，再单击"送审"。送审后由审核部门进行审核。

注1：分解的经济分类必须为款级经济分类，不得选择类级（如301工资服务支出）和项级（如3029902其他业务费）。

注2：分解的经济分类如果是其他商品服务支出，应直接输入30299，不得直接选择项级。

三、指标调剂

单位通过指标调剂的功能可以在预算指标之间互相调剂。

（一）单位有关部门或者项目负责人提出需求

项目负责人或者单位根据实际情况提出申请，由单位会计协助单位完成预算指标调剂单的填写。指标调剂单据分为调减与调增单据。

（二）预算指标调剂（调减）

单位通过该功能可以将一个预算指标调减，并将调减金额调剂给一个经济分类预算指标、多个经济分类预算指标或新的经济分类指标。

提示：用户(指标管理岗位)登录系统后，单击进入"预算指标" [预算指标]，在"指标调整"菜单下有 [指标调剂(调增)] 与 [指标调剂(调减)] 的功能按钮。

假设某单位需要将参公公用中的办公费调剂给印刷费、邮电费、委托业务费（该经济分类没有预算），单位在会计的指导下在系统内填写指标操作。

操作步骤：

（1）单击 [指标调剂(调减)] 打开指标调剂（调减界面），单击 [新增] 新增一条调剂（调减）业务单据（图4-31）。

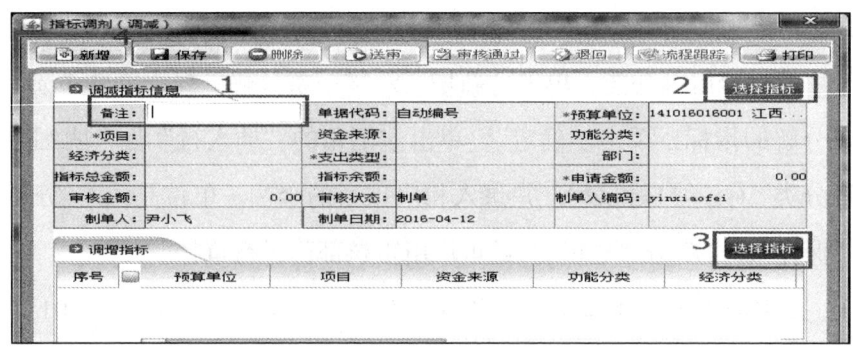

图 4-31　指标调剂（调减）-1

（2）在备注中输入指标调剂的原因（最多为 50 个字，如果超过 50 个字需在打印的纸质单据中补充）。如果因会计调账等原因调整，需注明情况。

（3）单击调减指标信息中"选择指标"，将会弹出指标选择界面（根据单位的指标情况，将会耗时十几秒）。在界面中选择需要调减的指标。

（4）单击调增指标中的"选择指标"，选择需要调增的指标（可以选择多个）。

（5）在调增指标中，输入需要调增指标的金额（图 4-32）。

图 4-32　指标调剂（调减）-2

（6）如果调增的经济分类指标，原来没有该项指标，单击 插入行 插入行，将插入行的经济分类修改成需要调增的经济分类（图 4-33）。

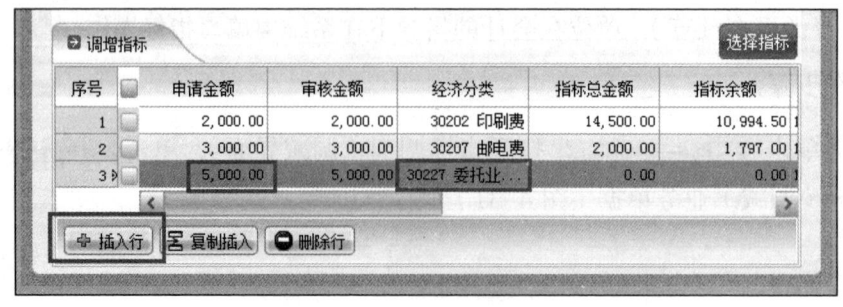

图 4-33　指标调剂（调减）-3

(7)单击"保存"。

(8)单击"打印预览",再单击"打印",将该单据进行打印(图4-34)。

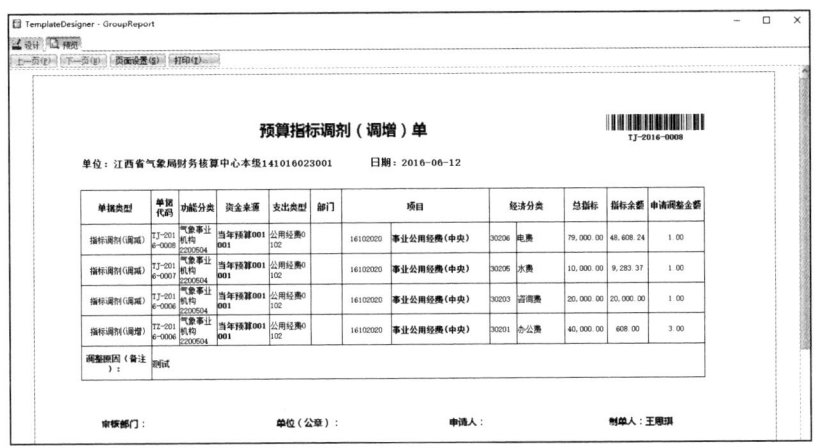

图 4-34　指标调剂

(9)经办人打印后单击"送审",将该笔业务单据提交至审核部门,同时填写纸质单据的申请人、盖章后,将该纸质单据送至审核部门进行审核。

(10)审核部门依据盖章的纸质单据审核,审核无误后在系统内进行操作。

(三)预算指标调剂(调增)

单位通过该功能可以达到一个经济分类预算指标调增,同时多个或者一个经济分类预算指标调减。

操作步骤与指标调减的步骤类似。

四、指标审核

单位通过"指标审核"功能,可以对"指标新增""指标分解""指标调剂"等业务单据进行审核(通过或退回)、销审、修改和删除。

操作步骤:

单击"指标审核"功能,默认会显示所有待审核的业务单据,选择,双击业务单据可以打开详细内容,如果审核通过则单击"审核通过",审核不通过单击"退回"(图4-35)。

图 4-35 指标审核

单击"指标审核"功能,在审核状态中选择"已审核",会显示所有已审核的业务单据,选中需要销审的单据,单击"销审"可以对已经审核的单据进行销审(图 4-36)。

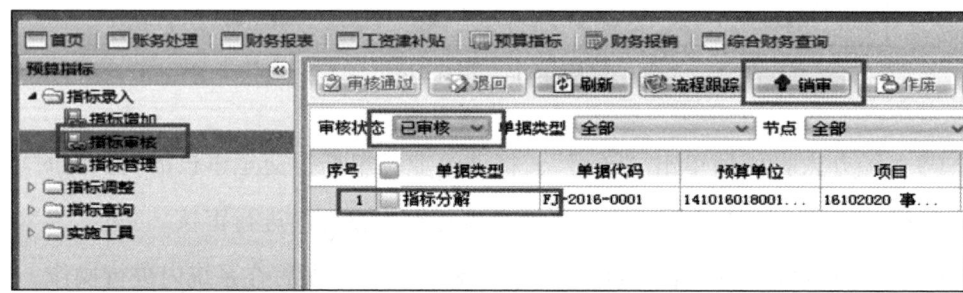

图 4-36 指标销审

审核状态中选择"已退回",可以对已销审的单据修改或删除。单据被退回以后,单位用户可以继续修改或者删除该业务单据(图 4-37)。

图 4-37 指标删除

注1:如果指标分解后的指标已经使用,那么该笔分解业务不能被销审和

删除。

注2：销审之前必须将引用了该笔业务的下级业务进行销审和删除。

五、预算指标的追加与减少

年中追加预算指标可以通过导入电子表的功能统一导入，也可以由基层单位录入新增指标单据，由上级部门进行审核。减少指标应由单位录入"指标减少"单据，由上级部门进行审核。

操作步骤请参考"系统初始化—导入年初预算"和"指标新增"。指标增加后，如果原来该项目有预算指标，会自动进行汇总。特别要注意，如果新增的预算指标需要分解细化至经济分类，那么之前已存在的预算指标必须已被完全分解。

"指标减少"是指直接减少已存在的预算指标金额。操作步骤类似，新增一张减少单据，选择需要减少的指标，录入减少金额，再提交审核即可。如果需要减少多个预算指标，可使用"批量减少"单据。

六、预算控制设置

单位通过预算控制设置，可以设置指标的控制方式，从而达到不同的控制方式（图4-38）。

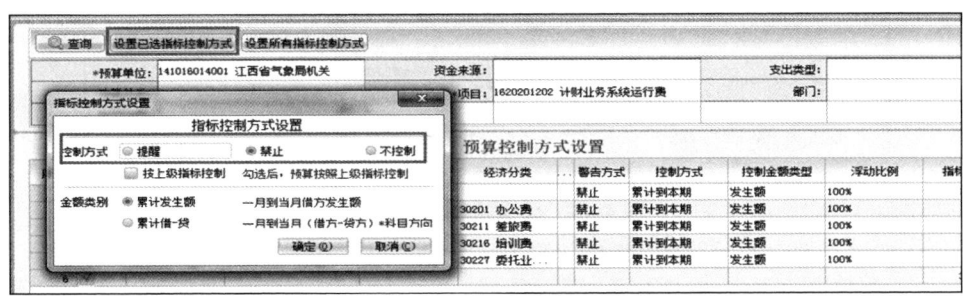

图4-38 预算指标控制

操作步骤：

单击"实施工具"目录下的"预算控制设置"功能，可以选择部分或者全部指标进行控制方式的设置。

控制方式有3种。提醒：超预算时，进行提醒。禁止：无预算和超预算时，不得报支,报销单和凭证无法保存。不控制:不进行任何的提醒,但是在指标查询中可以查询到相应的使用情况。

按上级指标控制:按照分解前的上一级指标进行控制。(如不对分解后的部分经济分类控制,而是按照项目控制)。

注:指标的信息存放于系统中的"BG_BALANCE"表中。表中的"CONTROL_TYPE"字段代表控制方式,分别为"1=提醒,2=禁止,3=不启用",修改其默认值为1,可以使得所有新增指标的控制方式为禁止。

七、设置报销人项目权限

通过"设置报销人项目权限"的功能,各单位的管理员可以对报销人员的账号设置可以选择并报销的项目,如图4-39所示。

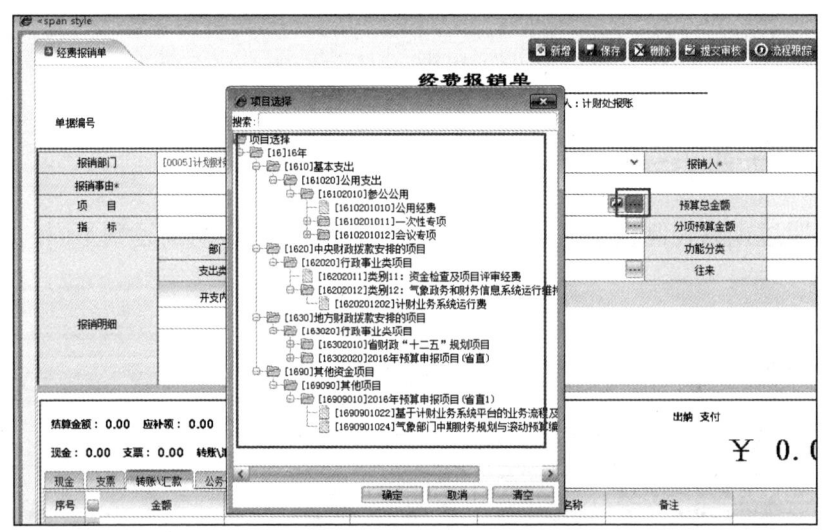

图4-39 设置报销人项目权限

注:新增的项目需要重新设置权限,每年度都需要重新设置权限,否则填写报销单时无法选择到项目。如果某个报销人有会计等权限,请勿给其设置项目权限。

首先应给每个单位设置单位级管理员,授予该管理员"网上报销"这一岗位的管理权限。

单位级管理员的操作步骤:

(1)登录计财业务系统后,单击右上角的"切换用户组",选择"平台管理组",

单击"确定"。单击（图 4-40）"应用平台"菜单，单击"权限管理"（图 4-41）。

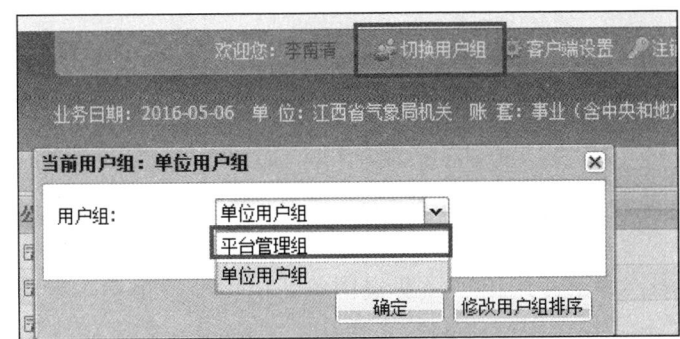

图 4-40　设置报销人项目权限

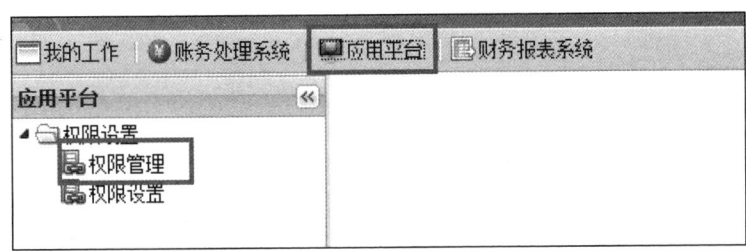

图 4-41　设置报销人项目权限

（2）在左侧单位树中选择需要设置的单位，在岗位管理下的"网上填报"下选择"报销人账号"，在右侧单击"财务报销"，在项目中勾选该账号可以报销的项目，单击"保存"（图 4-42）。

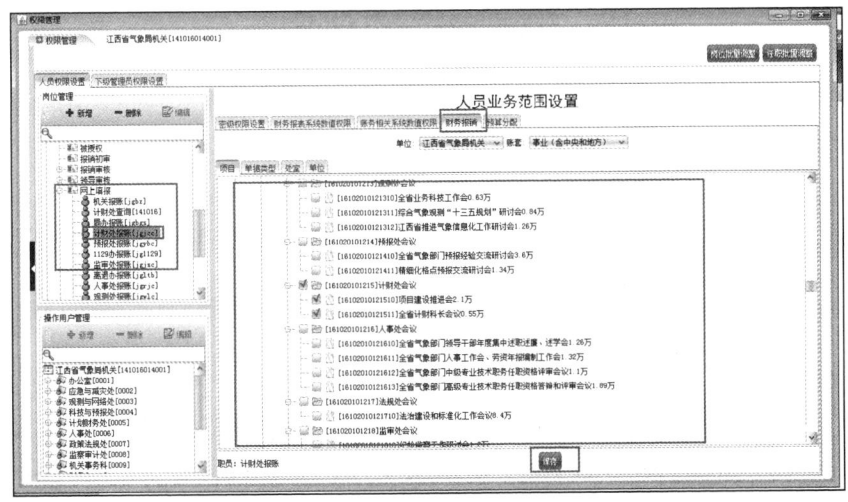

图 4-42　设置报销人项目权限

（3）参照步骤（2）给"领导审核""报销审核"等岗位下的人员设置对应的项目权限。

（4）如果年中追加了新的项目预算，请重复步骤（2）和步骤（3），添加追加项目的权限。

八、报销时选择指标

报销业务中，尽量使用单项经费报销单。单项经费报销单操作起来更加简单、直观（图4-43）。如确实需要在同一张报销单上报销多笔经费，或者同一笔报销需要多个指标的时候，可以选用多项目经费报销单。

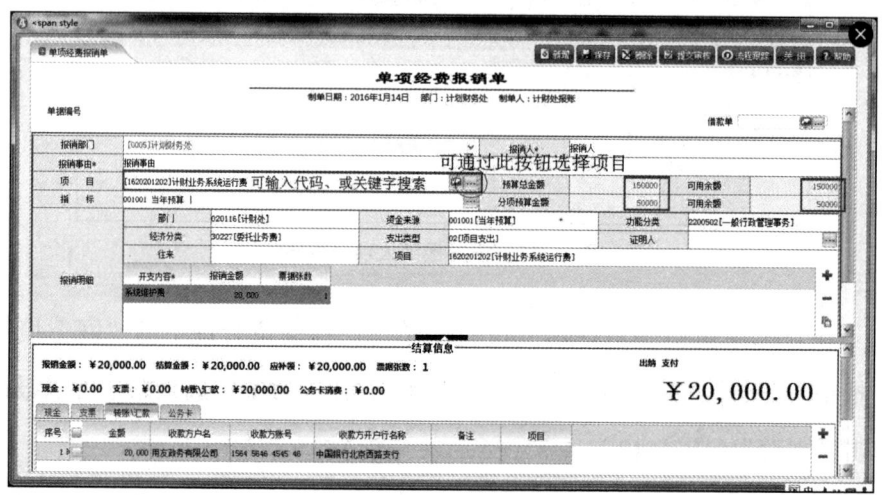

图4-43　报销人网上报销

报销应先明确该笔报销是从哪个项目报支，在项目中输入项目代码，或者单击"…"按钮选择，或者输入关键字查找（图4-44）。

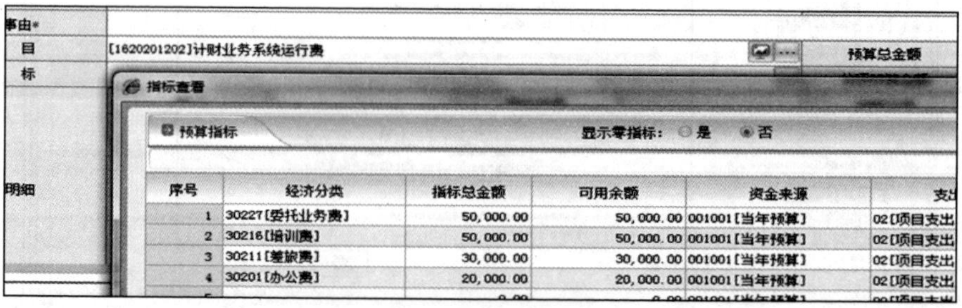

图4-44　报销人网上报销

选择项目后，会弹出该项目的经济分类指标，根据报销内容选择相应的经济分类。经济分类指标的选择可以设置成报销人选择项目，会计选择经济分类，这样设置能避免报销人因不熟悉经济分类的支出范围而选错指标。

选择经济分类后，会显示当前项目的总预算，指标余额（图4-45）。

图4-45　报销人网上报销

附：2018年部门预算支出经济分类科目

科目编码		科目名称	说明
类	款		
301		**工资福利支出**	反映单位开支的在职职工和编制外长期聘用人员的各类劳动报酬，以及为上述人员缴纳的各项社会保险费等
	01	基本工资	反映按规定发放的基本工资，包括公务员的职务工资、级别工资；机关工人的岗位工资、技术等级工资；事业单位工作人员的岗位工资、薪级工资；各类学校毕业生试用期（见习期）工资，新参加工作工人学徒期、熟练期工资；军队（含武警）军官、文职干部的职务（专业技术等级）工资、军衔（级别）工资和军龄工资；军队士官的军衔等级工资和军龄工资等
	02	津贴补贴	反映按规定发放的津贴、补贴，包括机关工作人员工作性津贴、生活性补贴、地区附加津贴、岗位津贴，机关事业单位艰苦边远地区津贴，事业单位工作人员特殊岗位津贴补贴，以及提租补贴、购房补贴、采暖补贴、物业服务补贴等
	03	奖金	反映按规定发放的奖金，包括机关工作人员年终一次性奖金等
	06	伙食补助费	反映单位发给职工的伙食补助费，因公负伤等住院治疗、住疗养院期间的伙食补助费，军队（含武警）人员的伙食费等
	07	绩效工资	反映事业单位工作人员的绩效工资
	08	机关事业单位基本养老保险缴费	反映单位为职工缴纳的基本养老保险费。由单位代扣的工作人员基本养老保险缴费，不在此科目反映
	09	职业年金缴费	反映单位为职工实际缴纳的职业年金（含职业年金补记支出）。由单位代扣的工作人员职业年金缴费，不在此科目反映
	10	职工基本医疗保险缴费	反映单位为职工缴纳的基本医疗保险费
	11	公务员医疗补助缴费	反映按规定可享受公务员医疗补助单位为职工缴纳的公务员医疗补助费
	12	其他社会保障缴费	反映单位为职工缴纳的失业、工伤、生育、大病统筹等社会保险费，残疾人就业保障金，军队（含武警）为军人缴纳的退役养老、医疗等社会保险费。生育保险和职工基本医疗保险合并实施的地区，相关缴费不在此科目反映
	12	住房公积金	反映单位按规定为职工缴纳的住房公积金
	14	医疗费	反映未参加医疗保险单位的医疗经费和单位按规定为职工支出的其他医疗费用
	99	其他工资福利支出	反映上述科目未包括的工资福利支出，如各种加班工资、病假两个月以上期间的人员工资，职工探亲旅费，困难职工生活补助，编制外长期聘用人员（不包括劳务派遣人员）劳务报酬及社保缴费，公务员及参照公务员法管理的事业单位工作人员转入企业工作并按规定参加企业职工基本养老保险后给予的一次性补贴等
302		**商品和服务支出**	反映单位购买商品和服务的支出，不包括用于购置固定资产、战略性和应急性物资储备等资本性支出
	01	办公费	反映单位购买日常办公用品、书报杂志等支出
	02	印刷费	反映单位的印刷费支出
	03	咨询费	反映单位咨询方面的支出
	04	手续费	反映单位的各类手续费支出
	05	水费	反映单位的水费、污水处理费等支出
	06	电费	反映单位的电费支出
	07	邮电费	反映单位开支的信函、包裹、货物等物品的邮寄费及电话费、电报费、传真费、网络通信费等

续表

科目编码		科目名称	说明
类	款		
	08	取暖费	反映单位取暖用燃料费、热力费、炉具购置费、锅炉临时工的工资、节煤奖及由单位支付的未实行职工住房采暖补贴改革的在职职工和离退休人员宿舍取暖费
	09	物业管理费	反映单位开支的办公用房及未实行职工住宅物业服务改革的在职职工和离退休人员宿舍等的物业管理费,包括综合治理、绿化、卫生等方面的支出
	11	差旅费	反映单位工作人员国(境)内出差发生的城市间交通费、住宿费、伙食补助费和市内交通费
	12	因公出国(境)费用	反映单位公务出国(境)的国际旅费、国外城市间交通费、住宿费、伙食费、培训费、公杂费等支出
	13	维修(护)费	反映单位日常开支的固定资产(不包括车船等交通工具)修理和维护费用,网络信息系统运行与维护费用,以及按规定提取的修购基金
	14	租赁费	反映租赁办公用房、宿舍、专用通信网及其他设备等方面的费用
	15	会议费	反映单位在会议期间按规定开支的住宿费、伙食费、会议场地租金、交通费、文件印刷费、医药费等
	16	培训费	反映除因公出国(境)培训费以外的,在培训期间发生的师资费、住宿费、伙食费、培训场地费、培训资料费、交通费等各类培训费用
	17	公务接待费	反映单位按规定开支的各类公务接待(含外宾接待)费用
	18	专用材料费	反映单位购买日常专用材料的支出。具体包括药品及医疗耗材,农用材料,兽医用品,实验室用品,专用服装,消耗性体育用品,专用工具和仪器,艺术部门专用材料和用品,广播电视发射台发射机的电力、材料等方面的支出
	24	被装购置费	反映法院、检察院、公安、税务、海关等单位的被装购置支出
	25	专用燃料费	反映用作业务工作设备的车(不含公务用车)、船设施等的油料支出
	26	劳务费	反映支付给外单位和个人的劳务费用,如临时聘用人员、钟点工工资,稿费、翻译费,评审费等
	27	委托业务费	反映因委托外单位办理业务而支付的委托业务费
	28	工会经费	反映单位按规定提取或安排的工会经费
	29	福利费	反映单位按规定提取的职工福利费
	31	公务用车运行维护费	反映单位按规定保留的公务用车燃料费、维修费、过桥过路费、保险费、安全奖励费用等支出
	39	其他交通费用	反映单位除公务用车运行维护费以外的其他交通费用,如公务交通补贴,租车费用,出租车费用,飞机、船舶等的燃料费、维修费、保险费等
	40	税金及附加费用	反映单位提供劳务或销售产品应负担的税金及附加费用,包括消费税、城市维护建设税、资源税和教育费附加等
	99	其他商品和服务支出	反映上述科目未包括的日常公用支出,如诉讼费、国内组织的会员费、来访费、广告宣传费及离休人员特需费、离退休人员公用经费等
303		**对个人和家庭的补助**	反映政府用于对个人和家庭的补助支出
	01	离休费	反映机关事业单位和军队移交政府安置的离休人员的离休费、护理费及提租补贴、购房补贴、采暖补贴、物业服务补贴等补贴
	02	退休费	反映机关事业单位和军队移交政府安置的退休人员的退休费及提租补贴、购房补贴、采暖补贴、物业服务补贴等补贴

续表

科目编码 类	科目编码 款	科目名称	说明
	03	退职（役）费	反映机关事业单位退职人员的生活补贴，一次性支付给职工或军官、军队无军籍退职职工、运动员的退职补助，一次性支付给军官、文职干部、士官、义务兵的退役费，按月支付给自主择业的军队转业干部的退役金
	04	抚恤金	反映按规定开支的烈士遗属、牺牲病故人员遗属的一次性和定期抚恤金，伤残人员的抚恤金，离退休人员等其他人员的各项抚恤金，以及按规定开支的机关事业单位职工和离退休人员丧葬费
	05	生活补助	反映按规定开支的优抚对象定期定量生活补助费，退役军人生活补助费，机关事业单位职工遗属生活补助，长期赡养人员补助费，由于国家实行退耕还林禁牧等政策补偿给农牧民的现金、粮食支出，对农村党员、复员军人和村干部的补助支出，人犯的伙食费、药费等
	06	救济费	反映按规定开支的城乡困难群众、灾民、归侨、外侨及其他人员的生活救济费，包括城乡居民的最低生活保障金，随同资源枯竭矿山破产但未参加养老保险统筹的矿山所属集体企业退休人员按最低生活保障标准发放的生活费，特困救助供养对象、临时救助对象、贫困户、麻风病患者的生活救济费，精简退职老弱残职工救济费，福利、救助机构发生的收养费及救助支出等。实物形式的救济也在此科目反映
	07	医疗费补助	反映机关事业单位和军队移交政府安置的离退休人员的医疗费，学生医疗费，优抚对象医疗补助，以及按国家规定资助居民参加城乡居民医疗保险及资助农民参加新型农村合作医疗、城镇居民参加城镇居民基本医疗保险的支出和对城乡贫困家庭的医疗救助支出
	08	助学金	反映学校学生助学金、奖学金、学生贷款、出国留学（实习）人员生活费，青少年业余体校学员伙食补助费和生活费补贴，按照协议由我方负担或享受我方奖学金的来华留学生、进修生生活费等
	09	奖励金	反映对个体私营经济的奖励、计划生育目标责任奖励、独生子女父母奖励等
	10	个人农业生产补贴	反映对个人及新型农业经营主体（包括种粮大户、家庭农场、农民专业合作社等）发放的生产补贴支出，如国家对农民发放的农业生产发展资金及发放给残疾人的各种生产经营补贴等
	99	其他对个人和家庭的补助	反映未包括在上述科目的对个人和家庭的补助支出，如婴幼儿补贴、退职人员及随行家属路费，符合条件的退役回乡义务兵一次性建房补助，符合安置条件的城镇退役士兵自谋职业的一次性经济补助费、保障性住房租金补贴等
307		债务利息及费用支出	反映单位的债务利息及费用支出
	01	国内债务付息	反映用于偿还国内债务利息的支出
	02	国外债务付息	反映用于偿还国外债务利息的支出
	03	国内债务发行费用	反映用于国内债务发行、兑付、登记等费用的支出
	04	国外债务发行费用	反映用于国外债务发行、兑付、登记等费用的支出
309		资本性支出（基本建设）	反映切块由发展改革部门安排的基本建设支出，对企业补助支出不在此科目反映
	01	房屋建筑物购建	反映用于购买、自行建造办公用房、仓库、职工生活用房、教学科研用房、学生宿舍、食堂等建筑物（含附属设施，如电梯、通信线路、水气管道等）的支出
	02	办公设备购置	反映用于购置并按财务会计制度规定纳入固定资产核算范围的办公家具和办公设备的支出，以及按规定提取的修购基金

续表

科目编码 类	款	科目名称	说明
	03	专用设备购置	反映用于购置具有专门用途、并按财务会计制度规定纳入固定资产核算范围的各类专用设备的支出，如通信设备、发电设备、交通监控设备、卫星转发器、气象设备、进出口监管设备等，以及按规定提取的修购基金
	05	基础设施建设	反映用于农田设施、道路、铁路、桥梁、水坝和机场、车站、码头等公共基础设施建设方面的支出
	06	大型修缮	反映按财务会计制度规定允许资本化的各类设备、建筑物、公共基础设施等大型修缮的支出
	07	信息网络及软件购置更新	反映用于信息网络和软件方面的支出，如服务器购置、软件购置、开发、应用支出等，如果购置的相关硬件、软件等不符合财务会计制度规定的固定资产确认标准的，不在此科目反映
	08	物资储备	反映为应付战争、自然灾害或意料不到的突发事件而提前购置的具有特殊重要性的军事用品、石油、医药、粮食等战略性和应急性物质储备支出
	13	公务用车购置	反映公务用车购置支出（含车辆购置税、牌照费）
	19	其他交通工具购置	反映除公务用车外的其他各类交通工具（如船舶、飞机等）购置支出（含车辆购置税、牌照费）
	21	文物和陈列品购置	反映文物和陈列品购置支出
	22	无形资产购置	反映著作权、商标权、专利权、土地使用权等无形资产购置支出。软件购置、开发、应用支出不在此科目反映
	99	其他基本建设支出	反映上述科目中未包括的资本性支出（不含对企业补助）
310		**资本性支出**	反映各单位安排的资本性支出。切块由发展改革部门安排的基本建设支出不在此科目反映
	01	房屋建筑物购建	反映用于购买、自行建造办公用房、仓库、职工生活用房、教学科研用房、学生宿舍、食堂等建筑物（含附属设施，如电梯、通信线路、水气管道等）的支出
	02	办公设备购置	反映用于购置并按财务会计制度规定纳入固定资产核算范围的办公家具和办公设备的支出，以及按规定提取的修购基金
	03	专用设备购置	反映用于购置具有专门用途、并按财务会计制度规定纳入固定资产核算范围的各类专用设备的支出，如通信设备、发电设备、交通监控设备、卫星转发器、气象设备、进出口监管设备等，以及按规定提取的修购基金
	05	基础设施建设	反映用于农田设施、道路、铁路、桥梁、水坝和机场、车站、码头等公共基础设施建设方面的支出
	06	大型修缮	反映按财务会计制度规定允许资本化的各类设备、建筑物、公共基础设施等大型修缮的支出
	07	信息网络及软件购置更新	反映用于信息网络和软件方面的支出，如服务器购置、软件购置、开发、应用支出等，如果购置的相关硬件、软件等不符合财务会计制度规定的固定资产确认标准的，不在此科目反映
	08	物资储备	反映为应付战争、自然灾害或意料不到的突发事件而提前购置的具有特殊重要性的军事用品、石油、医药、粮食等战略性和应急性物资储备支出
	09	土地补偿	反映按规定征地和收购土地过程中支付的土地补偿费
	10	安置补助	反映按规定征地和收购土地过程中支付的安置补助费
	11	地上附着物和青苗补偿	反映按规定征地和收购土地过程中支付的地上附着物和青苗补偿费
	12	拆迁补偿	反映按规定征地和收购土地过程中支付的拆迁补偿费
	13	公务用车购置	反映公务用车购置支出（含车辆购置税、牌照费）

续表

科目编码 类	科目编码 款	科目名称	说明
	19	其他交通工具购置	反映除公务用车外的其他各类交通工具（如船舶、飞机等）购置支出（含车辆购置税、牌照费）
	21	文物和陈列品购置	反映文物和陈列品购置支出
	22	无形资产购置	反映著作权、商标权、专利权、土地使用权等无形资产购置支出。软件购置、开发、应用支出不在此科目反映
	99	其他资本性支出	反映上述科目中未包括的资本性支出
311		对企业补助（基本建设）	反映切块由发展改革部门安排的基本建设支出中对企业补助支出
	01	资本金注入	反映对企业注入资本金的支出，不包括政府投资基金股权投资
	99	其他对企业补助	反映对企业的其他补助支出
312		对企业补助	反映政府对各类企业的补助支出。切块由发展改革部门安排的基本建设支出中对企业补助支出不在此科目反映
	01	资本金注入	反映对企业注入资本金的支出，不包括政府投资基金股权投资
	03	政府投资基金股权投资	反映设立或者参与政府投资基金的股权投资支出
	04	费用补贴	反映对企业的费用性补贴
	05	利息补贴	反映对企业的利息补贴
	99	其他对企业补助	反映对企业的其他补助支出
313		对社会保障基金补助	反映政府对社会保险基金的补助，以及补充全国社会保障基金的支出
	02	对社会保险基金补助	反映政府对社会保险基金的补助支出
	03	补充全国社会保障基金	反映中央政府补充全国社会保障基金的支出
399		其他支出	反映不能划分到上述经济科目的其他支出
	06	赠予	反映对外国政府、国内外组织等提供的援助、捐赠及交纳国际组织会费等方面的支出
	07	国家赔偿费用支出	反映用于国家赔偿方面的支出
	08	对民间非营利组织和群众性自治组织补贴	反映对民间非营利组织和群众性自治组织补贴支出
	99	其他支出	反映除上述科目以外的其他支出

第五章　财务报销

第一节　系统概述

一、总体介绍

财务报销是计财业务系统中一个比较重要的功能模块，记录从经办人起到会计生成记账凭证的整个财务报销流程。通过对网上报销业务的登记，实现本级及下属单位所有网上报销过程的审核、记账操作，单位领导或报销人员可以追踪查询到每一笔资金的支出情况，实现对每笔资金的使用全过程进行监控，有效防范财务风险。

财务报销与预算指标管理、出纳管理、账务处理等功能模块进行了数据衔接，实现资金支付申请事前受预算额度控制，并实时反馈预算执行情况，满足行政事业单位的预算控制及费用报销管理要求。同时，通过与出纳账务处理模块自动生成会计凭证，实现报销人、出纳、会计一体化操作。本章的财务报销主要是指财务网上报销。

二、目的与目标

财务报销是新形势下社会发展的产物，对财务管理机制的建设有极大的推动作用，能够节省财务人员的时间和精力，减少因重复工作而提高的报销成本，严格预算控制，避免无预算、超预算的资金支付。财务报销模块以提高财务工作效率为目标，报销人可直接通过网上填写借款、报销申请单，并扫描上传电子附件。填制完毕后逐级提交进行审核、审批、记账。通过这种自动化的财务审批报销流程，将财务报销工作规范化、透明化，使财务报销工作不再局限于财务会计与出纳的工作，让更多的人接触到财务，参与到财务报销工作中。主要实现的目标如下：

1. 改变传统财务系统模式，体现"互联网＋财务"的思路

原来单一的由财务人员使用的系统向报销人开放，报销人参与到财务报账过程中，随时查询报账进度及支出情况，实现财务报账全公开、透明化。这是新形势下社会发展的产物，对财务管理机制的建设有极大的推动作用。

2. 提高报账效率，减少重复劳动

将报销凭单的手动填制和网上填制合二为一，将部分实时业务转化为后台操作，由集中办理变为分头办理，减少实时业务等候时间，减少因重复工作而提高的报销成本。

3. 实时互动，实现报账人与财务系统的无缝对接

通过财务报销模块，报销人可实时查询报销信息，实现报账人与财务系统的无缝对接。出纳、会计根据财务报销模块传递的信息完成支付、会计记录的过程，实现三方的无缝对接，减少出错率，减少报账人与财务核对的工作。同时，报销人通过实时查询报账信息，能树立预算管理理念，主动管理报账信息，为项目经费管理、课题经费管理、预算执行的准确性提供信息化手段。

4. 主动管理，提高报账人财务意识

作为报销业务真实性、准确性的直接责任人，报账人应当掌握必要的财务知识。如同气象部门的会计人员应当了解一些气象业务知识一样，办理报销的业务人员也应当了解一些财务知识，这既有利于相互之间的沟通、理解和配合，也能减少由于缺乏财务知识而出现的违纪问题，提高报账人的财务意识，有效规避财务风险。

第二节　系统功能

一、总体介绍

财务报销的主要功能是办理网上报销业务，包括网上填写并提交单据、报销审批、出纳支付、生成凭证几个环节。其基本思路是将财务报账系统的一些功能模块向经办人（或报账人）开放，由经办人进行相关操作。对经办人而言，最大的变化是将原来手动填写的经费审批单改为在网上直接填写电子版，工作任务和工作量基本没有增加。不仅如此，由于财务信息全部通过网络传递，为财务部门与具体单位的互动、财务人员与经办人的互动创造了条件，可实现报账人网上录入、实时查询预算执行进度、进行预算控制等多项功能。

财务报销基本流程是：第一，经办人在网上录入单据并提交财务部门；第二，经办人打印相关单据；第三，单位财务负责人按照资金支付审批权限进行审批；第四，财务人员审核相关单据；第五，出纳支付相关资金；第六，记账人员生成记账凭证（图5-1）。

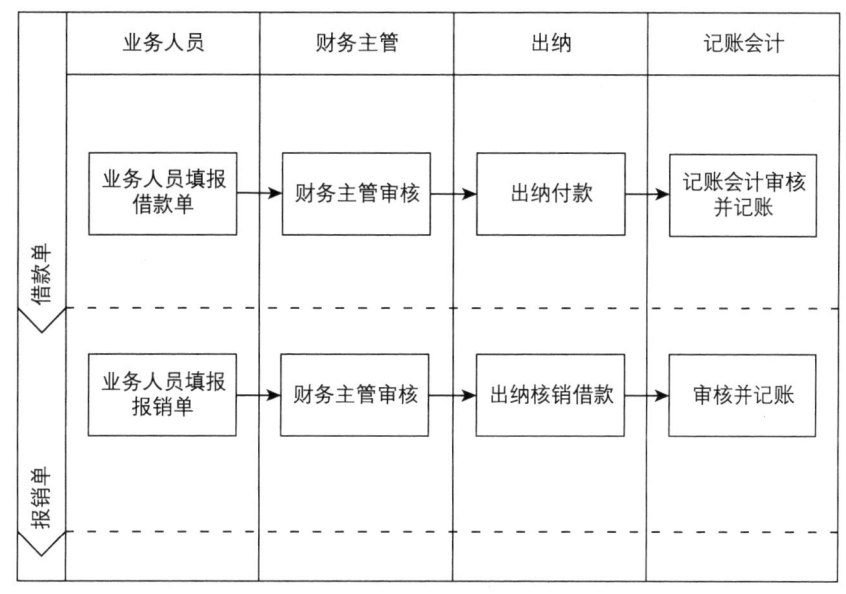

图 5-1 财务报销业务流程

二、内部控制

（一）总体介绍

财务报销不仅是计财业务系统的一部分，也是联系报账人与财务系统的重要功能模块。财务报销模块与预算指标管理模块、会计核算模块（出纳管理、账务处理）建立了无缝衔接，通过调取预算指标管理模块的预算指标来实现对支出的预算控制，将报销人录入的经济业务信息通过一定的规则传递到出纳管理环节和账务处理环节，自动生成会计凭证。因此，财务报销模块是非常重要的数据收集和控制平台，只有实现财务报销模块准确的数据收集和完整数据的控制，才能为后期形成合格的会计凭证、准确的财务信息创造条件，有效规避财务风险。财务报销模块主要处理的是涉及资金收付的经济业务，是记账的原始依据，内控风险主要体现在是否按规定审核各类凭据的真实性、合法性，是否存在使用虚假票据套取资金的情形。财务报销模块的内控关键点主要是对单位支出业务的控制，通过财务报销模块设置内控关键点，采取有效的内控措施，保证单位经济活动合法、合规，有效防范舞弊和预防腐败，有效规避气象部门审计、检查发现的各类问题。

（二）内部控制方法

财务报销模块涉及的内部控制方法有不相容岗位分离控制、内部授权审批控制、预算控制、单据控制。

1. 不相容岗位分离控制

根据《行政事业单位内部控制规范》的有关规定，单位应当合理设置岗位，明确相关岗位的职责权限，确保支出申请和内部审批、付款审批和付款执行、业务经办和会计核算等不相容岗位分离。单位应当按照支出业务的类型，明确内部审批、审核、支付、核算和归档等支出各关键岗位的职责权限。财务报销模块分为业务填报、审核、支付、记账4个岗位，根据内控规定，业务填报与审核、审核与支付、业务填报与记账为不相容岗位，各单位在进行财务报销模块设置时要充分考虑。气象部门有些县局因为人手紧张，仅设报账员1人，负责财务报销模块的填报、审核、支付职责，这在内控管理上是违反不相容职务岗位分离控制的，容易造成财务风险。因此，各单位领导一定要高度重视岗位设置，不能以人手紧张而忽视内控风险。另外，目前多数省份的气象部门在县局管理方面采取由市局核算中心统一管理的模式，可考虑加强市局核算中心的岗位设置，既解决县局人手不足的问题，又做到县局不相容岗位分离。还有些省份的地市核算中心采取大额资金事前审核、会计委派制等做法来加强县局的内控岗位设置。

2. 内部授权审批控制

根据《行政事业单位内部控制规范》的有关规定，要加强支出审批控制，明确支出的内部审批权限、程序、责任和相关控制措施。审批人应当在授权范围内审批，不得越权审批。财务报销模块在内部授权审批控制方面应加强对审批人的审核，审核审批手续是否齐全，以有效避免审批人越权、伪造审批人签字的风险。财务报销模块可结合后期上线的网上审批模块加强内部授权审批控制，目前可结合短信通知功能向相应的审批人发送信息提醒来减少财务风险。

3. 预算控制

根据《行政事业单位内部控制规范》的有关规定，强化对经济活动的预算约束，使预算管理贯穿于单位经济活动的全过程。气象部门的资金主要来源于财政资金，财政资金按照预算来申请支付是最基本的要求，坚决禁止无预算、超预算支出。因此，财务报销模块中应加强支出的预算审核控制，审核是否符合预算，对于无预算、超预算的支出要予以驳回。

4. 单据控制

根据《行政事业单位内部控制规范》的有关规定，要求单位根据国家有关规定和单位的经济活动业务流程，在内部管理制度中明确界定各项经济活动所涉及的表单和票据，要求相关工作人员按照规定填制、审核、归档、保管单据。单位应当建立健全支出内部管理制度，确定单位经济活动的各项支出标准，明确支出报销流程，按照规定办理支出事项。财务报销模块中单据控制应当是非常重要的内控方法，在此环节内控管理上要重点加强支出审核控制，要重点审核单据来源是否合法，内容是否真实、完整，使用是否准确。因此，在财务报销模块中应尽量预置支出标准、审核流程等控制措施，超出规定标准的支出事项应在系统里有所控制，应由经办人员说明原因并附审批依据后才可通过，确保与经济业务事项相符。

（三）案例

加强财务报销模块内部控制，能有效规避气象部门历年检查中所反映的问题。

案例5-1 ××单位外聘人员××，28岁，于2015年4—11月利用伪造领导签字报销办公用品、出租车票等63笔票据，套取国家资金109.9万元，涉嫌贪污犯罪，已被××检察院批准逮捕。

存在的问题：内部授权审批有漏洞。

内控关键点：通过信息系统设置短信提醒，加强内部授权审批控制。

案例 5-2 ××单位 2014 年报销西藏拉萨差旅费后附"藏金牛物贸有限公司"开具的住宿费发票 2800 元，报销云南昆明差旅费后附"成都诚信瑞迪软件技术有限公司"开具的住宿费发票 1680 元，经核实上述开票单位经营范围不含酒店住宿项目。

存在的问题：违规使用假发票报销。

内控关键点：应加强单据控制，增加核实发票真伪的环节。建议由经办人员或财务人员登录税务相关网站查询发票真伪，也可以拨打官方提供的电话进行发票真伪的查询，经过核实后再进行资金支付。对不符合常规的经济业务及时补充说明，进而有效规避风险。

案例 5-3 ××气象局局机关本部 2013 年因公出国经费预算 1 万元，2013 年度实际支出 3 万元，超预算 2 万元在"事业支出—项目支出—商品和服务支出—培训费"科目中列支。

存在的问题：预算控制管理不严格。

内控关键点：应在系统中设置预算指标额度完全禁止，超出预算的坚决不予报销。

案例 5-4 ××省气象局机关超标准报销差旅费补助等。

存在的问题：单据内部控制不严格。

内控关键点：在系统中预置各项支出标准，超标准支出系统不予通过。

第三节 系统初始化

财务报销功能模块主要实现对网上报销业务的登记、审核、记账操作，达到对每笔资金使用的全过程监控及单据信息的自动传递，有效防范财务风险。模块的初始化设置主要包括岗位及权限设置、系统选项、单据定义、记账规则设置、报销标准设置、单据通用配置、税率参照表、系统初始化等。

一、岗位及权限设置

根据报销业务的流程，系统设置了制单、审核、出纳、记账 4 个岗位，所有操作人员只能在设置的权限内进行事项处理（图 5-2）。

制单岗位权限分配给核算单位报销人员，负责报销凭证的填写、打印，发起对借款、经费报销、差旅费报销、劳务费领取单据的报销流程。

审核岗位权限分配给会计人员，负责对网上报销单据进行审核，主要审核单据与原始凭证是否相符、领导审批、经费支出渠道等。对于报销人员未填写的内容进行补全，如费用项、支出渠道等。

出纳岗位权限分配给出纳人员，对符合要求或标准的报销业务进行支付，登记日记账；对于不符合要求或标准的报销单据予以拒绝。

记账岗位权限分配给会计人员，也可由其他人员兼任，负责对网上报销单据生成记账凭证。

图 5-2　岗位职责设置

岗位及权限设置时应结合内控制度，不相容岗位相分离，明确划分职责权限，形成相互制约、相互监督的工作机制，保证单位经济活动合法合规，有效防范舞弊和预防腐败。

财务报销模块和账务处理模块的各岗位中，不相容岗位有：财务报销经办和审核、财务报销审核和付款、账务处理制单和审核、财务报销付款和账务处理记账。

其他岗位可以根据人员实际情况安排确定。

案例 5-5 某单位为会计人员××设置岗位权限，分配了网上审核的权限，则不可分配网上填报的权限；分配了网上记账的权限，则不可分配网上出纳的权限；分配了制单的权限，则不可分配审核的权限（图 5-3）。

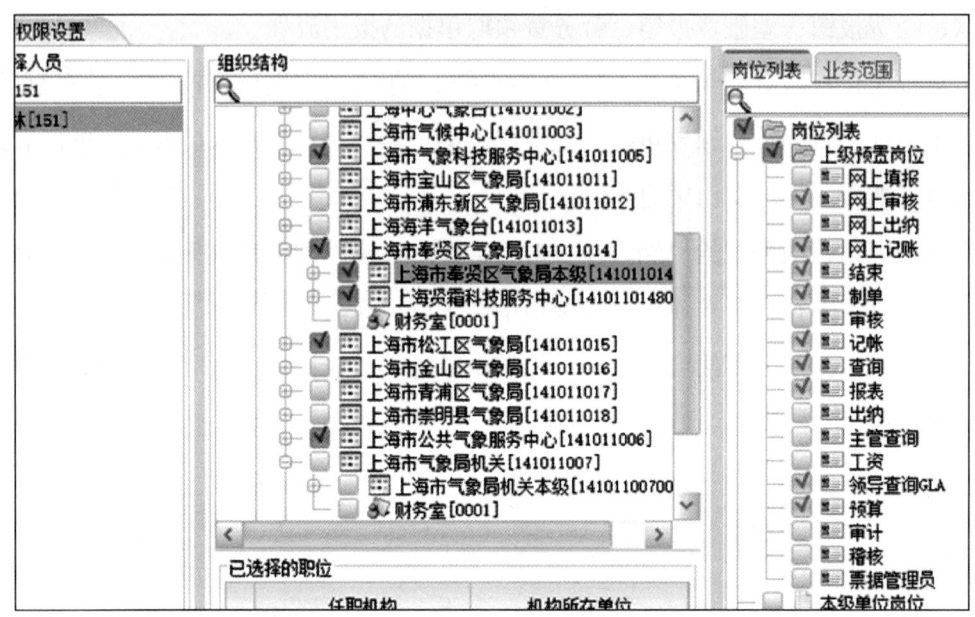

图 5-3 某省气象局权限设置

案例 5-6 ××省气象局岗位设置方案，如表 5-1 所示。

表 5-1 人员岗位设置

业务性质		岗位人员设置			
		各级核算中心	地市局	县局	县账市管
报销系统	经办	业务人员（报账员）	业务人员（报账员）	业务人员（报账员）	业务人员（报账员）
	审核	会计	会计	会计	市局会计
	付款	出纳	出纳	出纳	县局出纳
	记账	会计/出纳	会计/出纳	出纳	县局出纳
账务系统	制单	会计/出纳	会计/出纳	出纳	县局出纳
	审核	审核会计	审核会计	审核会计	市局会计
	记账	会计	会计	会计	市局会计

××省气象局岗位设置详细说明：

（1）省局财务核算中心：业务人员提交单据后，在报销系统中由主管会计进行审核，出纳付款，主管会计记账生成记账凭证，专门设置了审核人员审核记账凭证，主管会计在账务系统记账。

（2）地市级财务核算中心：业务人员提交单据后，在报销系统中由主管会计进行审核，出纳付款，主管会计记账生成记账凭证，会计相互交叉审核，主管会计在账务系统记账。

（3）县局：业务人员提交单据后，在报销系统中由县局会计进行审核，然后由县局出纳付款，并记账生成记账凭证，由县局会计审核记账凭证并记账。

（4）县账市管：业务人员提交单据后，由市局主管会计在报销系统中进行审核，然后由县局出纳付款，并记账生成记账凭证，由市局会计审核记账凭证并记账。

二、初始设置

完成岗位及权限设置后，应当对财务报销模块进行初始设置，包括前期准备、系统选项、单据定义。

（一）前期准备

规则及标准的设置涉及与账务处理模块的衔接，关系到记账凭证的生成，因此在进行财务报销模块的初始化之前，需要在账务处理模块完成系统级会计科目设置，并同步到单位级。

（二）系统选项

1. 系统选项

财务报销模块可以集成票据打印、出纳票据管理、出纳管理模块（出纳日记账）、合同管理模块、资产模块、预算指标模块、预警分析模块，各单位可以根据报销流程选择是否勾选"集成"（图5-4）。

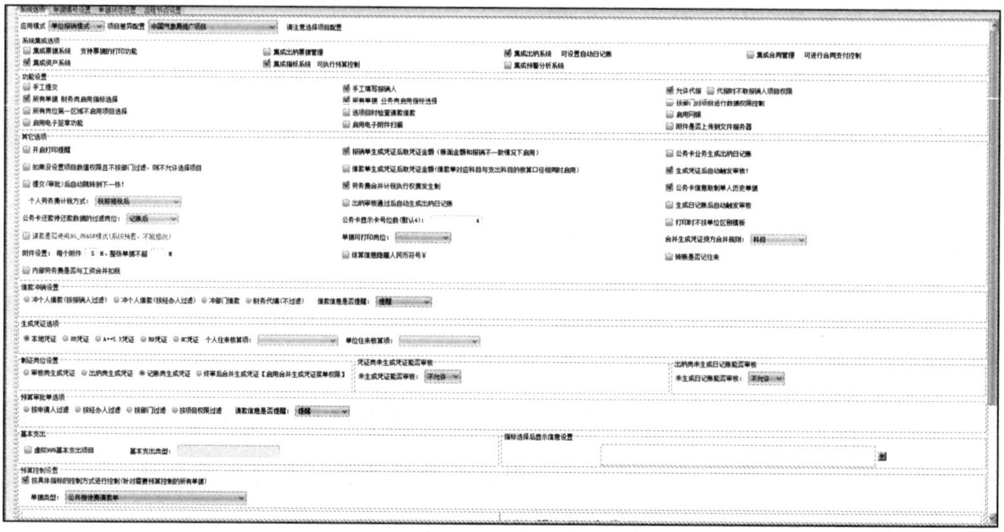

图 5-4　系统操作截图

2. 单据编号设置

系统允许对不同单据类型单独设置编号规则，预置信息项可以单选，也可多选组合后形成新的规则（图 5-5）。

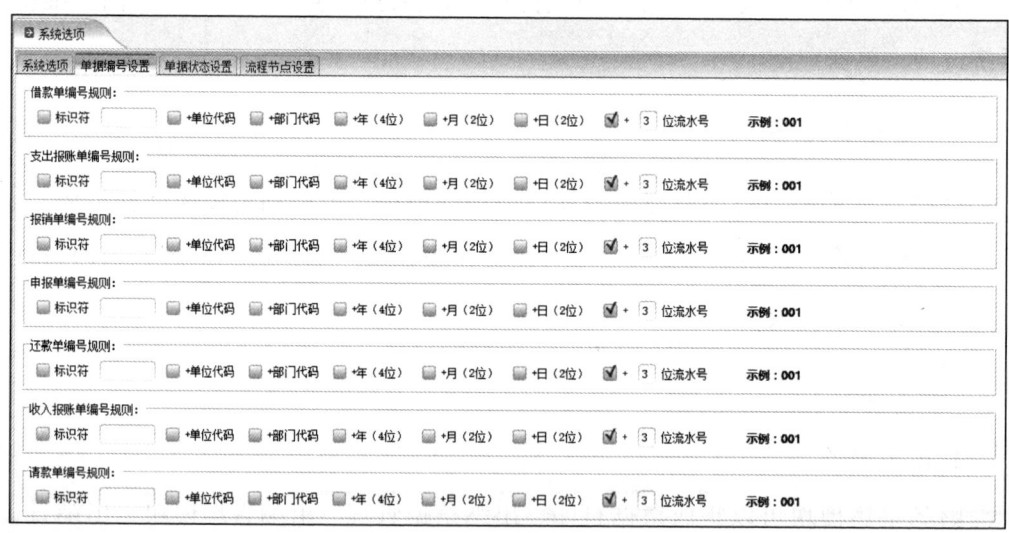

图 5-5　系统操作截图

注：系统运行期间不可改变编号，否则会造成单月业务单据编号混乱。如不慎修改保存，只能通过后台清空数据表 ar_no_rule。

3. 单据状态设置

系统标准流程默认将整个报销流程分为 5 个阶段，对应 5 种状态、5 个岗位。单位可根据自身报销流程选择启用。不同单据类型可分别进行设置（图 5-6）。

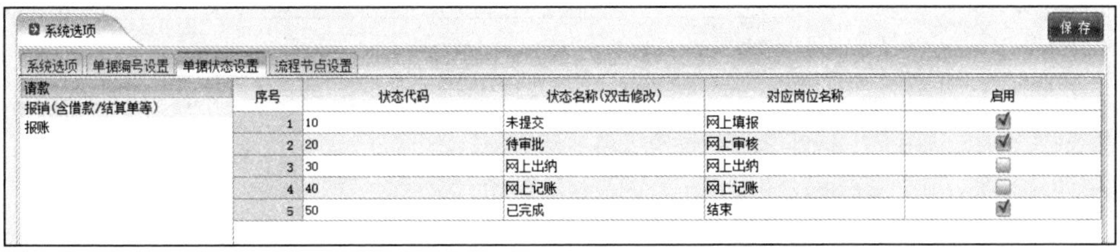

图 5-6 系统操作截图

4. 流程节点设置

系统目前设置 4 个节点：网上填报、出纳、会计记账、审核。每个节点处是否填写审核意见、是否需要选择执行人、是否需要电子签章，可以在流程节点设置中进行勾选设置，已启用的流程节点不可跳过（图 5-7）。

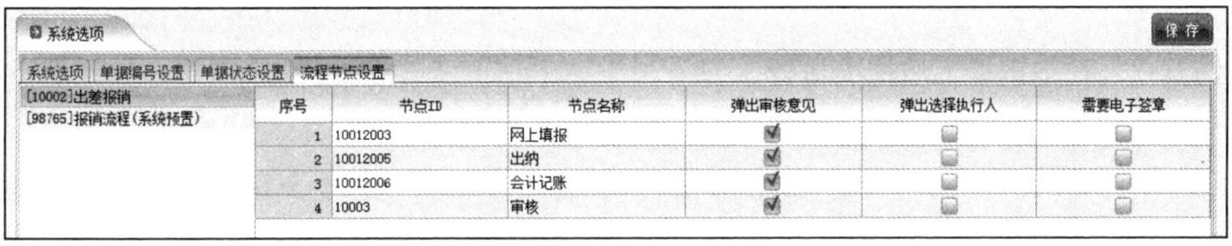

图 5-7 系统操作截图

（三）单据定义

1. 信息项

系统预置若干信息项，根据单位内控及报销业务需要选择是否启用。信息项启用后，可以设置显示区域、显示岗位（可见岗位）、必填岗位（必须录入岗位），可在右侧预览窗口查看预览效果（图 5-8）。

显示岗位是指该岗位可以看到启用的信息项，对此信息项可以录入，也可空置不录入。例如，费用项的选择，若填报人不确定如何选取，可以空置，由会计审核时进行选取。

必填岗位是指该岗位对此信息项必须录入，否则不能保存提交。例如，网上填报岗位必须录入报销单据的报销事由，否则无法保存。

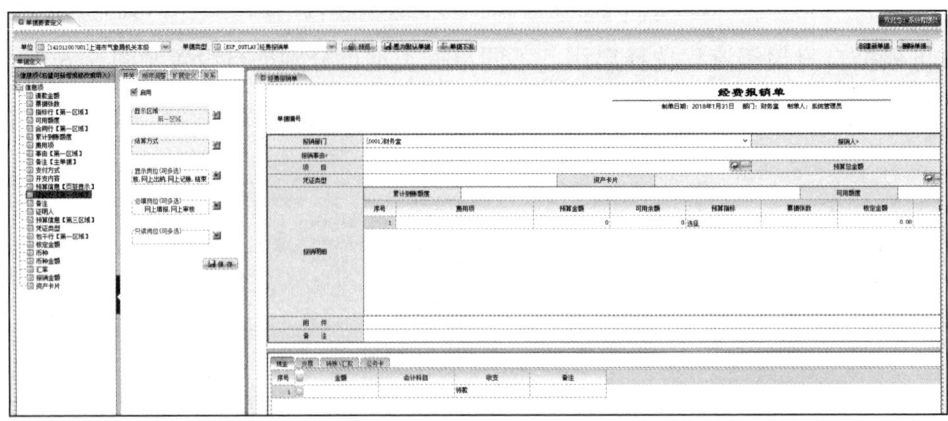

图 5-8　系统操作截图

注：信息项是否启用关系到生成记账凭证时，辅助核算项内容是否完整。启用且必填的信息项在制单或审核岗已经录入相关信息，生成凭证时自动传递数据，不需要会计另外补充。

案例 5-7　在报销单上启用项目行

选择信息项"项目行"，在中部窗口勾选"启用"，选择全部报销岗位均可见，必填岗位为"网上填报"，勾选完成后单击"保存"，在预览窗口中可以看到项目行（图 5-9）。

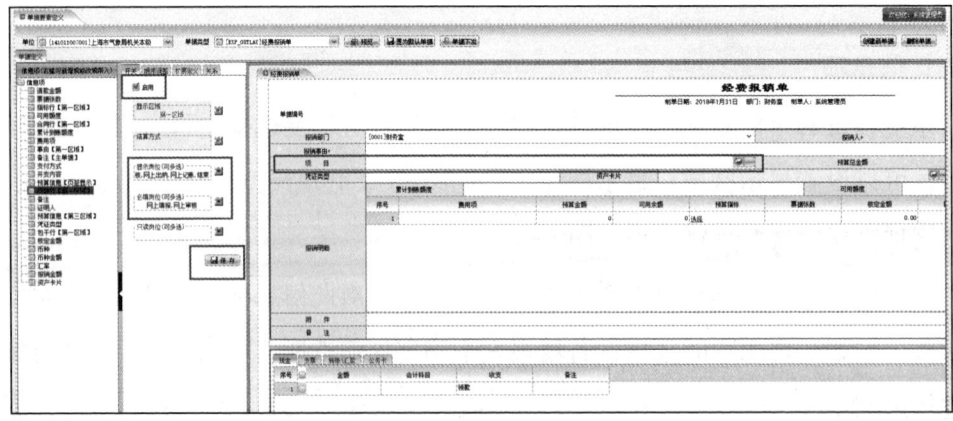

图 5-9　系统操作截图

2. 结算面板固定项

不论何种报销业务均涉及支付方式，因此将支付方式面板作为所有报销单据的固定显示项。预置现金、支票、转账、单位卡、公务卡5种支付方式，单位可根据实际支付情况全部启用或部分启用（图5-10）。

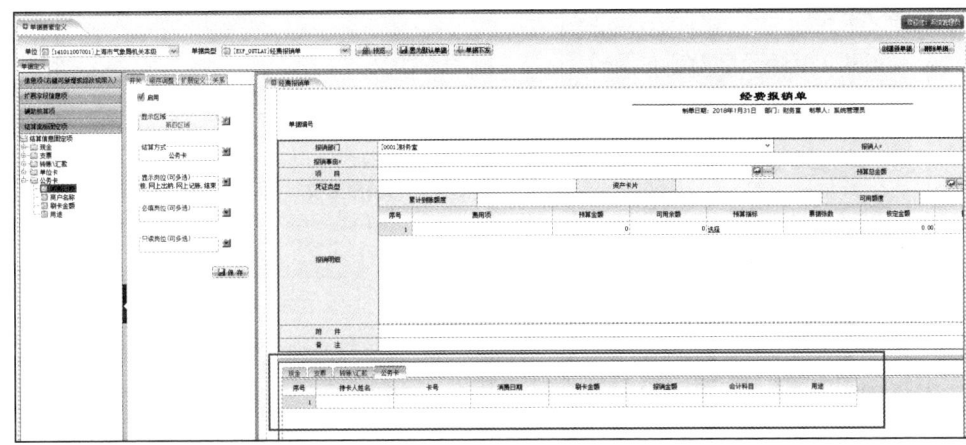

图5-10 系统操作截图

3. 费用项

根据单位报销业务归纳整理分类，预置报销费用项，以便于报销人员选择。费用项需要与会计科目设置对应关系，因此费用项越精细，生成的记账凭证科目越准确，但要考虑报销人的可操作性和易用性（图5-11）。

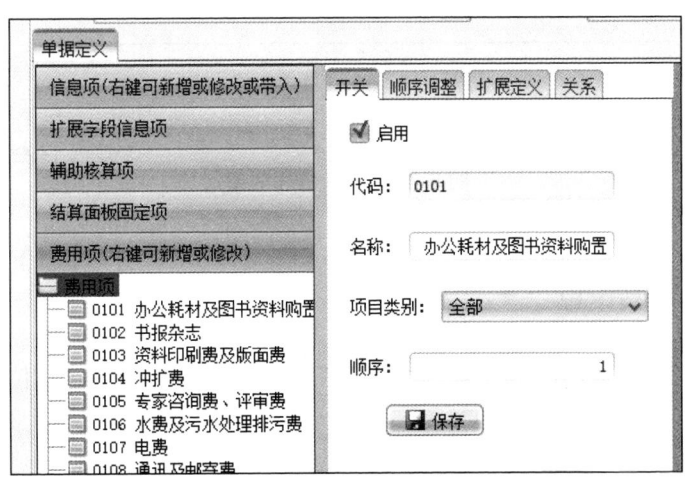

图5-11 系统操作截图

案例5-8 新增费用项

单击右键选择"增加平级"或"增加次级"费用项,输入费用项代码、名称、顺序(图5-12、图5-13)。

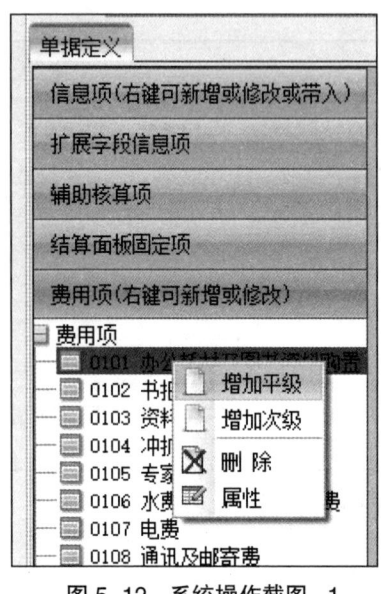

图5-12 系统操作截图-1

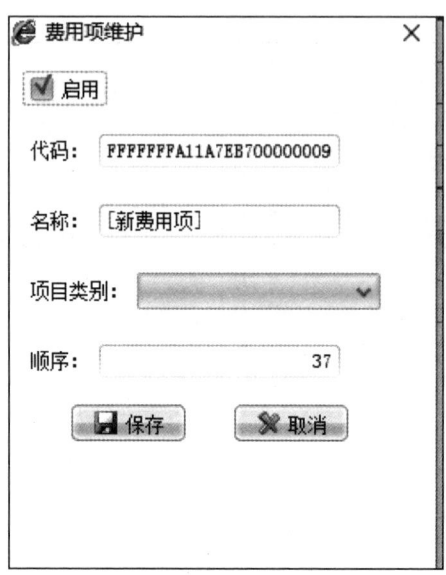

图5-13 系统操作截图-2

4. 单据下发

可在非末级单位进行单据定义,完成后通过"单据下发"功能下发到所有下级单位(图5-14)。

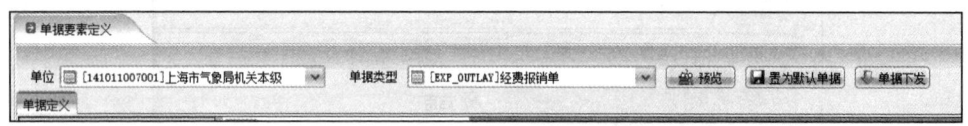

图5-14 系统操作截图

三、记账规则设置

记账规则设置具体分为费用项设置和支付方式设置,可以分单位、分账套进行设置(图5-15)。

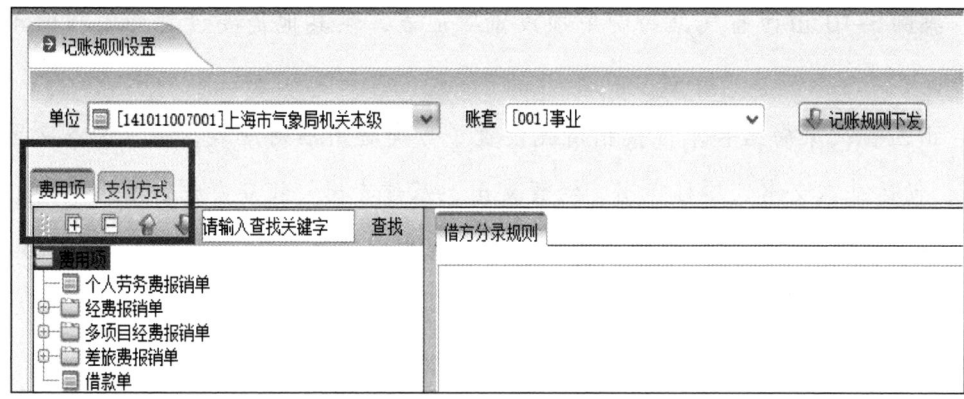

图 5-15　系统操作截图

（一）费用项设置

费用项设置的目的是根据报销业务与会计科目的对应关系，在报销模块中预置自动凭证生成规则，传递单据信息到账务处理模块。由于报销人员对会计科目不熟悉，可以将日常经济业务的报销事由进行梳理分类，合并同类项，与会计科目设置好对应关系。例如，办公用品、耗材、图书资料购置可合并对应"办公费"科目。

注：不使用费用项，直接使用会计科目的单位，可以不做此项设置。

案例 5-9　费用项设置流程

选定某一费用项→单击屏幕右侧"+/-"增加/减少录入行→选择不同支出类型对应的会计科目→保存。如果需要基于条件设置，可以单击"固定项选择"进行选择设置（图 5-16）。

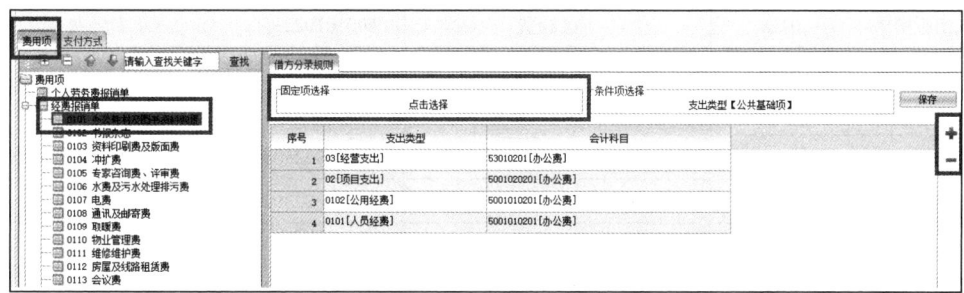

图 5-16　系统操作截图

案例 5-10 山西省气象局费用项设置对应表，供其他需要设置费用项的单位参考。

山西省气象局结合单位报销情况设置了 6 类费用项对应表，详见表 5-2 至表 5-7，包括基本支出、项目支出、经营支出、基建支出、销售费用、管理费用。其中，前 3 类用于事业单位报销费用项，第 4 类用于基建支出报销费用项，第 5 类、第 6 类用于企业报销费用项。

表 5-2 基本支出

单据类型	费用项代码	费用项名称	科目代码	科目名称
支出报销单	0101	办公耗材及图书资料购置	5001010201	办公费
支出报销单	0102	书报杂志	5001010201	办公费
支出报销单	0103	资料印刷费及版面费	5001010202	印刷费
支出报销单	0104	冲扩费	5001010202	印刷费
支出报销单	0105	专家咨询费、评审费	5001010203	咨询费
支出报销单	0106	水费及污水处理排污费	5001010205	水费
支出报销单	0107	电费	5001010206	电费
支出报销单	0108	通信及邮寄费	5001010207	邮电费
支出报销单	0109	取暖费	5001010208	取暖费
支出报销单	0110	物业管理费	5001010209	物业管理费
支出报销单	0111	维修维护费	5001010212	维修(护)费
支出报销单	0112	房屋及线路租赁费	5001010213	租赁费
支出报销单	0113	会议费	5001010214	会议费
支出报销单	0114	培训费	5001010215	培训费
支出报销单	0115	公务接待费	5001010216	公务接待费
支出报销单	0116	劳务费	5001010219	劳务费
支出报销单	0117	委托业务费	5001010220	委托业务费
支出报销单	0118	工会经费	5001010221	工会经费
支出报销单	0119	福利费	5001010222	福利费
支出报销单	0120	公务用车运行维护费	5001010223	公务用车运行维护费
支出报销单	012001	公务用车燃料费	500101022301	公务用车燃料费
支出报销单	012002	公务用车过路过桥费	500101022302	公务用车过路过桥费
支出报销单	012003	公务用车保险费	500101022303	公务用车保险费
支出报销单	012004	公务用车租用费	500101022304	公务用车租用费
支出报销单	012005	公务用车维修维护费	500101022305	公务用车维修维护费

续表

单据类型	费用项代码	费用项名称	科目代码	科目名称
支出报销单	012006	公务用车安全奖励费	500101022306	公务用车安全奖励费
支出报销单	012007	其他公务用车	500101022399	其他
支出报销单	0121	其他交通费用	5001010224	其他交通费用
支出报销单	012101	其他交通工具燃料费	500101022401	其他交通工具燃料费
支出报销单	012102	其他交通工具过路过桥费	500101022402	其他交通工具过路过桥费
支出报销单	012103	其他交通工具保险费	500101022403	其他交通工具保险费
支出报销单	012104	其他交通工具租用费	500101022404	其他交通工具租用费
支出报销单	012105	其他交通工具维修维护费	500101022405	其他交通工具维修维护费
支出报销单	012106	其他交通工具安全奖励费	500101022406	其他交通工具安全奖励费
支出报销单	012107	其他交通费	500101022499	其他
支出报销单	0122	其他商品和劳务支出	5001010226	其他商品和劳务支出
支出报销单	012201	离休人员公用支出	500101022602	离休人员公用支出
支出报销单	012202	退休人员公用支出	500101022603	退休人员公用支出
支出报销单	012203	工青党团妇活动费	500101022605	工青党团妇活动费
支出报销单	012204	扶贫援助支出	500101022606	扶贫援助支出
支出报销单	012205	其他	500101022699	其他
支出报销单	0123	办公设备购置费	5001010502	办公设备购置
支出报销单	0124	软件购置费	500101050602	软件购置及开发应用
支出报销单	0125	其他固定资产购置费	500101050999	其他

表 5-3 项目支出

单据类型	费用项代码	费用项名称	科目代码	科目名称
支出报销单	0101	办公耗材及图书资料购置	5001020201	办公费
支出报销单	0103	资料印刷费及版面费	5001020202	印刷费
支出报销单	0105	专家咨询费、评审费	5001020203	咨询费
支出报销单	0106	水费及污水处理排污费	5001020205	水费
支出报销单	0107	电费	5001020206	电费
支出报销单	0108	通信及邮寄费	5001020207	邮电费
支出报销单	0109	取暖费	5001020208	取暖费
支出报销单	0110	物业管理费	5001020209	物业管理费
支出报销单	0111	维修维护费	5001020212	维修(护)费
支出报销单	0112	房屋及线路租赁费	5001020213	租赁费
支出报销单	0113	会议费	5001020214	会议费
支出报销单	0114	培训费	5001020215	培训费

续表

单据类型	费用项代码	费用项名称	科目代码	科目名称
支出报销单	0116	劳务费	5001020219	劳务费
支出报销单	0117	委托业务费	5001020220	委托业务费
支出报销单	0120	公务用车运行维护费	5001020223	公务用车运行维护费
支出报销单	012001	公务用车燃料费	500102022301	公务用车燃料费
支出报销单	012002	公务用车过路过桥费	500102022302	公务用车过路过桥费
支出报销单	012003	公务用车保险费	500102022303	公务用车保险费
支出报销单	012004	公务用车租用费	500102022304	公务用车租用费
支出报销单	012005	公务用车维修维护费	500102022305	公务用车维修维护费
支出报销单	012006	公务用车安全奖励费	500102022306	公务用车安全奖励费
支出报销单	012007	其他公务用车	500102022399	其他
支出报销单	0121	其他交通费用	5001020224	其他交通费用
支出报销单	012101	其他交通工具燃料费	500102022401	其他交通工具燃料费
支出报销单	012102	其他交通工具过路过桥费	500102022402	其他交通工具过路过桥费
支出报销单	012103	其他交通工具保险费	500102022403	其他交通工具保险费
支出报销单	012104	其他交通工具租用费	500102022404	其他交通工具租用费
支出报销单	012105	其他交通工具维修维护费	500102022405	其他交通工具维修维护费
支出报销单	012106	其他交通工具安全奖励费	500102022406	其他交通工具安全奖励费
支出报销单	012107	其他交通费	500102022499	其他
支出报销单	0122	其他商品和劳务支出	5001020226	其他商品和劳务支出
支出报销单	012205	其他	500102022699	其他
支出报销单	0123	办公设备购置费	5001020502	办公设备购置
支出报销单	0124	软件购置费	500102050602	软件购置及开发应用
支出报销单	0125	其他固定资产购置费	500102050999	其他

表 5-4 经营支出

单据类型	费用项代码	费用项名称	科目代码	科目名称
支出报销单	0101	办公耗材及图书资料购置	53010201	办公费
支出报销单	0103	资料印刷费及版面费	53010202	印刷费
支出报销单	0105	专家咨询费、评审费	53010203	咨询费
支出报销单	0106	水费及污水处理排污费	53010205	水费
支出报销单	0107	电费	53010206	电费
支出报销单	0108	通信及邮寄费	53010207	邮电费

续表

单据类型	费用项代码	费用项名称	科目代码	科目名称
支出报销单	0109	取暖费	53010208	取暖费
支出报销单	0110	物业管理费	53010209	物业管理费
支出报销单	0111	维修维护费	53010212	维修(护)费
支出报销单	0112	房屋及线路租赁费	53010213	租赁费
支出报销单	0113	会议费	53010214	会议费
支出报销单	0114	培训费	53010215	培训费
支出报销单	0115	公务接待费	53010216	公务接待费
支出报销单	0116	劳务费	53010219	劳务费
支出报销单	0117	委托业务费	53010220	委托业务费
支出报销单	0118	工会经费	53010221	工会经费
支出报销单	0119	福利费	53010222	福利费
支出报销单	0121	其他交通费用	53010224	其他交通费用
支出报销单	012101	其他交通工具燃料费	5301022401	其他交通工具燃料费
支出报销单	012102	其他交通工具过路过桥费	5301022402	其他交通工具过路过桥费
支出报销单	012103	其他交通工具保险费	5301022403	其他交通工具保险费
支出报销单	012104	其他交通工具租用费	5301022404	其他交通工具租用费
支出报销单	012105	其他交通工具维修维护费	5301022405	其他交通工具维修维护费
支出报销单	012106	其他交通工具安全奖励费	5301022406	其他交通工具安全奖励费
支出报销单	012107	其他交通费	5301022499	其他
支出报销单	0122	其他商品和劳务支出	5301022699	其他
支出报销单	0123	办公设备购置费	53010502	办公设备购置
支出报销单	0124	软件购置费	5301050602	软件购置及开发应用
支出报销单	0125	其他固定资产购置费	5301050999	其他

表 5-5 基建支出

单据类型	费用项代码	费用项名称	科目代码	科目名称
支出报销单	0101	办公耗材及图书资料购置	100103	待摊投资
支出报销单	0103	资料印刷费及版面费	100103	待摊投资
支出报销单	0105	专家咨询费、评审费	100103	待摊投资
支出报销单	0106	水费及污水处理排污费	100103	待摊投资
支出报销单	0107	电费	100103	待摊投资
支出报销单	0108	通信及邮寄费	100103	待摊投资
支出报销单	0109	取暖费	100103	待摊投资
支出报销单	0110	物业管理费	100103	待摊投资
支出报销单	0111	维修维护费	100103	待摊投资

续表

单据类型	费用项代码	费用项名称	科目代码	科目名称
支出报销单	0112	房屋及线路租赁费	100103	待摊投资
支出报销单	0113	会议费	100103	待摊投资
支出报销单	0114	培训费	100103	待摊投资
支出报销单	0115	公务接待费	100103	待摊投资
支出报销单	0116	劳务费	100103	待摊投资
支出报销单	0117	委托业务费	100103	待摊投资
支出报销单	012007	其他公务用车	100103	待摊投资
支出报销单	0121	其他交通费用	100103	待摊投资
支出报销单	012101	其他交通工具燃料费	100103	待摊投资
支出报销单	012102	其他交通工具过路过桥费	100103	待摊投资
支出报销单	012103	其他交通工具保险费	100103	待摊投资
支出报销单	012104	其他交通工具租用费	100103	待摊投资
支出报销单	012105	其他交通工具维修维护费	100103	待摊投资
支出报销单	012106	其他交通工具安全奖励费	100103	待摊投资
支出报销单	012107	其他交通费	100103	待摊投资
支出报销单	0122	其他商品和劳务支出	100103	待摊投资
支出报销单	0123	办公设备购置费	100102	设备投资
支出报销单	0124	软件购置费	100102	设备投资
支出报销单	0125	其他固定资产购置费	100102	设备投资
支出报销单	0126	基础设施建设	100101	建筑安装工程投资
支出报销单	0127	房屋建筑物构建	100101	建筑安装工程投资
支出报销单	0128	其他基本建设支出	100101	建筑安装工程投资
支出报销单	0129	无形资产	100104	其他投资
支出报销单	0130	递延资产	100104	其他投资

表 5-6 销售费用

单据类型	费用项代码	费用项名称	科目代码	科目名称
支出报销单	0101	办公耗材及图书资料购置	660134	办公费
支出报销单	0102	书报杂志	660128	图书资料费
支出报销单	0103	资料印刷费及版面费	660127	印刷费
支出报销单	0104	冲扩费	660127	印刷费
支出报销单	0105	专家咨询费、评审费	660116	咨询费
支出报销单	0106	水费及污水处理排污费	660111	水电费
支出报销单	0107	电费	660111	水电费
支出报销单	0108	通信及邮寄费	660113	邮电费

续表

单据类型	费用项代码	费用项名称	科目代码	科目名称
支出报销单	0109	取暖费	660124	取暖降温费
支出报销单	0110	物业管理费	660125	物业管理费
支出报销单	0111	维修维护费	660131	修理费
支出报销单	0112	房屋及线路租赁费	660112	租赁费
支出报销单	0113	会议费	660108	会议费
支出报销单	0114	培训费	660119	培训费
支出报销单	0115	公务接待费	660110	招待费
支出报销单	0116	劳务费	660120	劳务费
支出报销单	0117	委托业务费	660115	审计费
支出报销单	0118	工会经费	660105	工会经费
支出报销单	0119	福利费	660102	福利费
支出报销单	0120	公务用车运行维护费		
支出报销单	012001	公务用车燃料费		
支出报销单	012002	公务用车过路过桥费		
支出报销单	012003	公务用车保险费		
支出报销单	012004	公务用车租用费		
支出报销单	012005	公务用车维修维护费		
支出报销单	012006	公务用车安全奖励费		
支出报销单	012007	其他公务用车		
支出报销单	0121	其他交通费用		
支出报销单	012101	其他交通工具燃料费	660126	交通费
支出报销单	012102	其他交通工具过路过桥费	660126	交通费
支出报销单	012103	其他交通工具保险费	660126	交通费
支出报销单	012104	其他交通工具租用费	660126	交通费
支出报销单	012105	其他交通工具维修维护费	660126	交通费
支出报销单	012106	其他交通工具安全奖励费	660126	交通费
支出报销单	012107	其他交通费	660126	交通费
支出报销单	0122	其他商品和劳务支出		
支出报销单	012201	离休人员公用支出		
支出报销单	012202	退休人员公用支出		
支出报销单	012203	工青党团妇活动费		
支出报销单	012204	扶贫援助支出		
支出报销单	012205	其他	660199	其他
支出报销单	0123	办公设备购置费		
支出报销单	0124	软件购置费		
支出报销单	0125	其他固定资产购置费		

表 5-7 管理费用

单据类型	费用项代码	费用项名称	科目代码	科目名称
支出报销单	0101	办公耗材及图书资料购置	660234	办公费
支出报销单	0102	书报杂志	660228	图书资料费
支出报销单	0103	资料印刷费及版面费	660227	印刷费
支出报销单	0104	冲扩费	660227	印刷费
支出报销单	0105	专家咨询费、评审费	660216	咨询费
支出报销单	0106	水费及污水处理排污费	660211	水电费
支出报销单	0107	电费	660211	水电费
支出报销单	0108	通信及邮寄费	660213	邮电费
支出报销单	0109	取暖费	660224	取暖降温费
支出报销单	0110	物业管理费	660225	物业管理费
支出报销单	0111	维修维护费	660231	修理费
支出报销单	0112	房屋及线路租赁费	660212	租赁费
支出报销单	0113	会议费	660208	会议费
支出报销单	0114	培训费	660219	培训费
支出报销单	0115	公务接待费	660210	招待费
支出报销单	0116	劳务费	660220	劳务费
支出报销单	0117	委托业务费	660215	审计费
支出报销单	0118	工会经费	660205	工会经费
支出报销单	0119	福利费	660202	福利费
支出报销单	0120	公务用车运行维护费		
支出报销单	012001	公务用车燃料费		
支出报销单	012002	公务用车过路过桥费		
支出报销单	012003	公务用车保险费		
支出报销单	012004	公务用车租用费		
支出报销单	012005	公务用车维修维护费		
支出报销单	012006	公务用车安全奖励费		
支出报销单	012007	其他公务用车		
支出报销单	0121	其他交通费用		
支出报销单	012101	其他交通工具燃料费	660226	交通费
支出报销单	012102	其他交通工具过路过桥费	660226	交通费
支出报销单	012103	其他交通工具保险费	660226	交通费
支出报销单	012104	其他交通工具租用费	660226	交通费
支出报销单	012105	其他交通工具维修维护费	660226	交通费
支出报销单	012106	其他交通工具安全奖励费	660226	交通费

续表

单据类型	费用项代码	费用项名称	科目代码	科目名称
支出报销单	012107	其他交通费	660226	交通费
支出报销单	0122	其他商品和劳务支出		
支出报销单	012201	离休人员公用支出		
支出报销单	012202	退休人员公用支出		
支出报销单	012203	工青党团妇活动费		
支出报销单	012204	扶贫援助支出		
支出报销单	012205	其他	660299	其他
支出报销单	0123	办公设备购置费		
支出报销单	0124	软件购置费		
支出报销单	0125	其他固定资产购置费		

（二）支付方式设置

支付方式设置的目的是在财务报销模块中预置支付方式与现金或银行科目的对应关系，在记账时自动生成凭证贷方分录。

案例 5-11　支付方式设置流程

选定经费报销单→选定转账支付方式→单击屏幕右侧"+/–"增加/减少录入行→选择转账方式涉及的所有银行科目→选择是否默认科目（每种支付方式最多一个默认科目）→保存（图 5-17）。

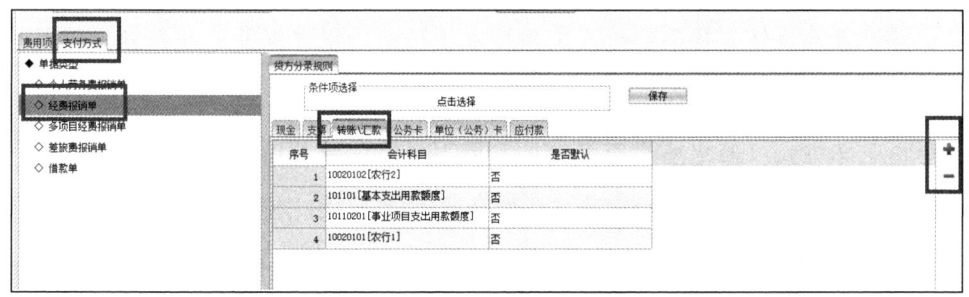

图 5-17　系统操作截图

四、报销标准设置

(一)报销标准

费用报销涉及很多审批标准,如会议费、培训费、出国费、差旅补助等。报销标准设置功能可按照相关文件要求,预置好各种报销业务的定额标准,报销时只需填写人数、天数等事项即可实现自动计算报销金额,既方便了报销金额的计算,也避免了超标准报销的情况。

案例 5-12 差旅费伙食补助标准

灵活方式:选定差旅费报销单目录下的"伙食补助"→右侧编辑界面选择天数控制方式为"自然日 +0 天"→勾选"无标准"→保存(图 5-18)。

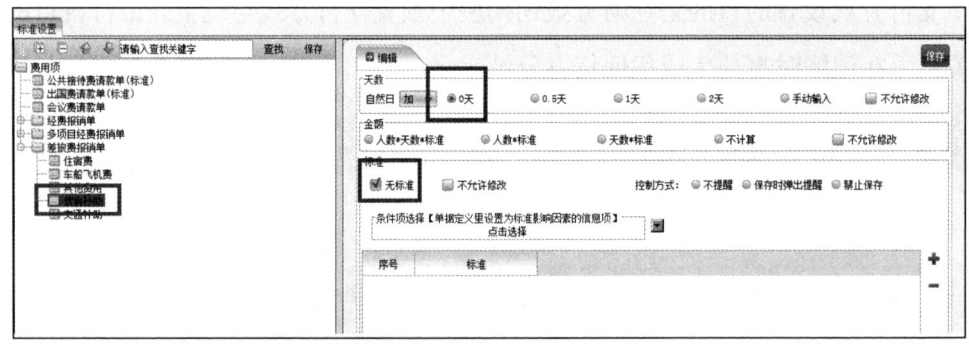

图 5-18 系统操作截图 -1

此种设置由报销人员手动录入定额标准,适用于出差期间不是每日报销伙食补助等情况(如出差 5 天,报销 2 天)。

严格定义方式:选定差旅费报销单目录下的"伙食补助"→右侧编辑界面选择天数控制方式为"自然日 +0 天"→金额计算方式为"人数 × 天数 × 标准"→勾选"不允许修改"标准→单击屏幕右侧"+/–"增加 / 减少录入行→填写定额标准"100"→保存(图 5-19)。

此种设置报销时只需选择出差时间,填写出差人员,即可自动计算应报销补助金额。选择严格定义设置方式时,要考虑到实际报销操作的可用性,是否所有报销业务都可以用定额标准简易计算。

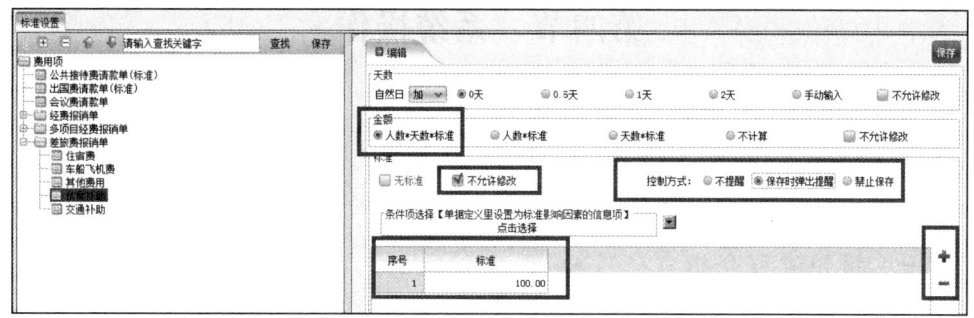

图 5-19　系统操作截图 -2

注：差旅费报销计算比较复杂，也比较灵活，住宿费标准各地区有差异，补助费报销天数也要根据实际情况计算，各类出差事由的补助标准也不一致，建议使用灵活的方式进行设置，同时增设备注栏，文字说明详细行程。这就要求差旅费单据的审核人员在日常工作中，严格按照《中央和国家机关差旅费管理办法》进行审核，分析计算差旅费报销金额。

（二）税率参照表

劳务费报销单涉及代扣所得税，计算基础为税率参照表。根据现行税法规定，设置劳务报酬所得税率税前、税后两种参照表，以及工资薪金所得税率税前、税后两种参照表，可实现劳务费报销税前推税后，或者税后推税前两种计算方式。系统目前只能在后台添加税率参照表，由运维人员设置（图 5-20、图 5-21）。

序号	金额下限(元)	金额上限(元)	扣除费用/起征点(元)	扣除比率(%)	税率(%)	速算扣除数(元)
1		800.00	800.00			
2	800.00	4,000.00	800.00		20.00	
3	4,000.00	25,000.00		20	20.00	
4	25,000.00	62,500.00		20	30.00	2,000.00
5	62,500.00			20	40.00	7,000.00

图 5-20　系统操作截图 -1

序号	金额下限(元)	金额上限(元)	扣除费用/起征点(元)	扣除比率(%)	税率(%)	速算扣除数(元)
1		800.00				
2	800.00	3,360.00			25.00	200.00
3	3,360.00	16,800.00			19.05	
4	16,800.00	40,000.00			31.58	2,631.58
5	40,000.00				47.06	10,294.12

图 5-21　系统操作截图 -2

第四节 系统操作

一、财务报销业务

（一）报销流程介绍

财务报销业务是由经办人发起的涉及资金支付的业务流程，主要包括差旅费报销、劳务费报销及其他经费报销等（各省对报销具体事项的设置略有不同），其总体流程为：经办人录入报销单据→审核会计对单据进行审核→出纳支付并生成日记账→记账会计记账生成凭证→财务报销管理系统流程结束。

1. 经办人录入单据

经办人通过财务报销模块的填报功能，可发起对差旅费、劳务费及其他经费的报销流程。具体操作流程：经办人→登录财务报销管理系统→经办人→选择具体报销事项→录入单据→保存→提交审核→打印报销单。由于各省规定不同，业务人员在录入报销单时可根据要求决定是否选择项目和预算指标。

注：经办人填写单据时要尽量完整填写各栏目，尤其清晰描述报销事由，选择合适的资金支付方式，同时标示附件的张数。

2. 审核会计审核

经办人打印出报销单，并在其后粘贴报销所需完整的原始凭证，将纸质凭证交由审核会计进行审核。具体操作流程：审核会计登录系统→财务报销管理系统→审核会计→待审核单据→审核通过提交出纳或审核不通过退回经办人。

注：审核人员要了解各项费用支付的管理办法，按照国家法律法规的规定审核原始单据，严格把关，杜绝超标准、超计划的各项费用支出。如《差旅费管理办法》《会议费管理办法》《培训费管理办法》《出国经费管理办法》《公务卡使用管理办法》等，严格预算管理，不得超预算使用资金。

3. 出纳支付并生成日记账

审核通过的报销单传递到出纳岗，出纳对于符合要求和标准的单据进行支付并生成日记账，生成日记账后单击提交会计进入下一个流程，而对于不符合标准或要求的报销单据应予以拒绝，拒绝单据时可选择返回上一岗或第一岗重新填写。具体操作流程：出纳登录系统→单击财务报销管理系统→出纳→待办理单据→打开所选单据→点选出纳已办理→单击生成日记账→提交会计。

注1：出纳付款要减少预算单位现金支付、规范公务支出，严格按照公务卡强制结算目录的范围使用资金。

注2：严格按照资金支付审批权限及流程支付资金。

注3：各类审核批准签章手续完备，出纳员方可付款。

4. 记账会计记账

待出纳办理后，记账会计可将单据生成凭证。具体操作流程：记账会计登录系统→单击财务报销管理系统→记账会计→待记账单据→选择待记账单据→生成凭证（系统将自动跳转到记账凭证界面，供会计检查并补充完整辅助核算项等记账要素）→审核通过，记账凭证进入凭证箱，报销管理模块流程结束。

注：记账会计要正确使用上级下达的会计科目及辅助核算项进行财务核算。

（二）系统操作（具体报销业务流程举例）

案例5-13　差旅费报销

张××、李××、赵××、林××出差，于5月26日从福州出发至北京，27日在北京逗留一日，28日从北京到上海，29日回到福州。根据公务卡结算要求，一般差旅费无借款（特殊情况如涉及借款的，参照借款部分）。

（1）经办人操作步骤

①差旅费报销单填报流程

业务人员（经办人）登录财务报销管理系统→业务人员根据出差审批单、住宿发票、车船票等票据填写差旅费报销单→保存→提交审核→打印。

②差旅费报销单填报界面

如图5-22、图5-23所示。

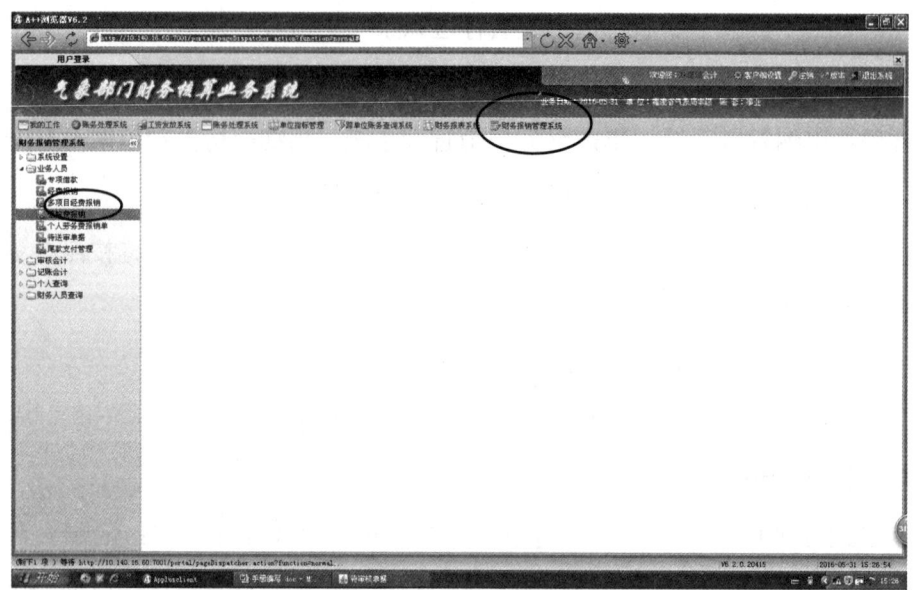

图 5-22　差旅费报销单填报界面 –1

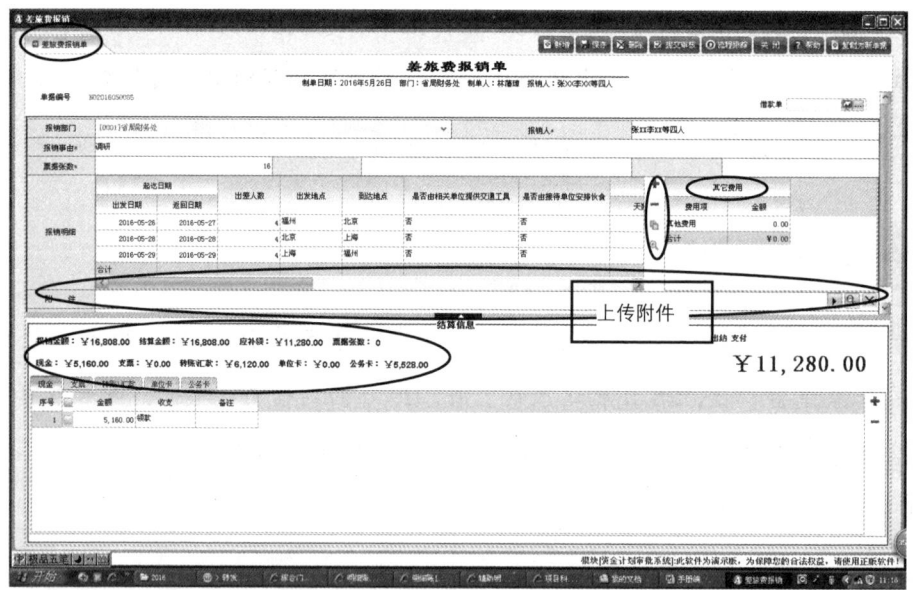

图 5-23　差旅费报销单填报界面 –2

③差旅费报销单说明

➤一张差旅费报销单可通过单击报销明细栏右侧的"+",添加多栏,录入多条出差明细;如填报错误,还可通过单击"–"来删除明细。

➤出差途中如发生因公改签手续费、培训费等相关费用,可填写在"其他费用"一栏,如有需要,也可上传附件说明。

➢ 结算方式系统默认为现金,经办人可根据具体情况在相应的支付方式栏填写对应的公务卡、转账汇款、单位卡、支票金额,现金栏最后由系统自动计算得出(图 5-24)。

➢ 差旅费报销单各省设置略有不同,但由于系统设定,"报销人"处有字数限制,超过 10 个字时系统保存就会报错,所以可将报销人一栏定义为报销手续经办人,只填写一人,而出差人一栏定义为实际出差人,可填多人(图 5-25)。

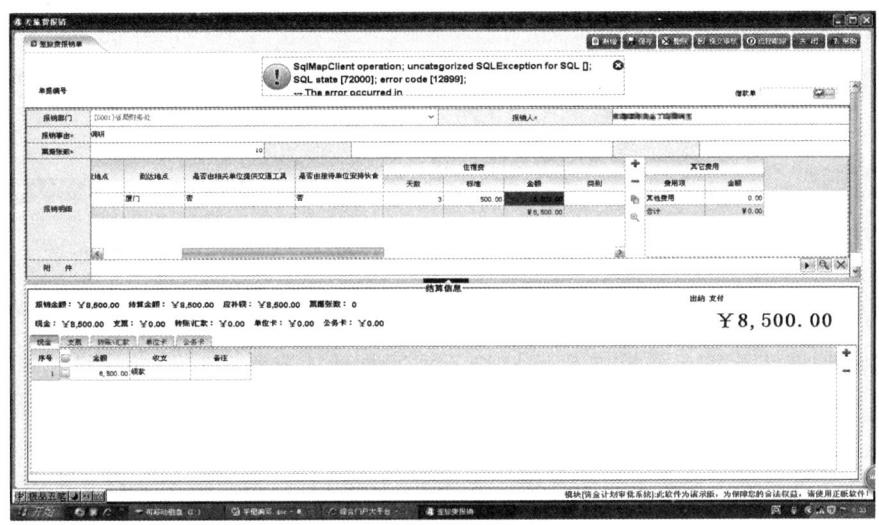

图 5-24　差旅费报销单截图 -1

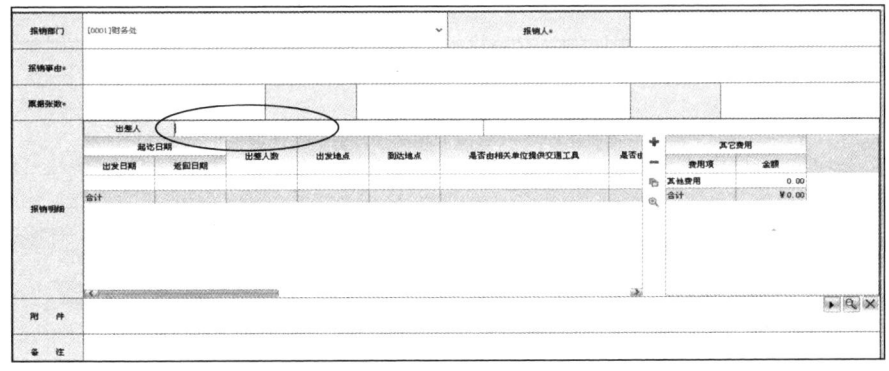

图 5-25　差旅费报销单截图 -2

➢ 若报销界面没有出差人栏,建议在"报销人"栏填"×××等几人",具体出差人员名单填列在备注栏(图 5-26)。

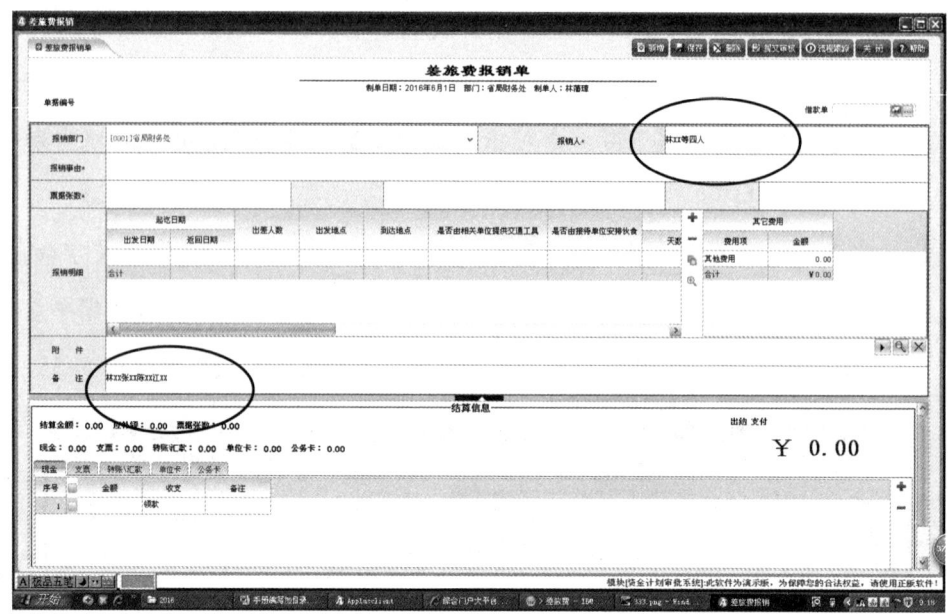

图 5-26　差旅费报销单截图 -3

④备注

差旅费报销单保存并提交后可打印,并可通过"流程跟踪"查询报销单当前所在节点。

各省可根据实际需要自行决定本环节是否选择项目、预算指标等内容(图 5-27)。

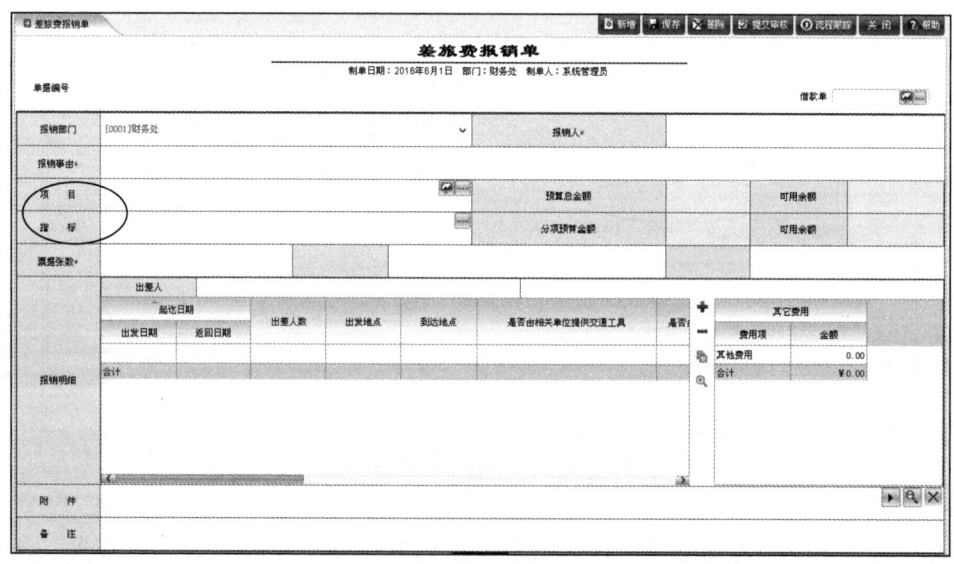

图 5-27　差旅费报销单截图 -4

(2)审核人操作步骤

①差旅费审核流程

审核人根据经办人提供的纸质报销凭证→单击财务报销管理系统→审核会计→待审核单据→选取差旅费报销单据→审核是否有误→选取账套、项目、预算指标等信息→审核通过(到出纳岗)或不通过(退回经办人)。

②差旅费审核界面

如图5-28、图5-29所示。

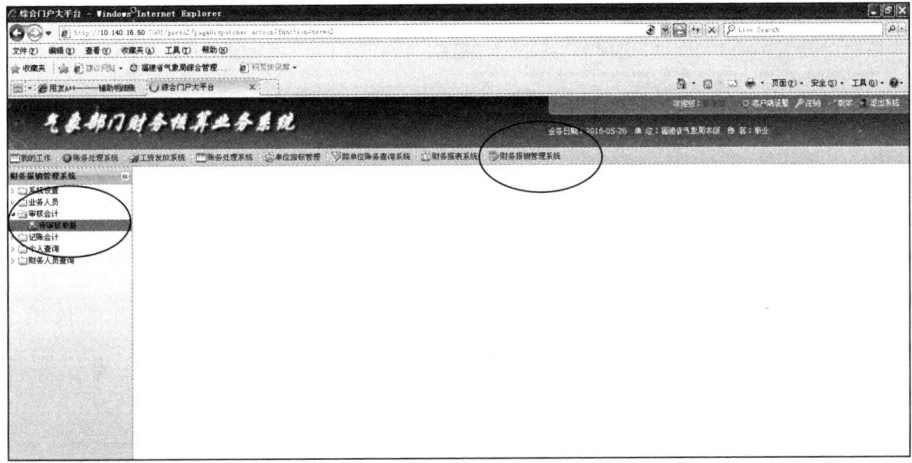

图5-28 差旅费审核界面-1

图5-29 差旅费审核界面-2

弹出窗口如图 5-30 所示，选取账套、项目、指标后单击"审核通过"，单据提交至出纳系统；如未能审核通过，则退回第一岗（录入岗）。

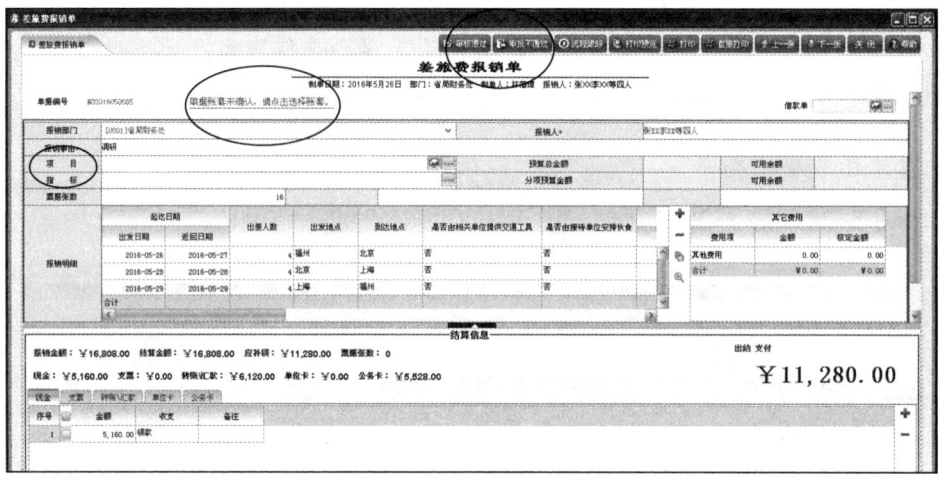

图 5-30　差旅费报销单截图 -1

审核会计可以修改"支付方式"和"核定报销金额"，但因"核定报销金额"一栏无法打印显示，如果需要修改核定报销金额，建议退回经办人修改后重新打印送审（图 5-31）。

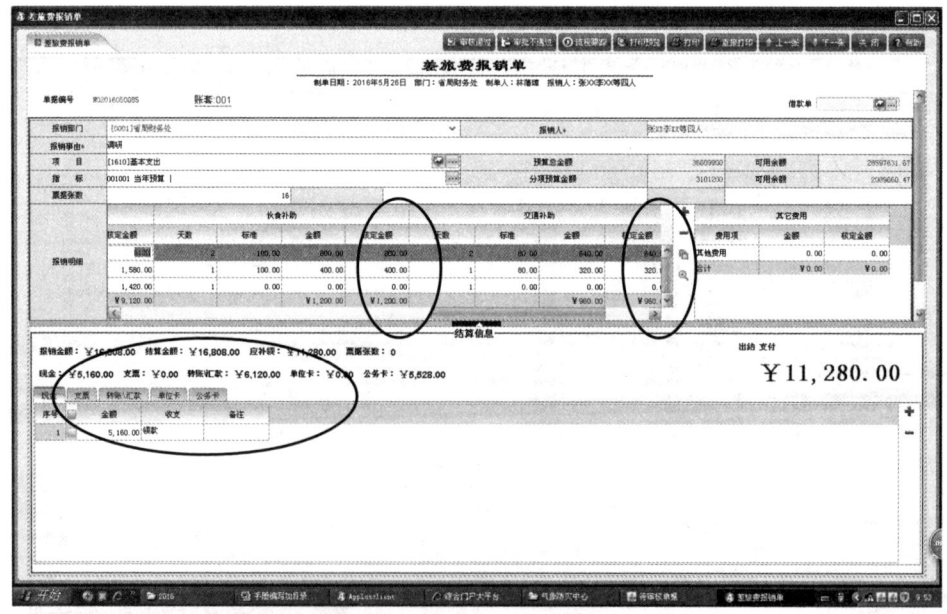

图 5-31　差旅费报销单截图 -2

(3)出纳操作步骤

①差旅费出纳操作流程

出纳取得差旅费报销单并审核无误后办理支付手续,单击财务报销管理系统→出纳→待办理单据→选取差旅费报销单→生成日记账→在弹出窗口中选取正确的出纳账簿→提交会计。

②差旅费出纳操作界面

如图5-32、图5-33所示。

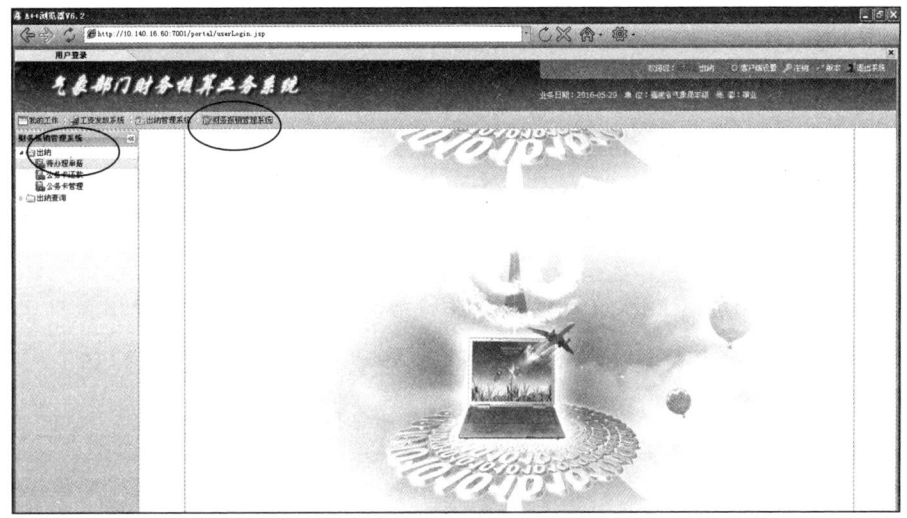

图5-32 出纳操作界面-1

图5-33 出纳操作界面-2

弹出窗口如图5-34所示。

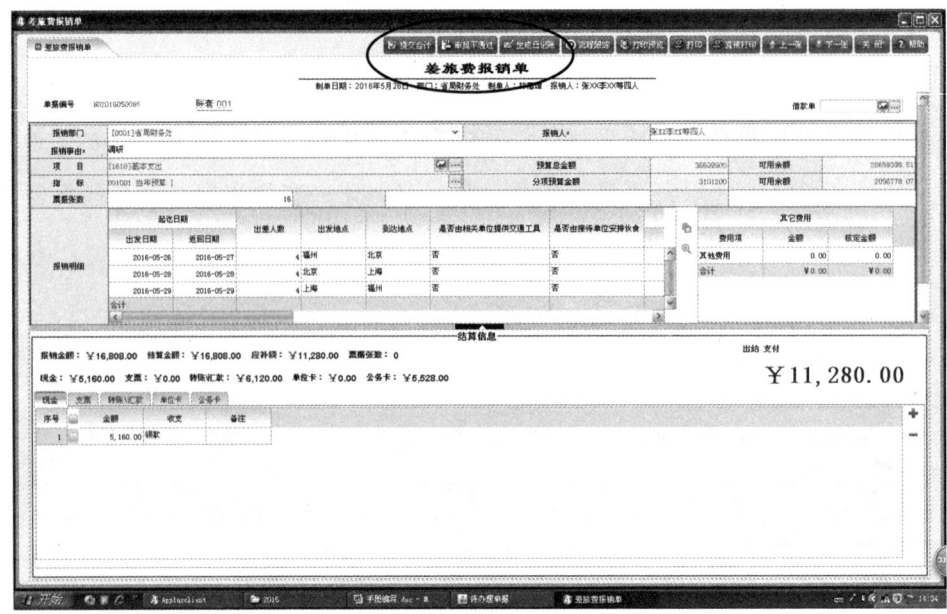

图 5-34　出纳操作界面 -3

单击"生成日记账",涉及日记账的多种结算支付方式均会在弹出窗口中显示,需要选取对应的出纳账簿并确定,系统会自动生成该笔日记账(图 5-35)。

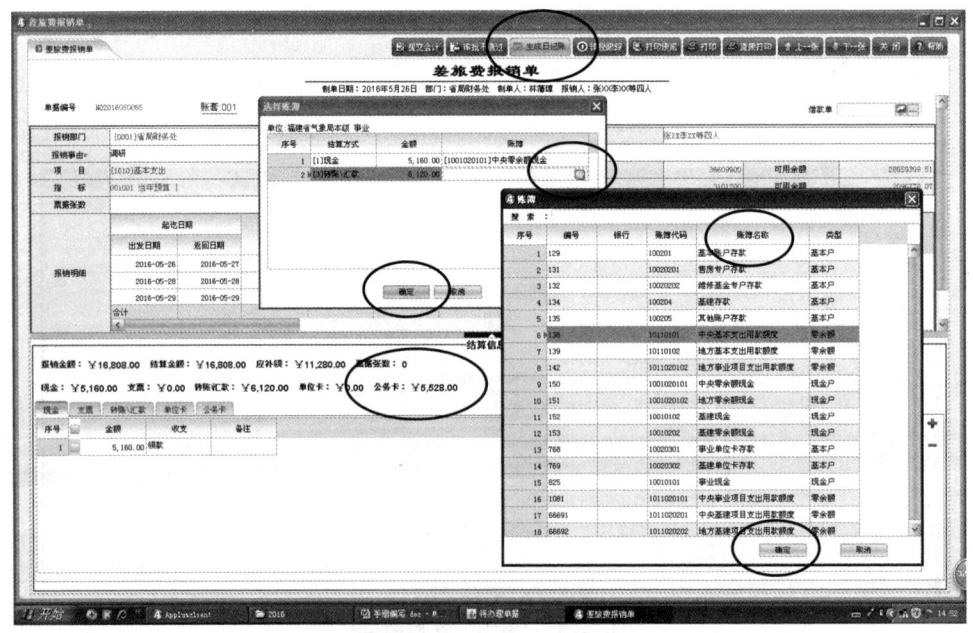

图 5-35　生成日记账界面

此时公务卡还未实际还款，没有发生资金流动，因此与出纳日记账无关（公务卡实际还款操作流程详见公务卡还款部分）。出纳人员可通过"公务卡还款"模块查询公务卡还款情况，办理公务卡还款业务（图5-36）。查询流程为：财务报销管理系统→出纳→公务卡还款（图5-37）。

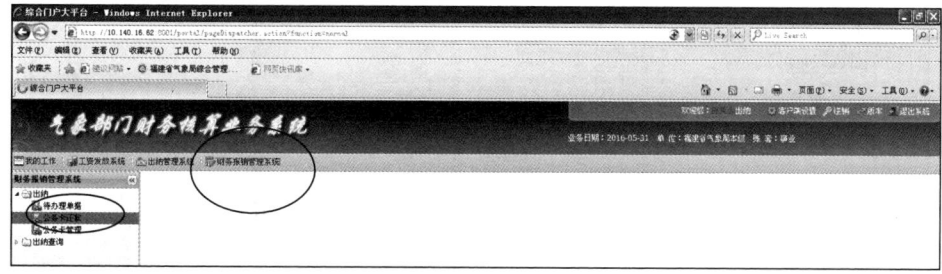

图 5-36　公务卡还款截图 –1

图 5-37　公务卡还款截图 –2

在查询出纳日记账时需进入"出纳管理系统智能客户端"（图5-38、图5-39）。

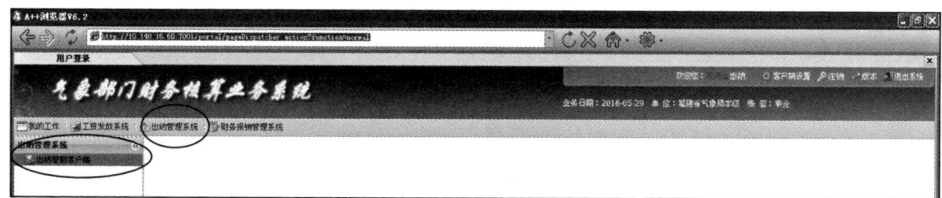

图 5-38　出纳管理系统智能客户端 –1

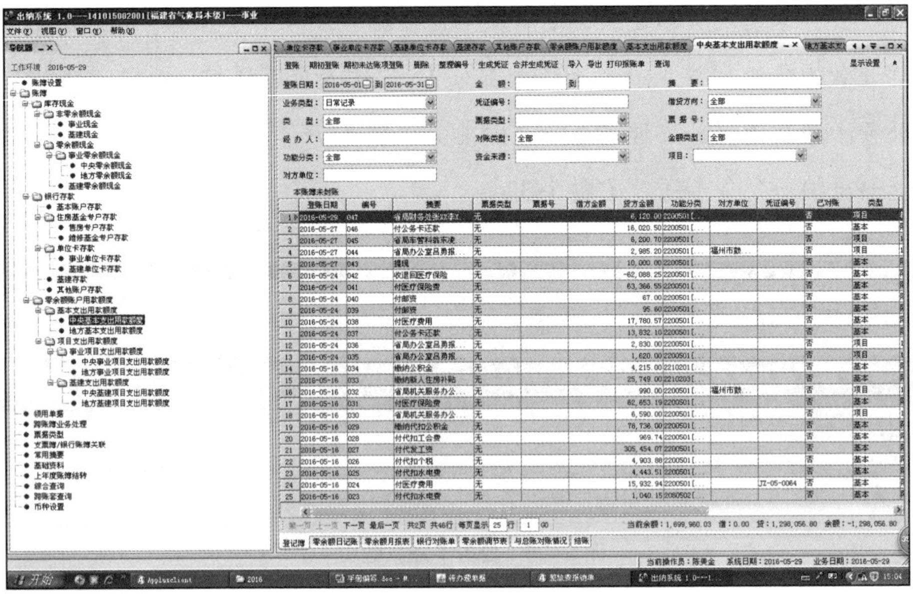

气象部门计财业务系统管理与应用实务（上卷）

图 5-39　出纳管理系统智能客户端-2

在此环节，如发现账簿选择有误等情况，可以删除日记账。删除日记账后，系统将自动退回待办环节，可重新办理（图 5-40）。

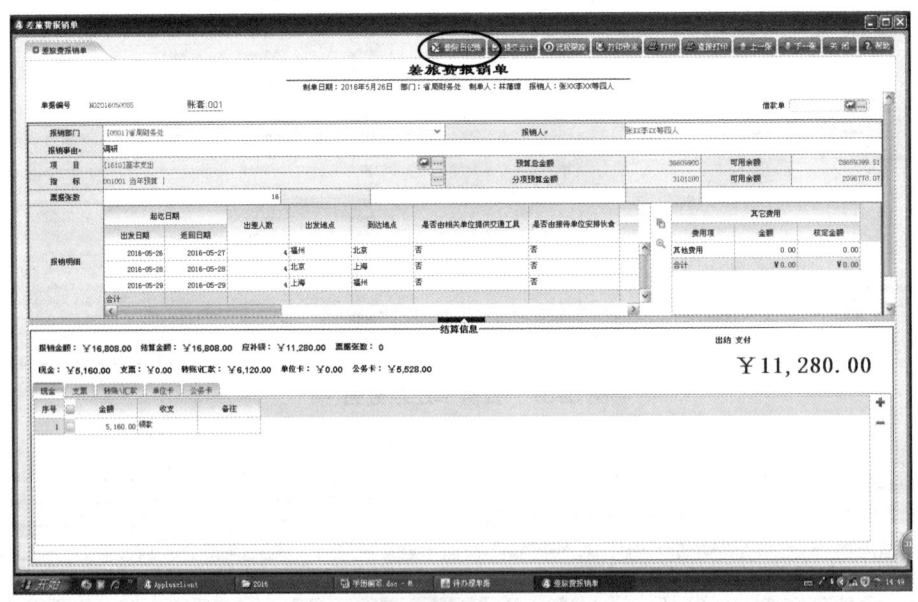

图 5-40　删除日记账界面

提交会计后，在记账会计未办理之前，如发现账簿选择有误等情况，可单击"收回"重新办理（图 5-41）。

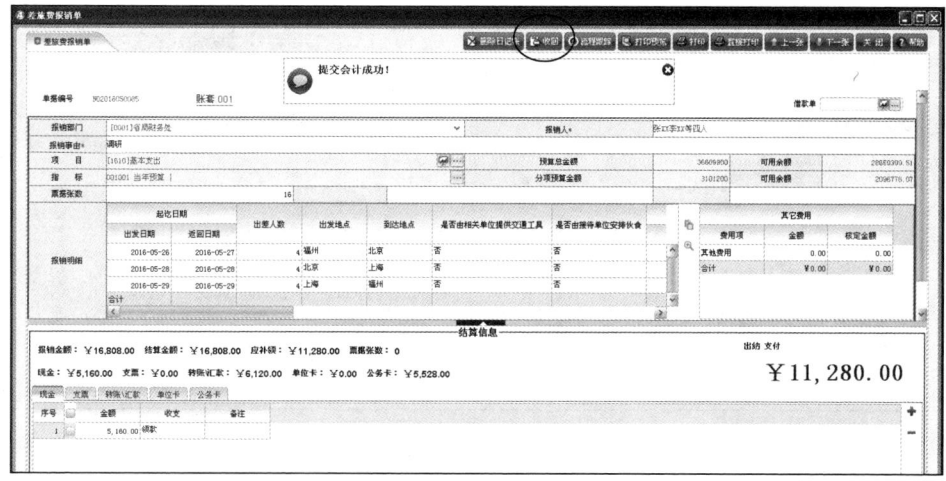

图 5-41 收回操作截图

（4）记账会计操作步骤

①差旅费记账流程

出纳审核办理后将报销凭证移交给记账会计，记账会计单击财务报销管理系统→记账会计→待记账单据→核对报销单→生成凭证→进入凭证编制，补充完整各辅助核算项、往来科目等，保存后退出→系统弹出审批通过窗口审核通过（系统如未能弹出审批通过窗口，也可直接单击"审批通过"按钮）。

②差旅费记账界面

如图 5-42、图 5-43 所示。

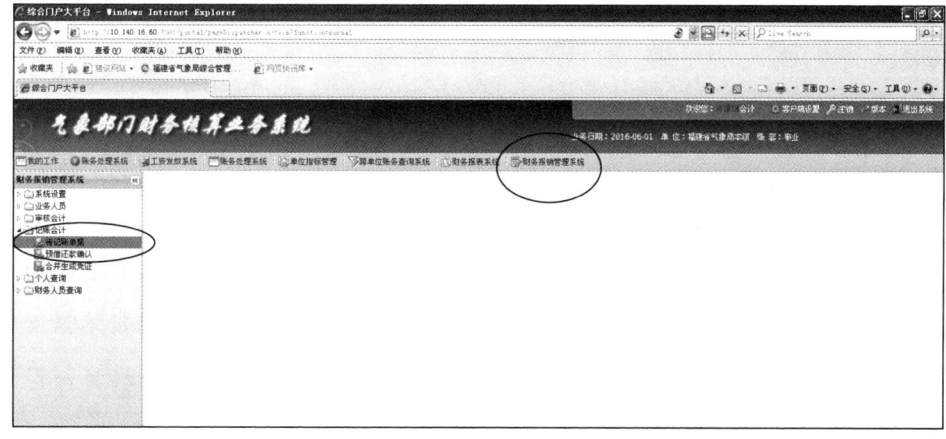

图 5-42 差旅费记账界面 -1

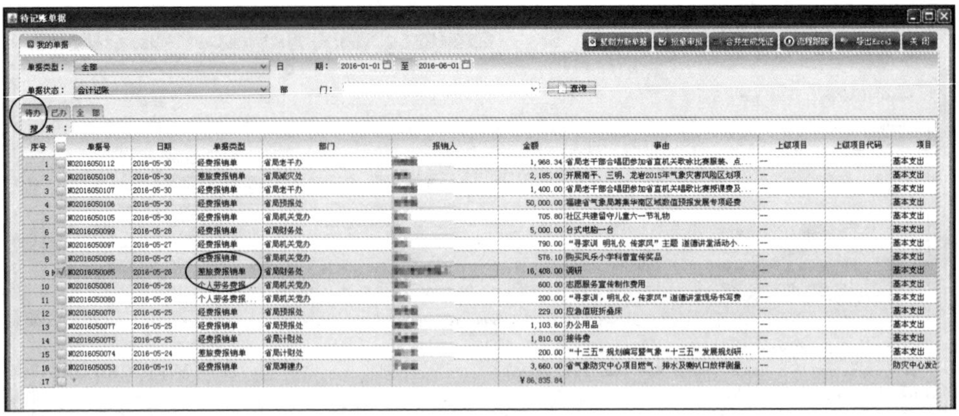

图 5-43 差旅费记账界面 -2

弹出窗口如图 5-44 所示。

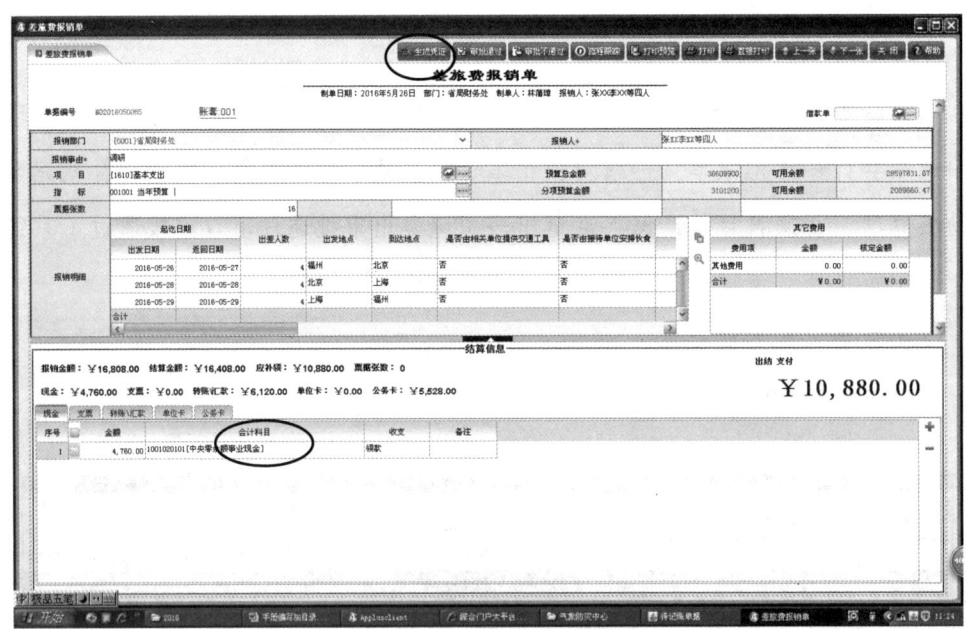

图 5-44 差旅费记账界面 -3

差旅费报销单无须选择会计科目，可直接生成凭证（图 5-45）。（会计科目在财务报销管理系统→系统设置→记账规则下已设置好。如果出现待记账单据支付方式的"会计科目"一栏为空的情况，可能是由于出纳账簿对应的会计科目与记账规则中支付方式的对应科目不一致，或是记账规则中的支付方式未正确设置。）

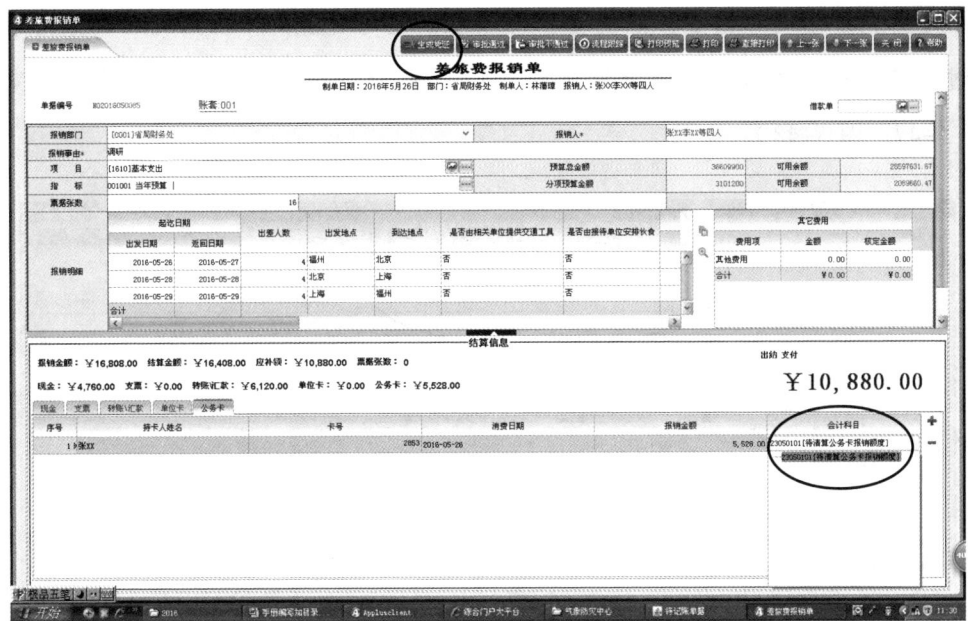

图 5-45 生成凭证界面

单击生成凭证后,系统将自动跳转到凭证编制界面,会计人员可根据会计核算需要补充完整辅助核算项和往来科目(图 5-46)。

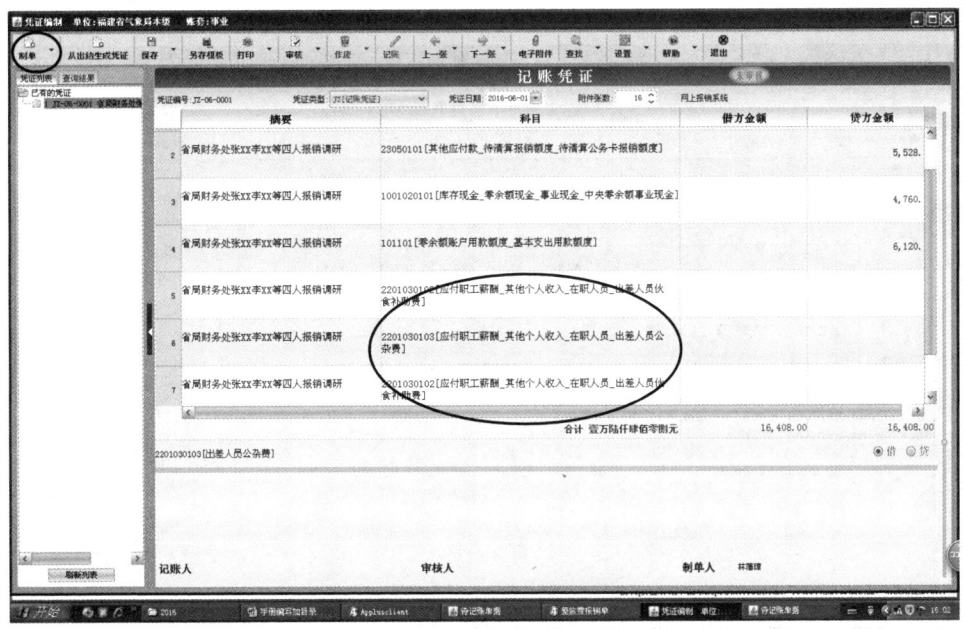

图 5-46 凭证编制界面

退出凭证编制界面后，系统会自动弹出审批通过窗口（若系统未能弹出审批通过窗口，也可直接单击"审批通过"），至此财务报销管理系统流程执行完毕（图5-47、图5-48）。

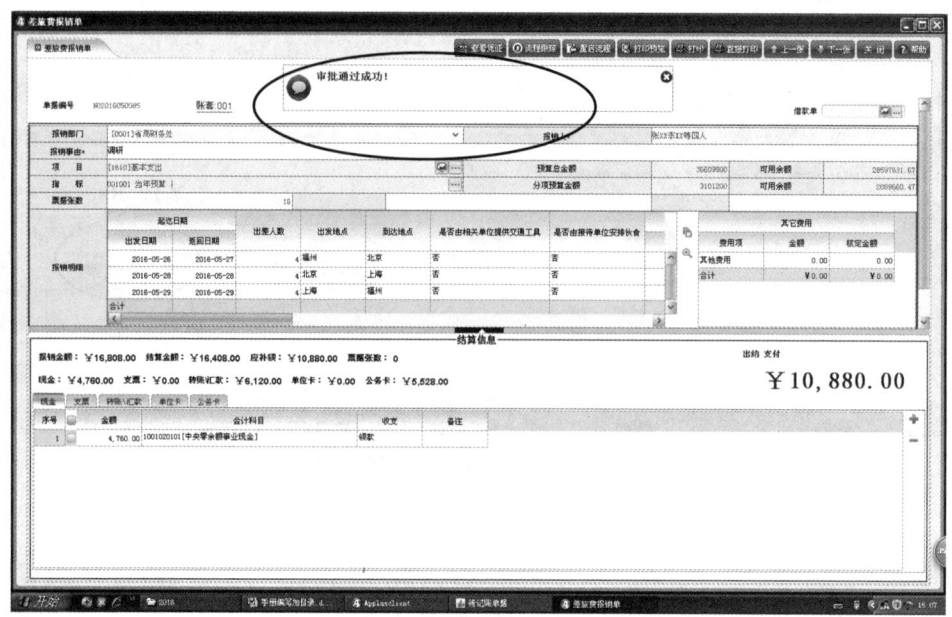

图 5-47　审批通过界面 -1

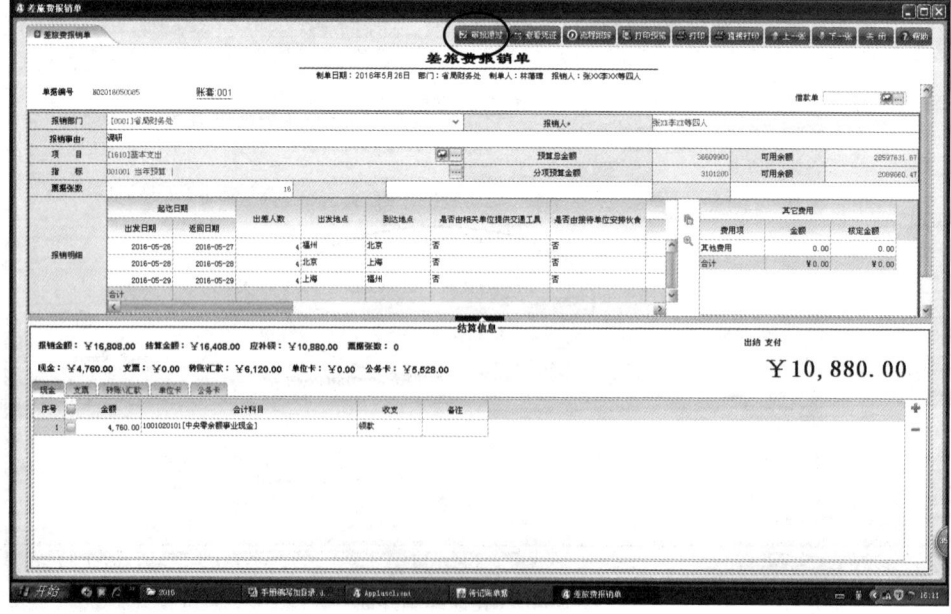

图 5-48　审批通过界面 -2

案例 5-14　个人劳务费报销

报销××项目3名专家评审费。(劳务费报销一般要求转账至个人银行卡,不预借现金。特殊情况涉及借款事项,参照借款部分。)

(1)经办人(业务人员)操作步骤

①劳务费(咨询费、评审费、讲课费及其他补助)报销单填报流程

业务人员登录财务报销管理系统→业务人员→个人劳务费报销单→填写报销单→保存→提交审核→打印。

②劳务费报销单填报界面

如图5-49所示。

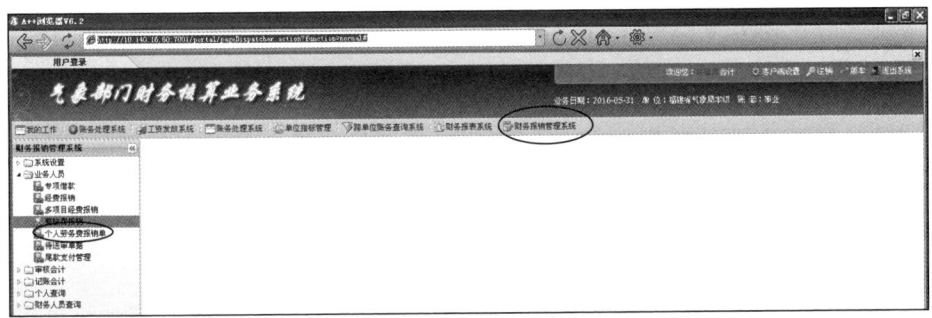

图 5-49　劳务费报销单填报界面-1

弹出窗口如图5-50所示。

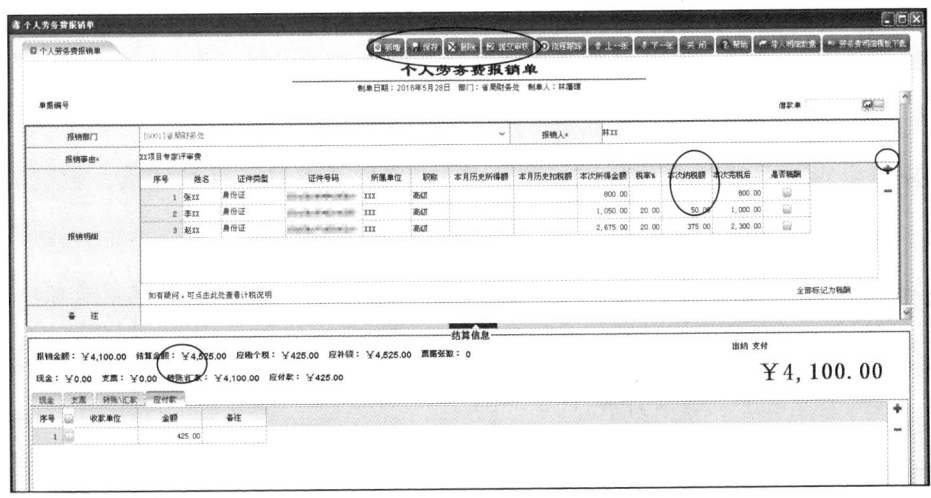

图 5-50　劳务费报销单填报界面-2

③劳务费报销单说明

➤ 劳务费、咨询费、评审费、讲课费及其他补助均用此报销单。

➤ 存在多个领取人时,请单击"✚"增加纵栏逐一填写。

➤ 同一人当月领取金额自动累计计税。

➤ 结算方式可选现金、支票、转账、汇款。

➤ 代扣个税显示在应付款栏。

➤ 计税依据:

a. 本月累计收入大于800元小于4000元(含)的:

应纳税额=(本月累计收入 –800)×20%

b. 本月累计收入大于4000元小于2万元(含)的:

应纳税额=本月累计收入×(1–20%)×20%

c. 本月累计收入大于2万元的:

应纳税额=本月累计收入×(1–20%)×适用税率 – 速算扣除数

其中,超过2万~5万元的部分,税率30%,速算扣除数2000;超过5万元的部分,税率40%,速算扣除数70000。

注:个人劳务费报销单按上述计税依据设置,如计税依据与本省计税依据不符时,可使用经费报销单手动算税。

④备注

➤ "报销人"一栏填写领取人或经办人姓名。

➤ 报销事由请根据领取的内容详细注明,如"课题劳务费""搬运劳务费""项目评审费""项目咨询费"等。

➤ 请根据报销明细的各栏内容逐一填写,"所属单位"栏可不填,但"职称"一栏在领取咨询费和评审费时必须填列。

➤ 可以先填税前金额,也可以直接填税后金额,系统自动计算税前金额。

➤ "本月历史所得额""本月历史扣税额"由系统自动取数,可以实现月累计领取金额的个税自动计算(图5-51)。

序号	姓名	身份证号码	所属单位	职称	本月历史所得额	本月历史扣税额	本次所得金额	税率%	本次纳税额	本次完税后...	是否稿酬
1											
2											

图 5-51　系统操作截图 -1

> "是否稿酬"一般不选,因为稿酬的计税方式不同。
> 报销单保存并提交审核后,可选择"打印预览"后打印,也可直接打印;可通过流程跟踪查询当前报销单所在节点(图 5-52)。

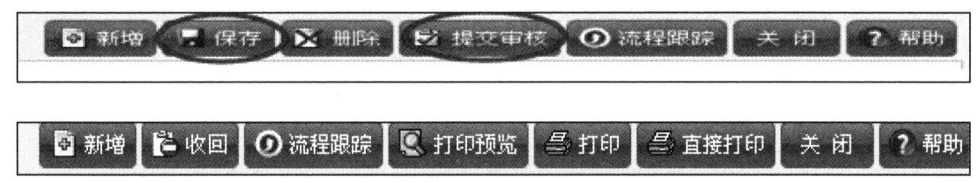

图 5-52　系统操作截图 -2

(2)审核人操作步骤

①劳务费审核流程

审核人取得报销原始凭证→财务报销管理系统→审核会计→待审核单据→选取劳务费报销单→审核是否有误→选取预算指标→审核通过(到出纳岗)或不通过(退回经办人)。

②劳务费审核界面

如图 5-53、图 5-54 所示。

图 5-53　劳务费审核界面 -1

图 5-54 劳务费审核界面 -2

弹出窗口如图 5-55 所示。

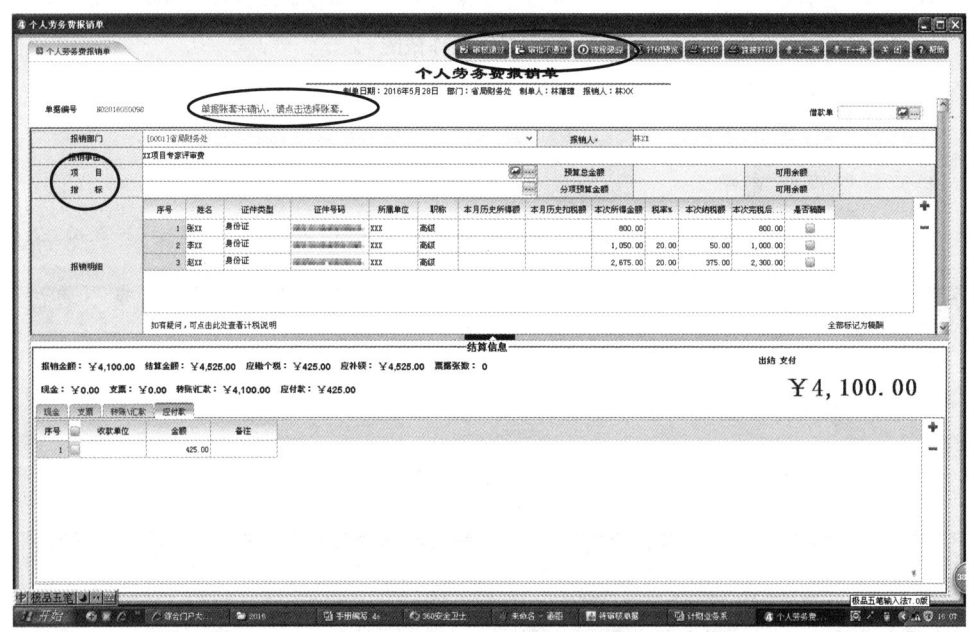

图 5-55 劳务费审核界面 -3

选取账套、项目、指标后审核通过,该张单据传递到出纳系统。

(3)出纳操作步骤

①劳务费出纳操作流程

出纳取得劳务费报销单并审核无误后办理支付手续,单击财务报销管理系统→出纳→待办理单据→选取劳务费报销单→生成日记账→在弹出窗口中选取正确的出纳账簿→提交会计。

②劳务费出纳操作界面

如图 5-56 所示。

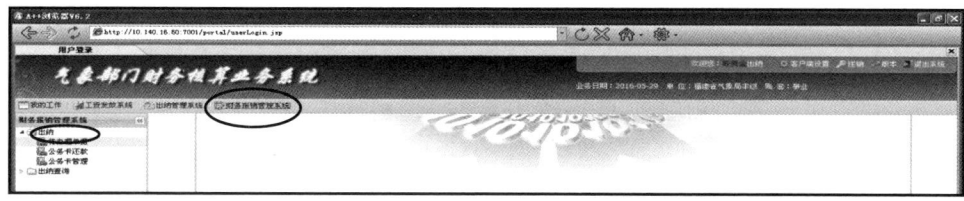

图 5-56　劳务费出纳操作界面 –1

弹出窗口如图 5-57 所示。

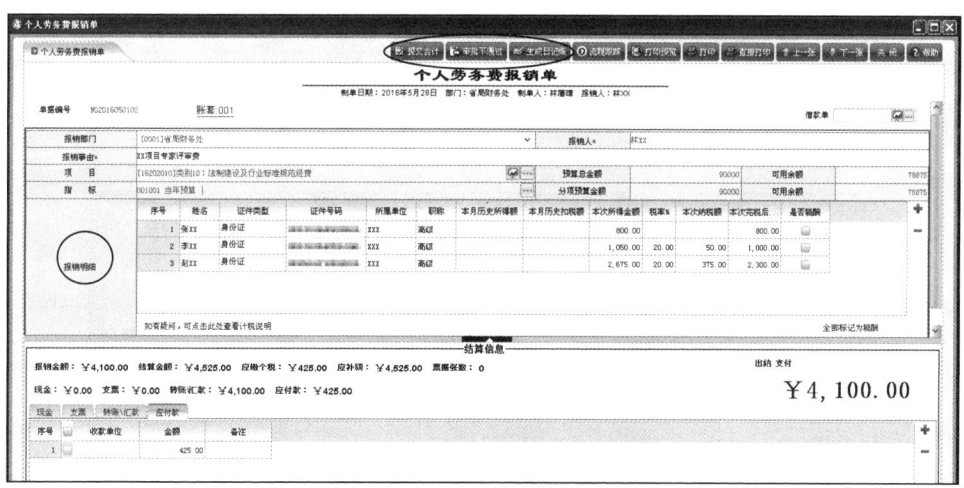

图 5-57　劳务费出纳操作界面 –2

单击"生成日记账",界面如图 5-58 所示。

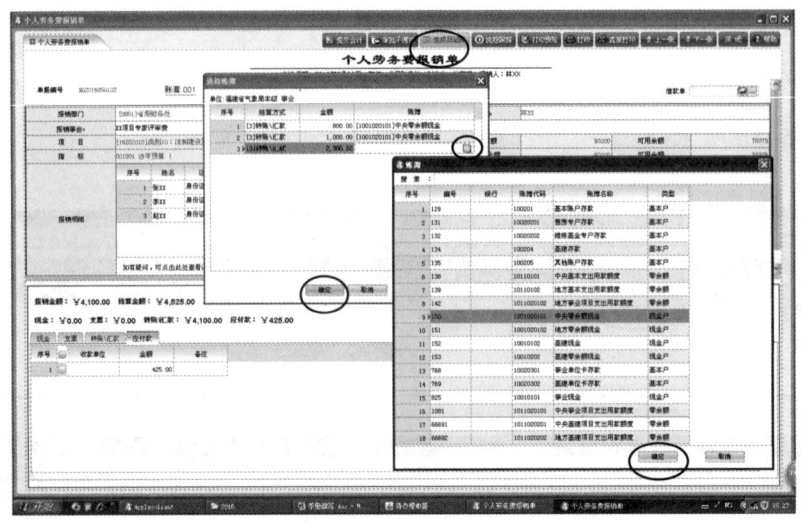

图 5-58 生成日记账界面

注：单击生成日记账时，劳务费报销明细中每一行均将生成一笔日记账，出纳需逐一选取正确的出纳账簿并确定。（个税体现在其他应付款，由于在支付时未发生实际的资金流动，因此与出纳日记账无关，实际支付个税时详见支付税款部分。）

系统自动生成日记账，如需查询可进入出纳管理系统智能客户端（图 5-59）。

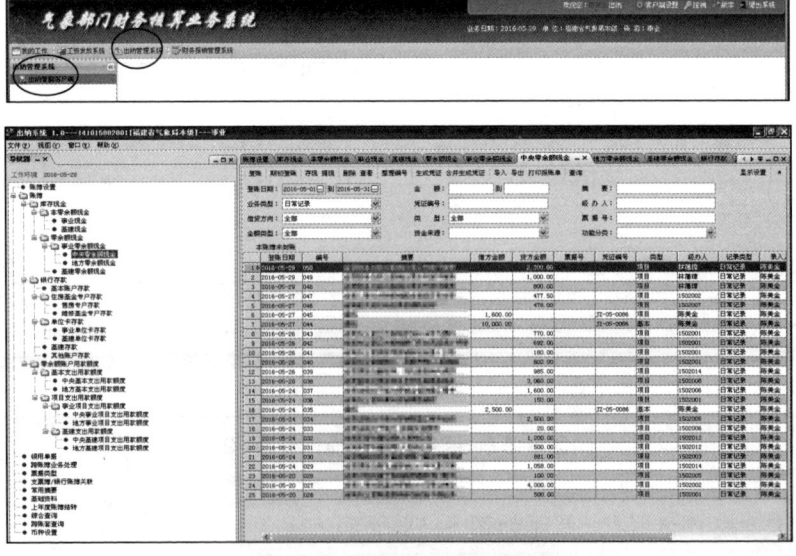

图 5-59 出纳管理系统智能客户端

在此环节，如发现账簿选择有误等情况，可以删除日记账。删除日记账后，系统将自动退回待办环节，可重新办理（图5-60）。

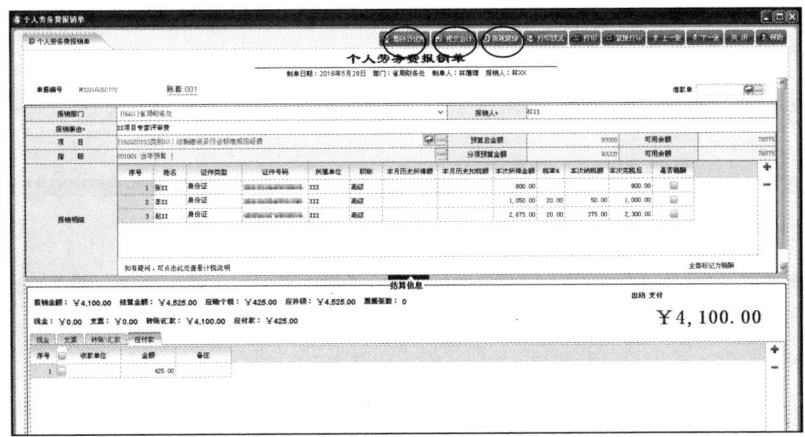

图5-60　删除日记账界面

提交会计后，在记账会计未办理前，如发现账簿选择有误等情况，可单击"收回"重新办理（图5-61）。

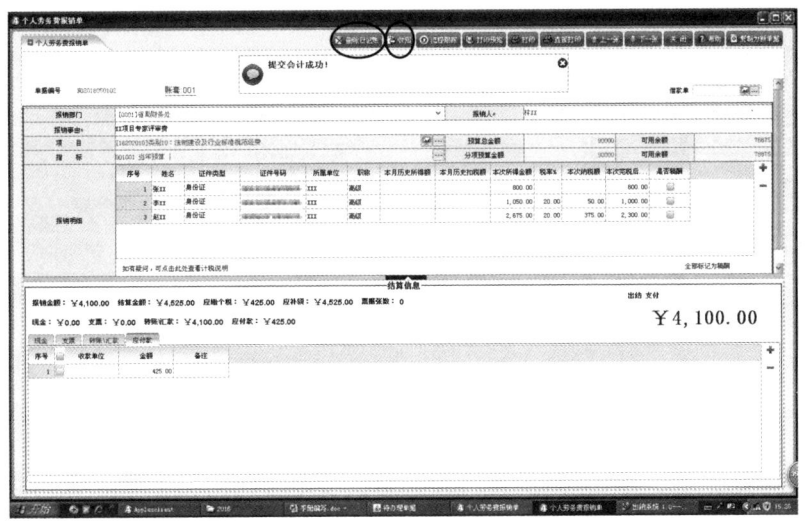

图5-61　收回操作截图

（4）记账会计操作步骤

①劳务费记账操作流程

出纳审核办理后将报销凭证移交给记账会计，记账会计单击财务报销管理系统→记账会计→待记账单据→核对报销单→生成凭证→进入凭证编制，补充完整各辅助核算项、往来科目等，保存后退出→系统弹出审批通过窗口审核通过（系统如未能弹出审批通过窗口，也可直接单击"审批通过"按钮）。

②劳务费记账界面

如图 5-62、图 5-63 所示。

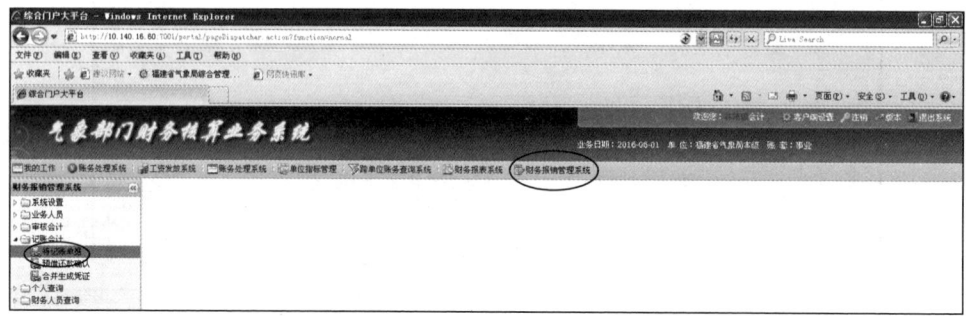

图 5-62　劳务费记账界面 -1

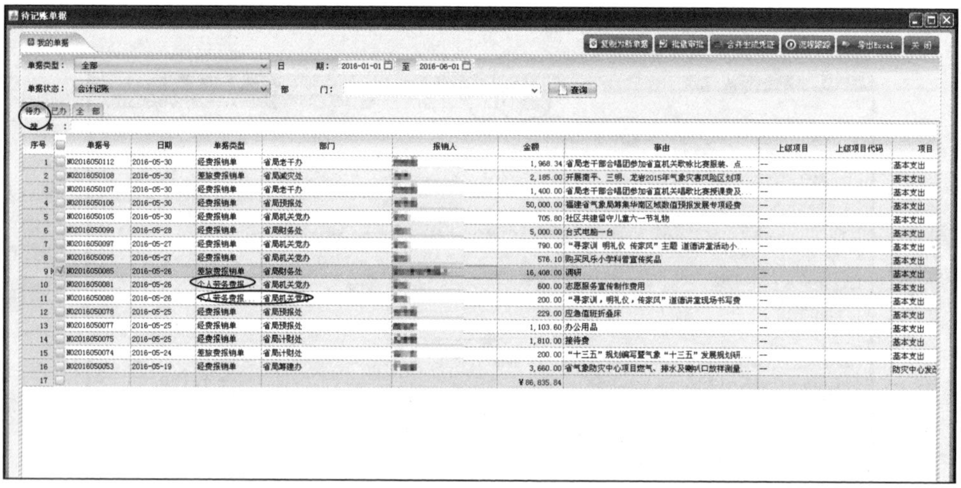

图 5-63　劳务费记账界面 -2

劳务费报销单无须选择会计科目，可直接生成凭证（图 5-64）。（会计科目在财务报销管理系统→系统设置→记账规则下已设置好。如果出现待记账单据支付方式的"会计科目"一栏为空的情况，可能是由于出纳账簿对应的会计科目与记账规则中支付方式的对应科目不一致，或是记账规则中的支付方式未正确设置。）

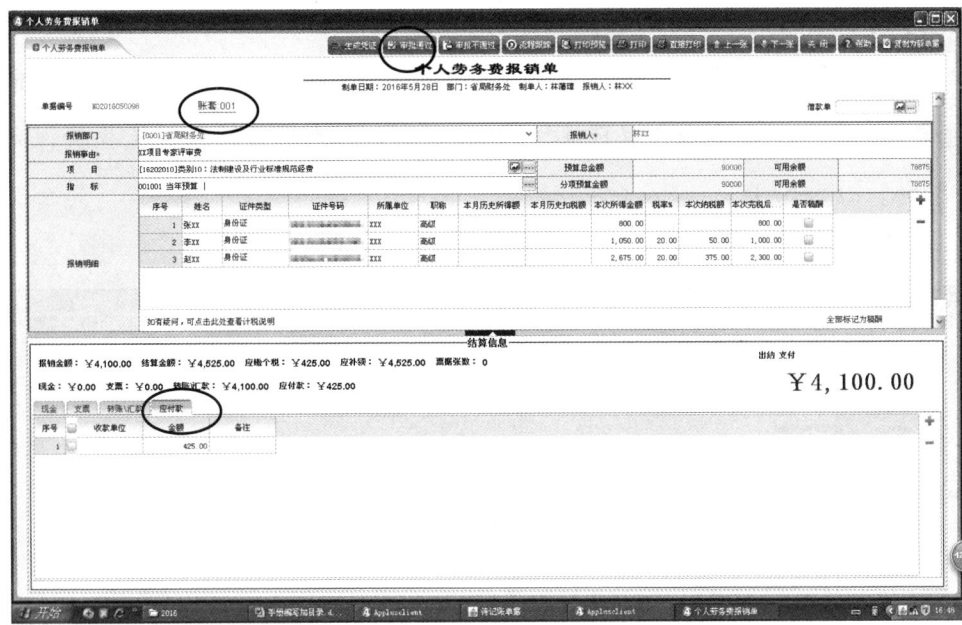

图 5-64 生成凭证界面

单击生成凭证后,系统将自动跳转到凭证编制界面,会计人员可根据会计核算需要补充完整辅助核算项和往来科目(图 5-65)。

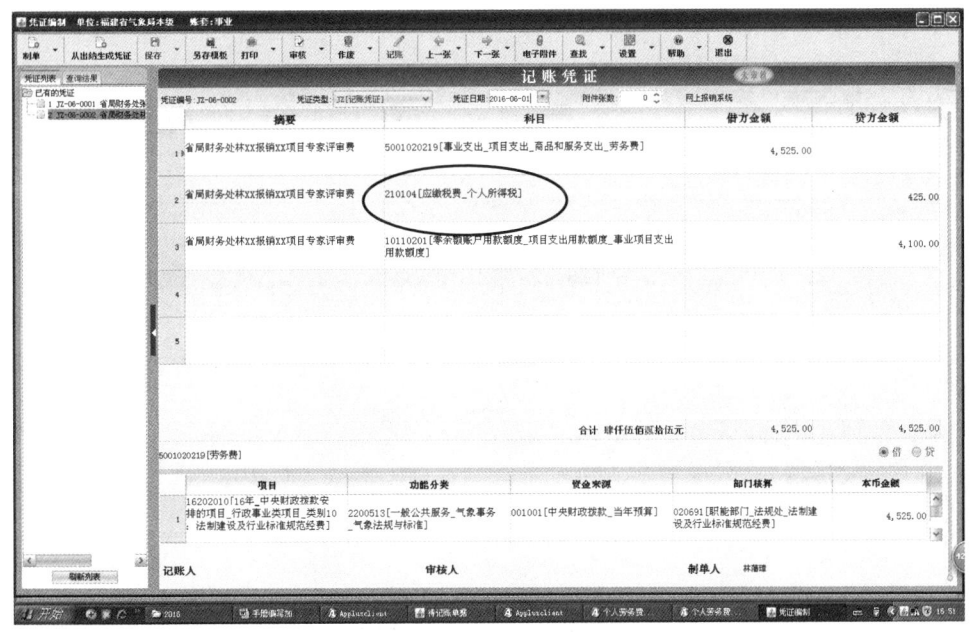

图 5-65 凭证编制界面

注：系统会自动生成应缴个税科目。

退出凭证编制界面后，系统会自动弹出审批通过窗口（若系统未能弹出审批通过窗口，也可直接单击"审批通过"），至此财务报销管理系统流程执行完毕（图5-66、图5-67）。

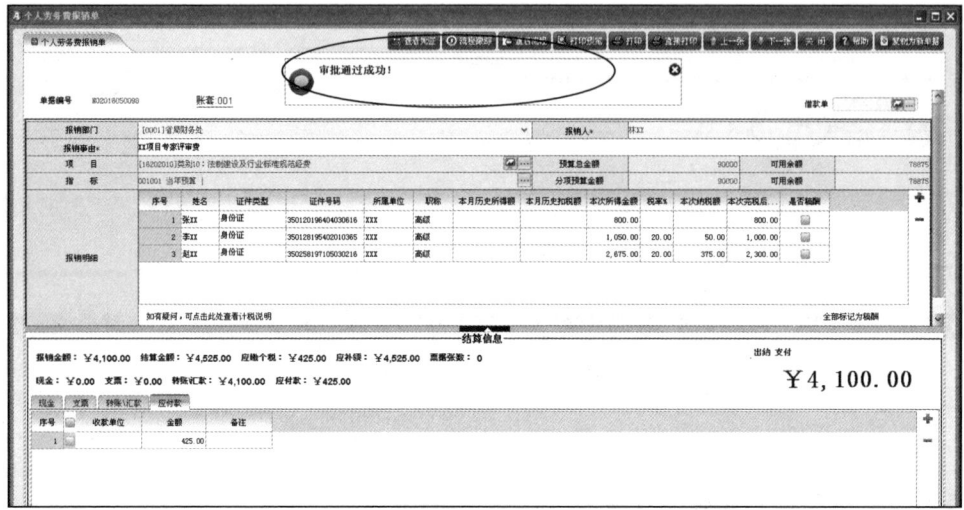

图5-66　审批通过界面-1

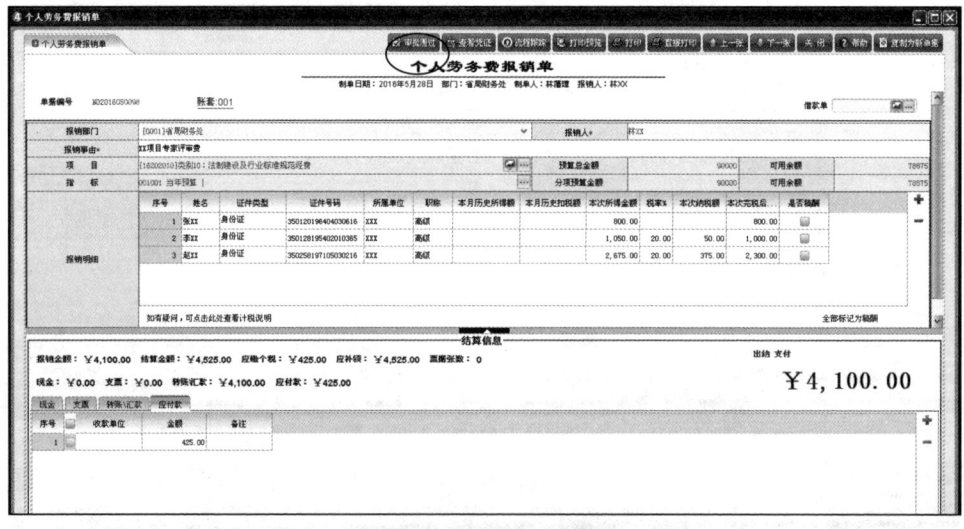

图5-67　审批通过界面-2

案例 5-15　经费报销（涉及借款的经费支出参照借款部分）

例（1）通过转账支付购买电脑一部，含税单价 5000 元，已验收投入使用并取得固定资产管理卡片。

例（2）办公楼零星维修工程已完工，经双方确认总价为 3 万元。其中，1500 元的质保金按合同规定，待三个月保修期后支付。已取得发票金额为 3 万元。

例（3）通过公务卡支付购买办公用品，金额为 500 元。

（1）经办人操作步骤

①经费报销单填报流程

业务人员登录财务报销管理系统→根据发票、合同等原始票据→填写经费报销单→保存→提交审核→打印。

②经费报销单界面

如图 5-68、图 5-69 所示。

图 5-68　经费报销单界面 -1

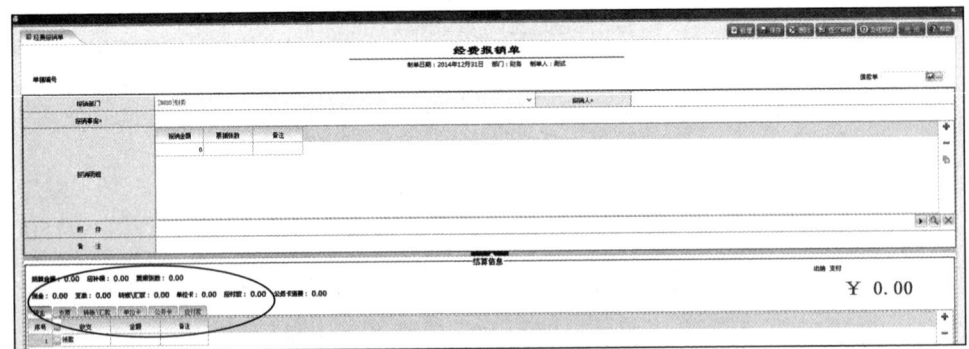

图 5-69　经费报销单界面 -2

例（1）、例（3）填报界面一样，只是支付方式选择不同（图 5-70）。

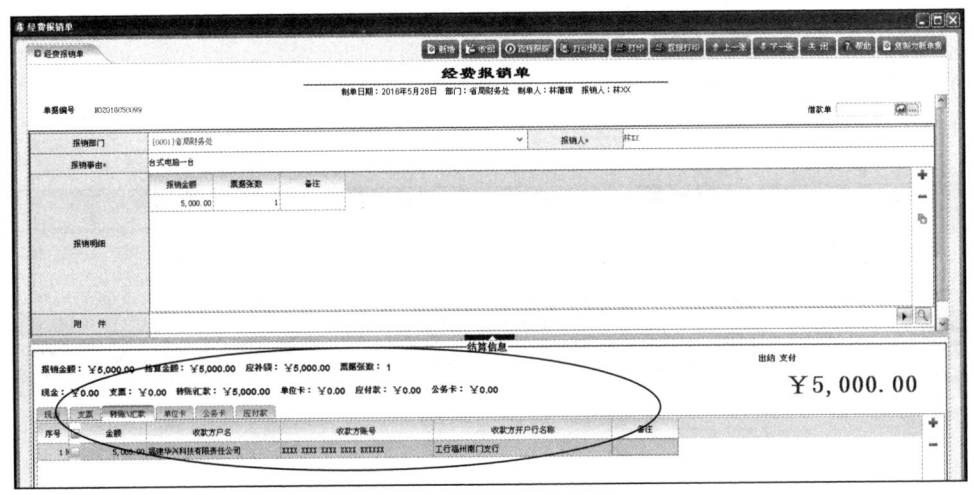

图 5-70　经费报销单界面 -3

例（2）中尾款部分（质保金）支付方式应选择"应付款"，即"报销金额"一栏只填列本次实际支付的金额，不含尾款部分（图 5-71）。生成凭证时系统会自动将尾款部分的金额加至支出类科目，即"报销金额"=实际支付金额，支出类科目金额=发票金额="报销金额"+"应付款"。

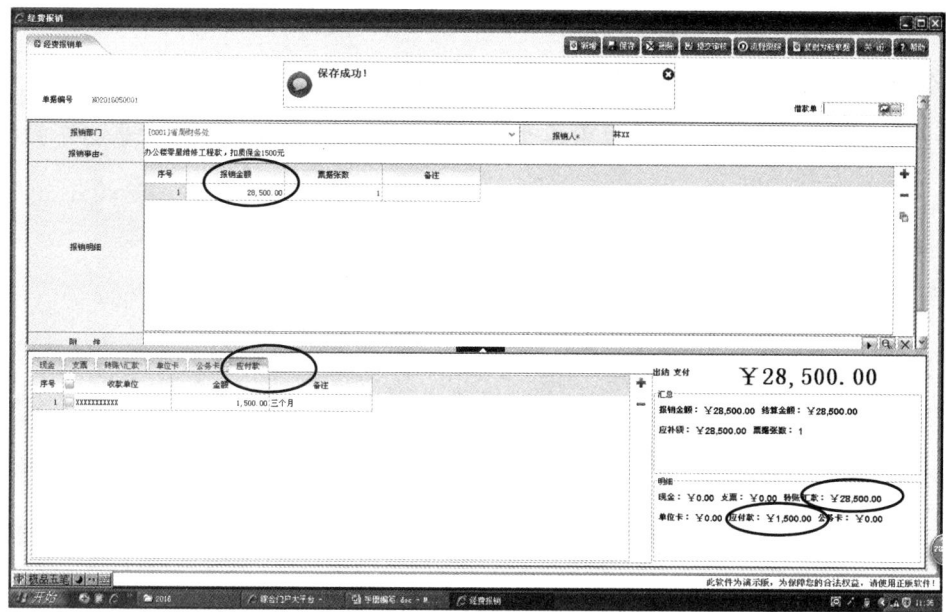

图 5-71　经费报销单界面-4

③经费报销单说明

➤一张经费报销单可录入多条报销明细，不同明细可选择不同指标。（此处指同一项目下的不同明细，如果是不同项目下的多条明细，则需选择填报多项目经费报销单。）有多个报销事由时，请点"➕"增加纵栏，按金额、内容逐笔填写，内容填在金额相应的"备注"栏里，如驾驶员报销行车补助等（图5-72）。

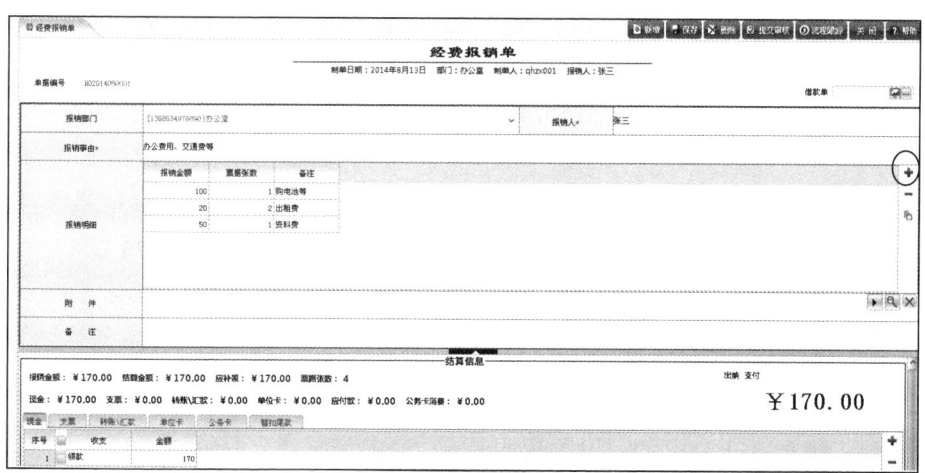

图 5-72　多条报销明细操作截图

➢结算方式可选择现金、支票、转账、公务卡、单位卡。

➢非同一笔业务的转账需分别填报，否则打印出来只能显示一笔转账信息。（实际工作中，如一张报销单中存在多家转账单位，可另附转账信息，不影响系统使用。）

④备注

➢带＊号栏目内容是必填的。

➢报销事由不要写"报销"二字；如多个报销事由，请列举其中两项，用"等"结尾；如为转账，报销事由请注明转款单位简称及付款事由，如"转××宾馆付餐费""转××公司购办公用品"等。

➢涉及结算借款的报销单，录入报销人姓名后，单击右上角的 借款单 ，便可查看个人借款信息，选中应结算的借款信息进行关联（具体操作流程参照借款部分）（图5-73）。

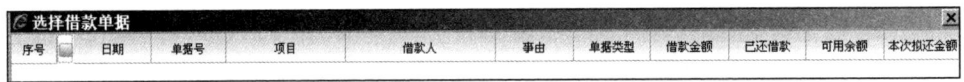

图5-73 借款信息截图

➢"支票"是在预借空白支票时填写。

➢填写公务卡信息时，单击"➕"，按要求逐条填写，多笔业务应对照POS单逐笔录入（图5-74）。

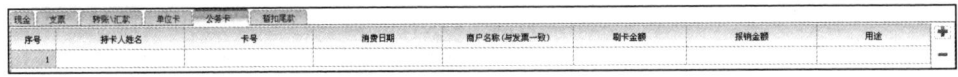

图5-74 公务卡信息截图

➢经费报销单保存并提交审核后，可选择"打印预览"后打印，也可直接打印；并可通过"流程跟踪"查询报销单当前所在节点（图5-75）。

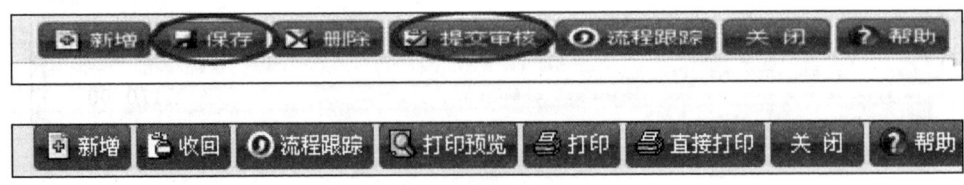

图5-75 系统操作截图

(2)审核人操作步骤

①经费报销审核流程

审核人根据经办人提供的纸质报销凭证→单击财务报销管理系统→审核会计→待审核单据→选取经费报销单→审核是否有误→选取账套、项目、预算指标等信息→审核通过(到出纳岗)或不通过(退回经办人)。

②经费报销审核界面

如图 5-76、图 5-77 所示。

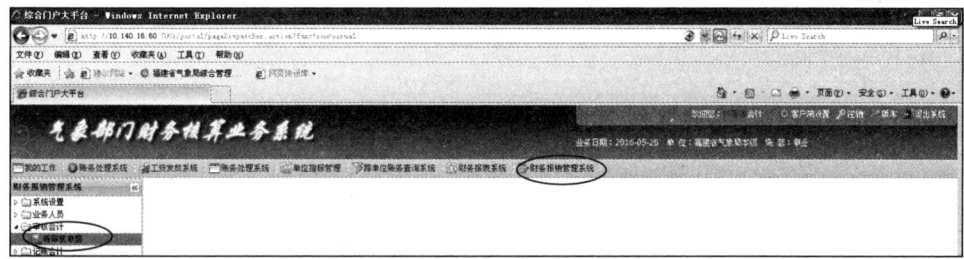

图 5-76　经费报销审核界面 –1

图 5-77　经费报销审核界面 –2

弹出窗口如下,选取账套、项目、指标后单击"审核通过",单据提交至出纳系统；如未能审核通过，则退回第一岗（录入岗）（图5-78、图5-79）。

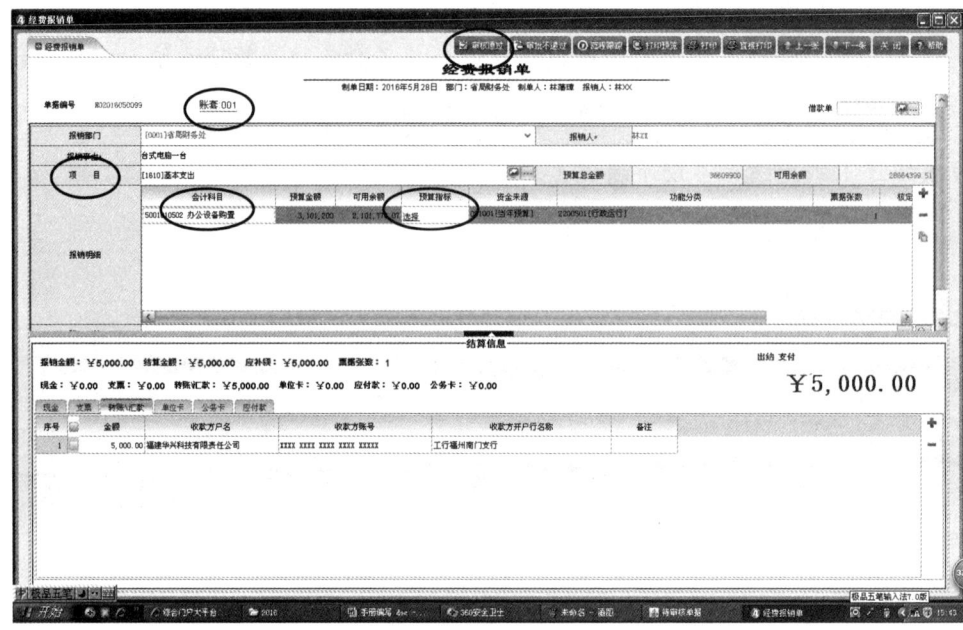

图5-78　经费报销单截图-1

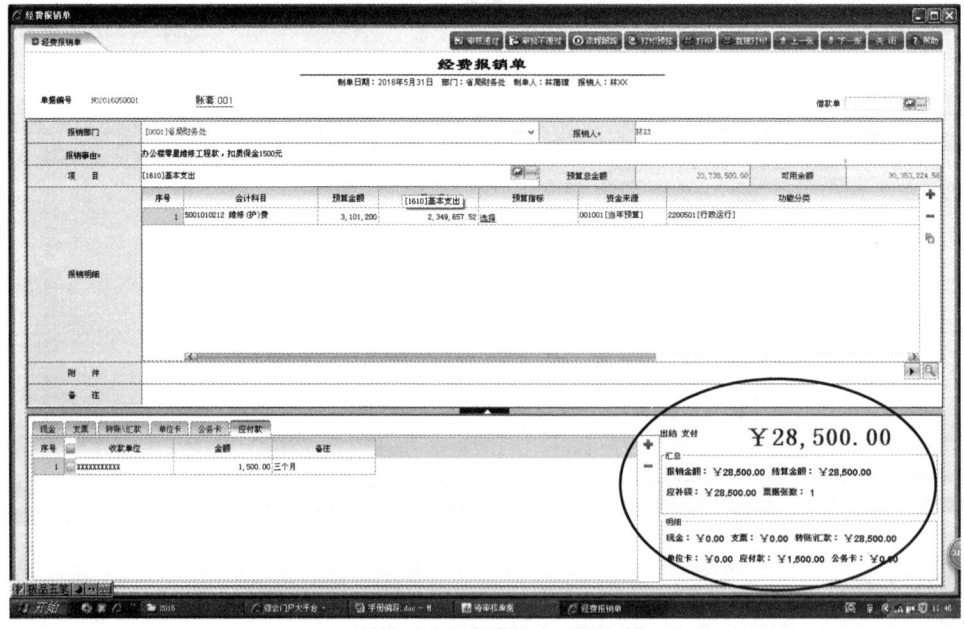

图5-79　经费报销单截图-2

在此环节，会计科目可选，也可待以后岗位选择。对已经确认无误的多条报销单,允许批量审核,也允许批量退回(图5-80)。

图5-80 批量操作界面

审核通过后的报销单据,在"已办"中查询(图5-81)。

图5-81 审核通过的报销单据界面

在出纳未办理前，允许收回重新办理，具体操作为双击所选择的单据，弹出如下界面后，可单击"收回"（图5-82）。

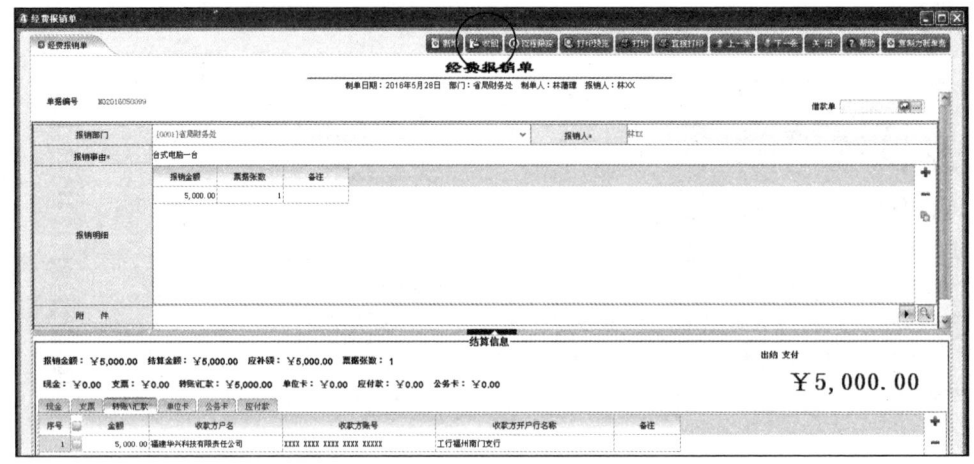

图5-82 收回操作截图

收回后该单据将重新进入待审核单据的待办界面，会计人员可重新办理（图5-83）。

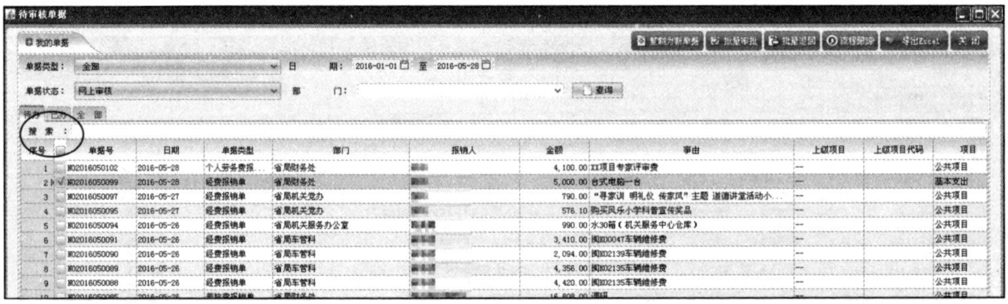

图5-83 待审核的报销单据界面

（3）出纳操作步骤

①经费报销单出纳操作流程

出纳取得经费报销单并审核无误后办理支付手续，单击财务报销管理系统→出纳→待办理单据→选取经费报销单→生成日记账→在弹出窗口中选取正确的出纳账簿→提交会计。

②经费报销单出纳操作界面

如图 5-84、图 5-85 所示。

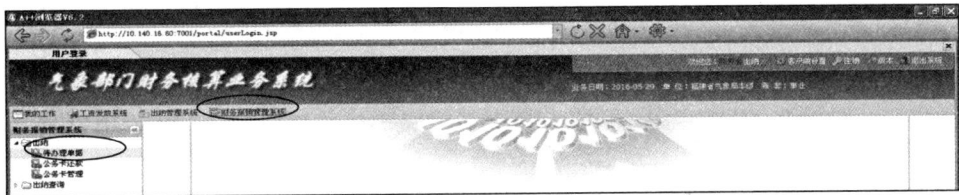

图 5-84　经费报销单出纳操作界面 –1

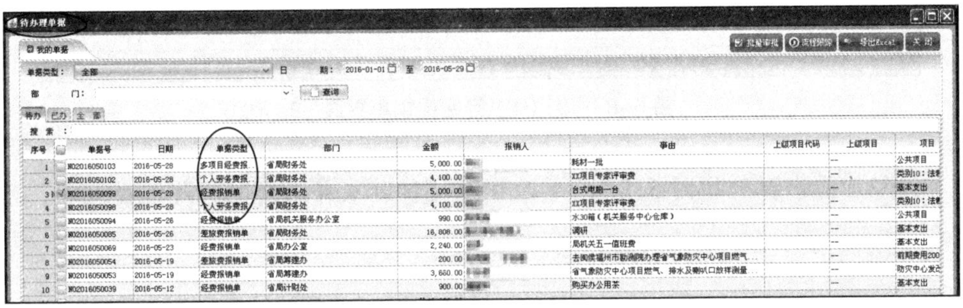

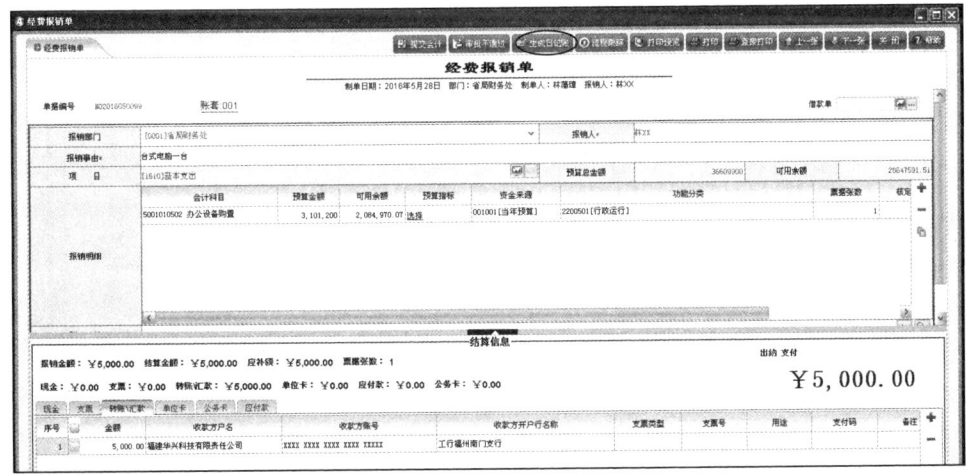

图 5-85　经费报销单出纳操作界面 –2

例（1）弹出窗口如图 5-86、图 5-87 所示。

图 5-86　例（1）经费报销单界面 –1

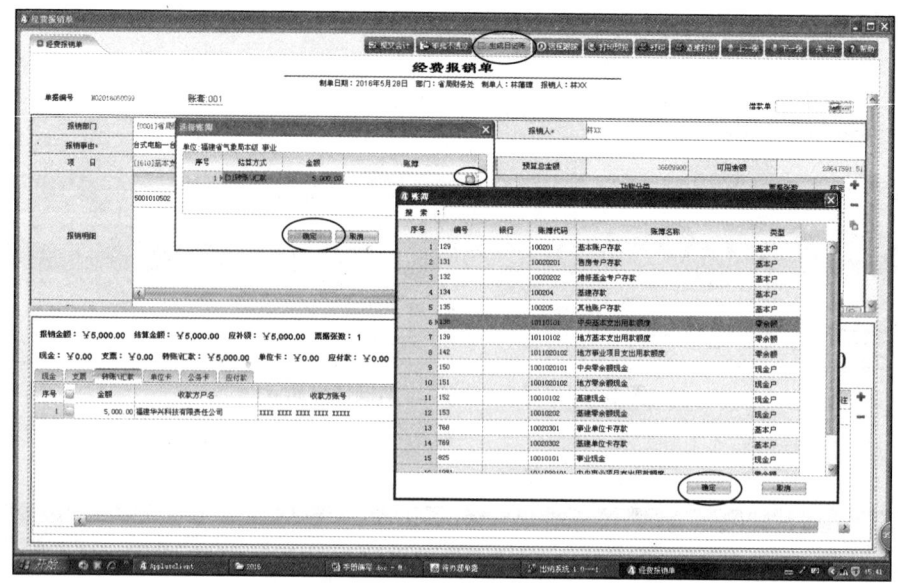

图 5-87　例（1）经费报销单界面 -2

例（2）弹出窗口如图 5-88 所示，注意应付款项并未发生实际资金流动，出纳无须办理。

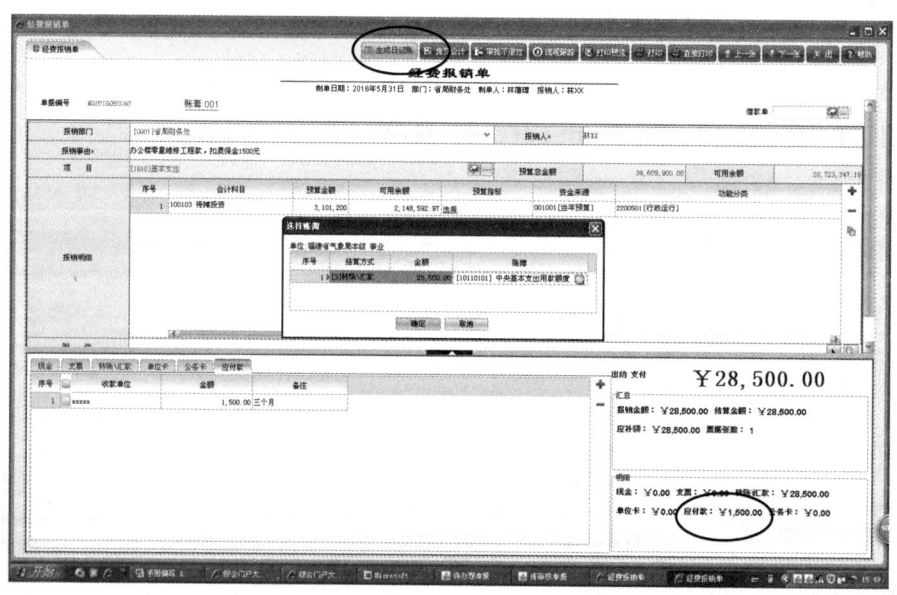

图 5-88　例（2）经费报销单界面

例（3）弹出窗口如图 5-89 所示，注意由于此时公务卡尚未还款，未发生实际的资金流动，出纳无须生成日记账，直接提交会计即可（公务卡实际还款操作流程详见公务卡还款部分）。

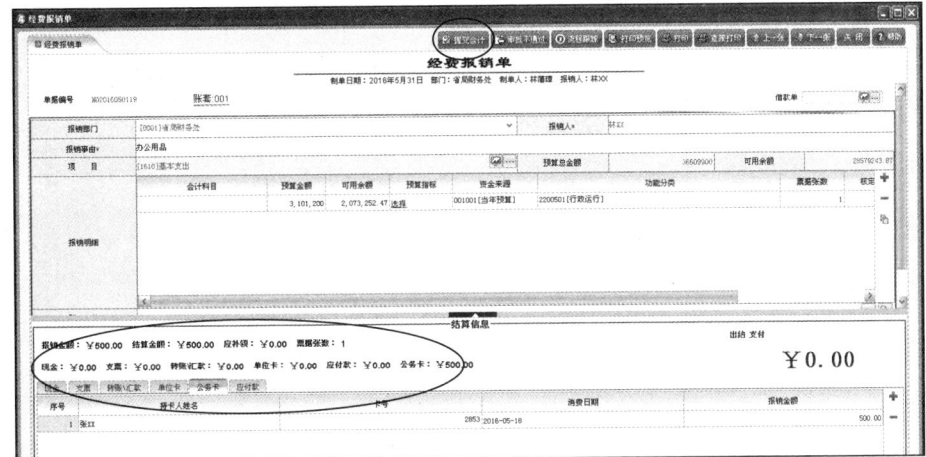

图 5-89　例（3）经费报销单界面

在查询出纳日记账时，需进入"出纳管理系统智能客户端"（图 5-90、图 5-91）。

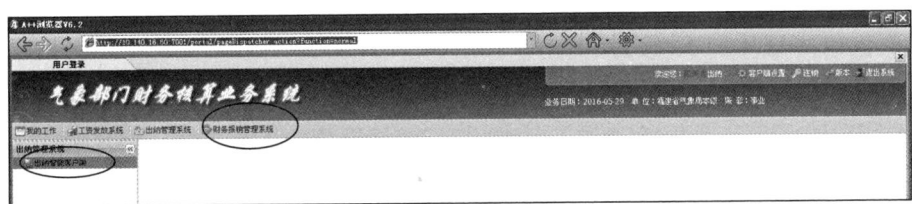

图 5-90　出纳管理系统智能客户端

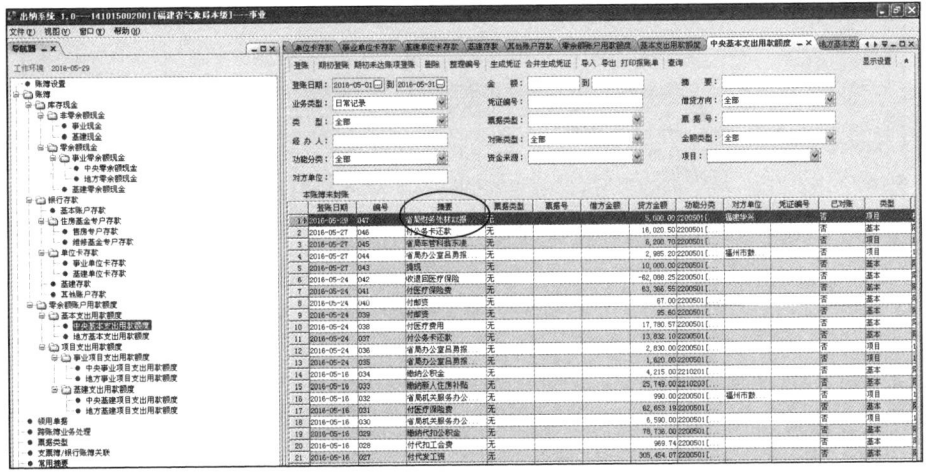

图 5-91　查询日记账界面

在此环节，如发现账簿选择有误等情况，可以删除日记账。删除日记账后，系统将自动退回待办环节，可重新办理（图5-92）。

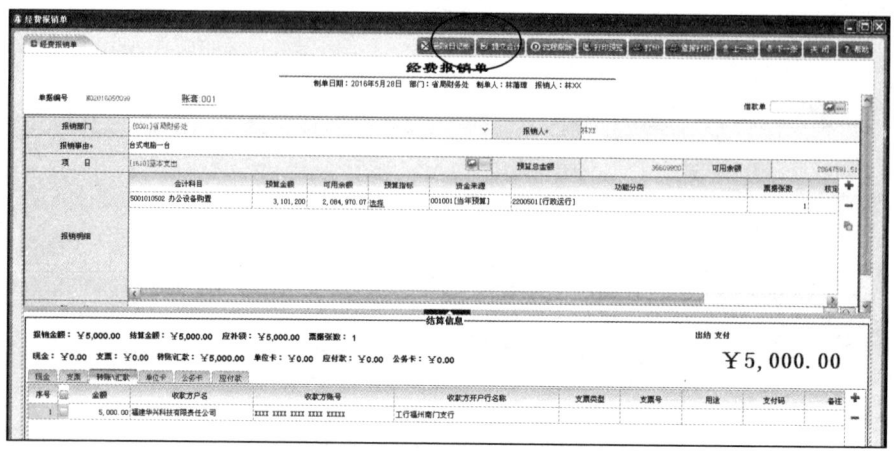

图5-92 删除日记账界面

提交会计后，在记账会计未办理之前，如发现账簿选择有误等情况，可单击"收回"重新办理（图5-93）。

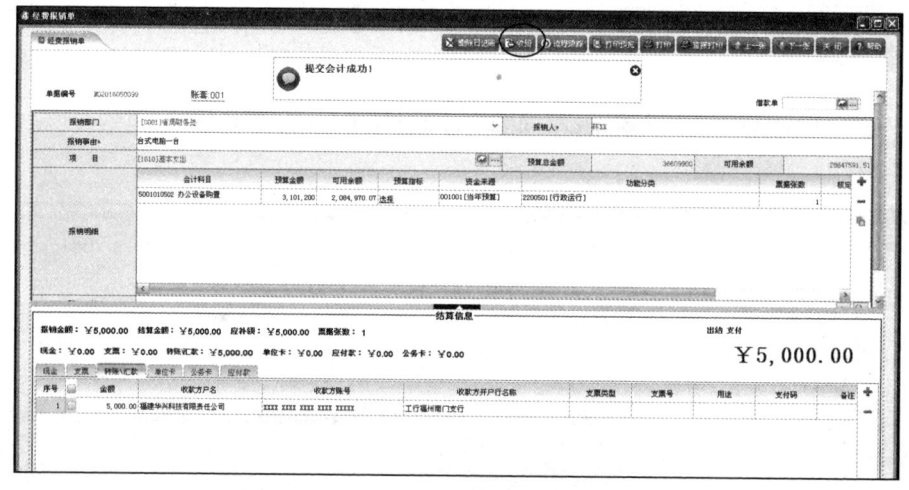

图5-93 收回操作截图

（4）记账会计操作步骤

①经费报销记账流程

出纳审核办理后将报销凭证移交给记账会计，记账会计单击财务报销管理系统→记账会计→待记账单据→核对报销单→生成凭证→进入凭证编制，补充完整各辅助核算项、往来科目、固定资产等,保存后退出→系统弹出审批通过窗口审核通过。

②经费报销记账界面

如图 5-94、图 5-95 所示。

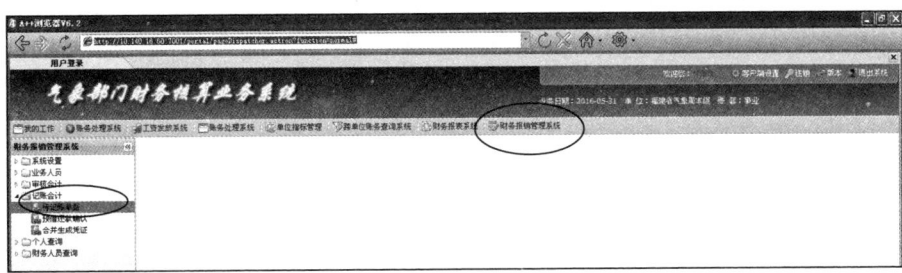

图 5-94　经费报销记账界面 –1

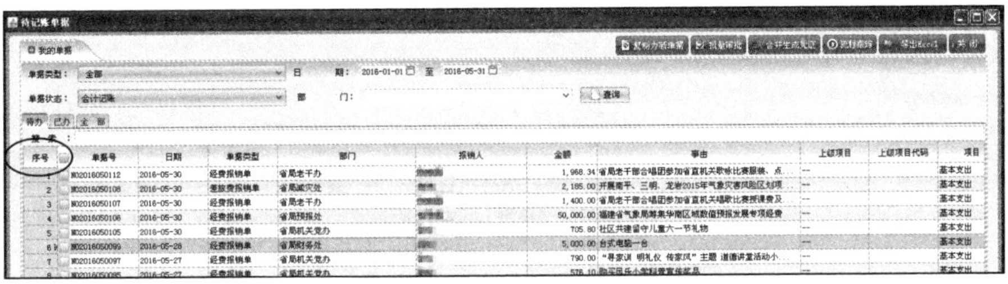

图 5-95　经费报销记账界面 –2

弹出窗口如图 5-96 所示。

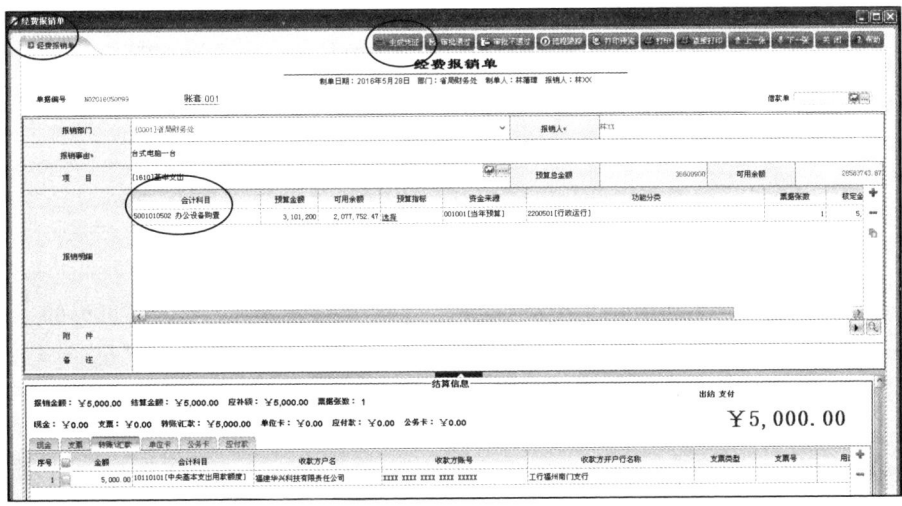

图 5-96　生成凭证界面

生成凭证后，补充完整辅助核算项、固定资产等科目后保存退出。审核通过后，财务报销管理系统流程执行完毕（图 5-97、图 5-98）。

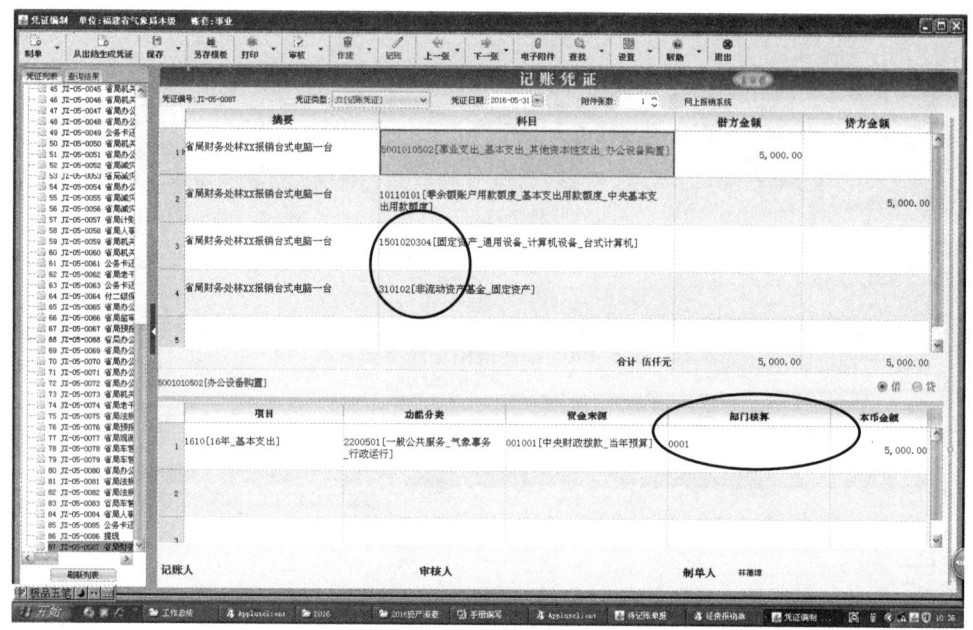

图 5-97　审批通过界面 –1

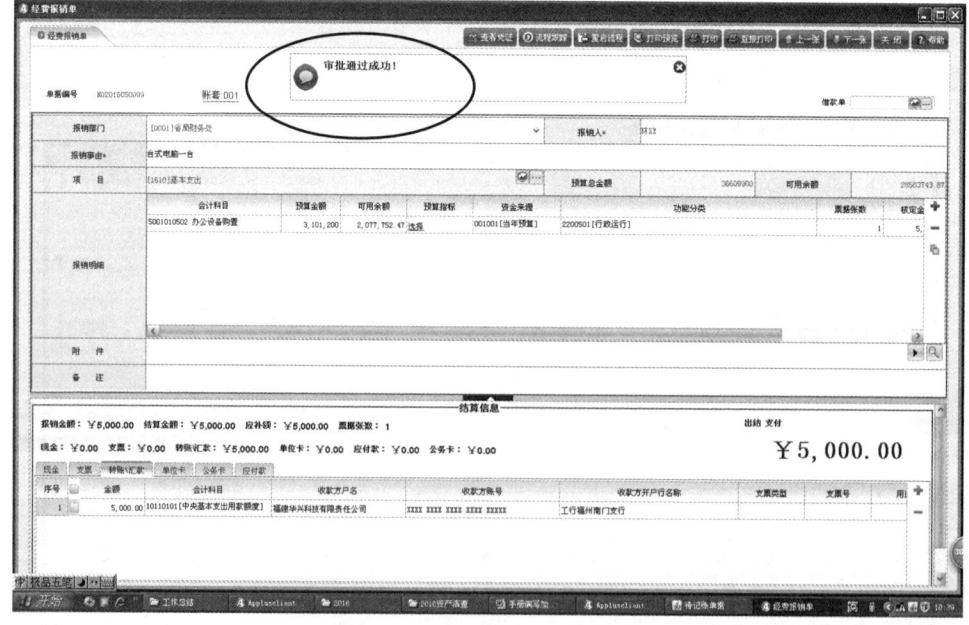

图 5-98　审批通过界面 –2

例（2）系统在自动生成凭证时，其他应付款科目会自动生成，无须手动录入（图 5-99、图 5-100）。

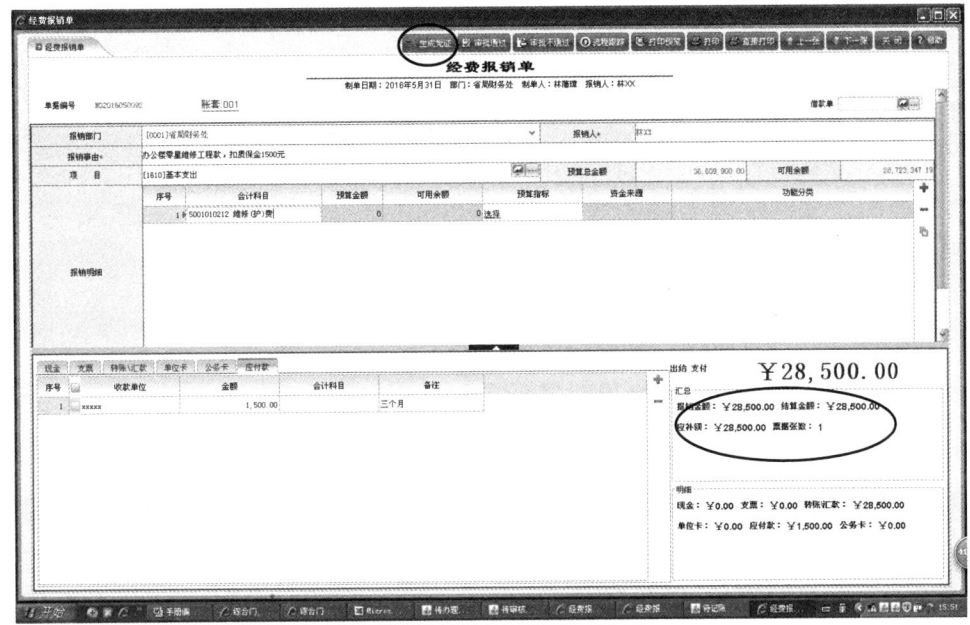

图 5-99　例（2）生成凭证界面 -1

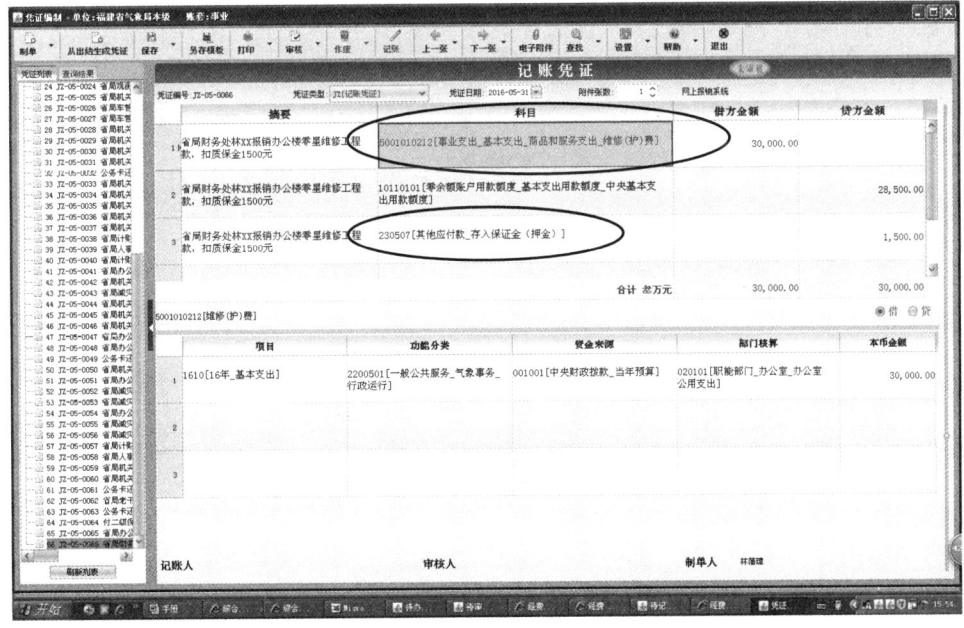

图 5-100　例（2）生成凭证界面 -2

记账并审核通过后，系统将在财务报销管理系统→业务人员→尾款支付管理下生成一条尾款记录（图5-101、图5-102）。

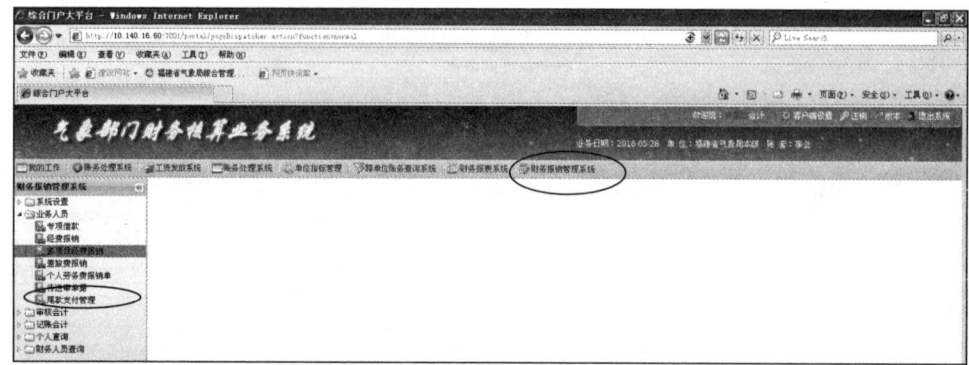

图 5-101　例（2）尾款记录界面 –1

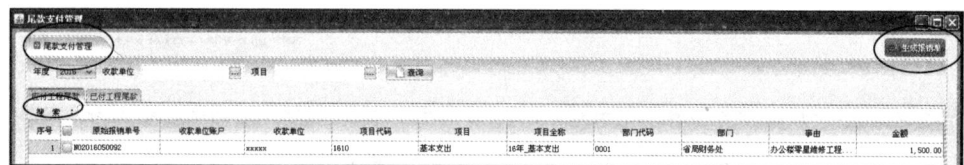

图 5-102　例（2）尾款记录界面 –2

三个月后要支付尾款时，可自动生成报销单（图5-103、图5-104）。

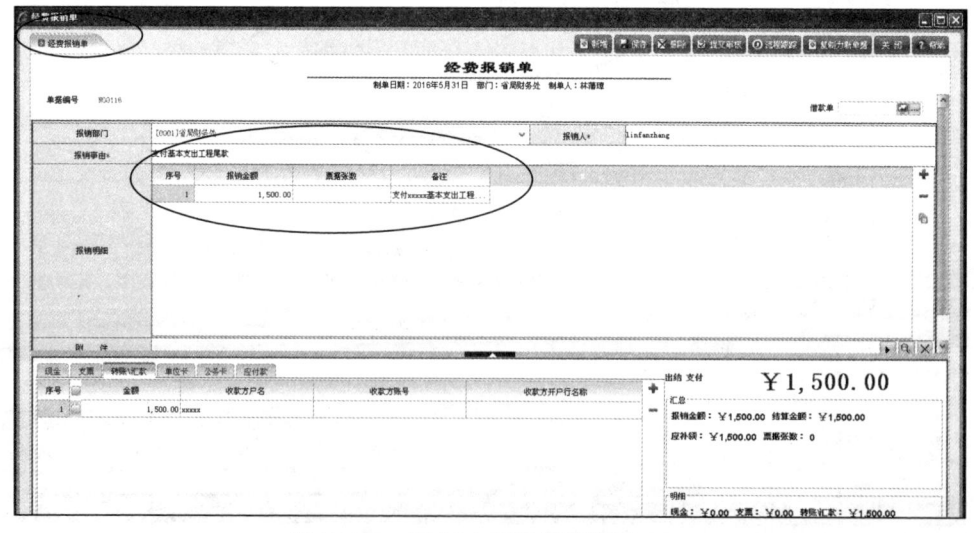

图 5-103　例（2）经费报销单界面 –1

第五章 财务报销

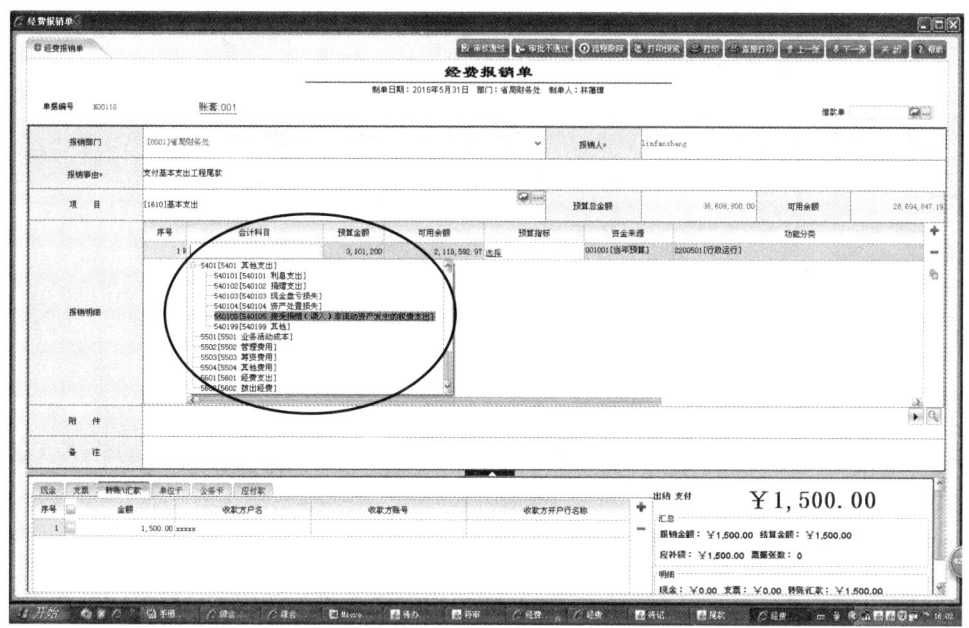

图 5-104 例（2）经费报销单界面 -2

需要说明的是，支付尾款时，由于之前已列支，此次需要冲销其他应付款，如出现无法选择其他应付款科目的情况，需要系统管理员在后台开放往来科目权限，并在"财务报销管理系统→系统设置→记账规则设置"中设置（具体操作详见记账规则设置部分）。

案例 5-16 多项目经费报销

购耗材一批 5000 元，应急办（气象灾害应急管理经费项目）领用 3000 元的耗材，办公室（综合信息管理系统项目）领用 2000 元的耗材。

（1）经办人操作步骤

①多项目经费报销单填报流程

业务人员登录财务报销管理系统→根据取得的发票等材料→填写多项目经费报销单→保存→提交审核→打印。

②多项目经费报销单界面

如图 5-105、图 5-106 所示。

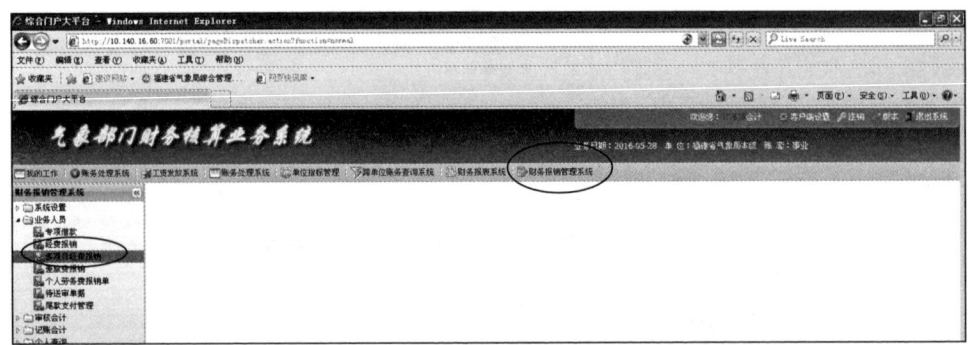

图 5-105　多项目经费报销单界面 –1

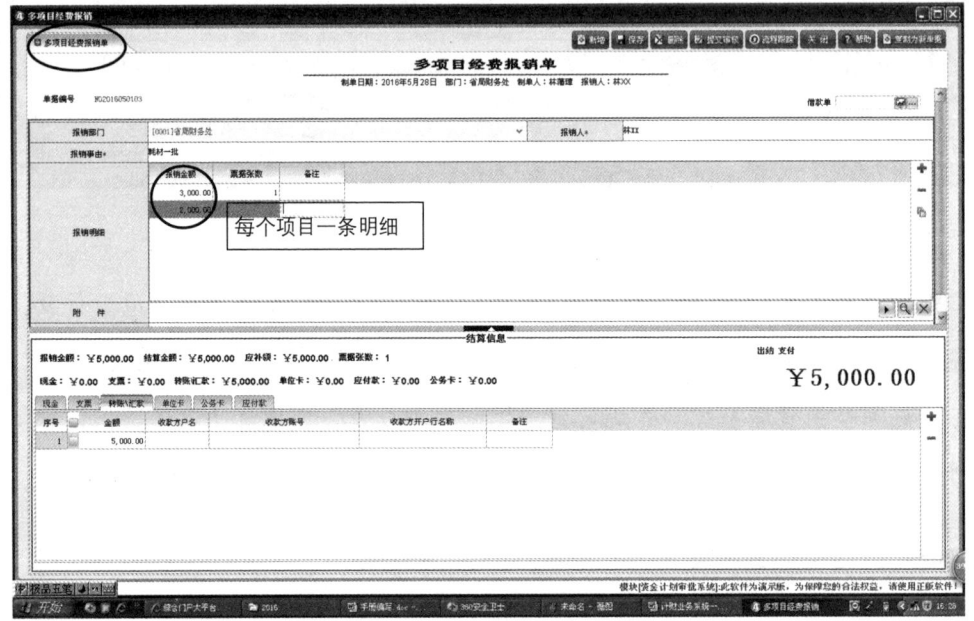

图 5-106　多项目经费报销单界面 –2

③多项目报销单说明

➢一张报销单如需从两个或两个以上项目支出时，需使用多项目报销单。（如果是同一项目下的不同明细，选择经费报销单即可。）

➢有多个项目支出时，请单击"✚"增加纵栏，按内容、金额逐笔填写，每个项目填写一条明细。

➢非同一笔业务的转账需分别填报，否则打印出来只能显示一笔转账信息。（实际工作中，如一张报销单中存在多家转账单位，可另附转账信息，不影响系统使用。）

➢ 结算方式可选择现金、支票、转账、公务卡、单位卡。

➢ 其他内容同经费报销单。

④备注

➢ 带＊号栏目内容是必填的。

➢ 涉及结算借款的报销单，录入报销人姓名后，单击右上角的 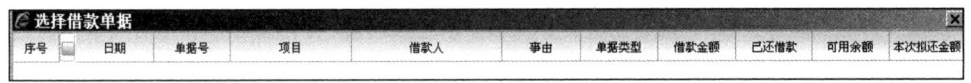，便可查看个人借款信息，选中应结算的借款信息进行关联（具体操作流程参照借款部分）（图5-107）。

图5-107 借款信息截图

➢ "支票"是在预借空白支票时填写。

➢ 填写公务卡信息时，单击"＋"，按要求逐条填写，多笔业务应对照POS单逐笔录入（图5-108）。

图5-108 公务卡信息截图

➢ 多项目经费报销单保存并提交审核后，可选择"打印预览"后打印，也可直接打印；并可通过"流程跟踪"查询报销单当前所在节点（图5-109）。

图5-109 系统操作截图

（2）审核人操作步骤

多项目报销审核人操作步骤与经费报销基本一致。

①多项目报销审核流程

审核人根据经办人提供的纸质报销凭证→单击财务报销管理系统→审核会计→

待审核单据→选取经费报销单→审核是否有误→选取账套、项目、预算指标等信息→审核通过（到出纳岗）或不通过（退回经办人）。

②多项目报销审核界面

如图 5-110、图 5-111 所示。

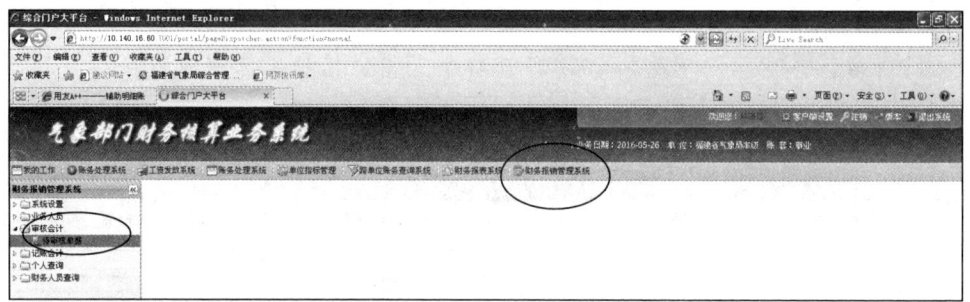

图 5-110　多项目报销审核界面 –1

图 5-111　多项目报销审核界面 –2

弹出窗口如图 5-112 所示。

根据每一条报销明细，选取项目、指标后审核通过（会计科目可选也可待以后岗位选择），提交至出纳系统。（与经费报销单中填写多条明细的区别在于可以选取不同的项目。）

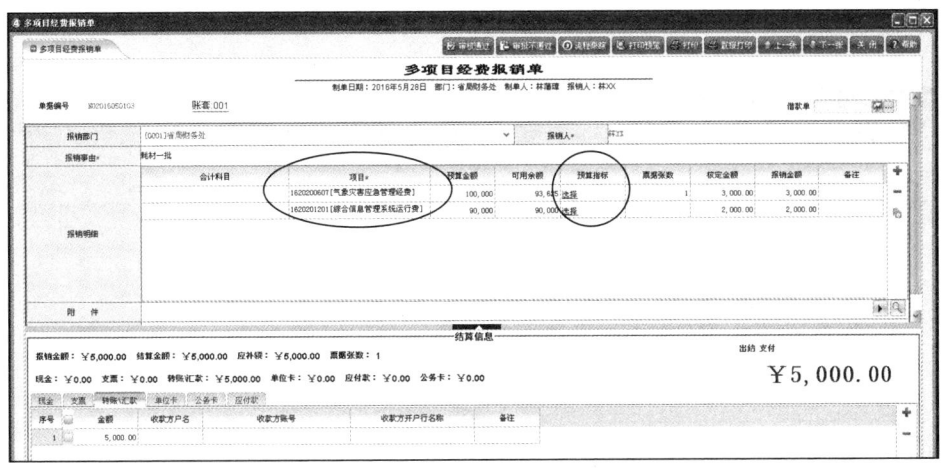

图 5-112　多项目经费报销单截图

（3）出纳操作步骤

多项目报销出纳操作与经费报销基本一致。

①多项目报销单出纳操作流程

出纳取得多项目经费报销单并审核无误后办理支付手续，单击财务报销管理系统→出纳→待办理单据→选取多项目经费报销单→生成日记账→在弹出窗口中选取正确的出纳账簿→提交会计。

②多项目报销单出纳操作界面

如图 5-113 所示。

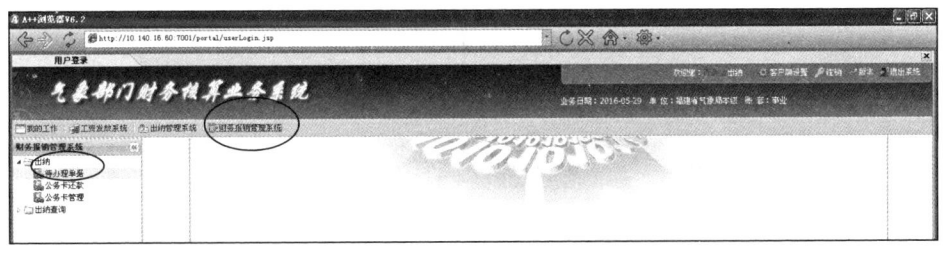

图 5-113　多项目报销单出纳操作界面

弹出窗口如图 5-114、图 5-115 所示。

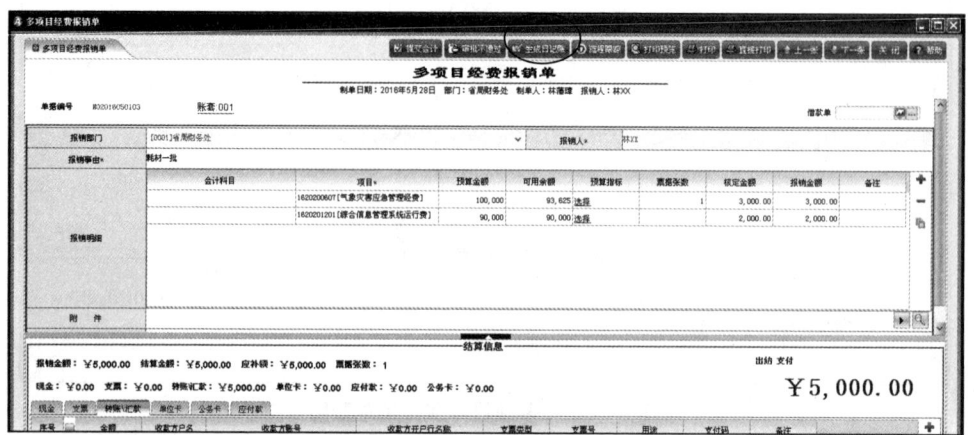

图 5-114　多项目经费报销单界面 -1

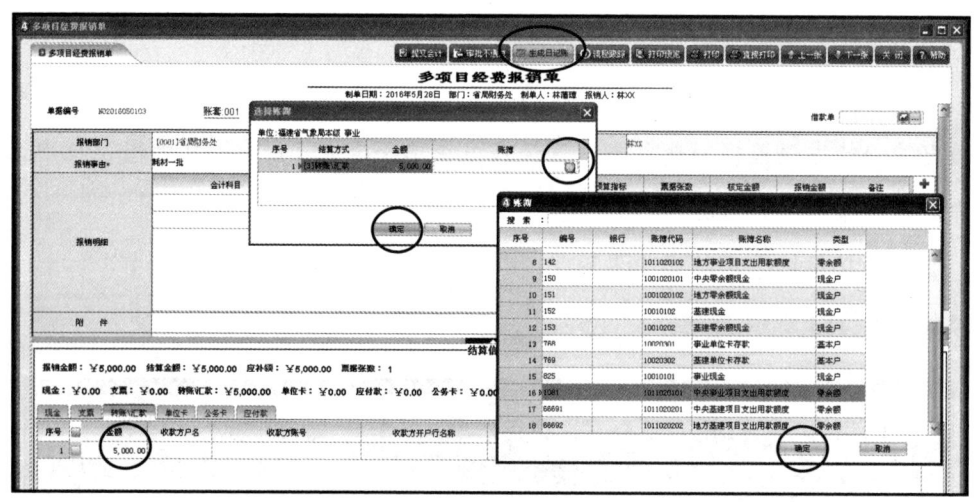

图 5-115　多项目经费报销单界面 -2

注：虽然开支归属于不同项目，但由于转账支付方式下仅填列了一笔转账信息，因此也仅生成一笔出纳日记账，而非与项目一一对应。如需与项目对应生成多笔日记账，则要求经办人制单时在支付方式填列中与项目对应分别填列。

在查询出纳日记账时需进入"出纳管理系统智能客户端"（图 5-116、图 5-117）。

图 5-116　出纳管理系统智能客户端

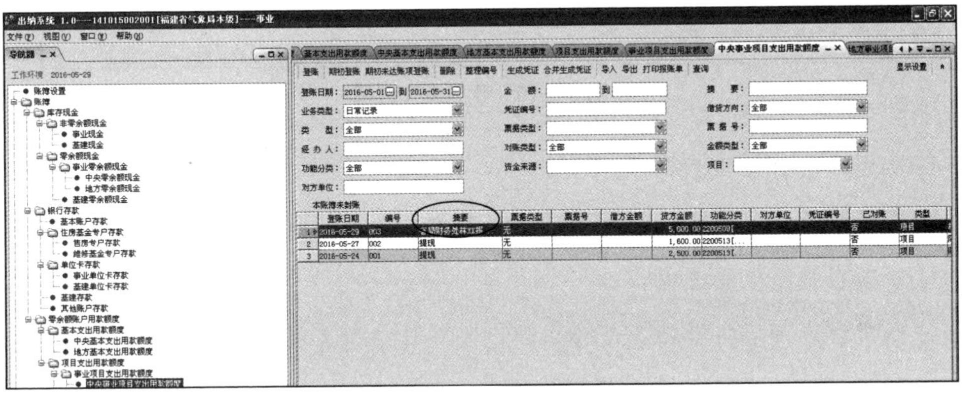

图 5-117　查询出纳日记账界面

在此环节，如发现账簿选择有误等情况，可以删除日记账。删除日记账后，系统将自动退回待办环节，可重新办理（图 5-118）。

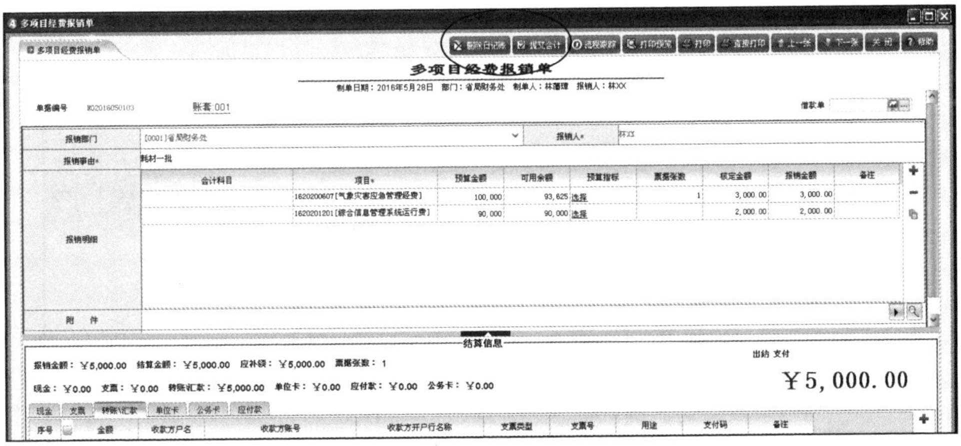

图 5-118　删除日记账界面

提交会计后，在记账会计未办理前，如发现账簿选择有误等情况，可单击"收回"重新办理（图 5-119）。

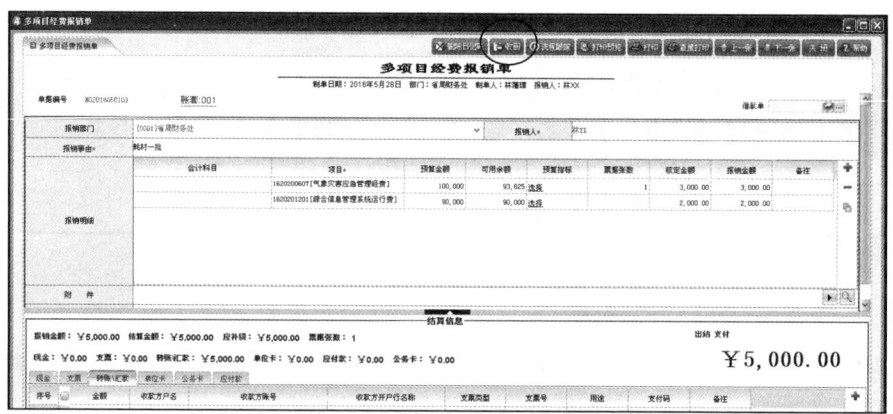

图 5-119 收回操作截图

(4) 记账会计操作步骤

多项目报销记账操作与经费报销记账基本一致。

①多项目报销记账流程

出纳审核办理后将报销凭证移交到记账会计→财务报销管理系统→记账会计→待记账单据→核对报销单→生成凭证→进入凭证编制,补充完整各辅助核算项和会计科目等,保存后退出→系统弹出审批通过窗口审核通过(系统如未能弹出审批通过窗口,也可直接单击"审批通过"按钮)。

②多项目报销记账界面

如图 5-120 所示。

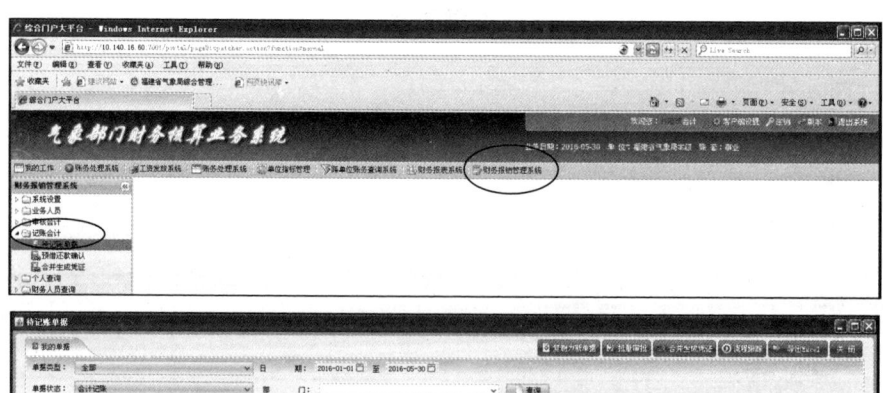

图 5-120 多项目报销记账界面

弹出窗口如图 5-121 所示。

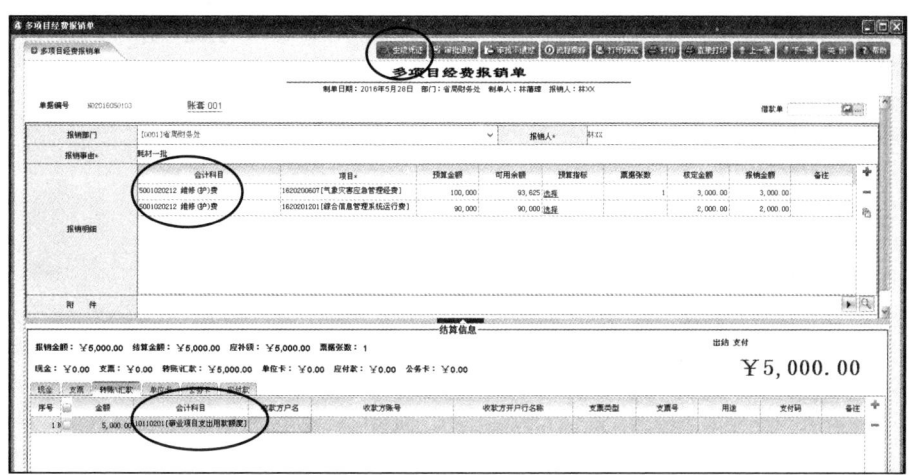

图 5-121　生成凭证界面-1

录入或检查支出类会计科目、支付类会计科目后生成凭证（图 5-122）。

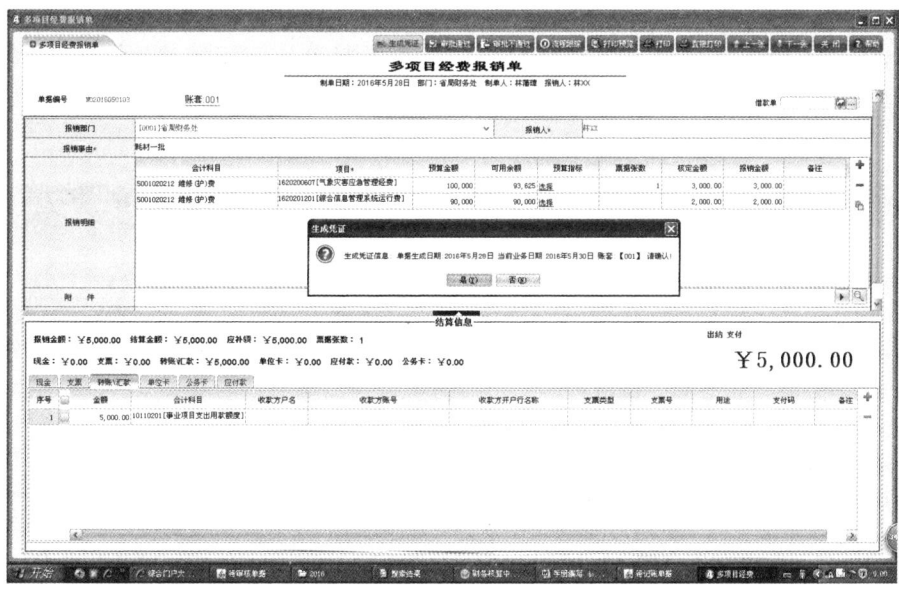

图 5-122　生成凭证界面-2

系统跳转到账务处理系统中的凭证编制，每个项目生成一条辅助核算项（图 5-123）。

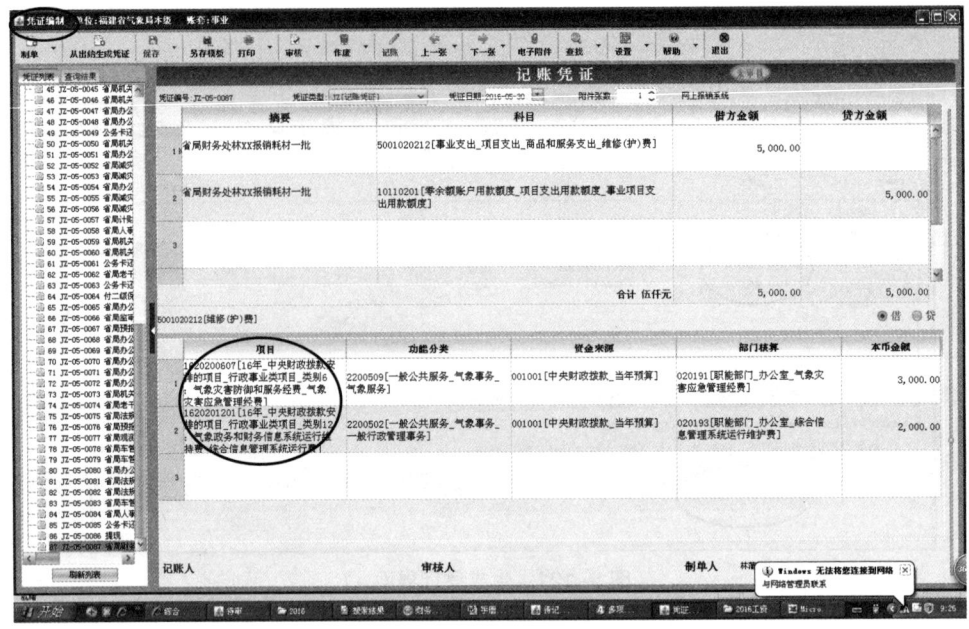

图 5-123 凭证编制界面

补充完整辅助核算项保存后退出，返回待记账界面。系统自动弹出审批通过成功窗口（若系统未能弹出审批通过窗口，也可直接单击"审批通过"），至此财务报销管理系统流程执行完毕（图 5-124、图 5-125）。

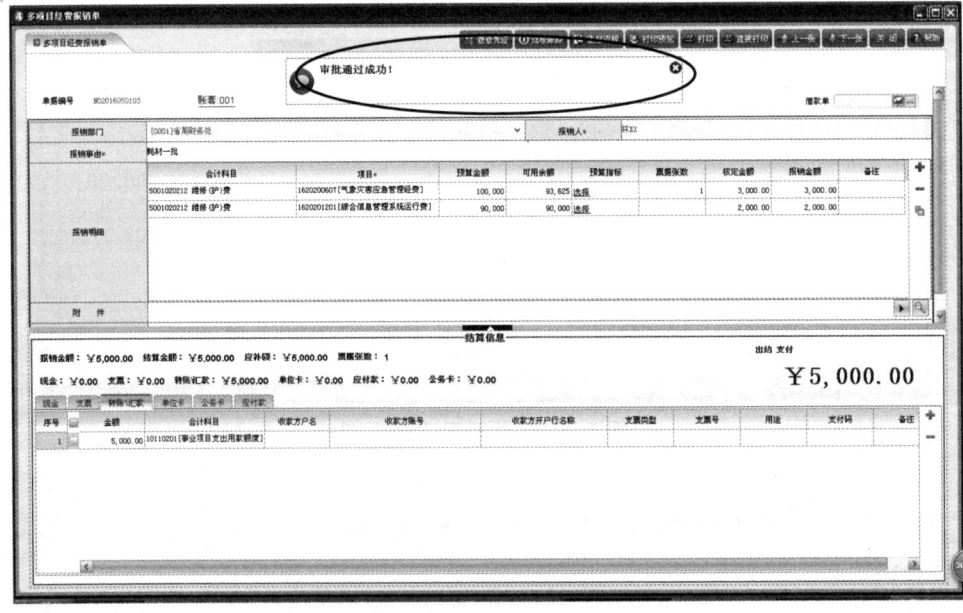

图 5-124 审批通过界面 -1

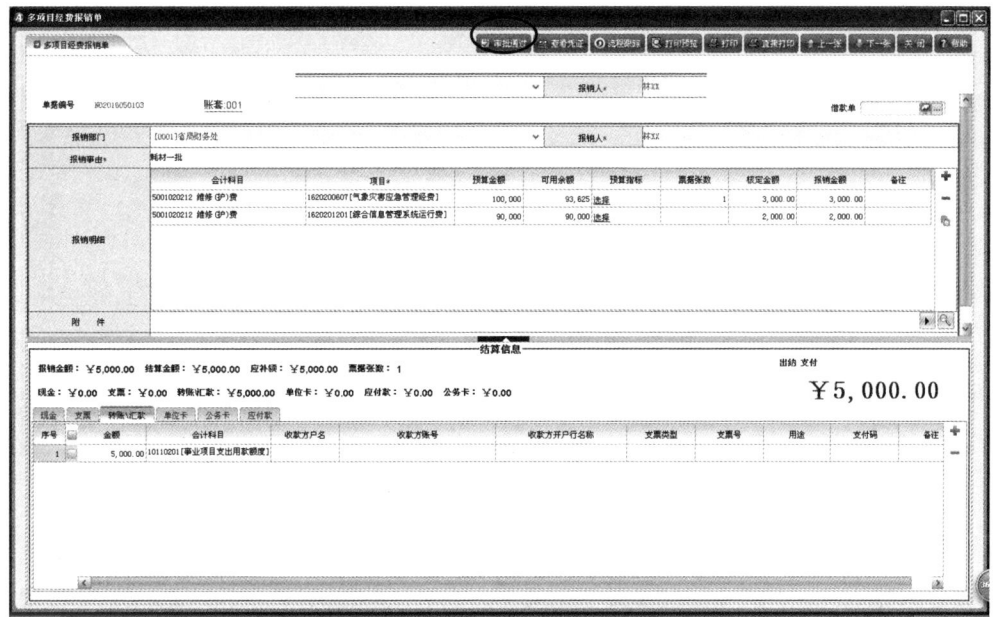

图 5-125 审批通过界面 -2

记账后如发现错误,可作废凭证后删除(图 5-126)。

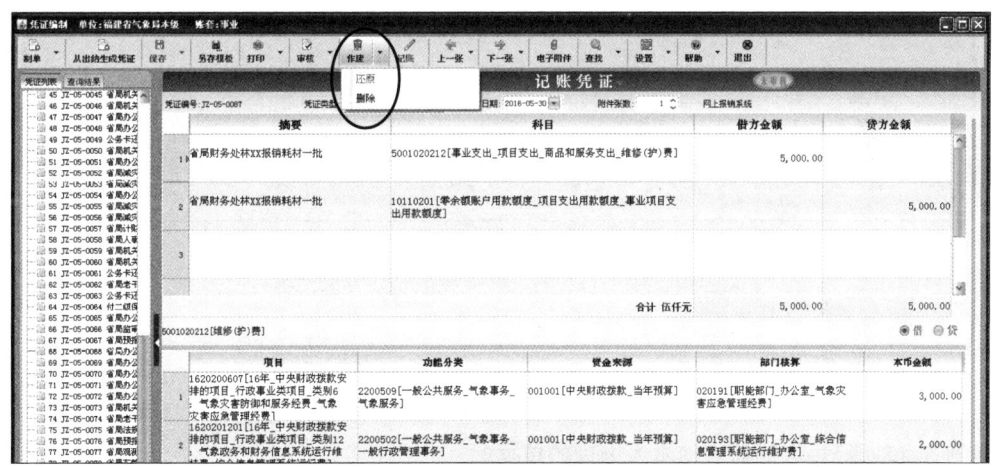

图 5-126 凭证作废界面

再通过单击"重启流程",恢复未记账前状态,重新生成凭证(图 5-127、图 5-128)。

图 5-127 重启流程界面

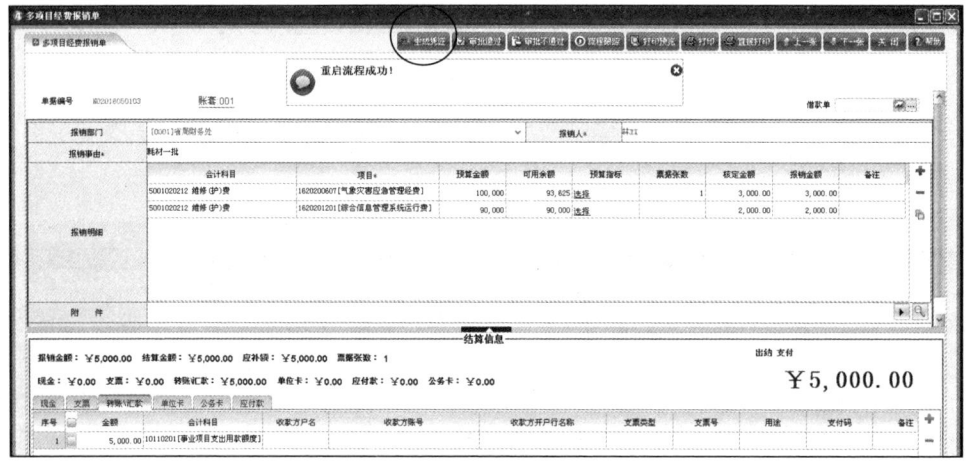

图 5-128 重新生成凭证界面

（三）业务应用

案例 5-17　经办人如何查询本人办理的单据？

经办人可以通过财务报销系统查询本人经办的所有单据。具体操作流程：单击财务报销系统→业务人员→待送审单据→根据实际情况选择查询条件→查询→查看凭证、流程跟踪、复制新单据等。

经办人查询界面如图 5-129 至图 5-131 所示。

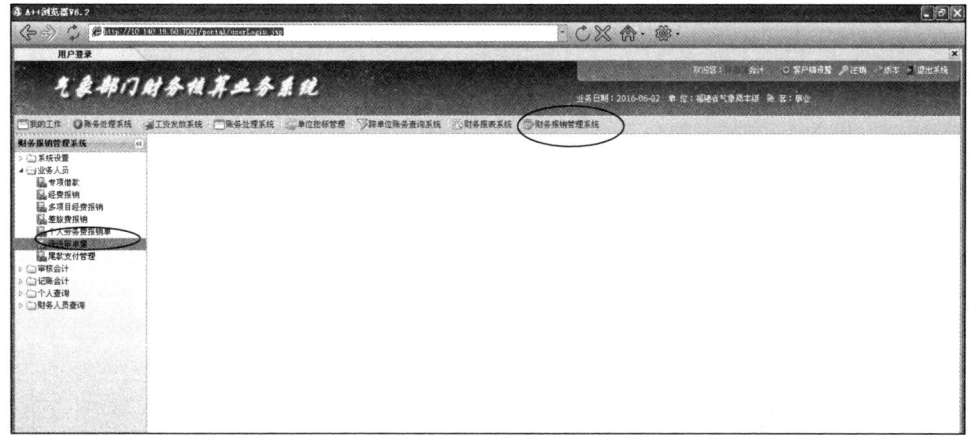

图 5-129　经办人查询界面 –1

图 5-130　经办人查询界面 –2

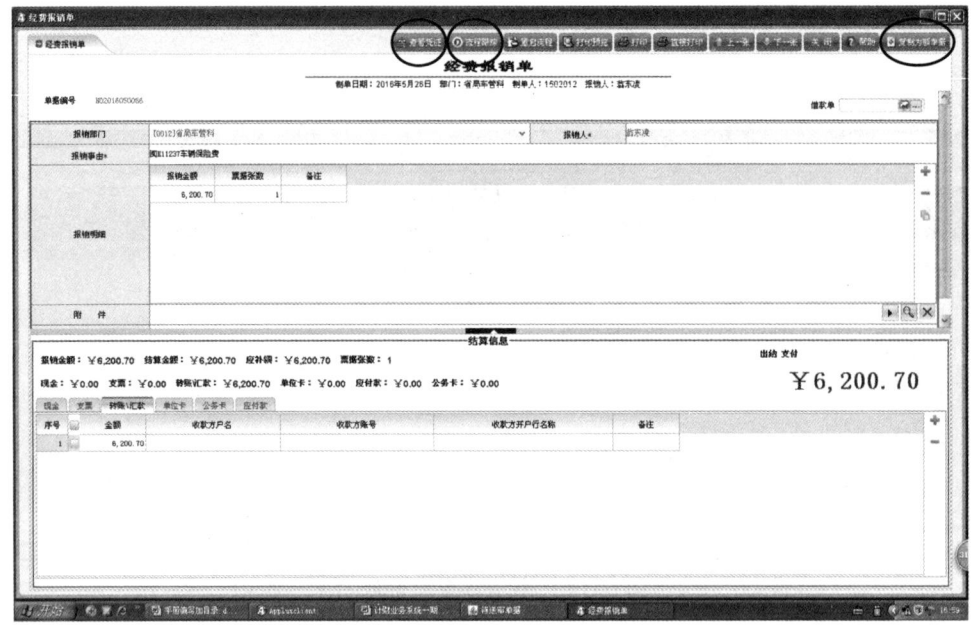

图 5-131　经办人查询界面 -3

案例 5-18　如何通过报销单据编号查询记账凭证？

财务人员可根据已知报销单据编号查询对应的记账凭证。具体操作流程：单击财务报销系统→记账会计→待记账单据→已办→点选报销单据并双击打开→查看凭证、流程跟踪等。查询界面如图 5-132 至图 5-134 所示。

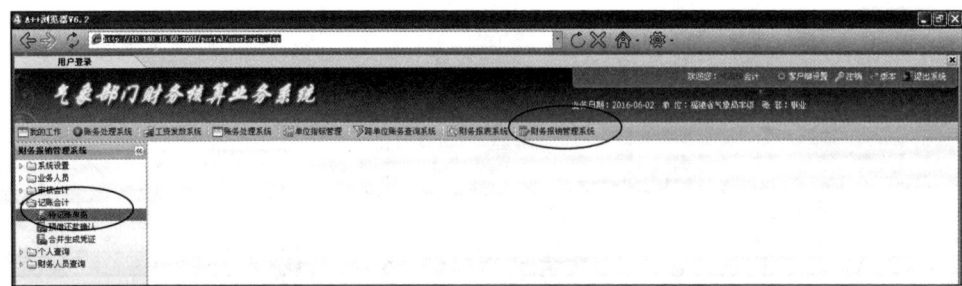

图 5-132　查询界面 -1

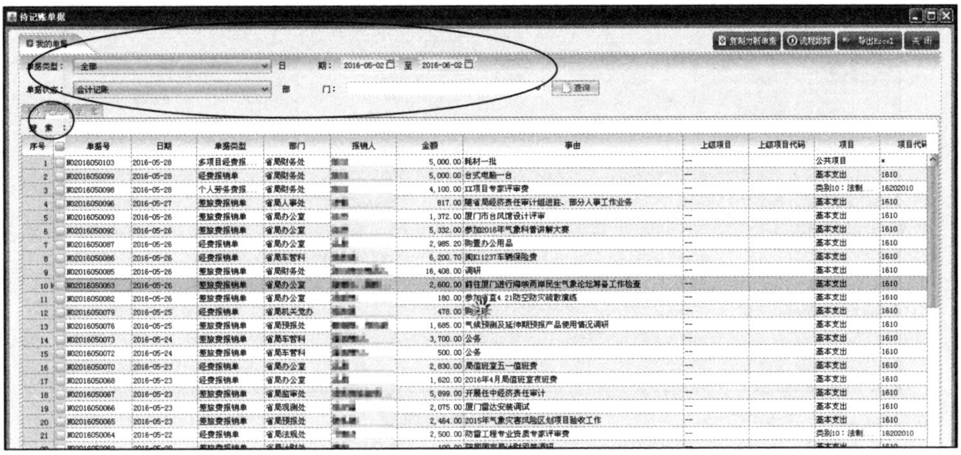

第五章 财务报销

图 5-133 查询界面-2

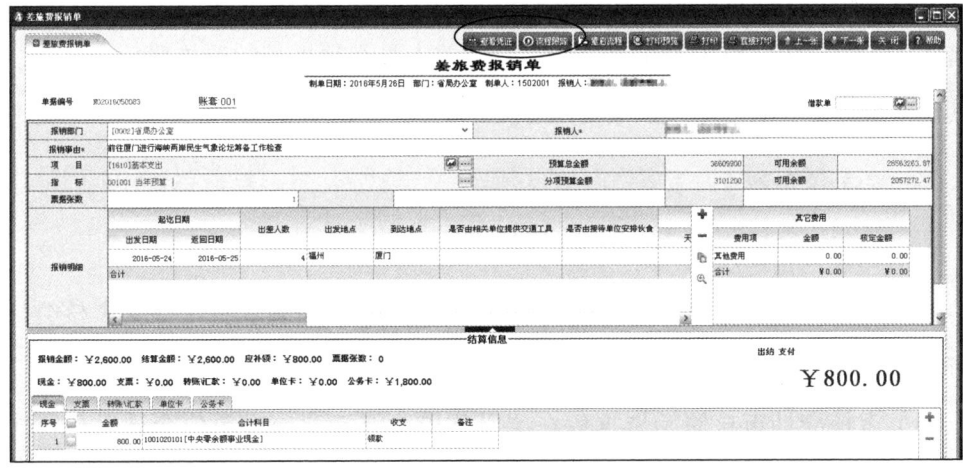

图 5-134 查询界面-3

案例 5-19 如何通过记账凭证查询报销单据？

财务人员也可根据记账凭证查询相应的报销单据。具体操作流程：进入凭证编制界面→查找→原始报销→进入原始报销单据界面。

查询界面如图 5-135 所示。

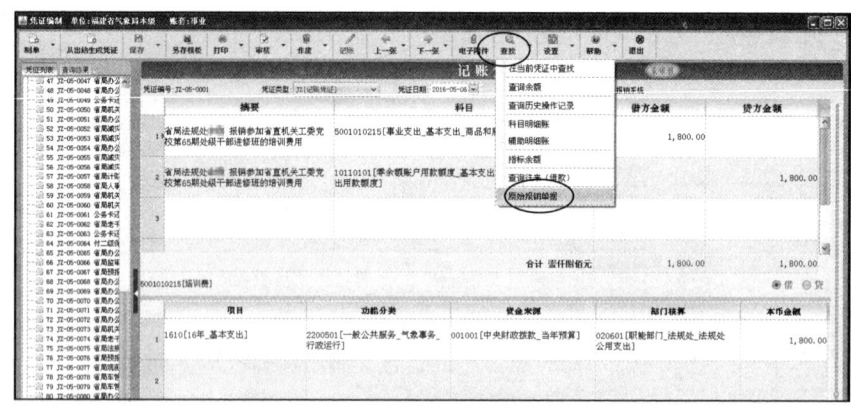

图 5-135　查询界面

二、借款业务

借款业务是单位职工因工作需要临时借用的各种待结算款项,包括备用金。职工借款主要用于单位购置零星办公用品,出差人员必须携带的差旅费、会议费、预交其他单位或个人的公用及人员支出等。

（一）流程介绍

1. 借款业务流程介绍

（1）报账人持领导签字后的原始票据"借款单"（借款业务）→交审核会计进行审核。

（2）审核会计审核原始票据后在"借款单"上签章→交单位会计进行再次审核,交予出纳办理。

（3）出纳复核原始票据后,再复核网上报账流水号→进行资金支付。

（4）出纳完成资金支付后,在原始单据上加盖"付讫"章。

（5）当日报销结束,出纳及时将整理后的原始票据"借款单"传递至单位会计。

（6）单位会计对所有票据再次审核,当日生成记账凭证。记账完成后交审核会计审核→审核完成后交单位会计。

2. 预借归还业务流程介绍

（1）报账人持领导签字后的原始票据及"借款单"（借款时报账人留存联）,交审核会计进行审核。

（2）有资金收付时，业务流程同支付业务。

（3）无现金支付时，报账人持已付款后取得的报销票据，交审核会计进行审核，审核完成后交予单位会计记账。

（二）系统操作

案例 5–20　借款业务流程举例，2016 年 5 月借入备用金 1000 元。

（1）经办人操作步骤

①借款单填报流程

业务人员登录财务报销管理系统→填写专项借款单→保存→提交审核→打印。

②借款单填报界面

单击"专项借款"，进入借款单界面（图 5–136）。

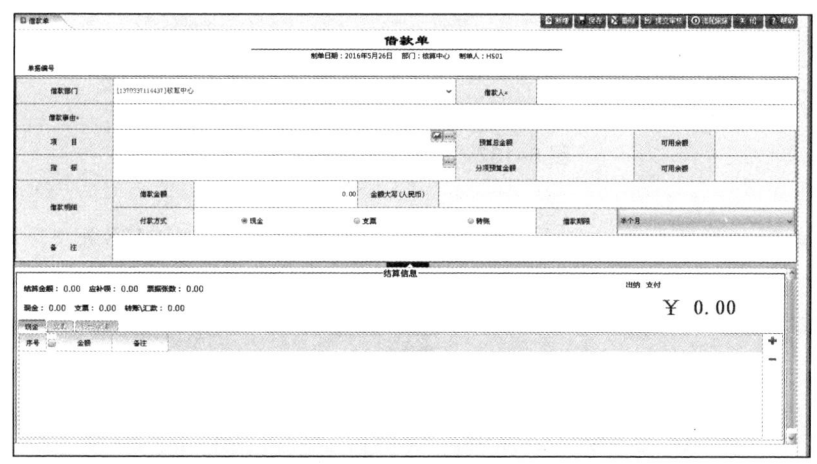

图 5–136　借款单界面

单击"专项借款"→填写借款单→保存→提交审核→打印。

③备注

➤ 带 * 号栏目内容是必填的。

➤ 借款金额只需录入小写金额，大写金额会自动生成。

➤ 借款单保存并提交后可打印，可选择"打印预览"后打印，也可直接打印；通过流程跟踪可查询当前借款单所在节点。

➤ 借款结算分两种情况操作：涉及报销结算的，根据对应报销内容，见"经费报销单"或"差旅费报销单"操作;涉及借款归还的,由出纳员直接在出纳管理系统登账,业务人员无须操作。

(2)审核人操作步骤

①借款单审核流程

审核人根据经办人提供的纸质借款单→单击财务报销管理系统→审核会计→待审核单据→选取借款单据→审核是否有误→选取账套、项目、预算指标等信息→审核通过(到出纳岗)或不通过(退回经办人)。

②借款单审核界面

单击"待审核单据"→双击打开需要审核的借款单据→审核通过/审核不通过(图5-137)。

图5-137 借款单审核界面-1

打开单据,选择账套、项目、会计科目及预算指标(图5-138)。

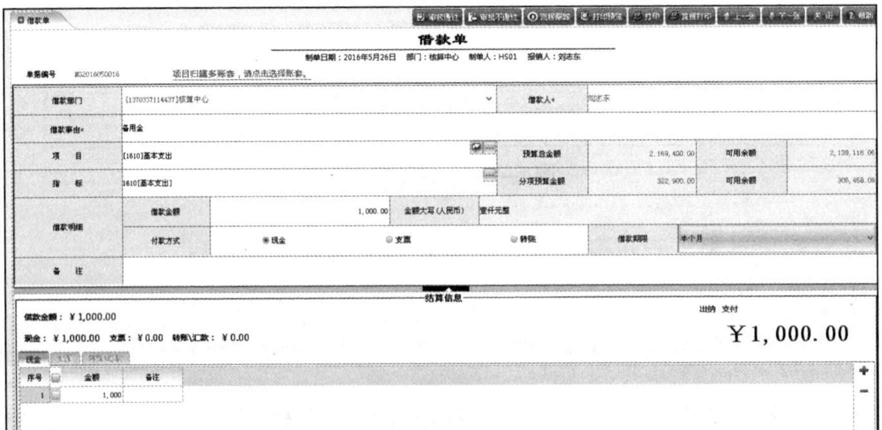

图5-138 借款单审核界面-2

③备注

➢ 审核会计需核对业务人员填报信息是否正确，如不正确可以直接修改或添加。

➢ 补充其他未填信息，选择账套、项目及指标，经费报销单还需选择费用项。

（3）出纳操作步骤

①借款单出纳操作流程

出纳收到借款单并审核无误后办理支付手续，单击财务报销管理系统→出纳→待办理单据→选取借款单→生成日记账→在弹出窗口中选取正确的出纳账簿→提交会计。

②借款单出纳操作界面

单击财务报销系统→待办理单据→单击所选单据→单击生成日记账→提交会计（图5-139、图5-140）。

图5-139　借款单出纳操作界面-1

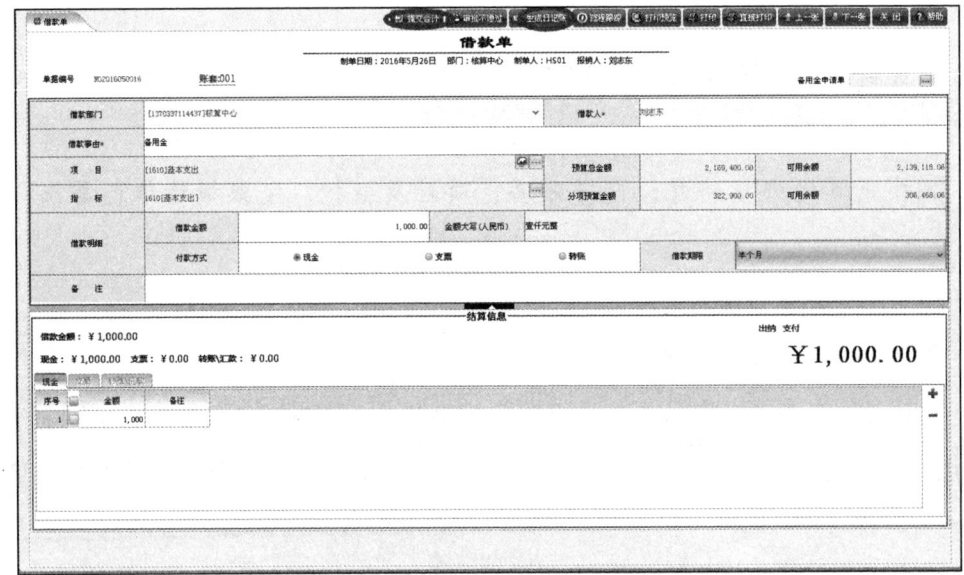

图 5-140　借款单出纳操作界面 -2

生成日记账，如图 5-141 所示。

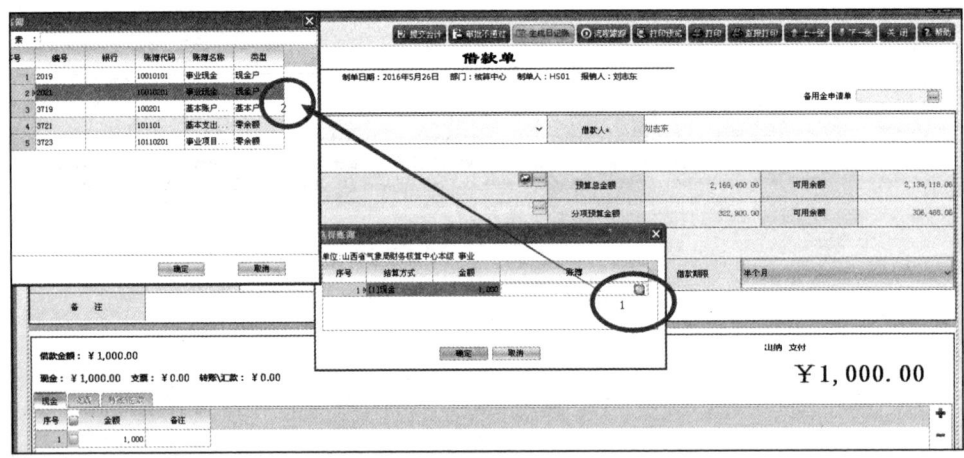

图 5-141　生成日记账界面

（4）会计记账操作步骤

①借款单记账流程

出纳办理后将借款单移交给记账会计，记账会计单击财务报销管理系统→记账会计→待记账单据→核对借款单→生成凭证→进入凭证编制，补充完整各辅助核算项、往来科目等，保存后退出→系统弹出审批通过窗口审核通过（系统如未能弹出审批通过窗口，也可直接单击"审批通过"按钮）。

②借款单记账界面

待出纳审核办理后，记账会计可进入会计记账界面，将单据生成凭证（图5-142）。

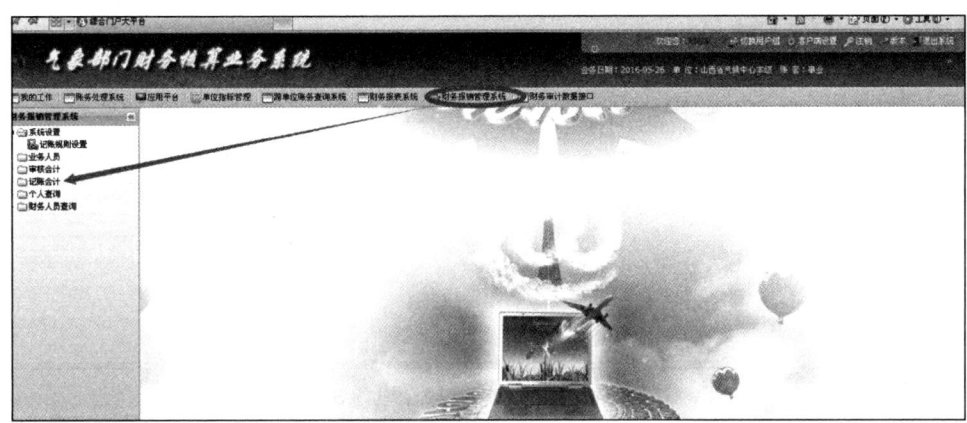

图5-142 借款单记账界面-1

单击"记账会计→待记账单据"，弹出待记账单据（图5-143）。

图5-143 借款单记账界面-2

双击选择待记账单据,弹出以下窗口,选择"凭证类型"(图5-144)。

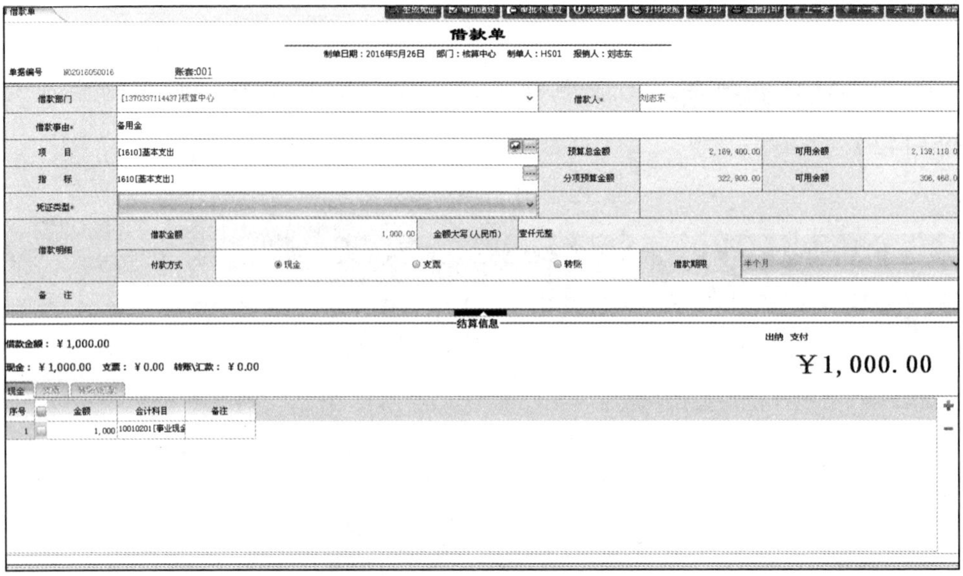

图5-144 借款单记账界面-3

单击"生成凭证",弹出凭证编制窗口,可以进一步修改完善凭证。修改完毕单击"保存",退出。

③备注

➤ 如先审核通过,则不能生成凭证,只能手动录入凭证。

➤ 只审核通过,不生成凭证,再手动录入的凭证会影响预算执行取数重复。因此,建议审核通过前,应先生成凭证。

三、逆向操作

如果发现生成的记账凭证有错误,可以进行如下操作:

1. 会计删除记账凭证

会计登录账务处理系统→凭证处理→凭证箱→选择"未审核"→单击"作废"→选择"已作废单据"→选择"待删除的凭证"→单击"删除"(图5-145、图5-146)。

图 5-145　删除记账凭证界面 -1

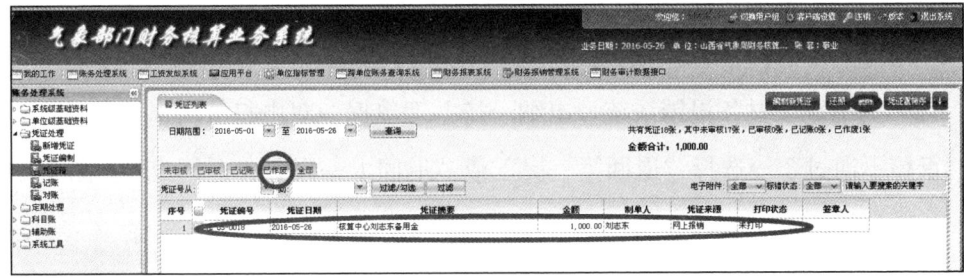

图 5-146　删除记账凭证界面 -2

2. 会计将单据退回出纳岗

会计登录财务报销系统→记账会计→待记账单据→已办→双击打开待退回单据条目→选择"重启流程"→选择"审批不通过"后退回到出纳岗（图 5-147 至图 5-149）。

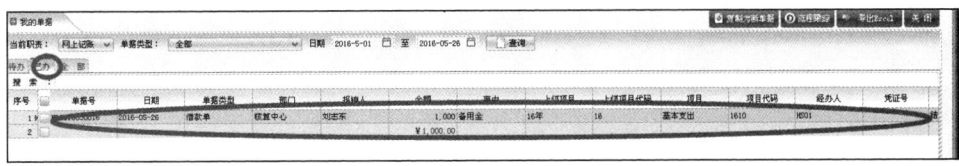

图 5-147　单据退回出纳岗界面 -1

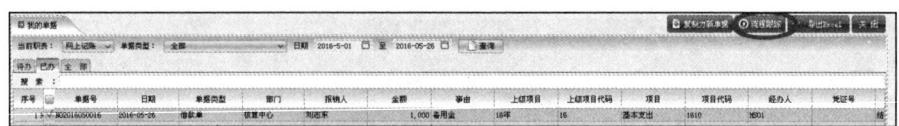

图 5-148 单据退回出纳岗界面 -2

图 5-149 单据退回出纳岗界面 -3

3. 出纳将单据退回报账人

（1）出纳登录出纳智能客户端→单击选择待退回的日记账条目→单击"删除"（图 5-150）。

（2）出纳登录财务报销系统→出纳→待办理单据→双击打开待退回的单据→选择"审核不通过"→选择"退回第一岗"或"退回上一岗"→退回成功（图 5-151、图 5-152）。

图 5-150 单据退回报账人界面 -1

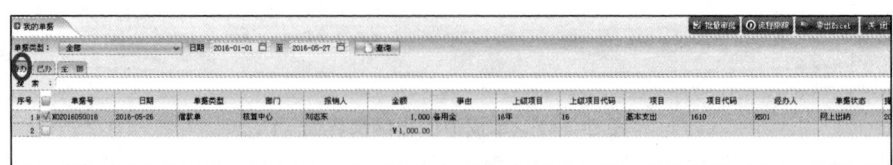

图 5-151 单据退回报账人界面 -2

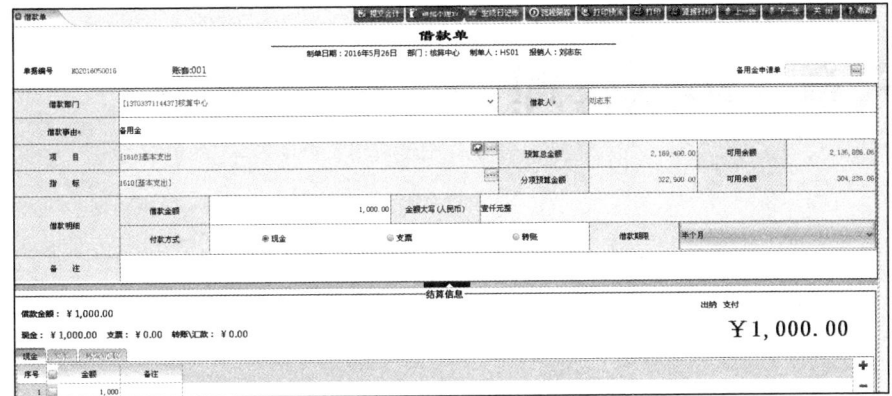

图 5-152 单据退回报账人界面 -3

注：经办人（业务人员）可以修改被退回的单据，再次提交，也可以重新填写正确的单据。不需要提交的单据需在系统内删除，否则会出现占用预算指标的情况，影响预算资金的使用。

第六章　出纳管理

第一节　系统概述

一、总体介绍

出纳工作是事业单位财务管理工作的重要组成部分，主要工作内容包括办理本单位的现金收付、银行结算，保管库存现金、有价证券、财务印章及有关票据。

出纳工作是一项政策性很强的工作，其工作的每一环节都必须严格遵守法律法规。例如，办理现金收付要按照《现金管理暂行条例》及实施细则的有关规定进行；办理银行结算业务要根据《人民币银行结算账户管理办法》进行；中央预算单位银行账户的开立及管理工作要根据《中央预算单位银行账户管理暂行办法》进行；出纳工作的内部监督要符合《内部会计控制规范——货币资金(试行)》的有关规定。

出纳管理模块是计财业务系统的组成部分之一，主要用于管理现金、银行存款和零余额用款额度3类货币资金的收支情况，帮助出纳人员完成资金收支业务的登账、对账、盘点及自动生成账表等工作。通过与财务报销模块、账务处理模块有效衔接，实现出纳工作管理信息化。

二、目的与目标

出纳管理模块通过对业务流程进行标准化设置，加强了出纳工作的全面化、规范化管理；同时，通过出纳管理模块与其他模块的衔接，体现风险防控内部控制机制。

（1）财务报销模块中的单据可传递数据到出纳管理模块生成日记账，出纳管模块数据可传递到账务处理模块生成记账凭证,保证了业务的连贯性与数据的完整性和一致性,规范了业务操作流程,避免中间环节出现漏洞。

(2)账务处理模块的科目余额等信息可传递到出纳管理模块进行对账、余额调节等操作,实现出纳人员和会计人员的相互牵制、相互监督,从而减少错漏和贪污、舞弊的可能性。

(3)出纳人员每日将收支业务及时登入日记账,结出库存现金余额,并与库存现金实地盘点数核对相符,贯彻日清月结制度,是一项防止长、短款的重要措施。

第二节 系统功能

一、业务流程

出纳管理模块以"账簿"为管理手段,可根据实际情况灵活运用,既可以按照不同的资金类型分别设置现金账簿、银行账簿,也可以按照银行账号分别设置不同账簿。出纳管理模块对于所有的业务单据,均采用"登账"这个操作来完成录入,在所有业务单据完成登账的同时,即可查询到各类账表,达到"所见即所得"的效果(图6-1)。登账方式包括财务报销模块生成和手动录入两种。

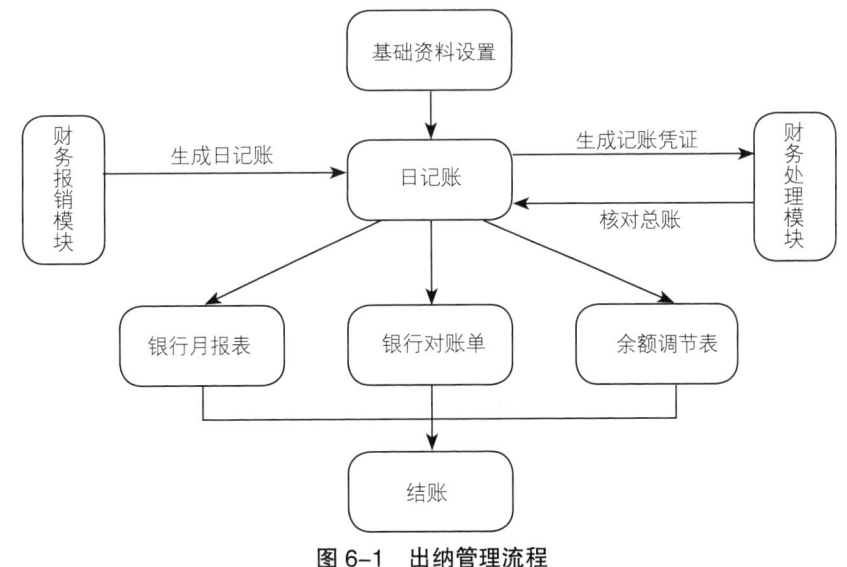

图6-1 出纳管理流程

二、内部控制

出纳管理模块主要负责资金的支付处理。出纳人员按照财务报销模块的审核信息支付资金,然后将支付信息传递到账务处理模块实现自动生成凭证;不通过财务报销模块办理的业务需要出纳人员在出纳管理模块手动录入。在出纳管理模块的内部控制管理上应遵循《行政事业单位内部控制规范》的相关规定。

(一)不相容岗位分离控制

单位应当建立健全资金内部管理制度,完善货币资金管理岗位责任制,合理设置岗位,明确相关岗位的职责权限,确保不相容岗位相互分离,不得由一人办理货币资金业务的全过程,确保资金安全和使用效益。

按照《中华人民共和国会计法》的有关规定,出纳不得兼任稽核、会计档案保管和收入、支出、债权、债务账目的登记工作。出纳管理模块的岗位设置要严格按照内部控制规范的要求,做到"管钱的人不管账",因此,出纳管理模块的出纳岗位和账务处理模块的记账岗位应为不相容职务,不能由一人单独完成。在气象部门实际工作中,多数省份都成立了核算中心,加强对各单位的财务监管,但很多省份的市局核算中心对县局并未真正起到监管作用,把大部分的财务工作任务都安排给县局完成,如把出纳岗位、记账岗位都赋予了县局的出纳,这是违反不相容岗位分离控制的,导致在气象部门个别县局出现财务舞弊事件。因此,市局核算中心应履行好会计职责,充分发挥监督作用,切实做到不相容岗位分离。

(二)加强支付控制

根据内部控制规定,单位要加强银行支付控制,明确报销业务流程,按照规定办理资金支付手续。严禁一人保管收付款项所需的全部印章,财务专用章应当由专人保管,个人名章应当由本人或授权人员保管。负责保管印章的人员要配备单独的保管设备,并做到"人走柜锁"。负责网银支付的相关人员同时要保管好密钥、密码等信息,防止出现他人的"盗用"。各级单位应重视银行支付管理,防范财务风险。

出纳管理模块的支付控制主要包括以下 3 个方面内容:

1. **现金支付内部控制管理**

近年来,气象部门在现金支付方面最大的风险主要体现为虚假套现,如利用虚假签名冒领劳务费、利用办公用品发票及出租车票等伪造虚假业务套取现金。因此,从内部控制的角度,应明确现金使用范围,不属于现金使用范围的应办理银行转账业务。同时,应尽量减少现金支付,提倡网银支付,气象部门有很多单位已做到网银支付全覆盖,完全取消现金支付,从源头上控制现金支付风险。

2. **银行支付内部控制管理**

从气象部门近几年发生的财务案件看,主要是利用支票收款人及开票金额可以后补、对账程序不规范的漏洞,发生签发"大头小尾"支票、款项转入个人账户等事件。分析原因,一方面是支票支付方式在内部控制管理上存在漏洞,单位在支票领购、登记、管理、支付等各个环节的内控执行不严;另一方面是对账程序不规范,银行信息不能及时反馈,导致单位资金被挪用而未能及时发现。

因此,对于银行支付内部控制管理一是可采取网银支付,在网银支付中设置制单与审核岗位分离,实现不相容岗位相互制衡,解决支票支付内部控制管理在实际工作中执行不到位的问题;二是利用出纳管理模块与总账对账的功能,实现出纳自动与会计账簿进行对账,这样既能提高出纳核对工作效率,又可避免恶意篡改对账结果的风险。

另外,系统提供了出纳与银行电子对账单的逐笔核对功能,用于出纳的日清月结管理。但是,根据不相容岗位分离原则,各单位对于银行对账的结果应以会计与银行、会计与出纳核对一致为准。

目前,气象部门大部分县局因为人手不足,很难落实完整的内部控制管理,可以采用由市局核算中心对账或者由市局核算中心进行网银支付的方式来加强县局的内部控制管理。

3. **核查控制内部控制管理**

根据内部控制规定,单位应加强货币资金的核查控制。指定不办理货币资金业务的会计人员定期和不定期抽查盘点库存现金,核对银行存款余额,抽查银行对账单、银行日记账及银行存款余额调节表,核对是否账实相符、账账相符。对核实不符、可能存在重大问题的未达账项应当及时查明原因,并按照相关规定处理。

出纳管理模块的核查对账工作非常关键，是重要的内部控制关键点。气象部门近几年发生的舞弊事件，多数是因为对货币资金的内部控制管理存在漏洞，给"有心之人"造成可乘之机。出纳管理模块应加强核查的规范性管理，如对银行对账、现金核对等做出规范性要求，根据相关要求不定期检查。同时，可利用计财业务系统的监控预警功能定期统计出纳账簿生成凭证情况、银行对账情况等，加强对货币资金的核查控制。

（三）案例

加强出纳管理模块内部控制，能有效规避气象部门历年检查反映的问题。

案例6-1 ××单位财务人员×××于2016年6—12月共盗用单位资金690万元，其中，通过提取现金的方式转出190万元，以支付工程款的名义向个人账户转账350万元，以现金送存银行名义虚假套现1万元。

存在的问题：大量现金支付，给"有心之人"可乘之机；支票付款方式付款人不明确；会计未及时与出纳对账，未做到不相容岗位分离。

内部控制关键点：加强网银支付，减少现金、支票支付，不相容岗位分离。

案例6-2 ××单位×××利用出纳不在替岗期间，挪用资金40万元，持续1年之久一直未被发现，直至××无法归还投案自首时才发现。

存在的问题：对账不及时，对账程序不规范，1人替岗期间完成全部支付业务。

内部控制关键点：加强对账规范性管理，不相容岗位分离。

第三节 系统初始化

一、岗位及权限设置

按照职责分工，在计财业务系统中设置为"出纳"岗位的人员具有操作出纳管理模块的权限，同时应赋予出纳人员财务报销模块"网上出纳"的权限（图6-2）。

图 6-2　设置出纳管理模块权限

出纳人员岗位设置应符合《中华人民共和国会计法》的有关规定，即"出纳人员不得兼任稽核、会计档案保管和收入、支出、费用、债权债务账目的登记工作。"

二、出纳管理模块安装

初次使用出纳管理模块前需要安装专用 Java 程序（图 6-3、图 6-4）。进入"出纳管理系统"页面后，需要在工作环境中再次选择单位和账套（图 6-5）。

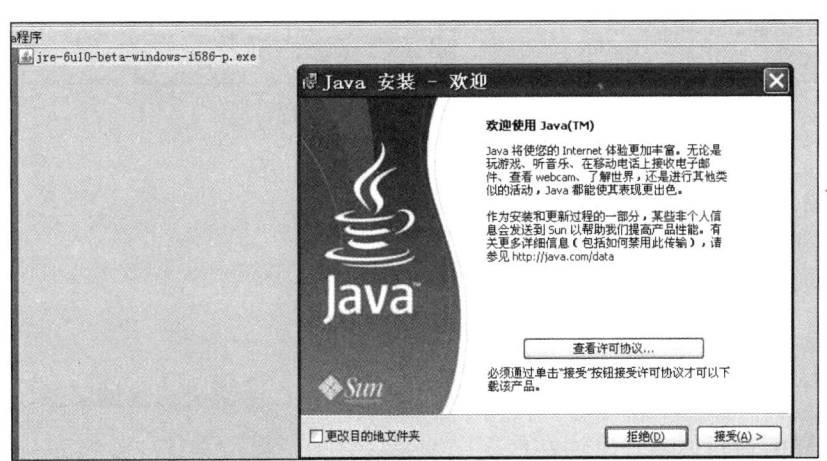

图 6-3　安装专用 Java 程序 –1

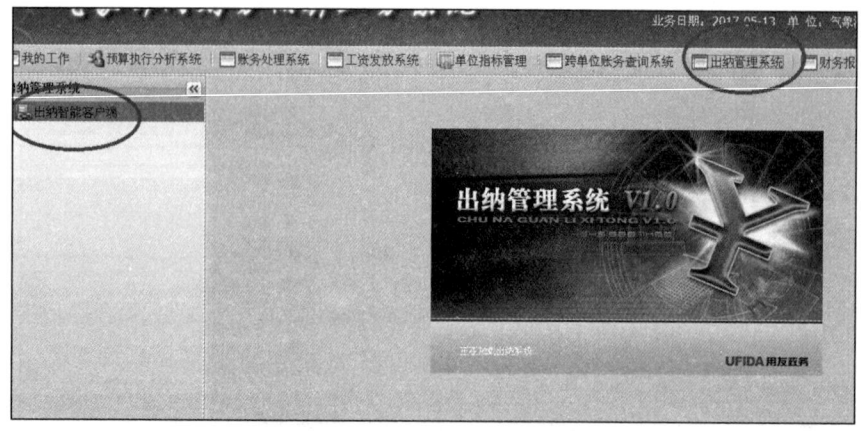

图 6-4 安装专用 Java 程序 -2

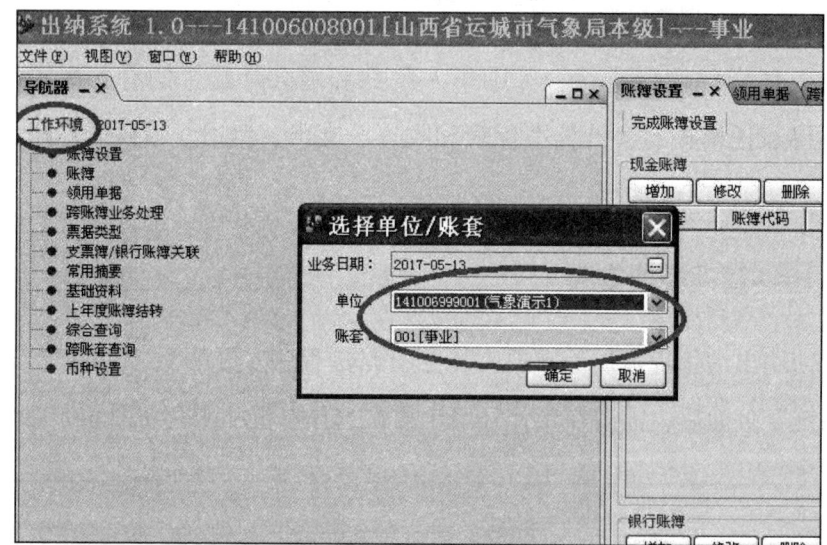

图 6-5 选择单位和账套

三、系统衔接设置

（一）与财务报销模块、账务处理模块衔接

为了实现出纳管理模块与财务报销模块、账务处理模块的数据交换，3 个模块需使用相同的科目体系。出纳在使用出纳系统之前，单位会计应在账务处理模块中完成现金、银行存款、零余额账户用款额度等会计科目的设置，并在科目属性中勾选对应选项，如图 6-6 至图 6-8 所示。同时，出纳应在出纳系统中提取账务处理模

块中的功能分类科目，如图 6-9 所示。

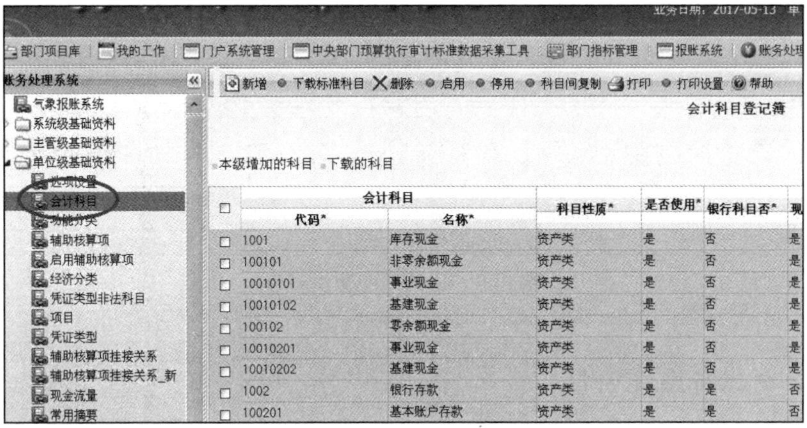

图 6-6　会计科目设置

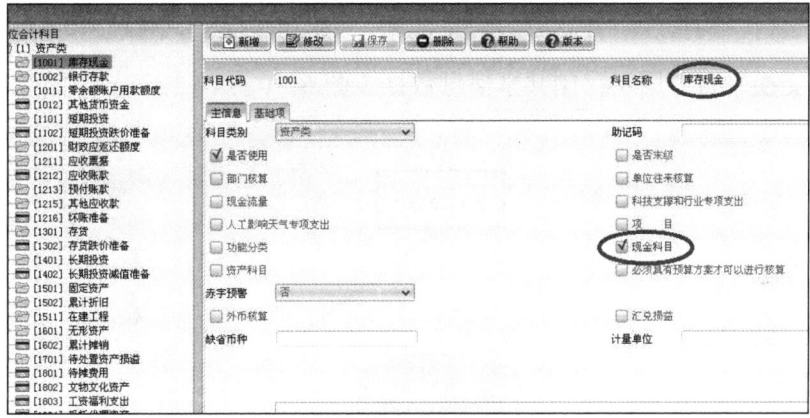

图 6-7　科目属性设置 –1

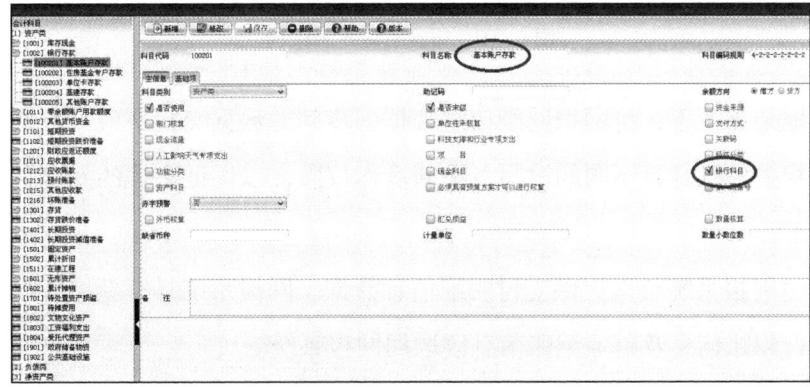

图 6-8　科目属性设置 –2

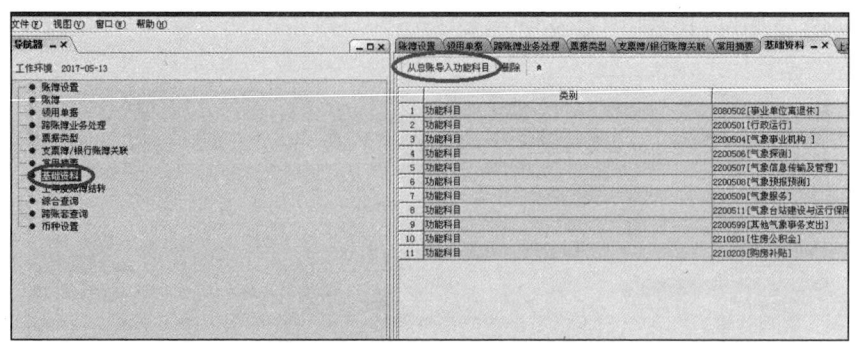

图 6-9 导入功能分类科目

(二)与银行系统衔接

根据网银支付业务的需要,为避免出纳支付重复工作,可联系当地银行进行计财业务系统出纳模块与银行系统的衔接工作,这部分工作也称银企互联。由于银企互联涉及银行、网报、财务三方的信息数据,为保证数据的一致性和实时性,应构建"数据交换平台"用于存储共享信息数据(图 6-10)。

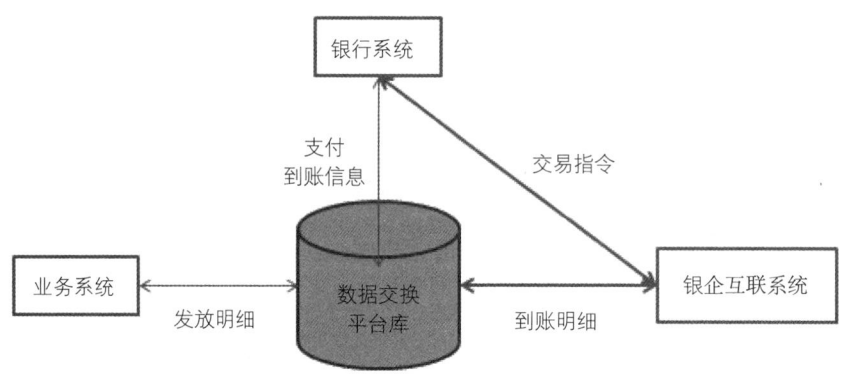

图 6-10 银企互联平台架构

在此框架体系下,将网报明细信息数据同步到"数据交换平台"数据库中,各方对库内相关信息具有不同的读写及更新操作权限,以保证数据的安全、准确。具体内容如下:

(1)由网报系统负责提供支付明细信息数据,网报系统具有新增数据权限,并且可将银行到账信息及财务记账信息读取回网报系统。

(2)银行系统负责读取支付明细,并根据银企互联系统给出的交易指令进行资金的拨付。

（3）银企互联系统根据网报支付信息向银行发送交易指令，授权银行转账给收款方。对于支付不成功的信息，由银行返回后，等待网报系统确认调整后再次支付。

四、账簿管理

（一）账簿创建

出纳管理模块根据实际业务将账簿类型分为3种：

第一种是现金账簿，主要管理各类银行账户及零余额账户提取的现金。

第二种是银行账簿，主要管理各类银行账户。

第三种是零余额账簿，主要管理各级财政拨付的额度账户。

账簿创建方法包括新建账簿及结转上年度账簿2种。

1. 新建账簿

新设单位及原有单位的树形结构、账套类型、现金、银行类会计科目与上年度不一致的单位，应在年初新建出纳账簿（图6-11）。

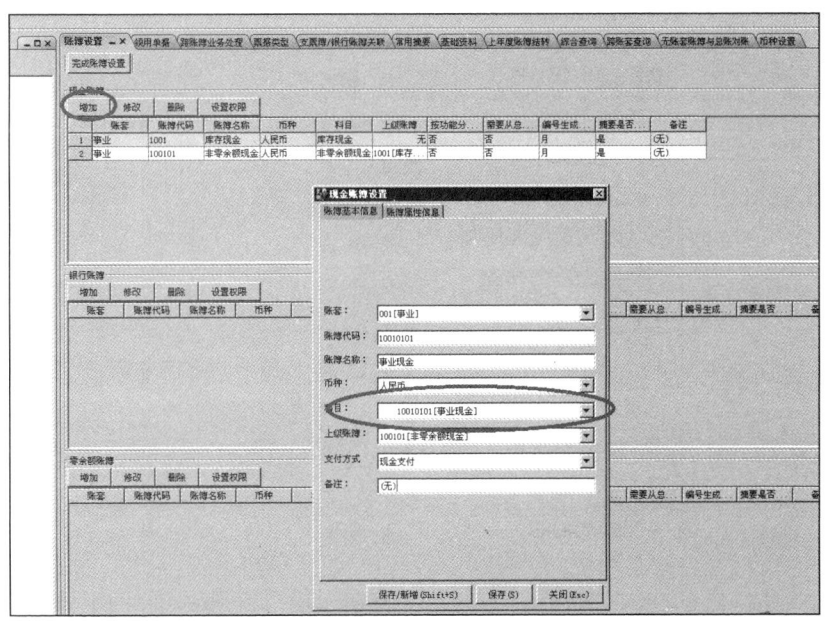

图6-11 新建账簿

新建账簿时应从顶级科目开始逐级建账，一直建到最末级科目。建议将账簿代码、账簿名称设置为会计科目代码和会计科目名称，同时应设置出纳账簿与会计科目的对应关系，否则将导致出纳与会计无法对账，以及记账凭证不能正确生成。

新建立的账簿应进行属性设置（图6-12），注意事项如下：

（1）零余额账簿应将"按功能分类管理"设置为"是"。

（2）建议将"需要生成凭证"设置为"否"，原因是出纳模块直接生成的凭证要素不完整，记账责任不明确，应由会计提取出纳日记账并补充要素生成记账凭证。

（3）如果"账簿余额不足不允许支出"设置为"是"，则账簿余额不足时，无法登账。

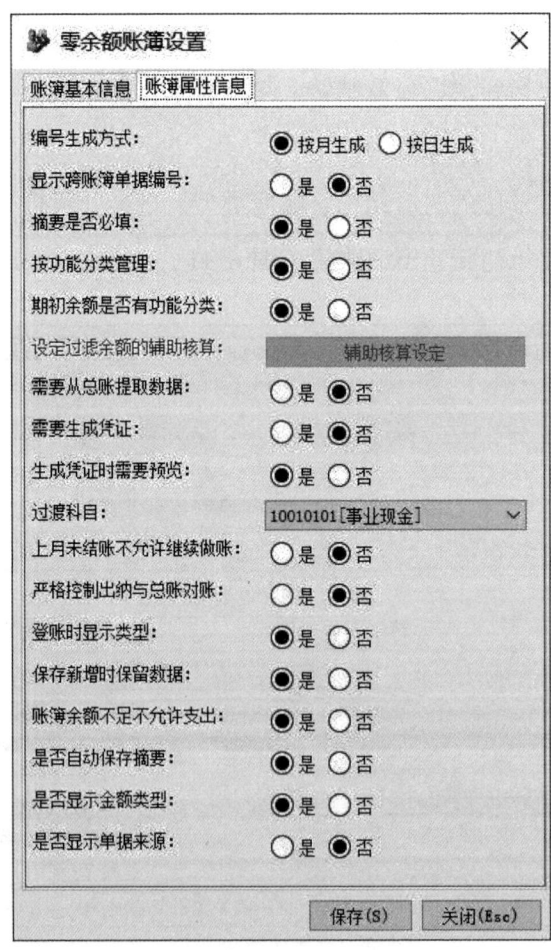

图6-12 新建账簿设置属性

2. 结转上年度账簿

如果单位本年度树形结构、账套类型、现金银行类会计科目与上年度保持一致，可将上年度的出纳账簿结转至本年度继续使用（图6-13、图6-14）。结转前应完成上年度出纳账簿的结账工作。

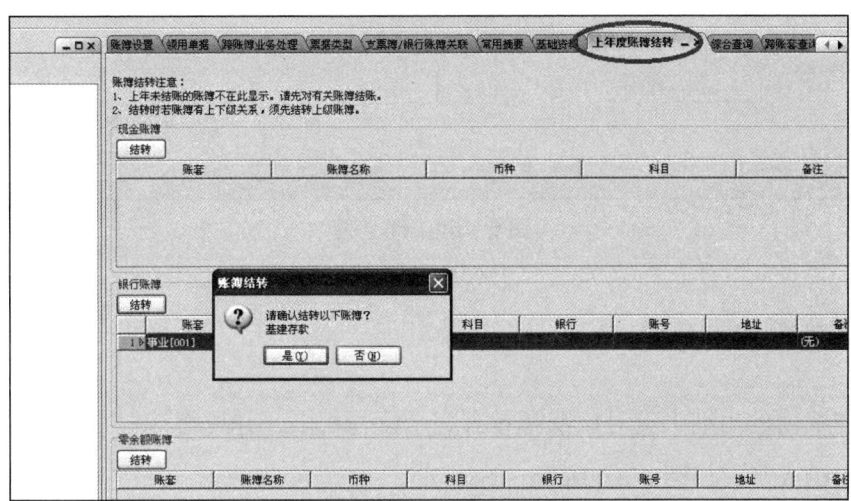

图6-13　结转账簿-1

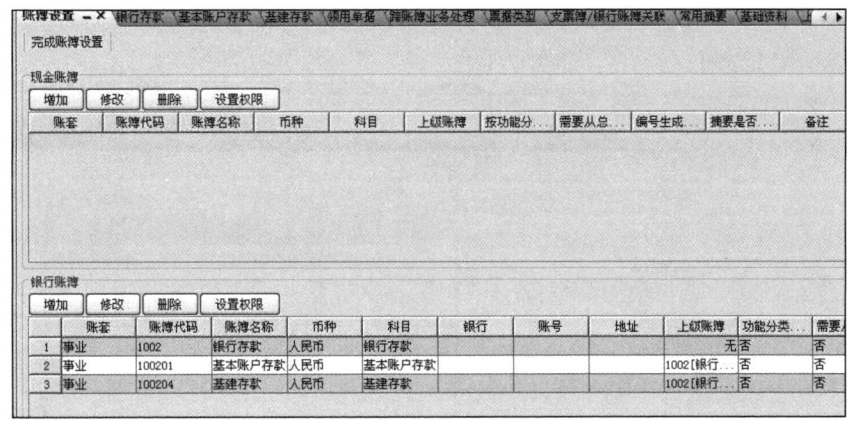

图6-14　结转账簿-2

（二）账簿删除

本年度新建和上年度结转的账簿均可以删除（图6-15）。已经启用的账簿，应将全部业务单据删除后，方可删除账簿。

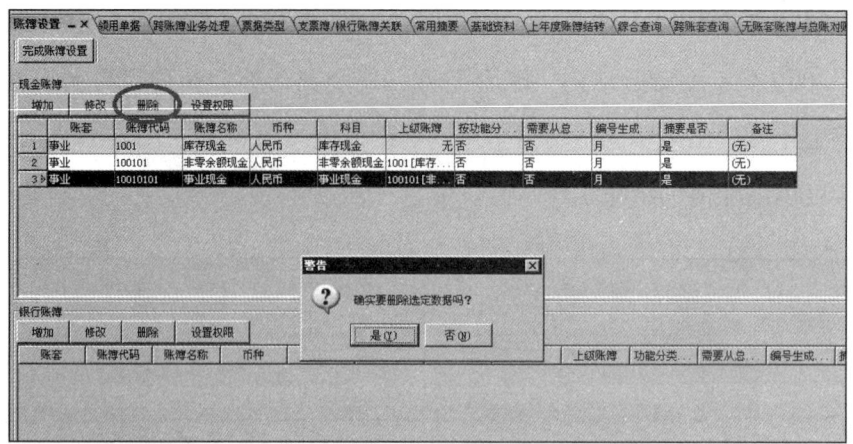

图 6-15　删除账簿

五、账簿权限分配

创建账簿的出纳人员对该账簿具有完全读写权限，并可将该权限授权给本单位的其他出纳人员，如图 6-16 所示。

年度中，出纳人员发生工作交接时，应对继任出纳人员进行授权。

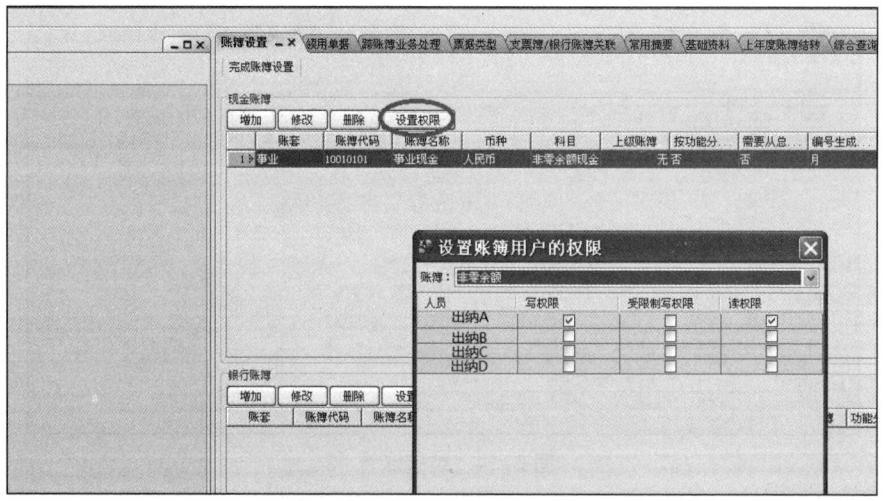

图 6-16　分配账簿权限

第四节 系统操作

一、期初登账

出纳模块账簿新建启用后,应当首先通过"期初登账"功能录入期初数据。如果账簿是从上年度结转至当年,则不用手动录入期初数据,系统会自动生成期初数据。

单击"期初登账",选择登录日期为"201×年1月1日",借贷类型选择"借",金额类型选择"上年结余",输入摘要、金额及其他辅助核算项,单击"保存"即可,如图6-17所示。

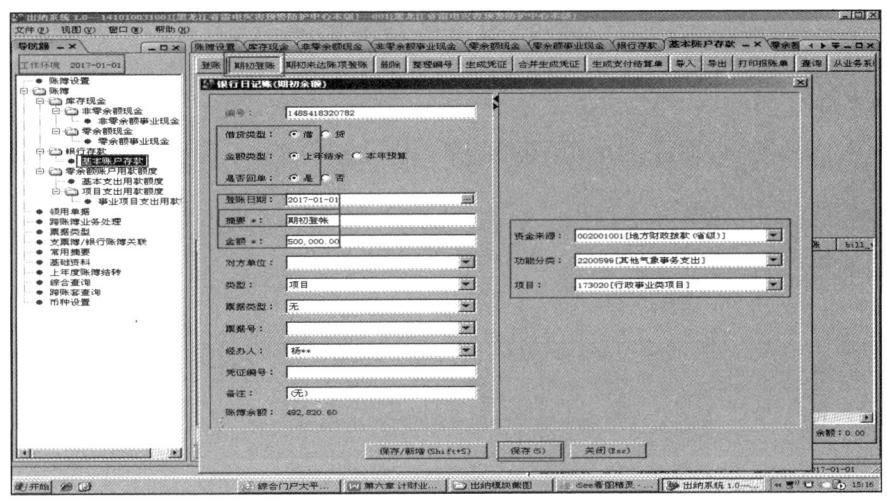

图6-17 登记期初余额

账簿的期初数据录入保存后,在该账簿的"登记簿"中将出现一条记录,若发现金额有误,在"登记簿"中双击该记录,可以直接修改金额。

二、日常业务处理

(一)存现与提现业务

1.存现

存现功能实现了将现金转换为银行存款的过程。选择现金账簿,单击"存现"

按键，弹出"存现"对话框，录入相关的资料后，单击"保存"按键，现金账簿中增加一条存现记录，同时相关银行账簿中也会增加一条存现记录（图6-18）。

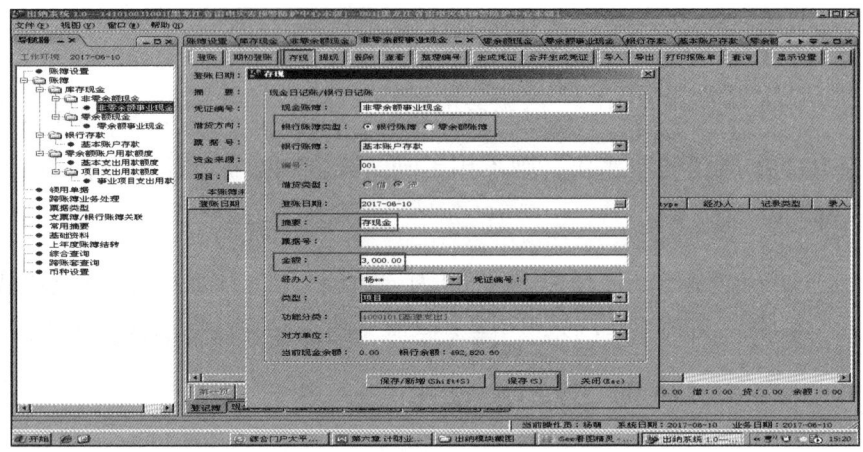

图6-18 存现业务登账

2. 提现

提现功能实现了将银行存款转换为现金的过程。单击"提现"按键，弹出"提现"对话框，录入相关的资料后，单击"保存"按键，在现金账簿及相关银行账簿中各增加一条提现记录（图6-19）。

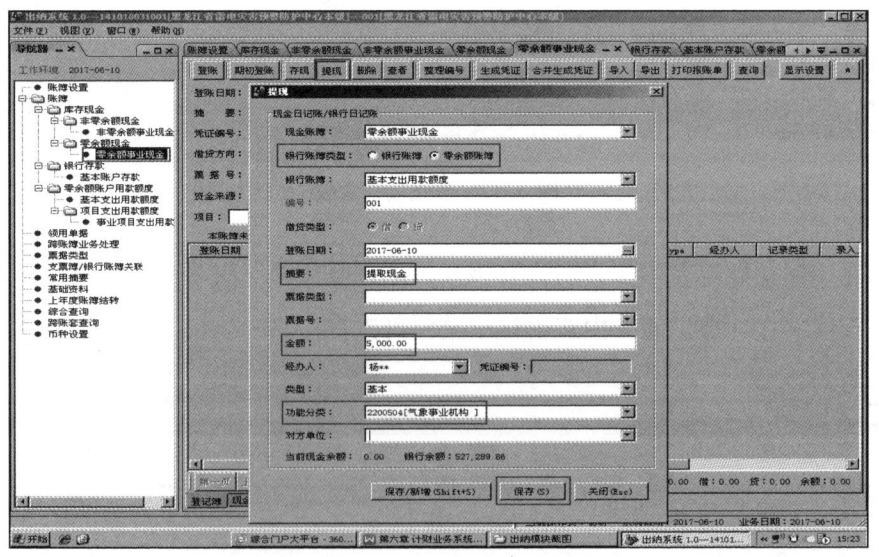

图6-19 提现业务登账

（二）收款业务

1. 流程介绍

（1）零余额账户用款额度到账业务流程

出纳取得零余额账户用款额度到账通知单→会计与年度预算用款计划进行核对→出纳管理模块录入额度。

（2）银行直接收款业务流程

①出纳取得进账回单，告知单位会计→单位会计与分管单位联系，确定进账及开具发票事宜→开具发票→出纳进行收款录入→通知单位持收款合同领取发票。

②发票领取人核对后在记账联签字，出纳在收款业务凭证上加盖"收讫章"，将收款凭证交单位会计记账。

（3）现金、支票直接收款业务流程

①交款人将收款合同及交款事项告知单位会计→出纳进行收款录入。

②出纳清点现金、审核支票→确认无误后开具发票→交款人核对发票内容无误后，在记账联签字。

③出纳将现金、支票送存银行→将银行交款回单及发票记账联传递至单位会计→单位会计据此记账。

（4）注意事项

①所有收入都要及时入账，杜绝"小金库"或资金体外循环。

②财政零余额用款额度到账，应在出纳管理模块中按照功能分类、项目、资金来源分别登账，同时与预算支付系统上报的当月用款计划进行核对，如存在不一致的情况，及时联系相关部门查找原因。

③按财政部门、上级主管部门及税务部门的要求开具收款发票。

④记账会计正确使用上级下达的会计科目及辅助核算项进行财务核算。

2. 系统操作

案例6-3 收到零余额账户用款额度"气象机构"经费280 000元。

操作步骤：

（1）出纳登录"出纳管理模块"—"出纳智能客户端"。

（2）在工作环境中选择业务日期、单位和账套。

(3)选择"基本支出用款额度"——"登账",本案例为收款业务,在借贷类型中应选择借方;录入摘要、金额及其他辅助核算项,单击"保存",如图6-20所示。

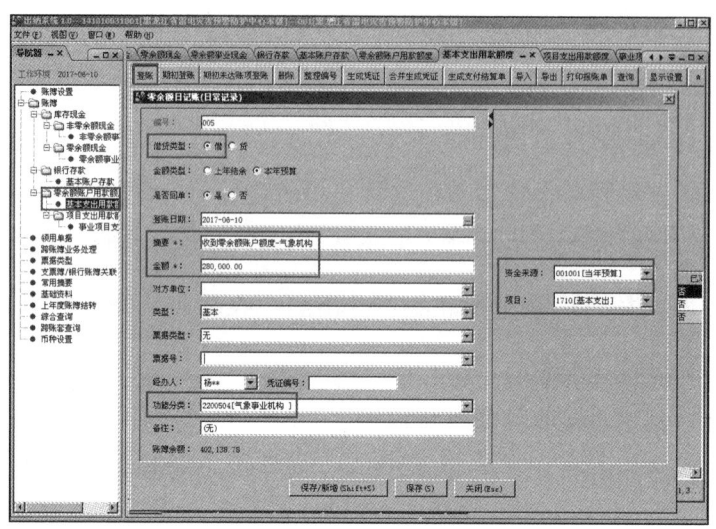

图6-20 收款业务登账

(4)保存后,在账簿页签中出现一条记录,在业务类型中选择日常记录,可以筛选到该记录,若发现金额有误,在此界面中双击打开条目,直接修改金额即可,如图6-21所示。

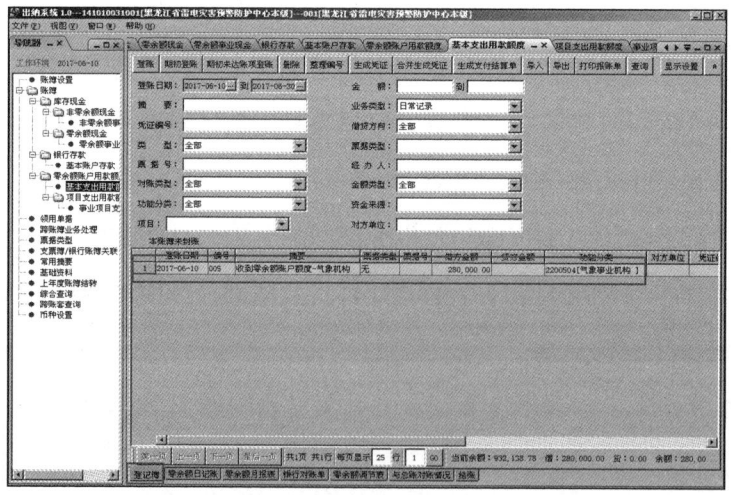

图6-21 收款业务登账

（三）转账业务

转账类业务是指由出纳发起的不涉及具体报销业务的银行转账业务，主要包括各类上缴业务（如上缴税金、住房公积金、银行手续费等）、公务卡还款业务、银行托收业务（如电话费、保险等）。

1. 上缴业务

上缴业务指由财务人员取得或填写支付费用单据，交与银行缴纳的费用。例如，上缴各类税金、住房公积金、银行手续费等。

业务流程：财务人员取得需付款单据→审核人签章→出纳人员在出纳管理模块登账→记账会计在账务处理模块提取出纳日记账生成凭证/出纳人员在出纳管理模块生成凭证→记账会计将凭证编制完整→结束。

注意：建议由会计提取出纳日记账生成记账凭证。

案例 6-4 2016 年 5 月，支付银行手续费 24.9 元。

操作步骤：

①财务人员支付银行手续费 24.9 元，取得手续费原始单据。

②审核人在原始单据上签章。

③出纳人员登录"出纳管理系统"，选择业务日期及工作环境，选择手续费资金支付的账簿，单击"登账"，弹出小窗口，点选借贷类型、金额类型，录入摘要、金额及其他辅助核算项，单击"保存"（图 6-22）。

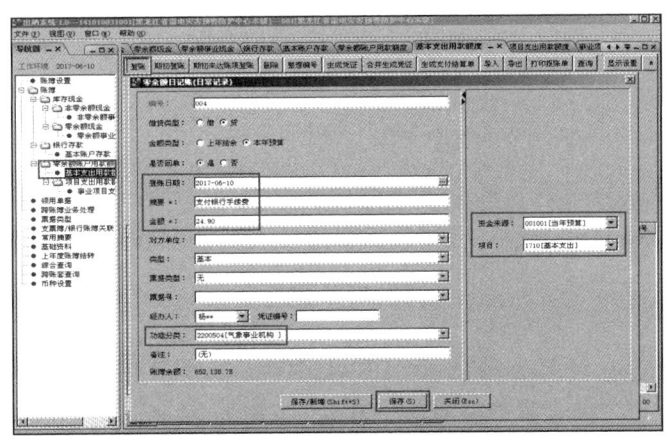

图 6-22 上缴业务登账

注：如发现登账有误，可选择有误的条目，单击"删除"（图 6-23）。

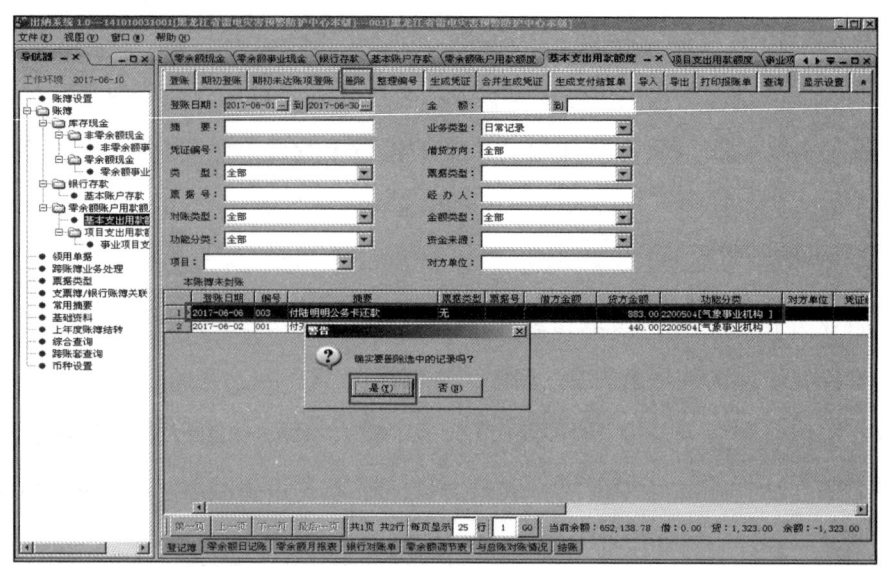

图 6-23　删除记录

2. 公务卡还款业务

公务卡还款业务是指出纳人员接到使用公务卡支付资金的报销单据后，将资金直接拨付到公务卡完成还款的业务。

业务流程：出纳人员在出纳管理模块登账→记账会计在账务处理模块提取出纳日记账生成凭证/出纳人员在出纳管理模块生成凭证→记账会计将凭证编制完整→结束。

注意：建议由会计提取出纳日记账生成记账凭证。

案例 6-5 2017 年 6 月，某工作人员使用公务卡购买办公用品 1800 元，已在报销模块填写报销单据，并完成全部签批流程，票据传递到出纳人员进行付款。

操作步骤：

①出纳人员收到需要公务卡还款的业务单据，报销办公用品 1800 元，首先在银行网站上做还款业务。

②出纳人员登录"出纳管理系统"，选择业务日期及工作环境，选择公务卡还款资金支付的账簿，单击"登账"，弹出小窗口，点选借贷类型、金额类型，录入摘要、金额及其他辅助核算项，单击"保存"（图 6-24）。

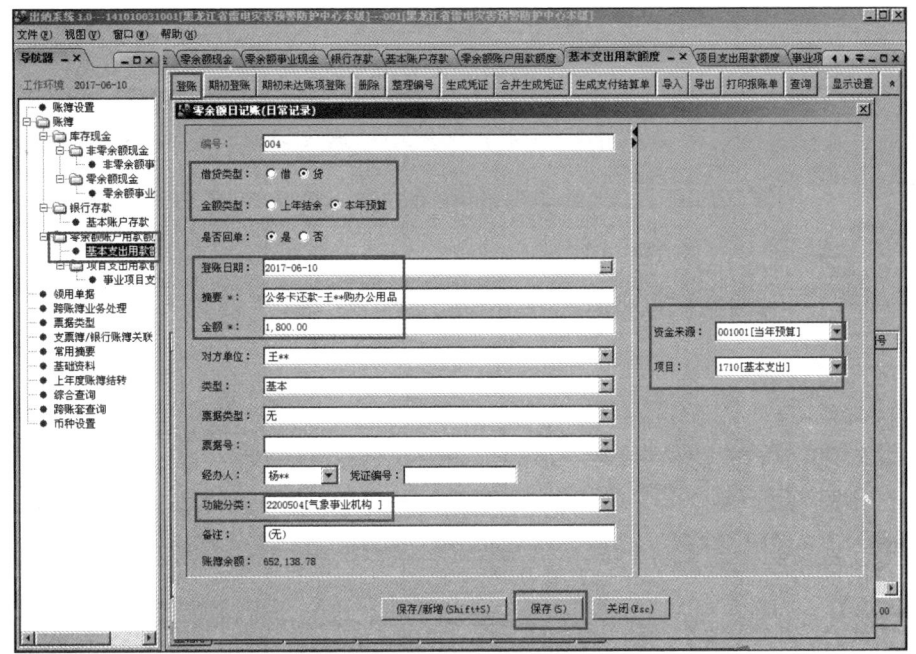

图 6-24 公务卡还款业务登账

注：如发现登账有误，可选择有误的条目，单击"删除"。

3. 银行托收业务

银行托收业务为费用委托银行进行缴纳的业务。单位与开户银行签订三方协议，收费方每月出具费用清单，送达付款单位的开户银行，开户银行见到费用发票，按发票金额将款项划拨给收费方账户，如电话费、各类保险、税金等。

业务流程：出纳人员收到委托银行付款的收费单据→审核人签章→出纳人员在出纳管理模块登账→记账会计在账务处理模块生成凭证／出纳人员在出纳管理模块生成凭证→记账会计将凭证编制完整→结束。

注意：建议由会计提取出纳日记账生成记账凭证。

案例 6-6 2016 年 5 月，收到委托银行支付的电话费单据 889.67 元。

操作步骤：

①出纳人员收到委托银行按月支付的电话费单据 889.67 元。

②审核人在原始单据上签章。

③出纳人员登录"出纳管理系统"，选择业务日期及工作环境，选择电话费资金支付的账簿，单击"登账"，弹出小窗口，点选借贷类型、金额类型，录入摘要、

金额及其他辅助核算项,单击"保存"(图6-25)。

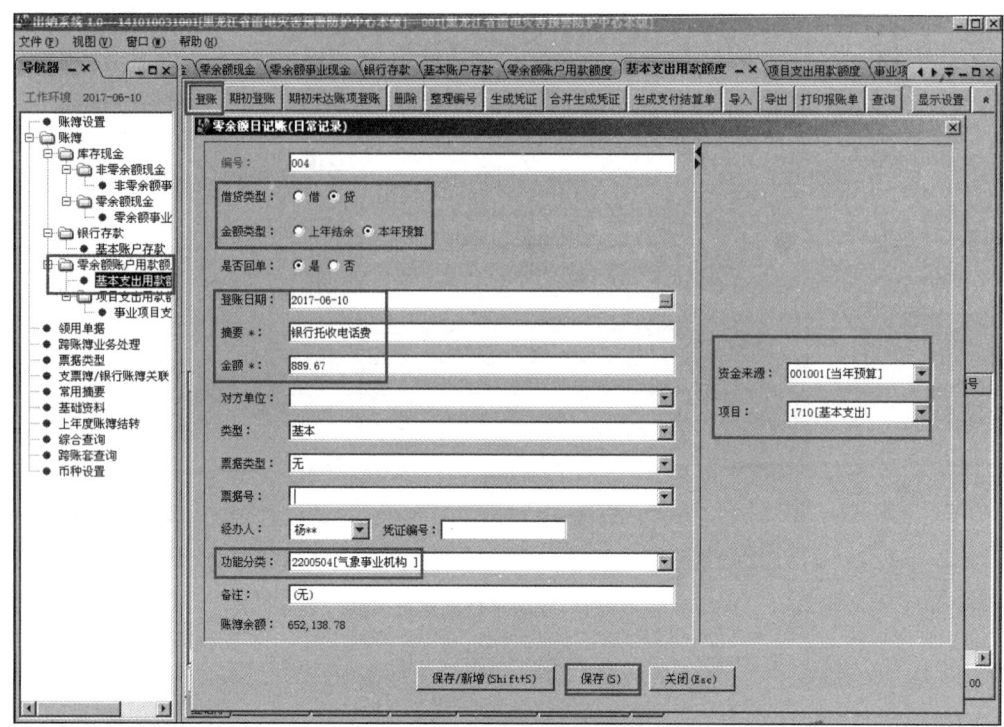

图6-25 银行托收业务登账

注:如发现登账有误,可选择有误的条目,单击"删除"。

(四)生成日记账

在财务报销模块中,出纳人员打开待处理单据,选择"生成日记账",根据项目资金来源等选择对应的出纳账簿,单击"确定"即可(图6-26)。账簿务必选择与实际支付的账簿一致。

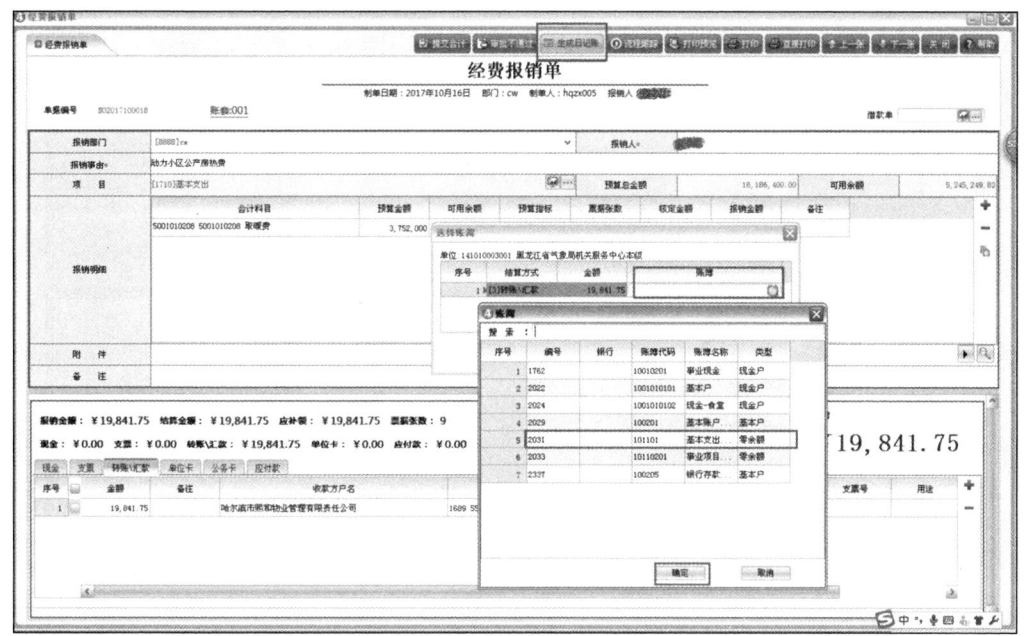

图 6-26 财务报销单据生成出纳日记账

（五）出纳生成记账凭证

出纳管理模块和账务处理模块是互相关联、互相牵制的。出纳日记账与记账凭证中货币资金的分录一一对应。出纳可以往账务处理模块中生成凭证，会计也可以提取出纳日记账生成记账凭证。生成凭证之后，相应的出纳日记账即无法更改。由于出纳模块直接生成的凭证要素不完整，记账责任不明确，建议由会计提取出纳日记账并补充要素生成记账凭证。

会计提取出纳日记账生成凭证的操作见第七章，出纳生成凭证的操作如下：

（1）选择需要生成记账凭证的业务条目，单击"生成凭证"，弹出小窗口，如图 6-27 所示。

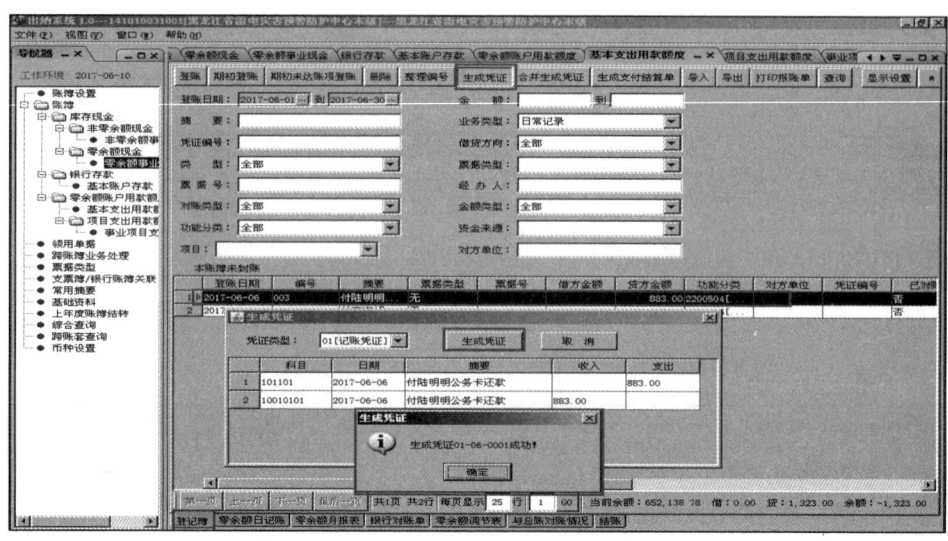

图 6-27 出纳生成记账凭证

（2）选择凭证类型，单击"生成凭证"，提示"生成凭证××_××_××××成功"，单击"确定"，自动向账务处理模块传递一张凭证。

（3）由出纳管理模块生成的凭证，借方是系统在新建账簿设置属性时默认的过渡科目，如图 6-28 所示。

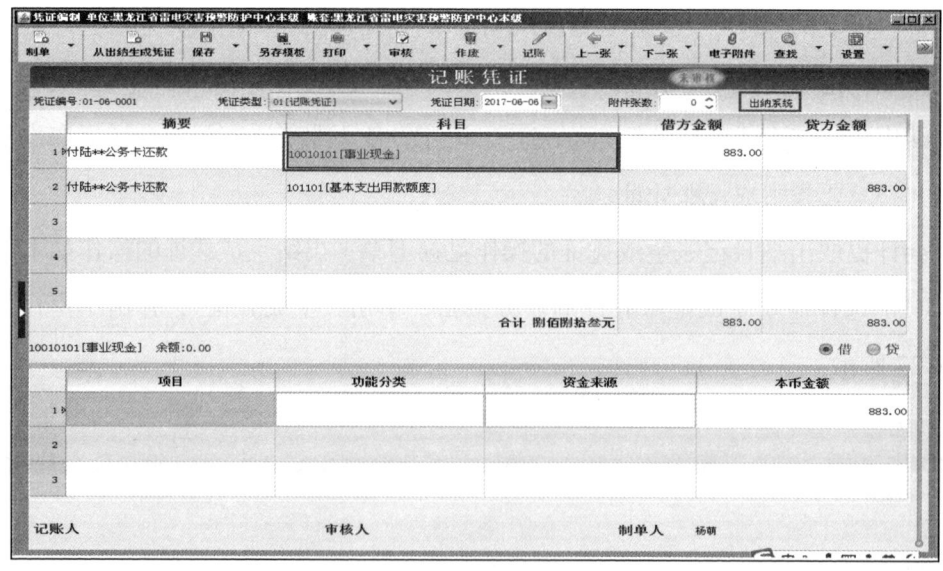

图 6-28 凭证导入账务处理模块

（4）修改借方科目，补充完整各辅助核算项，单击"保存"，结束，如图 6-29

所示。

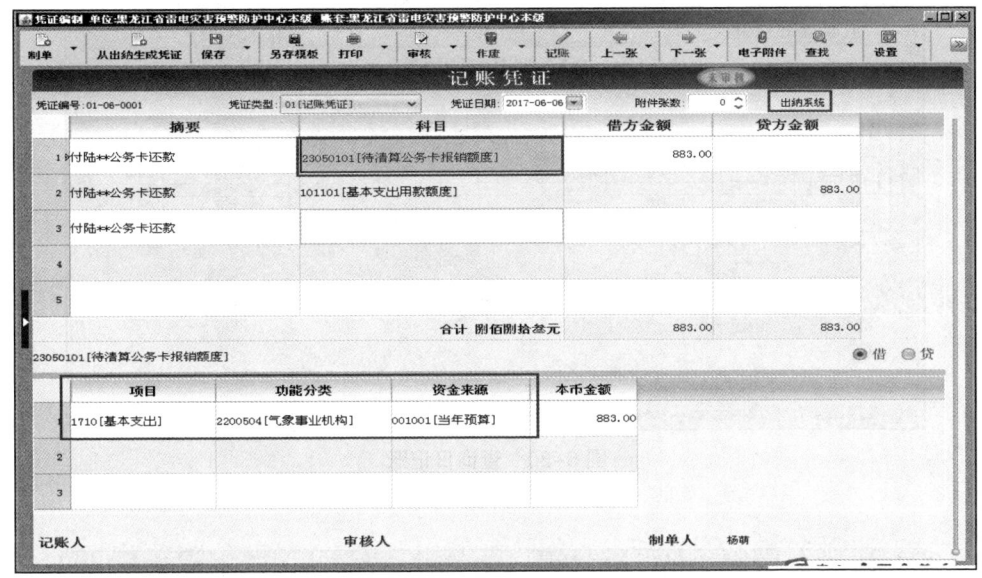

图 6-29　完善记账凭证要素

第五节　系统应用

一、查询账表

登账后,通过切换界面下方各类账表的页签可直接查询各类账表,如日记账、月报表、余额调节表等(图 6-30、图 6-31)。

零余额账簿通过选择功能分类,可以按功能分类查询。

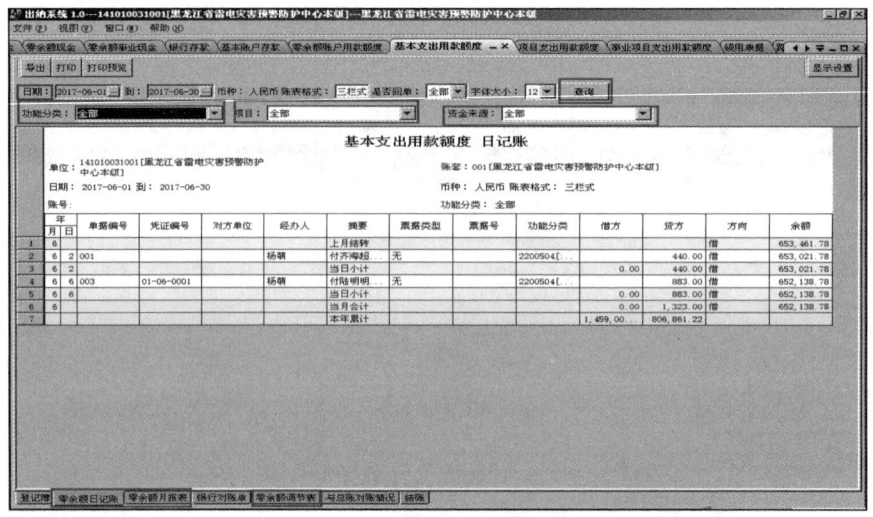

图 6-30　查询日记账

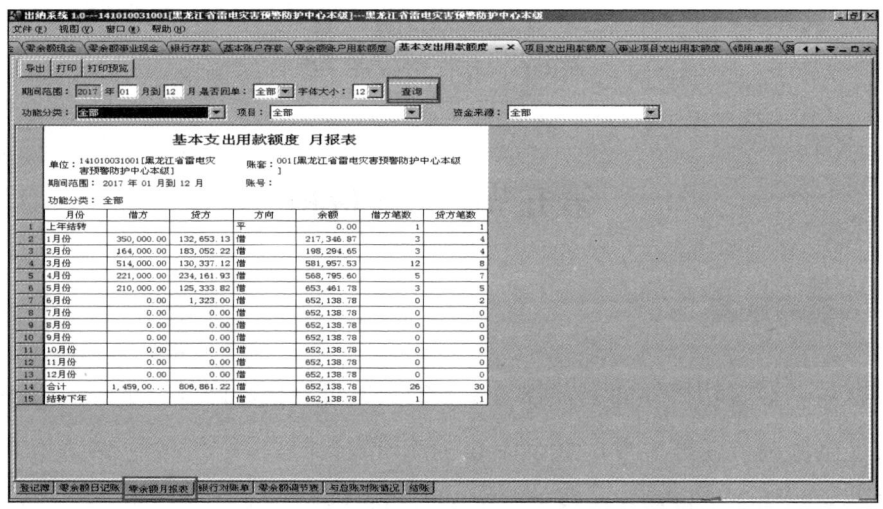

图 6-31　查询月报表

二、银行对账

出纳管理模块提供了出纳账簿与银行电子对账单的逐笔核对功能，可用于出纳账簿与银行的自动对账，实现日清月结。但是，根据不相容岗位分离原则，各单位对于银行对账的结果应以会计与银行、会计与出纳核对一致为准。

出纳与银行核对日记账，可以通过"银行对账单"页签进行，单击"银行对账单"进入银行对账单界面,通过"导入""银行对账(手动)""银行对账(自动)"等方法实现与银行对账。

(1)通过网上银行导出单位银行对账单 Excel 表。

(2)预先制作如图 6-32 所示的"银行对账单导入模板"。按单位设置的账簿功能分别制作模板,箭头表示必须设置的要素。

日期	对账单编号	摘要	票据类型	票据号	借方金额	贷方金额	功能分类代码	功能分类名称
20170701	001	困难补助			0	999.528	2200504	气象事业机构
20170701	002	工资款			0	83346.4	2200504	气象事业机构
20170701	003	困难补助			0	528	2200504	气象事业机构
20170701	004	工作调研			0	200	2200504	气象事业机构

图 6-32 银行对账单导入模板

(3)将网银对账单中的数据填入模板相应位置。

(4)进入"出纳管理系统",单击要核对的账簿,选择核对的时间,单击图中下方"银行对账单"菜单,单击"导入"(图 6-33)。

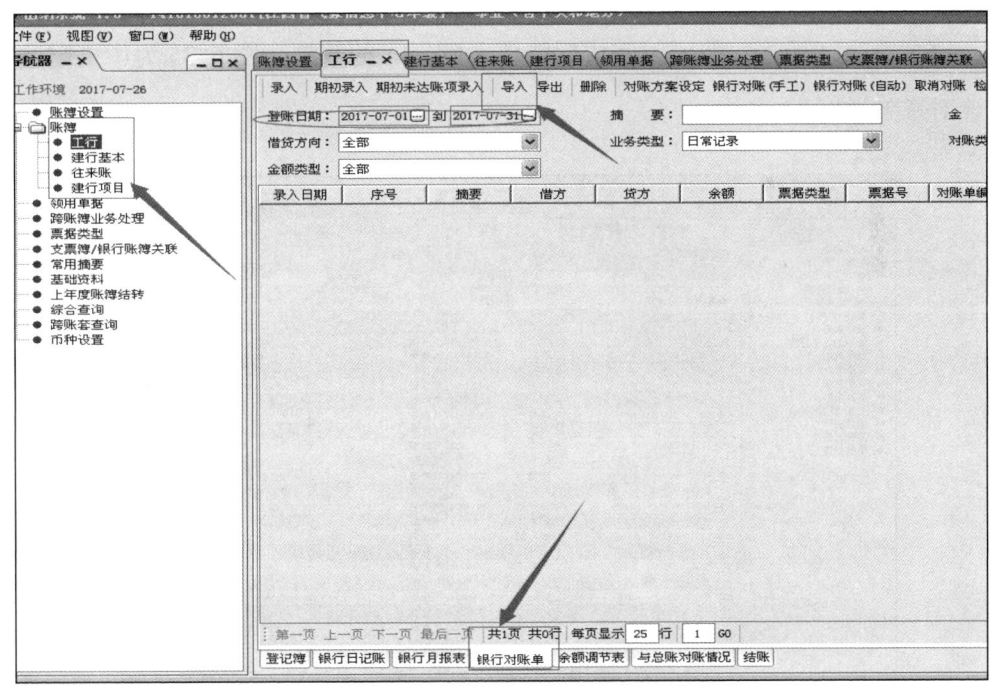

图 6-33 导入银行对账单

(5)出现导入页面后,浏览银行模板文件,导入起始行设置为"2",选择"按借贷金额导入"(图 6-34)。

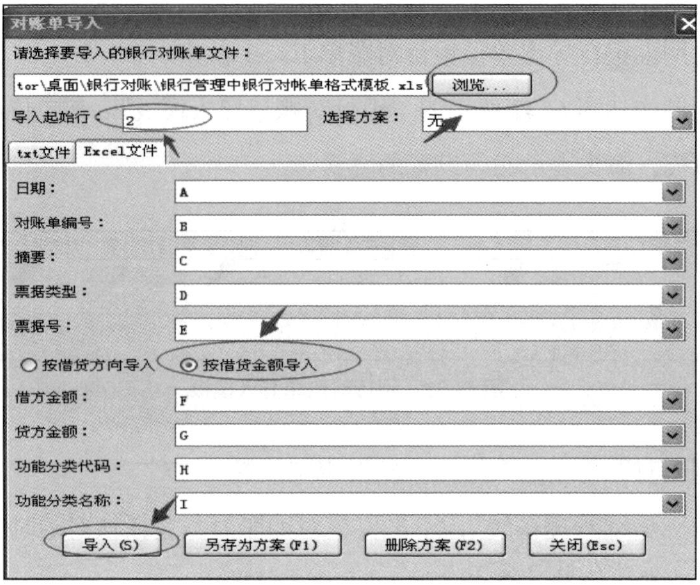

图 6-34 导入银行对账单

(6)单击"导入"即可,完成后能够看到导入的数据。图 6-35 为中央财政零余额对账单举例。

图 6-35 导入银行对账单

（7）单击"银行对账（自动）"，注意"票据类型""票据号""票据号为空不进行对账"3个选项不要勾选（图6-36）。

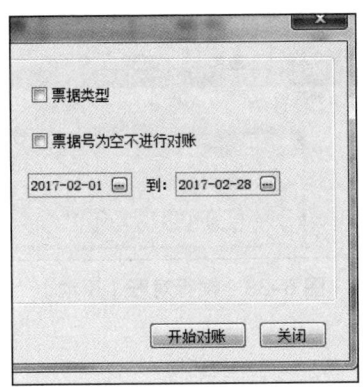

图6-36 银行对账（自动）

（8）银行日记账中核对正确的信息显示为黄色，核对不正确的显示为白色，并在"是否对账"中出现"否"（图6-37）。

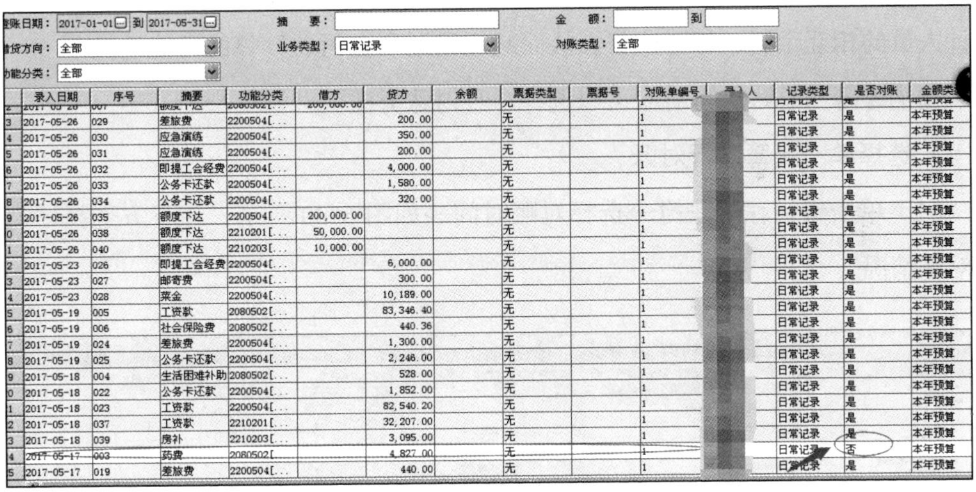

图6-37 银行自动对账结果

（9）自动对账中核对不一致的信息可再次进行手动对账，单击"银行对账（手动）"，逐笔勾选，确认对账勾选"是"，完成出纳与银行对账工作（图6-38）。

图 6-38　银行对账（手动）

三、总账对账

出纳管理模块能够将出纳账簿余额与总账科目余额自动进行核对，可自动对账的科目为出纳管理模块与账务处理模块中代码相同的科目，且已完成记账。通过自动对账，防止编制凭证和登记账簿出现差错，切实做到账账相符，实现出纳人员和会计人员的相互牵制、相互监督，从而减少错漏和贪污、舞弊的可能性。

出纳账簿与总账进行对账可以选择 2 种对账方法：

1. 选择单一账簿进行对账

（1）单击银行存款账簿→选择对账时间→如图 6-39 所示，在下方选择"与总账对账情况"。

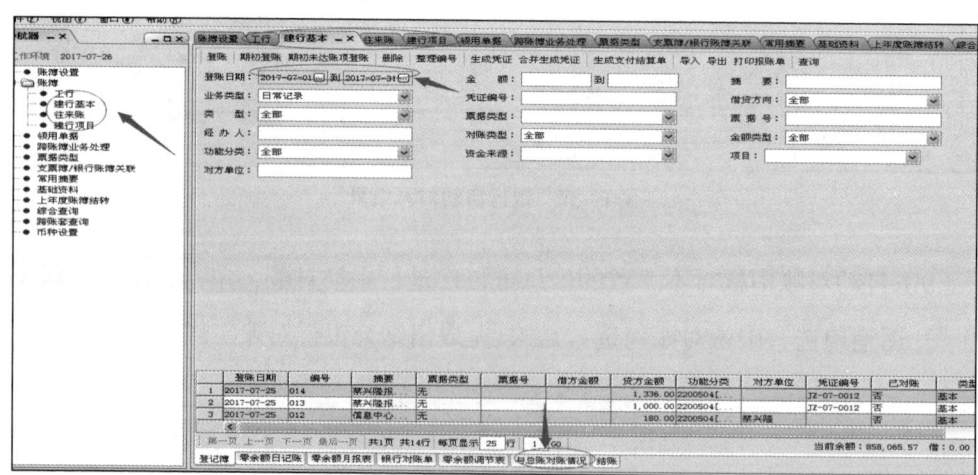

图 6-39　单一账簿对账

(2)单击"包含未记账数据",再单击"查询"即可(图6-40)。图中对账有差额的记录为总账金额与出纳账簿不符,需要继续核实不一致的原因。

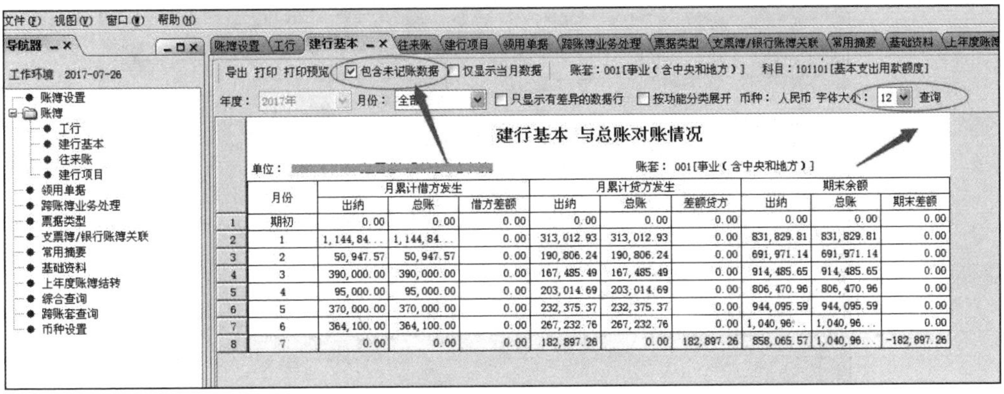

图6-40 单一账簿对账结果

2.综合查询对账(单位全部账簿同时对账)

综合查询对账可进行多账簿核对,单击"包含未记账数据",再单击"查询"即可(图6-41)。

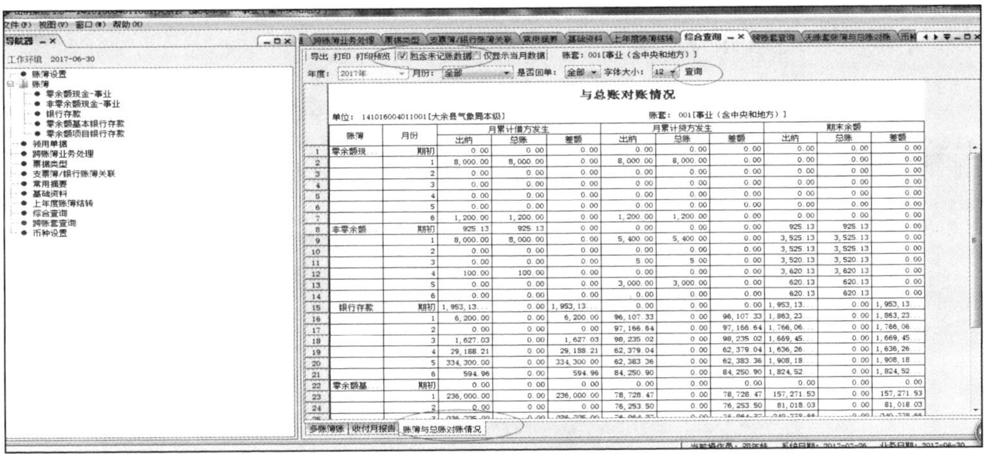

图6-41 综合查询对账

四、结账

(一)月度结账

根据内部控制要求,每月完成对账后应及时结账,结账后不允许擅自反结账。

结账通过"结账"页签进行,结账时将滑块拖动到指定的月份即可完成,如图 6-42 所示。

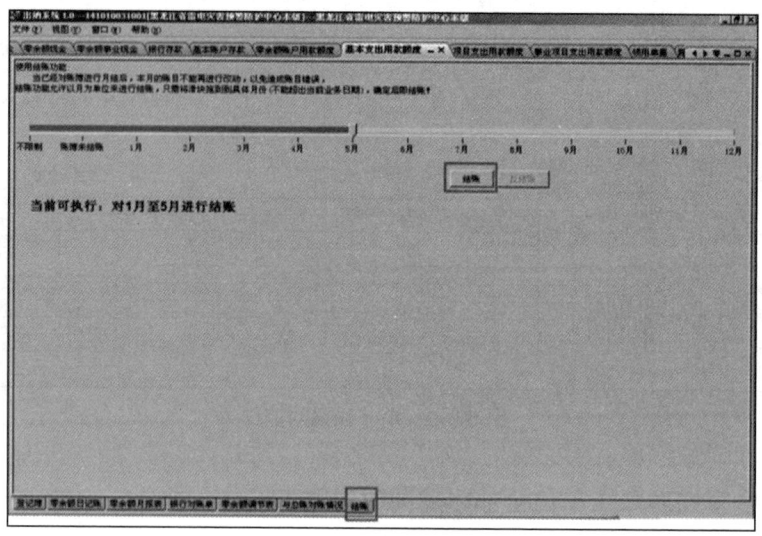

图 6-42 月度结账

结账后,已结账月份的数据不能再修改,均变为灰色。

(二)年终结账

在每年的年末,需要对全部账簿进行结账处理。以年末的日期登录,选择账簿,将月份拖至 12 月,单击"结账"(图 6-43、图 6-44)。

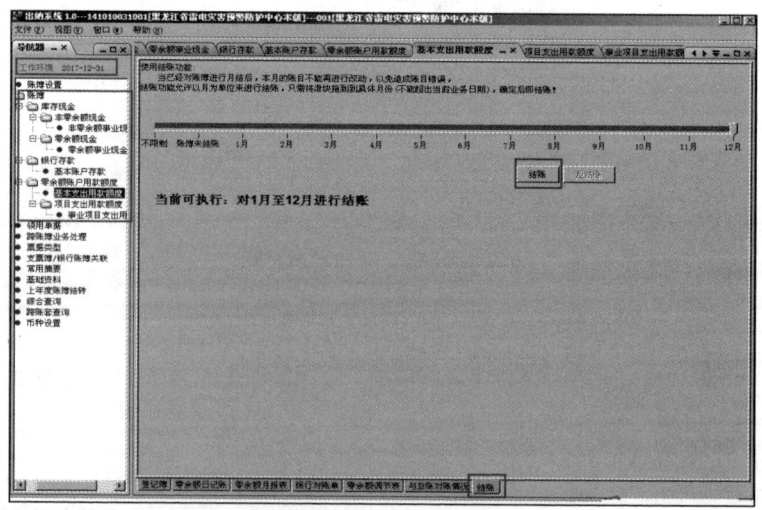

图 6-43 年终结账

图 6-44　年终结账完成

下一年度进行期初建账时,单击"上年度账簿结转",选中上年度已结账的账簿,单击"结转",即可完成下一年度出纳账簿的初始化工作(详见第六章第三节的有关内容)。

第七章 会计核算

第一节 系统概述

一、总体介绍

会计核算是财务管理的基本职能之一，在会计基础工作中占有非常重要的位置。在实际工作中，会计基础工作中存在的问题，有很大一部分出现在会计核算这一环节上，气象部门主要体现为会计核算基础不规范，未按计财司的规定进行会计核算，未按规定单独核算；部门决算未如实反映年度内全部收支，少报、漏报财务收支，数据不真实、不完整等。因此，加强财务核算信息建设，对规范整个单位会计基础工作起到十分重要的作用。

会计核算是计财业务系统中基本的核心功能模块之一。它以会计凭证为原始数据，通过对会计凭证的输入和处理，完成记账、结账、对账、账证表的查询和打印等会计核算工作。会计核算子系统重点结合《会计基础工作规范》《中华人民共和国会计法》《行政事业单位内部控制规范》《气象部门内部控制基本指引》《气象部门会计核算指南》等对会计核算的相关政策规定，将会计核算流程及内部控制措施嵌入系统中，尽量规避不按气象部门统一的会计核算体系对经济业务事项进行会计核算、编制财务会计报告的风险，确保财务信息真实、完整。

会计核算子系统中包含账务处理、出纳管理、会计报表等业务功能，本章主要介绍账务处理及会计报表功能。

二、目的与目标

会计核算模块是计财业务系统的重要组成部分，是连接预算管理、出纳管理、工资管理的重要功能模块。通过与其他子系统及模块的无缝衔接，形成标准化、规范化的一体化流程，尽量减少重复性工作，减少出错环节，减轻会计人员工作量，进而提高会计核算水平和工作效率，促进气象部门会计人员由核算型向管理型转变。

1. 提高会计工作效率

会计核算通过与预算指标管理、财务报销、出纳管理等功能模块的无缝衔接，实现从预算指标辅助信息、报销单据信息、资金支付信息中，通过设定好的记账规则自动生成记账凭证，进而减轻会计人员会计核算的重复性工作，同时保证会计核算资料的及时性。

2. 保证会计核算的正确性

会计核算模块与其他子系统的无缝衔接，通过计算机设定好的规则自动记账，准确率高，能与报销人、出纳录入内容保持一致。而在原方式下，由于重复登录工作较多，难免发生各种错误，会计核算子系统可以确保会计信息的正确性。

3. 促进会计从核算型向管理型转变

会计核算模块与其他子系统及功能模块的无缝衔接，在一定程度上减轻了会计制单的工作量，减少了重复性工作，提高了会计核算工作效率。这样，会计可以从烦琐性、重复性、基础性的工作中解脱出来，有更多的时间和精力从事稽查监督、财务分析等会计管理工作。同时系统可以获得更为准确、及时、详尽的会计数据，随时将会计信息有效地提供给管理者，为气象部门业务发展提供更好的财务决策支撑，更能充分发挥管理会计职能。

第二节 系统功能

一、总体介绍

会计核算模块主要是进行账务核算，分为系统初始化、账务日常处理、期末处理、账表输出查询4个部分。系统初始化主要是主管单位初始化和基层单位初始化。此部分主要是在计财司统一下发的基础上,各省根据本单位的需要,增加或调整账套、科目、辅助核算项等设置。财务日常处理主要是会计凭证自动生成、记账等日常操作,以及定期的会计审核。期末处理主要是对收支类科目进行结转,结账及生成新年度账务的处理。账表输出主要是对相关的账表进行查询的输出。

会计核算不仅是计财业务系统的一部分,也是整个计财业务系统的中枢。会计核算模块能够接收财务报销、资产管理、工资发放系统及模块传递来的处理结果,并向其他子系统提供基础数据信息。例如,向预算指标管理子系统提供预算执行支出情况基础数据信息。会计核算不但有会计核算业务本身生成会计凭证、形成报表的功能,同时兼顾其他各子系统,而其他子系统则要通过会计核算系统才能完整地发挥作用。因此,会计核算也是整个计财业务系统的基础,其他子系统所采用的会计科目、辅助信息等都要通过会计核算系统进行设置。离开会计核算,其他子系统难以真正地发挥作用。会计核算模块主要功能如下:

一是根据国家统一的会计制度,建立完备、完善的会计核算体系,包括会计机构设置、会计核算方法及会计核算流程(图7-1)。根据气象部门单位特点,设置九大类会计科目体系,包括事业、基建、通用企业、高新技术企业、建筑施工企业、小企业、房地产企业、工会、党费;设置九大类辅助核算信息,包括功能分类、资金来源、项目核算、科技支撑和行业专项支出、人影专项支出、部门核算、往来核算、支付方式、科学支出分类。

二是通过与预算指标管理、财务报销、出纳管理系统及模块的共联共通,实现数据的统一,减少重复性流程。以会计核算模块的基础资料为核心,预算指标管理子系统的预算指标辅助信息与账务处理子系统的会计科目辅助信息一致;财务报销中的费用项信息与会计核算模块中的会计科目信息一致;出纳管理中的现金、银行科目信息与会计核算模块中的会计科目信息一致。

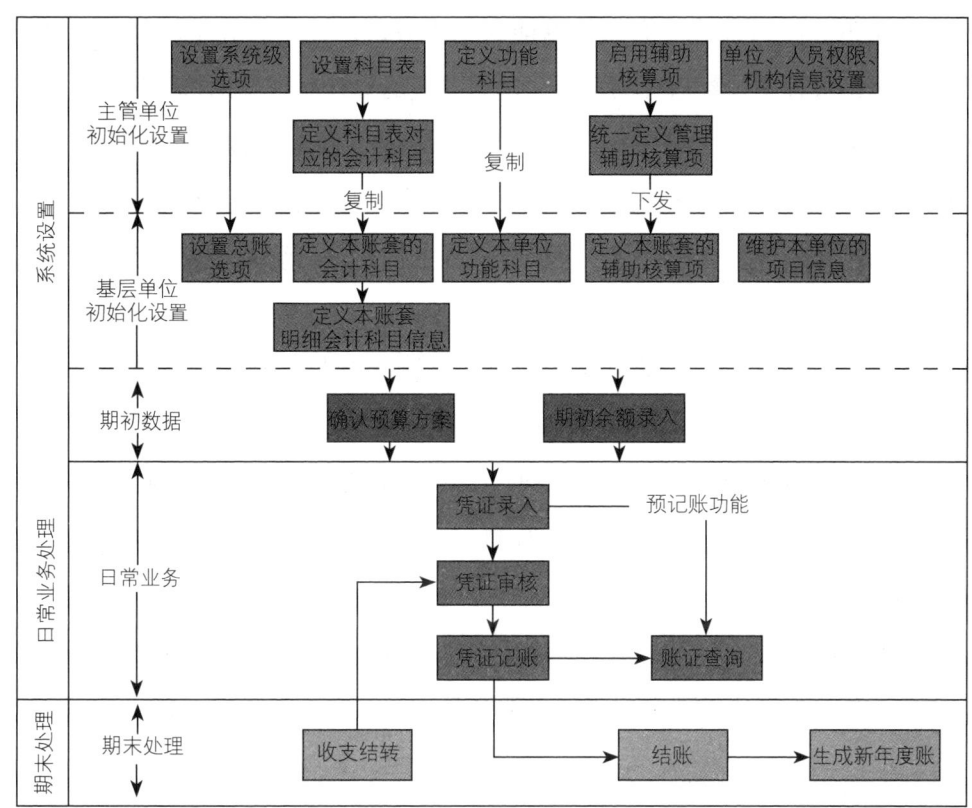

图 7-1 会计核算流程

二、内部控制

会计核算模块中账务处理功能主要是自动生成会计凭证、编制会计报表的过程，它的内控风险点应保证生成的会计凭证准确，同时在保证账证、账账、账实相符的基础上编制会计报表。根据行政事业单位内部控制规范规定，单位应当根据实际发生的经济业务事项，按照国家统一的会计制度及时进行账务处理，编制财务会计报告，确保财务信息真实、完整。

（一）自动生成凭证内部控制

账务处理自动生成会计凭证的过程分为两类。

一类是辅助核算项的自动生成，通过与预算指标模块的无缝衔接实现。在内控管理上要保证生成凭证需要的辅助核算项尽量从预算指标中获取。例如，功能分类、资金来源、项目核算等必填信息能自动生成，以减少会计手动录入出现的错误。通过报销过程中预算指标的选择，确定对应的会计凭证辅助核算项信息。可能存在的风险有两方面：一是年初设置的错误。例如，将对应的功能分类设置错误，一旦出现错误，所有此类业务全部出错，带来的影响远远大于手动记录。因此，计财司主要通过每年下发会计科目、辅助核算项的信息进行统一规定，各省管理员也应根据本省的实际在计财司下发的基础上进行细化控制，尽量减少出错的概率。二是预算指标选择错误导致的凭证出错。例如，将A指标误选为B指标，一旦出错会导致此笔业务记录错误，需要会计审核过程中加强核对，来尽量避免此类风险。

另一类是会计科目的自动生成，通过与财务报销、出纳管理的无缝衔接实现。在内控管理上，要保证生成凭证的会计科目信息从两个子系统中获取。一要保证财务报销中对于费用项或会计科目的选择准确，需要会计审核过程中加强核对，来尽量避免此类风险；二要保证出纳管理子系统中资金科目设置与账务处理子系统一致，需要在年初设置出纳账簿时设置与账务处理子系统会计科目一致。

（二）编制报表内部控制

提供真实可靠的会计报告和相关信息是对行政事业单位的基本要求，气象部门为保证财务信息的真实完整，需要在会计核算的编制报表环节设置内控关键点，采取一系列内控措施，形成有效的约束机制。会计核算模块中编制报表环节的控制主要保证报表的数据准确，前提是会计凭证的准确。同时，会计、出纳的互相核对，保证出纳账与会计账的一致性。

（三）内部控制方法

账务处理中涉及的内部控制方法有不相容岗位分离控制、会计控制、信息内部公开。

1. 不相容岗位分离控制

不相容岗位分离控制体现在账务处理子系统中制单、审核岗位要分离，要明确制单岗位、审核岗位的职责。虽然账务处理在系统控制方面进行了限制，制单人、审核人需是不同的两个人才能通过，但在气象部门实际运行中，因为人手紧张的原因，不少单位由1人完成全部记账业务，不符合不相容岗位分离的要求。计财业务系统的账务处理功能生成凭证环节采取自动生成记账凭证的方式，意味着制单的大部分工作内容由报销人录入报销信息、出纳录入资金支付信息所承担，制单人和审核人的岗位职责就发生了变化。各级财务管理部门应适应计财业务系统的变化，结合内控制度，重新制定岗位职责。

2. 会计控制

会计控制是会计核算最重要的内部控制方法，包括会计凭证控制、会计账簿控制、会计复核控制、财务报告控制。

（1）会计凭证控制

会计凭证控制要把握两点，一是会计凭证要实行编号管理，并保持编号连续系统生成凭证会按顺序生成编号，涉及凭证作废删除后要重新进行凭证整理排序；二是内部各个部门应当按规定程序在规定期限内传递凭证，最后定期装订凭证并入档保管。在内控管理上应制定本单位的内部凭证传递流程、凭证装订要求、档案管理办法等。

（2）会计账簿控制

各单位应当按照国家和计财司的规定设置会计账簿，登记时必须连续编号，登记账簿必须以审核合格的会计凭证为依据。

（3）会计复核控制

会计复核要进行凭证之间的复核，保证凭证真实有效，原始凭证和记账凭证对应一致，会计凭证与账簿和报表一致。气象部门使用计财业务系统后，会计复核的作用应进一步加强，并且复核的侧重点应有所调整。因会计凭证为自动生成，规则已在年初设置好，一般不会出错，所以，审核岗位的职责就应由原来的审核会计科目等信息转变为对原始凭证的再次审核，以及对无法自动生成的凭证信息的补充。虽然，在审核环节已对原始凭证按要求进行审核，但并不降低复核的必要性，这是确保会计信息质量的重要措施。此外，可以考虑建立事后稽核制度，由具有一定经验的财务人员对会计资料进行整理、审核和装订。

（4）财务报告控制

各单位财务人员应按照规定方法与时间编制并报送财务报告。会计报表必须由单位负责人、财务部门负责人及会计主管签名及盖章，并装订成册、加盖公章等。

气象部门在财务报告方面的主要风险是账表不符问题,在会计核算的报表环节主要从两个方面进行控制,一是加强凭证、账簿与会计报表的一致性核查,可以通过报表查询方案核对,也可以后期稽查监控核查;二是实现账簿与报表的无缝衔接,通过自动生成会计报表来解决账表不符的问题。

3. 信息内部公开

气象部门应当建立健全经济活动相关信息内部公开制度,根据国家有关规定和单位的实际情况,确定信息内部公开的内容、范围、方式和程序。内部报告是内部信息公开中重要的一种,通过内部报告向管理层传递信息,帮助管理层决策。各单位应根据实际情况建立内部报告内控体系,如规定报表应向哪些受众人群公开、公开到什么范围、以什么形式公开、对保障气象事业发展起到什么作用等。

(四)案例

加强会计核算内部控制,能有效规避气象部门历年检查反映的问题。

案例 7-1 ××省防雷中心作为事业单位,实行企业会计准则。

存在的问题:会计制度使用不规范。

内控关键点:应根据计财司下发的会计科目体系,结合单位性质,准确选择会计制度。

案例 7-2 2013 年,××省气候中心在发放公积金过程中,未及时在"应付职工薪酬—应付住房公积金"科目中记账,至年底时补记会计科目。

存在的问题:记账不及时。

内控关键点:应以制度的形式规定凭证录入的时间节点,同时加强监督,利用系统实时调取凭证的记账情况,保证记账的及时性。例如,江西省气象局在计财业务系统业务运行要求中,规定会计凭证记账和结账的时间,并通过系统的监控预警功能对各单位会计凭证记账和结账的及时性进行公开,督促财务人员按时完成相关工作。

案例 7-3 ××单位 2013 年×月××日记账凭证手动填制,且会计科目只有一级科目,缺少制单人、审核人、会计主管签章。

存在的问题:会计基础工作不规范。

内控关键点：建立统一的会计核算流程，制单、审核不相容岗位应分离。

案例 7-4 2013 年 ×× 市气象局（本级）决算报表体现经营支出 31 893 766.59 元。2013 年 ×× 市防雷中心会计账面体现经营支出 23 305 616.60 元，上缴上级支出 4 960 000 元，市本级会计账面体现经营支出 3 449 200 元，账表差异 178 949.99 元。

存在的问题：账表不符。

内控关键点：通过核对，加强账簿与报表的一致性；或通过系统自动生成决算报表，实现账簿与报表的无缝衔接。

第三节　系统初始化

一、岗位及权限设置

会计核算是报销子系统和出纳管理子系统的后续处理模块，设置了制单、审核、记账、查询、报表 5 个岗位（图 7-2、图 7-3）。

图 7-2　岗位职责设置-1

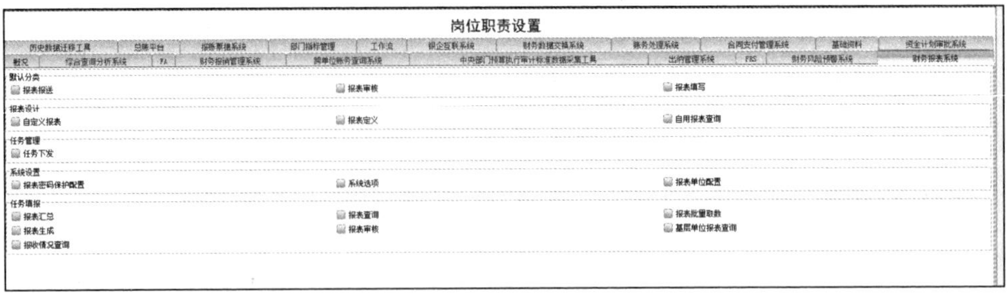

图 7-3　岗位职责设置-2

制单岗位：编制记账凭证，录入经济事项摘要、会计分录、辅助核算信息等。

审核岗位：按照相关会计制度规定对制单岗位编制的凭证进行审核，如应用的会计科目、辅助核算是否准确等。

记账岗位：对审核通过的凭证进行记账，由软件自动进行合法性校验、科目汇总、登记账目等操作。

查询岗位：查询相关数据、报表。

报表岗位：负责会计报表的编制、汇总、分析、上报等。

岗位及权限设置时应结合内控制度，不相容岗位相分离，明确划分职责权限，形成相互制约、相互监督的工作机制，保证单位经济活动合法合规，有效防范舞弊和预防腐败。例如，审核人与制单人不能为同一人，可以采取 A、B 岗相互审核的设置方式。

二、系统初始化

（一）系统级基础资料

系统级基础资料设置是对一些规则及行为方式的定义，一旦设置，对所有下级单位有效约束。

1. 选项设置

如图 7-4、图 7-5 所示。

总账选项是整个账务处理系统的参数设置汇总，通过这些参数可以实现对财务业务的规范化管理。单位可以根据自身管理要求，在单位级选项设置中进行部分调整和修改。控制方式有两种：

统一控制:从系统级控制所有单位,单位级不能更改;

自行控制:各单位级可以自行设置。

用户在对参数进行修改之前,必须明确了解各个选项的业务含义和控制内容。

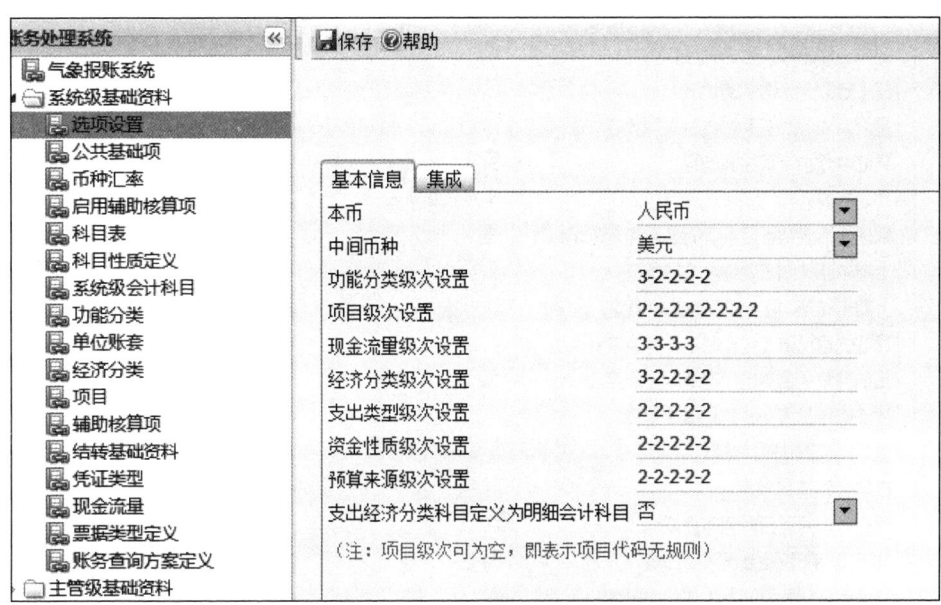

图 7-4　选项设置基本信息

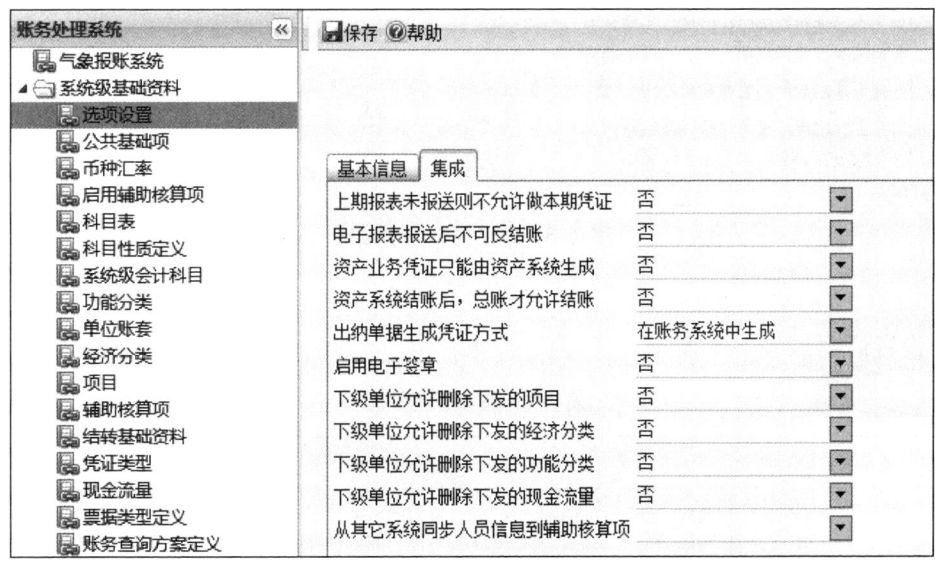

图 7-5　选项设置集成

(1)凭证控制选项:主要设置关于凭证控制的参数,可以根据单位自身情况选择是否控制(图 7-6)。

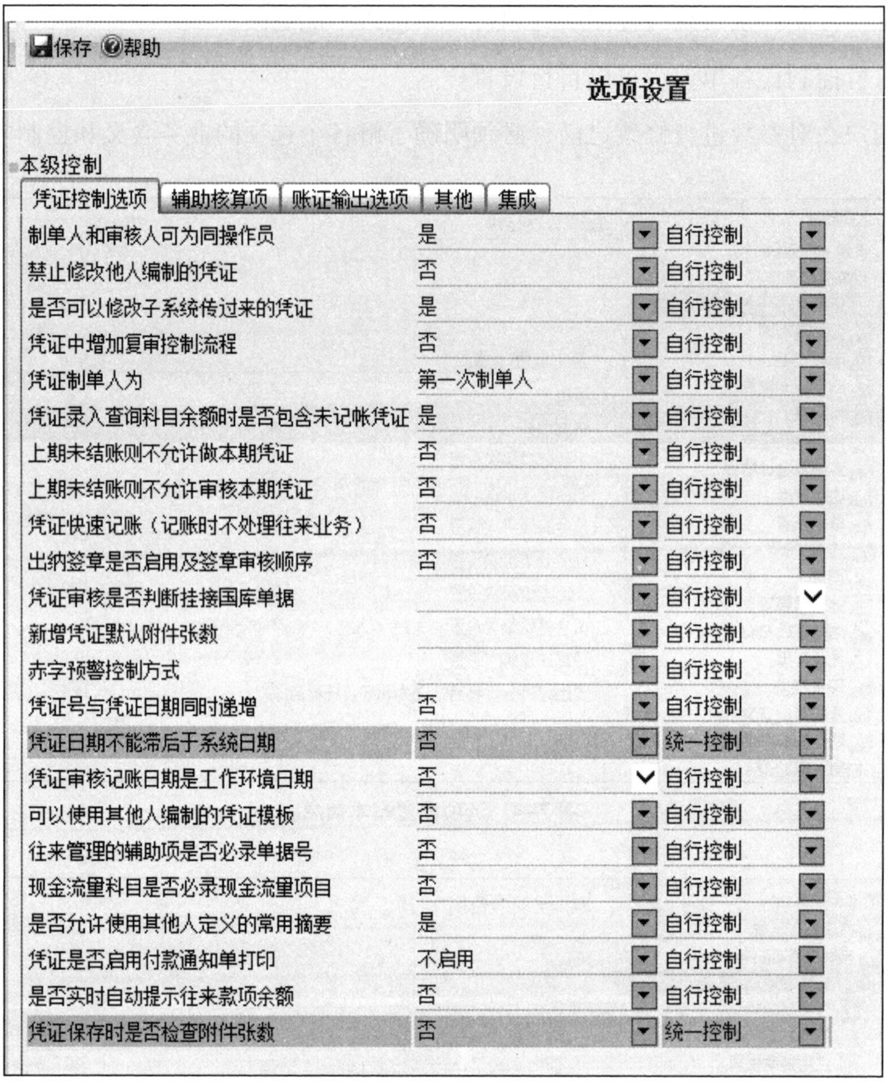

图 7-6 凭证控制选项设置

设置说明如表 7-1 所示。

表 7-1 选项设置说明

设置事项	选项说明
制单人和审核人可为同一操作员	选择"是",制单人和审核人可为同一操作员 选择"否",制单人和审核人不可为同一操作员
禁止修改他人编制的凭证	选择"是",只能修改自己编制的凭证 选择"否",可以修改他人编制的凭证

续表

设置事项	选项说明
是否可以修改子系统传过来的凭证	选择"是",可以修改从其他系统传过来的凭证,如固定资产系统、出纳管理系统等 选择"否",其他系统传过来的凭证不能进行修改
凭证中增加复审控制流程	选择"是",则在凭证审核完成后必须再进行复审才可以进行记账,适合于会计核算中心模式 选择"否",凭证审核完成后即可进行记账
凭证制单人为	选择"第一次制单人",则凭证上的制单人记录的是第一次制单时的用户 选择"最后一次修改人",则凭证上的制单人为每次保存时的用户
凭证录入查询科目余额时是否包含未记账凭证	选择"是",在进行凭证编辑界面上查询科目余额时包含未记账的凭证 选择"否",在进行凭证编辑界面上查询科目余额时不包含未记账的凭证
上期未结账则不允许做本期凭证	选择"是",上个会计期间未结账则不允许做本期凭证 选择"否",上期未结账也允许做本期凭证
上期未结账则不允许审核本期凭证	选择"是",上个会计期间未结账则不允许审核本期凭证 选择"否",上期未结账也允许审核本期凭证
凭证快速记账(记账时不处理往来业务)	选择"是",凭证快速记账(记账时不处理往来业务) 选择"否",记账时处理往来业务
出纳签章是否启用及签章审核顺序	选择"是",需要出纳先在凭证中签章,才允许审核凭证 选择"否",不需要出纳先在凭证中签章,可以直接审核凭证
凭证审核是否判断挂接国库单据	选择"是",需要判断凭证是否已经和国库单据挂接 选择"否",不需要判断凭证是否已经和国库单据挂接,可直接审核通过
新增凭证默认附件张数	新增凭证默认的附件张数可以选择0张、1张、2张
赤字预警控制方式	选择"提醒",出现赤字后进行提示,仍可继续支出 选择"禁止",达到赤字预警后禁止继续支出
凭证号与凭证日期同时递增	选择"是",凭证号与凭证日期同时递增 选择"否",不做限制
凭证日期不能滞后于系统日期	选择"是",凭证日期只能小于等于系统日期 选择"否",凭证日期可以大于系统日期
凭证审核记账日期是工作环境日期	选择"是",凭证审核记账日期是当前用户在工作环境中所选择的业务日期 选择"否",凭证审核记账日期是服务器所对应的当前系统日期
可以使用其他人编制的凭证模板	选择"是",可以使用其他人编制的凭证模板 选择"否",不可以使用其他人编制的凭证模板
往来管理的辅助项是否必录单据号	选择"是",往来管理的辅助项必录单据号 选择"否",往来管理的辅助项可以不录单据号
现金流量科目是否必录现金流量项目	选择"是",现金流量科目必录现金流量项目 选择"否",现金流量科目可以不录现金流量项目

续表

设置事项	选项说明
是否允许使用其他人定义的常用摘要	选择"是",允许使用其他人定义的常用摘要 选择"否",不允许使用其他人定义的常用摘要
是否实时自动提示往来款项余额	选择"是",实时自动提示往来款项余额 选择"否",不提示往来款项余额
凭证保存时是否检查附件张数	选择"是",凭证保存时检查附件张数 选择"否",凭证保存时不检查附件张数

（2）辅助核算项

如图 7-7 所示。

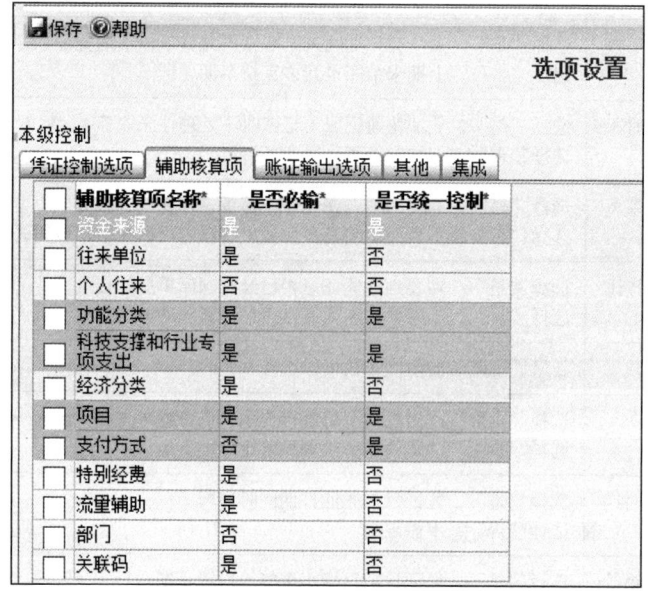

图 7-7 辅助核算项设置

设置说明如表 7-2 所示。

表 7-2 辅助核算项设置说明

设置事项	选项说明
是否必输	选择"是",编制记账凭证时该辅助核算项必须录入内容,否则凭证不能保存 选择"否",编制记账凭证时该辅助核算项可以不录入
是否统一控制	选择"是",由系统级统一控制,所有单位保持一致 选择"否",可由各单位自行控制

（3）账证输出选项

如图 7-8 所示。

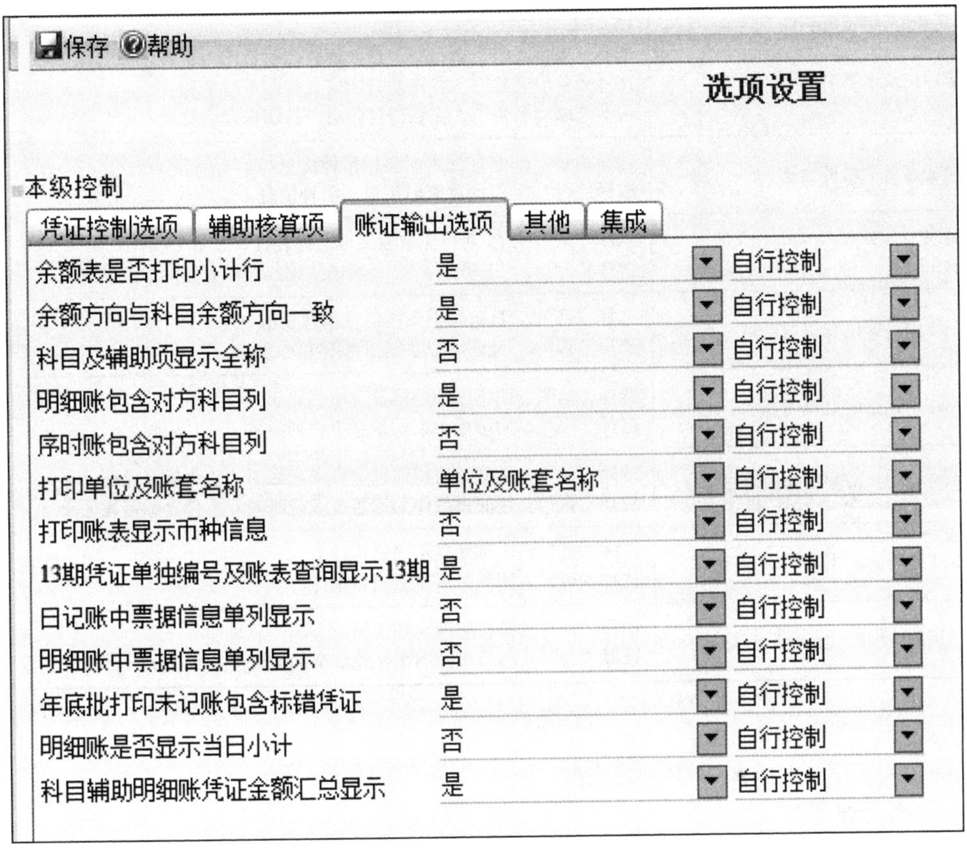

图 7-8　账证输出选项设置

设置说明如表 7-3 所示。

表 7-3　账证输出选项设置说明

设置事项	选项说明
余额表是否打印小计行	选择"是"，余额表打印小计行 选择"否"，余额表不打印小计行
余额方向与科目余额方向一致	选择"是"，余额方向与科目余额方向相反时，在科目余额方向用负数表示 选择"否"，余额用正数记载，不要求一定与科目余额方向一致
科目及辅助项显示全称	选择"是"，科目及辅助项显示全称 选择"否"，科目及辅助项显示简称
明细账包含对方科目列	选择"是"，明细账查询及打印时包含对方科目列 选择"否"，明细账查询及打印时不包含对方科目列

续表

设置事项	选项说明
序时账包含对方科目列	选择"是",序时账查询及打印时包含对方科目列 选择"否",序时账查询及打印时不包含对方科目列
打印单位及账套名称	选择"单位及账套名称",在账簿打印时打印单位及账套名称 选择"单位名称",在账簿打印时只打印单位名称 选择"账套名称",在账簿打印时只打印账套名称
打印账表显示币种信息	选择"是",打印账表时显示币种信息 选择"否",打印账表时不显示币种信息
13期凭证单独编号及账表查询显示13期	选择"是",13期凭证单独编号及账表查询显示13期 选择"否",13期凭证与12期连续编号,账表查询显示12期
日记账中票据信息单列显示	选择"是",日记账中票据信息单列显示 选择"否",日记账中票据信息不单列显示
明细账中票据信息单列显示	选择"是",明细账中票据信息单列显示 选择"否",明细账中票据信息不单列显示
年底批打印未记账包含标错凭证	选择"是",年底批打印勾选包含未记账时,包含标错凭证 选择"否",年底批打印勾选包含未记账时,不包含标错凭证
明细账是否显示当日小计	选择"是",明细账显示当日小计 选择"否",明细账不显示当日小计
科目辅助明细账凭证金额汇总显示	选择"是",科目辅助明细账凭证金额汇总显示 选择"否",科目辅助明细账凭证金额按分录明细显示

(4)其他

如图7-9所示。

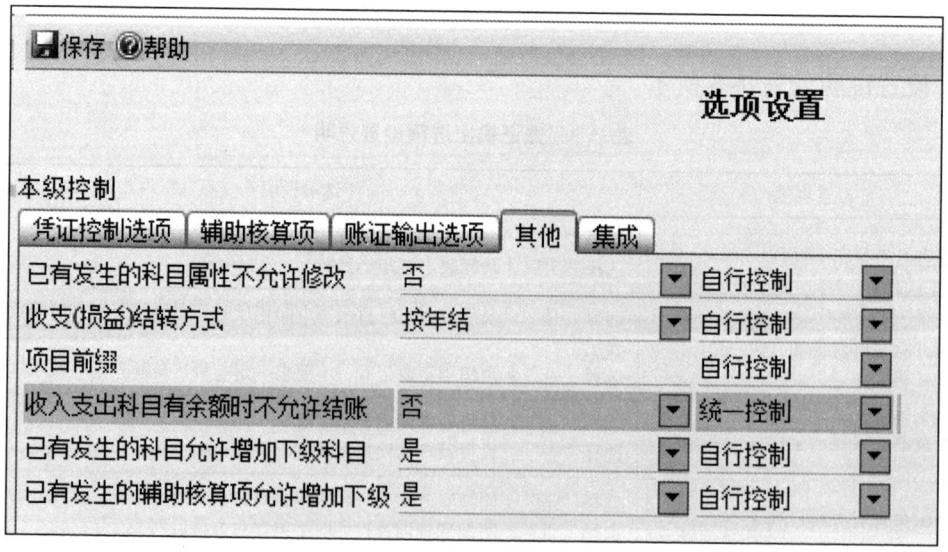

图7-9 其他设置

设置说明如表 7-4 所示。

表 7-4 其他设置说明

设置事项	选项说明
已有发生的科目属性不允许修改	选择"是",已有发生的科目属性不允许修改 选择"否",已有发生的科目属性允许修改,一般情况不建议选择"否",会导致数据查询汇总错误
收支(损益)结转方式	选择"按年结",每年度进行一次收支(损益)结转 选择"按月结",每月进行收支(损益)结转
项目前缀	需要加项目前缀的在此手动录入
收入支出科目有余额时不允许结账	选择"是",收入支出科目有余额时不允许结账 选择"否",收入支出科目有余额时可以结账,不建议
已有发生的科目允许增加下级科目	选择"是",已有发生的科目允许增加下级科目,原科目发生额转移到下级科目,原科目升级为非末级科目 选择"否",已有发生的科目不允许增加下级科目
已有发生的辅助核算项允许增加下级	选择"是",已有发生的辅助核算项允许增加下级,原辅助核算项发生额转移到下级,原辅助核算项升级为非末级辅助核算项 选择"否",已有发生的辅助核算项不允许增加下级

(5)集成

如图 7-10 所示。

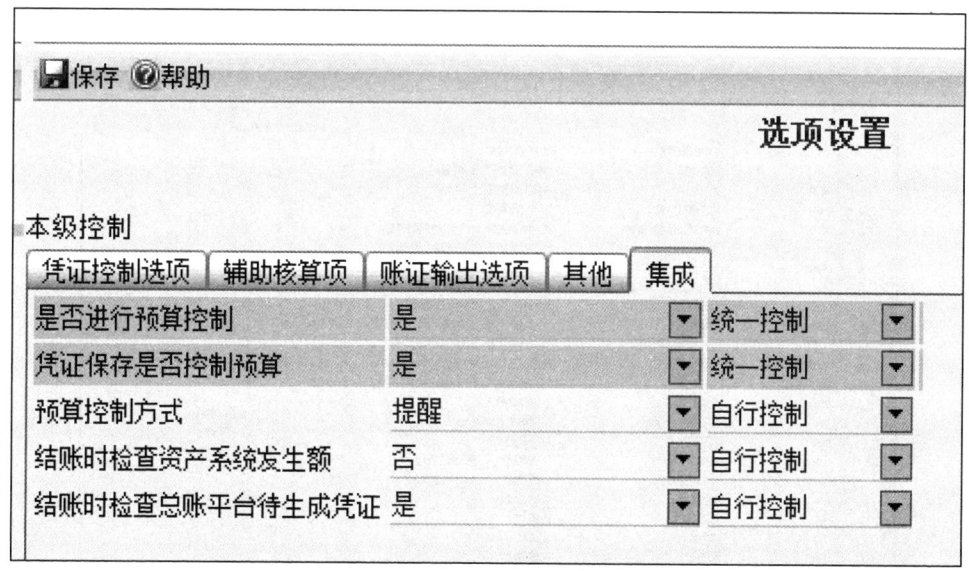

图 7-10 集成设置

设置说明如表 7–5 所示。

表 7–5　集成设置说明

设置事项	选项说明
是否进行预算控制	选择“是”，进行预算控制 选择“否”，不进行预算控制
凭证保存是否控制预算	选择“是”，凭证保存时控制预算 选择“否”，凭证保存时不控制预算
预算控制方式	选择“提醒”，超出预算后进行提示，仍可继续支出 选择“禁止”，达到预算预警后禁止继续支出
结账时检查资产系统发生额	选择“是”，结账时检查资产系统发生额，一致时可以结账，否则不可结账 选择“否”，结账时不检查资产系统发生额
结账时检查总账平台待生成凭证	选择“是”，结账时检查总账平台待生成凭证，若有待生成凭证不可结账 选择“否”，结账时不检查总账平台待生成凭证

2. 公共基础项

（1）预算来源

根据收入来源将预算资金进行分类划分设置，依据《气象部门 A++ 财务软件系统会计科目》，资金来源分类编码规则定义为：3–3–3–3，如图 7–11 所示。

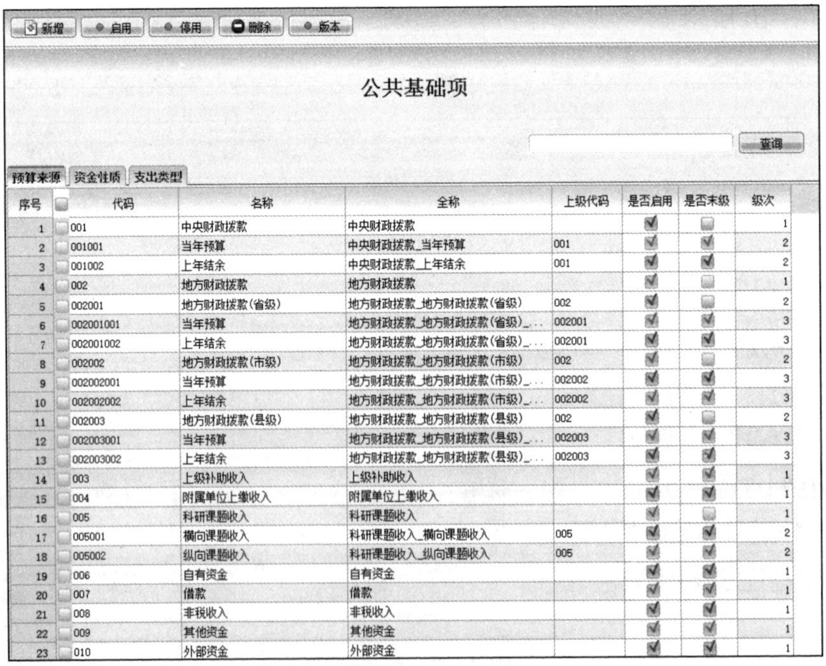

序号	代码	名称	全称	上级代码	是否启用	是否末级	级次
1	001	中央财政拨款	中央财政拨款		☑	☐	1
2	001001	当年预算	中央财政拨款_当年预算	001	☑	☑	2
3	001002	上年结余	中央财政拨款_上年结余	001	☑	☑	2
4	002	地方财政拨款	地方财政拨款		☑	☐	1
5	002001	地方财政拨款(省级)	地方财政拨款_地方财政拨款(省级)	002	☑	☐	2
6	002001001	当年预算	地方财政拨款_地方财政拨款(省级)_...	002001	☑	☑	3
7	002001002	上年结余	地方财政拨款_地方财政拨款(省级)_...	002001	☑	☑	3
8	002002	地方财政拨款(市级)	地方财政拨款_地方财政拨款(市级)	002	☑	☐	2
9	002002001	当年预算	地方财政拨款_地方财政拨款(市级)_...	002002	☑	☑	3
10	002002002	上年结余	地方财政拨款_地方财政拨款(市级)_...	002002	☑	☑	3
11	002003	地方财政拨款(县级)	地方财政拨款_地方财政拨款(县级)	002	☑	☐	2
12	002003001	当年预算	地方财政拨款_地方财政拨款(县级)_...	002003	☑	☑	3
13	002003002	上年结余	地方财政拨款_地方财政拨款(县级)_...	002003	☑	☑	3
14	003	上级补助收入	上级补助收入		☑	☑	1
15	004	附属单位上缴收入	附属单位上缴收入		☑	☑	1
16	005	科研课题收入	科研课题收入		☑	☐	1
17	005001	横向课题收入	科研课题收入_横向课题收入	005	☑	☑	2
18	005002	纵向课题收入	科研课题收入_纵向课题收入	005	☑	☑	2
19	006	自有资金	自有资金		☑	☑	1
20	007	借款	借款		☑	☑	1
21	008	非税收入	非税收入		☑	☑	1
22	009	其他资金	其他资金		☑	☑	1
23	010	外部资金	外部资金		☑	☑	1

图 7–11　预算来源设置

（2）资金性质

根据资金性质分为财政性资金和非财政性资金两种，在此处进行新增，勾选是否启用、是否末级，如图7-12所示。

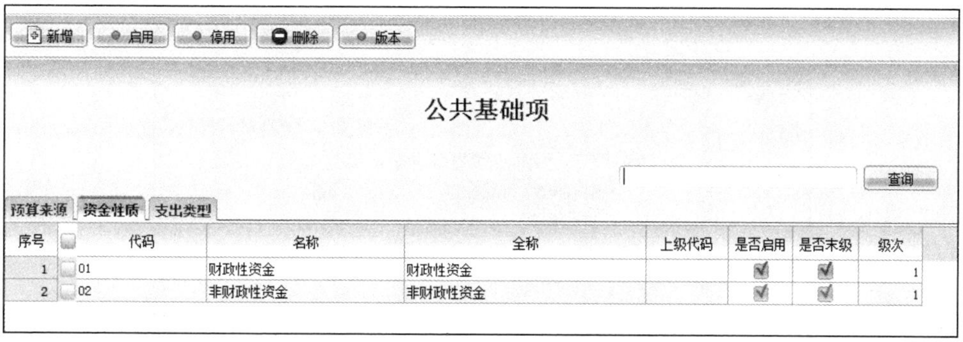

图7-12 资金性质设置

（3）支出类型

根据经济业务的用途将支出分为三大类：基本支出、项目支出、经营支出，其中，基本支出又细分为人员经费、公用经费。在此处进行内容设置后，勾选是否启用、是否末级，如图7-13所示。

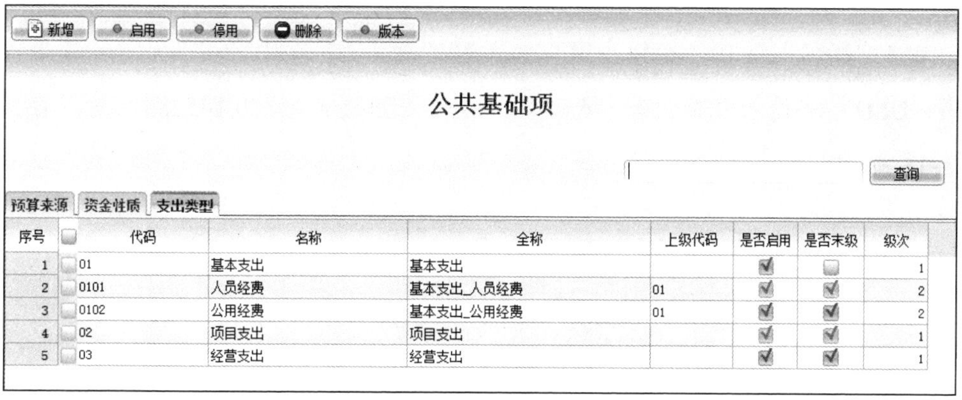

图7-13 支出类型设置

3. 币种汇率

此处对单位经济业务涉及的币种进行设置，不涉及外币的只设人民币，有外汇业务的需设置汇率表。

案例 7-5　币种设置——人民币

单击"新增"按钮—在弹出窗口输入币种代码"RMB"—币种名称"人民币"—货币符号"￥"—汇率小数位数"2"—是否使用选择"是"—保存，如图 7-14 所示。

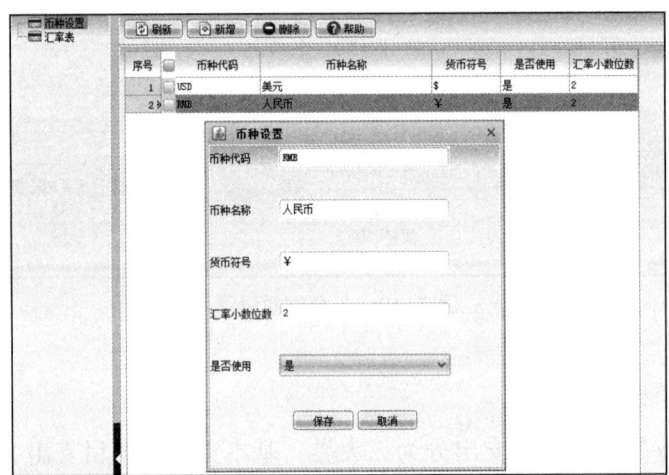

图 7-14　币种设置

案例 7-6　汇率设置——民币兑美元

单击"新增"按钮—在弹出窗口选择需要设置汇率的月份"5月"—选择美元代码"USD"—输入直接汇率"6.8830"—输入间接汇率"0.145285"—保存，如图 7-15 所示。

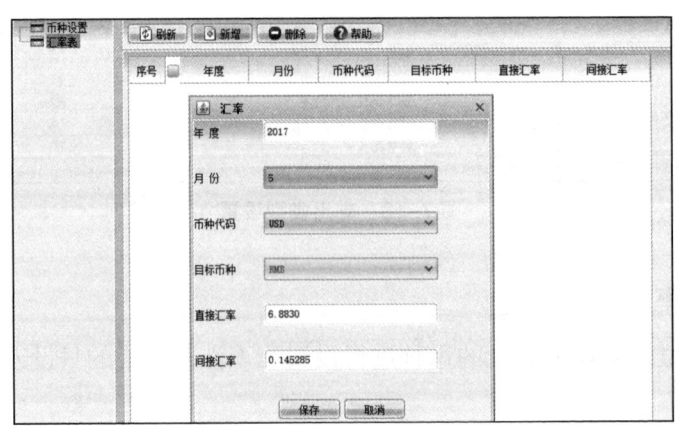

图 7-15　汇率设置

4. 启用辅助核算项

系统预制 16 个辅助核算项，功能分类、资金来源和项目核算是必须设置的辅助核算，部门核算可根据各单位需要进行设置，科技支撑和行业专项、人工影响天气专项、往来核算和支付方式由各省根据本省实际情况进行设置，科学支出分类只由执行科学事业单位会计制度的一院八所设置。除上级部门规定之外，可自行设置需要的系统级或单位级辅助核算项（图 7-16）。系统级辅助核算项对所有核算单位有效，单位级辅助核算项只能由启用的核算单位使用。

图 7-16　辅助核算项设置

> **案例 7-7　启用系统级辅助核算项"特别经费"**

选择一个未使用的预制辅助核算项 ACC_ITEM16，在辅助核算项名称处手动输入"特别经费"，是否使用选择"是"，是否统一管理选择"是"，下级单位允许删除下发的辅助核算项选择"否"，单击保存后即启用，如图 7-17 所示。

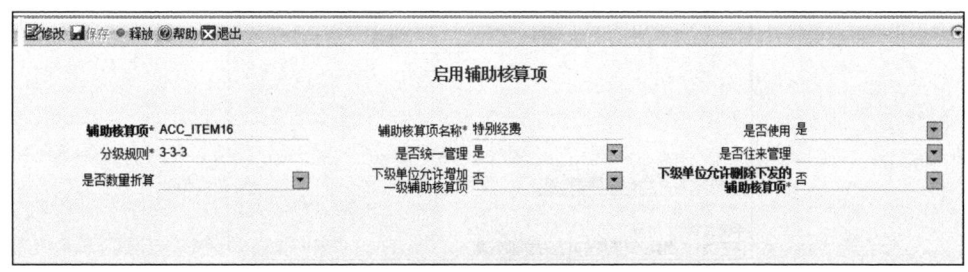

图 7-17　启用辅助核算项

5. 科目表

为了便于会计工作的进行，通常在会计制度中，以会计科目表的形式对会计科目的编号、类别和名称加以规范。根据单位经济性质及所属行业不同，适用的会计科目体系也不同，系统预制事业、基建、工会、企业等多套科目表，单位在设置会计科目时选择使用，如图7-18所示。

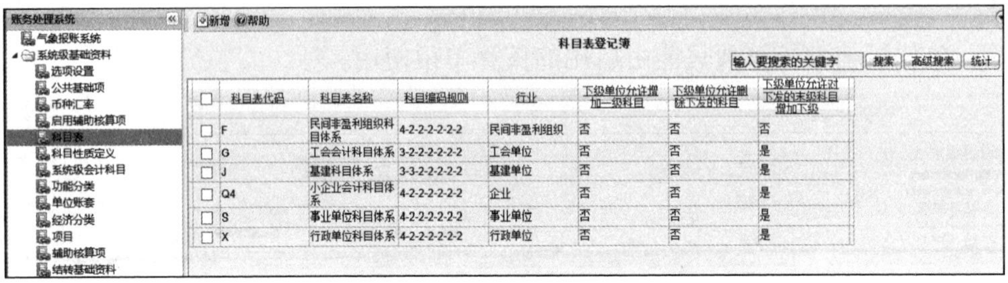

图 7-18 科目表登记簿

6. 科目性质定义

会计科目可以按照多种标准进行分类，按会计要素对会计科目进行分类是其基本分类之一。分类后为了便于编制会计凭证、生成账簿、查阅账目，需针对每套科目体系规定科目的借贷方，设置平衡公式，如图7-19所示。

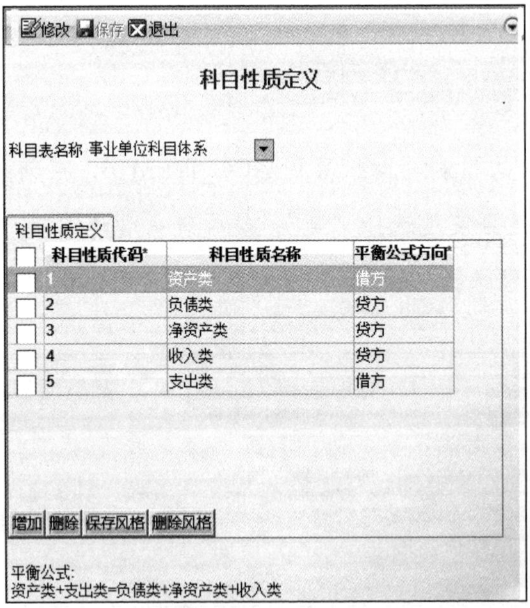

图 7-19 科目性质定义

7. 系统级会计科目

会计科目是按照经济业务的内容和经济管理的要求，对会计要素的具体内容进行分类核算的科目。为了便于统计汇总管理，对相同账套性质的单位应使用统一口径的会计科目，因此，设置系统级会计科目，对所有核算单位有效。批量科目添加可通过软件公司脚本后台导入，少量下级科目添加可通过新增功能添加。下级单位可在基础资料模块下载系统级会计科目，不得自行增加系统级科目的平级科目，但可以增设下级科目，如图7-20所示。依据《气象部门A++财务软件系统会计科目》，科目编码规则定义为：4-2-2-2-2-2-2-2。

图7-20 系统级会计科目

8. 功能分类

功能分类是指政府支出按其主要职能活动所做的一种分类科目，主要反映政府活动的不同功能和政策目标，具体设类、款、项3级。系统级功能分类设置完成后，单位级通过复制功能将功能分类同步到单位级，如图7-21所示。

图7-21 功能分类

9. 单位账套

账套的概念与财务会计的账本相对应，使用系统后日常的账务操作都在相应的账套中进行。除了系统正式开始使用时的初始设置外，由于单位业务变化需要新增账套的，均在此进行设置。新增账套保存后，当年度即时启用。

案例 7-8　新增账套

如图 7-22 所示。

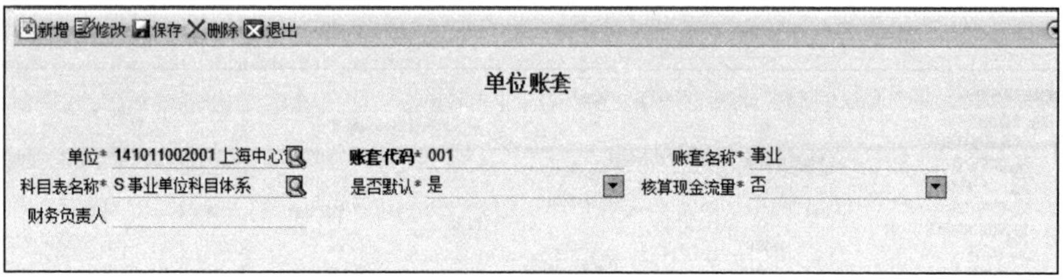

图 7-22　新增账套

单位：单击右边的显微镜，弹出单位列表窗口，选择新增账套所属单位。

账套代码：手动输入，根据文件规定，"账套代码"字段设置 3 个字节，以 001 开始，依次递增。注意同一单位的不同账套，账套代码统一依次排序递增。001~009 代表事业账套，011~019 代表基建账套，021~029 代表工会账套，031~039 代表企业账套。每个单位同一性质的账套数限为 1 个。

账套名称：根据新增账套的性质录入账套名称。

科目表名称：在科目表列表中选择新增账套对应的科目体系。

注 1：新增账套前，单位树形结构、科目表需已建立或结转；账套代码及名称设置必须符合《计财司关于核对气象部门计财业务系统单位编码及树形结构的通知》等文件要求。

注 2：已建立的账套可进行修改或删除。已经进行了账务处理的账套，需慎重操作。

10. 经济分类

经济分类是指政府支出按经济性质和具体用途所做的一种分类，具体设类、款两级。经济分类设置对所有核算单位有效，如图 7-23 所示。

图 7-23 经济分类

内容添加完成后可通过"下发"或"一发到底"功能下发到下级核算单位。可个别勾选下发账套，也可分科目体系选择账套，如图 7-24 所示。

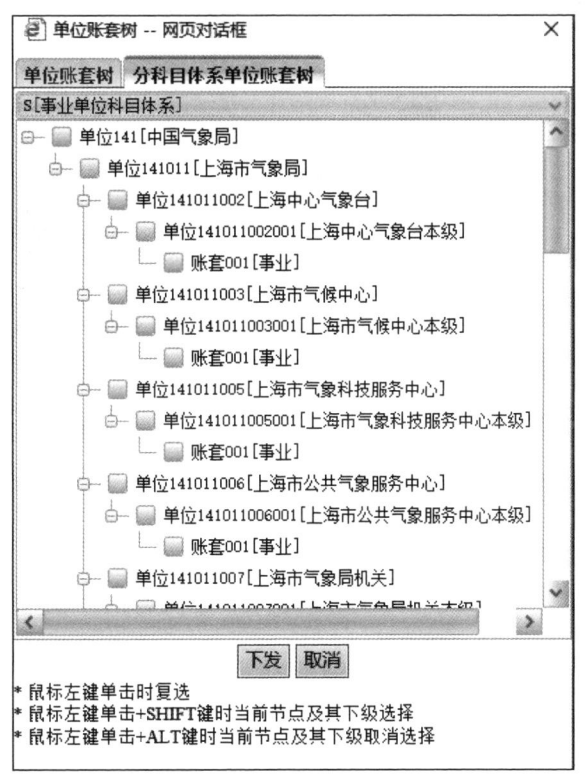

图 7-24 分科目体系下发

11. 项目

根据有关文件规定，从 2012 年开始，气象部门各类项目均设置了系统级编码，各单位应严格按照下发的系统级编码对项目进行编码。新增或导入系统级项目后，可通过"下发"或"一发到底"功能下发到下级核算单位。可个别勾选下发账套，也可分科目体系选择账套，如图7-25所示。

图7-25 项目表

12. 辅助核算项

启用了辅助核算项后，根据上级部门下发的文件要求，对每个辅助核算项的内容进行系统级设置。初次使用系统时，需要使用"新增"功能，依次录入内容。以后年度初始化时，可将辅助核算项内容结转到下一年度，有变化时进行"停用"或"新增"，如图7-26所示。

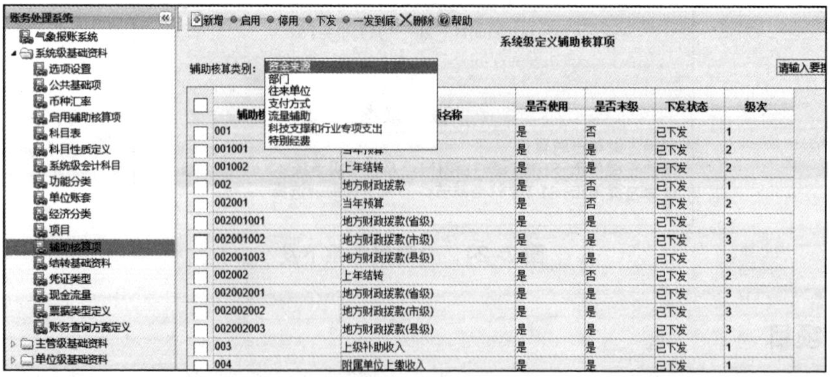

图7-26 辅助核算项

辅助核算项内容录入完成后,可通过"下发"或者"一发到底"功能下发到下级核算单位。

13. 结转基础资料

结转基础资料的目的是将账务处理模块本年度基础数据结转到新年度,因此,这项工作应在每年的12月31日进行。结转有全部结转和自定义结转两种方式可选,主管级基础资料没有特殊要求的可以同时结转。

全部结转即将当年度全部基础资料均结转到新年度,此种方式适用于新旧年度基础资料基本没有变化的情况,如图7-27所示。

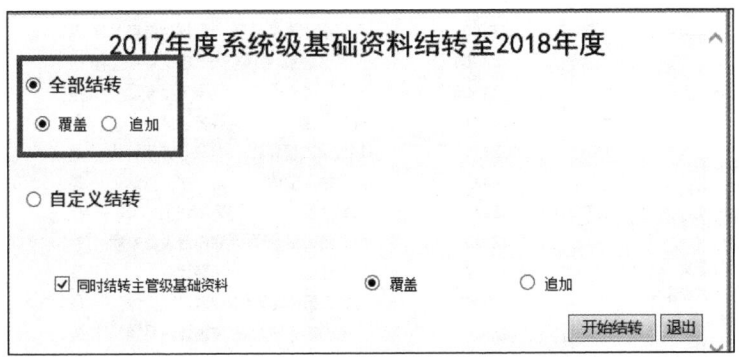

图7-27 年度结转

自定义结转适用于新旧年度基础资料发生变化,需要对基础资料分别进行不同处理的情况,如图7-28所示。

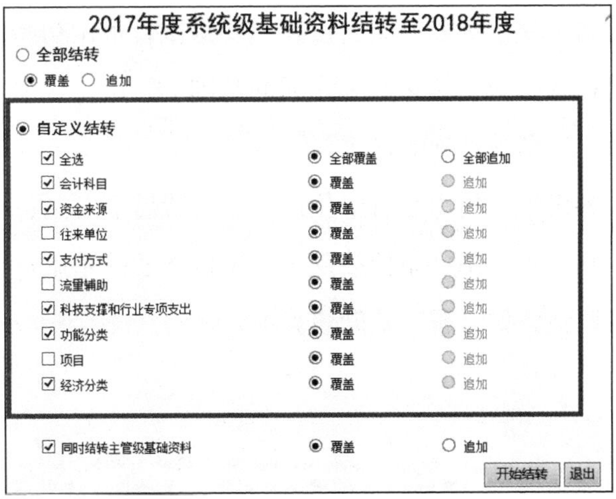

图7-28 自定义结转

14. 凭证类型

会计凭证是记录经济业务、明确经济责任的书面证明，也是登记账簿的依据。根据反映的经济业务内容的不同，可以设置不同的凭证类型加以区分（图7-29）。根据气象局文件要求，基建"重点工程项目"需要单独设置记账凭证类型。

凭证类型代码	凭证类型名称	凭证类型简称	是否使用
CSJ	长三角环境	长三角	是
EXD	极端天气气候	极端天气气候	是
HYZX1	行业专项12A07	行业专项12A07	是
JZ1003	天气雷达信息共享	天气雷达信息共享	是
JZ1004	天气雷达系统工程	天气雷达系统工程	是
JZ1005	气象卫星专项	气象卫星专项	是
JZJJ1	科技园区	科技园区	是
JZJJ10	14县级灾害评估	14县级灾害评估	是
JZJJ2	自动站、雷达	自动站、雷达	是
JZJJ5	风廓线仪	风廓线仪	是
JZJJ6	海洋台设备专项	海洋台设备专项	是
JZJJ7	预警社区	预警社区	是
JZJJ8	气象灾害风险区划	灾害风险区划	是
JZJJ9	灾害影响评估系统	灾害评估系统	是
JZJJLDXT	天气雷达系统	雷达系统	是

图7-29　凭证类型

（二）主管级基础资料、单位级基础资料

主管级基础资料和单位级基础资料设置主要是主管单位初始化和基层单位初始化。此部分主要是在系统级初始化实施完成的基础上，用户根据自己的需要，增加或调整账套、科目、辅助核算项等设置。

主管级基础资料设置主要由主管单位进行，设置后下发到各级单位。

单位级基础资料设置是基层单位接受主管单位下发的基础资料后，根据本单位的需要另行增加或调整，如科目、辅助核算项。

第四节 日常处理

一、总体介绍

凭证日常处理分为新增凭证、凭证编制、凭证箱、记账、对账 5 个功能。记账凭证是用来确定经济业务性质和分类即会计分录的一种凭证。会计人员必须根据审核无误的原始凭证填制记账凭证。财务部门要对取得的原始凭证实施严格的审查，对不符合要求的原始凭证坚决予以退回。气象部门以《会计基础规范》为依据，设计出符合本部门实际情况的凭证格式，做到内容及项目齐全，能够完整地反映管理或服务活动的全貌。会计凭证要实行编号管理并保持编号连续。内部各个部门应当按照规定程序在规定期限内传递凭证，最后定期装订凭证并入档管理。另外，审核会计要对记账凭证进行复核，保证记账凭证真实有效，以及与原始凭证对应一致。通过气象部门计财业务系统中的凭证处理模块可以实现自动生成凭证、月末自动对账等基本功能。

定期处理分为年底收支结转、期末转制凭证、结账、生成新年度账 4 个功能。其中，通过气象部门计财业务系统中的定期处理模块可以实现自动生成期末结转凭证、年底收支结转及自动生成新年度账等基本功能，以及各省根据实际需要设计结转方案等个性功能。结账是在本期内所发生的经济业务全部登记入账的基础上，按照规定的方法对该期内的账簿记录进行小结，结出本期发生额合计和余额，并将余额结转下期或者转入新账。各预算单位必须在会计期末进行结账，不得为赶编部门决算而提前结账，更不得先编制部门决算后结账。

会计账簿是指相互联系的，由一定格式的账页所组成的，以经过审核的会计凭证为依据，以序时或分类记录经济业务的簿籍。事业单位的会计账簿是全面、连续、系统地记录和反映事业单位会计要素变动和经营过程及其结果的重要工具，是重要的经济档案，是编制部门决算的重要依据。《会计基础规范》第三十六条规定：各单位应当按照《中华人民共和国会计法》和国家统一会计制度的规定建立会计账册，进行会计核算，及时提供合法、真实、准确、完整的会计信息。因此，各单位应按照国家统一的会计制度的规定和会计业务的需要设置会计账簿。

二、系统操作

1. 凭证录入

（1）出纳系统生成凭证

该类业务是由出纳发起的不涉及具体报销业务的银行转账业务，主要包括各类上缴业务（如上缴税金、住房公积金、银行手续费等）、公务卡还款业务、银行托收业务（如电话费、保险等）。出纳收到银行付款凭据后，在出纳系统登账，生成凭证，传递到会计，将凭证编制完整。

案例7-9 2016年5月，王××使用公务卡购买办公用品1800元。已在报销系统填写报销单据，并完成全部签批流程，票据传递到出纳进行付款。

方法一：在出纳系统的界面，选择需要生成记账凭证的业务条目，单击生成凭证，弹出小窗口，如图7-30所示。

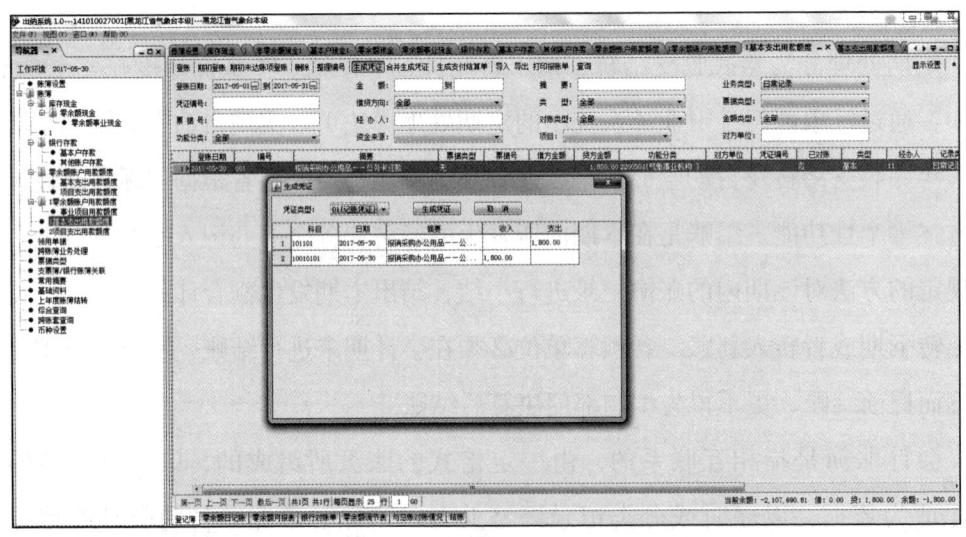

图7-30 凭证编制-1

选择凭证类型，单击生成凭证，提示"生成凭证01-05-0011成功"，单击确定，如图7-31所示。

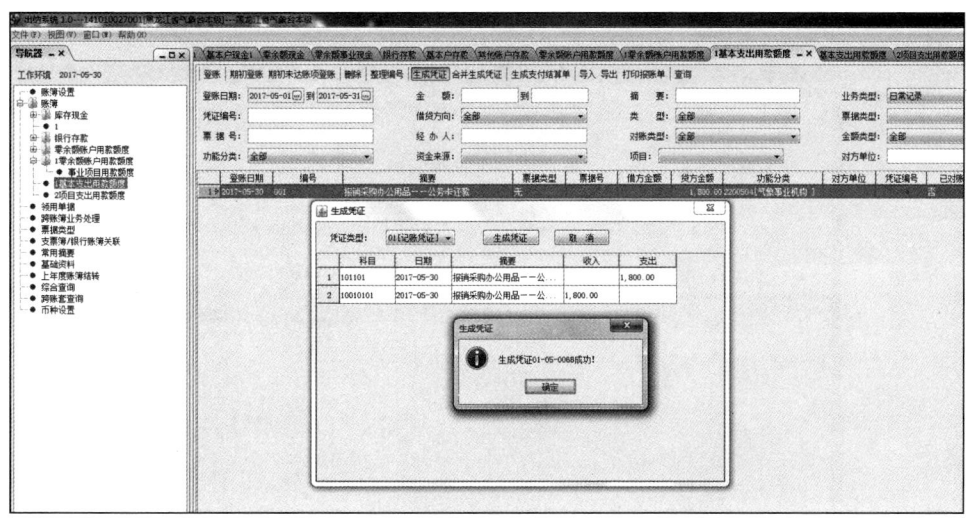

图 7-31 凭证编制 -2

记账会计登录计财业务系统,单击账务处理系统—凭证处理—凭证箱,如图 7-32 所示。

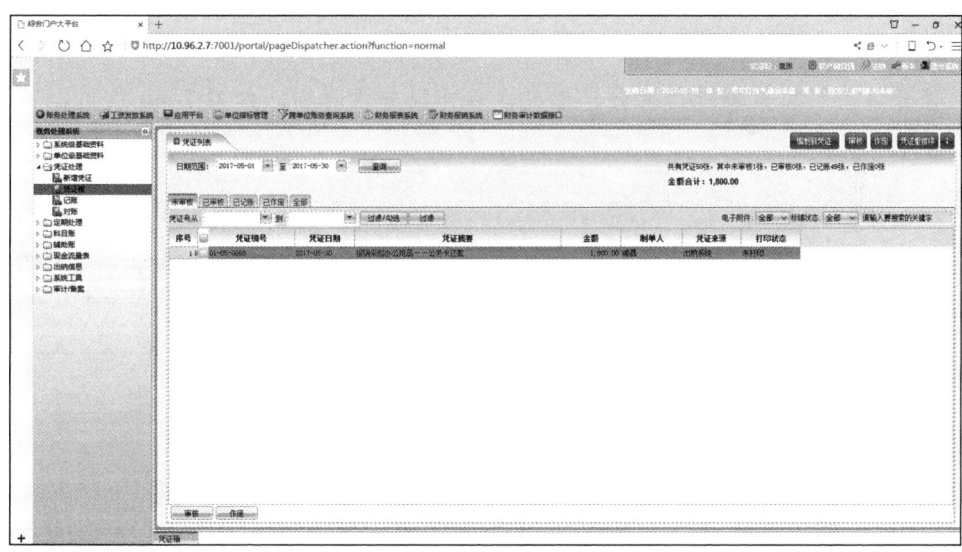

图 7-32 凭证编制 -3

记账会计双击打开由出纳生成的凭证,借方是系统默认的过渡科目,如图 7-33 所示。

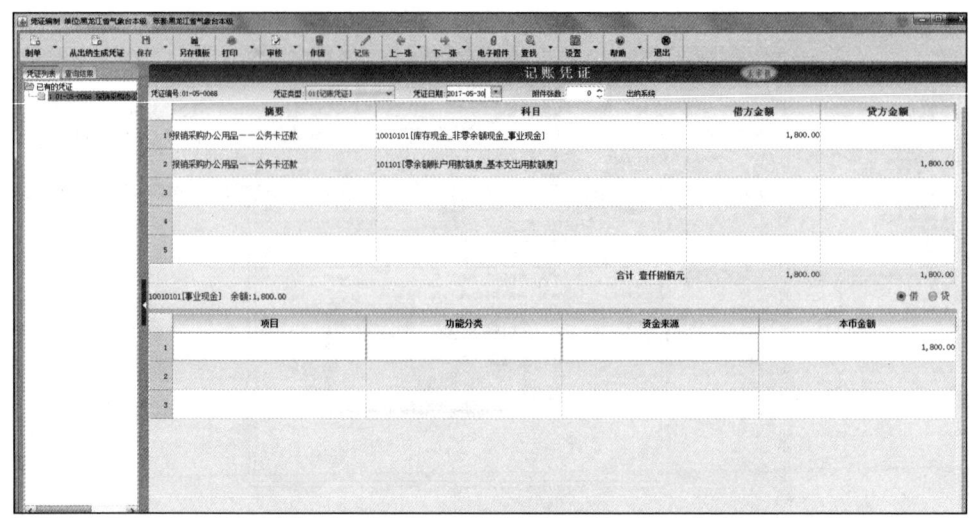

图 7-33 凭证编制 –4

修改借方科目，同时补充完整各辅助核算项。

注 1：需要按辅助核算项进行核算的科目，应该按不同的辅助核算项进行拆分，形成多条凭证分录明细。

注 2：对于按功能分类进行核算的科目，如果对应多个功能分类，应该按不同的功能分类对科目数据进行拆分，形成多条凭证分录明细，如图 7-34 所示。

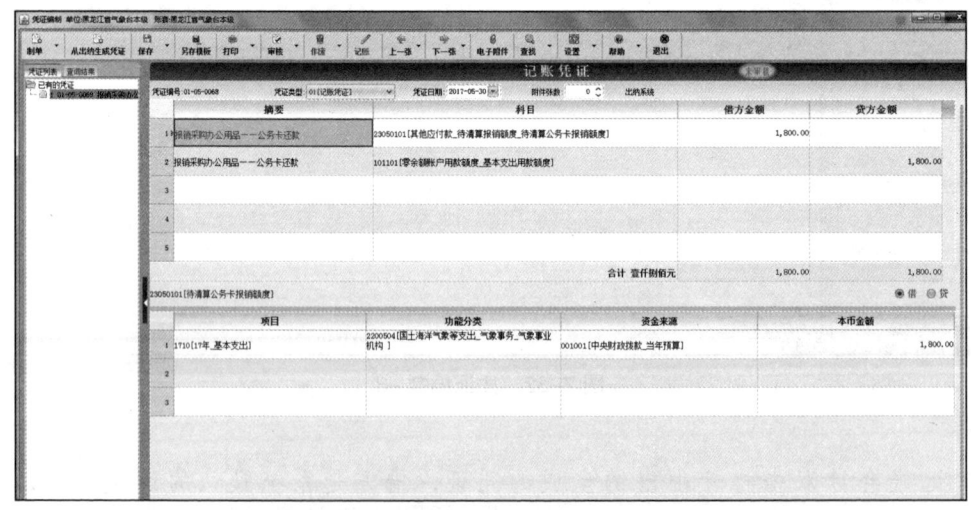

图 7-34 凭证编制 –5

单击"保存",结束。

方法二:记账会计登录计财业务系统,单击账务处理系统—凭证处理—新增凭证,如图 7-35 所示。

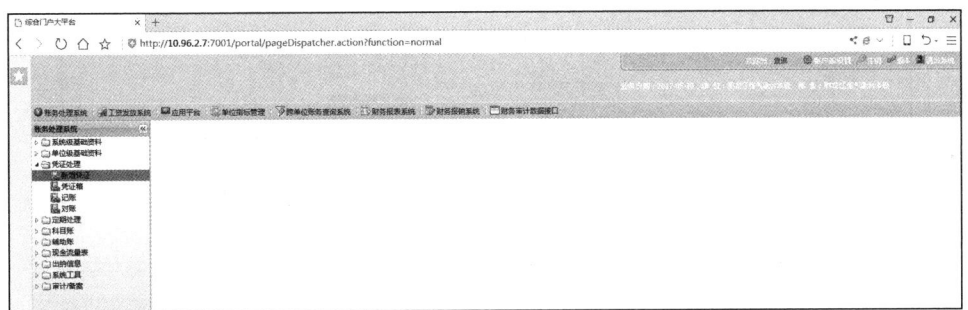

图 7-35　凭证编制 –6

单击从出纳系统生成凭证,弹出小窗口,勾选需要生成凭证的条目,单击生成新凭证或插入到当前光标分录前,如图 7-36 所示。

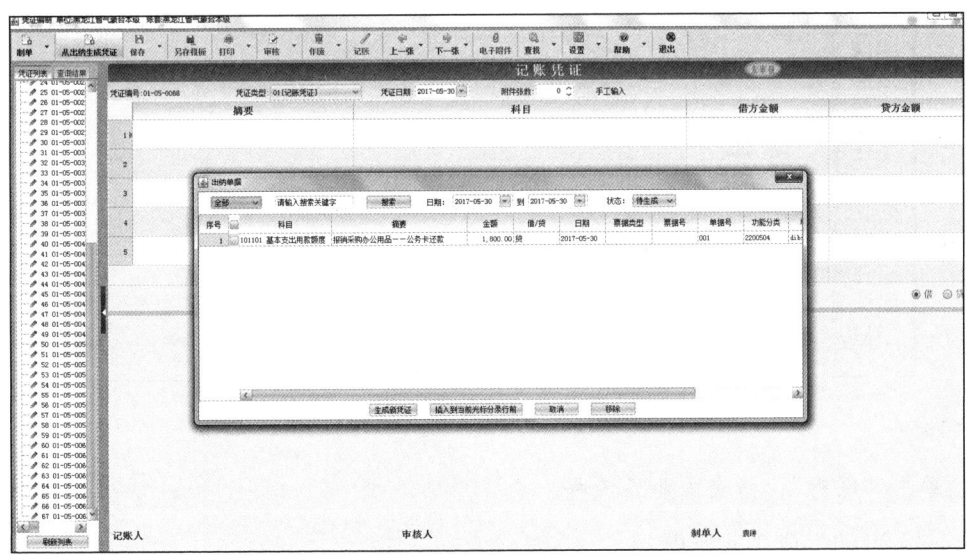

图 7-36　凭证编制 –7

生成一笔分录,只有贷方分录,如图 7-37 所示。

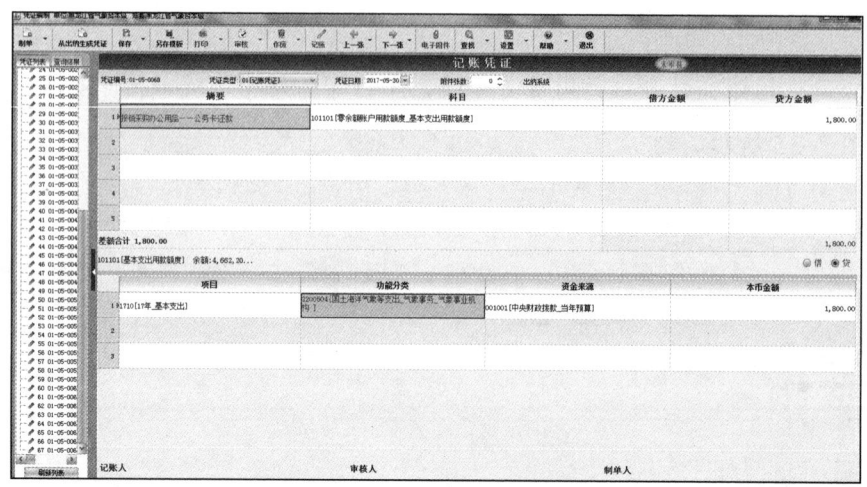

图 7-37 凭证编制 –8

手动输入借方科目，同时补充完整分录的辅助核算项，如图 7-38 所示。

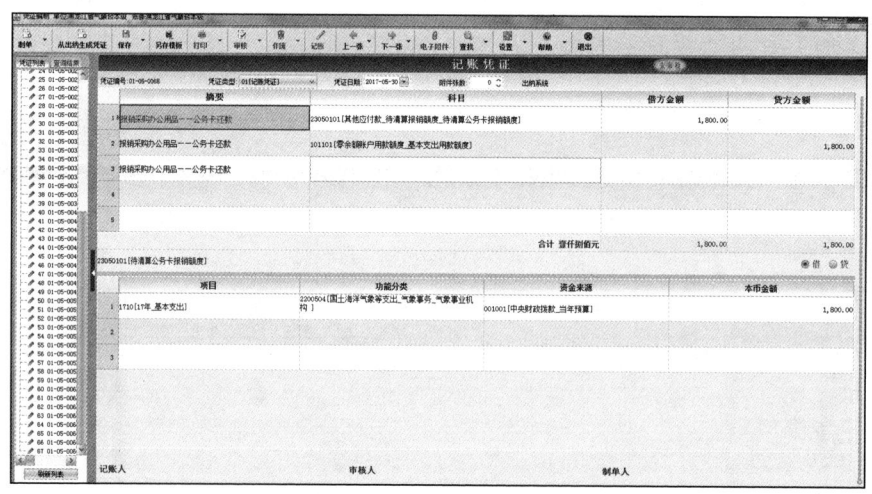

图 7-38 凭证编制 –9

单击"保存"，结束该业务流程。

（2）自动生成凭证流程

出纳将审核办理后的报销凭证移交到记账会计，记账会计在财务报销管理系统找到对应的待记账单据，核对报销单后单击生成凭证，进入凭证编制，手动补充完整各辅助核算项、会计科目等后退出，系统弹出审批通过窗口审核通过（系统如未能弹出审批通过窗口，也可直接单击"审批通过"）。

案例 7-10 购耗材一批 5000 元,应急办(气象灾害应急管理经费项目)领用 3000 元的耗材,办公室(综合信息管理系统项目)领用 2000 元的耗材。

选择多项目经费报销单记账界面,如图 7-39、图 7-40 所示。

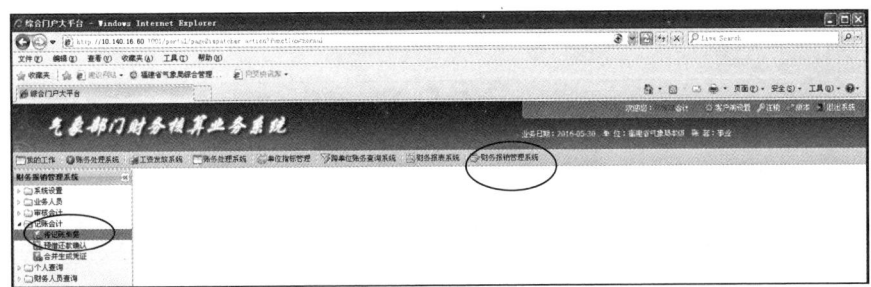

图 7-39 多项目报销 -1

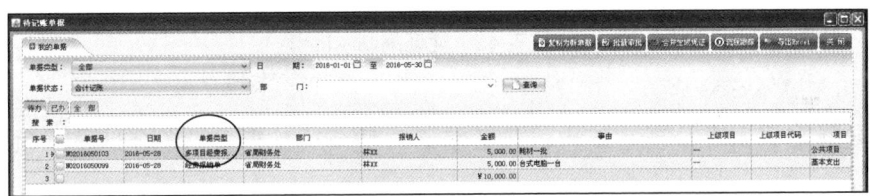

图 7-40 多项目报销 -2

弹出窗口,如图 7-41 所示。

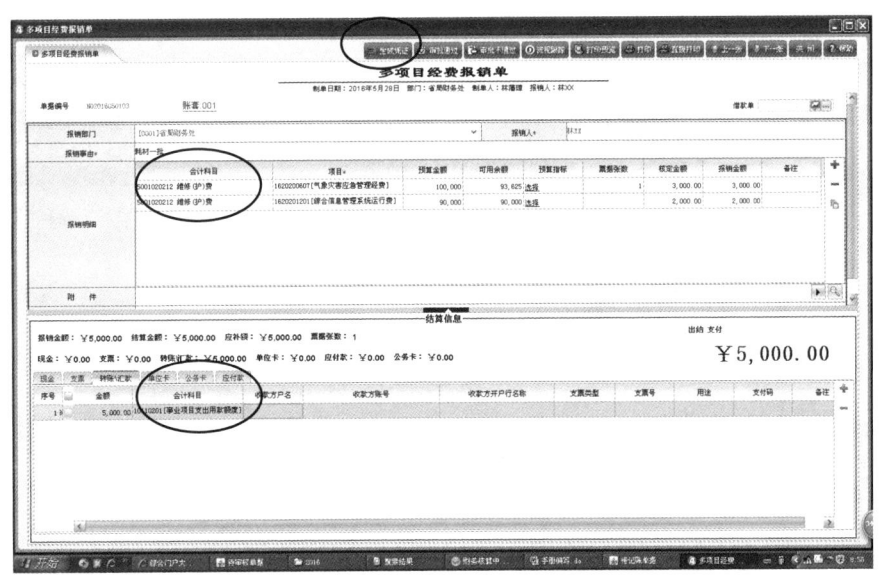

图 7-41 多项目报销 -3

录入或检查支出类会计科目、支付类会计科目后，生成凭证，如图7-42所示。

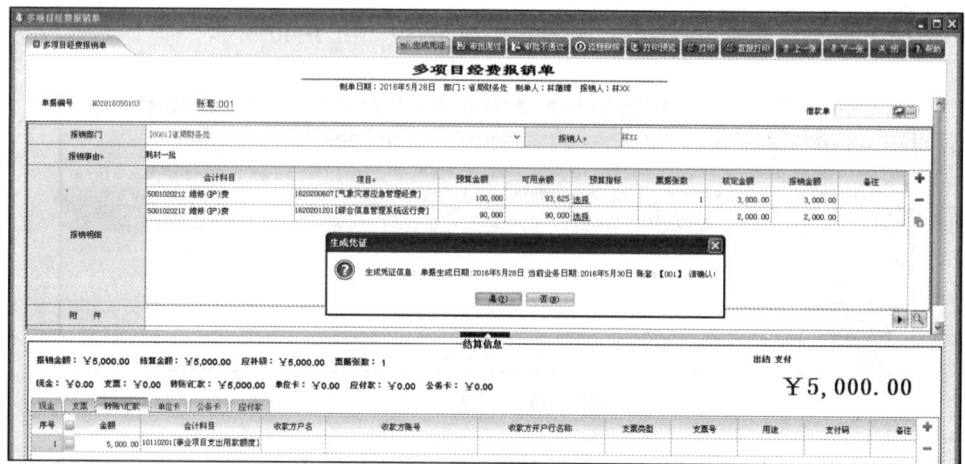

图7-42　凭证编制-1

系统跳转到财务处理系统中的凭证编制，每个项目生成一条辅助核算项。

注1：需要按辅助核算项进行核算的科目，应该按不同的辅助核算项进行拆分，形成多条凭证分录明细。

注2：对于按功能分类进行核算的科目，如果对应多个功能分类，应该按不同的功能分类对科目数据进行拆分，形成多条凭证分录明细，如图7-43所示。

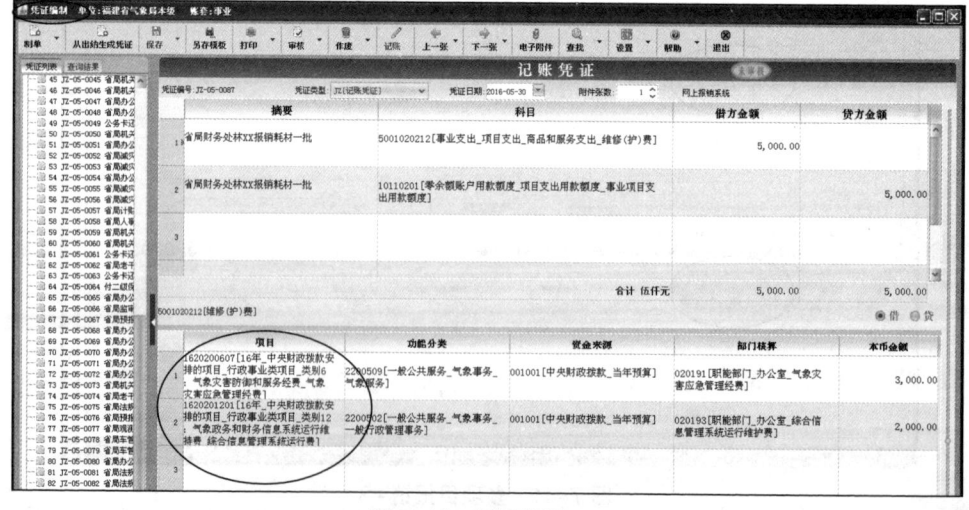

图7-43　凭证编制-2

补充完整辅助核算项保存后退出，返回待记账界面。系统自动弹出审批通过成功窗口（若系统未能弹出审批通过窗口，也可直接单击"审批通过"），如图7-44、图7-45所示。至此，财务报销管理系统流程执行完毕。

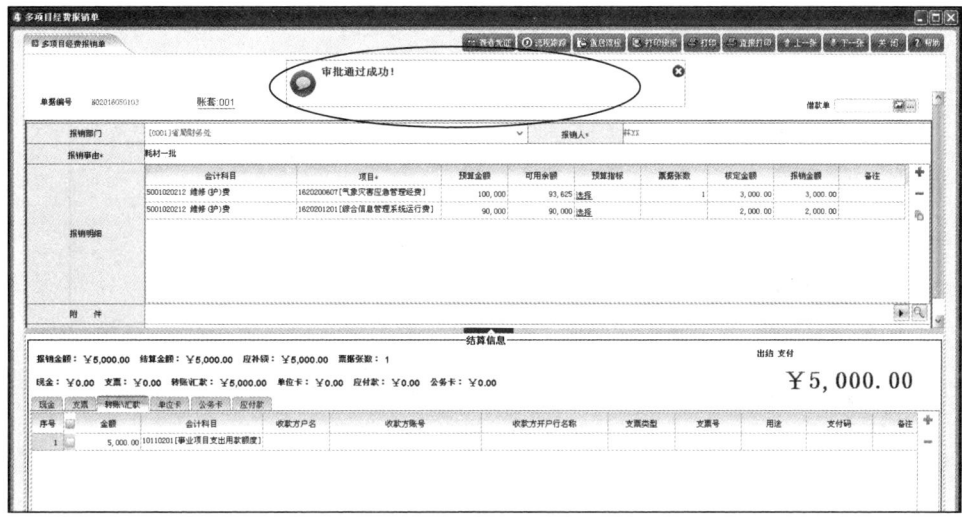

图 7-44　凭证编制-3

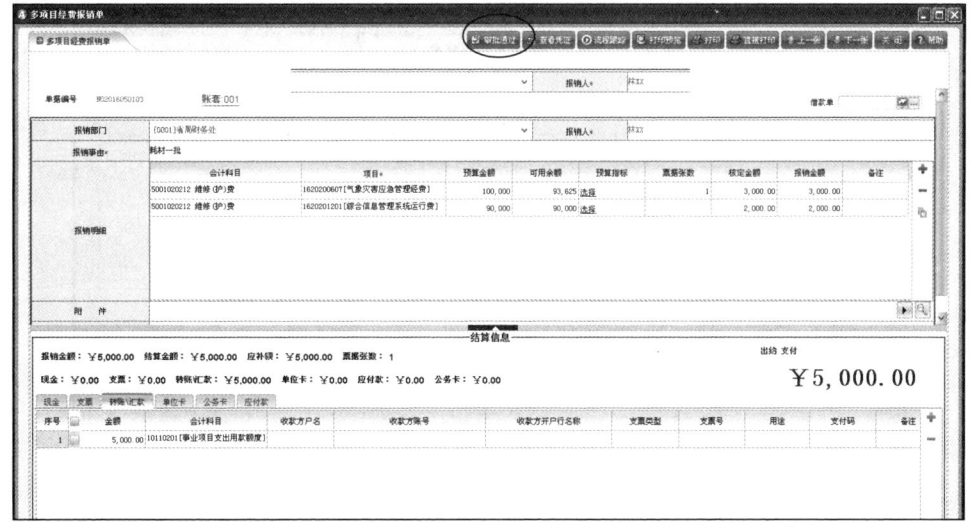

图 7-45　凭证编制-4

记账后如发现错误，可作废凭证后删除，如图7-46所示。

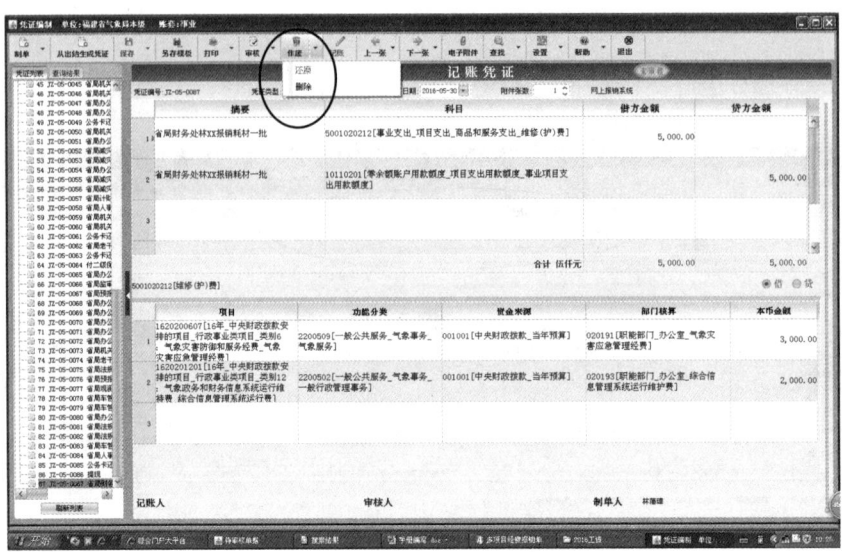

图7-46 凭证删除

再通过单击"重启流程"，恢复未记账前状态，重新生成凭证，如图7-47、图7-48所示。

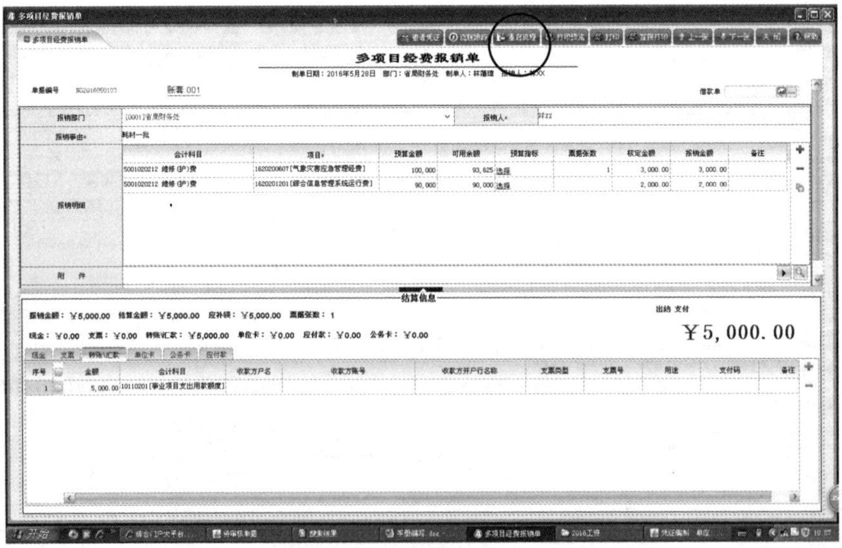

图7-47 重新生成凭证-1

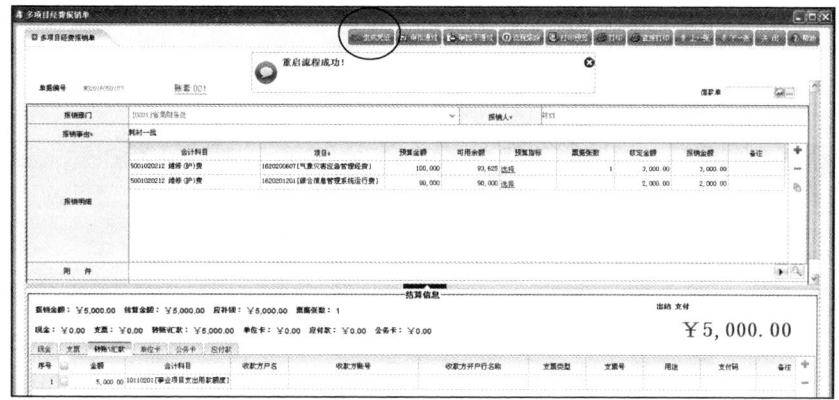

图 7-48　重新生成凭证 -2

（3）手动生成凭证流程

记账凭证的改错方法为：如果在填制记账凭证时发生错误，应当重新填制；如果是已经入账的记账凭证在当年内发现错误的，可以用红字冲销法进行更正，此时就可以使用手动生成凭证流程。

案例 7-11 会计在 5 月发现 4 月电话费 190.90 元被重复记账了。记账会计需要将以前会计期间记账内容有误的凭证 JZ-04-0694 "另存模板"，输入凭证模板名称"电话费 04/10"，如图 7-49 所示。

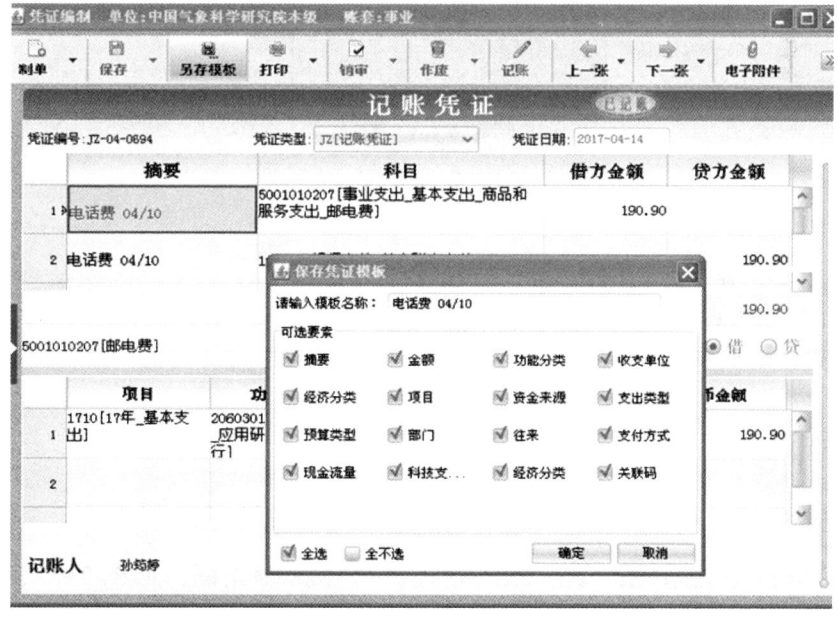

图 7-49　凭证编制 -1

新增一张空白凭证，单击"制单"，下拉箭头选择"调用凭证模板"对话框，双击准备调入的凭证模板，如图 7-50 所示。

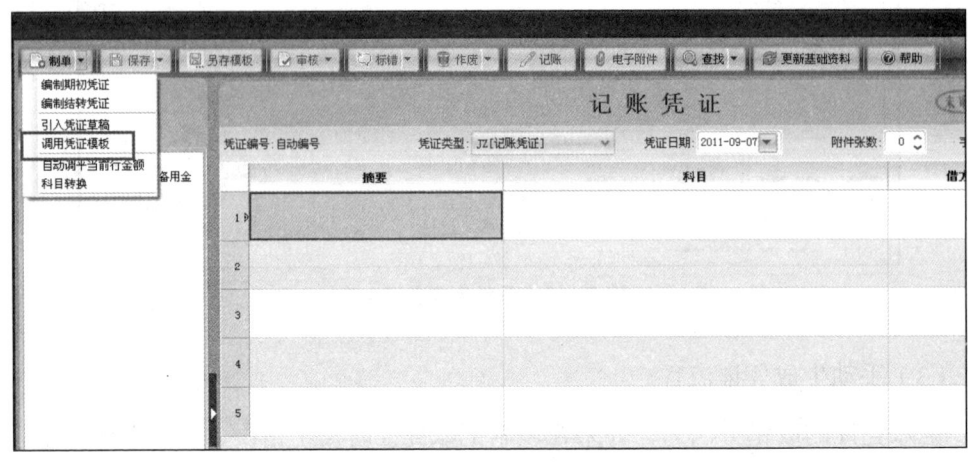

图 7-50　凭证编制 -2

手动将该凭证进行冲销处理，在编制调整后正确分录即可，如图 7-51 所示。

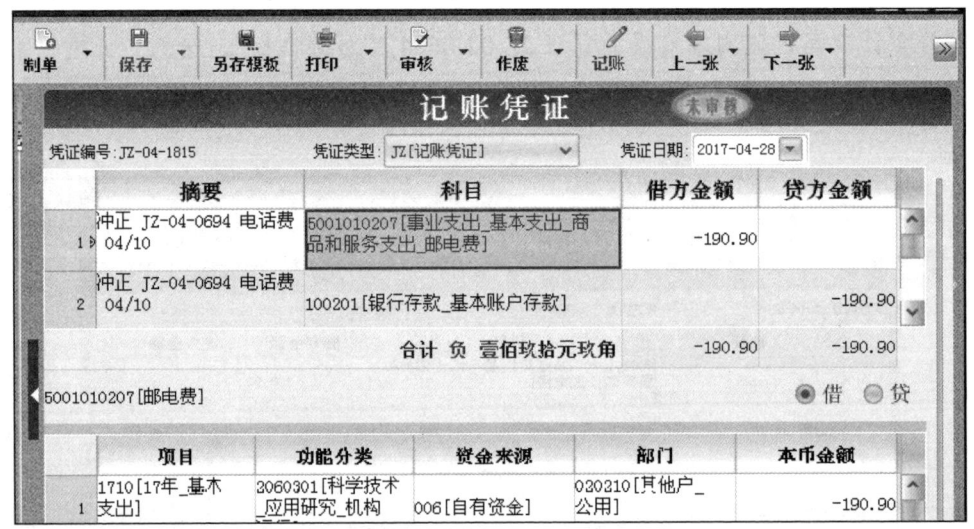

图 7-51　凭证编制 -3

（4）计提业务

计提业务是指与货币资金收付无关的业务，如计提税金等。

登录账务处理系统，单击凭证处理，选择新增凭证，如图 7-52、图 7-53 所示。

图 7-52 凭证编制 -1

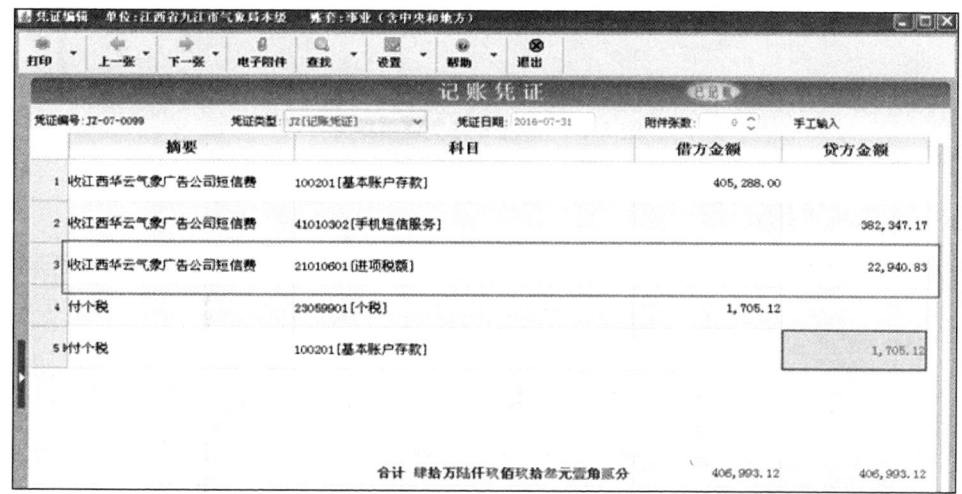

图 7-53 凭证编制 -2

根据收入计算需计提的税金,手动记账。

2. 凭证审核

制单会计录入完一张凭证,审核会计应及时对该凭证进行审核,审核会计科目是否被规范使用、借方与贷方科目的辅助核算是否对应一致、原始凭证和记账凭证是否对应一致。此外,有条件的单位还可以建立事后稽核制度,对记账凭证进行稽核。

操作步骤:

(1)单张审核凭证

①单击功能树节点,进入账务处理系统—凭证处理—凭证箱。

②在"未审核"页签凭证箱中勾选需要审核的凭证。

③确认无误后单击"审核",对当前凭证进行审核,如图 7-54 所示。

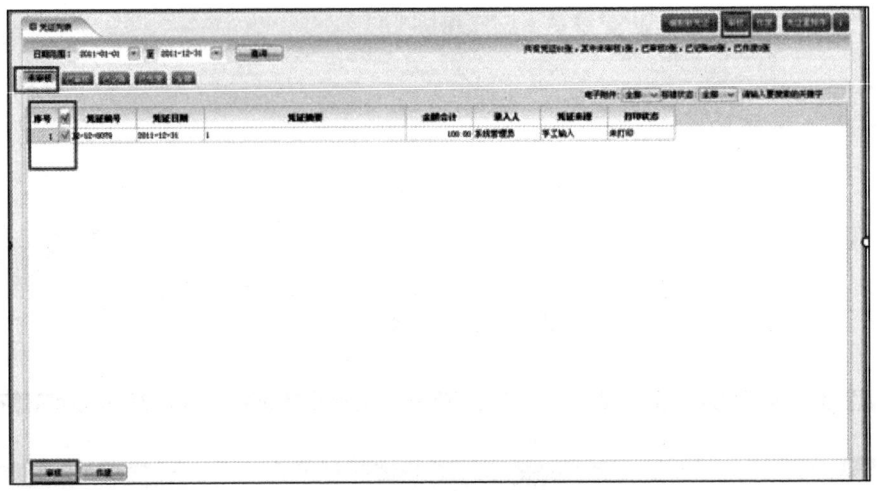

图 7-54　单张审核凭证箱界面

（2）批量审核凭证

①单击功能树节点，进入账务处理系统—凭证处理—记账，如图 7-55 所示。

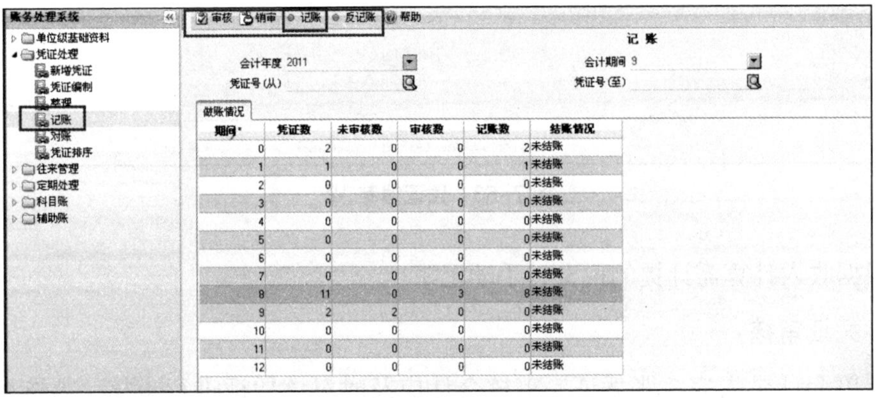

图 7-55　批量审核凭证记账界面

②选择"会计年度""会计期间"。

③在"凭证号"处选择将要审核的凭证范围，如果不选择凭证范围，则为会计期间的所有凭证。

④单击"审核"按钮，完成审核操作。

注：在计财业务系统自动生成凭证的条件下，建议审核会计应发挥重要作用，应对凭证进行逐笔审核，把住凭证质量的最后一道关口。因此，建议尽量减少使用批量审核功能。

3. 凭证记账

对"已审核"的凭证实现记账功能。记账凭证必须具备的内容有：填制凭证的日期，凭证编号，经济业务摘要，会计科目，金额，所附原始凭证张数，记账凭证制单人、复核人、记账人、会计机构负责人(会计主管人员)签名或者盖章。

操作步骤：

（1）单张记账凭证

①单击功能树节点，进入账务处理系统—凭证处理—凭证箱。

②在"已审核"页签凭证箱中勾选需要记账的凭证。

③确认无误后单击"记账"，对当前凭证进行记账，如图 7-56 所示。

图 7-56　单张记账凭证箱界面

（2）批量记账凭证

①单击功能树节点，进入账务处理系统—凭证处理—记账，如图 7-57 所示。

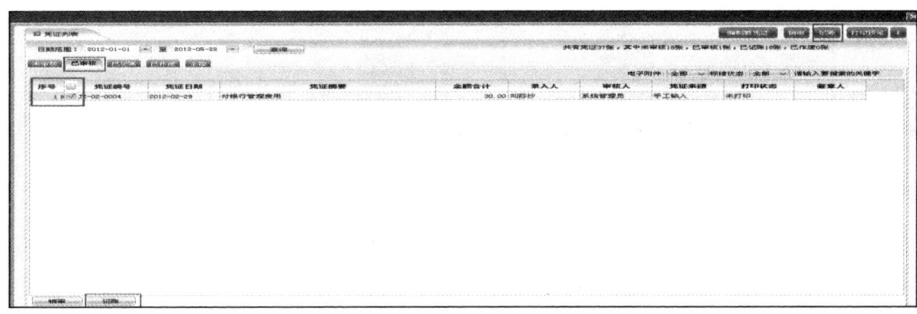

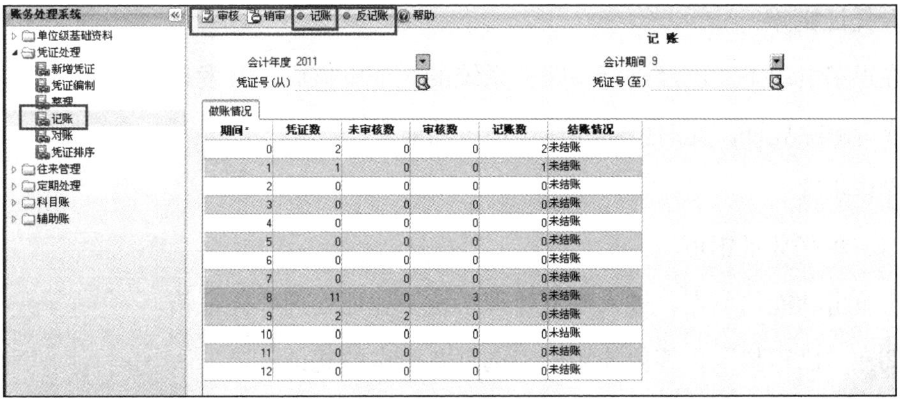

图 7-57　批量记账凭证记账界面

②选择"会计年度""会计期间"。

③在"凭证号"处选择将要审核的凭证范围，如果不选择凭证范围，则为会计期间的所有凭证。

④单击"记账"按钮，完成记账操作。

4. 凭证反记账

操作步骤：

①单击功能树节点，进入账务处理系统—凭证处理—记账，如图7-58所示。

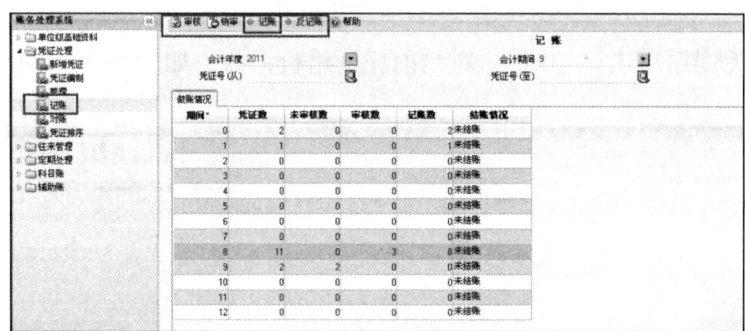

图7-58　凭证反记账界面

②选择"会计年度""会计期间"。

③在"凭证号"处选择将要反记账的凭证范围，如果不选择凭证范围，则为会计期间的所有凭证。

④单击"反记账"按钮，完成反记账操作。

5. 凭证销审

在很多情况下，已经进行了账务系统的凭证审核后，又发现错误，则需要修改凭证或者删除凭证，此时就需要使用销审功能。

操作步骤：

（1）单张凭证销审

①单击功能树节点，进入账务处理系统—凭证处理—凭证箱。

②在"已审核"页签凭证箱中勾选需要销审的凭证。

③确认无误后单击"销审"，对当前凭证进行销审，如图7-59所示。

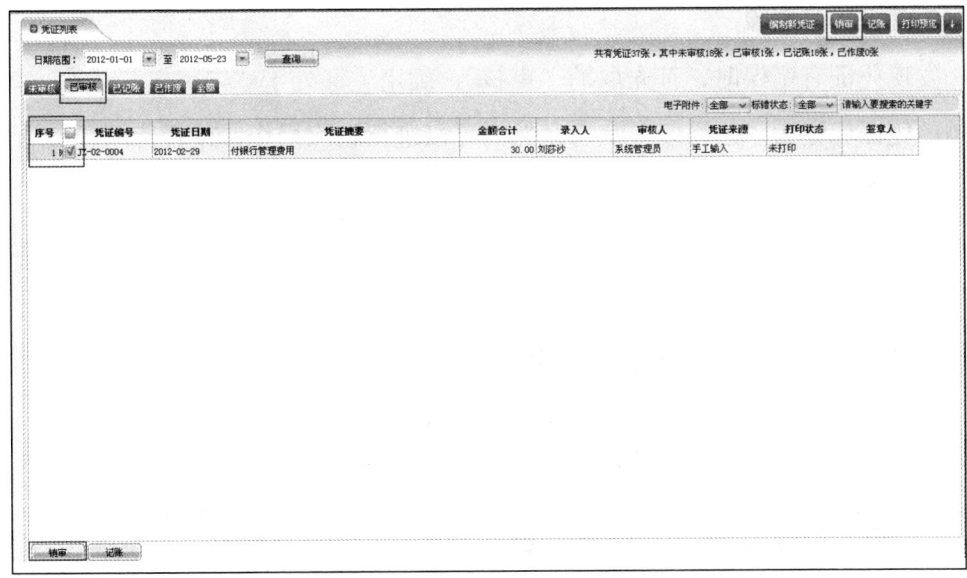

图 7-59　单张凭证销审凭证箱界面

（2）批量凭证销审

①单击功能树节点，进入账务处理系统—凭证处理—记账，如图 7-60 所示。

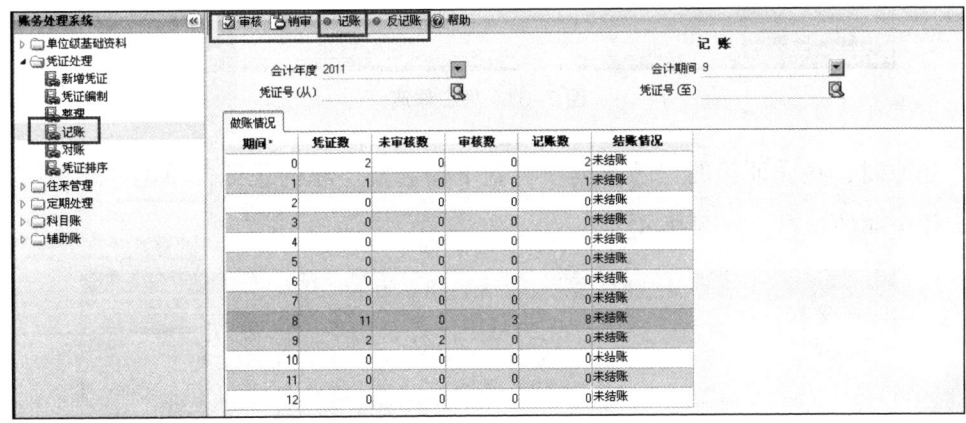

图 7-60　批量凭证销审记账界面

②选择"会计年度""会计期间"。

③在"凭证号"处选择将要销审的凭证范围，如果不选择凭证范围，则为会计期间的所有凭证。

④单击"销审"按钮，完成销审操作。

6. 凭证作废删除

发现凭证有错误时，首先取消"审核"，确定凭证处于"未审核"状态。将有问题的凭证标记为"已作废"状态，然后可以进行删除操作；或者待问题确认后，可以进行恢复，转为正常的凭证。

操作步骤：

（1）凭证作废

①单击功能树节点，进入账务处理系统—凭证处理—凭证箱。

②在"未审核"页签选择需要作废的凭证，单击"作废"（图7-61）。

或者，打开某一张要作废的凭证，在凭证上方单击"作废"按钮。

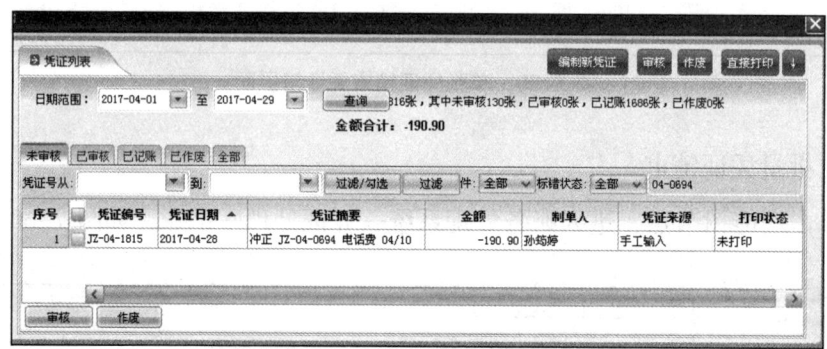

图 7-61　凭证作废

还原时，在凭证箱的"已作废"页签下勾选要还原的凭证，单击"还原"，还原为作废前的状态，如图7-62所示。

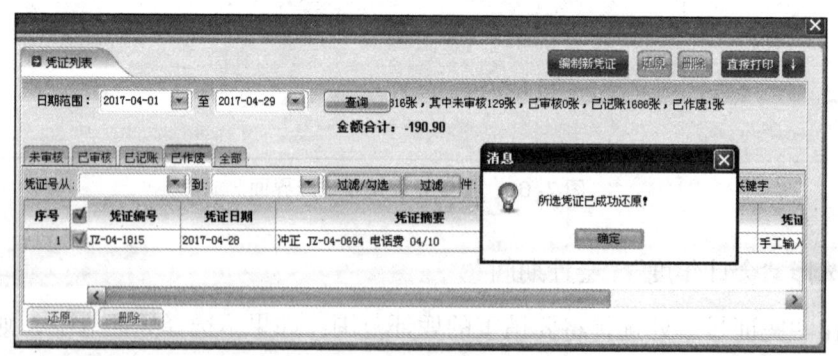

图 7-62　作废凭证还原

（2）作废凭证删除

确定为"已作废"状态的凭证，即可进行删除。作废的凭证被删除，凭证号会重新排序。

操作步骤：

①单击功能树节点，进入账务处理系统—凭证处理—凭证箱。

②在"已作废"页签勾选需要删除的凭证，单击"删除"。

③在确认提示中选择"是"即可，如图7-63所示。

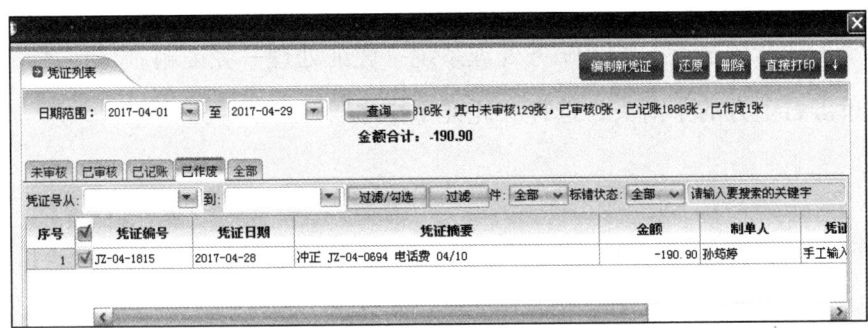

图7-63 删除凭证

7. 凭证还原

凭证由于误操作被作废，需要将其还原为正常凭证，此时可以使用还原功能。

操作步骤：

①单击功能树节点，进入账务处理系统—凭证处理—凭证箱，如图7-64所示。

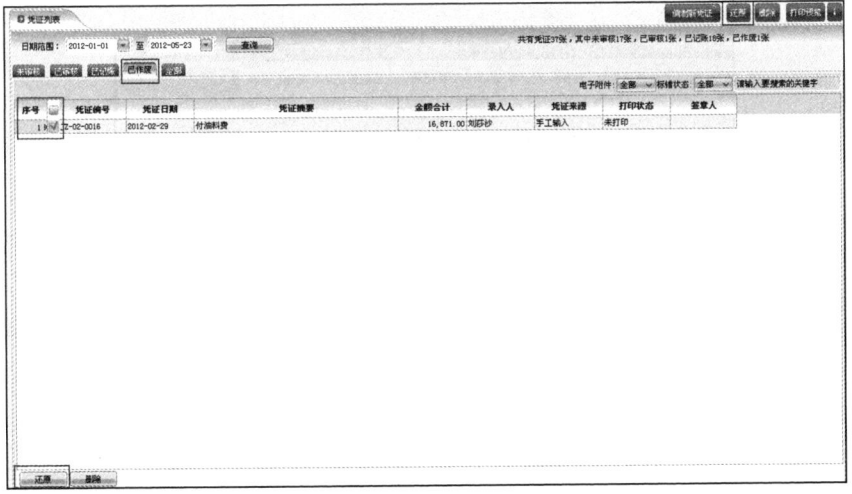

图7-64 凭证还原凭证箱界面

②在"已作废"页签凭证箱中勾选需要还原的凭证。

③确认无误后单击"还原",对当前凭证进行还原。

8. 凭证重排序

凭证应当按照分类和编号顺序保管,凭证的排列顺序与业务发生顺序不符时,凭证可以按制定好的顺序进行编号。

操作步骤:

①单击功能树节点,进入账务处理系统—凭证处理—凭证箱。

②单击右上方的小箭头,选择"凭证重排序",如图7-65所示。

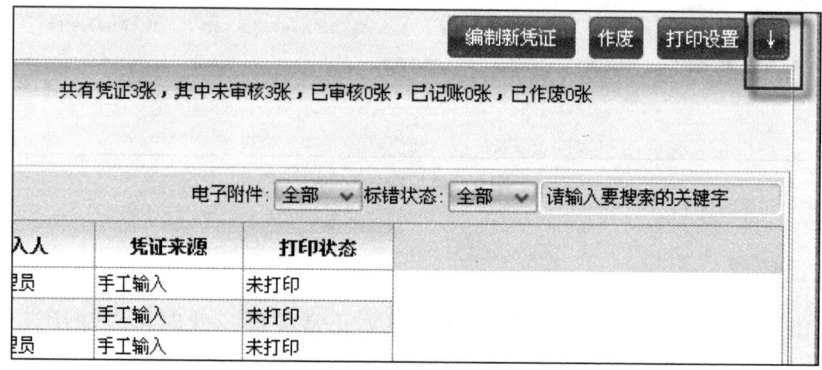

图7-65 凭证重排序凭证箱界面

③单击"执行重排序",在弹出的确认窗口中选择"是"即可,如图7-66所示。

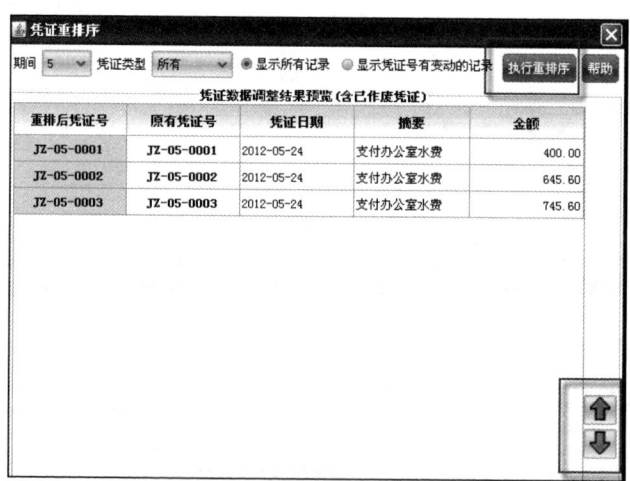

图7-66 凭证重排序

9. 凭证打印

录入会计使用"新增凭证"功能录入完凭证,需要进行打印,此时可以使用凭证打印功能。

操作步骤:

(1)单张凭证打印

①单击功能树节点,进入账务处理系统—凭证处理—新增凭证,如图7-67所示。

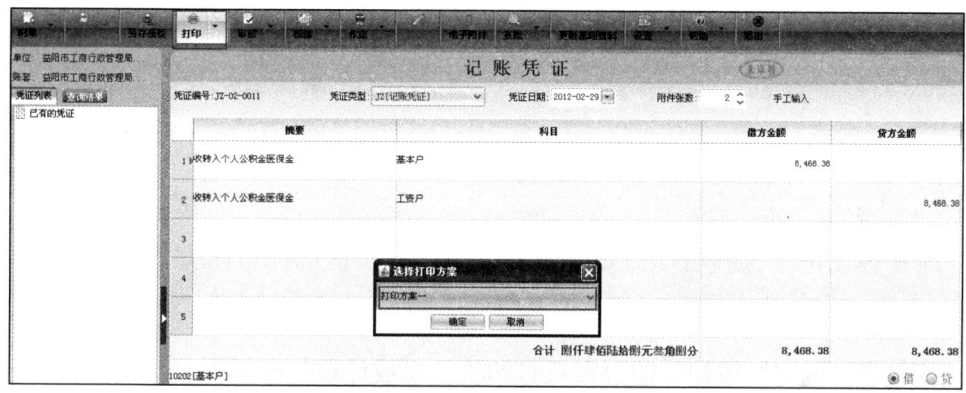

图7-67 单张凭证打印界面

②单击"打印"按钮。

③在弹出的"选择打印方案"界面,通过下拉框选择打印方案,如"打印方案一"。

④单击"确定"按钮,通过默认打印机,完成凭证打印操作。

或者,在账务处理系统—凭证处理—凭证箱里勾选某一张凭证,单击"直接打印"按钮进行打印即可。

(2)批量凭证打印

①单击功能树节点,进入账务处理系统—凭证处理—凭证箱,如图7-68所示。

②通过"日期范围"和凭证状态查询到要打印的凭证,然后在对应的小方框中选中多条凭证。

③单击"直接打印"按钮。

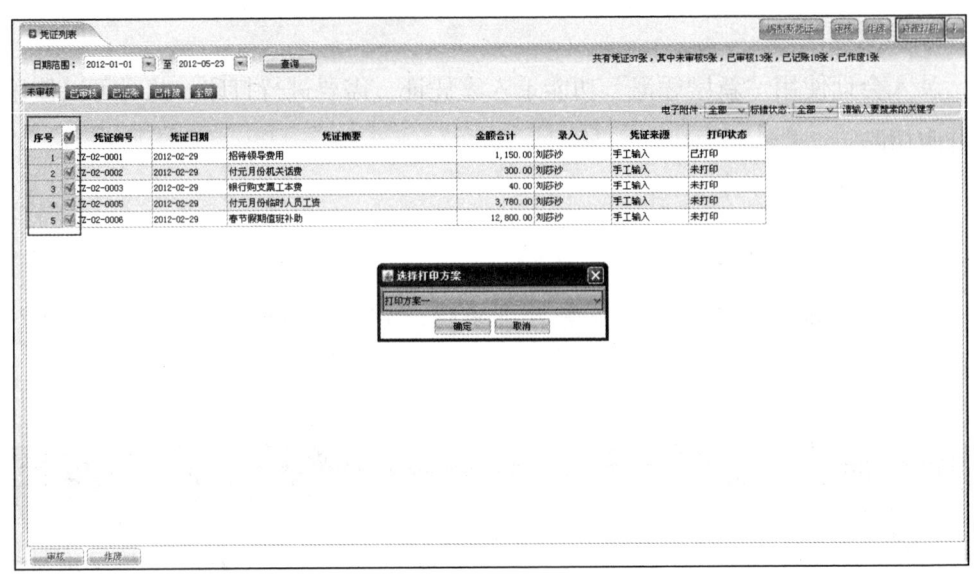

图 7-68　批量凭证打印界面

④在弹出的"选择打印方案"界面，通过下拉框选择打印方案，如"打印方案一"。

⑤单击"确定"按钮，通过默认打印机，完成凭证打印操作。

第五节　期末处理

一、总体介绍

期末处理包括期末结账和建立新账等工作。在年度结束时，都应进行年终结账工作，以便为编制年终决算做好准备，也为下年度的会计工作做准备。

（一）结账

各单位应当按照规定定期结账。具体规定如下：

（1）结账前，必须将本期内所发生的各项经济业务全部登记入账。

（2）结账时，应当结出每个账户的期末余额。在本期全部经济业务登记入账的基础上，结出本期发生额和期末余额。最后一个会计期间结账时产生新年度账，并将期初余额结转至新年度账的期初，其他会计期间结账时将会计科目期末余额结转至下一个会计期初。

（3）结账后，当前会计期间及以前会计期间将不能录入凭证，月末余额转入下月，不允许再输入本月凭证。

（二）建立新账

在新会计年度会计工作开始之前，已经决算完毕，并且本年度各账户有余额的，要将账户的年终余额数直接计入新年度相应的各有关账户。系统的会计科目和辅助核算等信息是分年度保存的，所以，当年会计业务完成后，需要建立新年度的基础资料信息，建立新年度账后可以对新年度科目信息进行编辑等操作。

二、系统操作

（一）按月对账

1. 会计与银行对账

为加强资金管理，应用账务处理子系统中的银行管理功能，按月完成会计与银行电子对账单的核对，如图 7-69 所示。

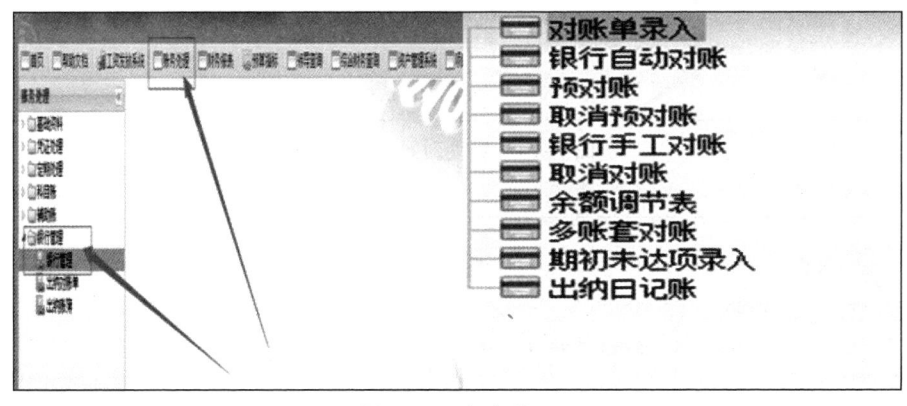

图 7-69　银行管理

案例 7-12　会计与银行电子对账单的核对

操作步骤：

①导入电子对账单，选择要素，包括对账日期、科目，如图 7-70 所示。

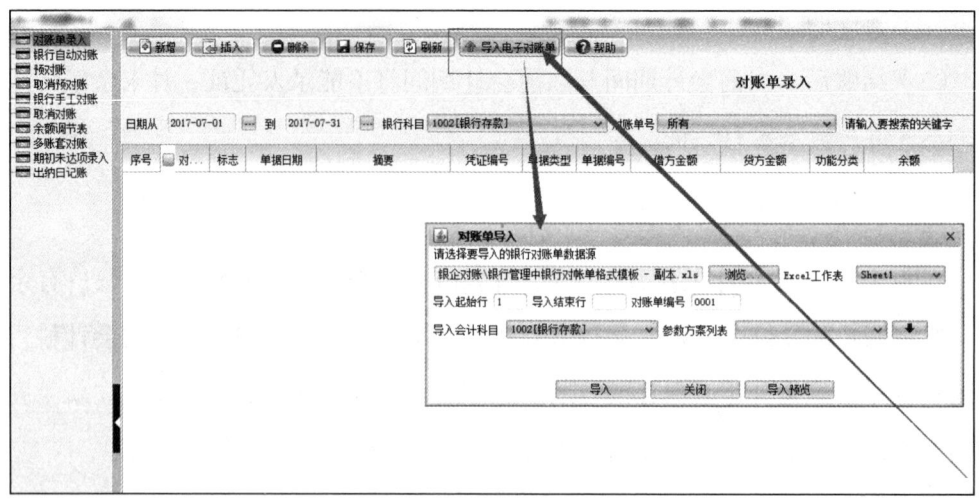

图 7-70 导入电子对账单

②单击开始对账,如图 7-71 所示。完成自动对账,如图 7-72 所示。

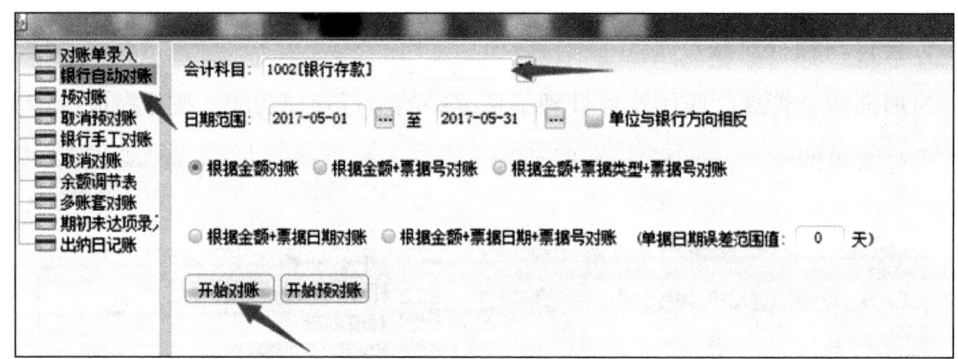

图 7-71 自动对账界面 -1

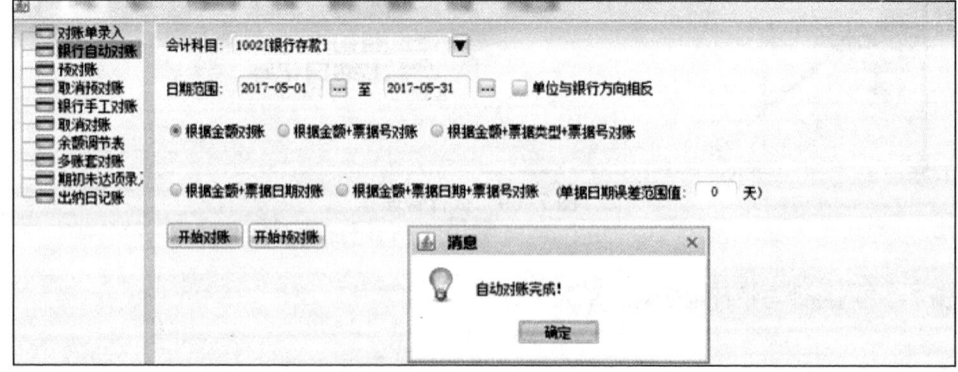

图 7-72 自动对账界面 -2

图 7-73 是自动对账成功的记录。还没有对账的需要手动对账，操作如下：通过自动匹配对账完成单位明细账与对账单中的信息核对，再通过手动勾选完成最后单位与银行账户信息的核对，如图 7-74 所示。

图 7-73 完成自动对账

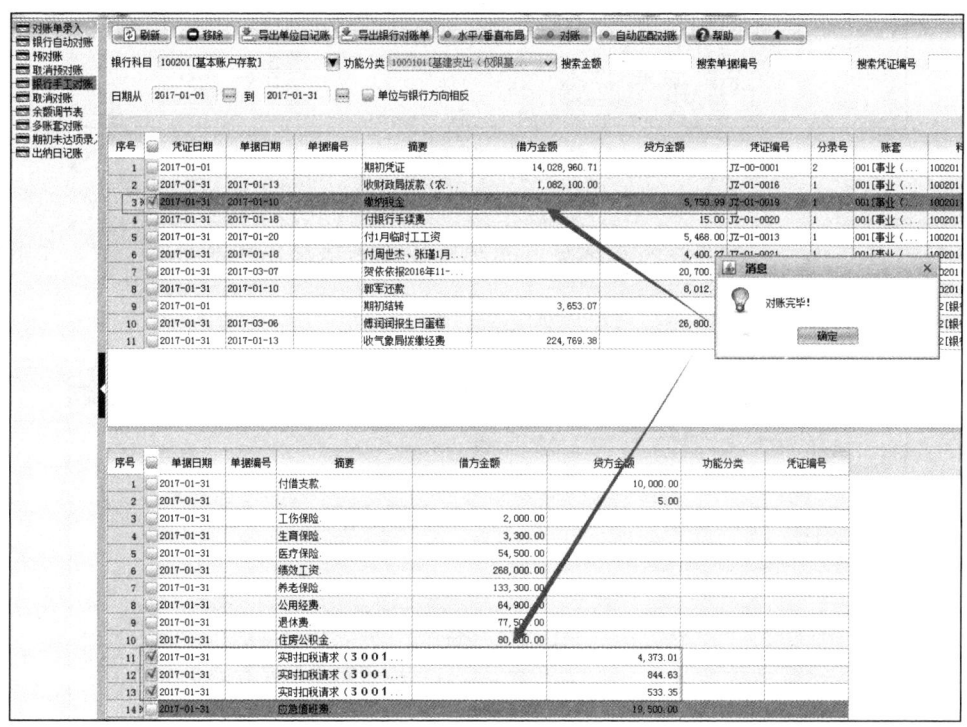

图 7-74 手动对账界面

如果在对账过程中出现导入对账单有误的情况，可以取消对账，然后进行再次对账，如图 7-75 所示。

图 7-75 取消对账

③与银行电子对账单核对完成后,系统自动生成银行存款余额调节表,生成的余额调节表可打印归档,如图 7-76 所示。

图 7-76 余额调节表

2. 会计与出纳日记账核对

单位会计岗位的财务人员直接调取出纳管理中的出纳日记账,并与之进行核对，保证账账相符。

如图 7–77 所示，在出纳对账单中可以看到总账多少金额、出纳多少金额、差额多少金额。如果“期初余额”“本期借方”“本期贷方”“期末余额”的信息中差额为“0”，表示会计与出纳的货币资金账相符。如账账不符就需再进一步核对明细账。

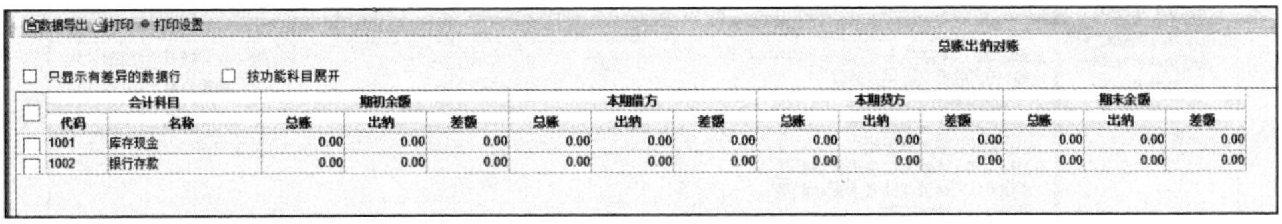
数据导出 打印 打印设置

总账出纳对账

□ 只显示有差异的数据行　□ 按功能科目展开

会计科目		期初余额			本期借方			本期贷方			期末余额		
代码	名称	总账	出纳	差额	总账	出纳	差额	总账	出纳	差额	总账	出纳	差额
1001	库存现金	0.00	0.00	0.00	0.00	0.00	0.00	0.00	0.00	0.00	0.00	0.00	0.00
1002	银行存款	0.00	0.00	0.00	0.00	0.00	0.00	0.00	0.00	0.00	0.00	0.00	0.00

图 7–77　总账出纳对账

（二）会计对账

会计对账是保证会计报表准确的重要方法，基于系统自动计算、凭证收支平衡的条件下，单独某个科目账一般不会出错，记账会计重点要保证账账相符。计财业务系统账务处理模块中会计对账环节是非常重要的一项内控措施，它能保证报出的各类数据准确无误，有效解决气象部门检查出现的账表不符、少交或多交税款等问题。因此，各级气象部门的财务管理部门要予以高度重视，对会计对账的要求、流程等做出明确规定，以指导气象部门会计人员做好会计对账工作，为后期的各类报表生成打好数据基础。会计在记账过程中，要保证预算执行情况、税务报表、会计月报、决算报表上报的数据准确，一般要将预算指标余额与账务余额、往来款项及项目进行核对，主要通过在账务处理模块中设置查询方案的方法进行核对。

案例 7–13 某单位财务核算中心稽核 4 月项目收支情况，为全面掌握收支情况，主管会计选择了“辅助总账余额表”功能进行明细查询，设置查询方案。资金来源：“001 中央财政拨款”；会计科目：“1011 零余额账户用款额度”“100102 零余额现金”“101102 项目支出用款额度”“1201020201 事业项目支出额度”“1215990202 零余额往来”“1215990202 零余额往来”“23050101 待清算公务卡报销额度”“23050102 待清算储蓄卡报销额度”“33010202 项目支出结转”“33010202 项目支出结转”“500102 项目支出”；功能分类：“2200509 气象服务”。针对 3 个要素组合设置的查询方案如图 7–78 所示。在查询明细表页中，如果查询结果显示期末借方或者贷方余额,需要将上述科目对应的辅助明细账导出,分别按借方和贷方核对,找出差异,进行账务处理,如图7-79所示。

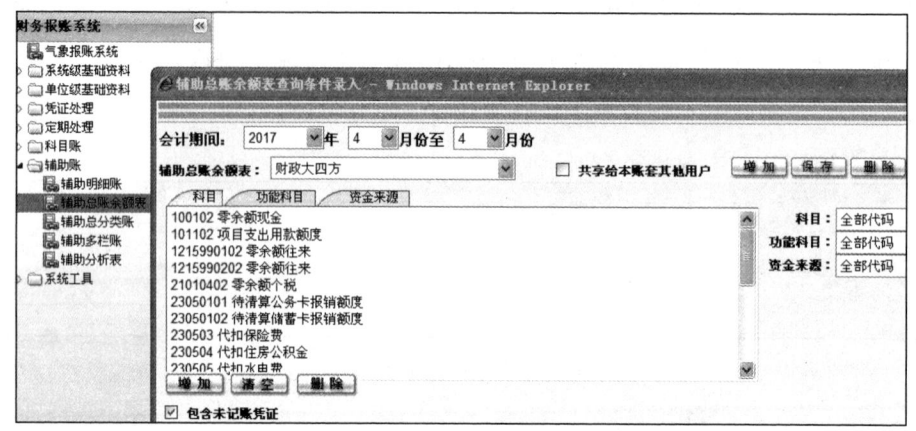

图7-78 方案设置

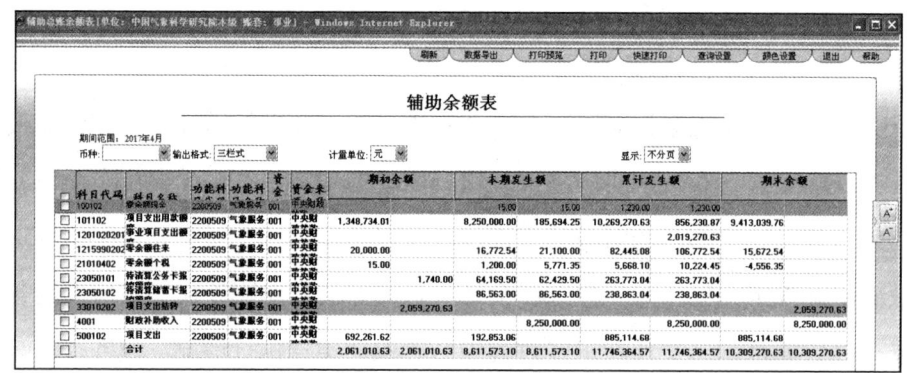

图7-79 项目账核对

(三)期末会计处理

每年年底,行政事业单位都要进行收入支出科目转结余的操作,将收支对冲,收入支出科目的余额结为零,同时产生结余金额,核算单位的结余情况。根据财政部的规定,支出科目需要按照经济分类、功能分类及项目等进行核算,使单位在进行收支结转时难度和工作量很大,当然单位也可以根据自己的情况进行手动收支结转。

1. 年底收支结转

分为3个步骤:定义收支结转方案、自动生成期末结转凭证、结账及反结账。

（1）定义收支结转方案

计财司每年根据会计制度，统一下发收支结转方案，按照设定好的规则生成记账凭证，单位对该凭证进行正常的复核、记账等操作即可。如果单位收支结转有错误，可以删除生成的收支结转凭证，重新进行收支结转。各单位如果对系统定义的结转方案不满意，可以定义自己的结转方案。

操作步骤：

①单击账务处理系统，进入账务处理系统—定期处理—年底收支结转，如图 7-80 所示。

图 7-80　定义收支结转方案 –1

②单击"结转方案定义"，出现方案定制对话框，如图 7-81 所示。

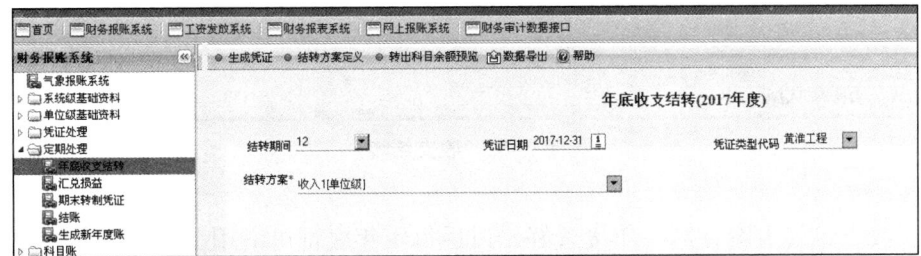

图 7-81　定义收支结转方案 –2

③在"转出科目"处选择需要转出的收入类或者支出类科目，在"转入科目"处选择结余类科目。

若转出科目有某些明细核算项，而转入科目没有，则会出现转入科目辅项信息的选择栏，选出对应的明细核算项内容。

④单击"方案详细信息"栏右边的"增加"按钮，系统会自动生成结转的详细

信息。

⑤单击"结转方案"栏下方的"增加"按钮,弹出对话框,将方案名称命名。

⑥单击"确定"之后,结转方案制定成功,最后单击"结转方案"下的"保存"按钮,如图7-82所示。

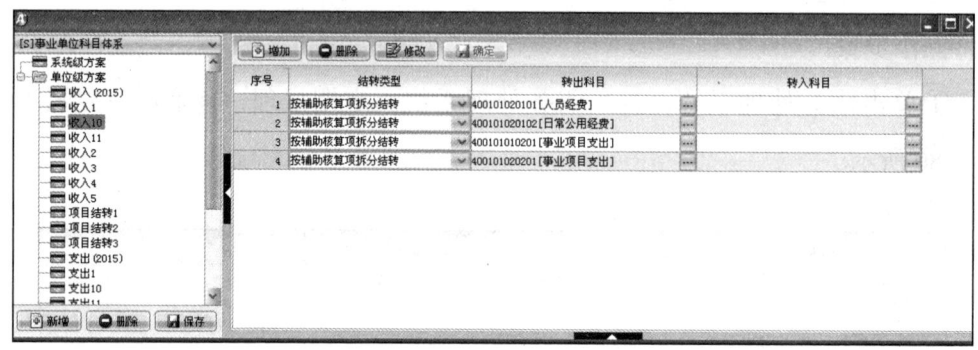

图7-82　收支结转

⑦收支结转方案在第一年设置好,以后每年年底都可沿用。

(2)自动生成期末结转凭证

每年年底,当所有凭证制单、审核、记账后,就可以进行"收支结转"操作,生成"结转凭证"。

操作步骤:

①单击账务处理系统,进入账务处理系统—定期处理—年底收支结转。

②选择系统定义好的结转方案,单击"生成凭证"即可,如图7-83所示。

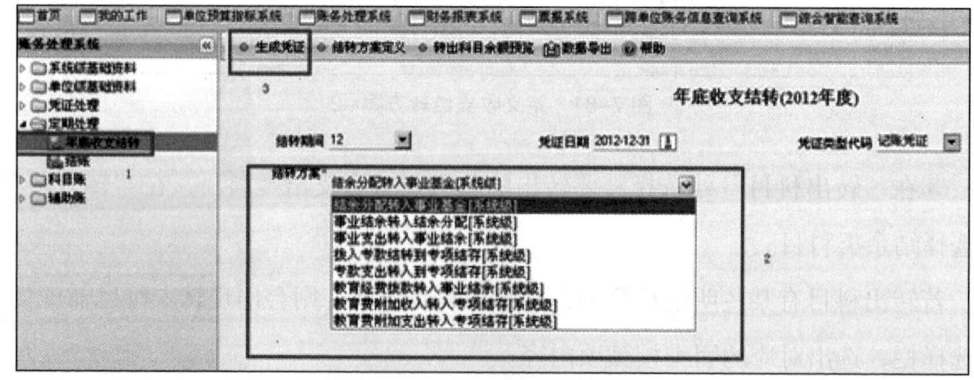

图7-83　生成期末结转凭证

（3）结账及反结账

在本期全部经济业务登记入账的基础上，结算出本期发生额和期末余额。最后一个会计期结账时产生新的年度账，并将期末余额结转至新年度账的期初；其他会计期间结账时将会计科目期末余额结转至下一会计期初。

操作步骤：

①单击账务处理系统，进入账务处理系统—定期处理—结账。

②选择结账的"会计年度""会计期间"。

③单击"结账"，系统自动进行结账操作，如图7-84所示。

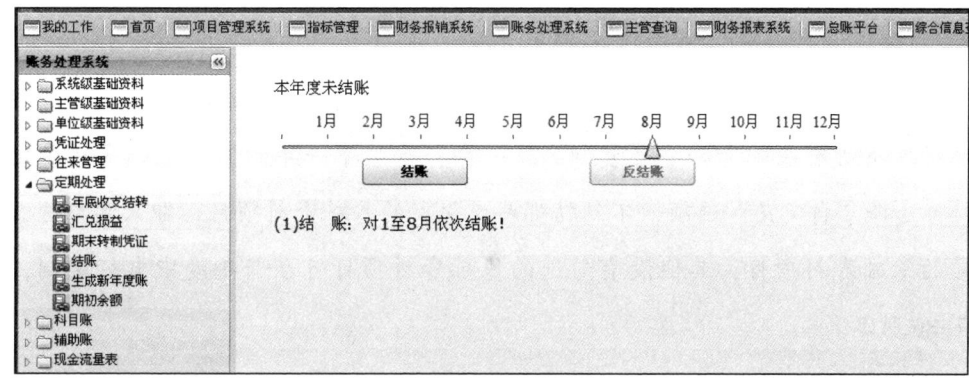

图7-84 结账

④单击"反结账"，系统自动进行反结账操作。

2. 建立新年度账

当年会计业务完成后，需要建立新年度的基础资料信息。建立新年度账后，可以对新年度科目信息进行编辑、删除等操作。

系统会根据上一年的基础资料信息生成下一年的基础资料，待本年度正常结账后，如需再次进行新年度数据转移时，系统会使用覆盖或追加等方式产生下一年度的基础数据及新年度账。

操作步骤：

（1）单击功能树节点，进入账务处理系统—定期处理—生成新年度账（步骤一），进入"生成新年度基础资料"选择页面，如图7-85所示。

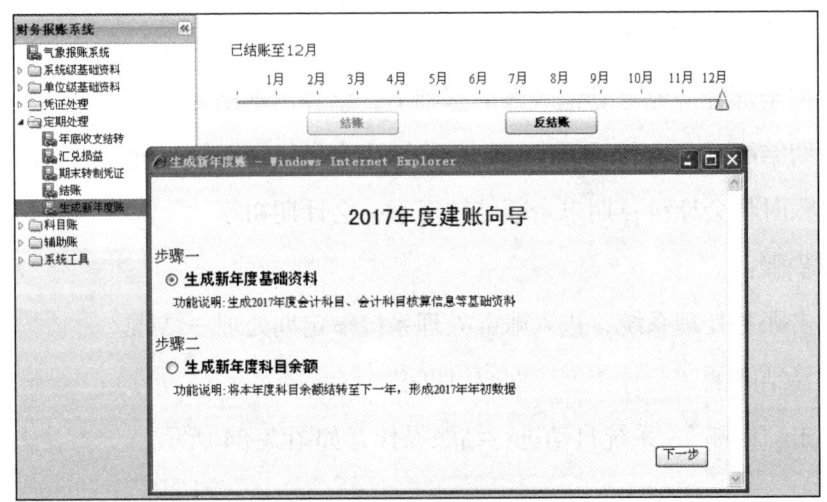

图 7-85　建立新年度账

注：如果在下一年基础资料不变或变化不大的情况下，选择"默认方式"选项，将本年所有基础资料全部复制到下一年；如果下一年的某些基础资料变化较大，可选择"自定义"选项，不结转那些变化大的基础资料项目，即只需勾选需要结转的基础资料项目，其他没有勾选的基础资料项目可在新年度中自行定制，如图 7-86 所示。

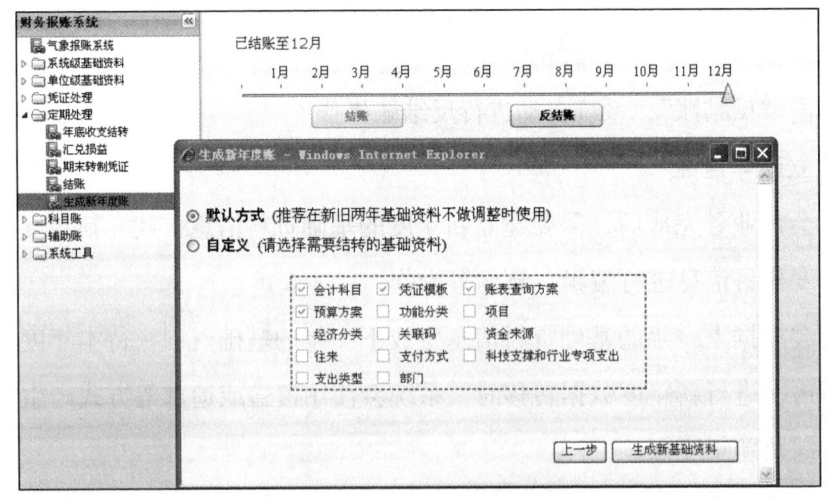

图 7-86　选择结转方式

（2）选择好基础资料结转方式后，单击"生成新基础资料"，如图 7-87 所示。

第七章　会计核算

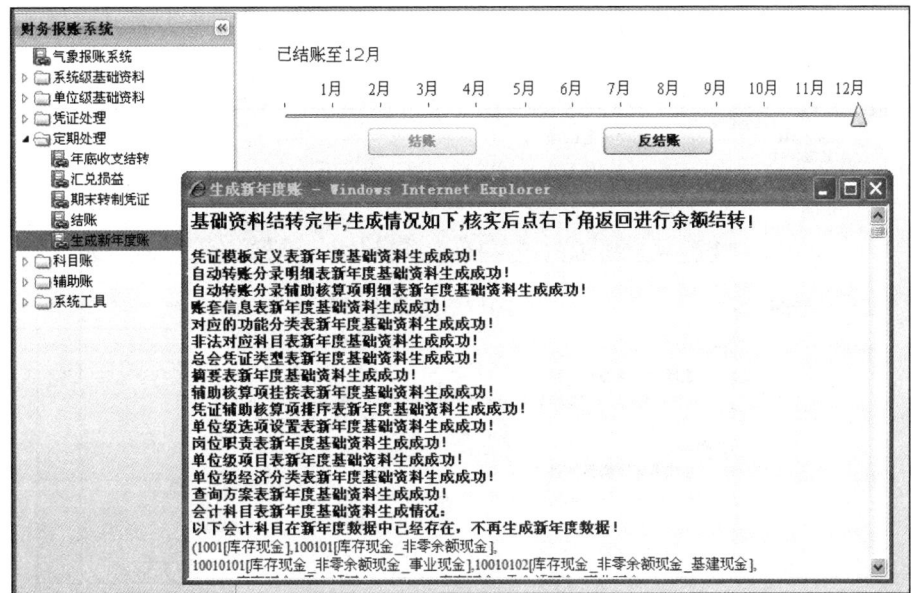

图 7-87　生成新基础资料

3. 新年度余额生成

系统会将上一年的余额信息转为下一年的期初数据。余额转移时，如果系统检测到下年度的科目属性与上年度的科目属性不一致，会以列表的形式把未转移成功的余额列出，请核对后进行手动调整，再转入新年度。该操作可以重复使用，通过"生成期初凭证方式"生成科目余额。每生成一次，在新年度中会自动再生成一张 0 期间的凭证，原来已经生成的 0 期间的凭证不会被覆盖。

通过"生成期初凭证方式"生成科目余额的：每生成一次，会先将余额表中已存在的新年度余额数据删除，再写一次进入余额表。

操作步骤：

新年度基础资料生成操作完毕后，才能进行生成新年度科目余额的操作。

（1）单击功能树节点，进入账务处理系统—定期处理—生成新年度账（步骤二），进入"生成新年度科目余额"选择页面，如图 7-88 所示。

注：选择"根据科目对照关系进行结转"方式，会按照图的方式进行对照结转，系统会把两个年度有变化的科目列出来，让用户参照新年度科目手动调整结转金额，调整后点按钮，将所列"开始结转余额"科目余额全部结转到下一年对应科目中。

（2）选择"生成期初凭证方式"进行结转后，系统将生成期初结转凭证，用户可以对期初凭证进行手动调整。

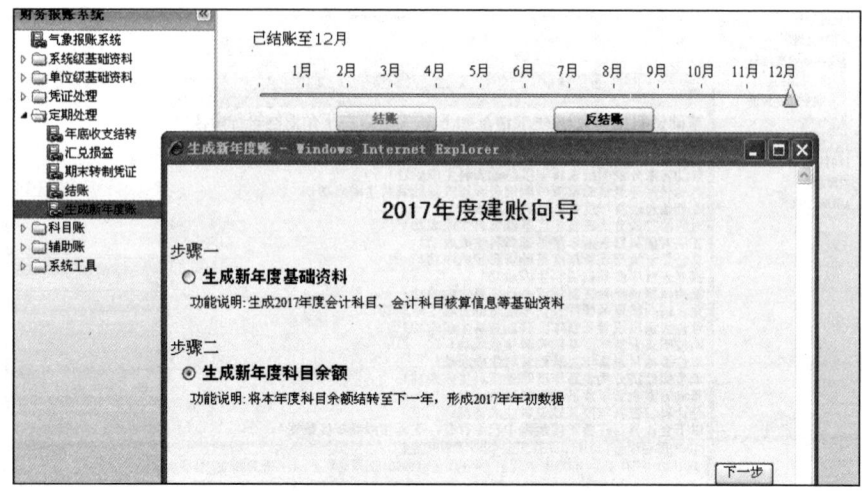

图 7-88 生成新年度科目余额

第六节 账表查询

一、功能描述

常用的科目账查询包括明细账、日记账及余额汇总表的查询；常用的辅助账查询包括辅助明细账和辅助余额表的查询。其对应的功能分别为：

明细账：查询某个会计期间或某几个连续会计期间会计科目的明细情况，包括本期借方发生额、本期贷方发生额、期末余额。

日记账：查询某个会计期间或某几个连续会计期间的科目日记账，日记账按业务发生的先后顺序逐日逐笔登记，包括每日小计和本月合计。

余额汇总表：科目余额汇总表统计汇总某个会计期间或某几个连续会计期间各会计科目的总账余额情况，包括本期借方发生额、本期贷方发生额、期末余额及累计发生额。

辅助明细账：查询某个会计期间或某几个连续会计期间会计科目及辅助核算的明细情况，包括本期借方发生额、本期贷方发生额、期末余额。

辅助余额表：辅助余额汇总表可以按科目或辅助核算项统计汇总某个会计期间或某几个连续会计期间的余额情况，包括本期借方发生额、本期贷方发生额、期末余额及累计发生额。

按照系统设定的查询表，会计人员可充分运用账务处理模块的报表查询功能，结合会计核算与管理需求，通过自设查询方案的形式，将日常工作中需要获知的财务数据设置成固定查询方案，方便查询。

以明细账为例，如果需要经常查询"现金"明细账，则可以将"现金"科目设为一个查询方案，每次查询时选择该方案查询即可，如图7-89所示。

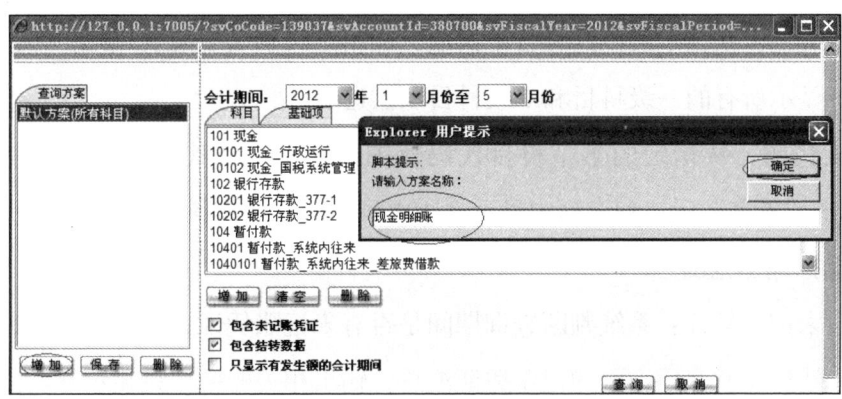

图 7-89　查询方案设置

操作步骤：

（1）单击相应的账表查询后，在左侧会看到"查询方案"的设置界面，单击"增加"，输入方案名称，单击"确定"。

（2）在左侧选中新建的方案，在右侧选择相应的科目作为查询条件，单击"保存"，完成方案设置。

二、系统操作

（一）基础选项设置

1. 设置查询条件

会计年度和起止会计期间均必须录入，可以通过下拉框选取。

2. 选择本次查询涉及的科目

已选中的会计科目会显示在列表框中。

增加：可以通过引导方式向列表框中增加会计科目。

清空：将列表框中已选择的科目全部清空。

删除：将列表框中光标选中的科目删除。

增加科目时可以根据需要定义科目选择范围，选择项分为：

一级代码：列表框中显示所有一级科目以供选取；

明细代码：列表框中显示所有明细科目以供选取；

所有代码：列表框中显示所有科目以供选取；

指定级别：从指定级别的科目中选取，如指定级别从1到2，单击"查询"后，列表框中显示所有的一级科目和二级科目以供选取；

分段代码：从指定的某个科目代码范围内选取，如代码范围设为从101到104，单击"查询"后，列表框中显示从101到104的所有科目以供选取。

3. 选择输出范围

包含未记账凭证：系统判断查询期间是否有未记账凭证，如果有则先进行凭证预记账，然后将所有预记账和记账凭证汇总，输出相关账簿。只显示有发生额的会计期间。

包含结转凭证：系统判断查询期间是否有结转凭证。

4. 查询

显示设置：查询科目明细账时可以在本次查询涉及的不同科目间切换，可以按币种查询，可以按不同格式（三栏式、外币式、数量式、数量外币式）显示。

联查凭证：在科目明细账中单击某张凭证，可以查看该凭证的详细信息。

数据导出：将账表信息导出至本地。

查看余额汇总表：可以查看选中科目的余额汇总情况。

按照"方案"查询：如果已经设置了"查询方案"，可以选择相应的"查询方案"直接单击查询即可。

（二）账表查询举例

1. 明细账查询

操作步骤：

（1）单击"科目账"，选择"明细账"，进入查询界面。

（2）选择科目表中所要查询的科目体系，如图 7-90 所示。

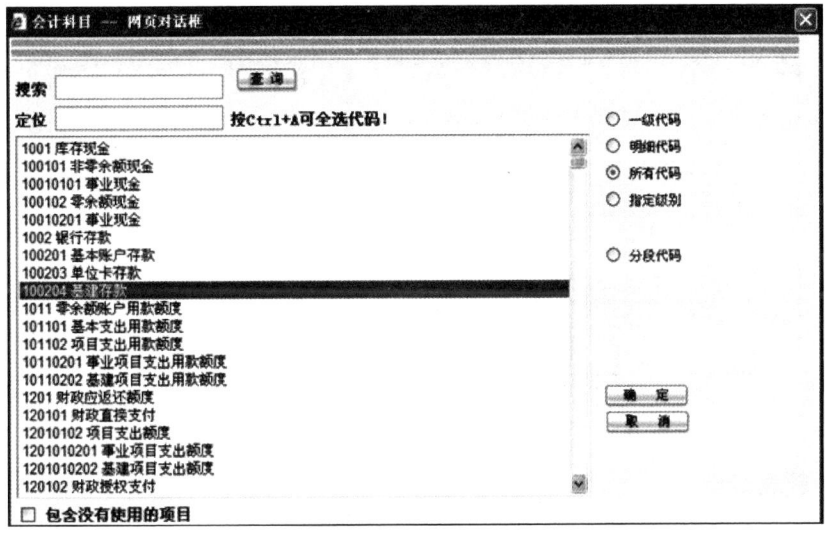

图 7-90　选择科目体系

（3）单击"查询"按钮，进入"科目明细账"页面查询详细内容，如图 7-91 所示。

图 7-91　明细账查询

2. 日记账查询

查询某个会计期间或某几个连续会计期间的科目日记账，日记账按业务发生的先后顺序逐日逐笔登记，包括每日小计和本月合计。

操作步骤：

（1）单击"科目账"，选择"日记账"，进入查询界面。

（2）单击"查询"按钮，进入"日记账"页面查询详细内容，如图7-92所示。

图7-92　日记账查询

3. 余额表查询

操作步骤：

（1）单击"科目账"，选择"余额汇总表"，进入查询界面。

（2）单击"查询"按钮，进入"余额汇总表"页面查询详细内容，如图7-93所示。

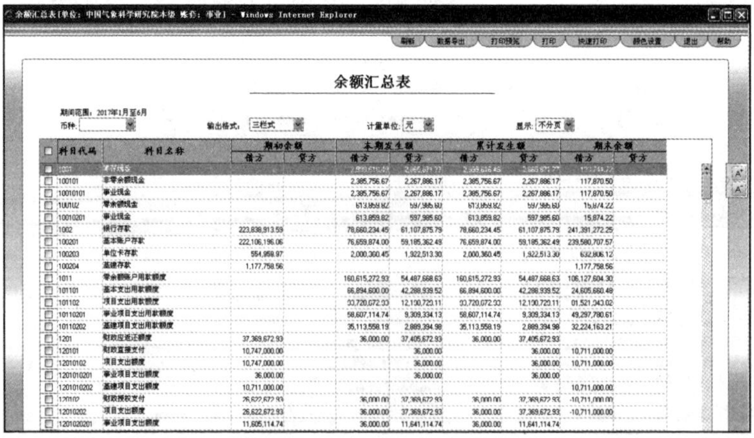

图7-93　余额表查询

4. 辅助明细账查询

操作步骤：

（1）单击"辅助账"，选择"辅助明细账"，进入查询界面。

（2）定义查询条件：选择查询涉及的选项，包括科目、功能分类、项目等，根据需要可以选择一个或多个选项，如图7-94所示。

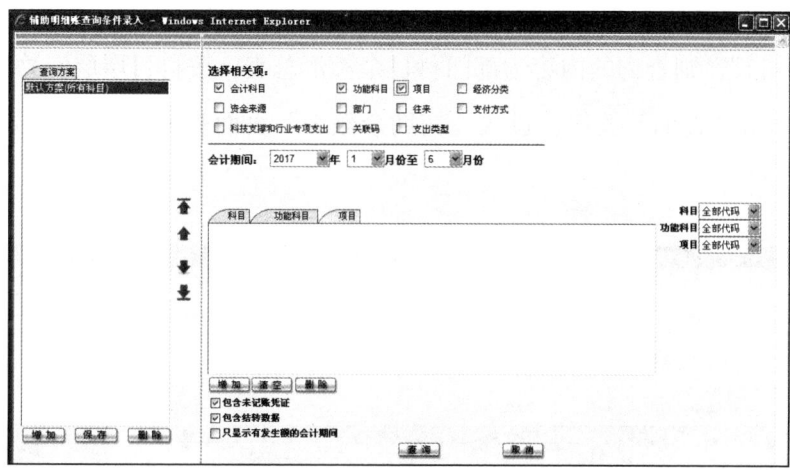

图7-94 查询方案设置

（3）单击"查询"按钮，进入"辅助明细账"页面查询详细内容，如图7-95所示。

图7-95 辅助明细账查询

5. 辅助余额表查询

操作步骤：

（1）单击"辅助账"，选择"辅助余额汇总表"，进入查询页面。

（2）定义"查询方案"：选择查询涉及的项目，包括科目、功能科目和自定义辅助核算项，可以根据需要选择一个或多个项目。例如，选择了项目"科目"和"部门"，则查询的内容为科目部门余额汇总表，按部门层层汇总；选择了项目"部门"和"科目"，则查询的内容为部门科目余额汇总表，按科目层层汇总。

（3）单击"查询"按钮，进入"辅助余额表"页面查询详细内容，如图7-96所示。

图 7-96　辅助余额表查询

第七节　综合应用

会计核算一个重要的功能是通过生成会计凭证，最终形成各类分析数据，为财务人员和领导提供财务大数据支撑。本节主要介绍如何应用会计核算形成的各类财务数据,形成会计报表分析产品的过程。根据目前气象部门的需要,共形成3类报表产品。一是固定报表类,主要用于上报财政部要求的报表,包括月报表和决算报表,各单位应充分发挥会计报表的自动取数功能,实现账务与报表的无缝衔接,减轻会计人员手动填表的工作量,减少报表的出错率。二是自定义报表,主要通过会计报表的自定义报表功能,实现各单位的财务分析需要。三是跨单位财务查询,充分发挥会计核算的查询功能,设定综合查询方案,为各级人员了解财务情况提供数据支撑。

一、固定报表

(一)月报表

气象部门月报表由3张表构成:资产负债表、支出明细表、补充资料表。

1. 资产负债表

表7-6是反映气象部门行政事业单位会计期末财务状况的会计报表。本表日期填列为月末最后一天的日期。本表年初数各栏根据会计账簿中的各相关会计总账科目和明细账科目的年初余额填列,期末数各栏根据会计账簿中的各相关会计总账科目和明细账科目的期末余额填列。

表内数据关系:资产合计、支出合计、负债合计、净资产合计、收入合计分别等于表中各自所属科目数据之和。

资产部总计 = 负债部类总计

资产部总计 = 资产合计 + 支出合计

负债部类总计 = 负债合计 + 净资产合计 + 收入合计

表 7-6　资产负债表

单位:元

科目编号	资产部类	行次	年初数	期末数	科目编号	负债部类	行次	年初数	期末数
	一、资产类	1				二、负债类	45		
1001	库存现金	2			2001	短期借款	46		
1002	银行存款	3			2101	应缴税费	47		
1011	零余额账户用款额度	4			2102	应缴国库款	48		

续表

科目编号	资产部类	行次	年初数	期末数	科目编号	负债部类	行次	年初数	期末数
1012	其他货币资金	5			2103	应缴财政专户款	49		
1101	短期投资	6			2201	应付职工薪酬	50		
1102	短期投资跌价准备	7			2301	应付票据	51		
1201	财政应返还额度	8			2302	应付账款	52		
1211	应收票据	9			2303	预收账款	53		
1212	应收账款	10			2305	其他应付款	54		
1213	预付账款	11			2398	暂存款	55		
1215	其他应收款	12			2399	预提费用	56		
1216	坏账准备	13			2401	长期借款	57		
1299	暂付款	14			2402	长期应付款	58		
1301	存货	15			2501	预计负债	59		
1302	存货跌价准备	16			2502	受托代理负债	60		
1401	长期投资	17				负债合计	61		
1402	长期投资减值准备	18							
1501	固定资产	19				三、净资产类	62		
1502	累计折旧	20			3001	事业基金	63		
1511	在建工程	21			3101	非流动资产基金	64		
1601	无形资产	22			310103	其中：在建工程	65		
1602	累计摊销	23			3201	专用基金	66		
1701	待处理资产损益	24			3301	财政补助结转	67		
1801	待摊费用	25			3302	财政补助结余	68		
1802	文物文化资产	26			3401	非财政补助结转	69		
1803	固定资产清理	27			340101	其中：地方财政补助结转	70		
1804	受托代理资产	28			340102	课题等专项资金结转	71		
	资产合计	29			3402	事业结余	72		
					3403	经营结余	73		
					3404	非财政补助结余分配	74		
					3501	非限定性净资产	75		
					3502	限定性净资产	76		

续表

科目编号	资产部类	行次	年初数	期末数	科目编号	负债部类	行次	年初数	期末数
						净资产合计	77		
						四、收入类	78		
					4001	财政补助收入	79		
					4101	事业收入	80		
					4201	上级补助收入	81		
					4301	附属单位上缴收入	82		
	五、支出类	30			4401	经营收入	83		
5001	事业支出	31			4501	其他收入	84		
500101	其中：基本支出	32			450101	其中：地方财政补助收入	85		
500102	项目支出	33			450102	科研课题收入	86		
5101	上缴上级支出	34			4601	捐赠收入	87		
5201	对附属单位补助支出	35			4602	会费收入	88		
5301	经营支出	36			4603	提供服务收入	89		
5401	其他支出	37			4604	政府补助收入	90		
5499	成本费用	38			4605	商品销售收入	91		
5501	业务活动成本	39			4606	投资收益	92		
5502	管理费用	40			4699	其他收入	93		
5503	筹资费用	41			4701	科研收入	94		
5504	其他费用	42			4702	非科研收入	95		
	支出合计	43				收入合计	96		
	资产部类总计	44				负债部类总计	97		

取数规则：资产类和支出类科目的余额为借方余额（如果会计核算账簿科目为贷方余额，则以负数显示），负债类、净资产类、收入类科目的余额为贷方余额。

核对方法：通过会计核算中的"余额汇总表"查询功能进行核对。例如，某单位生成9月的资产负债表，并与账簿核对，如图7-97所示。设置查询条件：科目级次"第1级科目"。

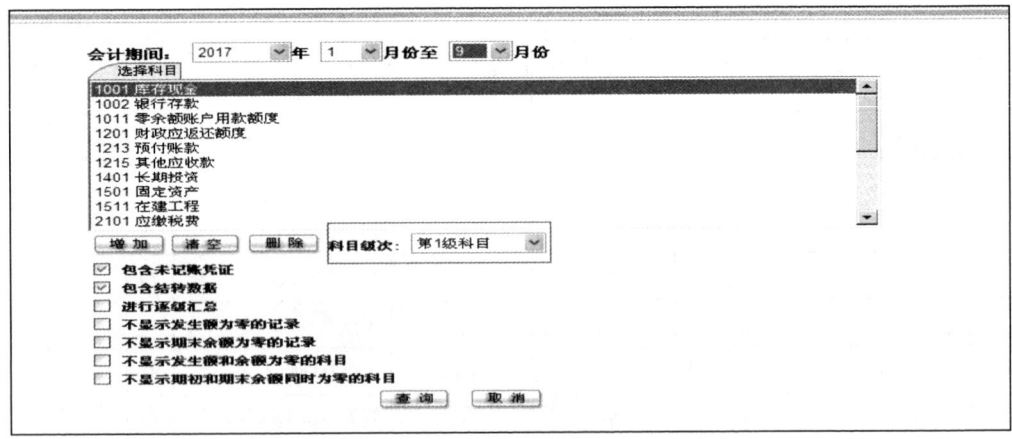

图 7-97 资产负债表查询

查询结果如图 7-98 所示。

图 7-98 资产负债表

科目代码	科目名称	期初余额 借方	期初余额 贷方	期末余额 借方	期末余额 贷方
1011	零余额账户用款额度			2,051,343.24	
1213	预付账款	159,248.92		150,000.00	
1215	其他应收款	1,098,903.93		1,426,590.72	
1401	长期投资	100,000.00		100,000.00	
1501	固定资产	7,729,574.33		8,885,934.33	
1511	在建工程	20,063,310.15		20,610,158.95	
	资产类 小计	68,333,759.30		67,563,782.10	
2101	应缴税费				-26,135.08
2201	应付职工薪酬		53,902.00		64,325.68
2303	预收账款		46,181.00		
2305	其他应付款		657,513.87		1,147,235.54
	负债类 小计		757,596.87		1,185,426.14
3001	事业基金		38,949,235.12		38,939,235.12
3101	非流动资产基金		27,892,884.48		29,596,093.28

2. 支出明细表

表 7-7 是反映各单位的各项经费在编报会计期间的支出情况表。本表各栏数据取自会计账簿中的"事业支出"和"经营支出"等会计科目累计发生额。

表内数据关系："总计"="工资福利支出小计"+"商品和服务支出小计"+"对个人和家庭补助支出小计"+"赠予支出小计"+"其他资本性支出"+"基本建设支出"+"债务利息支出"+"其他支出"+"结转自筹基建支出"+"结转财政基建支出"。

"工资福利支出小计"=表 3~10 行合计数

"商品和服务支出小计"=表 12~37 行合计数

"对个人和家庭补助支出小计"=表 39~52 行合计数

"赠予支出小计"=表 54~55 行合计数

"其他资本性支出"=表 57~70 行合计数

"基本建设支出"=表 72~81 行合计数

"其他支出"=表 84~85 行合计数

表间关系：①本表"累计支出数—合计"栏的"总计"行＝"资产负债表"30 行期末数与"资产负债表"33 行期末数合计；②本表"累计支出数—其中—事业支出"栏的"总计"行＝"资产负债表"30 行期末数；③本表"累计支出数—其中—经营支出"栏的"总计"行＝"资产负债表"33 行期末数。

表 7-7 支出明细表

单位：万元

行次	预算科目名称	累计支出数			行次	预算科目名称	累计支出数		
		合计	其中				合计	其中	
			事业支出	经营支出				事业支出	经营支出
1	总计				10	其他工资福利支出			
2	一、工资福利支出小计				11	二、商品和服务支出小计			
3	基本工资				12	办公费			
4	津贴补贴				13	印刷费			
5	奖金				14	咨询费			
6	社会保障缴费				15	手续费			
7	伙食费				16	水费			
8	伙食补助费				17	电费			
9	绩效工资				18	邮电费			

续表

行次	预算科目名称	累计支出数			行次	预算科目名称	累计支出数		
		合计	其中				合计	其中	
			事业支出	经营支出				事业支出	经营支出
19	取暖费				46	助学金			
20	物业管理费				47	奖励金			
21	差旅费				48	生产补贴			
22	因公出国（境）费用				49	住房公积金			
23	维修（护）费				50	提租补贴			
24	租赁费				51	购房补贴			
25	会议费				52	其他对个人和家庭补助支出			
26	培训费				53	四、赠予支出小计			
27	公务接待费				54	对国内的赠予			
28	专用材料费				55	对国外的赠予			
29	专用燃料费				56	五、其他资本性支出			
30	劳务费				57	房屋建筑物购建			
31	委托业务费				58	办公设备购置			
32	工会经费				59	专用设备购置			
33	福利费				60	基础设施建设			
34	公务用车运行维护费				61	大型修缮			
35	其他交通费用				62	信息网络购建			
36	税金及附加费用				63	物资储备			
37	其他商品和服务支出				64	土地补偿			
38	三、对个人和家庭补助支出小计				65	安置补助			
39	离休费				66	地上附着物和青苗补偿			
40	退休费				67	拆迁补偿			
41	退职（役）费				68	公务用车购置			
42	抚恤金				69	其他交通工具购置			
43	生活补助				70	其他资本性支出			
44	救济费				71	六、基本建设支出			
45	医疗费				72	房屋建筑物购建			

续表

行次	预算科目名称	累计支出数			行次	预算科目名称	累计支出数		
		合计	其中				合计	其中	
			事业支出	经营支出				事业支出	经营支出
73	办公设备购置				81	其他基本建设支出			
74	专用设备购置				82	七、债务利息支出			
75	基础设施建设				83	八、其他支出			
76	大型修缮				84	未划分的项目支出			
77	信息网络及软件购置更新				85	其他			
78	物资储备				86	九、结转自筹基建支出			
79	公务用车购置				87	十、结转财政基建支出			
80	其他交通工具购置								

取数规则：事业支出、经营支出数据为会计核算中相对应科目的期末借方余额（如果会计核算账簿中科目为贷方余额，则以负数显示）。

核对方法：通过会计核算中的"余额汇总表"查询功能进行核对。例如，某单位生成9月的支出明细表，并与账簿核对，如图7-99所示。设置查询条件：科目级次"第4级科目"。

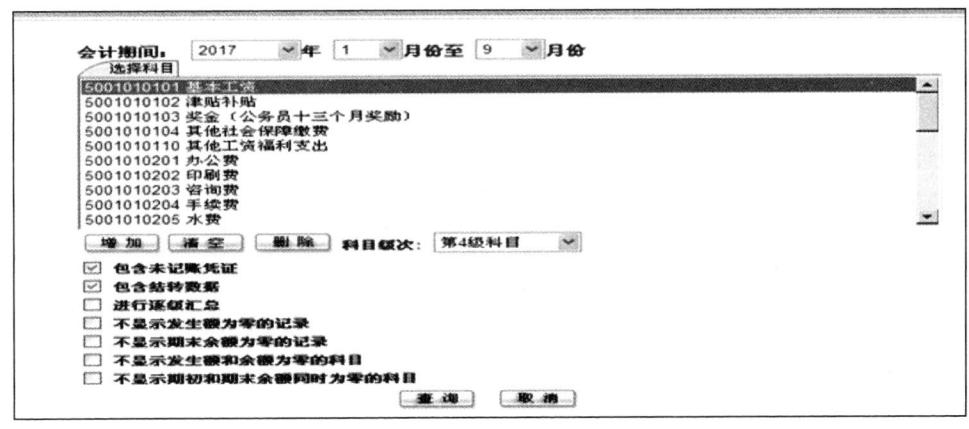

图 7-99 支出明细表查询

查询结果如图 7-100 所示。

	刷新	数据导出	打印预览	打印	快速打印	颜色设置	退出

余额汇总表

期间范围：2017年1月至9月
币种：　　　　　输出格式：三栏式　　计量单位：元　　显示：不分页

	科目代码	科目名称	期末余额	
			借方	贷方
☐	5001010101	基本工资	2,191,837.14	
☐	5001010102	津贴补贴	1,420,886.76	
☐	5001010103	奖金（公务员十三个月奖励）	800.00	
☐	5001010104	其他社会保障缴费	341,125.59	
☐	5001010110	其他工资福利支出	2,431,764.66	
☐	5001010201	办公费	76,440.60	
☐	5001010202	印刷费	9,860.00	
☐	5001010203	咨询费	3,000.00	
☐	5001010204	手续费	425.00	
☐	5001010205	水费	11,699.18	
☐	5001010206	电费	107,516.89	
☐	5001010207	邮电费	37,026.94	

图 7-100　支出明细表

3. 补充资料表

表 7-8 是反映各单位从年初到季度末"三公经费"支出情况，以及单位期末职工人数及离休、退休、长聘人数情况的报表。表中职工人数及离休、退休、长聘人数各指标须按本单位期末实有数填报。

"三公经费"支出填报数取财政拨款经费中列支的编报期"三公经费"累计支出数。

表 7-8　补充资料表

编制单位：

行次	项目	财政拨款期末支出数	行次	项目	会计数	一般预算财政拨款开支人数	一般预算财政补助开支人数	经费自筹开支人数
1	"三公经费"支出		7	1.在职职工人数总计				
2	因公出国（境）支出		8	其中："行政运行2200501"职工人数				
3	公务用车购置及运行维护费支出		9	"机关服务2200503"职工人数				
4	其中：公务用车购置		10	"气象事业机构2200504"职工人数				
5	公务用车运行维护费		11	"气象事务支出2200599"职工人数				
6	公务接待费支出		12	"中专教育支出2050302"职工人数				
			13	"机构2060301"职工人数				
			14	"离退休人员管理机构2080503"职工人数				
			15	2.离休人数总计				
			16	3.退休人数总计				
			17	4.长聘人员数总计				
			18	5.临时聘用人员人数				

取数规则：因公出国（境）支出、公务用车购置及运行维护费支出、公务接待支出为会计核算中相应科目的期末借方余额（如果会计核算账簿中科目为贷方余额，

则以负数显示)。

核对方法：通过会计核算中的"辅助总账余额表"查询功能进行核对。例如，某单位生成 9 月的补充资料表，并与账簿核对，如图 7-101 所示。设置查询条件为"资金来源""科目（明细科目）"。

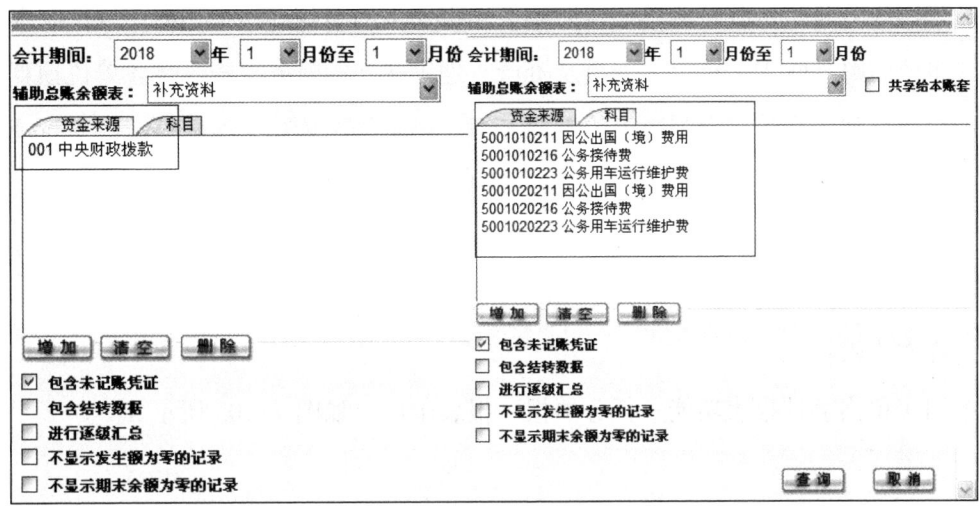

图 7-101 补充资料表查询

查询结果如图 7-102 所示。

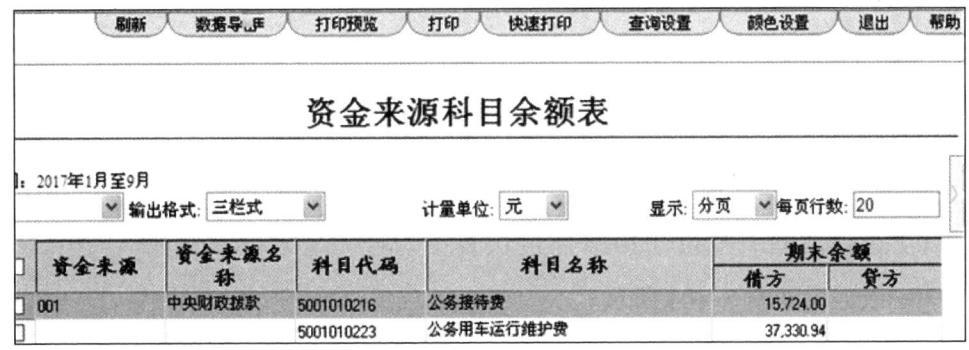

图 7-102 补充资料表

4. 抵消类

上级事业单位汇总下级事业单位的会计报表后，汇总报表中如有需抵消的数据，由各单位自行做出抵消表，再将抵消表抵减汇总表中的相关数据后，形成上报给上级单位的会计报表。各单位的抵消表要妥善保存。

（二）决算报表

1. 功能介绍

部门决算是指行政事业单位按照相关编审要求向财政部门报送的用以反映本部门、单位的财务收支、资金、人员及资产管理等状况的财务报告，是各单位预算执行的综合反映，是政府宏观决策的重要参考，也是编制预算、实施科学收支管理的基本依据。主要包括基础数据表、填报说明和分析报告等。

通过会计报表功能，在规范会计核算中的资产、负债、收入、支出、结余等会计要素日常核算的基础上，可以实现部门决算的自动生成。

操作步骤：

（1）单击会计报表功能—任务填报—报表生成，如图7-103所示。

图7-103 报表生成设置

（2）选择时间—月报—2016年度决算（勾选"含未记账凭证""含结转凭证"）—取数，如图7-104所示。

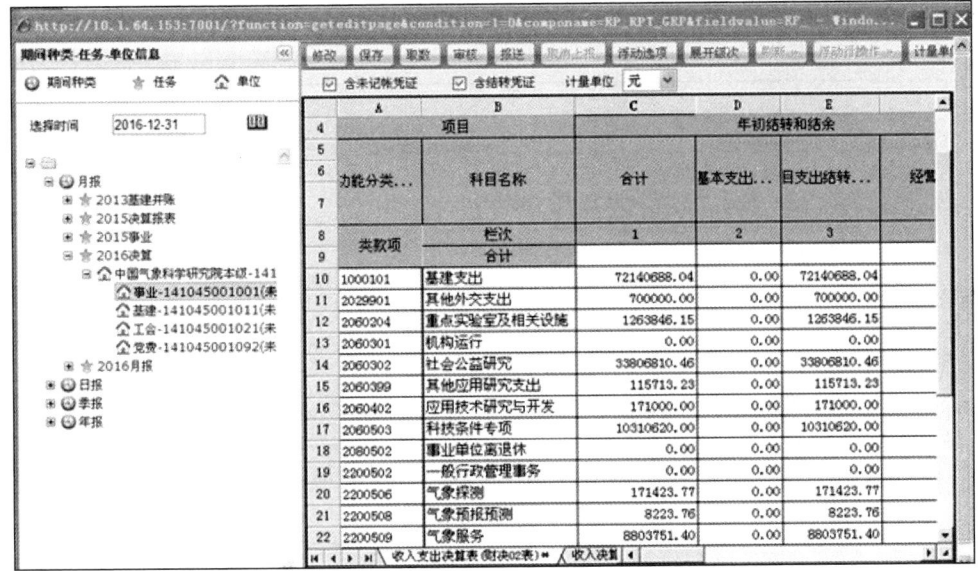

图 7-104 报表生成查询

注：每个页签下面采用相同的步骤，就可以从会计核算中直接生成部门决算需要的基础数据。

2. 取数规则

（1）收入支出决算总表（财决 01 表）

根据年初预算数分析填列。

（2）财政拨款收入支出决算总表（财决 01-1 表）

根据年初预算数分析填列。

（3）收入支出决算表（财决 02 表）

反映单位本年度收入、支出、结转、结余及结余分配等情况。根据单位收入支出总账、明细账的发生数，按支出功能分类科目分"类""款""项"分析填列。

1）年初结转和结余填报设置

①通过会计核算中的"辅助分析表"功能取数分析填列。

②查询方案："横向：科目""纵向：功能分类"。

③查询条件：科目为"全部"级，如图 7-105 所示；功能分类为"明细"级，如图 7-106 所示。

④分析指标：期初余额。

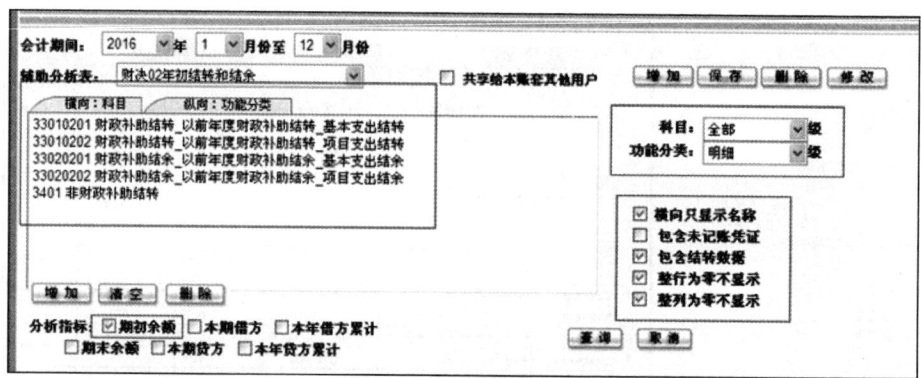

图 7-105　财决 02 表年初结转和结余查询：科目

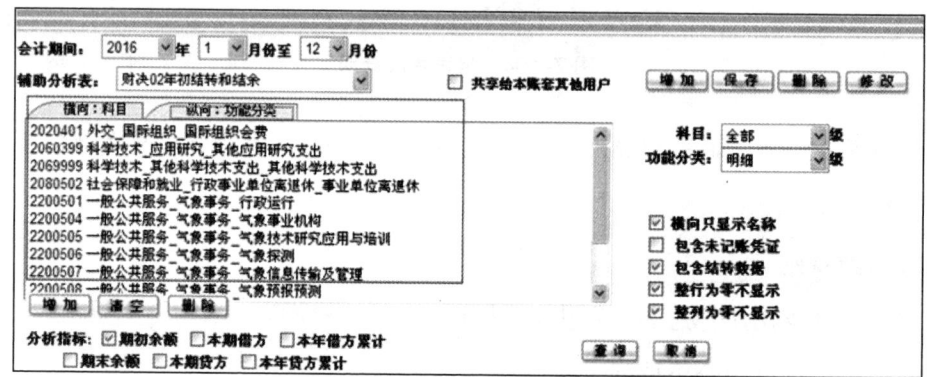

图 7-106　财决 02 表年初结转和结余查询：功能分类

查询结果如图 7-107 所示。

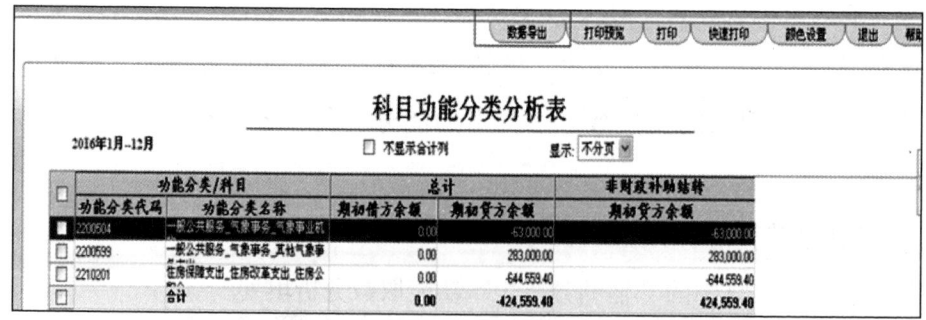

图 7-107　财决 02 表年初结转和结余

2）本年收入

本列数据自动生成。

3）本年支出

本列数据自动生成。

4）收支结余

分析填列。

5）用事业基金弥补收支差额

分析填列。

6）结余分配

分析填列。

7）年末结转和结余填报设置

①通过会计核算中的"辅助分析表"功能取数分析填列。

②查询方案："横向：科目""纵向：功能分类"。

③查询条件：科目为"全部"级，如图7-108所示；功能分类为"明细"级，如图7-109所示。

④分析指标：期末余额。

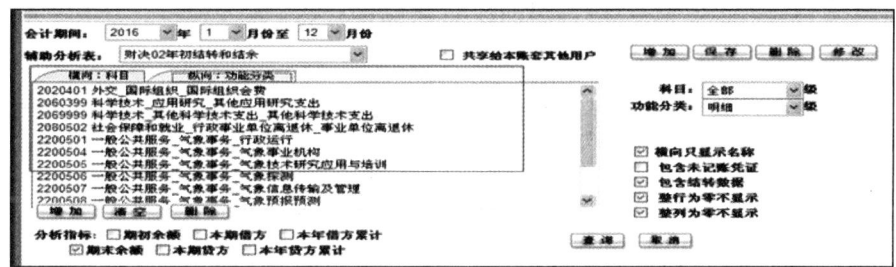

图 7-108　财决 02 表年末结转和结余：科目

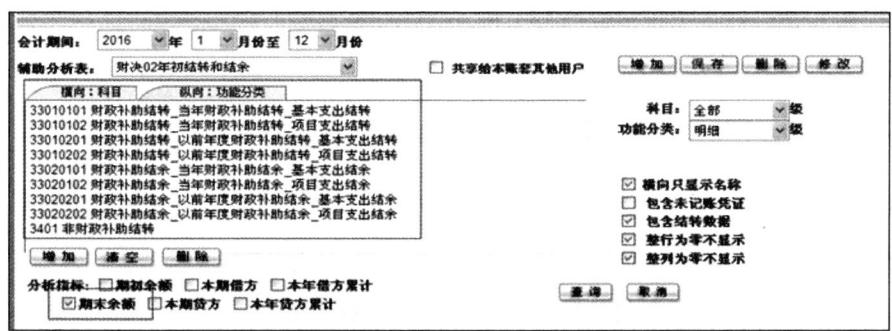

图 7-109　财决 02 表年末结转和结余：功能分类

查询结果如图 7-110 所示。

功能分类/科目		总计		财政补助结转_	财政补助结转_当	财政补助结转_以前	非财政补助结转
功能分类代码	功能分类名称	期末借方余	期末贷方余额	期末贷方余额	期末贷方余额	期末贷方余额	期末贷方余额
2080502	社会保障和就业_行政事业单位离	0.00	0.00	1,325,000.00		-1,325,000.00	
2200501	一般公共服务_气象事务_行政运	0.00	-206,964.69	216,000.00		-216,000.00	-206,964.69
2200504	一般公共服务_气象事务_气象事	0.00	-1,726,615.32	0.00			-1,726,615.32
2200506	一般公共服务_气象事务_气象探	0.00	0.00		0.00		
2200507	一般公共服务_气象事务_气象信	0.00	0.00		0.00		
2200508	一般公共服务_气象事务_气象预	0.00	0.00		0.00		
2200509	一般公共服务_气象事务_气象服	0.00	360,000.00		110,000.00		250,000.00
2200599	一般公共服务_气象事务_其他气	0.00	283,000.00	0.00	0.00		283,000.00
2210201	住房保障支出_住房改革支出_住	0.00	-980,288.40	0.00			-980,288.40
	合计	0.00	-2,270,868.41	1,541,000.00	110,000.00	1,541,000.00	2,380,868.41

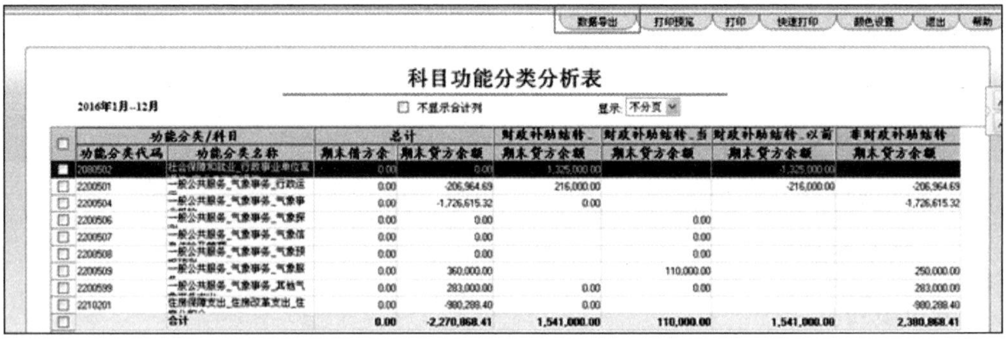

图 7-110　财决 02 表年末结转和结余

（4）收入决算表（财决 03 表）

反映单位本年度取得的全部收入情况。根据单位收入总账、明细账的发生数，按支出功能分类科目分“类”“款”“项”填列。

填报设置：

①通过会计核算中的“辅助分析表”功能取数分析填列。

②查询方案：“横向：科目”“纵向：功能分类”。

③查询条件：科目为“第一”级，如图 7-111 所示；功能分类为“明细”级，如图 7-112 所示。

④分析指标：本年贷方累计。

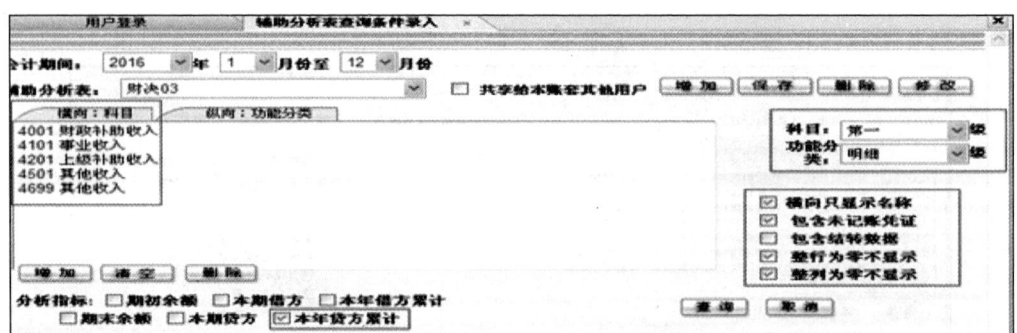

图 7-111　财决 03 表查询：科目

图 7–112 财决 03 表查询：功能分类

查询结果如图 7–113 所示。

科目功能分类分析表

2016年1月--12月　　不显示合计列　　显示：不分页

功能分类/科目		总计	财政补助收	事业收入	上级补助收	其他收入	其他收入
功能分类代码	功能分类名称	本年贷方累	本年贷方累	本年贷方累	本年贷方累	本年贷方累	本年贷方累
2069999	科学技术_其他科学	35,000.00			35,000.00		
2080502	社会保障和就业_行	2,985,800.00	2,985,800.00				
2200501	一般公共服务_气象	1,274,500.00	1,274,500.00				
2200504	一般公共服务_气象	11,012,437.02	3,698,900.00	7,152,273.37	6,000.00	134,176.65	21,087.00
2200506	一般公共服务_气象	480,700.00	480,700.00				
2200507	一般公共服务_气象	59,000.00	59,000.00				
2200508	一般公共服务_气象	123,900.00	123,900.00				
2200509	一般公共服务_气象	997,000.00	135,000.00		612,000.00	250,000.00	
2200599	一般公共服务_气象	693,800.00	253,800.00		440,000.00		
2210201	住房保障支出_住房	516,400.00	516,400.00				
	合计	18,178,537.02	9,528,000.00	7,152,273.37	1,093,000.00	384,176.65	21,087.00

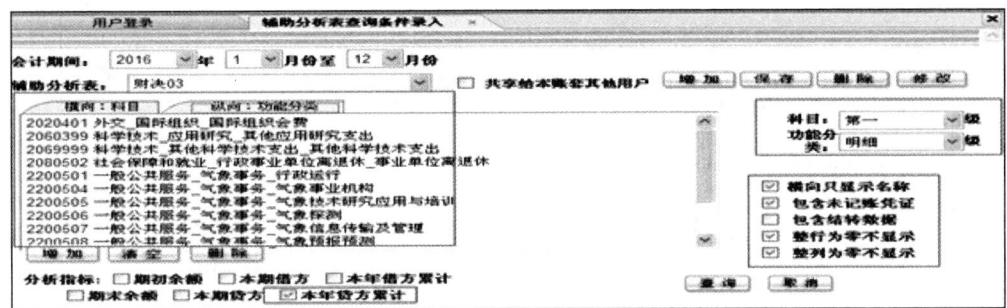

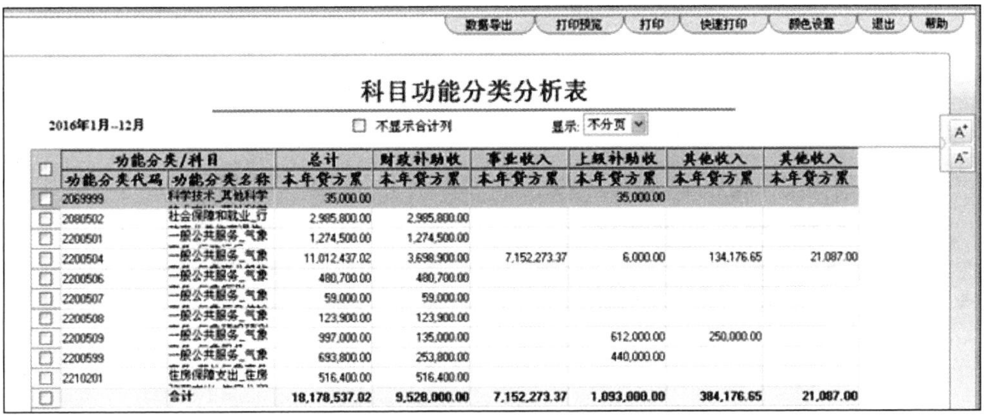

图 7–113 财决 03 表

（5）支出决算表（财决 04 表）

反映单位本年度全部支出情况，根据单位支出总账、明细账的发生数，按支出功能分类科目分“类”“款”“项”填列。

填报设置：

①通过会计核算中的“辅助分析表”功能取数自动生成。

②查询方案：“横向：科目”“纵向：功能分类”。

③查询条件：科目为“第一”级，如图 7–114 所示；功能分类为“明细”级，如图 7–115 所示。

④分析指标：本年借方累计。

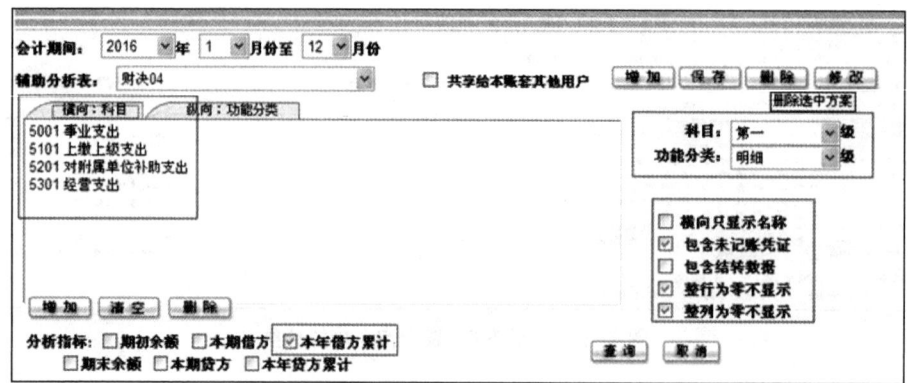

图 7–114　财决 04 表查询：科目

图 7–115　财决 04 表查询：功能分类

查询结果如图 7–116 所示。

科目功能分类分析表

2016年1月--12月

功能分类/科目		总计	5001 事业支	5101 上缴上	5201 对附属
功能分类代码	功能分类名称	本年借方累	本年借方累	本年借方累	本年借方累
2069999	科学技术_其他科学	25,338.70	25,338.70		
2080502	社会保障和就业_行	4,913,383.42	4,913,383.42		
2200501	一般公共服务_气象	2,788,089.44	2,788,089.44		
2200504	一般公共服务_气象	10,629,270.89	8,341,979.89	292,500.00	1,994,791.00
2200506	一般公共服务_气象	480,700.00	480,700.00		
2200507	一般公共服务_气象	59,000.00	59,000.00		
2200508	一般公共服务_气象	123,900.00	123,900.00		
2200509	一般公共服务_气象	135,000.00	135,000.00		
2200511	一般公共服务_气象	1,802,834.49	1,802,834.49		
2200599	一般公共服务_气象	267,040.21	267,040.21		
2210201	住房保障支出_住房	877,333.00	877,333.00		
	合计	22,101,890.15	19,814,599.15	292,500.00	1,994,791.00

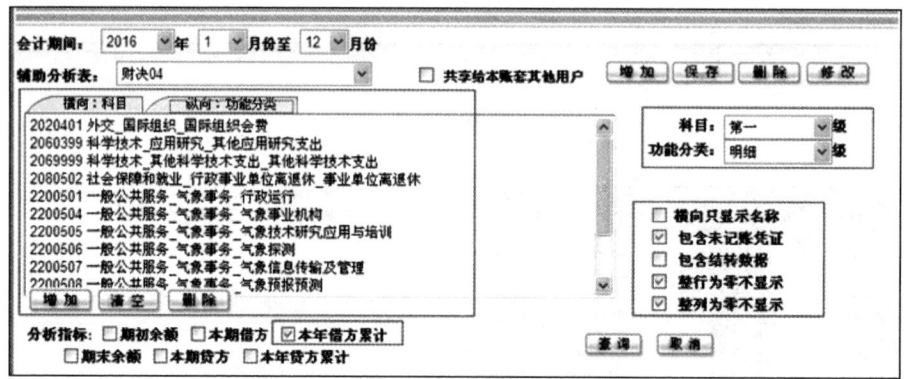

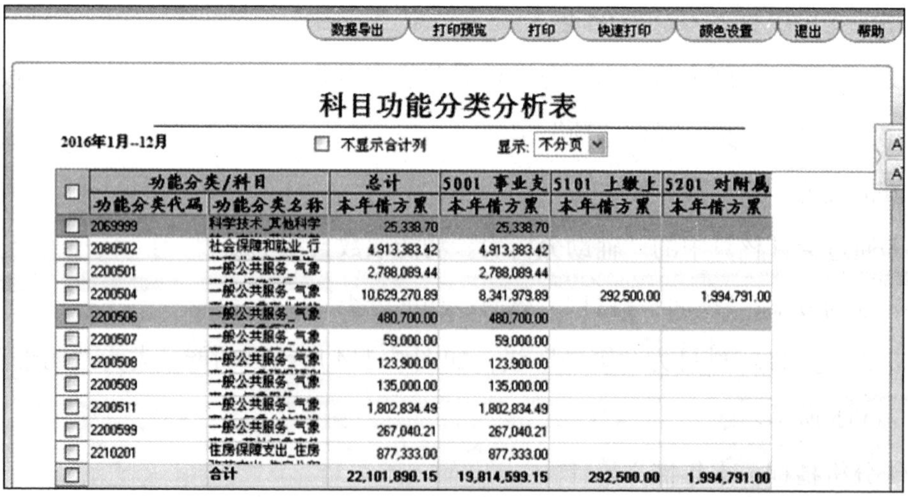

图 7–116　财决 04 表

（6）支出决算明细表（财决 05 表）

本表为自动生成报表。

（7）基本支出决算明细表（财决 05-1 表）

反映单位本年度基本支出的明细情况，根据单位基本支出明细账的发生数，按支出功能分类科目分"类""款""项"填列。本表支出不包括应在"上缴上级支出""经营支出""对附属单位补助支出"中核算的各项支出。

填报设置：

①通过会计核算中的"辅助分析表"功能取数自动生成。

②查询方案："横向：科目（基本支出）""纵向：功能分类"。

③查询条件：科目为"第四"级，如图 7-117 所示；功能分类为"明细"级；如图 7-118 所示。

④分析指标：本年借方累计。

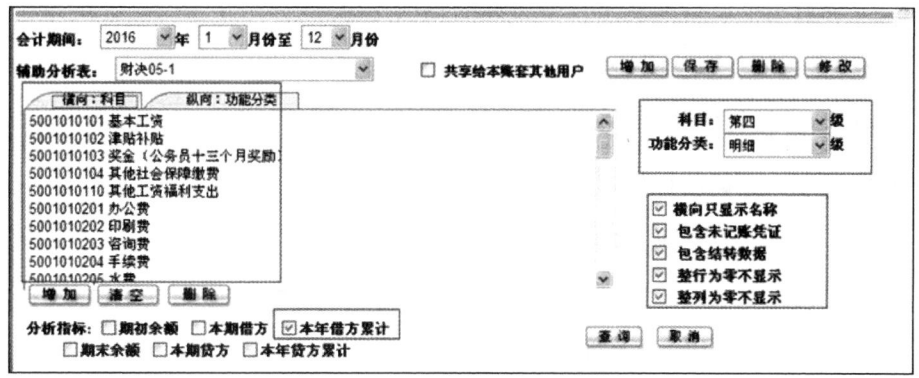

图 7-117　财决 05-1 表查询：科目

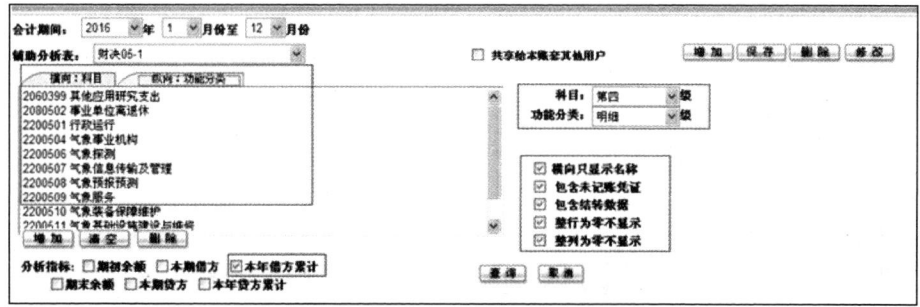

图 7-118　财决 05-1 表查询：功能分类

查询结果如图 7-119 所示。

数据导出　打印预览　打印　快速打印　颜色设置

科目功能分类分析表

2017年1月–12月　　不显示合计列　　显示：不分页

功能分类/科目		总计	基本工资	津贴补贴	其他社会保	伙食补助费	绩效工资	办公费	印刷费
功能分类代码	功能分类名称	本期借方	本期借方	本期借方	本期借方	本期借方	本期借方	本期借方	本期借方
2060301	机构运行	90,724,005.52	14,086,095.69	5,878,288.57	1,059,798.83	1,283,888.00	15,338,290.31	1,507,699.61	459,617.68
2060302	社会公益研究	0.00							
2080502	事业单位离退休	4,260,000.00			0.00				
2200599	其他气象事务支出	990,000.00	86,997.64						
2210201	住房公积金	6,361,875.00							
2210202	提租补贴	711,040.00							
2210203	购房补贴	2,931,363.00							
	合计	105,978,283.52	14,173,093.33	5,878,288.57	1,059,798.83	1,283,888.00	15,338,290.31	1,507,699.61	459,617.68

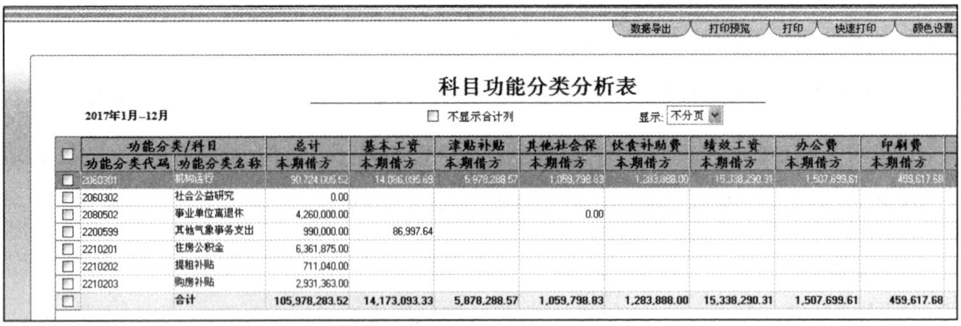

图 7-119　财决 05-1 表

（8）项目支出决算明细表（财决 05-2 表）

反映单位本年度项目支出的明细情况，根据单位项目支出明细账发生数，按支出功能分类科目分“类”“款”“项”填列。本表支出不包括应在“上缴上级支出”“经营支出”“对附属单位补助支出”中核算的各项支出。

填报设置：

①通过会计核算中的“辅助分析表”功能取数自动生成。

②查询方案：“横向：科目（项目支出）”“纵向：功能分类”。

③查询条件：科目为“第四”级，如图 7-120 所示；功能分类为“明细”级，如图 7-121 所示。

④分析指标：本年借方累计。

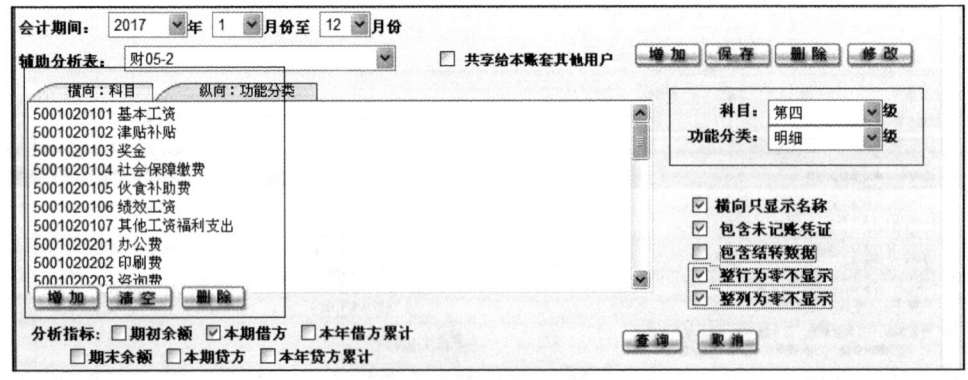

图 7-120　财决 05-2 表查询：科目

图 7–121　财决 05–2 表查询：功能分类

查询结果如图 7–122 所示。

数据导出　打印预览　打印　快速打印　颜色设置

科目功能分类分析表

2017年1月--12月　　不显示合计列　　显示：不分页

功能分类/科目		总计	基本工资	津贴补贴	绩效工资	办公费	印刷费	咨询费	手续费
功能分类代码	功能分类名称	本期借方	本期借方	本期借方	本期借方	本期借方	本期借方	本期借方	本期借方
2011004	政府特殊津贴	0.00		0.00					
2060204	重点实验室及相关设施	1,726.07							
2060301	机构运行	16,731,001.96	0.00	0.00		34,091.19	1,408,040.33	715,823.32	25.00
2060302	社会公益研究	63,144,693.25		10,307,387.20	2,663,800.65	42,234.80	2,520,643.74	1,353,162.05	4,471.00
2060399	其他应用研究支出	3,489,000.00		0.00		0.00	9,913.90	372,153.91	
2060503	科技条件专项	13,913,889.17						8,091.67	

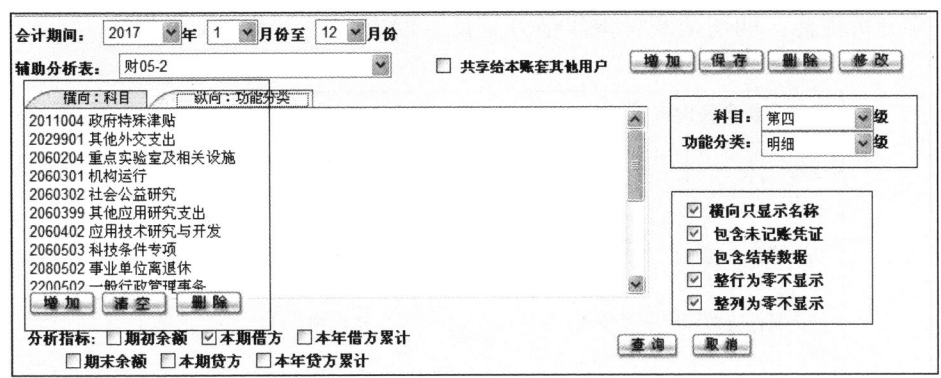

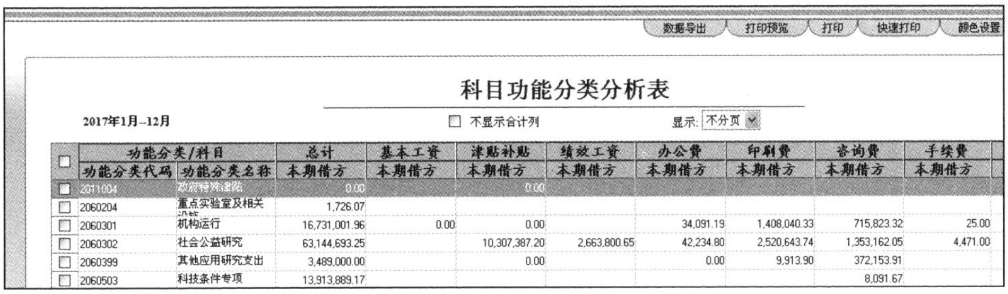

图 7–122　财决 05–2 表

（9）项目收入支出决算表（财决 06 表）

本表为自动生成报表。

（10）行政事业类项目收入支出决算表（财决 06–1 表）

反映单位本年度行政事业类项目收支情况，根据单位项目资金收支明细账的发生数，按支出功能分类科目分“类”“款”“项”，并分项目逐一填列。

填报设置：

①通过会计核算中的“辅助分析表”功能分析填列。

②查询方案：“横向：科目”“纵向：项目”；选择筛选条件“功能分类”，如图 7–123 所示。

③查询条件：科目为“第一”级，如图 7–124 所示；项目为“明细”级，如图 7–125 所示。

④分析指标：期初余额、本年借方累计、期末余额、本年贷方累计。

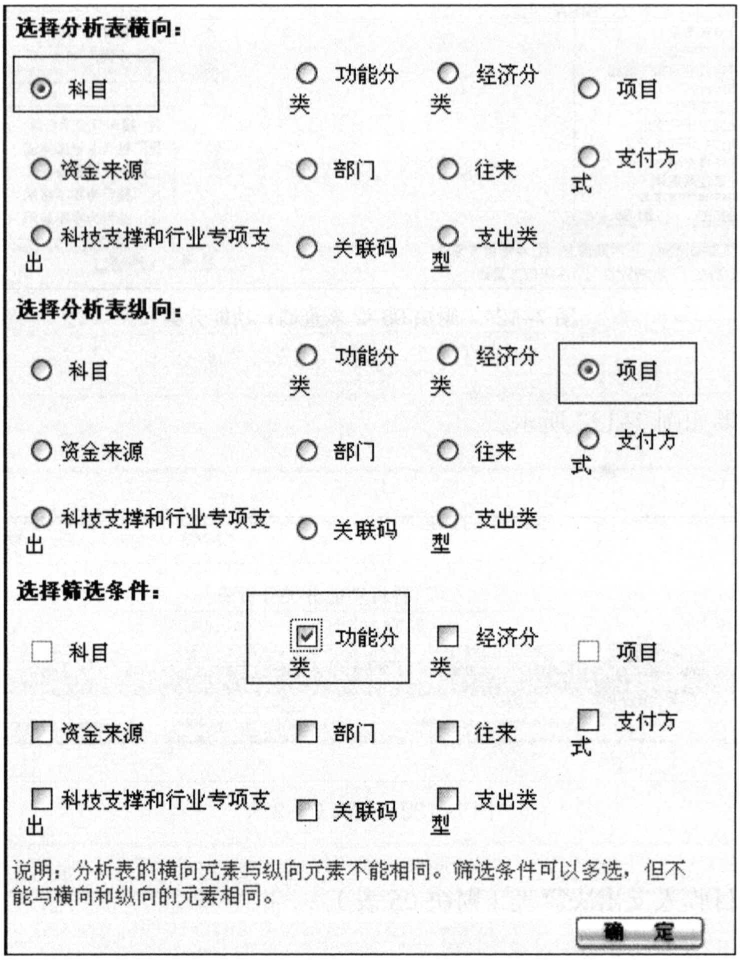

图 7-123 财决 06-1 表查询方案设置

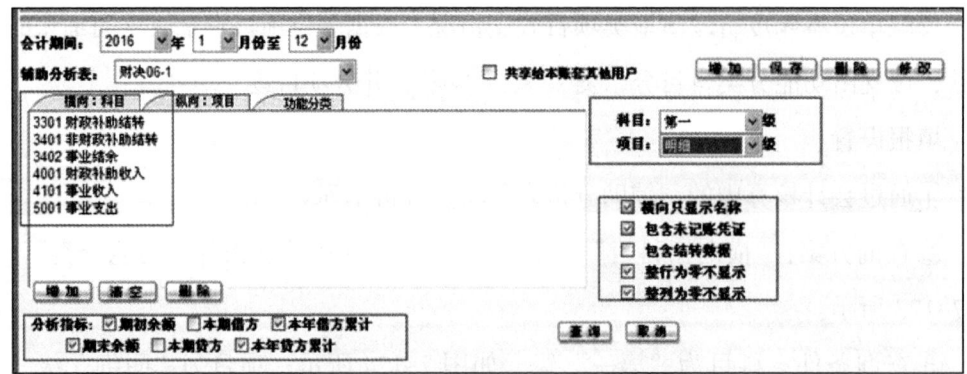

图 7-124 财决 06-1 表查询：科目

图 7-125 财决 06-1 表查询：项目

查询结果如图 7-126 所示。

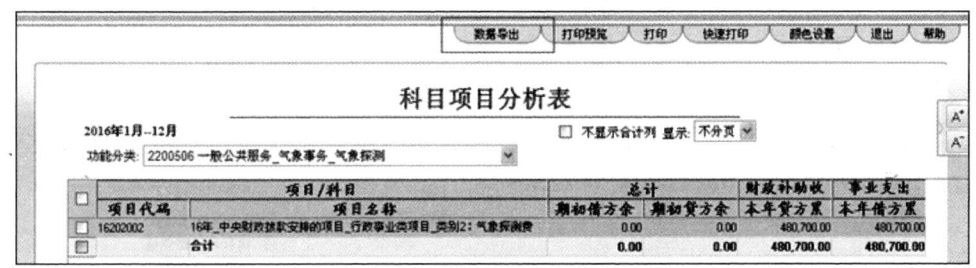

图 7-126 财决 06-1 表

（11）基本建设类项目收入支出决算表（财决 06-2 表）

基建账按功能分类科目分"类""款""项"按月并入事业账的，填报方法同财决 06-1 表；否则需要从基建账中取数分析填报。

（12）一般公共预算财政拨款收入支出决算表（财决 07 表）

反映单位本年度从本级财政部门取得一般公共预算财政拨款的收入、支出、结转和结余等情况，按支出功能分类科目分"类""款""项"分析填列。

1）年初结转和结余填报设置

①通过会计核算中的"辅助分析表"功能分析填列。

②查询方案："横向：科目""纵向：功能分类"；选择筛选条件"资金来源"。

③查询条件：科目为"第三"级，如图 7-127 所示；功能分类为"明细"级，如图 7-128 所示。

④选择筛选条件"资金来源"，如图 7-129 所示。

⑤分析指标：期初余额。

图 7-127　财决 07 表年初结转和结余：功能分类

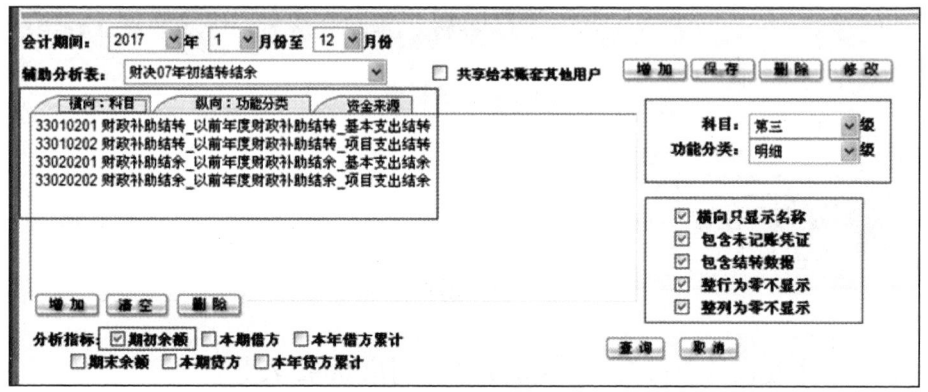

图 7-128　财决 07 表年初结转和结余：科目

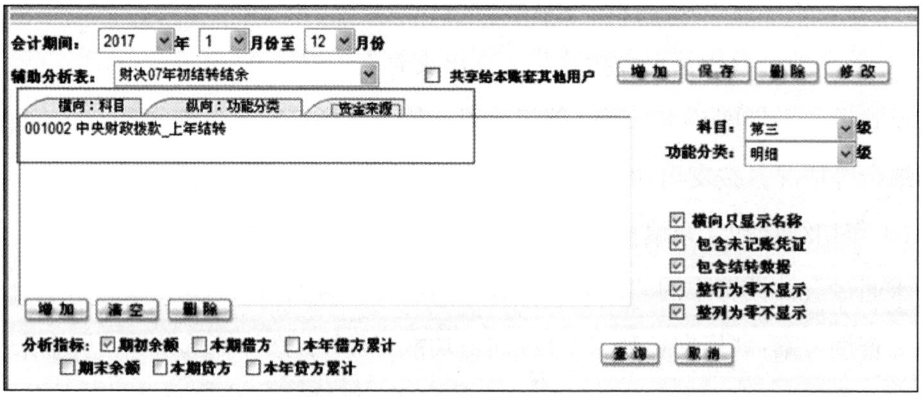

图 7-129　财决 07 表年初结转和结余：资金来源

查询结果如图 7-130 所示。

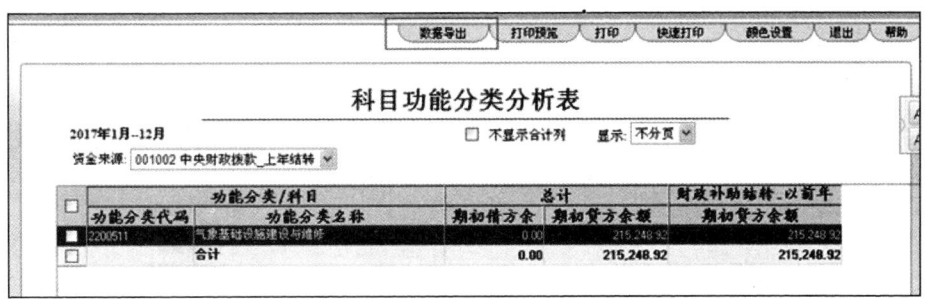

图 7-130　财决 07 表年初结转和结余

2）本年收入填报设置

①通过会计核算中的"辅助分析表"功能分析填列。

②查询方案："横向：科目""纵向：功能分类"；选择筛选条件"资金来源"。

③查询条件：科目为"全部"级，如图 7-131 所示；功能分类为"明细"级，如图 7-132 所示。

④选择筛选条件"资金来源"，如图 7-133 所示。

⑤分析指标：本年贷方累计。

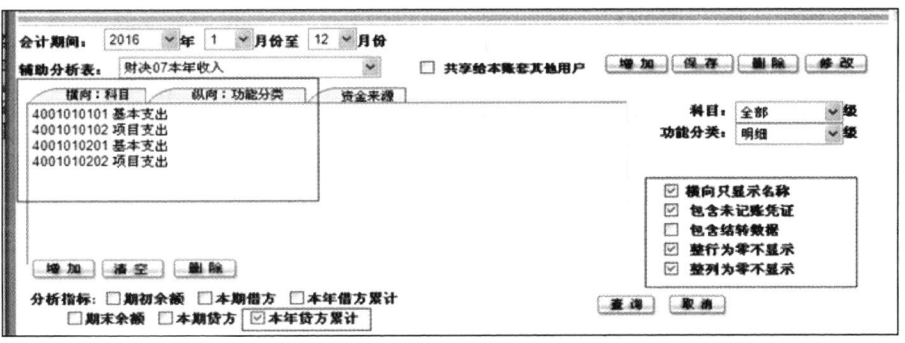

图 7-131　财决 07 表本年收入：科目

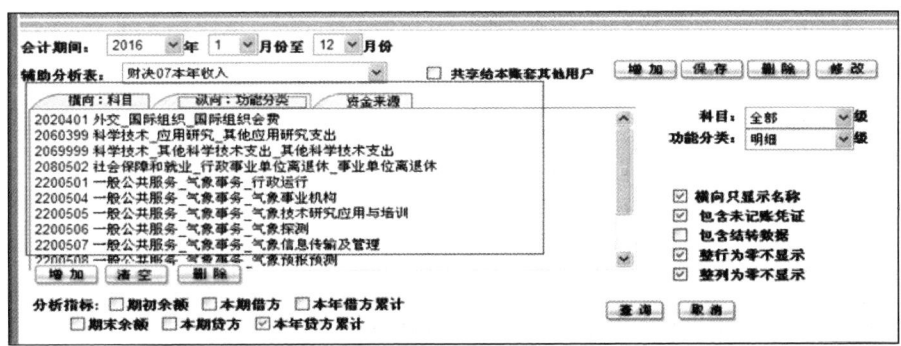

图 7-132　财决 07 表本年收入：功能分类

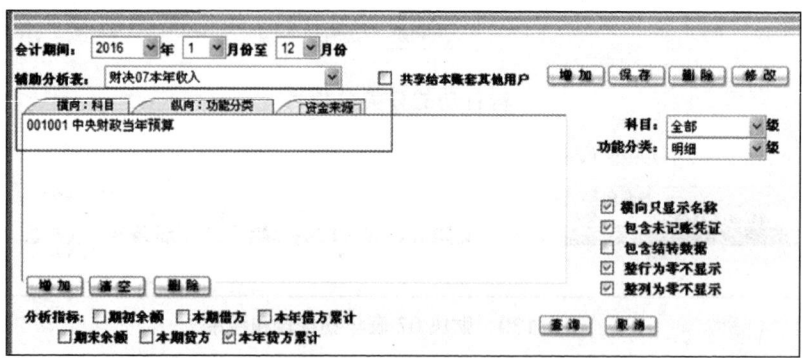

图 7-133 财决 07 表本年收入：资金来源

查询结果如图 7-134 所示。

科目功能分类分析表

2017年1月–12月　　不显示合计列　　显示:

资金来源: 001001 当年预算

功能分类/科目		总计				财政补助收
功能分类代码	功能分类名称	期初借方余	期初贷方余	本年借方累	本年贷方累	本年贷方累
100	基建支出	0.00	0.00	0.00	167,985,000.00	167,985,000.00
10001	基建支出	0.00	0.00	0.00	167,985,000.00	167,985,000.00
1000101	基建支出	0.00	0.00	0.00	167,985,000.00	167,985,000.00
206	科学技术	0.00	0.00	0.00	143,105,400.00	143,105,400.00
20603	应用研究	0.00	0.00	0.00	128,705,400.00	128,705,400.00
2060301	机构运行	0.00	0.00	0.00	88,726,400.00	88,726,400.00
2060302	社会公益研究	0.00	0.00	0.00	36,490,000.00	36,490,000.00
2060399	其他应用研究支出	0.00	0.00	0.00	3,489,000.00	3,489,000.00
20605	科技条件与服务	0.00	0.00	0.00	14,400,000.00	14,400,000.00
2060503	科技条件专项	0.00	0.00	0.00	14,400,000.00	14,400,000.00
208	社会保障和就业	0.00	0.00	0.00	4,260,000.00	4,260,000.00
20805	行政事业单位离退	0.00	0.00	0.00	4,260,000.00	4,260,000.00
2080502	事业单位离退休	0.00	0.00	0.00	4,260,000.00	4,260,000.00
220	一般公共服务	0.00	0.00	0.00	44,020,800.00	44,020,800.00
22005	气象事务	0.00	0.00	0.00	44,020,800.00	44,020,800.00
2200502	一般行政管理事务	0.00	0.00	0.00	100,000.00	100,000.00
2200506	气象探测	0.00	0.00	0.00	2,424,800.00	2,424,800.00
2200508	气象预报预测	0.00	0.00	0.00	1,660,000.00	1,660,000.00
2200509	气象服务	0.00	0.00	0.00	31,630,000.00	31,630,000.00
2200512	气象卫星	0.00	0.00	0.00	1,662,000.00	1,662,000.00
2200513	气象法规与标准	0.00	0.00	0.00	270,000.00	270,000.00
2200599	其他气象事务支出	0.00	0.00	0.00	6,274,000.00	6,274,000.00
221	住房保障支出	0.00	0.00	0.00	9,098,000.00	9,098,000.00
22102	住房改革支出	0.00	0.00	0.00	9,098,000.00	9,098,000.00
2210201	住房公积金	0.00	0.00	0.00	5,500,000.00	5,500,000.00
2210202	提租补贴	0.00	0.00	0.00	701,000.00	701,000.00
2210203	购房补贴	0.00	0.00	0.00	2,897,000.00	2,897,000.00
	合计	0.00	0.00	0.00	368,469,200.00	368,469,200.00

图 7-134 财决 07 表本年收入

3）本年支出填报设置

本列数据自动生成。

4）年末结转和结余填报设置

①通过会计核算中的“辅助分析表”功能分析填列。

②查询方案:"横向:科目""纵向:功能分类"。

③查询条件:科目为"第三"级,如图 7-135 所示;功能分类为"明细"级。

④分析指标:期末余额。

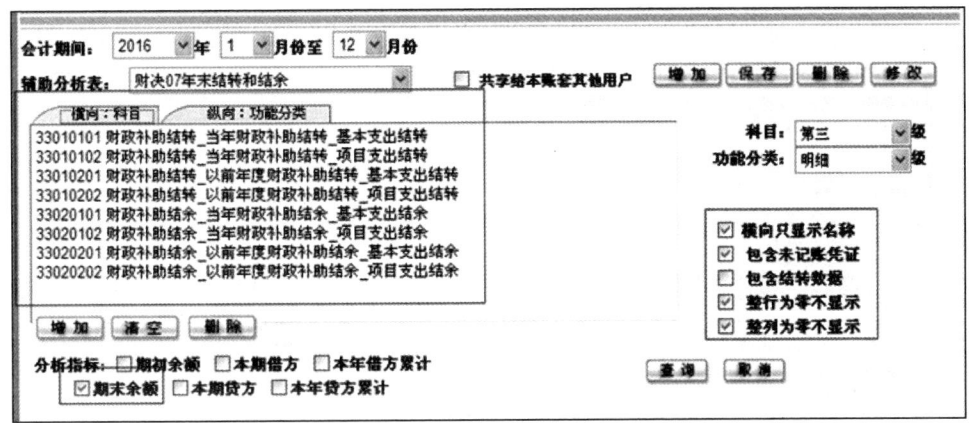

图 7-135　财决 07 表年末结转和结余:科目

查询结果如图 7-136 所示。

图 7-136　财决 07 表年末结转和结余

(13)一般公共预算财政拨款支出决算明细表(财决 08 表)

本表为自动生成报表。

(14)一般公共预算财政拨款基本支出决算明细表(财决 08-1 表)

反映单位从本级财政部门取得的一般公共预算财政拨款本年度列支的基本支出明细情况,按支出功能分类科目分"类""款""项"填列。

填报设置:

①通过会计核算中的"辅助分析表"功能分析填列。

②查询方案:"横向:科目""纵向:功能分类";选择筛选条件"资金来源"。

③查询条件：科目为"第四（基本支出）"级，如图7-137所示；功能分类为"明细"级，如图7-138所示。

④选择筛选条件"资金来源"，如图7-139所示。

⑤分析指标：本年借方累计。

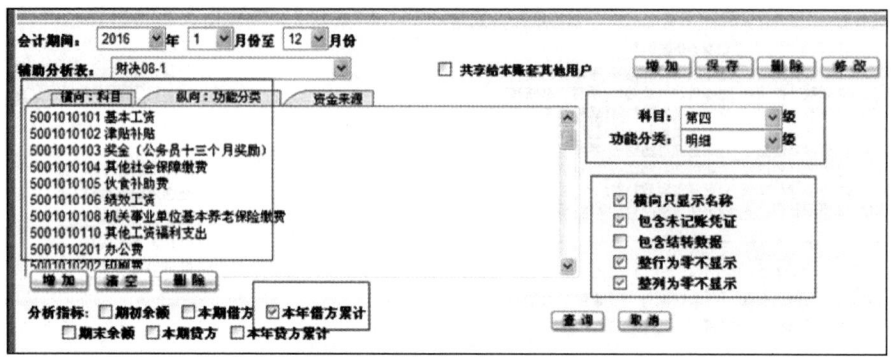

图7-137　财决08-1表：科目

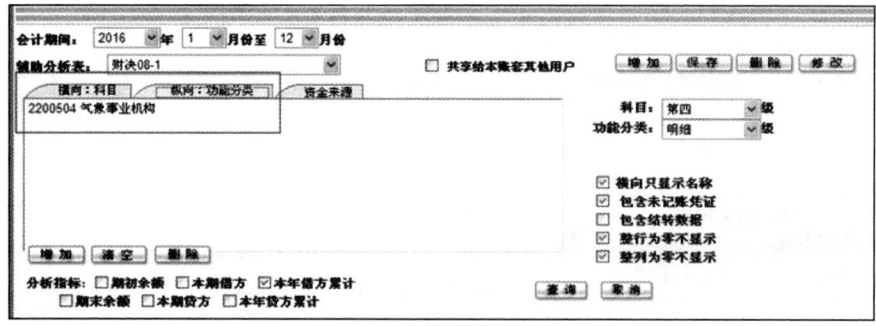

图7-138　财决08-1表：功能分类

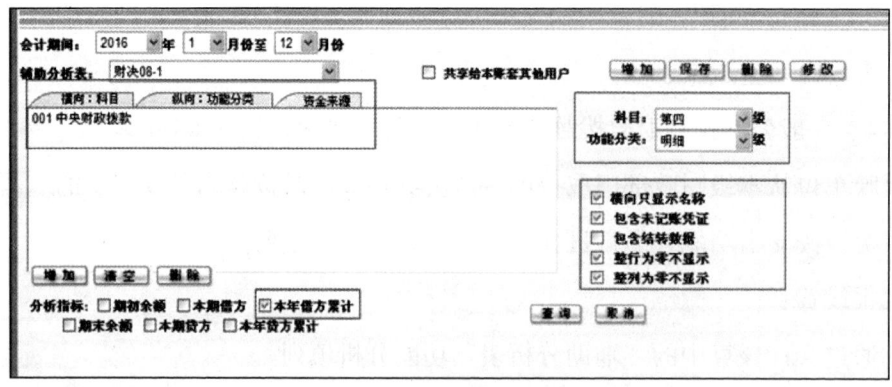

图7-139　财决08-1表：资金来源

查询结果如图 7-140 所示。

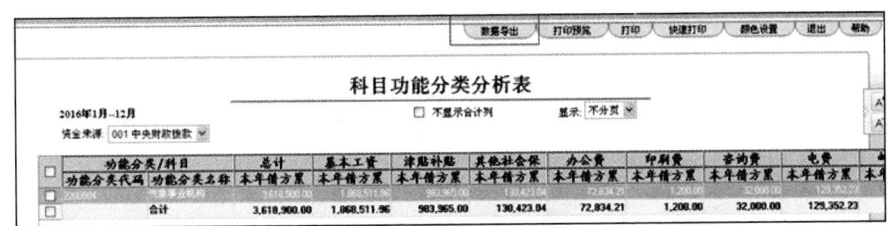

图 7-140　财决 08-1 表

（15）一般公共预算财政拨款项目支出决算明细表（财决 08-2 表）

反映单位从本级财政部门取得的一般公共预算财政拨款本年度列支的项目支出明细情况，按支出功能分类科目分"类""款""项"填列。

填报设置：

①通过会计核算"辅助分析表"功能分析填列。

②查询方案："横向：科目""纵向：功能分类"；选择筛选条件"资金来源"。

③查询条件：科目为"第四（项目支出）"级；功能分类为"明细"级。

④分析指标：本年借方累计。

（16）资产负债简表（财决 12 表）

反映单位年初、年末的资产负债等情况。

填报设置：

①通过会计核算"辅助分析表"功能分析填列。

②查询条件：科目级次"第一级科目"，如图 7-141 所示。

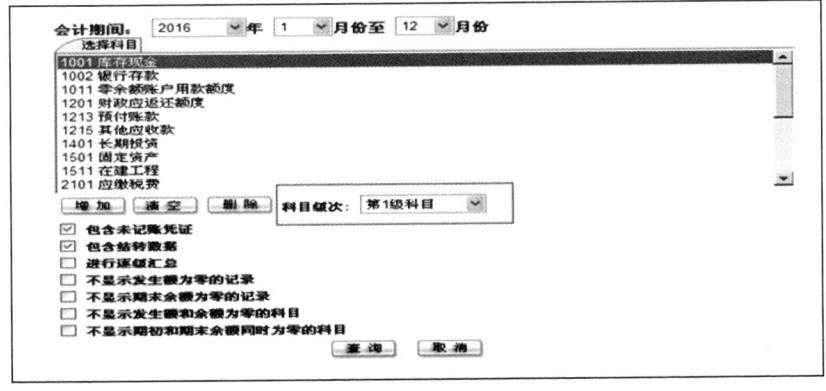

图 7-141　资产负债简表：科目

查询结果如图 7-142 所示。

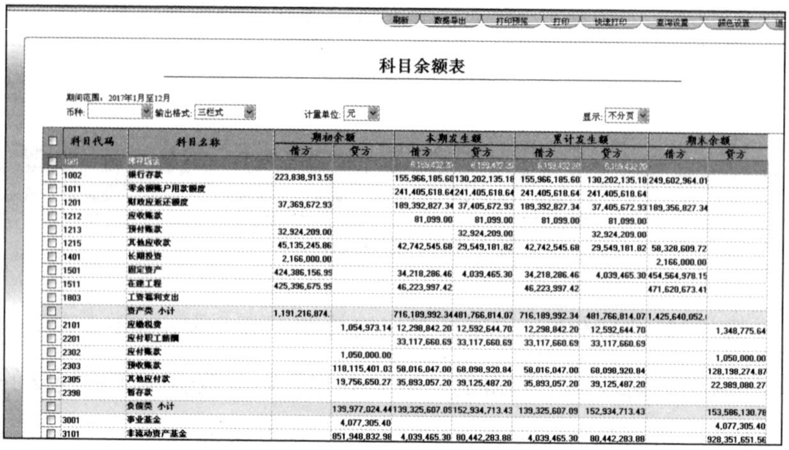

图 7-142 资产负债简表

二、自定义报表任务

1. 权限设置

设立"报表编制"岗位（角色），在"权限管理"功能中给该岗位赋予财务报表系统的"报表报送、报表审核、报表填写"权限（图 7-143）；在"角色"功能中给该角色添加"单位用户组"的用户组，同时赋予单位用户组下财务报表的"报表设计、任务管理、任务填报"的权限（图 7-144）。

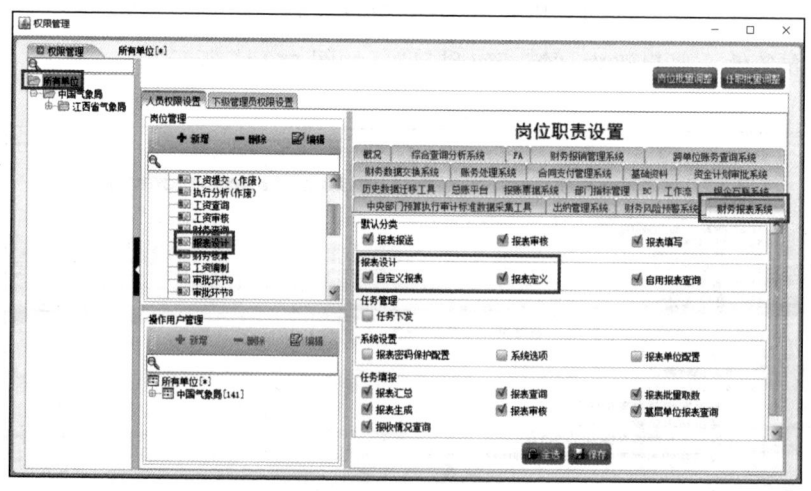

图 7-143 权限设置-1

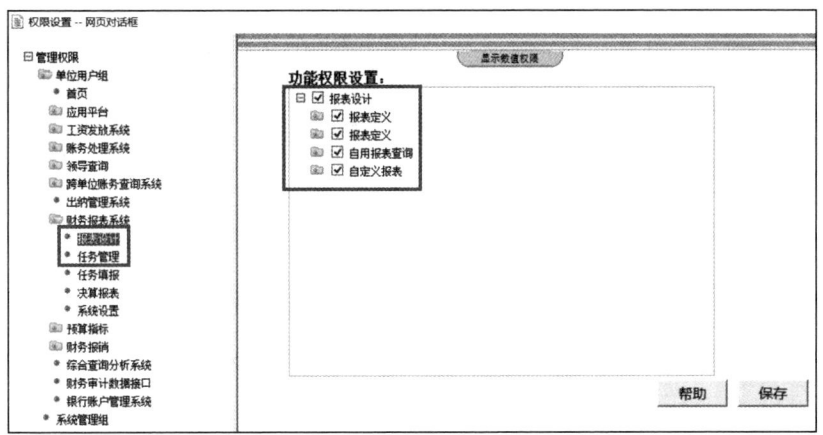

图 7-144 权限设置 -2

然后,在"权限管理"功能中将单位用户任职该岗位(角色),该用户即拥有了设计本单位报表和管理下发报表的权限。

2. 自定义报表任务流程

自定义报表任务的流程为:报表定义—定义报表任务—下发任务—报表查询、生成、编制、上报与汇总。

报表定义:将所有设计好的报表表样导入报表系统,并设置相关的账务取数公式、GetSQL 取数公式、计算公式和审核公式等。

定义报表任务:将一个或者多个报表组合在一起,形成一个报表任务。

下发任务:将报表任务下发至下级单位,供下级单位查询使用或编制上报。

报表查询、生成、编制、上报与汇总:主管单位使用报表查询汇总及下级单位相关报表数据;基层单位查询报表数据;基层单位编制相关数据并上报上一级单位,上一级单位可审核和汇总下级单位报送的数据并继续上报。

3. 报表定义

依次单击"财务报表系统"—"报表设计"—"报表定义",打开报表定义界面。

(1)新增报表

单击"新增"(如果需要在某组下新增,先选择某组的名称,再单击"新增"),输入报表名称,再单击"添加组"为报表建立一个新组(如在已有组下新增报表,则忽略此步骤)。选择报表期间(月报、季报、年报或日报)和报表类型(固定表或浮动表),单击"保存",如图 7-145、图 7-146 所示。

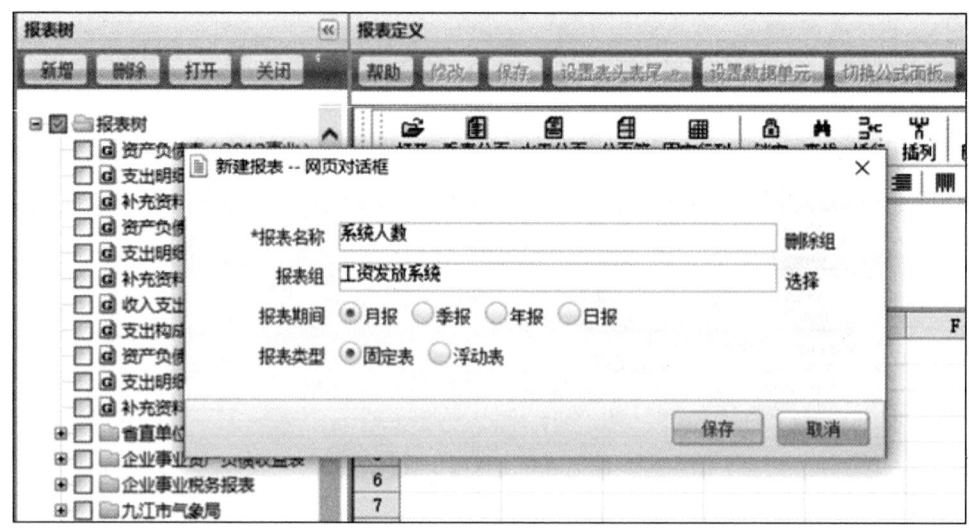

图 7-145　新增固定报表 -1

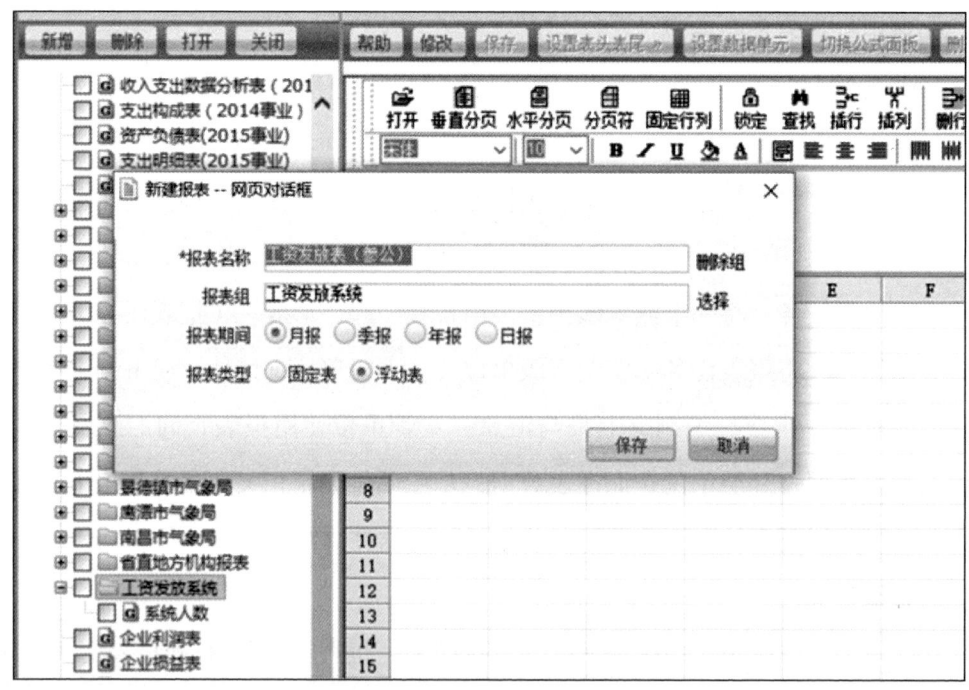

图 7-146　新增固定报表 -2

报表分为固定表和浮动表，固定表会在报表名称左侧显示"G"字样，浮动表则显示"F"字样。固定表是指整体报表格式固定的表，每个单元格都有具体的内容和公式，如资产负债表；浮动表是指报表数据不固定的报表，有多少行数据就显示多少数据，一般是表头固定，数据区域浮动，如显示往来单位余额的报表。

（2）设计报表格式

报表应先使用Excel设计好报表的格式和内容。注意，电子表必须为"Excle 97–2003"类型，固定表的表格要在最顶端和最左侧单独插入一个空行和空列。

单击"报表设计"—"报表定义"，打开报表定义界面，在左侧报表列表中双击打开需要设计的报表，单击"修改"。单击"打开"，导入设计好的Excel电子表。

（3）设计表头表尾

通过"设置表头表尾"，可以设置报表中的单位名称、代码、报表期间、年、月、财务负责人等字段。

首先，选中设置的单元格，再单击"设置表头表尾"下的内容，即会在单元格生成对应的公式，单击保存，如图7-147所示。

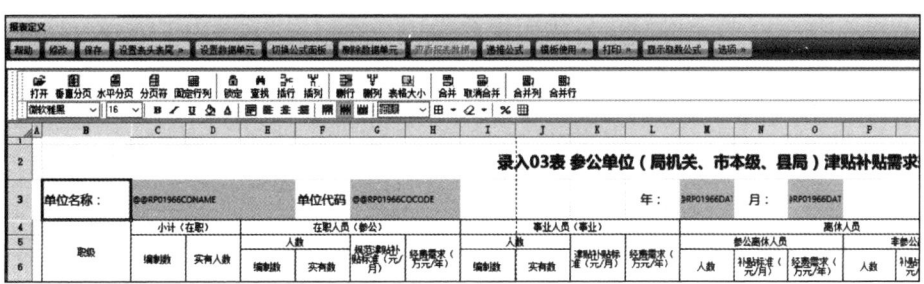

图7-147 设置表头表尾

（4）设置数据单元

在所有的数据单元格（即要录入或者设置公式的单元格）中录入"@@"符号，再单击"设置数据单元"，数据单元类型选择"数字"（如果是文本，则选文本），单击"生成"。即会在每个数据单元格生成一个类似"RP01966F0010"的数据，单击保存，如图7-148所示。

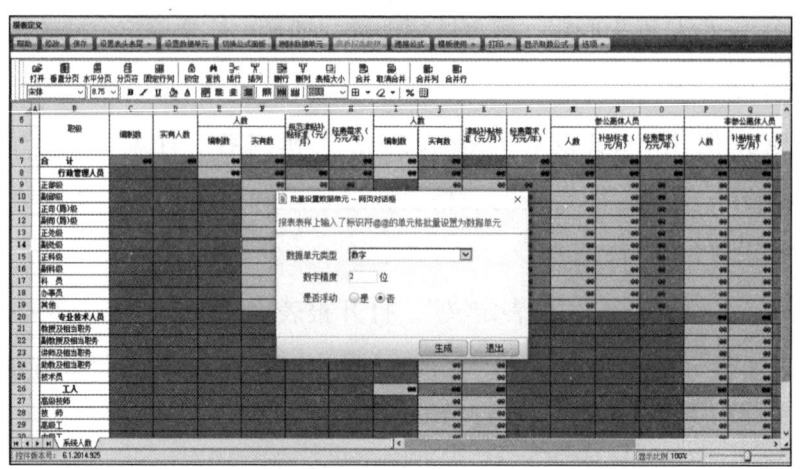

图 7-148 设置数据单元

（5）设置取数和审核公式（固定表）

单击"切换公式面板"，将会在界面中显示公式的面板。单击"显示取数公式"，将会显示单元的公式。

1）表内合计内公式

单击选中 D10 单元格，在公式面板单击"开始编辑"，单击 F10 单元，单击公式面板中的"+"符号，再单击 J10，最后单击"结束编辑"。即为 D10 单元格设置好了 F10+J10 的计算公式，如图 7-149 所示。

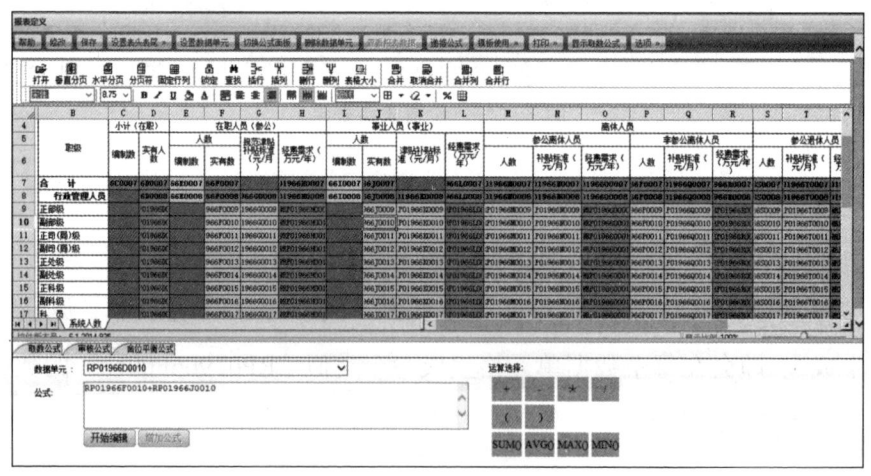

图 7-149 取数公式设置 –1

2）从总账取数

从总账系统取数分为系统科目取数、单位(账套)科目取数两种。系统科目取数是按科目表体系来取数，主要适用于针对某个科目体系的所有单位的报表，一般该类报表会下发至所有使用该科目体系的单位。例如，企业的税务资产负债表和利润表。单位（账套）科目是按具体的单位和账套中进行取数，主要适用于某个单位或者指定某些单位使用的报表，该表一般不下发或者只下发至特定单位。例如，某个单位自己编制的财务分析表、省局编制的省局直属单位项目执行进度表或某设区市局编制的下属所有单位的货币资金情况表。

系统级科目：单击选中 D7 单元格，在公式面板单击"开始编辑"，再单击"增加公式"，将弹出公式定义界面。取数规则选择"新总账取数规则"，科目来源选择"系统科目"，选择科目表，选择会计科目，选择取值类型（有期初借方、期初贷方、期末借方、期末贷方、本期借方发生等），选择时间类型（本期、去年同期、上年末等），选择数据类型（本位币），选择是否取负（是），单击右侧的"代入"按钮，再单击右下角的"完成"，最后单击"结束编辑"，结束该公式的编辑，如图 7-150 所示。

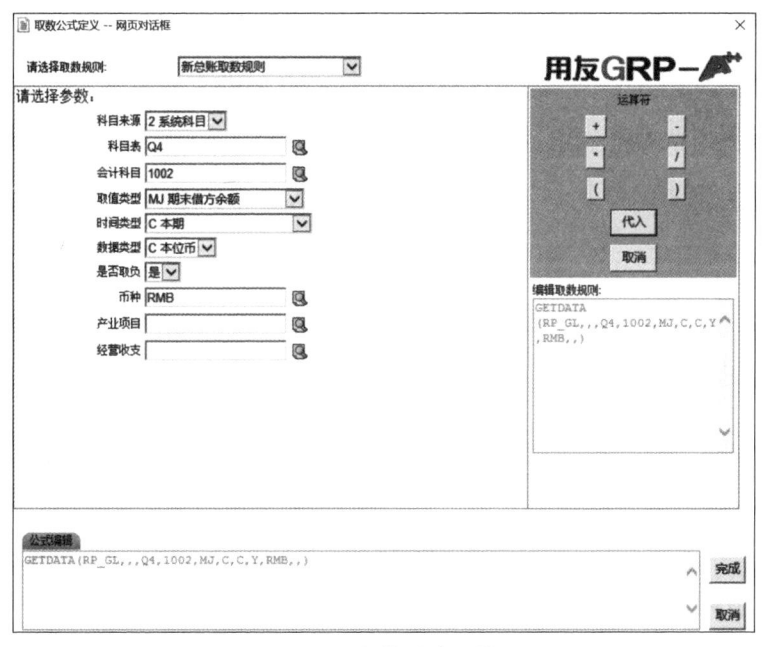

图 7-150　取数公式设置 -2

单位（账套）科目：操作过程与系统级科目类似，主要不同为：科目来源选择"单位科目"或者"账套科目"，额外还应选择"单位代码"和"账套代码"。

3）GETSQL 取数函数

GETSQL 取数函数可以从数据库中进行取数。例如，D7 单元格要取本单位（含下级单位）当月工资系统中在职在编类别的发放人数，对应的取数 SQL 语句如下：

```
GETSQL
    (SELECT COUNT(EMP_CODE) AS RENSHU
    FROM PRS_PAYLIST
    WHERE PRTYPE_CODE LIKE '001'
        AND PAY_NO_MO =1
        AND PR_PAYLIST_N03 NOT LIKE '0'
        AND CO_CODE LIKE '@@COCODE%'
        AND YEAR LIKE @@DATEY
        AND MO LIKE @@DATEM)
```

注：'@@COCODE' 为当前单位，'@@COCODE%' 为当前单位（含下级），@@DATEY 为当前年度，@@DATEM 为当前月份，'@@ACCOUNTID' 为账套代码，@@SYSDATE 为系统日期，@@TRANSDATE 为业务日期。

单击选中 D7 单元格，在公式面板单击"开始编辑"，在公式框中输入以上代码即可。

4）设置审核公式

审核公式是根据报表内部及报表之间的勾稽关系定义的逻辑表达式，可以为报表设置一些基本的逻辑审核公式。例如，某个单元格等于其他几个单元格之和，某个单元格的数值必须大于 0，如果人数大于 0 则津补贴必须大于 0 等审核公式。

单击"切换公式面板"，在公式面板中选择"审核功能"，单击"增加"，选择审核公式的属性（"强制性审核"：报表上报前必须通过该公式审核，否则无法上报），在审核公式中输入审核公式，再输入公式说明，最后单击"结束编辑"，如图 7-151 所示。

审核公式分为计算比较审核公式和条件审核公式。比较运算符包含 =（等于）、<（小于）、>（大于）、<=（小于等于）、>=（大于等于）、<>（不等于），多个比较公式中可以使用 AND(同时成立)、OR（满足其一）连接符进行连接；条件审核公式格式为"IF：如果；THEN：那么；ELSE：否则"。审核公式中的计算也可以使用 GETSQL 函数和其他函数。

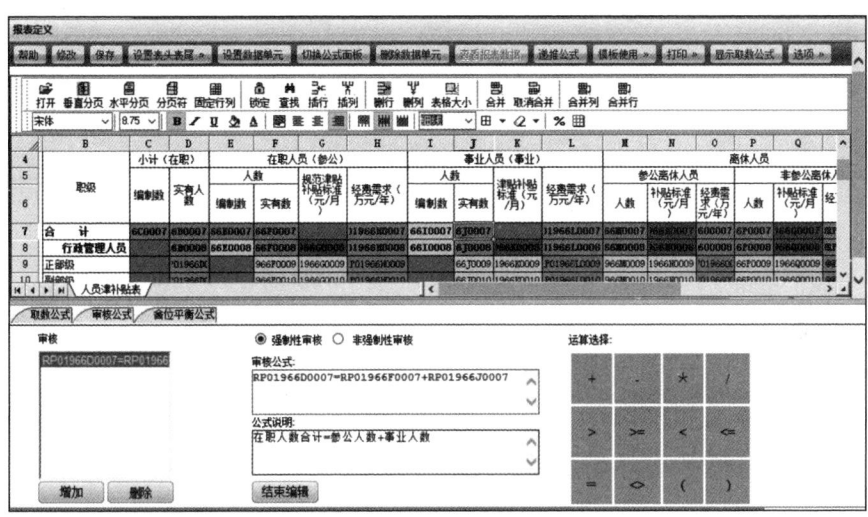

图 7-151　审核公式

5）公式的修改权限

报表定义的选项中有一个选项为"是否允许下级单位修改取数公式"（图 7-152）。如果选择"允许"的话，那么下级单位可以修改所有的取数公式。一般的报表不建议允许下级单位修改取数公式，因为一旦选择允许下级单位修改取数公式时，如果在后期发现报表公式有问题，主管单位就无法统一修改。

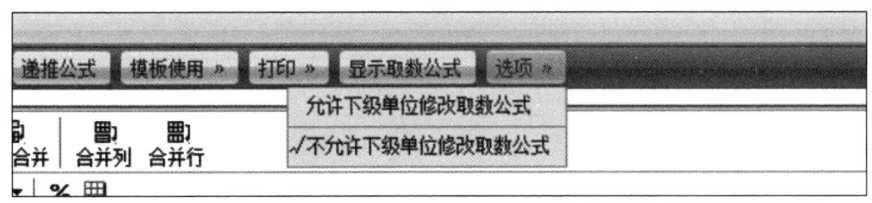

图 7-152　公式的修改权限

6）设置取数公式（浮动表）

打开设置好的电子表格，将浮动行的数据全部输入 @@，再单击"设置数据单元",最后单击"生成"。在表头上一列添加年和月,如图 7-153 所示。

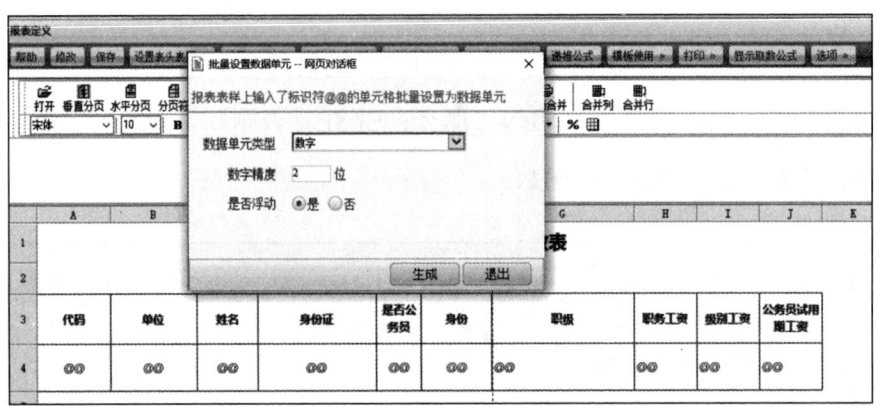

图 7-153　设置取数公式 –1

双击 A4 单元格,将是否浮动项改为"是",浮动顺序号为 1;再将 G2 单元格设置为浮动项,顺序号为 2;再将 G3 单元格设置为浮动项,顺序号为 3,如图 7-154 所示。(浮动项组合在一起必须为主键,即每一行该组合在一起的数据必须是唯一的,否则数据将显示不全。数据按照从左到右的浮动项依次排序。)

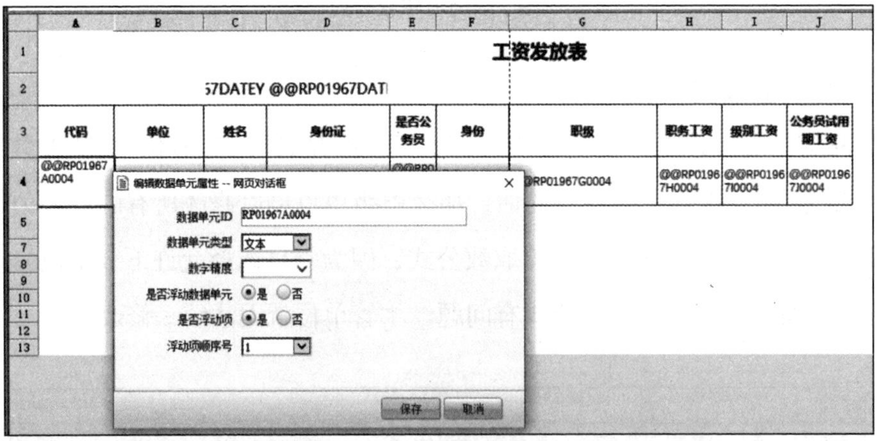

图 7-154　设置取数公式 –2

设置好以后单击保存。

单击"修改"—"切换公式面板"—"显示取数公式",再单击 A4 单元格(一般为浮动行的第一个),单击"开始编辑",输入 SQL 脚本,单击"保存"。

案例 7-14 以下为显示当前单位和下级单位当月参公人员的人员基本信息和基

本工资项。

```
GETSQL
    (SELECT A.CO_CODE,
        C.CO_NAME,
        B.EMP_NAME,
        B.IDENTITY_CARD,
        G.VAL ,
        F.VAL,
        E.VAL,
        A.PR_PAYLIST_N11,
        A.PR_PAYLIST_N12,
        A.PR_PAYLIST_N13
    FROM PRS_PAYLIST A LEFT JOIN
    (SELECT EMP_UID,
        TYPE_CODE,
        EMP_STAT,
        EMP_NAME,
        DUTY_GRADE,
        IDENTITY_CARD
    FROM PRS_EMP
    WHERE ND =@@DATEY) B
        ON A.EMP_UID = B.EMP_UID LEFT JOIN
    (SELECT VAL,
        VAL_ID,
        ORD_INDEX
    FROM PRS_VAL
    WHERE VALSET_ID LIKE 'VS_DUTY_GRADE') E
```

```sql
            ON E.VAL_ID LIKE B.DUTY_GRADE LEFT JOIN
(SELECT VAL,
    VAL_ID,
    ORD_INDEX
FROM PRS_VAL
WHERE VALSET_ID LIKE 'VS_EMP_STAT') F
    ON F.VAL_ID LIKE B.EMP_STAT LEFT JOIN
(SELECT VAL,
    VAL_ID,
    ORD_INDEX
FROM PRS_VAL
WHERE VALSET_ID LIKE 'VS_TYPE_CODE') G
    ON G.VAL_ID LIKE B.TYPE_CODE LEFT JOIN
(SELECT CO_CODE ,
    CO_NAME
FROM MA_COMPANY
WHERE ND=@@DATEY) C
    ON C.CO_CODE = A.CO_CODE LEFT JOIN
(SELECT CO_CODE,
    PRTYPE_CODE,
    PRTYPE_NAME
FROM PRS_TYPE_CO
WHERE ND=@@DATEY ) D
    ON D.CO_CODE = A.CO_CODE
    AND D.PRTYPE_CODE = A.PRTYPE_CODE
WHERE A.ND =@@DATEY
    AND A.PRTYPE_CODE IN ('001')
```

```
AND G.VAL_ID LIKE '001'
AND NVL(A.PR_PAYLIST_N03,0)>0
AND A.PAY_NO_MO = 1
AND A.CO_CODE LIKE '@@COCODE%'
AND YEAR=@@DATEY
AND MO= @@DATEM)
```

注：SQL 取数的数据字段应该和浮动表的表头一致（上段 SQL 语句中的 a.PR_PAYLIST_N11、a.PR_PAYLIST_N12、a.PR_PAYLIST_N13 等工资项可根据单位情况自行替换）。

单击“查看报表数据”，可以测试报表的设计是否正常，如图 7–155 所示。

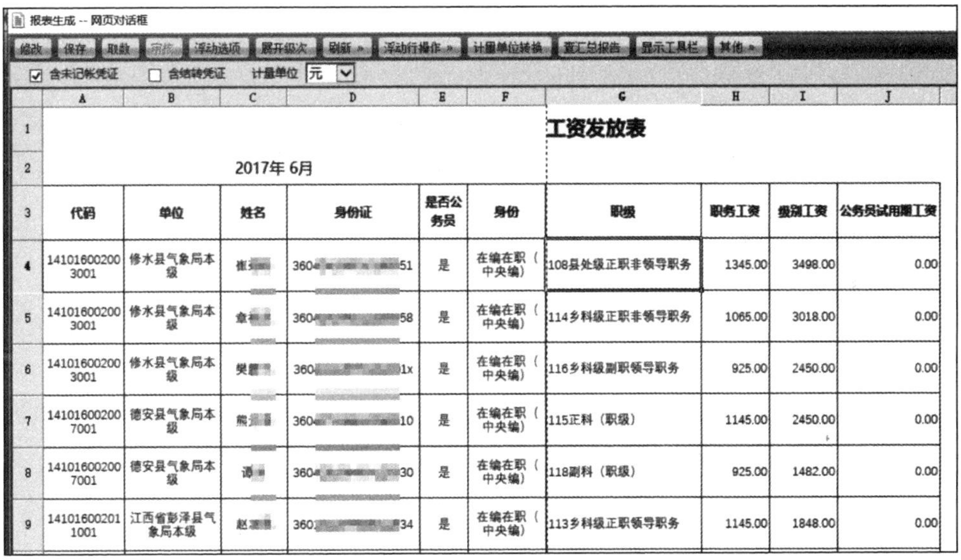
报表生成 -- 网页对话框
修改　保存　取数　审核　浮动选项　展开级次　刷新　浮动行操作　计量单位转换　查汇总报告　显示工具栏　其他
☑ 含未记帐凭证　☐ 含结转凭证　计量单位 元

	A	B	C	D	E	F	G	H	I	J
1							工资发放表			
2			2017年 6月							
3	代码	单位	姓名	身份证	是否公务员	身份	职级	职务工资	级别工资	公务员试用期工资
4	141016002003001	修水县气象局本级	崔[illegible]	360[illegible]51	是	在编在职（中央编）	108县处级正职非领导职务	1345.00	3498.00	0.00
5	141016002003001	修水县气象局本级	章[illegible]	360[illegible]58	是	在编在职（中央编）	114乡科级正职非领导职务	1065.00	3018.00	0.00
6	141016002003001	修水县气象局本级	樊[illegible]	360[illegible]1x	是	在编在职（中央编）	116乡科级副职领导职务	925.00	2450.00	0.00
7	141016002007001	德安县气象局本级	熊[illegible]	360[illegible]10	是	在编在职（中央编）	115正科（职级）	1145.00	2450.00	0.00
8	141016002007001	德安县气象局本级	谭[illegible]	360[illegible]30	是	在编在职（中央编）	118副科（职级）	925.00	1482.00	0.00
9	141016002011001	江西省彭泽县气象局本级	赵[illegible]	360[illegible]34	是	在编在职（中央编）	113乡科级正职领导职务	1145.00	1848.00	0.00

图 7–155　查看报表数据

案例 7–15 假设在数据库中建立了一个视图，该视图按单位、年度、月份存储了各单位的人数。将设计的表格导入系统，生成数据单元，将“预算代码”设置成浮动项，顺序为 1。将预算代码下方单元格中的公式设置为以下公式即可，如图 7–156 所示。设置完成以后，各级单位即可查询本单位和下级单位的人员基本情况，如图 7–157 所示。

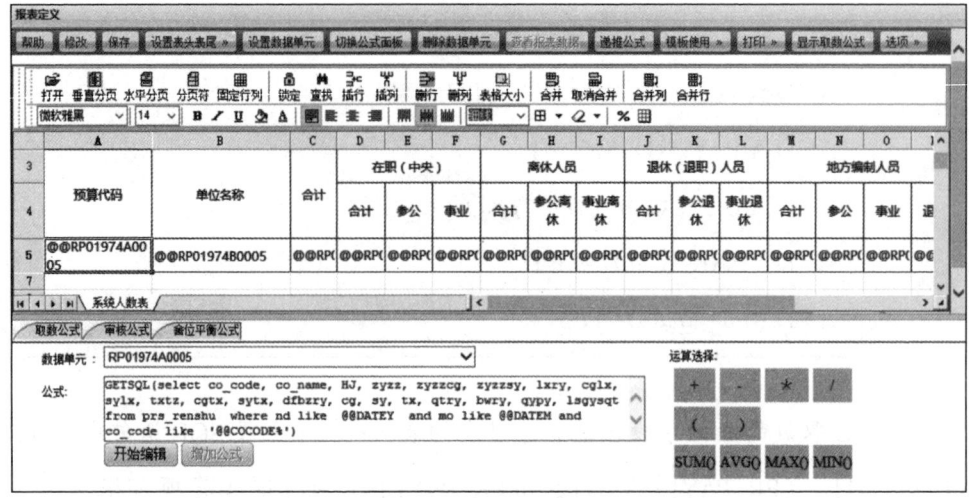

图 7-156 报表公式定义

```
GETSQL
    (SELECT CO_CODE,
        CO_NAME,
        HJ,
        ZYZZ,
        ZYZZCG,
        ZYZZSY,
        LXRY,
        CGLX,
        SYLX,
        TXTZ,
        CGTX,
        SYTX,
        DFBZRY,
        CG,
        SY,
```

```
        TX,
        QTRY,
        BWRY,
        QYPY,
        LSGYSQT
    FROM PRS_RENSHU
    WHERE ND LIKE @@DATEY
        AND MO LIKE @@DATEM
        AND CO_CODE LIKE '@@COCODE%')
```

注：在数据库中建立一个名称为 prs_renshu 的视图，该视图根据工资发放表（RPS_PAYLIST）、人员基本信息表（PRS_EMP）和单位组织结构表（MA_COMPANY）自动生成每个单位每个月的发放人数。该视图包含了 CO_CODE（单位代码），CO_NAME（单位名称），HJ（人数合计），ZYZZ（中央在职），ZYZZCG（中央在职参公），ZYZZSY（中央在职事业），LXRY（离休人员），CGLX（参公离休），SYLX（事业离休），TXTZ（退休退职），CGTX（参公退休），SYTX（事业退休），DFBZRY（地方编制人员），CG（参公），SY（事业），TX（退休），QTRY（其他人员），BWRY（编外库人员），QYPY（企业聘用），LSGYSQT（临时工等）等字段。

图 7-157　查看报表数据

案例 7-16 部门决算报表中有关报表可以通过报表系统自动提取。以收入决算表（财决 03 表）为例，该报表可以按功能分类进行分行提取相应的收入数据，报表格式如图 7-158 所示。

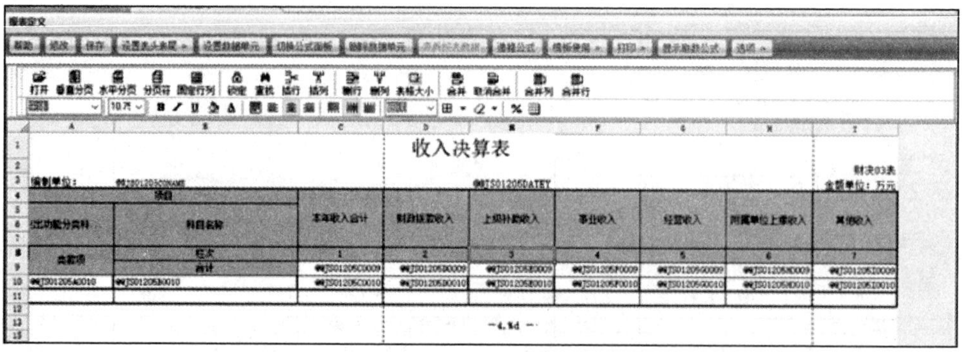

图 7-158 部门决算报表 -1

操作步骤：新建一个浮动表，导入报表格式，生成相应的数据单元格（注意区分浮动数据和非浮动数据）。

设置浮动项代码：设置 A10 单元格的公式。在增加公式界面选择"新总账浮动取数规则"，浮动单元格类型为"1 浮动项代码定义"，浮动项代码为"功能分类"，浮动项顺序为"NO.1"，如图 7-159 所示。

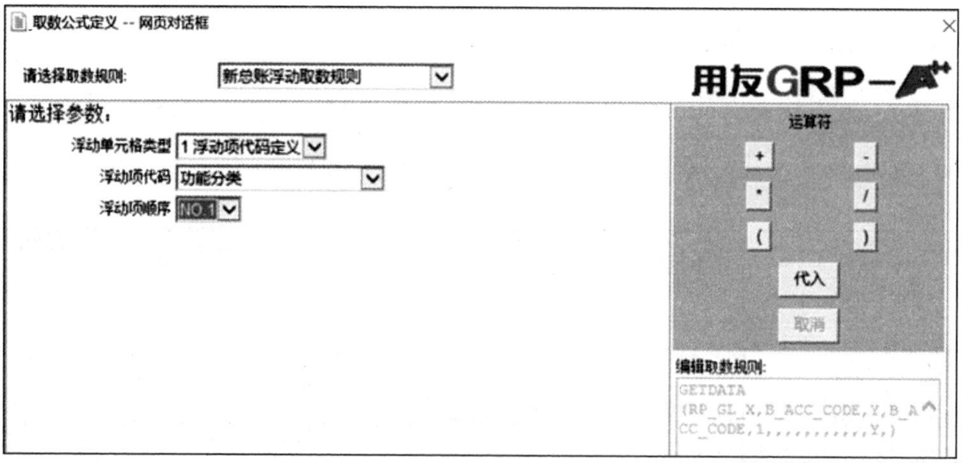

图 7-159 部门决算报表 -2

设置浮动项名称：设置 B10 单元格的公式。在增加公式界面选择"新总账浮动取数规则"，浮动单元格类型为"2 浮动项名称定义"，浮动项名称为"功能分类"，如图 7-160 所示。

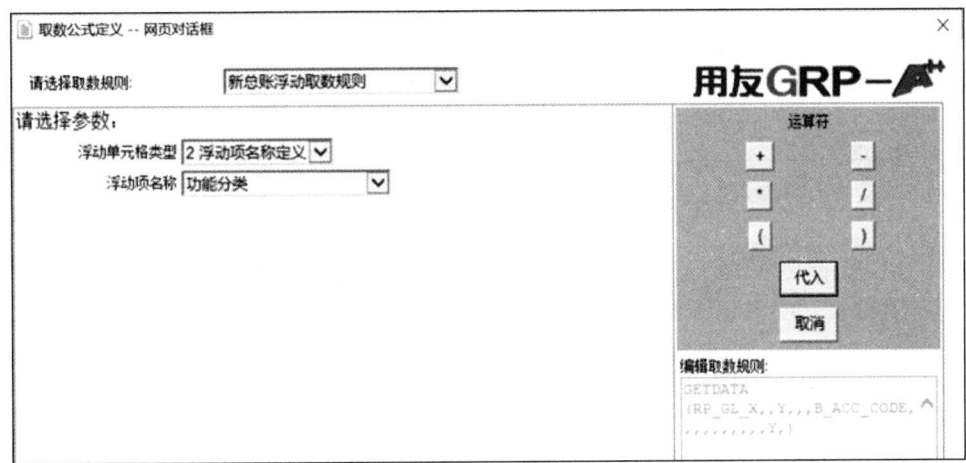

图 7-160　部门决算报表 –3

设置取数公式：设置 E10 单元格的公式。在增加公式界面选择"新总账浮动取数规则"，浮动单元格类型为"3 取数公式定义"，选择科目表、科目代码、取值类型、数据类型等。设置好后按同样的步骤设置其他收入的取数公式，如图 7-161 所示。

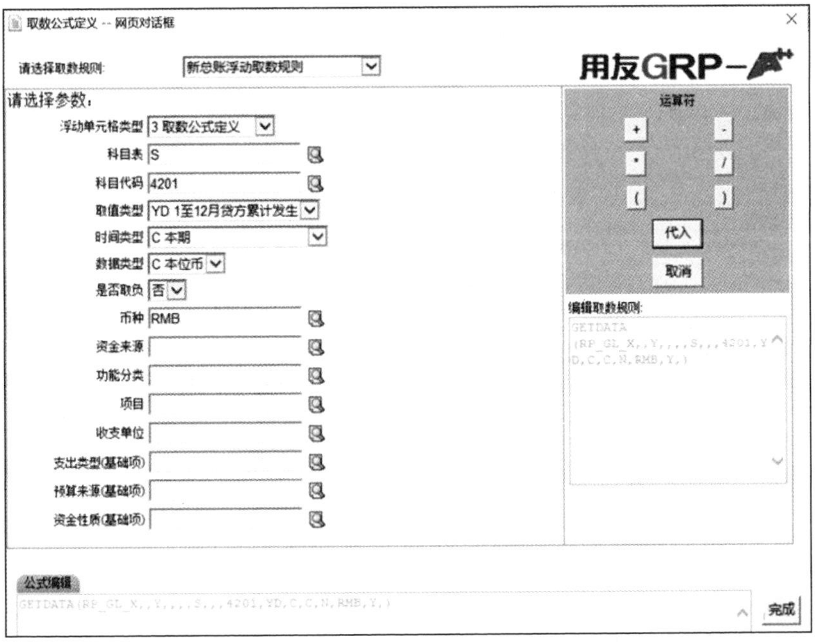

图 7-161　部门决算报表 –4

设置计算公式：设置第 9 列汇总行的汇总公式。选择 C9 单元格，在公式面板录入求和公式 SUM(JS01205C0010)，其中，JS01205C0010 为下方单元格的数据名称。设置好后按同样的步骤设置其他合计项的取数公式，如图 7-162 所示。

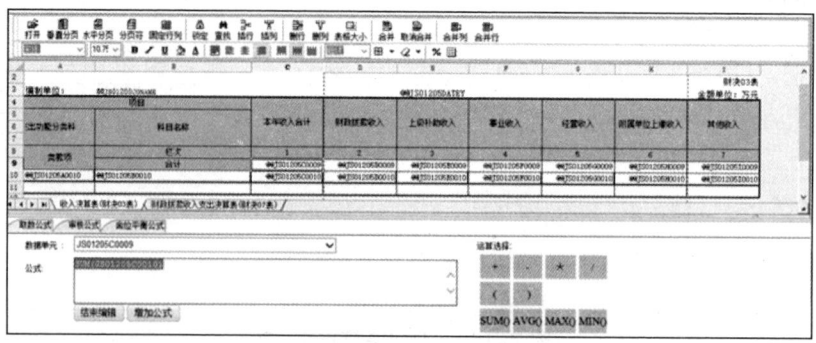

图 7-162　部门决算报表 –5

4. 定义报表任务

单击"任务管理"—"任务定义"—"新增"。输入任务代码和名称，选择期间种类、开始使用日期和终止日期。再单击左下角的"增加"，将制作好的报表加入当前任务。修改各报表显示顺序，单击"保存"，如图 7-163 所示。

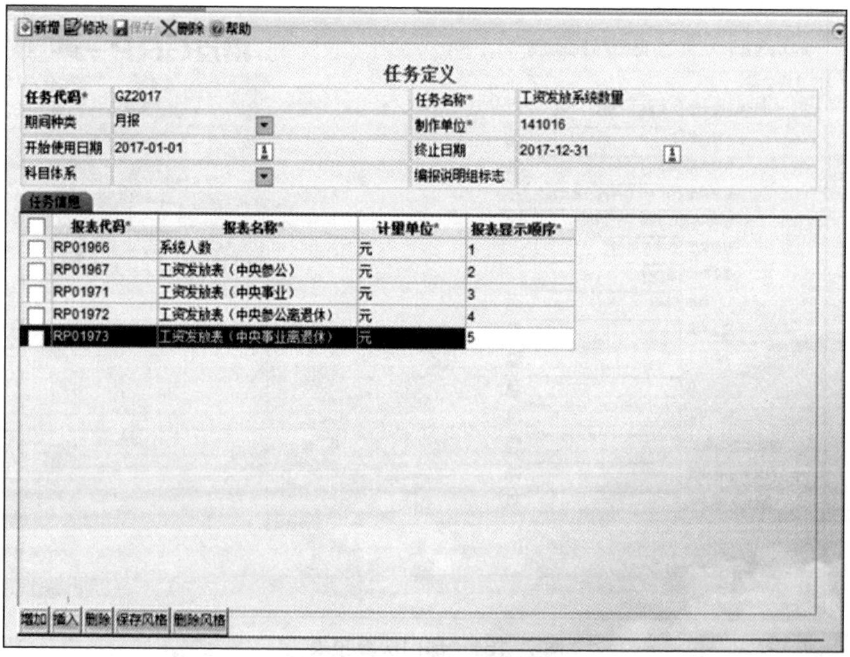

图 7-163　定义报表任务

5.任务下发

单击"任务管理"—"任务下发"—"新增",选择需要下发的任务,单击"一发到底",在弹出的界面中选择全部单位,单击"确定"发布,如图7-164所示。

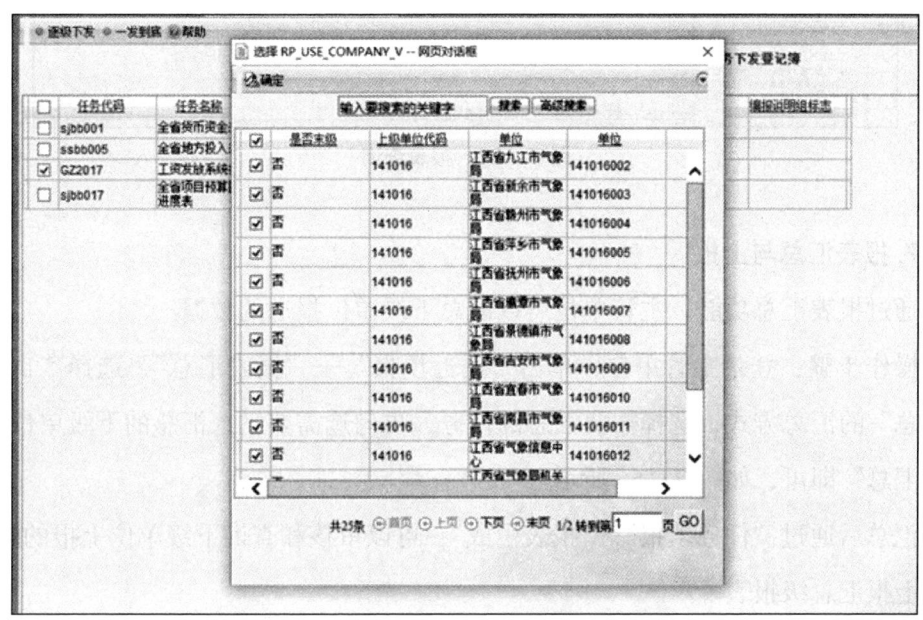

图 7-164　任务下发

6.报表编制与查询

登录主管单位,单击"任务填报"—"报表生成",在左侧找到该任务,单击"+"可以展开下级单位,双击下级单位可以查询该单位的报表,如图7-165所示。(如提示单位未上报数据,请使用系统管理员账号"sa"登录后,在"报表系统"—"系统设置"—"系统选项"中将"是否允许查看修改下级单位未上报数据"修改为"是"。)

下级主管单位和基层单位登录后,也可以通过报表生成查询相关数据。如果需要单位上报该报表数据,可以由基层单位上报。

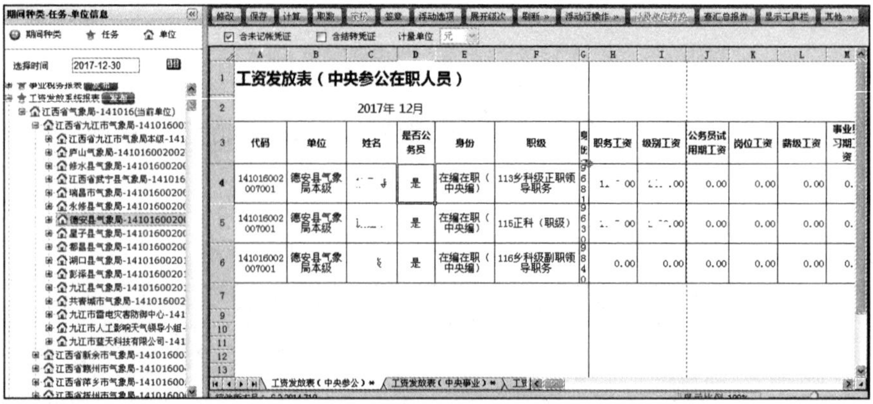

图 7-165　报表查询

7. 报表汇总与上报

通过报表汇总功能，主管单位可以汇总下级单位报送的数据。

操作步骤：登录主管单位，单击"任务填报"—"报表汇总"，选择"自选单位汇总"的汇总方式，选择需要汇总的任务，再勾选需要纳入汇总的下级单位，单击"汇总"即可，如图 7-166 所示。

汇总后通过"任务填报"—"报表生成"，可以审核和查询下级单位上报的报表，以及上报汇总级报表。

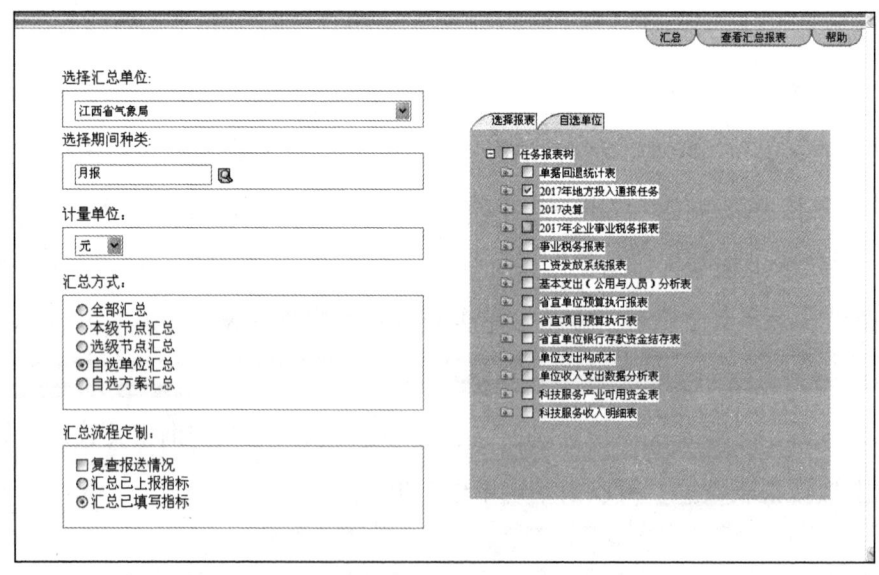

图 7-166　报表汇总

三、跨单位财务查询系统

（一）功能描述

财务处理子系统中的"跨单位财务查询"模块主要是方便上级主管单位、单位负责人、核算中心负责人及稽查与监管等人员通过对科目体系的筛选进行跨单位、跨账套的财务信息的动态查询。查询人员可按照管理需求设置查询方案，分别对汇总单位或特定单位进行综合查询。通过对查询方案中的多项目自由组合，各级管理者可以全面而快捷地了解并掌握单位的财务信息，强化计财业务内部控制，提升单位管理水平。

（二）主要架构

此功能模块主要由 8 项查询内容组成，如图 7-167 所示。

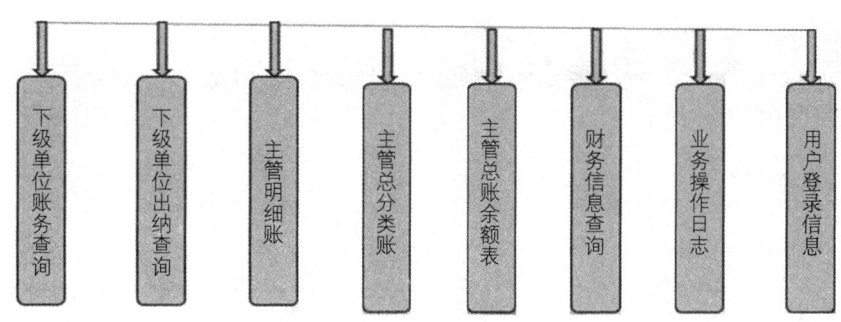

图 7-167　功能模块

下级单位账务查询：各级主管部门通过查询，可以详细了解下级单位每一个账套的基础资料、凭证箱、多种类型科目账、多种类型辅助账等信息，同时还可以及时掌握每一个账套的记账凭证在会计处理流程中所存在的状态。

下级单位出纳查询：各级主管部门通过查询，可直接掌握下级单位的出纳明细账，并且通过出纳对账单可完成该单位的会计货币资金总账与出纳日记总账的核对工作。

主管明细账：各级主管部门可以跨科目体系、跨账套查询所管辖单位的各类会计科目记载的每一笔经济业务事项发生的情况。

主管总分类账：各级主管部门可以跨科目体系、跨账套查询所管辖单位的不同会计科目体系中的会计科目总分类账。

主管总账余额表:查询人员按照需求跨科目体系、跨账套设置查询方案,综合查询所需财务信息的总账期初余额、本期发生、期末余额等情况,并可选择某个信息进一步深入查询每笔业务的详细记录。

财务信息查询:主管部门可以查询其下级某个或某几个单位的账务处理等信息情况,从中可掌握所属单位数、账套数、账簿的结账情况及凭证处理的每一个流程情况。

业务操作日志:主管部门通过对操作日记的查询,可了解每一个操作员登录系统进行操作的时间及操作内容。

用户登录信息:详细记录每一个操作员登录系统的完整操作情况。

(三)系统操作

如图7-168所示。

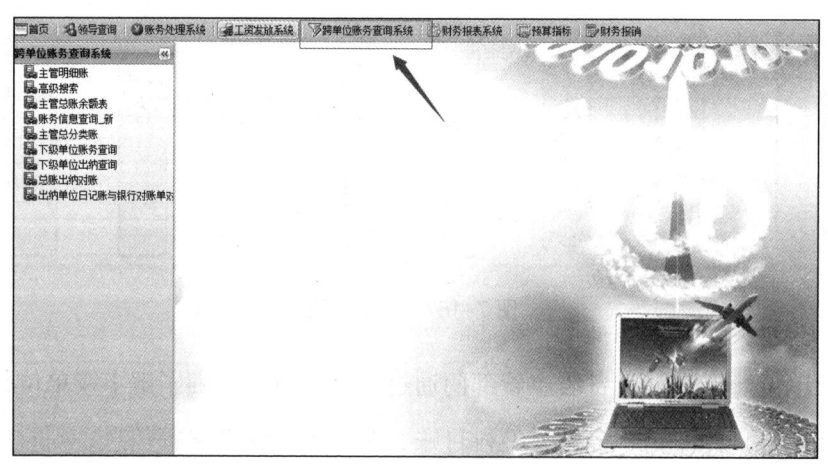

图7-168 财务查询

1.下级单位账务查询

操作步骤:

(1)单击"跨单位财务查询"菜单中的"下级单位账务查询",进入查询页面。

(2)选择具体单位或汇总单位,针对查询页面的"基础信息、凭证箱、科目账、辅助账"查询内容设置查询方案。

(3)针对所选择的内容或设置的查询方案进行逐步查询。

2. 下级单位出纳查询

操作步骤：

（1）单击"跨单位财务查询"菜单中的"下级单位出纳查询"，进入查询页面。

（2）选择具体单位和账套，单击页面中的"出纳账簿""出纳对账单"进行查询。

案例 7-17 主管人员查询出纳账簿，选择所要查询的单位及账套，就可获得出纳系统中的同步货币资金日记账信息，从而全面掌握出纳岗位对相关货币资金业务的登记情况。例如，主管人员想了解货币资金的会计总账是否与出纳总账相符，可选择页面的出纳对账单进行核实，查询表中"期初余额、本期借方、本期贷方、期末余额"的差额信息均为零，表示两方账账相符；如不相符，主管人员应及时督促财务人员进行查错核实，确保资金安全。

3. 主管明细账查询

如图 7-169 所示。

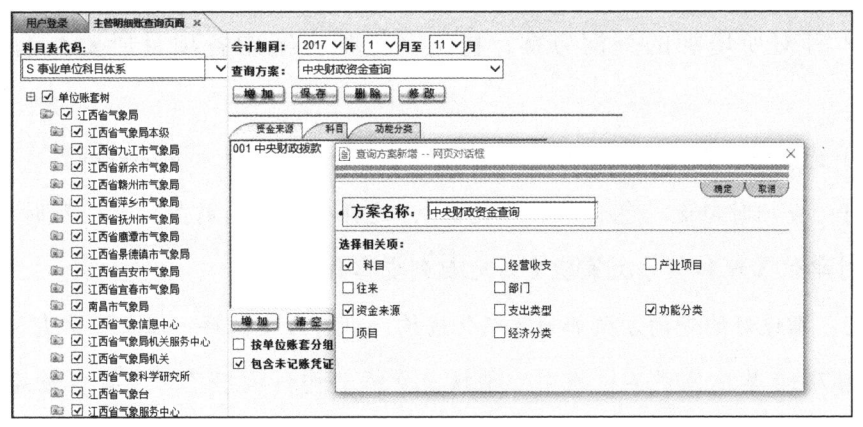

图 7-169 明细账查询

操作步骤：

（1）单击"跨单位财务查询"菜单中的"主管明细账"，进入查询页面。

（2）选择科目表中所要查询的科目体系。科目表中提供了气象部门会计核算中涉及的全部科目体系，如事业单位科目体系、小企业（或通用企业）会计科目体系、基建会计科目体系、社会团体科目体系、工会会计科目体系、党费科目体系。

（3）选择要查询的单位。可勾选主管单位选择权限范围内的全部单位进行查询，也可勾选单位进行组合查询。

（4）增设查询方案。查询方案可根据管理需求先增加查询方案名称，再选择相关项组合成查询方案，如图7-170所示。（相关项即系统所设置科目、项目、经济分类、功能分类、辅助核算项等。）

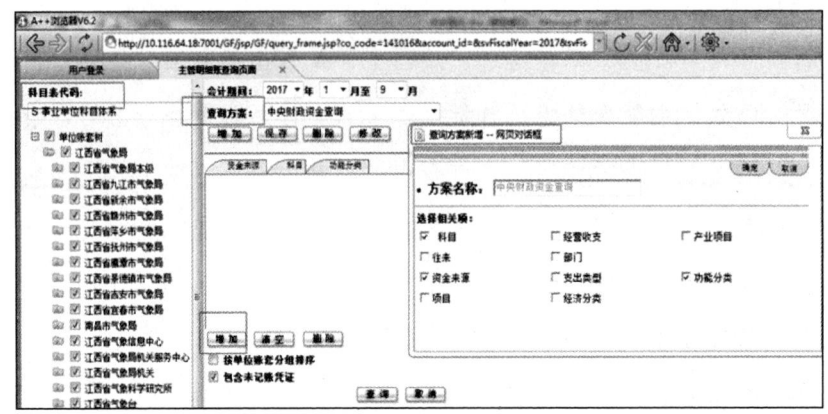

图 7-170　查询方案

（5）针对所增加的查询方案，再逐一增加方案中各项目所要查询的会计要素。

（6）选择所要查询的会计期间，单击"查询"，即可进入明细查询。

注1：查询时勾选"包含未记账凭证"，这样查询出的财务信息较及时、全面、完整，对单位管理和领导决策能更好地起到支撑作用。

注2：增设好的查询方案如为常态化查询，可将方案保存，以备日常查询使用。

案例 7-18　某单位财务核算中心稽核与数据监控科承担了对全省各预算单位的中央财政资金支付情况进行合法合规性监控的任务。为全面掌握各预算单位的支付情况，某负责人选择了"跨单位财务查询"功能进行明细查询，动态跟踪监控。如图 7-171 所示，针对资金来源项目为"001 中央财政拨款"、会计科目"1011 零余额账户用款额度"、功能分类"2200501 行政运行"3 个要素组合增设条件查询方案。在查询明细表页中，负责人可以详细地查看到全省各级预算单位（方案中不勾选"不选择单位代码和名称"）每一笔经济业务的收支情况，全面了解与掌握中央财政资金的支付用途，发现违规支付现象及时加以纠正，严肃财政支出的预算刚性约束力，提高财政资金的使用效益。

图 7-171 明细查询

4. 主管总分类账查询

操作步骤：

（1）单击"跨单位财务查询"菜单中的"主管总分类账查询"，进入查询页面。

（2）选择科目表中所要查询的科目体系。

（3）选择具体单位或汇总单位，设置查询方案，通过对科目或科目与其他辅助项的自由组合方案进行查询，可以获得总分类账的信息。

5. 主管总账余额表查询

如图 7-172 所示。

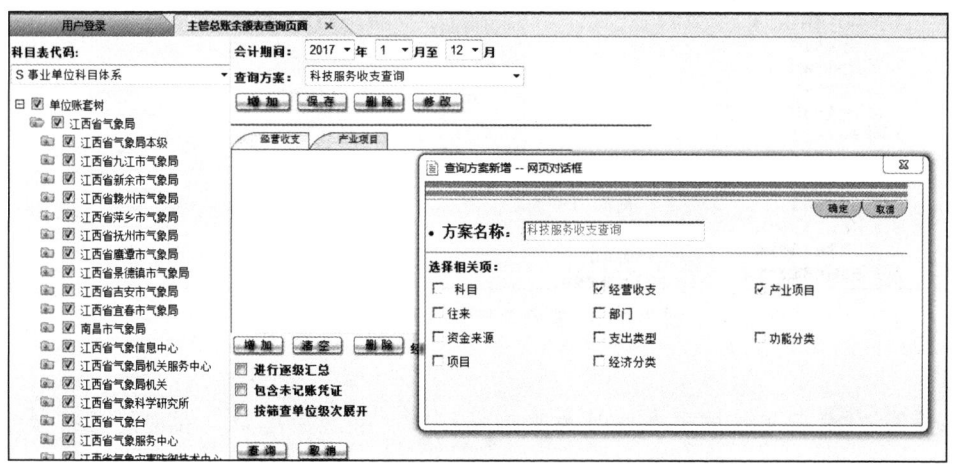

图 7-172 主管总账余额表查询方案 -1

操作步骤：

（1）单击"跨单位财务查询"菜单中的"主管总账余额表"，进入查询页面。

（2）选择科目表中所要查询的科目体系。

（3）选择要查询的单位。可勾选主管单位选择权限范围内的全部单位进行查询，也可勾选单位进行任意组合或个例查询。

（4）增设查询方案。增加查询方案名称，再选择相关项组合成查询方案。

（5）针对所增加的查询方案，再逐一增加方案中各项目所要查询的会计要素。

（6）对设定好的查询方案进行保存，以方便后期相同业务查询使用。

（7）选择所要查询的会计期间，单击"查询"，即可进入主管总账余额表页的查询，如图7-173所示。

（8）如设定并已进行保存的方案查询内容发生改变，可新增查询方案，也可针对已有的查询方案中相关查询条件进行修改后，再进行保存备用。

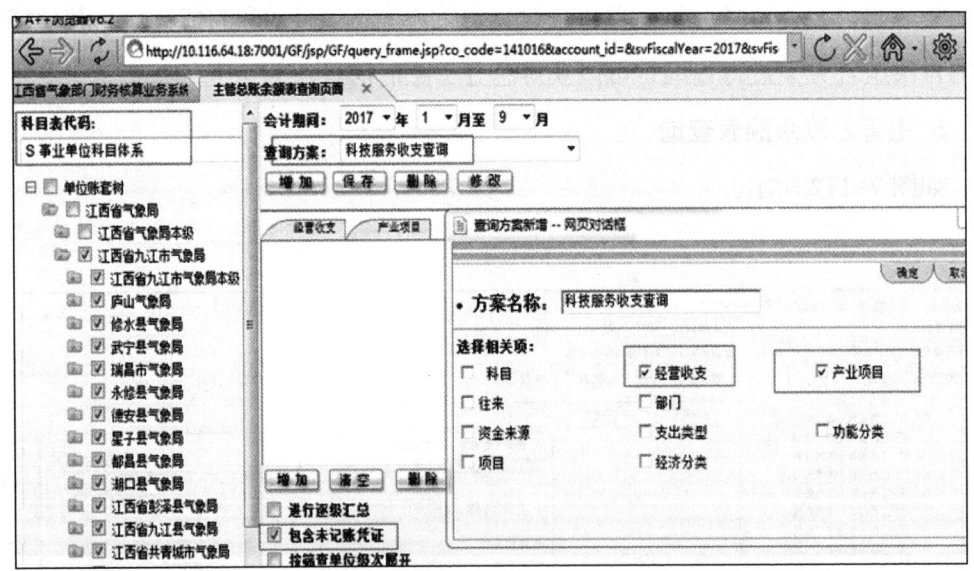

图 7-173　主管总账余额表查询方案 –2

案例 7-19　某单位的财务主管为查询所辖市、县气象局归口管理的科技服务业务的开展情况，了解各单位各项科技产业项目的收入与支出状况，故在查询方案中增加了"科技服务收支查询"方案，选择了与查询内容相关的"经营收支""产业项目"两个辅助核算项进行组合查询。如图7-174所示，财务主管人员可通过"经营收支"+"产业项目"项目组合，以辅助核算中的经营收入科目与支出科目为主线，查询全市各单位的全部产业项目汇总收入及产业项目的明细费用汇总支出，从而了解全市各单位的科技服务经济业务中的全部产业项目的整体收支情况，为掌握全市科技服务经济活动在查询范围期间创造的经济价值提供可靠的财务信息。同时，也可以让各级领导及相关部门清楚地了解到部门科技服务收入中不同产业项目的收支比例，为领导调度各项科技服务业务活动、合理调整收入来源结构、策划科技服务活动转型提供了全面、真实、及时的决策依据。

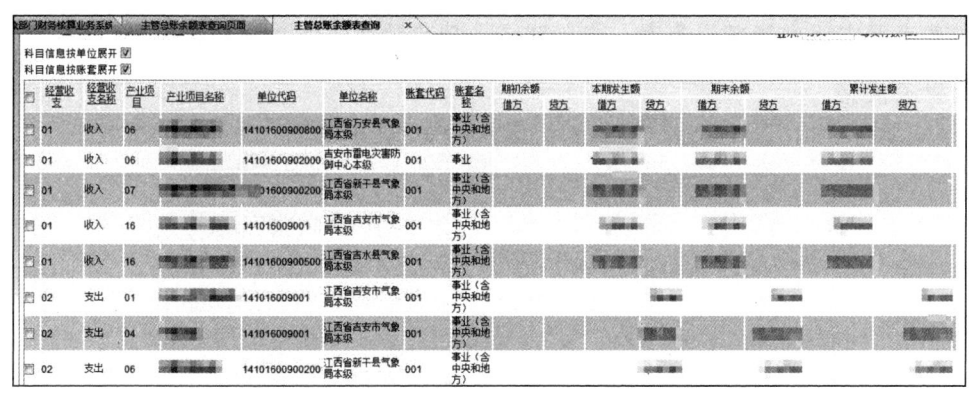

图 7-174　全市科技服务项目收支查询方案 -1

又如图7-175所示，财务主管人员通过"产业项目"+"经营收支"两个辅助类项目组合，以辅助核算中的产业项目为线索，延伸查询所辖单位的每一个产业项目所对应的经营活动产生的收入与费用开支情况，为单位有关部门制定合理的产业项目收益率提供真实、全面的财务数据。

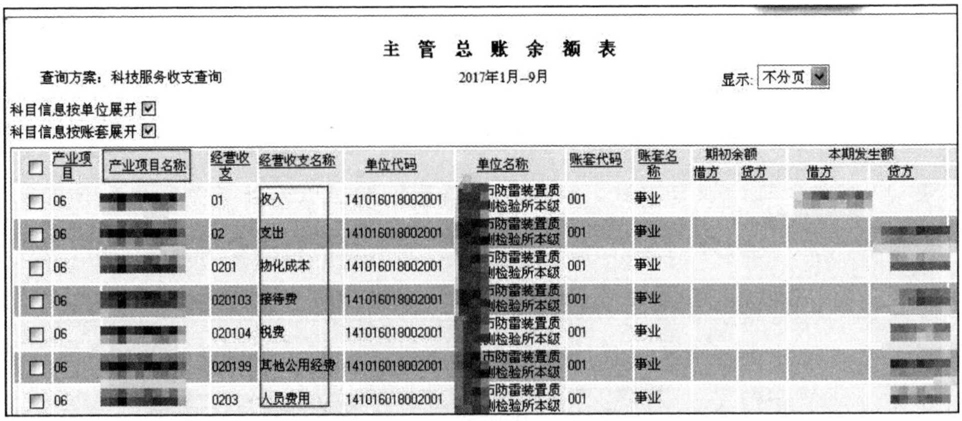

图 7-175　全市科技服务项目收支查询方案 –2

以上两种对科技服务收支的查询方案，均可通过对余额表中的每一条记录展开钻探式查询，查询人员可详细了解每一个具体单位所涉及的产业项目对应的收入进账与费用开支明细情况，为进一步加强产业项目的收入与成本费用控制管理提供翔实的财务依据。

第八章 工资发放

第一节 系统概述

一、总体介绍

工资发放模块适用于全国各级气象部门及下属企业,实现了单位工资编制、审核和发放的信息化管理,使工资发放工作更加快速、准确、高效。工资发放模块包含基础资料、人员信息、工资编制、审核、月结账等功能,单位可录入人员信息,自定义工资项目、计算公式、银行代发文件等基础资料。模块的应用提高了工资发放效率,减少了人事工资管理过程中出现的失误,提供更加准确的工资数据,规避了风险,做到了人事工资管理的公开、公正、透明、科学。

通过统一的基础信息设置、工资类别和项目设置,快速建立起气象部门人员和工资信息数据库,可实时提供职工人数及人员经费情况,为预算编制、预算分配和领导决策提供数据支撑,提升计财管理的水平。

二、目的与目标

（一）目的

工资发放信息化是计财管理信息化的内容之一。通过工资发放模块的建设,达到工资发放的流程化、标准化和信息化;通过流程的设计,达到工资发放的内控要求。

（二）目标

工资发放模块是计财业务系统的重要模块之一，该模块整合了职工基本人事信息和所有工资津补贴发放数据，形成人员和工资信息数据库。2016年6月28日，中国气象局计财司下发了《关于启用工资发放子系统有关事项的通知》（气计函〔2016〕101号），要求各单位在规定的时间全面启用工资发放模块。工资发放模块应用具有重要意义。

1. 提高工资发放准确率，规范工资数据的信息化存储

与手动制作工资表发放工资相比，通过工资发放模块发放工资大大提高了工资发放的效率，减少了工资发放的失误。同时，通过模块发放工资，为历史发放数据提供了一个规范的数据存储机制，从而为建立工资大数据奠定基础，为下一步数据分析提供支撑。

2. 为预算编制和预算分配提供精细化数据

工资发放模块内的人员信息数据、工资津补贴发放数据为人员经费预算编制提供了基础数据来源，使预算编制做到有据可依，进一步提高了人员经费预算编制的准确性。通过统一工资类别、统一人员身份信息项、统一工资项目等手段，管理部门能实时掌握下属所有单位的在编人员和离退休人员的数量、基本工资和规范性津补贴等数据，为预算分配的精细化提供了可靠依据。

3. 为领导决策提供实时数据，督促下级单位执行津补贴规定

工资发放模块的人员基本信息全面准确，发放数据为全口径，使上级管理部门能够实时掌握各单位的人员信息、工资津补贴发放信息，为涉及工资津补贴相关决策提供实时数据支撑。省局人事和计财管理部门有权限查询全省的人员和工资发放数据，可以适时监督工资津补贴发放情况。

三、组织与推广

工资发放模块的推广主要包括职责划分、系统设置、监督与考核等内容。为推广好工资发放模块，首先，要明确各有关部门的职责，分工明晰；其次，要设置模块运行的流程，使工资发放标准化、流程化；最后，要加强对各单位模块运行的监控和考核。

(一) 人事和财务部门

工资发放模块包含人员基本信息、工资项目等人事信息，还包含个人所得税、扣款、银行代发等财务信息，涉及人事和财务两个部分。人事和财务两个部门应发挥联动作用，共同推广工资发放模块。

推广工作可由计财部门牵头，也可由人事部门牵头。因财务的使用频率和内容较人事略多，建议由计财部门牵头，人事部门配合。

(二) 统一基本信息和工资项目

工资发放模块通过规范工资类别和工资项目，为建立规范、标准的数据库提供基础，方便数据汇总，使横向单位具有可比性。

中国气象局在下发工资发放模块时，已经规范了7个工资类别，包含在职在编、退休、离休、其他等。单位应重点关注在职在编和离退休这些类别。规范"本月应发工资""补发合计""应发合计""扣款合计""实发合计""养老保险""医疗保险""住房公积金""个人所得税"等工资项目。

人员基本信息中包含了是否公务员（参公）人员字段、职级、人员类型（在编在职、退休、离休等）。应重点关注以上信息是否填写正确，如果填写不正确，将直接影响相关信息的统计。

如有条件，各单位应规范统一所有工资项目；如无条件，至少应规范统一"职务工资""级别工资""公务员试用期工资""岗位工资""薪级工资""事业见习期工资"等基本工资项目，"工作性津贴""生活性补贴"等规范性津补贴项目，"按月发放无房补贴""公车改革补贴"等改革性补贴项目，"退休工资""退休津补贴"等离退休工资项目。规范统一以上项目，是全省数据再利用的前提。

(三) 监控与考核

为督促单位准确录入人员信息和工资数据、及时发放工资，管理部门应建立监督和考核机制。考核应量化、具体，使考核内容清晰、有数据支撑。

案例 8-1 江西省气象局工资发放模块推广方案

江西省气象局于 2016 年 5 月完成了所有单位的上线工作，其主要的推广方式如下：

（1）事前调研，统一工资项目。为确保工资发放模块能够适应全省气象部门的实际情况，在推广初期，省局计财处会同人事处向设区市局征求了工资项目设置意见，确定了全省所有的 95 个工资项目、7 个工资类别及各类别中的工资项目，并制定了统一的电子表格（图 8-1）。表格中包含了人员基本信息及 7 类工资表，要求各单位人事部门按表格填好相关的数据。

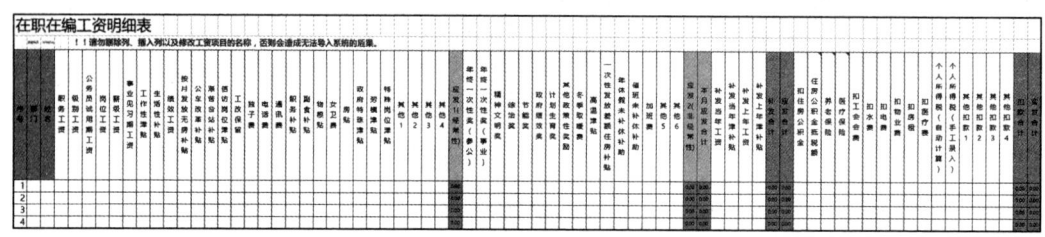

图 8-1 统一的工资发放表

（2）统一部署，规范系统设置。为减少基层单位的工作量，简化操作手续，保证数据的统一和规范性，由省局统一部署系统。省局计财处在系统内预置了工资项目、工资类别、劳资分类、银行代发方案、电子表格导入方案等。因统一了工资项目，省局收回了各单位工资项目的修改权限。各单位只需在系统内录入人员基本信息，并将人事部门填好的表格导入系统，即可完成整个系统的初始化工作。

（3）计财处与人事处联合发文，明确职责分工。2016 年 5 月 30 日，省局计财处与人事处联合向全省气象部门下发了《计财处人事处关于全省气象部门启用工资系统的通知》（气计函〔2016〕25 号）（以下简称《通知》，图 8-2）。《通知》中明确了具体的工作分工。各设区市局人事部门负责首次人员信息和工资初始项目的设置，必须在省局统一规范的基础数据公式定义中做劳资统计分类维护和人员维护。今后每次人员职级职称变动和人员增减等信息变化，都应由人事部门及时下达工资信息变动通知书，交由财务部门更新。各设区市局财务核算中心和各县局负责做好每月工资和津贴补的发放工作。根据人事部门下达的工资信息变动通知书修改系统中相应数据，无人事部门通知书不得随意变更数据。

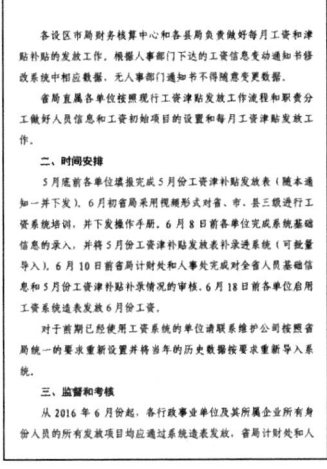
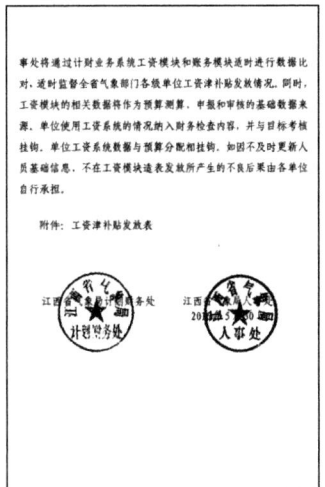

图 8-2　计财人事联合发文

（4）加大培训和督导。省局通过利用视频会议系统举办培训班，将培训覆盖至全省县级气象部门；编写统一的操作手册，并下发至各单位；组建全省气象部门工资交流平台，及时指导各单位进行人员数据录入和工资发放。在工资发放模块运行期间，对系统内的人员信息、工资数据等数据进行实时监控，发现有问题的单位及时通知其改正，如图8-3所示。同时，将工资发放模块的运用情况作为年度目标考核的内容。为防止各单位事后补录工资发放模块，江西省气象局发文要求各单位财务人员在审核和支付工资时，必须审核工资表是否由工资发放模块生成，如不由工资发放模块生成，应拒绝发放。

（5）加大数据应用。江西省气象局以系统调取人数、工资津补贴等数据作为争取中央财政人员经费和地方财政绩效工资补助、政府性奖励经费补助的测算依据和省局安排预算的决策依据。同时，由于信息和工资项的统一规范，江西省气象局开发了基于综合管理信息系统的职工收入查询系统，将工资发放模块数据和综合管理信息数据联动，查询系统直接向全省所有单位的职工开放。

图 8-3 实时监控各单位的工资使用情况

第二节 系统功能

一、系统架构及流程

(一)组织架构

工资发放模块的架构主要分为基础数据、人事信息、工资编制和工资账表 4 个部分。基础数据主要包含工资类别、工资项目、公式定义、部门设置、银行代发文件格式设置、工资数据导入格式设置、人员信息导入格式设置、个人所得税税率等功能;人事信息用于人员基本信息项的录入;工资编制主要包含工资的日常编制、审核、发放及结账;工资账表提供各类工资数据的查询,如图 8-4 所示。

第八章　工资发放

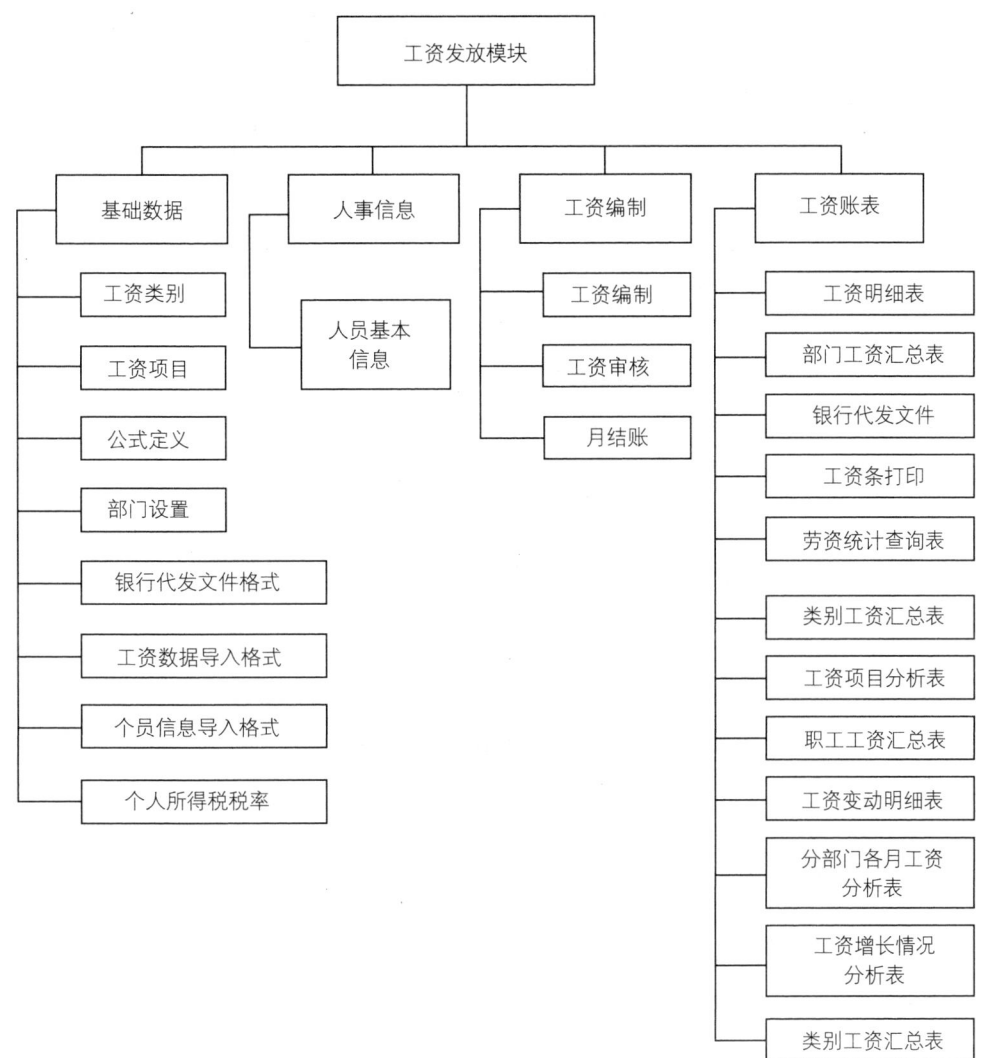

图 8-4　工资发放模块组织架构

（二）业务流程

工资发放模块的通用业务流程为：单位系统初始化→人员基本信息的录入和修改→编辑工资数据→工资数据提交审核→审核工资数据→发放工资（下载银行代发格式）→（月）结账，如图 8-5 所示。

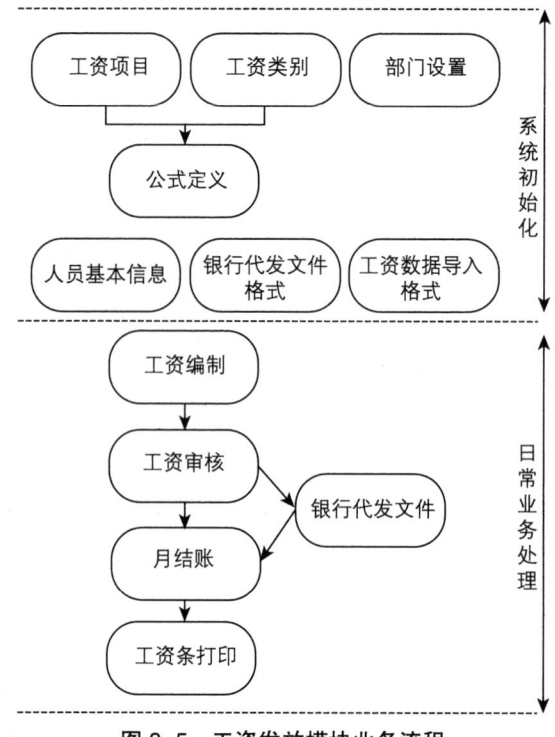

图 8-5 工资发放模块业务流程

二、人员和工资信息数据库

启用工资模块前期,通过统一工资类别、统一全部或者部分工资项目,可建立起全省人员和工资信息数据库。人员和工资信息数据库建立后,各级管理部门可实时查询单位各类人员的实时人数和已发放的工资数据,为预算编制、预算分配等财务管理行为提供数据支撑。

(一)人员信息数据库

人员信息数据库是指包含全省职工人员基本信息的数据库,通过该数据库可以实时查询各单位目前及以往月份各类人员的数量。例如,查询某单位某月参公和事业在职人员数量;查询某单位在编在职、离退休、外聘人员的数量;分职级统计全省的参公人员。

人员信息数据库需要通过统一工资类别、人员类型和职务等级 3 类数据来实现。中国气象局下发工资模板时该 3 项数据已经统一。

1. 工资类别

系统中预置了7个工资类别："在编在职""退休退职退养""离休""长期外聘""返聘、学生、临时工及遗属人员""企业兼职"和"其他"。

在编在职：该类别主要发放在编在职职工的工资，包含中央编制人员和地方编制人员。行政人员、参公人员、事业人员共用该工资类别，如需按人员类别分别打印工资表，可以设置不同的部门进行区分。借用、挂职等非本单位编制内人员不能在该类别发放工资。

退休退职退养：该类别主要发放正常退休人员、退职退养人员的工资。在社保领取部分养老金的退休人员也应在此类别进行发放。

离休：该类别主要发放离休人员的工资。

返聘、学生、临时工及遗属人员：该类别主要发放返聘、学生、临时工及遗属人员的工资和补助。

企业兼职：该类别主要发放企业兼职人员的工资。

其他：该类别主要发放其他人员的工资。

案例8-2　江西省气象局工资类别设置

江西省气象局在推广和建设工资发放模块时，将"其他"类别修改为"单独发放津补贴"，其他6个类别定义为每月固定的工资类别。每个职工允许有两个工资类别，一个为每月固定的工资类别，另一个为"单独发放津补贴"类别。每月固定的工资类别的工资项设置为继承上月数据项，每月只允许发放一次；"单独发放津补贴"的工资项不继承，每月允许发放多次。通过以上设置，解决了部分单位零星发放的要求，基本工资类别的统一也为后期的数据分析提供了基础。

2. 人员类型

人员类型包含"在编在职""离休""退休""退养退职""长期外聘""返聘""临时工""遗属""企业兼职""学生""其他"11类。各类型人员对应的工资类别如下：

在编在职——"在编在职"类别。

退休、退养退职——"退休退职退养"类别，职工退休后应将其类型从"在编在职"修改为"退休"。

离休——"离休"类别。

长期外聘——"长期外聘"类别。

返聘、临时工、遗属、学生——"返聘、临时工、遗属、学生"类别。

企业兼职——"企业兼职"类别。

其他——"其他"类别，职工离职或者死亡，应将其类型修改为"其他"。

案例 8-3　江西省气象局人员类型设置

为单独区分出地方编制人员，江西省气象局对在编在职人员进行了细分，将"在编在职"修改为"中央在编在职"，并新增了一个类别"地方编制人员（含退休）"。

3. 人员身份及职级

编制内人员身份主要包含行政人员、参公人员和事业人员。事业人员又细分为事业管理人员、专业技术人员、工勤人员。每种身份的人员都有对应的职级信息。

行政和参公人员的职级主要分为厅局级、县处级、乡科级、科员等。厅局级细分为厅局级正职领导职务、厅局级正职非领导职务、厅局级副职领导职务、厅局级副职非领导职务；县处级细分为县处级正职领导职务、县处级正职非领导职务、正处（职级、享受待遇）、县处级副职领导职务、县处级副职非领导职务、副处（职级、享受待遇）。

事业管理人员的职级主要分为事业管理三级（对应正厅）、事业管理四级（对应副厅）、事业管理五级（对应正处）、事业管理六级（对应副处）、事业管理七级（对应正科）、事业管理八级（对应副科）、事业管理九级（对应科员）、事业管理十级（对应办事员）。

事业专业技术人员的职级主要分为正高级、副高级、中级、助理、员级。正高级包含事业专业技术二级、三级、四级；副高级包含事业专业技术五级、六级、七级；中级包含事业专业技术八级、九级、十级；助理包含事业专业技术十一级、十二级；员级为事业专业技术十三级。

工勤人员的职级主要分为高级技师、技师、高级工、中级工、初级工、普通工。高级技师为事业技术工一级，技师为事业技术工二级，高级工为事业技术工三级，中级工为事业技术工四级，初级工为事业技术工五级。

（二）工资信息数据库

工资信息数据库是指包含全省职工工资发放数据的数据库，通过该数据库可以实时查询各单位工资、津补贴等项目的数据，可按人员类型、身份、职级查询工资数据。例如，查询某单位某月参公、事业在职人员的基本工资和规范性津补贴；查询全省所有单位职工人均收入情况；查询省级单位近几年的津补贴发放情况。

工资信息数据库需要通过统一工资项目来实现。有条件的省份可以统一全省的工资项目，对于个别特殊工资项可统一设置"其他1、其他2、其他3、其他4"等工资项；暂不能全部统一的省份至少应统一基本工资类项目、规范性津补贴类项目、改革性补贴及其他需要统一的项目。

工资项目主要分为基本工资、国家规定的津补贴（艰苦台站津贴、艰苦边远地区津贴等）、规范后津补贴（参公人员工作性津贴、生活性补贴；事业单位绩效工资）、未规范地方津补贴及一次性奖金、改革性补贴、社会保障经费（分别按照养老保险、医疗保险等地方执行比例及中央执行比例测算）、其他人员经费等。

基本工资包含公务员的"职务工资、级别工资、公务员试用期工资"，事业人员的"岗位工资、薪级工资、事业见习期工资"，离退休人员的"离退休费、离退休补贴"等。

规范后津补贴主要包含工作性津贴、生活性补贴、绩效工资（基础性和奖励性）。

国家规定的津补贴包含国统补贴、艰苦边远地区津贴等。

改革性补贴主要包含按月发放无房补贴、公车改革补贴、住房公积金等。

其他人员经费主要包含政府性奖励、高温津贴等。

在统一规范以上项目的基础上，所有单位每月通过工资发放模块发放工资收入，准确使用工资项，即可形成一个相对完整的工资数据库。

数据库建成以后即构成了计财大数据中的一环，补充了财务大数据的人员信息和工资收入数据。该数据库的建立，可以实时查询汇总分析相关的数据。

案例 8-4 江西省气象局的人员和工资信息数据库

江西省气象局于 2016 年 5 月开始在全省推广工资发放模块，完成了所有单位的上线工作，建立起全省人员和工资信息数据库。数据库建立以后，起到了重要的作用。

（1）财政部驻江西专员办开展江西省气象局 2017 年和 2018 年部门"一上"预算审核期间，直接以江西省工资发放模块中提取的人数和津补贴水平作为审核依据，如图 8-6 所示。

图 8-6　为专员办提供的工资表

（2）2016 年 12 月，在分解 2017 年中央财政人员支出的预算时，直接从工资发放模块中调取了所有单位 11 月的人员基本信息和工资数据（基本工资和规范性津补贴、住房公积金、养老保险），作为人员经费、公用经费的分配依据，如图 8-7 所示。

图 8-7　为 2017 年预算分配提供数据

（3）2016年江西省气象局领导在决策某事项时，要求人事和计财部门提供当年省局机关和直属事业单位地方政府性奖励的发放情况。通过工资发放模块，直接提取出了各单位按在职、离退休、外聘等人员分类的政府性奖励的发放情况，在短时间内为领导提供决策依据。

（4）2016年计财司要求各省按人员身份类别（行政、事业、工人）、职务职级报送人数，作为补发工资的依据。江西省直接从工资发放模块调取了相关的人数上报，未要求下级单位层层上报，减少了基层的重复劳动，提高了工作效率，同时也确保了数据的准确性。

（5）各单位人事部门在填报2016年劳资报表时，直接通过本单位工资发放模块即可查询本单位每名职工当年所有工资项目的发放总额，减轻了人事部门的工作量，避免了数据重复采集，保证了统计口径一致。

第三节 系统初始化

一、岗位及权限设置

工资发放模块主要包含工资类别设置、工资项目设置、公式定义、部门设置、银行代发文件格式等基础资料设置功能；工资编制、工资审核、银行代发文件、工资条打印、月结账等日常业务功能；工资明细表、工资汇总表等查询功能，如图8-8所示。

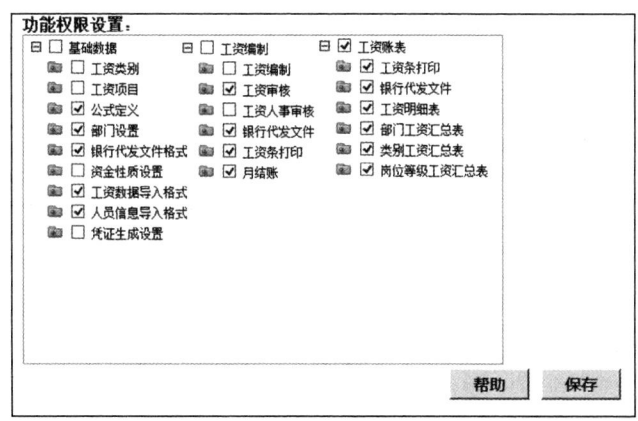

图8-8 工资发放模块功能权限设置

工资发放模块的详细业务流程为：工资类别设置→工资项目设置→工资类别公式设置→银行代发格式设置、部门设置→录入人员基本信息（以上为初始化工作）→编辑工资数据→提交工资数据审核→审核工资数据→发放工资数据（银行代发文件）→月结账→编辑下月工资数据。

根据该流程，至少应设置一个"工资编制"岗位，负责具体的业务。如果工资数据需要人事审核，可以再增加一个"工资审核"岗位。如有查询需求，也可增加"工资查询"岗位。

各省可根据本省工资发放的相关内控要求设置流程。

案例 8–5　江西省气象局工资发放模块岗位设置

江西省气象局在设置工资发放模块时，只设置了"工资编制"岗位，省局直属单位由各单位办公室负责录入人员信息和工资信息，核算中心负责发放；各设区市和县局由单位的出纳负责人员信息的录入和工资的编辑与发放。

由于江西省气象局统一了全省的工资类别和项目，所以收回了工资类别设置和工资项目设置的功能。

二、系统初始化

工资发放模块是一个相对独立的模块，年初初始化的时候，无须进行复杂的设置。系统管理员在"总账平台"中通过"生成新年度资料"功能结转了新年度的单位树、人员岗位权限等资料后，工资发放模块即可使用。单位用户将上一年度的工资类别从12月结账至次年1月，即可开始新年度的工资发放工作。不会因为会计科目未及时下发、预算指标未录入等原因而影响工资发放。

初次使用工资发放模块，需要系统管理员或者系统运维商从后台给单位预置工资类别，预置完成后，即可开始单位初始化工作，初始化完成后则可以开始工资发放工作。

单位初始化工作比较费时、繁杂，为确保工资发放模块能够尽快全面上线，工资数据规范准确，减少基层财务人员的工作量，可由系统管理员事先选取一个单位，统一设置工资类别项目、定义公式，设置银行代发文件，设计人员表格和导入方案，设计工资表格和导入方案。设置完成后进行测试，测试通过后，由系统运维商将该单位的数据同步至其他单位。其他单位只需进行简单的设置，将相应的表格导入系统，即可开始工资发放模块的使用。

数据同步涉及以下数据表：

PRS_TYPE_CO：工资类别数据表，按单位、年度存储工资类别信息。

PRS_ITEM_CO：工资项目数据表，按单位、年度存储工资项目信息。

PRS_TYPE_ITEM_CO：公式定义数据表，按单位、年度、类别存储工资类别的项目、公式、劳务分类信息。

PRS_ITEM_GETDATA_CO：计算类工资项的公式定义数据表，按单位、年度、类别存储计算类工资项的计算公式代码。

PRS_BANK_STYLE_CO：银行代发格式数据表，按单位、年度存储银行代发格式名称。

BANK_STYLE_MIDDLE_ROW_CO：银行代发格式详细内容数据表，按单位、年度、银行代发格式名称存储代发格式的具体设置。

PRS_EXCEL_STYLE_CO：工资数据导入格式数据表，按单位、年度存储工资数据导入格式数据表。

EXCEL_STYLE_COLUMN_CO：工资数据导入格式明细数据表，按单位、年度、工资数据导入名称存储导入格式的具体设置。

PRS_EXCEL_STYLE_EMP_CO：人员信息导入格式数据表，按单位、年度存储人员信息导入格式数据表。

PRS_EXCEL_STYLE_COLUMN_EMP_CO：人员信息导入格式明细数据表，按单位、年度、人员信息导入名称存储导入格式的具体设置。

工资发放模块的职级、人员类型、人员身份等信息存储于数据库中的PRS_VAL表中，该数据不区分年度。其中，表中的VS_DUTY_GRADE代表了职级信息，VS_EMP_STAT代表了人员状态，VS_GRADE代表级别，VS_LEVEL代表档次，VS_TYPE_CODE代表了是否公务员。各省在本地化的时候，可以根据本地化需求进行修改。

当前版本（V6.0）的工资发放模块，职工人员基本信息是按年度存储的，即模块中的人员基本信息是当年度最终的基本信息,无法体现职工信息在年中的变化情况。职工人员基本信息存储于数据库中的 PRS_EMP 表中,该表是按照年度进行区分的。为此,可以在数据库中建立一个 PRS_EMP_M 表,表的结构和 PRS_EMP 一样并增加月份字段,定期将人员信息按月存储至该表中。

新建该表的脚本如下:

```sql
CREATE TABLE "PRS_EMP_M"
    ( "CO_CODE" VARCHAR2(30) NOT NULL ENABLE,
        "ND" NUMBER NOT NULL ENABLE,
        "EMP_UID" VARCHAR2(30) NOT NULL ENABLE,
        "EMP_CODE" VARCHAR2(30) NOT NULL ENABLE,
        "EMP_NAME" VARCHAR2(60),
        "EMP_INDEX" NUMBER, "EMP_STAT" NUMBER,
        "EMP_TEL" VARCHAR2(30),
        "SEX" VARCHAR2(1),
        "ORG_CODE" VARCHAR2(30),
        "BIRTH_DATE" DATE,
        "IDENTITY_CARD" VARCHAR2(30),
        "BANK_ACC" VARCHAR2(30),
        "TYPE_CODE" VARCHAR2(30),
        "DUTY_GRADE" VARCHAR2(30),
        "EDUC_GRADE" VARCHAR2(30),
        "TAKE_JOB_DATE" DATE,
        "TAKE_DUTY_DATE" DATE,
        "RETIRE_DATE" DATE,
        "INPUTOR" VARCHAR2(30),
        "INPUT_DATE" DATE,
        "REMARK" VARCHAR2(400),
```

```
"IS_STOP" VARCHAR2(30),
"IS_FUGLE" VARCHAR2(30),
"EMP_PASSWORD" VARCHAR2(30),
"FREE_TAX_RATE" NUMBER(18, 2),
"PICTURE" VARCHAR2(50),
"PRS_GRADE" VARCHAR2(30),
"PRS_LEVEL" VARCHAR2(30),
"BANK_ACC_OTHER" VARCHAR2(30),
"BANK_ACC_NAME" VARCHAR2(100),
"BANK_ACC_NUMBER" VARCHAR2(100),
"MO" NUMBER NOT NULL ENABLE,
"BACKDATE" DATE  )
PCTFREE 10   PCTUSED 40   INITRANS 1   MAXTRANS 255
STORAGE( INITIAL 1048576   NEXT  1048576   MINEXTENTS 1
FREELISTS 1     FREELIST GROUPS 1   BUFFER_POOL DEFAULT)
TABLESPACE "UFGOV"
LOGGING NOCOMPRESS
```

备份的过程脚本如下，设置该脚本每天执行一次：

```
CREATE OR REPLACE PROCEDURE GZ_PRS_EMP_M IS
BEGIN
    DELETE FROM PRS_EMP_M
    WHERE ND = EXTRACT(YEAR FROM SYSDATE)
        AND MO = EXTRACT(MONTH FROM SYSDATE);
    INSERT INTO PRS_EMP_M
        (CO_CODE,ND,EMP_UID,EMP_CODE,EMP_NAME,EMP_INDEX,EMP_STAT,
    EMP_TEL,SEX,ORG_CODE,BIRTH_DATE,IDENTITY_CARD,BANK_ACC,
```

```
        TYPE_CODE,DUTY_GRADE,EDUC_GRADE,TAKE_JOB_DATE,TAKE_
DUTY_DATE,
        RETIRE_DATE,INPUTOR,INPUT_DATE,REMARK,IS_STOP,IS_FUGLE,
        EMP_PASSWORD,FREE_TAX_RATE,PICTURE,PRS_GRADE,PRS_LEVEL,
        BANK_ACC_OTHER,BANK_ACC_NAME,BANK_ACC_NUMBER,
        MO)
        SELECT CO_CODE,ND,EMP_UID,EMP_CODE,EMP_NAME,EMP_
INDEX,EMP_STAT,
        EMP_TEL,SEX,ORG_CODE,BIRTH_DATE,IDENTITY_CARD,BANK_ACC,
        TYPE_CODE,DUTY_GRADE,EDUC_GRADE,TAKE_JOB_DATE,TAKE_
DUTY_DATE,
        RETIRE_DATE,INPUTOR,INPUT_DATE,REMARK,IS_STOP,IS_FUGLE,
        EMP_PASSWORD,FREE_TAX_RATE,PICTURE,PRS_GRADE,PRS_LEVEL,
        BANK_ACC_OTHER,BANK_ACC_NAME,BANK_ACC_NUMBER,
        (SELECT EXTRACT(MONTH FROM SYSDATE) FROM DUAL) AS MO
        FROM PRS_EMP
        WHERE ND = EXTRACT(YEAR FROM SYSDATE);
    END;
```

第四节 系统操作

一、单位初始化

单位在发放工资之前，需要设置一些基础信息，包括工资类别设置、工资项设置、公式设置、银行代发格式设置、录入或者批量导入人员等。

（一）工资类别设置

打开"基础数据"目录下的"工资类别"，对工资类别进行设置。可查看已有工资类别的名称、是否计税、当前发放月份、是否启用等（图 8-9）。

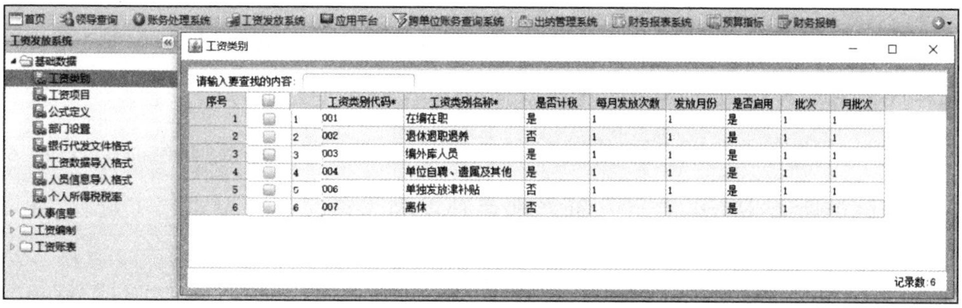

图 8-9 工资类别

工资发放模块中已预置了 7 个工资类别，分别为"在编在职""退休退职退养""离休""长期外聘""返聘、学生、临时工及遗属人员""企业兼职"和"其他"大类。单位在前台不能增加和删除工资类别，也无法修改预置工资类别的名称、是否计税、发放月份等信息。各省如果确实需要增加工资类别，可提交中国气象局财务核算中心，财务核算中心根据全国的需求统一增加。

（二）工资项目设置

查看系统预置的工资项和新增工资项，如图 8-10 所示。

图 8-10 工资项目

单击"新增"按钮，录入工资项目名称，如岗位工资、薪级工资等；选择相应的工资项目类型，如合计项、扣款项、应发项、补发项。全部设置完成后，单击"保存"按钮。

工资项目性质分为合计项、应发项、扣发项、补发项、劳务费等。劳务费类工资主要用于合并计算个税，不参与应发合计的计算，至少应增加一个"劳务费"类型的工资项目。合计项是模块预置的合计工资项，该类工资项目不参与应发合计的计算，如本月应发合计。各单位根据需求可以自行添加，如零余额合计。应发项是工资编制中的应发工资项，如薪级工资、职务工资、政府性奖励等。"本月应发合计"等于该类所有工资的合计。补发项是补发类工资，如补发当年工资。"补发合计"等于该类所有工资的合计。扣发项是扣款类工资项目，如个人所得税、公积金、水电费等。"扣款合计"等于该类所有工资的合计。应发合计等于本月应发合计与补发合计之和。实发合计等于应发合计减扣款合计。

中国气象局在系统中预置了"PR_PAYLIST_N00 本月应发合计""PR_PAYLIST_N01 扣款合计""PR_PAYLIST_N02 补发合计""PR_PAYLIST_N03 应发合计""PR_PAYLIST_N04 实发合计""PR_PAYLIST_N05 应纳税所得额""PR_PAYLIST_N06 住房公积金""PR_PAYLIST_N07 失业保险""PR_PAYLIST_N08 养老保险""PR_PAYLIST_N09 医疗保险"和"PR_PAYLIST_N10 个人所得税"11 个工资项目。

系统只允许设置 100 个工资项目，项目代码从 PR_PAYLIST_N00 至 PR_PAYLIST_N99，超过 100 个时无法再新增。

案例 8-6　江西省气象局工资项设置

江西省气象局在推广和建设工资发放模块时，前期对全省的工资项目进行了调研，统一了全省的工资项目，所以收回了基层单位的"项目设置"功能，由省局统一管理。在系统中预置了"其他 1、其他 2、其他 3、其他 4、其他 5、其他 6"等工资项目，以应对各个单位比较特别的工资项，由系统管理员将该单位的以上工资项目修改为其特别的工资项名称。

（三）公式定义及劳资分类

通过该功能可以设置每个工资类别的具体工资项，以及工资项的计算公式、劳资分类信息等。工资操作员登录后，打开"基础数据"目录下的"公式定义"，下拉选择需要设置的工资类别，即可对该工资类别进行设置（图8-11、图8-12）。

图 8-11　公式定义 –1

图 8-12　公式定义 –2

单击"新增"按钮可以增加工资项，新增的工资项必须是已经在工资项目功能中录入的工资项，注意工资项的计算优先级，不能重复。

优先级：工资项目计算的优先级要按照从小到大的规则设置，优先级数值小的项目优先级高，要优先执行，如具体的应发类工资项目的优先级要大于"应发合计"的优先级，"应发合计"和"扣款合计"的优先级应该小于"实发合计"的优先级。优先级不能重复，为方便以后的扩展，设置时可以按"10、20、30、40……"的编码顺序进行设置。

工资项目：下拉选择系统中存在的工资项目。

公式定义：双击工资项，打开工资项目的公式定义窗口。

在定义公式之前，应将该工资项的来源修改为"公式定义"，"是否启用"修改为"是"，优先级数值应大于该公式中的工资项目的优先级。公式可以设置基本的加减乘除、取整等运算，设置完成后单击"检查"，检查无误后单击"确定"，如图8-13 所示。

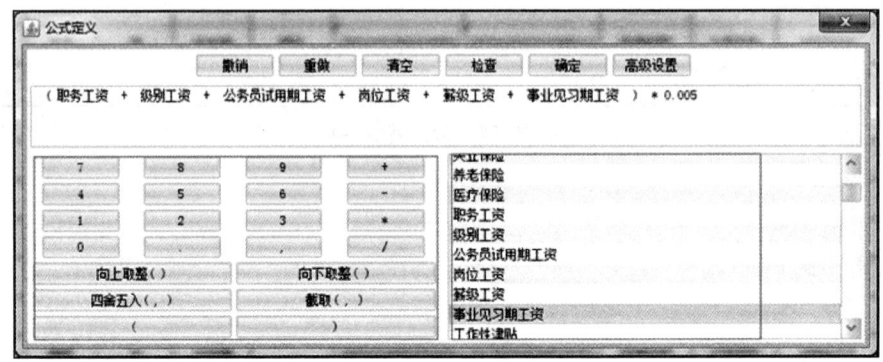

图 8-13　公式定义 –3

注："本月应发合计""补发合计""应发合计""扣款合计""实发合计"等工资项目的计算公式由后台根据该类别中相关的工资项自动生成，前台无法设置。

数据来源：数据来源分为手动录入、公式计算、劳务费取数。普通的工资项来源应为手动录入，需要计算的工资项及合计类工资项来源应为公式计算。

下月清零：选择需要设置的工资类别，将其设置为"是"或者"否"即可。设置为"是"时：月结账后该工资项数据自动清零；设置为"否"时：月结账后该工资项的数据保留，自动延续结账前的金额。

顺序号：工资项目在工资编制、工资相关报表中显示的排序号，按从小到大的顺序依次显示，为方便以后的扩展，设置时可以按"10、20、30、40……"的编码顺序进行设置。

个人所得税项目：通过选择"是"或"否"确定年终奖个人所得税项目。

是否启用：如果该工资项需要在工资类别中显示，则应选择"是"；如果不需要，则应选择"否"，或者将该项目从该类别删除。注意：系统预置的工资项不得删除。"本月应发合计""补发合计""应发合计""扣款合计""实发合计"等合计项目不得停用。

对应个人所得税税率表：设置工资项的对应税率。"应发项"设置了对应税率表的表示是应税加项，"扣发项"设置了对应税率表的表示是应税减项。设置为空白即表示该项目不参与个税计算。税率表分为工资、薪金税率表，劳务费税率表和稿酬税率表3类。

劳资统计分类：将工资项目按照中国气象局的劳资统计分类进行归类，必须选择最末级。设置正确以后，通过"劳资统计查询表"可以查询到相应的劳资数据。

（四）设置银行代发格式

根据银行代发格式要求，设置本单位的银行代发文件导出格式。例如，某单位的银行代发格式如图8-14所示。

	姓名	银行账号	金额
1			
2	王小二	8888888888888	1000
3	张大三	9999999999999	2000
4	王中华	7777777777777	3000

图8-14　银行代发格式-1

具体设置如下：

打开"工资发放"菜单，单击"基础数据"目录下的"银行代发文件格式"（图8-15）。

在银行代发文件格式窗口单击"新增"按钮添加数据，输入代发的代码（如yhdf）和名称（如工商银行代发），单击"中间行设置"选项卡，单击"增加"插入3行数据：第1行工资项目代码选择姓名，无小数点，项目数据长度为10；第2行选择银行账号，无小数点，项目数据长度为30；第3行选择实发合计，有小数点，项目数据长度为10，输出小数长度为2，单击"保存"，如图8-16所示。

注：如果1个工资类别涉及2个银行代发，需要在工资类别中增加2个合计工资项（如建行实发、工行实发），并设置好对应的计算公式。然后，再新增2个银行代发文件格式，每个格式选择对应的合计项。

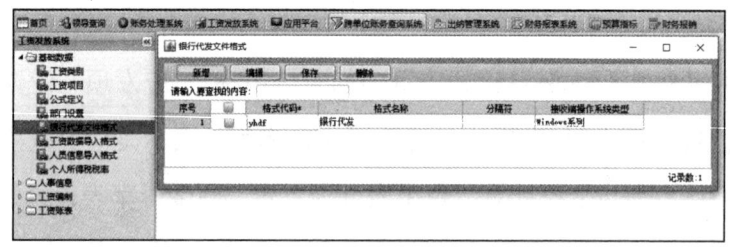

图 8-15　银行代发格式 -2

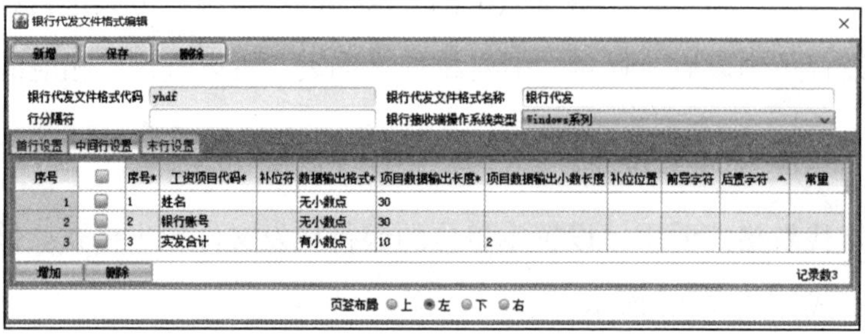

图 8-16　银行代发格式 -3

（五）部门设置

设置单位的部门。设置单位部门以后，可以按部门打印工资明细表，也可以按部门汇总打印单位工资表（工资表不显示职工明细）。系统必须设置一个部门，如果确实不需要按部门核算可只增加一个"01-××××单位"的部门。

打开"工资发放"菜单，单击"基础数据"目录下的"部门设置"。在部门设置窗口单击"新增"按钮添加部门，输入代码和部门名称，单击"保存"，如图 8-17 所示。部门代码可参照以下规则：01~09 为参公部门（01 为单位领导）、11~19 为事业部门（11 为单位领导）、20 为退休、21 为离休、90 为长期外聘、91 为临时工、92 为其他。

图 8-17　部门设置

（六）新增人员

新增人员有两种模式，一种为手动增加，另一种为批量导入电子表格。手动增加操作如下：打开"工资发放"菜单，打开"人事信息"目录下的"人员基本信息浏览"，如图 8-18 所示。在人员信息编辑窗口单击"新增"按钮增加人员，如图 8-19 所示。

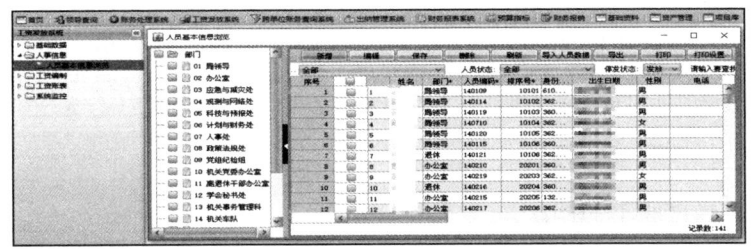

图 8-18　新增人员 –1

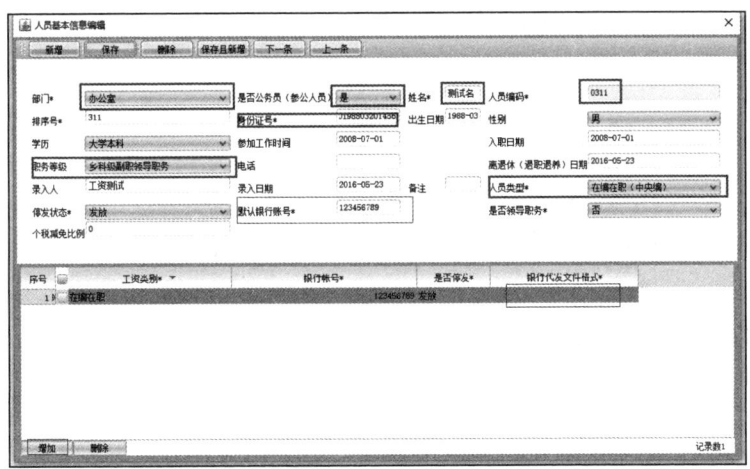

图 8-19　新增人员 –2

部门：选择该人员所在的部门。

是否公务员：参公人员选择"是"，其他人员选择"否"。因在职人员都使用"在职在编"类别发放工资，该字段是区分单位参公人员和事业人员的唯一依据。

姓名：输入真实姓名（两个字的姓名中间不要留空格）。

人员编码：输入人员编码，编码不能重复。建立规则是部门代码＋数字编码。例如，办公室的代码为 02，则办公室的人员编码从 0211、0212 依次编码。

排序号：人员在工资表中的排序号，建议与编码一致。

身份证：输入 18 位数字的身份证号（必输项），如果最后一位为字母 x，请使用小写字母 x。

学历：选择最后获得的学历。

参加工作时间：输入该职工参加工作的时间。

入职日期：输入该职工入职的日期。

职级：选择该职工的职级。注意，参公人员、事业管理人员、事业专业技术人员、工勤人员必须选择对应的职级，不得混用。

级别：选择该职工的级别。

档次：选择该职工的档次。

离退休日期：选择离退休职工的离退休日期（其他人员可以忽略）。

人员类型：选择人员类型，如地方编、中央编、离休、退休、长期外聘、临时工、其他等。

默认银行账号：输入该职工的工资户账号。

其他银行账号：输入该职工的第 2 个银行账号。

工资类别：选择该职工的工资类别及银行代发格式。在选择人员类型后，系统会根据人员类别增加对应的工资类别。如果有误，可以手动修改。单击左下角"增加"按钮，可以增加其他类别。

注：系统中限制了每个人的卡号不能重复。如果的确需要将多人的工资发放至同一张卡号，则在默认卡号后面添加"–1"，并将工资类别中的银行账号修改成正确的账号即可。

（七）批量导入人员

通过批量导入人员功能可以将整理好的人事信息批量导入系统，系统管理员可统一导入全省的人员信息。

1. 设置导入方案

导入人员信息首先需要按电子表的格式设置导入格式，电子表中必须包含单位名称和年度，如图 8-20 所示。

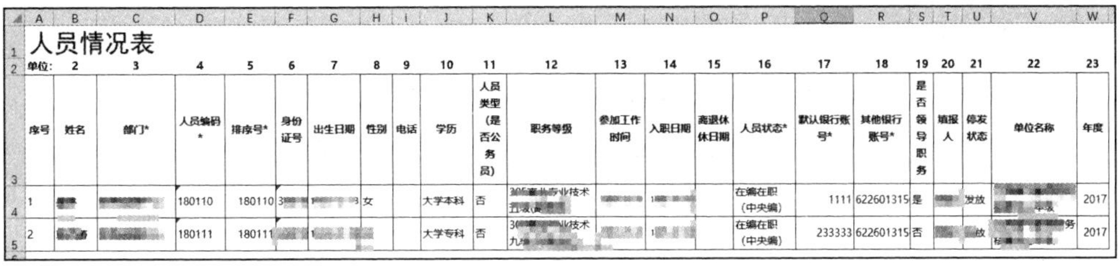

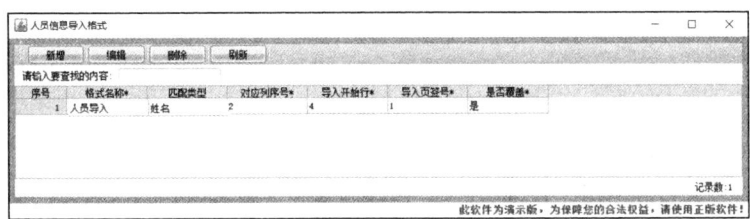

图 8-20　批量导入人员 –1

设置方法如下：

单击"基础数据"—"人员信息导入格式"，打开导入格式功能（图 8-21）。单击"新增"，新增一个导入方案（图 8-22）。

图 8-21　批量导入人员 –2

图 8-22　批量导入人员 –3

格式名称：导入方案的名称。

是否覆盖：导入时如果存在相同数据是否覆盖原职工信息。

匹配类型：可按代码、姓名、身份证匹配。如单位无重名职工，一般选择按姓名匹配。

匹配列序号：匹配类型在电子表格中所处的列数。

页签号：导入的电子表页是电子表中的第几个表页。

导入起始行：从电子表的第几行开始导入数据。

单击左下角的"增加"，可以增加详细设置：

人员信息代码：人员信息的基本字段。

列名：该列的名称。

列序号：该信息在电子表格中所处的列数。

2. 导入人员

设置好导入格式并填好电子表相关数据以后，便可将电子表中的人员批量导入系统。

打开"人事信息"下的"人员基本信息浏览"功能，单击"导入人员数据"，单击"选择文件"选择电子表，再选择导入方案，最后单击"导入"即开始导入，如图 8-23、图 8-24 所示。

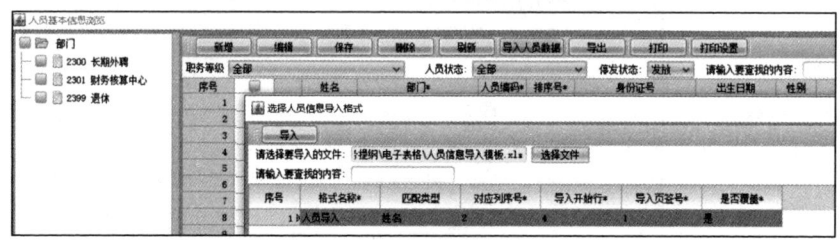

图 8-23　批量导入人员 -4

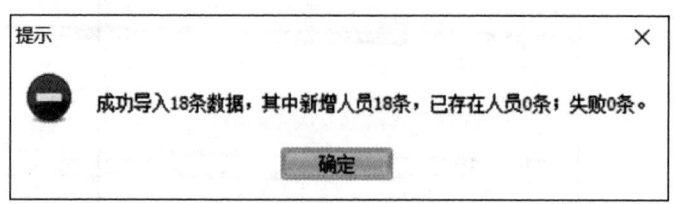

图 8-24　批量导入人员 -5

导入后单位需要重新检查每个职工的基本信息,并打开每个职工的基本信息界面,给职工添加工资类别、选择银行代发格式。

二、工资日常发放

单位在完成初始化工资之后,即可开始每月的工资编辑、审核、发放等工作。

(一)工资数据编辑

打开"工资发放"菜单,单击"工资编制"目录下的"工资编制",进行明细数据编辑录入,如图 8-25 所示。

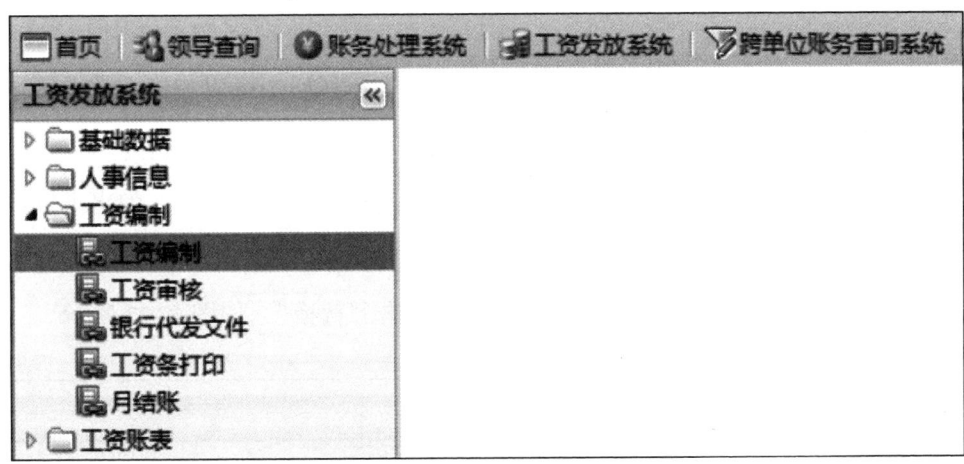

图 8-25 工资编辑 -1

左上角为工资类别,左下角为部门信息,右侧顶部为工具栏,右侧下部为数据区域。

选择需要编辑的工资类别,在数据区域将会显示该类别的人员及工资数据。在数据区域单击右键会弹出"属性设置",在"列显示设置"中可以隐藏不需要的字段,在"列锁定设置"双击"姓名"字段,可以锁定"姓名"这一列,如图 8-26 所示。

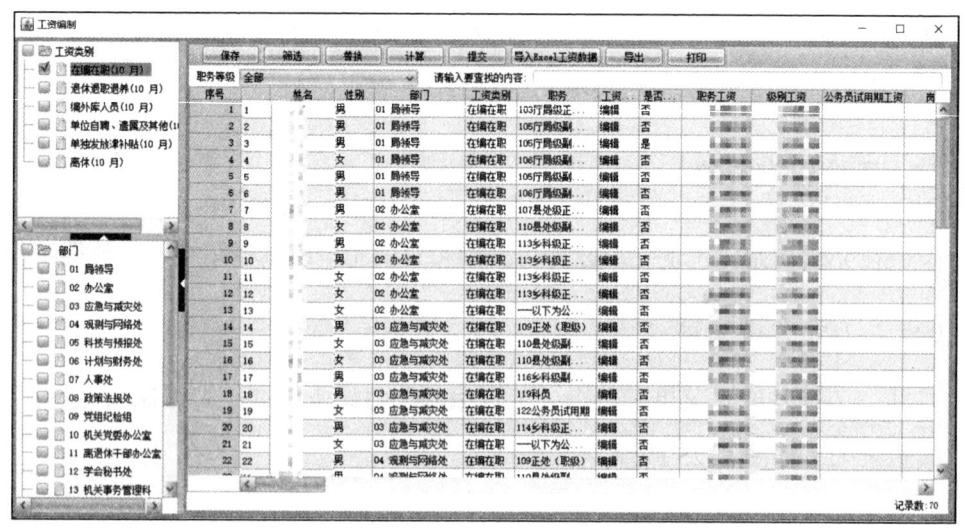

图 8-26 工资编辑 -2

数据录入方法一：直接录入。在锁定"姓名"一列后，可以直接在数据区域录入工资数据。或者双击"姓名"，按人逐项填列。

数据录入方法二：提取历史数据。选择工资类别，单击"替换"弹出工资数据替换界面。选择本月需要修改的工资项目，再选择需要提取的工资项目，选择历史类别、年度、月份、批次及需要替换的人员，单击"替换"，如图 8-27 所示。

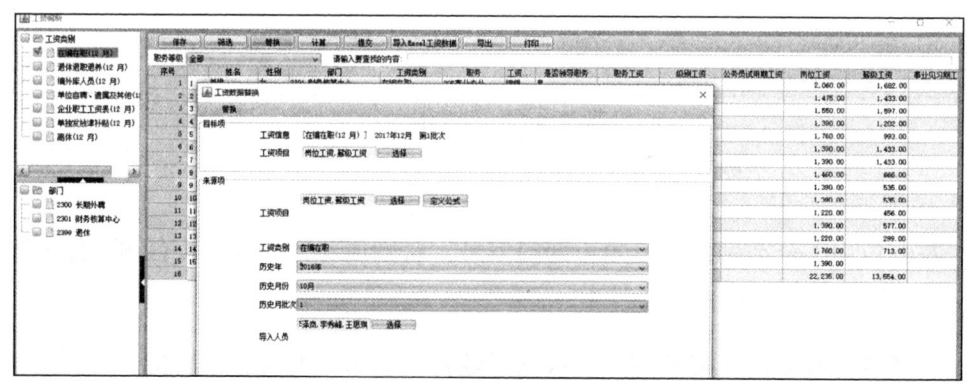

图 8-27 工资编辑 -3

数据录入方法三：通过"导入 Excel 工资数据"功能导入数据。导入之前需要根据电子表格设置导入格式，导入格式的设置请参照"单位初始化"—"（七）批量导入人员"中的格式设置。

选择工资类别，单击工具栏中的"导入 Excel 工资数据"按钮。在弹出的界面中单击"选择文件"按钮,选择需要导入的电子文件,再选择导入方案,最后单击"导入"按钮开始导入,如图 8-28 所示。单击"是"确定导入,如果导入成功会弹出提示(图 8-29)。仔细确认导入成功和失败的条数,检查失败记录的原因。

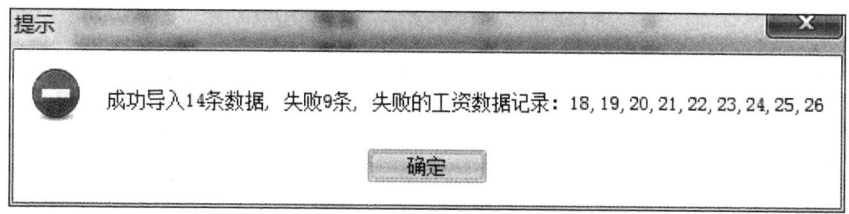

图 8-28　工资编辑 -4

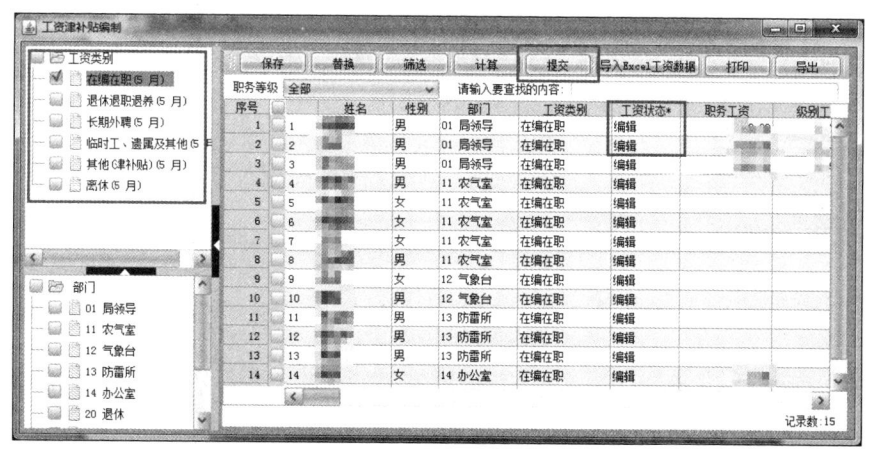

图 8-29　工资编辑 -5

（二）工资数据上报

工资录入并计算完成以后,单击工具栏中的"提交"(提交之前请确认是否单击了"计算"按钮进行合计数的计算,否则有可能导致"应发合计""扣款合计"等工资项金额为零),如图 8-30 所示。

图 8-30　工资提交 -1

提交以后，工资状态就会变为上报状态（图8-31）。此时，工资数据不能再编辑，如果发现错误，需要审核人员进行"退回"操作。

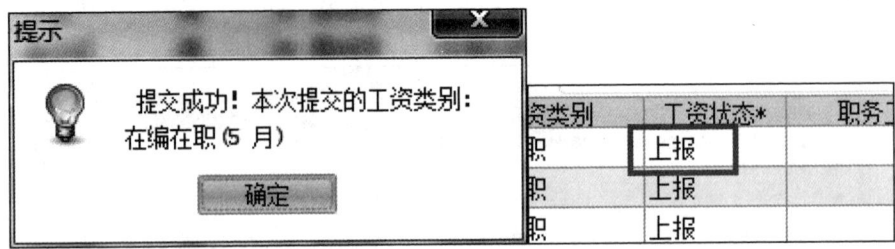

图8-31 工资提交-2

（三）工资数据审核

单击"工资编制"目录下的"工资审核"，打开审核窗口，数据区域会显示上报的工资数据。选择工资分类，审核通过则单击"审核"按钮，如果审核不通过或者要重新修改则单击"退回"。退回后，工资编辑界面可以重新编辑，如图8-32所示。

审核成功以后，"工资状态"将由"上报"变成"审核"。

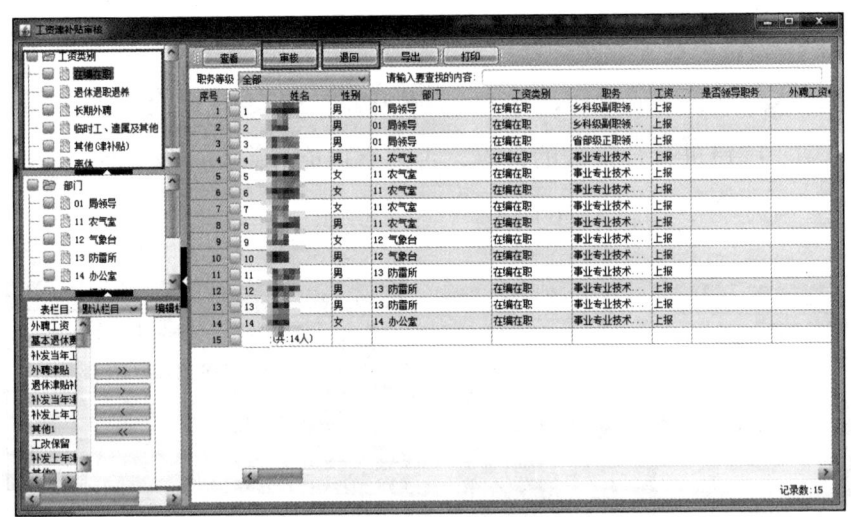

图8-32 工资审核

（四）打印工资表

单击"工资账表"目录下的"工资明细表"，将会弹出工资明细表窗口。选择需要打印的"工资类别",将"是否显示空的工资项"(界面上只有一个下拉菜单)选择为"否",可隐藏金额为零的工资项,单击"查询",如图 8-33 所示。

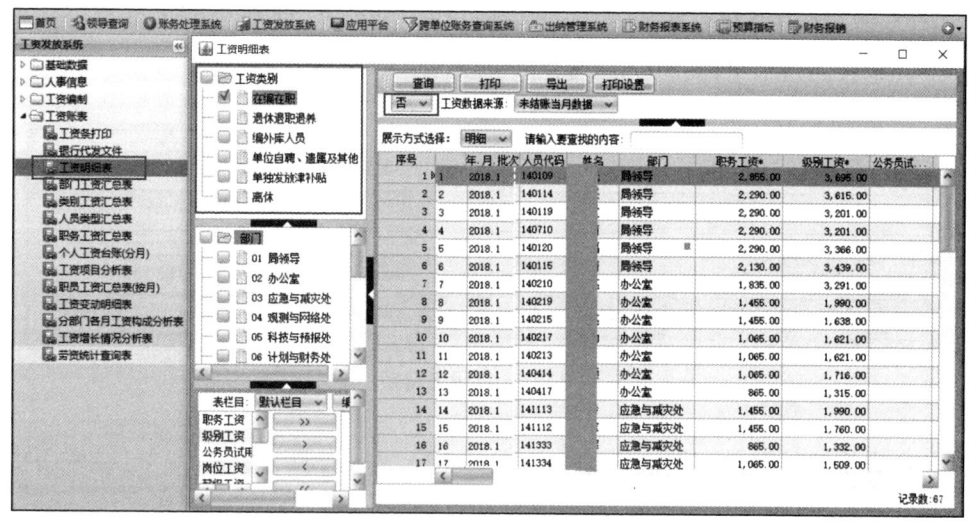

图 8-33　打印工资表 –1

单击"打印",可以将工资表打印成 Excel 文件,打印成 Excel 文件即完成工资表的打印。通过导出功能也可以将数据导出成电子表,如图 8-34 所示。

图 8-34　打印工资表 –2

如果不需要打印工资明细表,只需要打印按部门汇总的工资表,则通过"工资账表"中的"部门工资汇总表"进行打印。

工资明细表打印模板存储于应用服务器的"/home/weblogic/Oracle/Middleware/user_projects/domains/UFGOV/UFIDA/applus_printtemplate"目录中,文件名称为"PRS_RPT_GZMXB.xls",通过修改该文件可以修改打印模板。

（五）打印工资条

操作步骤：

参照"打印工资表"操作方法，可以打印出如图 8-35 所示的工资条格式（单击"工资账表"目录下的"工资条打印"）。

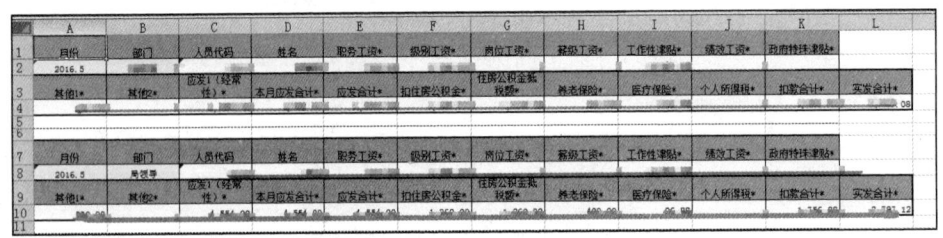

图 8-35　打印工资条

若要查询已结账的工资表数据，需在"工资数据来源"中选择"已结账历史数据"，选择月份及批次单击"查询"即可。

（六）下载银行代发文件

操作步骤：

单击"工资账表"目录下的"银行代发文件"，弹出银行代发文件窗口。选择需要下载代发文件的"工资类别"，单击"查询"获取数据，再单击"生成银行代发文件 Excel"导出代发数据，如图 8-36 所示。导出的格式如图 8-37 所示。

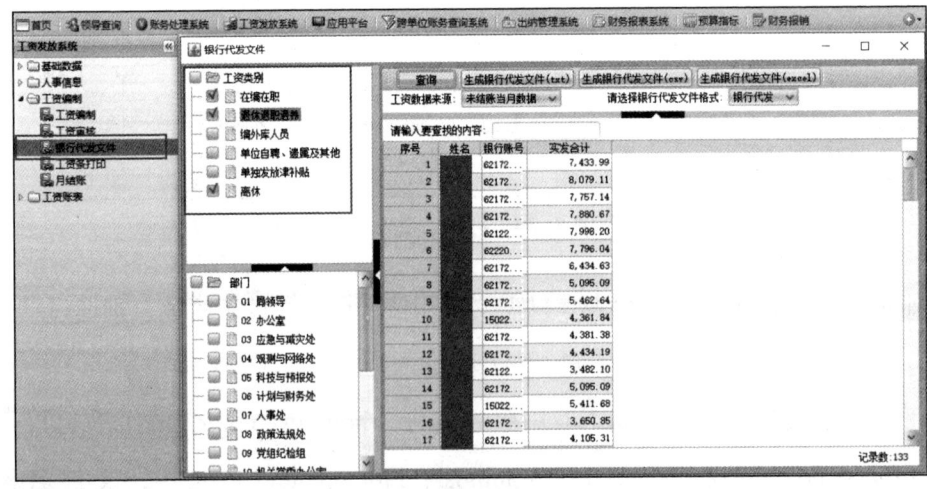

图 8-36　银行代发文件 -1

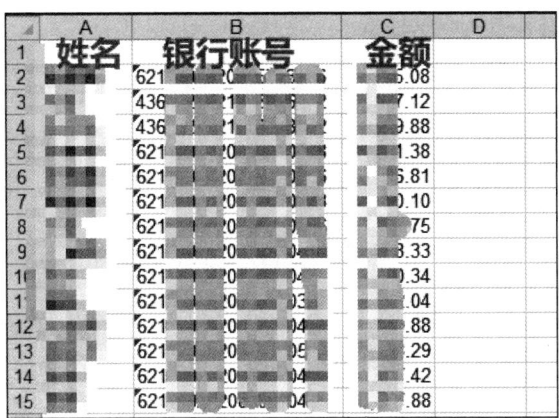

图 8-37 银行代发文件 –2

勾选多个工资类别,可以将多个工资类别的代发数据汇总至一个代发文件中。若要查询已结账工资的代发数据,需在"工资数据来源"中选择"已结账历史数据"。

(七)月结账

1. 结账至下个月

工资数据审核以后即可进行结账处理。如果某工资类别一个月只允许发放一次,发放完成后即可将该工资类别结账到次月。

操作步骤:

单击"工资编辑"目录下的"月结账",打开结账窗口。选择需要结账的工资类别,单击"结账"按钮,单击"是"确认结账,如图 8-38 所示。

图 8-38 月结账 –1

结账后,"月份"将自动变成下一个月,同时在工资编辑界面,该类别也将显示为下一个月,如图 8-39 所示。

图 8-39 结账 -2

2. 结账至当月下一批次

如果工资类别一个月内需要发放多次,则在结账时应选择"结账至下一批次"。

在工资类别区域单击右键,弹出属性设置窗口,单击"全选"显示所有字段(图 8-40),然后将该工资类别的结账类型修改为"结账到下一批次",再单击"结账",此时该类别将会结账至当月的第二批次。该类别月份显示为当月,月批次显示为 2。

图 8-40 月结账 -3

(八)反结账

在工资类别区域单击右键,弹出属性设置窗口,单击"全选"显示所有字段。

反结账至上月。如果当前月批次为 1,则选择该类别,单击"反结账",可以将该工资类别反结账至上月。通过"工资审核"功能,审核人员将该类别的工资数据进行退回,工资编制人员在工资编辑中即可重新编辑该工资类别。

反结账至上一批次。如果月批次大于1,则选择该类别,将该工资类别的结账类型修改为"结账到下一批次",再单击"反结账",将该工资类别反结账至上月。通过"工资审核"功能,审核人员将该类别的工资数据进行退回,工资编制人员在工资编辑中即可以重新编辑该工资类别。当该类别的批次为1时,即可直接单击"反结账",将该类别反结账至上月,如图8-41所示。

反结账功能会删除当前正在编辑的工资数据,请谨慎操作。

图 8-41 反结账

(九)年末结账与结转

完成12月的工资发放后,对工资类别进行结账,会提示"结账后工资为次年1月",单击"是",会将该类别结转至下一年度的1月,并将该单位的人员、类别等相关信息也结转至下一年度。以新年度的日期登录,便可以编辑新年度的工资,如图8-42至图8-44所示。

图 8-42 年末结账 -1

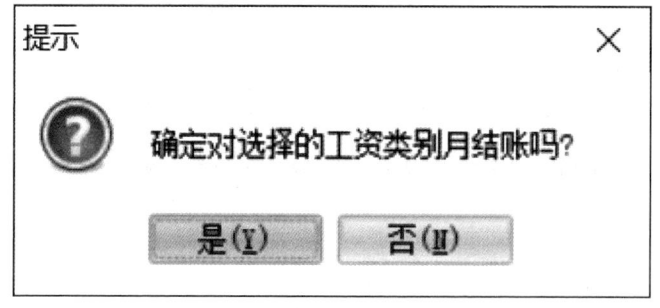

图 8-43 年末结账

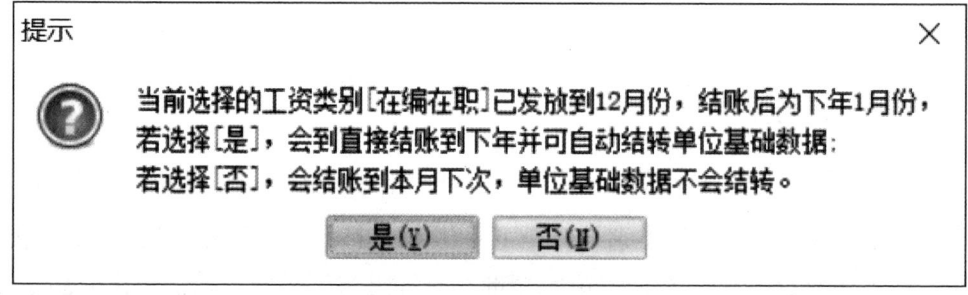

图 8-44 年末结账 -3

注：在新年度可发放工资的前提是省级系统管理员年初已在"总账平台"中通过"生成新年度资料"功能结转了新年度的单位树、人员岗位权限等资料。在未处理之前，工资编制人员无法登录到新年度。在此之前请勿重复结账，每个类别结账

一次即可。

三、其他业务和注意事项

（一）新增人员

通过"人员基本信息浏览"功能新增人员，新增人员的操作步骤请参照"单位初始化"中的"手动增加人员"。

新增人员时，请注意人员编码应与系统已有人员编码规则保持一致，排序号可根据情况设置。

（二）职工退休

在"人员基本信息浏览"窗口，双击打开该职工，将其人员类别修改为"退休"，并删除该职工的"在职在编"工资类别，增加"退休"工资类别。

（三）职工离职

在"人员基本信息浏览"窗口，双击打开该职工，将其人员类别"在编在职"修改为"其他"，并删除该职工的"在职在编"工资类别（如无法删除，在工资编辑中将该职工的所有工资项修改为0，然后将该类别的"是否停发"修改为"是"，人员基本信息中的停发状态也修改为"否"）。如果该职工还有工资补贴需要发放，增加或保留"其他"工资类别。

（四）职工变更工资卡号

在"人员基本信息浏览"窗口，双击打开该职工，在职工个人资料窗口修改银行账号，同时查看工资类别中的账号是否修改。如果不打开职工个人资料窗口，直接在"基本信息浏览"中修改，将导致修改不成功。

（五）年初调整职级、薪级工资

年初调整职级工资和薪级工资时，可以由人事部门提供相关的电子表格，然后在系统中增加 Excel 导入工资数据方案，按姓名匹配导入工资数据。代扣的水电费也可以批量导入。

（六）个人所得税的计算与代扣

个人所得税的代扣有两种模式，一种是根据当月的工资数据计算并直接在当月代扣，另一种是手动计算上月的个税并在本月工资表中代扣。第一种模式直接使用系统预置的"个人所得税""劳务费"等工资项，并设置好工资类别中各工资项的税率属性即可；第二种模式需要新增一个扣款类工资项"个税"，从个税缴纳系统导出个税数据，然后再导入工资表进行扣款。

（七）注意事项

（1）通过导入 Excel 功能导入工资数据，有可能导入了该工资类别中没有的工资项数据，从而导致数据库中该类别的"应发合计"项与所有明细工资项的合计不一致。出现这种情况，只需再设置一个导入方案，将相关的工资项目清零即可。

（2）人员离职，如果不在"工资编辑"中将相关的工资项清零，仅仅将该职工设置为"停发"，那么数据库中该职工的工资数据会一直存在。

（3）工资编辑完成以后，务必单击"计算"进行计算，否则有可能导致"应发合计""扣款合计""实发合计"为零或者数据不准确。

（4）"本月应发合计""补发合计""应发合计""扣款合计""实发合计"等公式是由系统自动生成，如果单位在编辑工资时发现公式不正确，需要在公式定义中选择相应的工资类别，单击"保存"即会重新生成公式。如果"应发合计""实发合计"还是没有公式，则需要运维人员从后台在数据库中 PRS_ITEM_GETDATA_CO 添加应发和实发的公式。

四、工资报表查询

通过工资报表可以查询到各类工资相关的信息。

工资报表查询通用界面：左上角为工资类别选择模块，左侧中间为部门选择模块，左下角为工资项目选择模块。右侧顶部为"查询、打印、导出"等功能，第 2 排为"是否显示合计为 0 的工资项"（界面上只显示一个下拉菜单）、工资数据来源（是"已结账历史数据"还是"当前未结账数据"）、月份和批次，第 3 排为展示方式选择（是按明细还是按相关的信息进行汇总和查找），下半部分为数据显示区域，如图 8-45 所示。

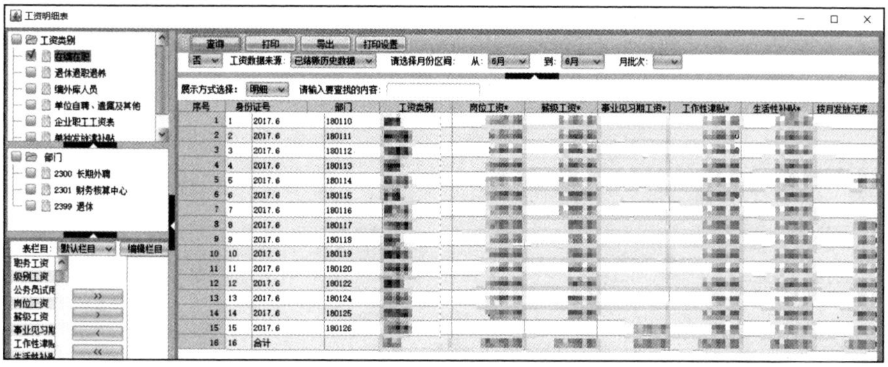

图 8-45 工资报表查询

工资类别：选择工资类别，可指定查询某个工资类别或者多个工资类别的数据。

部门：可指定查询某个部门或者多个部门的数据。

工资项目：可指定查询某个工资项目或者多个工资项目的数据，可设置查询方案。

（一）工资明细表查询

1. 工资明细表

通过"工资明细表"，可以查询和打印工资明细表，也可以对某个工资类别按职工、工资项目进行汇总，如图 8-46 所示。主要用于打印当月的工资表，按姓名、工资项目进行汇总，按人统计相关的收入。

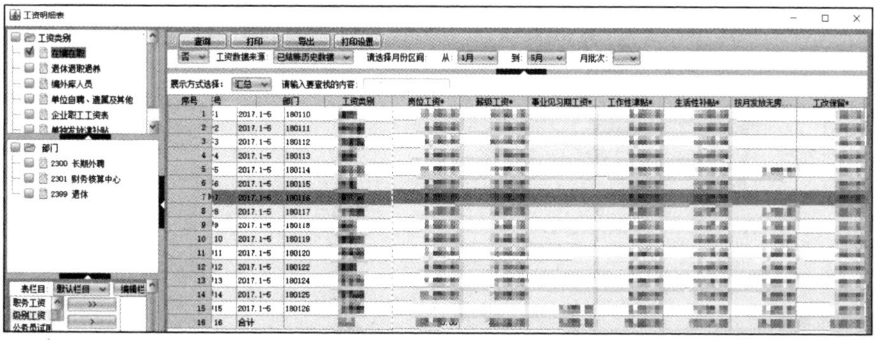

图 8-46 工资明细表

2. 工资变动明细表

通过"工资变动明细表",可以查看某两个月工资的变化。主要用于核对当月工资表与上月是否有差异、本月的工资是否编制正确,如图 8-47 所示。

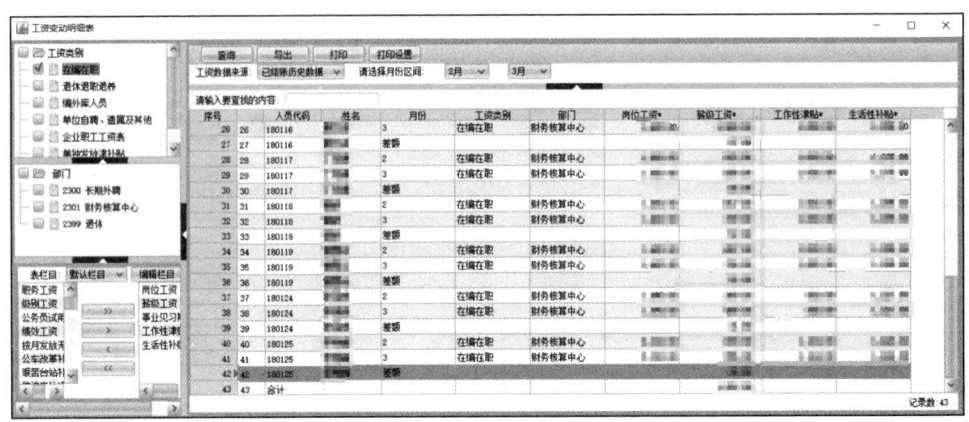

图 8-47 工资变动明细表

(二) 工资汇总表查询

1. 部门工资汇总表

按部门分类对工资项进行汇总。主要用于打印按部门汇总的工资表、按部门统计相关收入等,如图 8-48 所示。

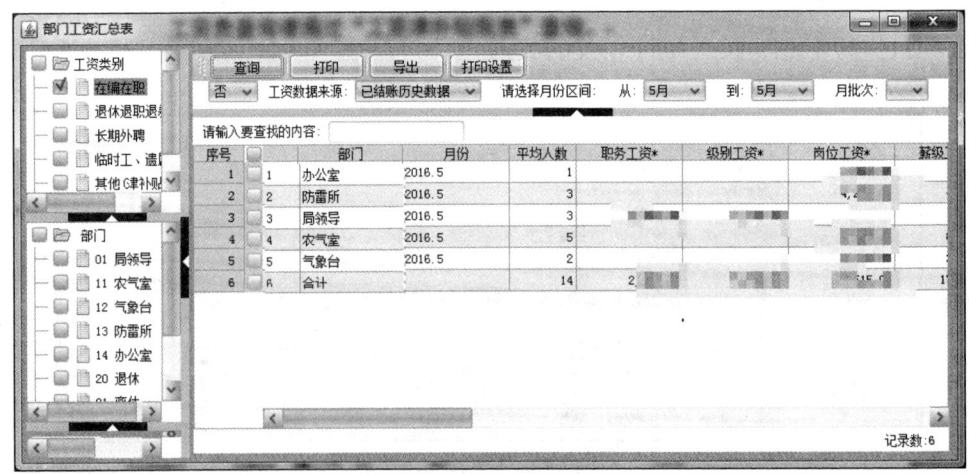

图 8-48 部门工资汇总表

2. 职务工资汇总表

按照职务分类对工资项进行汇总。主要用于统计各职务之间的收入差异，如图 8-49 所示。

图 8-49　职务工资汇总表

3. 类别工资汇总表

按照工资类别分类对工资项进行汇总。主要用于统计各类别的工资收入情况，如图 8-50 所示。

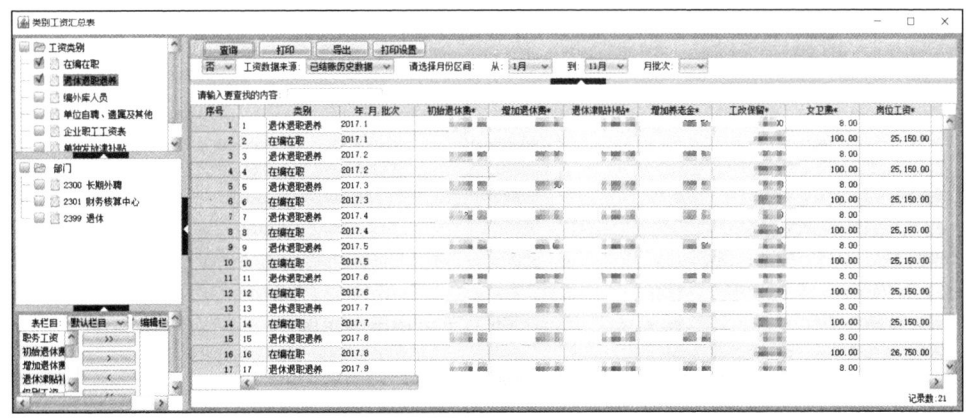

图 8-50　类别工资汇总表

4. 人员类型汇总表

按人员类型分类对工资项进行汇总。主要用于按人员类型统计各类型人员的工资收入情况。

（三）工资分析表查询

1. 工资增长情况分析表

将本月度的工资与上年度的工资进行比较分析，如图8-51所示。

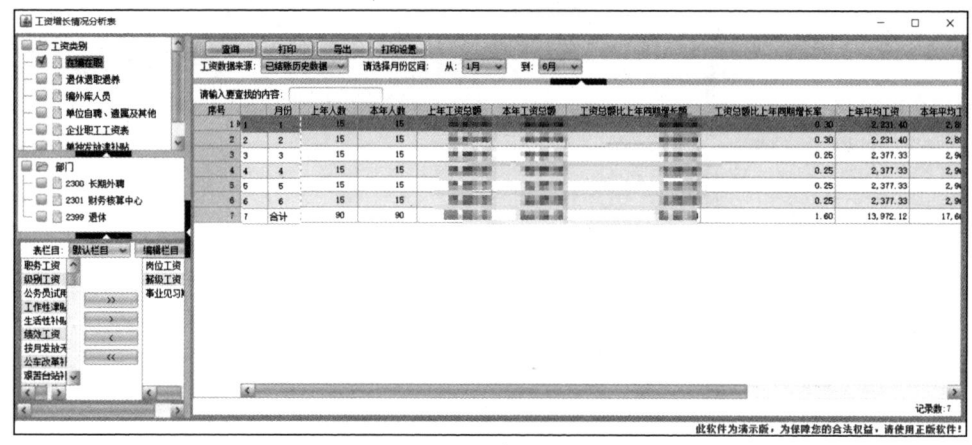

图8-51 工资增长情况分析表

2. 分部门各月工资构成分析表

按部门、月份对工资项进行汇总分析，如图8-52所示。

图8-52 分部门各月工资构成分析表

3. 工资项目分析表

按月份对工资项目进行汇总分析，如图8-53所示。

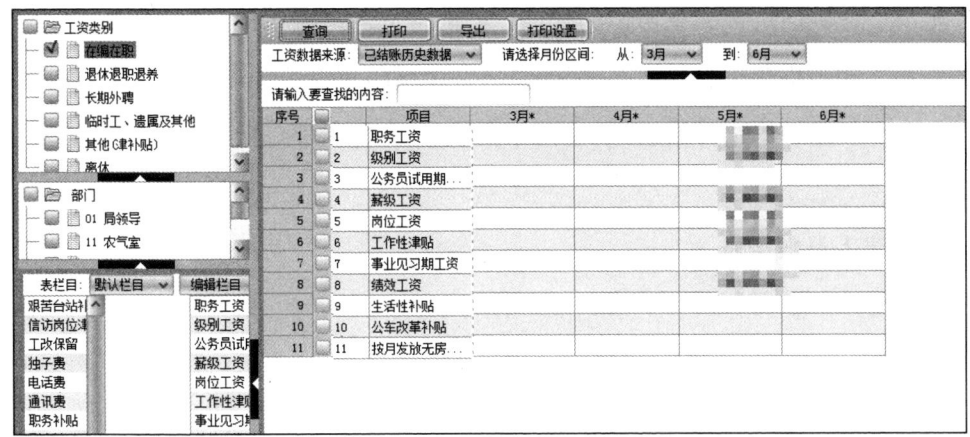

图 8-53　工资项目分析表

4. 劳资统计查询表

按照劳资分类统计各工资类别的相关数据，如图 8-54 所示。

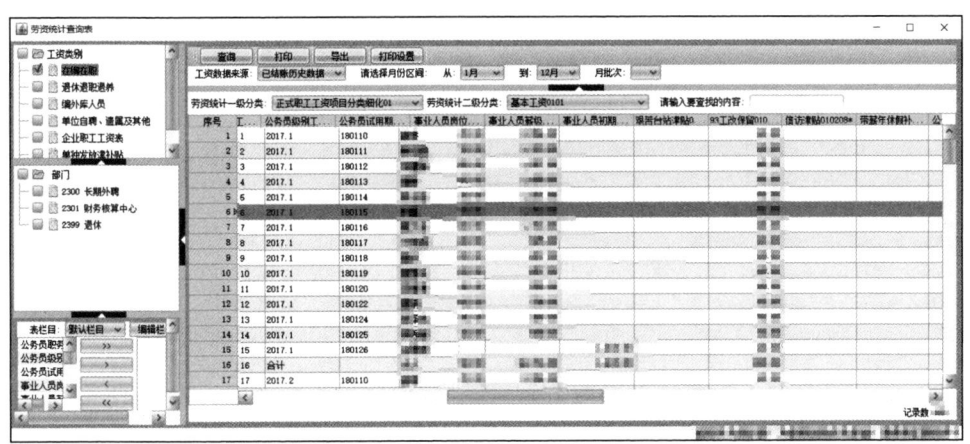

图 8-54　劳资统计查询表

第五节　系统应用

一、基于报表系统的数据查询

目前，计财业务系统暂未针对主管单位设计下属单位的工资汇总查询功能。主管单位如果需要查询单个单位的数据，登录时选择该单位即可。

如果需要同时查询多个单位的数据，有两种方法可以实现：第一种是在数据库中新建相关的数据分析表（视图、函数等），再在报表系统中新建相关的查询任务，提取相关的数据；第二种是通过 PLSQL Developer 等软件直接从数据库后台提取相关数据。

1. 新建人员数据表

根据已结账数据中所有单位工资类别每月第 1 次发放的数据、当月职工的人员类型等信息，可汇总当月中央编制在职、退休的参公、事业人员数量，地方编制在职、退休的参公、事业人员数量，离休人员数量、长期聘用、临时工、企业聘用等人员数量。首先需要在数据库中生成一个视图，代码如下：

```sql
create or replace view prs_renshu as
    select nd,
        mo,
        co_code,
        co_name,
        zyzz + lxry + txtz + dfbzry + qtry HJ,
        zyzz,
        zyzzcg,
        zyzzsy,
        lxry,
        cglx,
        sylx,
        txtz,
        cgtx,
        sytx,
        dfbzry,
        cg,
        sy,
```

```
            tx,
            qtry,
            bwry,
            qypy,
            lsgysqt
    from (select a.co_code,
            d.nd,
            d.mo,
         (select co_name
    from ma_company
    where nd = 2017
            and co_code = a.co_code) co_name,
            sum(d.zz_zy) zyzz,
            sum(d.z_z_c) zyzzcg,
            sum(d.z_z_s) zyzzsy,
            sum(d.lx) lxry,
            sum(d.z_l_c) cglx,
            sum(d.z_l_s) sylx,
            sum(d.t_x) txtz,
            sum(d.z_t_c) cgtx,
            sum(d.z_t_s) sytx,
            sum(d.d_f) dfbzry,
            sum(d.d_z_c) cg,
            sum(d.d_z_s) sy,
            sum(d.d_z_t) tx,
            sum(d.QT) qtry,
            sum(d.b_y) bwry,
            sum(d.p_y) qypy,
```

```
            sum(d.lsg_qt) lsgysqt
    from (select co_code,
            nd,
            mo,
            sum(z_z_c) + sum(z_z_s) zz_zy,
            sum(z_z_c) z_z_c,
            sum(z_z_s) z_z_s,
            sum(z_l_c) + sum(z_l_s) lx,
            sum(z_l_c) z_l_c,
            sum(z_l_s) z_l_s,
            sum(z_t_c) + sum(z_t_s) t_x,
            sum(z_t_c) z_t_c,
            sum(z_t_s) z_t_s,
            sum(d_z_c) + sum(d_z_s) + sum(d_z_t) d_f,
            sum(d_z_c) d_z_c,
            sum(d_z_s) d_z_s,
            sum(d_z_t) d_z_t,
            sum(b_y) + sum(p_y) + sum(lsg_qt) QT,
            sum(b_y) b_y,
            sum(p_y) p_y,
            sum(lsg_qt) lsg_qt
    from ( -- 在职中央参工
    select co_code,
            nd,
            mo,
            count(*) z_z_c,
            0 z_z_s,
            0 z_l_c,
```

```sql
           0 z_l_s,
           0 z_t_c,
           0 z_t_s,
           0 d_z_c,
           0 d_z_s,
           0 d_z_t,
           0 b_y,
           0 p_y,
           0 lsg_qt
      from (select a.nd,
                   a.mo,
                   a.co_code,
                   a.emp_uid,
                   a.emp_name,
                   a.type_code,
                   a.emp_stat,
                   b.prtype_code,
                   prtype_name
              from (select t.co_code,
                           t.nd,
                           t.mo,
                           t.emp_uid,
                           t.emp_name,
                           t.identity_card,
                           t.type_code,
                           t.emp_stat
                      from PRS_EMP_M t
```

```sql
       ) A,
       (select t.co_code,
               t.prtype_code,
               t.emp_uid,
               t.prtype_name,
               t.nd,
               t.mo
          from PRS_PAYLIST t
         where t.pay_no_mo = 1
           and t.PR_PAYLIST_N03 > 0) B
 where a.co_code = b.co_code
    and a.emp_uid = b.emp_uid
    and a.mo = b.mo
    and a.nd=b.nd) emp_all
 where type_code = '001'
    and prtype_code = '001'
    and emp_stat <> 0
 group by co_code, nd, mo
 union all

-- 在职中央事业
select co_code,
       nd,
       mo,
       0,
       count(*) z_z_s,
       0,
       0,
```

```sql
            0,
            0,
            0,
            0,
            0,
            0,
            0,
            0,
            0
    from (select a.nd,
            a.mo,
            a.co_code,
            a.emp_uid,
            a.emp_name,
            a.type_code,
            a.emp_stat,
            b.prtype_code,
            prtype_name
      from (select t.co_code,
            t.nd,
            t.mo,
            t.emp_uid,
            t.emp_name,
            t.identity_card,
            t.type_code,
            t.emp_stat
      from PRS_EMP_M t

    ) A,
```

```sql
            (select t.co_code,
                t.prtype_code,
                t.emp_uid,
                t.prtype_name,
                t.nd,
                t.mo
            from PRS_PAYLIST t
            where t.pay_no_mo = 1
                and t.PR_PAYLIST_N03 > 0) B
        where a.co_code = b.co_code
            and a.emp_uid = b.emp_uid
            and a.mo = b.mo
            and a.nd=b.nd) emp_all
    where type_code = '002'
        and prtype_code = '001'
        and emp_stat <> 0
group by co_code, nd, mo
union all

-- 参公离休
select co_code,
    nd,
    mo,
    0,
    0,
    count(*) z_l_c,
    0,
    0,
```

```
                    0,
                    0,
                    0,
                    0,
                    0,
                    0,
                    0
               from (select a.nd,
                    a.mo,
                    a.co_code,
                    a.emp_uid,
                    a.emp_name,
                    a.type_code,
                    a.emp_stat,
                    b.prtype_code,
                    prtype_name
               from (select t.co_code,
                    t.nd,
                    t.mo,
                    t.emp_uid,
                    t.emp_name,
                    t.identity_card,
                    t.type_code,
                    t.emp_stat
               from PRS_EMP_M t

               ) A,
               (select t.co_code,
```

```sql
            t.prtype_code,
            t.emp_uid,
            t.prtype_name,
            t.nd,
            t.mo
        from PRS_PAYLIST t
        where t.pay_no_mo = 1
            and t.PR_PAYLIST_N03 > 0) B
    where a.co_code = b.co_code
        and a.emp_uid = b.emp_uid
        and a.mo = b.mo
        and a.nd=b.nd) emp_all
where type_code = '001'
    and prtype_code = '007'
    --and emp_stat<>0
group by co_code, nd, mo
union all


-- 事业离休
select co_code,
    nd,
    mo,
    0,
    0,
    0,
    count(*) z_l_s,
    0,
    0,
```

```sql
             0,
             0,
             0,
             0,
             0,
             0
       from (select a.nd,
             a.mo,
             a.co_code,
             a.emp_uid,
             a.emp_name,
             a.type_code,
             a.emp_stat,
             b.prtype_code,
             prtype_name
       from (select t.co_code,
             t.nd,
             t.mo,
             t.emp_uid,
             t.emp_name,
             t.identity_card,
             t.type_code,
             t.emp_stat
       from PRS_EMP_M t

       --and mo = 5
       ) A,
        (select t.co_code,
```

```sql
              t.prtype_code,
              t.emp_uid,
              t.prtype_name,
              t.nd,
              t.mo
       from PRS_PAYLIST t
       where t.pay_no_mo = 1
           and t.PR_PAYLIST_N03 > 0) B
       where a.co_code = b.co_code
           and a.emp_uid = b.emp_uid
           and a.mo = b.mo
           and a.nd=b.nd) emp_all
       where type_code = '002'
           and prtype_code = '007'
           --and emp_stat<>0
       group by co_code, nd, mo
       union all


       -- 参公退休
       select co_code,
           nd,
           mo,
           0,
           0,
           0,
           0,
           count(*) z_t_c,
           0,
```

```sql
           0,
           0,
           0,
           0,
           0,
           0
      from (select a.nd,
              a.mo,
              a.co_code,
              a.emp_uid,
              a.emp_name,
              a.type_code,
              a.emp_stat,
              b.prtype_code,
              prtype_name
         from (select t.co_code,
                  t.nd,
                  t.mo,
                  t.emp_uid,
                  t.emp_name,
                  t.identity_card,
                  t.type_code,
                  t.emp_stat
             from PRS_EMP_M t

           ) A,
           (select t.co_code,
              t.prtype_code,
```

```
               t.emp_uid,
               t.prtype_name,
               t.nd,
               t.mo
       from PRS_PAYLIST t
       where  t.pay_no_mo = 1
           and t.PR_PAYLIST_N03 > 0) B
    where a.co_code = b.co_code
          and a.emp_uid = b.emp_uid
          and a.mo = b.mo
          and a.nd=b.nd) emp_all
where type_code = '001'
      and prtype_code = '002'
      and emp_stat <> 0
group by co_code, nd, mo
union all

-- 事业退休
select co_code,
       nd,
       mo,
       0,
       0,
       0,
       0,
       0,
       count(*) z_t_s,
       0,
```

```
            0,
            0,
            0,
            0,
            0
    from (select a.nd,
            a.mo,
            a.co_code,
            a.emp_uid,
            a.emp_name,
            a.type_code,
            a.emp_stat,
            b.prtype_code,
            prtype_name
    from (select t.co_code,
            t.nd,
            t.mo,
            t.emp_uid,
            t.emp_name,
            t.identity_card,
            t.type_code,
            t.emp_stat
    from PRS_EMP_M t

    ) A,
    (select t.co_code,
        t.prtype_code,
        t.emp_uid,
```

```sql
        t.prtype_name,
        t.nd,
        t.mo
    from PRS_PAYLIST t
    where t.pay_no_mo = 1
        and t.PR_PAYLIST_N03 > 0) B
where a.co_code = b.co_code
    and a.emp_uid = b.emp_uid
    and a.mo = b.mo
    and a.nd=b.nd) emp_all
where type_code = '002'
    and prtype_code = '002'
    and emp_stat <> 0
group by co_code, nd, mo
union all

-- 在职地方参工
select co_code,
    nd,
    mo,
    0,
    0,
    0,
    0,
    0,
    0,
    count(*) d_z_c,
    0,
```

```
            0,
            0,
            0,
            0
       from (select a.nd,
            a.mo,
            a.co_code,
            a.emp_uid,
            a.emp_name,
            a.type_code,
            a.emp_stat,
            b.prtype_code,
            prtype_name
       from (select t.co_code,
            t.nd,
            t.mo,
            t.emp_uid,
            t.emp_name,
            t.identity_card,
            t.type_code,
            t.emp_stat
       from PRS_EMP_M t

       ) A,
       (select t.co_code,
            t.prtype_code,
            t.emp_uid,
            t.prtype_name,
```

```
            t.nd,
            t.mo
   from PRS_PAYLIST t
   where t.pay_no_mo = 1
       and t.PR_PAYLIST_N03 > 0) B
   where a.co_code = b.co_code
       and a.emp_uid = b.emp_uid
       and a.mo = b.mo
       and a.nd=b.nd) emp_all
   where type_code = '001'
       and prtype_code = '001'
       and emp_stat = 0
   group by co_code, nd, mo
   union all


   -- 在职地方事业
   select co_code,
       nd,
       mo,
       0,
       0,
       0,
       0,
       0,
       0,
       0,
       0,
       count(*) d_z_s,
       0,
```

```
              0,
              0,
              0
      from (select a.nd,
                   a.mo,
                   a.co_code,
                   a.emp_uid,
                   a.emp_name,
                   a.type_code,
                   a.emp_stat,
                   b.prtype_code,
                   prtype_name
      from (select t.co_code,
                   t.nd,
                   t.mo,
                   t.emp_uid,
                   t.emp_name,
                   t.identity_card,
                   t.type_code,
                   t.emp_stat
      from PRS_EMP_M t

      ) A,
      (select t.co_code,
              t.prtype_code,
              t.emp_uid,
              t.prtype_name,
              t.nd,
```

```sql
            t.mo
    from PRS_PAYLIST t
    where t.pay_no_mo = 1
        and t.PR_PAYLIST_N03 > 0) B
    where a.co_code = b.co_code
        and a.emp_uid = b.emp_uid
        and a.mo = b.mo
        and a.nd=b.nd) emp_all
where type_code = '002'
    and prtype_code = '001'
    and emp_stat = 0
group by co_code, nd, mo
union all

-- 在职地方退休
select co_code,
    nd,
    mo,
    0,
    0,
    0,
    0,
    0,
    0,
    0,
    0,
    count(*) d_z_t,
    0,
```

```sql
               0,
               0
  from (select a.nd,
               a.mo,
               a.co_code,
               a.emp_uid,
               a.emp_name,
               a.type_code,
               a.emp_stat,
               b.prtype_code,
               prtype_name
          from (select t.co_code,
                       t.mo,
                       t.nd,
                       t.emp_uid,
                       t.emp_name,
                       t.identity_card,
                       t.type_code,
                       t.emp_stat
                  from PRS_EMP_M t
               ) A,
               (select t.co_code,
                       t.prtype_code,
                       t.emp_uid,
                       t.prtype_name,
                       t.nd,
                       t.mo
```

```sql
         from PRS_PAYLIST t
       where t.pay_no_mo = 1
           and t.PR_PAYLIST_N03 > 0) B
   where a.co_code = b.co_code
       and a.emp_uid = b.emp_uid
       and a.mo = b.mo
       and a.nd=b.nd) emp_all
where prtype_code = '002'
   and emp_stat = 0
group by co_code, nd, mo
union all


-- 编外人员
select co_code,
       nd,
       mo,
       0,
       0,
       0,
       0,
       0,
       0,
       0,
       0,
       0,
       count(*) b_y,
       0,
       0
```

```sql
       from (select a.nd,
             a.mo,
             a.co_code,
             a.emp_uid,
             a.emp_name,
             a.type_code,
             a.emp_stat,
             b.prtype_code,
             prtype_name
       from (select t.co_code,
             t.mo,
             t.nd,
             t.emp_uid,
             t.emp_name,
             t.identity_card,
             t.type_code,
             t.emp_stat
       from PRS_EMP_M t


       ) A,
       (select t.co_code,
             t.prtype_code,
             t.emp_uid,
             t.prtype_name,
             t.nd,
             t.mo
       from PRS_PAYLIST t
       where t.pay_no_mo = 1
```

```sql
            and t.PR_PAYLIST_N03 > 0) B
   where a.co_code = b.co_code
       and a.emp_uid = b.emp_uid
       and a.mo = b.mo
       and a.nd=b.nd) emp_all
where prtype_code = '003'
group by co_code, nd, mo
union all

-- 企业聘用人员
select co_code,
       nd,
       mo,
       0,
       0,
       0,
       0,
       0,
       0,
       0,
       0,
       0,
       0,
       count(*) p_y,
       0
  from (select a.nd,
               a.mo,
               a.co_code,
```

```sql
       a.emp_uid,
       a.emp_name,
       a.type_code,
       a.emp_stat,
       b.prtype_code,
       prtype_name
  from (select t.co_code,
               t.nd,
               t.mo,
               t.emp_uid,
               t.emp_name,
               t.identity_card,
               t.type_code,
               t.emp_stat
          from PRS_EMP_M t

       ) A,
       (select t.co_code,
               t.prtype_code,
               t.emp_uid,
               t.prtype_name,
               t.nd,
               t.mo
          from PRS_PAYLIST t
         where t.pay_no_mo = 1
           and t.PR_PAYLIST_N03 > 0) B
 where a.co_code = b.co_code
   and a.emp_uid = b.emp_uid
```

```sql
                and a.mo = b.mo
                and a.nd=b.nd) emp_all
    where prtype_code = '005'
    group by co_code, nd, mo
    union all

    -- 临时工、遗属及其他
    select co_code,
           nd,
           mo,
           0,
           0,
           0,
           0,
           0,
           0,
           0,
           0,
           0,
           0,
           0,
           count(*) lsg_qt
    from (select a.nd,
                 a.mo,
                 a.co_code,
                 a.emp_uid,
                 a.emp_name,
                 a.type_code,
```

```sql
       a.emp_stat,
       b.prtype_code,
       prtype_name
  from (select t.co_code,
               t.nd,
               t.mo,
               t.emp_uid,
               t.emp_name,
               t.identity_card,
               t.type_code,
               t.emp_stat
          from PRS_EMP_M t

        ) A,
       (select t.co_code,
               t.prtype_code,
               t.emp_uid,
               t.prtype_name,
               t.nd,
               t.mo
          from PRS_PAYLIST t
         where t.pay_no_mo = 1
           and t.PR_PAYLIST_N03 > 0) B
 where a.co_code = b.co_code
   and a.emp_uid = b.emp_uid
   and a.mo = b.mo
   and a.nd=b.nd) emp_all
where prtype_code = '004'
```

```
        group by co_code, nd, mo) emp_full
        group by co_code, nd, mo



    ) D
    right join

    (select nd,co_code from ma_company) A
        on
        d.nd=a.nd and
        d.co_code like a.co_code || '%'
    group by a.co_code, d.mo, d.nd) F
    where nvl(zyzz,0) + nvl(lxry,0) + nvl(txtz,0) + nvl(dfbzry,0) + nvl(qtry,0) > 0
        and length (co_code)<=15
    order by nd, mo, co_code;
```

2. 新建工资项目数据表

根据已结账数据中工资类别、工资项目和职工的人员基本信息等，可将已发放的工资数据按单位进行汇总。该汇总表基于全省的工资项目已统一的前提，如果只统一了部门工资项，则只汇总统一的工资项即可。代码如下：

```
    create or replace view prs_gzhz as
        select
            CO_CODE,
            (select co_name from ma_company where nd=c.year and co_code = c.co_code) co_name,
            YEAR,
            MO,
```

```sql
        prtype_code,
    (select max(prtype_name) from prs_type_co where co_code = c.co_code and
nd = c.year and prtype_code = c.prtype_code) prtype_name,
        emp_stat,
    (select val from PRS_VAL where valset_id = 'VS_EMP_STAT' and val_id =
emp_stat) emp_stat_name,
        type_code,
        decode(type_code,'001','参公','事业') type_name,
        duty_grade,
    (select val from PRS_VAL where valset_id = 'VS_DUTY_GRADE' and val_id
= duty_grade) duty_grade_name,
    sum(nvl(pr_paylist_n00,0)) pr_paylist_n00, sum(nvl(pr_paylist_n01,0)) pr_
paylist_n01,
    sum(nvl(pr_paylist_n02,0)) pr_paylist_n02, sum(nvl(pr_paylist_n03,0)) pr_
paylist_n03,
    sum(nvl(pr_paylist_n04,0)) pr_paylist_n04, sum(nvl(pr_paylist_n05,0)) pr_
paylist_n05,
    sum(nvl(pr_paylist_n06,0)) pr_paylist_n06, sum(nvl(pr_paylist_n07,0)) pr_
paylist_n07,
    sum(nvl(pr_paylist_n08,0)) pr_paylist_n08, sum(nvl(pr_paylist_n09,0)) pr_
paylist_n09,
    sum(nvl(pr_paylist_n10,0)) pr_paylist_n10, sum(nvl(pr_paylist_n11,0)) pr_
paylist_n11,
    sum(nvl(pr_paylist_n12,0)) pr_paylist_n12, sum(nvl(pr_paylist_n13,0)) pr_
paylist_n13,
    sum(nvl(pr_paylist_n14,0)) pr_paylist_n14, sum(nvl(pr_paylist_n15,0)) pr_
paylist_n15,
    sum(nvl(pr_paylist_n16,0)) pr_paylist_n16, sum(nvl(pr_paylist_n17,0)) pr_
```

paylist_n17,
    sum(nvl(pr_paylist_n18,0)) pr_paylist_n18, sum(nvl(pr_paylist_n19,0)) pr_paylist_n19,
    sum(nvl(pr_paylist_n20,0)) pr_paylist_n20, sum(nvl(pr_paylist_n21,0)) pr_paylist_n21,
    sum(nvl(pr_paylist_n22,0)) pr_paylist_n22, sum(nvl(pr_paylist_n23,0)) pr_paylist_n23,
    sum(nvl(pr_paylist_n24,0)) pr_paylist_n24, sum(nvl(pr_paylist_n25,0)) pr_paylist_n25,
    sum(nvl(pr_paylist_n26,0)) pr_paylist_n26, sum(nvl(pr_paylist_n27,0)) pr_paylist_n27,
    sum(nvl(pr_paylist_n28,0)) pr_paylist_n28, sum(nvl(pr_paylist_n29,0)) pr_paylist_n29,
    sum(nvl(pr_paylist_n30,0)) pr_paylist_n30, sum(nvl(pr_paylist_n31,0)) pr_paylist_n31,
    sum(nvl(pr_paylist_n32,0)) pr_paylist_n32, sum(nvl(pr_paylist_n33,0)) pr_paylist_n33,
    sum(nvl(pr_paylist_n34,0)) pr_paylist_n34, sum(nvl(pr_paylist_n35,0)) pr_paylist_n35,
    sum(nvl(pr_paylist_n36,0)) pr_paylist_n36, sum(nvl(pr_paylist_n37,0)) pr_paylist_n37,
    sum(nvl(pr_paylist_n38,0)) pr_paylist_n38, sum(nvl(pr_paylist_n39,0)) pr_paylist_n39,
    sum(nvl(pr_paylist_n40,0)) pr_paylist_n40, sum(nvl(pr_paylist_n41,0)) pr_paylist_n41,
    sum(nvl(pr_paylist_n42,0)) pr_paylist_n42, sum(nvl(pr_paylist_n43,0)) pr_paylist_n43,
    sum(nvl(pr_paylist_n44,0)) pr_paylist_n44, sum(nvl(pr_paylist_n45,0)) pr_

paylist_n45,
    sum(nvl(pr_paylist_n46,0)) pr_paylist_n46, sum(nvl(pr_paylist_n47,0)) pr_paylist_n47,
    sum(nvl(pr_paylist_n48,0)) pr_paylist_n48, sum(nvl(pr_paylist_n49,0)) pr_paylist_n49,
    sum(nvl(pr_paylist_n50,0)) pr_paylist_n50, sum(nvl(pr_paylist_n51,0)) pr_paylist_n51,
    sum(nvl(pr_paylist_n52,0)) pr_paylist_n52, sum(nvl(pr_paylist_n53,0)) pr_paylist_n53,
    sum(nvl(pr_paylist_n54,0)) pr_paylist_n54, sum(nvl(pr_paylist_n55,0)) pr_paylist_n55,
    sum(nvl(pr_paylist_n56,0)) pr_paylist_n56, sum(nvl(pr_paylist_n57,0)) pr_paylist_n57,
    sum(nvl(pr_paylist_n58,0)) pr_paylist_n58, sum(nvl(pr_paylist_n59,0)) pr_paylist_n59,
    sum(nvl(pr_paylist_n60,0)) pr_paylist_n60, sum(nvl(pr_paylist_n61,0)) pr_paylist_n61,
    sum(nvl(pr_paylist_n62,0)) pr_paylist_n62, sum(nvl(pr_paylist_n63,0)) pr_paylist_n63,
    sum(nvl(pr_paylist_n64,0)) pr_paylist_n64, sum(nvl(pr_paylist_n65,0)) pr_paylist_n65,
    sum(nvl(pr_paylist_n66,0)) pr_paylist_n66, sum(nvl(pr_paylist_n67,0)) pr_paylist_n67,
    sum(nvl(pr_paylist_n68,0)) pr_paylist_n68, sum(nvl(pr_paylist_n69,0)) pr_paylist_n69,
    sum(nvl(pr_paylist_n70,0)) pr_paylist_n70, sum(nvl(pr_paylist_n71,0)) pr_paylist_n71,
    sum(nvl(pr_paylist_n72,0)) pr_paylist_n72, sum(nvl(pr_paylist_n73,0)) pr_

paylist_n73,
    sum(nvl(pr_paylist_n74,0)) pr_paylist_n74, sum(nvl(pr_paylist_n75,0)) pr_paylist_n75,
    sum(nvl(pr_paylist_n76,0)) pr_paylist_n76, sum(nvl(pr_paylist_n77,0)) pr_paylist_n77,
    sum(nvl(pr_paylist_n78,0)) pr_paylist_n78, sum(nvl(pr_paylist_n79,0)) pr_paylist_n79,
    sum(nvl(pr_paylist_n80,0)) pr_paylist_n80, sum(nvl(pr_paylist_n81,0)) pr_paylist_n81,
    sum(nvl(pr_paylist_n82,0)) pr_paylist_n82, sum(nvl(pr_paylist_n83,0)) pr_paylist_n83,
    sum(nvl(pr_paylist_n84,0)) pr_paylist_n84, sum(nvl(pr_paylist_n85,0)) pr_paylist_n85,
    sum(nvl(pr_paylist_n86,0)) pr_paylist_n86, sum(nvl(pr_paylist_n87,0)) pr_paylist_n87,
    sum(nvl(pr_paylist_n88,0)) pr_paylist_n88, sum(nvl(pr_paylist_n89,0)) pr_paylist_n89,
    sum(nvl(pr_paylist_n90,0)) pr_paylist_n90, sum(nvl(pr_paylist_n91,0)) pr_paylist_n91,
    sum(nvl(pr_paylist_n92,0)) pr_paylist_n92, sum(nvl(pr_paylist_n93,0)) pr_paylist_n93,
    sum(nvl(pr_paylist_n94,0)) pr_paylist_n94, sum(nvl(pr_paylist_n95,0)) pr_paylist_n95,
    sum(nvl(pr_paylist_n96,0)) pr_paylist_n96, sum(nvl(pr_paylist_n97,0)) pr_paylist_n97,
    sum(nvl(pr_paylist_n98,0)) pr_paylist_n98, sum(nvl(pr_paylist_n99,0)) pr_paylist_n99
        from (select

```
    a."CO_CODE",
    a."YEAR",
    a."MO",
    a.prtype_code,
    b.emp_stat,
    b.type_code,
    b.duty_grade,
    a."PR_PAYLIST_N00", a."PR_PAYLIST_N01", a."PR_PAYLIST_N02",
    a."PR_PAYLIST_N03", a."PR_PAYLIST_N04", a."PR_PAYLIST_N05",
    a."PR_PAYLIST_N06", a."PR_PAYLIST_N07", a."PR_PAYLIST_N08",
    a."PR_PAYLIST_N09", a."PR_PAYLIST_N10", a."PR_PAYLIST_N11",
    a."PR_PAYLIST_N12", a."PR_PAYLIST_N13", a."PR_PAYLIST_N14",
    a."PR_PAYLIST_N15", a."PR_PAYLIST_N16", a."PR_PAYLIST_N17",
    a."PR_PAYLIST_N18", a."PR_PAYLIST_N19", a."PR_PAYLIST_N20",
    a."PR_PAYLIST_N21", a."PR_PAYLIST_N22", a."PR_PAYLIST_N23",
    a."PR_PAYLIST_N24", a."PR_PAYLIST_N25", a."PR_PAYLIST_N26",
    a."PR_PAYLIST_N27", a."PR_PAYLIST_N28", a."PR_PAYLIST_N29",
    a."PR_PAYLIST_N30", a."PR_PAYLIST_N31", a."PR_PAYLIST_N32",
    a."PR_PAYLIST_N33", a."PR_PAYLIST_N34", a."PR_PAYLIST_N35",
    a."PR_PAYLIST_N36", a."PR_PAYLIST_N37", a."PR_PAYLIST_N38",
    a."PR_PAYLIST_N39", a."PR_PAYLIST_N40", a."PR_PAYLIST_N41",
    a."PR_PAYLIST_N42", a."PR_PAYLIST_N43", a."PR_PAYLIST_N44",
    a."PR_PAYLIST_N45", a."PR_PAYLIST_N46", a."PR_PAYLIST_N47",
    a."PR_PAYLIST_N48", a."PR_PAYLIST_N49", a."PR_PAYLIST_N50",
    a."PR_PAYLIST_N51", a."PR_PAYLIST_N52", a."PR_PAYLIST_N53",
    a."PR_PAYLIST_N54", a."PR_PAYLIST_N55", a."PR_PAYLIST_N56",
    a."PR_PAYLIST_N57", a."PR_PAYLIST_N58", a."PR_PAYLIST_N59",
    a."PR_PAYLIST_N60", a."PR_PAYLIST_N61", a."PR_PAYLIST_N62",
```

```sql
            a."PR_PAYLIST_N63", a."PR_PAYLIST_N64", a."PR_PAYLIST_N65",
            a."PR_PAYLIST_N66", a."PR_PAYLIST_N67", a."PR_PAYLIST_N68",
            a."PR_PAYLIST_N69", a."PR_PAYLIST_N70", a."PR_PAYLIST_N71",
            a."PR_PAYLIST_N72", a."PR_PAYLIST_N73", a."PR_PAYLIST_N74",
            a."PR_PAYLIST_N75", a."PR_PAYLIST_N76", a."PR_PAYLIST_N77",
            a."PR_PAYLIST_N78", a."PR_PAYLIST_N79", a."PR_PAYLIST_N80",
            a."PR_PAYLIST_N81", a."PR_PAYLIST_N82", a."PR_PAYLIST_N83",
            a."PR_PAYLIST_N84", a."PR_PAYLIST_N85", a."PR_PAYLIST_N86",
            a."PR_PAYLIST_N87", a."PR_PAYLIST_N88", a."PR_PAYLIST_N89",
            a."PR_PAYLIST_N90", a."PR_PAYLIST_N91", a."PR_PAYLIST_N92",
            a."PR_PAYLIST_N93", a."PR_PAYLIST_N94", a."PR_PAYLIST_N95",
            a."PR_PAYLIST_N96", a."PR_PAYLIST_N97", a."PR_PAYLIST_N98",
            a."PR_PAYLIST_N99"
    from (select
            t.co_code,
            t.emp_uid,
            t.emp_name,
            t.year,
            t.mo,
            t.prtype_code,
    sum(nvl(t.pr_paylist_n00,0)) pr_paylist_n00,sum(nvl(t.pr_paylist_n01,0)) pr_paylist_n01,
    sum(nvl(t.pr_paylist_n02,0)) pr_paylist_n02,sum(nvl(t.pr_paylist_n03,0)) pr_paylist_n03,
    sum(nvl(t.pr_paylist_n04,0)) pr_paylist_n04,sum(nvl(t.pr_paylist_n05,0)) pr_paylist_n05,
    sum(nvl(t.pr_paylist_n06,0)) pr_paylist_n06,sum(nvl(t.pr_paylist_n07,0)) pr_paylist_n07,
```

sum(nvl(t.pr_paylist_n08,0)) pr_paylist_n08,sum(nvl(t.pr_paylist_n09,0)) pr_paylist_n09,
　　sum(nvl(t.pr_paylist_n10,0)) pr_paylist_n10,sum(nvl(t.pr_paylist_n11,0)) pr_paylist_n11,
　　sum(nvl(t.pr_paylist_n12,0)) pr_paylist_n12,sum(nvl(t.pr_paylist_n13,0)) pr_paylist_n13,
　　sum(nvl(t.pr_paylist_n14,0)) pr_paylist_n14,sum(nvl(t.pr_paylist_n15,0)) pr_paylist_n15,
　　sum(nvl(t.pr_paylist_n16,0)) pr_paylist_n16,sum(nvl(t.pr_paylist_n17,0)) pr_paylist_n17,
　　sum(nvl(t.pr_paylist_n18,0)) pr_paylist_n18,sum(nvl(t.pr_paylist_n19,0)) pr_paylist_n19,
　　sum(nvl(t.pr_paylist_n20,0)) pr_paylist_n20,sum(nvl(t.pr_paylist_n21,0)) pr_paylist_n21,
　　sum(nvl(t.pr_paylist_n22,0)) pr_paylist_n22,sum(nvl(t.pr_paylist_n23,0)) pr_paylist_n23,
　　sum(nvl(t.pr_paylist_n24,0)) pr_paylist_n24,sum(nvl(t.pr_paylist_n25,0)) pr_paylist_n25,
　　sum(nvl(t.pr_paylist_n26,0)) pr_paylist_n26,sum(nvl(t.pr_paylist_n27,0)) pr_paylist_n27,
　　sum(nvl(t.pr_paylist_n28,0)) pr_paylist_n28,sum(nvl(t.pr_paylist_n29,0)) pr_paylist_n29,
　　sum(nvl(t.pr_paylist_n30,0)) pr_paylist_n30,sum(nvl(t.pr_paylist_n31,0)) pr_paylist_n31,
　　sum(nvl(t.pr_paylist_n32,0)) pr_paylist_n32,sum(nvl(t.pr_paylist_n33,0)) pr_paylist_n33,
　　sum(nvl(t.pr_paylist_n34,0)) pr_paylist_n34,sum(nvl(t.pr_paylist_n35,0)) pr_paylist_n35,

```
        sum(nvl(t.pr_paylist_n36,0)) pr_paylist_n36,sum(nvl(t.pr_paylist_n37,0)) pr_
paylist_n37,
        sum(nvl(t.pr_paylist_n38,0)) pr_paylist_n38,sum(nvl(t.pr_paylist_n39,0)) pr_
paylist_n39,
        sum(nvl(t.pr_paylist_n40,0)) pr_paylist_n40,sum(nvl(t.pr_paylist_n41,0)) pr_
paylist_n41,
        sum(nvl(t.pr_paylist_n42,0)) pr_paylist_n42,sum(nvl(t.pr_paylist_n43,0)) pr_
paylist_n43,
        sum(nvl(t.pr_paylist_n44,0)) pr_paylist_n44,sum(nvl(t.pr_paylist_n45,0)) pr_
paylist_n45,
        sum(nvl(t.pr_paylist_n46,0)) pr_paylist_n46,sum(nvl(t.pr_paylist_n47,0)) pr_
paylist_n47,
        sum(nvl(t.pr_paylist_n48,0)) pr_paylist_n48,sum(nvl(t.pr_paylist_n49,0)) pr_
paylist_n49,
        sum(nvl(t.pr_paylist_n50,0)) pr_paylist_n50,sum(nvl(t.pr_paylist_n51,0)) pr_
paylist_n51,
        sum(nvl(t.pr_paylist_n52,0)) pr_paylist_n52,sum(nvl(t.pr_paylist_n53,0)) pr_
paylist_n53,
        sum(nvl(t.pr_paylist_n54,0)) pr_paylist_n54,sum(nvl(t.pr_paylist_n55,0)) pr_
paylist_n55,
        sum(nvl(t.pr_paylist_n56,0)) pr_paylist_n56,sum(nvl(t.pr_paylist_n57,0)) pr_
paylist_n57,
        sum(nvl(t.pr_paylist_n58,0)) pr_paylist_n58,sum(nvl(t.pr_paylist_n59,0)) pr_
paylist_n59,
        sum(nvl(t.pr_paylist_n60,0)) pr_paylist_n60,sum(nvl(t.pr_paylist_n61,0)) pr_
paylist_n61,
        sum(nvl(t.pr_paylist_n62,0)) pr_paylist_n62,sum(nvl(t.pr_paylist_n63,0)) pr_
paylist_n63,
```

sum(nvl(t.pr_paylist_n64,0)) pr_paylist_n64,sum(nvl(t.pr_paylist_n65,0)) pr_paylist_n65,

sum(nvl(t.pr_paylist_n66,0)) pr_paylist_n66,sum(nvl(t.pr_paylist_n67,0)) pr_paylist_n67,

sum(nvl(t.pr_paylist_n68,0)) pr_paylist_n68,sum(nvl(t.pr_paylist_n69,0)) pr_paylist_n69,

sum(nvl(t.pr_paylist_n70,0)) pr_paylist_n70,sum(nvl(t.pr_paylist_n71,0)) pr_paylist_n71,

sum(nvl(t.pr_paylist_n72,0)) pr_paylist_n72,sum(nvl(t.pr_paylist_n73,0)) pr_paylist_n73,

sum(nvl(t.pr_paylist_n74,0)) pr_paylist_n74,sum(nvl(t.pr_paylist_n75,0)) pr_paylist_n75,

sum(nvl(t.pr_paylist_n76,0)) pr_paylist_n76,sum(nvl(t.pr_paylist_n77,0)) pr_paylist_n77,

sum(nvl(t.pr_paylist_n78,0)) pr_paylist_n78,sum(nvl(t.pr_paylist_n79,0)) pr_paylist_n79,

sum(nvl(t.pr_paylist_n80,0)) pr_paylist_n80,sum(nvl(t.pr_paylist_n81,0)) pr_paylist_n81,

sum(nvl(t.pr_paylist_n82,0)) pr_paylist_n82,sum(nvl(t.pr_paylist_n83,0)) pr_paylist_n83,

sum(nvl(t.pr_paylist_n84,0)) pr_paylist_n84,sum(nvl(t.pr_paylist_n85,0)) pr_paylist_n85,

sum(nvl(t.pr_paylist_n86,0)) pr_paylist_n86,sum(nvl(t.pr_paylist_n87,0)) pr_paylist_n87,

sum(nvl(t.pr_paylist_n88,0)) pr_paylist_n88,sum(nvl(t.pr_paylist_n89,0)) pr_paylist_n89,

sum(nvl(t.pr_paylist_n90,0)) pr_paylist_n90,sum(nvl(t.pr_paylist_n91,0)) pr_paylist_n91,

```
       sum(nvl(t.pr_paylist_n92,0)) pr_paylist_n92,sum(nvl(t.pr_paylist_n93,0)) pr_paylist_n93,
       sum(nvl(t.pr_paylist_n94,0)) pr_paylist_n94,sum(nvl(t.pr_paylist_n95,0)) pr_paylist_n95,
       sum(nvl(t.pr_paylist_n96,0)) pr_paylist_n96,sum(nvl(t.pr_paylist_n97,0)) pr_paylist_n97,
       sum(nvl(t.pr_paylist_n98,0)) pr_paylist_n98,sum(nvl(t.pr_paylist_n99,0)) pr_paylist_n99
  from PRS_PAYLIST t
  group by t.co_code,t.emp_uid,t.emp_name,t.year,t.mo,t.prtype_code) A
  full join
  (select
          p.co_code,
          p.nd,
          p.mo,
          p.emp_uid,
          p.emp_name,
          p.emp_stat,
          p.type_code,
          p.duty_grade,
          p.educ_grade
   from prs_emp_m p) B
          on a.year = b.nd
          and a.co_code = b.co_code
          and a.mo = b.mo
          and a.emp_uid = b.emp_uid
          and a.emp_name = b.emp_name
     where b.co_code is not null
```

```
        and a.co_code is not null) C
group by CO_CODE,YEAR,MO,emp_stat,type_code,duty_grade,prtype_code
order by year,co_code,mo,prtype_code,emp_stat,type_code,duty_grade;
```

3. 自定义报表查询任务

设计好相关的查询表样,并将表样导入报表系统中,设置查询报表提取工资发放模块和相关数据视图中的数据,再新增查询任务,并下发给下级单位使用。

(1) 人员情况表的设计

新建一个浮动表,设置好浮动项,并在公式中设置提取人员数据视图中的数据。代码如下:

```
GETSQL(
    SELECT CO_CODE,CO_NAME,HJ,ZYZZ,ZYZZCG,ZYZZSY,
    LXRY,CGLX,SYLX,TXTZ,CGTX,SYTX,DFBZRY,
    CG,SY,TX,QTRY,BWRY,QYPY,LSGYSQT
    FROM PRS_RENSHU
    WHERE ND LIKE @@DATEY
    AND MO LIKE @@DATEM
    AND CO_CODE LIKE '@@COCODE%' )
```

生成的人员情况表如图 8-55 所示。

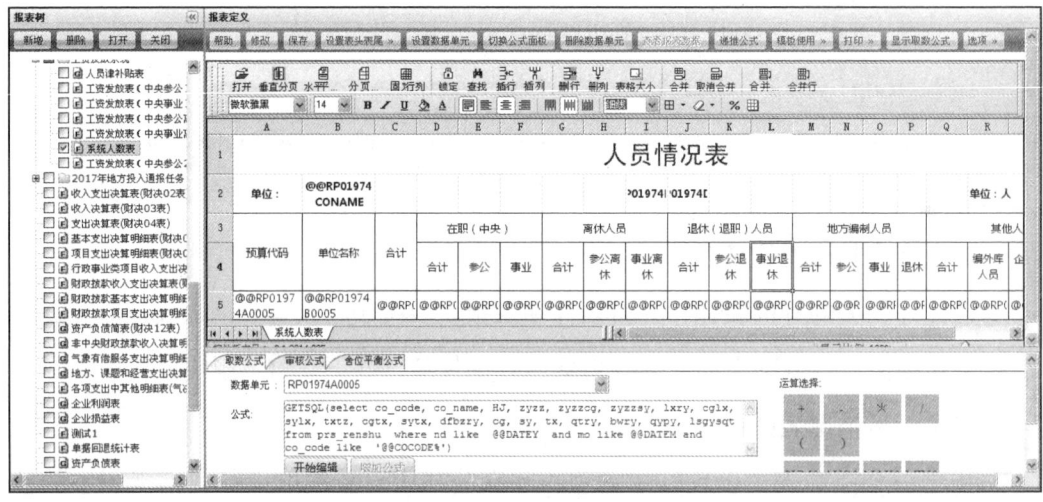

图 8-55 人员情况表设计

（2）工资发放明细表（中央编制）

新建一个浮动表，设置好浮动项，并在公式中设置从已结账数据中提取工资明细表。代码如下：

```
GETSQL(
    SELECT A.CO_CODE,
        C.CO_NAME,
        B.EMP_NAME,
        G.VAL,
        F.VAL,
        E.VAL,
        B.IDENTITY_CARD,
        A.PR_PAYLIST_N11, A.PR_PAYLIST_N12, A.PR_PAYLIST_N13, A.PR_PAYLIST_N14,
        A.PR_PAYLIST_N15, A.PR_PAYLIST_N16, A.PR_PAYLIST_N17, A.PR_PAYLIST_N18,
        A.PR_PAYLIST_N19, A.PR_PAYLIST_N20, A.PR_PAYLIST_N21,
```

```
A.PR_PAYLIST_N22,
         A.PR_PAYLIST_N23, A.PR_PAYLIST_N24, A.PR_PAYLIST_N25, A.PR_PAYLIST_N26,
         A.PR_PAYLIST_N27, A.PR_PAYLIST_N28, A.PR_PAYLIST_N29, A.PR_PAYLIST_N30,
         A.PR_PAYLIST_N31, A.PR_PAYLIST_N32, A.PR_PAYLIST_N33, A.PR_PAYLIST_N84,
         A.PR_PAYLIST_N83, A.PR_PAYLIST_N34, A.PR_PAYLIST_N35, A.PR_PAYLIST_N36,
         A.PR_PAYLIST_N37, A.PR_PAYLIST_N38, A.PR_PAYLIST_N39, A.PR_PAYLIST_N40,
         A.PR_PAYLIST_N41, A.PR_PAYLIST_N42, A.PR_PAYLIST_N43, A.PR_PAYLIST_N44,
         A.PR_PAYLIST_N45, A.PR_PAYLIST_N46, A.PR_PAYLIST_N47, A.PR_PAYLIST_N48,
         A.PR_PAYLIST_N49, A.PR_PAYLIST_N51, A.PR_PAYLIST_N52, A.PR_PAYLIST_N53,
         A.PR_PAYLIST_N55, A.PR_PAYLIST_N56, A.PR_PAYLIST_N57, A.PR_PAYLIST_N00,
         A.PR_PAYLIST_N58, A.PR_PAYLIST_N59, A.PR_PAYLIST_N60, A.PR_PAYLIST_N61,
         A.PR_PAYLIST_N02, A.PR_PAYLIST_N03, A.PR_PAYLIST_N06, A.PR_PAYLIST_N62,
         A.PR_PAYLIST_N08, A.PR_PAYLIST_N09, A.PR_PAYLIST_N63, A.PR_PAYLIST_N64,
         A.PR_PAYLIST_N65, A.PR_PAYLIST_N66, A.PR_PAYLIST_N67, A.PR_PAYLIST_N68,
         A.PR_PAYLIST_N10, A.PR_PAYLIST_N69, A.PR_PAYLIST_N70,
```

```sql
A.PR_PAYLIST_N71,
        A.PR_PAYLIST_N72, A.PR_PAYLIST_N73, A.PR_PAYLIST_N01,
A.PR_PAYLIST_N04
    FROM PRS_PAYLIST A
    LEFT JOIN (SELECT EMP_UID,
        TYPE_CODE,
        EMP_STAT,
        EMP_NAME,
        DUTY_GRADE,
        IDENTITY_CARD
    FROM PRS_EMP_M
    WHERE ND = @@DATEY
        AND MO = @@DATEM) B
        ON A.EMP_UID = B.EMP_UID
    LEFT JOIN (SELECT VAL, VAL_ID, ORD_INDEX
    FROM PRS_VAL
    WHERE VALSET_ID LIKE 'VS_DUTY_GRADE') E
        ON E.VAL_ID LIKE B.DUTY_GRADE
    LEFT JOIN (SELECT VAL, VAL_ID, ORD_INDEX
    FROM PRS_VAL
    WHERE VALSET_ID LIKE 'VS_EMP_STAT') F
        ON F.VAL_ID LIKE B.EMP_STAT
        AND F.VAL_ID LIKE 1
    LEFT JOIN (SELECT VAL, VAL_ID, ORD_INDEX
    FROM PRS_VAL
    WHERE VALSET_ID LIKE 'VS_TYPE_CODE') G
        ON G.VAL_ID LIKE B.TYPE_CODE
    LEFT JOIN (SELECT CO_CODE, CO_NAME FROM MA_COMPANY
```

```
WHERE ND = @@DATEY) C
        ON C.CO_CODE = A.CO_CODE
    LEFT JOIN (SELECT CO_CODE, PRTYPE_CODE, PRTYPE_NAME
    FROM PRS_TYPE_CO
    WHERE ND = @@DATEY) D
        ON D.CO_CODE = A.CO_CODE
        AND D.PRTYPE_CODE = A.PRTYPE_CODE
    WHERE A.ND = @@DATEY
        AND A.PRTYPE_CODE IN ('001')
        AND G.VAL_ID LIKE '001'
        AND F.VAL_ID NOT LIKE '0'
        AND NVL(A.PR_PAYLIST_N03, 0) > 0
        AND A.PAY_NO_MO = 1
        AND A.CO_CODE LIKE '@@COCODE%'
        AND YEAR = @@DATEY
        AND MO = @@DATEM )
```

生成的工资发放明细表如图 8-56 所示。

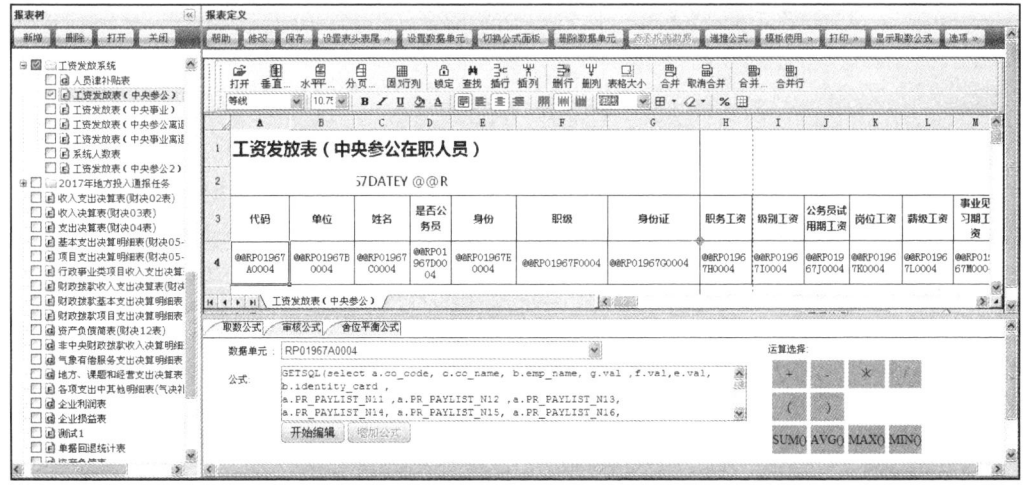

图 8-56 工资发放明细表

事业在职、参公退休、事业退休的工资类别参照以上进行设置。

（3）按职级分类人员信息和津补贴需求表

新建一个固定表，设置好相关的取数公式即可。其中，按职级的人数取数公式如下：

```
GETSQL(
    SELECT COUNT(T.EMP_NAME)
    FROM PRS_PAYLIST T
    LEFT JOIN (SELECT T.CO_CODE,
        T.ND,
        T.MO,
        T.EMP_UID,
        T.EMP_NAME,
        T.IDENTITY_CARD,
        T.TYPE_CODE,
        T.EMP_STAT,
        T.DUTY_GRADE
    FROM PRS_EMP_M T) A
        ON A.ND = T.ND
        AND A.MO = T.MO
        AND A.EMP_UID = T.EMP_UID
    WHERE T.PAY_NO_MO = 1
        AND T.PR_PAYLIST_N03 > 0
        AND T.CO_CODE LIKE '@@COCODE%'
        AND T.ND LIKE @@DATEY
        AND T.MO LIKE @@DATEM
        AND T.PRTYPE_CODE LIKE '001'
        AND A.EMP_STAT NOT LIKE '0'
```

```
AND A.TYPE_CODE LIKE '001'
AND A.DUTY_GRADE IN ('107', '108', '109', '205')
```

该公式为正处级参公在职人数的取数公式，取数规则是当月已结账工资数据中"001 在编在职"工资类别第 1 次发放数据中，人员身份为"001 公务员"、应发合计大于 0、职级信息代码为"107、108、109、205"的人员数量。

规范津补贴公式如下：

```
GETSQL(
    SELECT ROUND(AVG(T.PR_PAYLIST_N17 + T.PR_PAYLIST_N18 + T.PR_PAYLIST_N19
        +T.PR_PAYLIST_N75 + T.PR_PAYLIST_N79),2)
    FROM PRS_PAYLIST T
    LEFT JOIN (SELECT T.CO_CODE,
        T.ND,
        T.MO,
        T.EMP_UID,
        T.EMP_NAME,
        T.IDENTITY_CARD,
        T.TYPE_CODE,
        T.EMP_STAT,
        T.DUTY_GRADE
    FROM PRS_EMP_M T) A
        ON A.ND = T.ND
        AND A.MO = T.MO
        AND A.EMP_UID = T.EMP_UID
    WHERE T.PAY_NO_MO = 1
        AND T.PR_PAYLIST_N03 > 0
```

```
            AND T.CO_CODE LIKE '@@COCODE%'
            AND T.ND LIKE @@DATEY
            AND T.MO LIKE @@DATEM
            AND T.PRTYPE_CODE LIKE '001'
            AND A.EMP_STAT NOT LIKE '0'
            AND A.TYPE_CODE LIKE '001'
            AND A.DUTY_GRADE IN ('107', '108', '109', '205') )
```

该公式为正处级参公在职人数的平均津补贴水平取数公式，取数规则是当月已结账工资数据中"001 在编在职"工资类别第 1 次发放数据中，人员身份为"001 公务员"、应发合计大于 0、职级信息代码为"107、108、109、205"的人员的"PR_PAYLIST_N17、PR_PAYLIST_N18、PR_PAYLIST_N19、PR_PAYLIST_N75、PR_PAYLIST_N79"5 个工资项之和的平均值。以上 5 个工资项为规范性津补贴类工资项。

生成的按职级分类人员信息和津补贴需求表如图 8-57 所示。

图 8-57 按职级分类人员信息和津补贴需求表

二、直接导出数据库信息

还有一种方式可以查询到全省的人员信息和工资数据，即通过 PLSQL Developer 等软件直接连接数据，从后台提取相关的人员信息和工资数据信息，然后再通过 Excel 进行数据加工。

这种方法主要面向省级系统管理、运维人员和相关人员，对使用人的计算机和电子表格使用水平要求较高。

（一）工资发放模块的数据库结构

工资发放模块主要包含人员基本信息、工资类别、工资项目、工资发放数据等信息。PRS_EMP 表按年度存储所有单位的所有职工基本信息，PRS_TYPE_CO 表按年度存储所有单位的工资类别信息，PRS_ITEM_CO 表按年度存储所有单位的工资项目数据，PRS_PAYLIST 表按年、月、次存储所有单位的工资已结账的发放数据，PRS_CALC_DATA 表按工资类别存储所有单位暂未结账的数据。

（二）人员基本信息的查询

人员基本信息的查询主要是通过查询 PRS_EMP 人员基本信息表和 PRS_PAYLIST 已发放工资数据表，来确定各类的人数。

案例 8–7 假设某单位查询 2017 年 5 月的在职人员情况。

通过执行以下查询语句：

```
SELECT A.CO_CODE      单位,
       C.CO_NAME      名称,
       D.PRTYPE_NAME  工资类别,
       A.YEAR         年度,
       A.MO           月份,
       A.PAY_NO_MO    批次,
       B.EMP_NAME     姓名,
       G.VAL          是否参公,
```

```
        F.VAL               身份,
        E.VAL               职级,
        A.PR_PAYLIST_N11    职务工资,
        A.PR_PAYLIST_N12    级别工资,
        A.PR_PAYLIST_N13    公务员试用期工资,
        A.PR_PAYLIST_N14    岗位工资,
        A.PR_PAYLIST_N15    薪级工资,
        A.PR_PAYLIST_N16    事业见习期工资,
        A.PR_PAYLIST_N17    工作性津贴,
        A.PR_PAYLIST_N18    生活性补贴,
        A.PR_PAYLIST_N19    绩效工资,
        A.PR_PAYLIST_N74    初始退休费,
        A.PR_PAYLIST_N75    退休津贴补贴,
        A.PR_PAYLIST_N92    增加退休费,
        A.PR_PAYLIST_N93    增加离休费,
        A.PR_PAYLIST_N78    初始离休费,
        A.PR_PAYLIST_N79    离休津贴补贴,
        A.PR_PAYLIST_N03    应发合计,
        A.PR_PAYLIST_N06    扣住房公积金,
        A.PR_PAYLIST_N07    失业保险,
        A.PR_PAYLIST_N08    养老保险,
        A.PR_PAYLIST_N09    医疗保险,
        A.PR_PAYLIST_N01    扣款合计,
        A.PR_PAYLIST_N04    实发合计
    FROM PRS_PAYLIST A
    LEFT JOIN (SELECT EMP_UID, TYPE_CODE, EMP_STAT, EMP_NAME, DUTY_GRADE
    FROM PRS_EMP
```

```sql
        WHERE ND = 2017) B
            ON A.EMP_UID = B.EMP_UID
        LEFT JOIN (SELECT CO_NAME, CO_CODE FROM MA_COMPANY
WHERE ND = 2017) C
            ON C.CO_CODE = A.CO_CODE
        LEFT JOIN (SELECT VAL, VAL_ID, ORD_INDEX
        FROM PRS_VAL
        WHERE VALSET_ID LIKE 'VS_DUTY_GRADE') E
            ON E.VAL_ID LIKE B.DUTY_GRADE
        LEFT JOIN (SELECT VAL, VAL_ID, ORD_INDEX
        FROM PRS_VAL
        WHERE VALSET_ID LIKE 'VS_EMP_STAT') F
            ON F.VAL_ID LIKE B.EMP_STAT
        LEFT JOIN (SELECT VAL, VAL_ID, ORD_INDEX
        FROM PRS_VAL
        WHERE VALSET_ID LIKE 'VS_TYPE_CODE') G
            ON G.VAL_ID LIKE B.TYPE_CODE
        LEFT JOIN (SELECT CO_CODE, PRTYPE_CODE, PRTYPE_NAME
        FROM PRS_TYPE_CO
        WHERE ND = 2017) D
            ON D.CO_CODE = A.CO_CODE
            AND D.PRTYPE_CODE = A.PRTYPE_CODE
        WHERE A.ND = 2017
            AND A.MO = 5
            AND A.PRTYPE_CODE IN ('001')
```

便可查询到所有单位的人员基本信息和常用工资项目，通过 Excel 对导出的数据进行加工，即可整理出当月的人员基本信息，如图 8-58 所示。

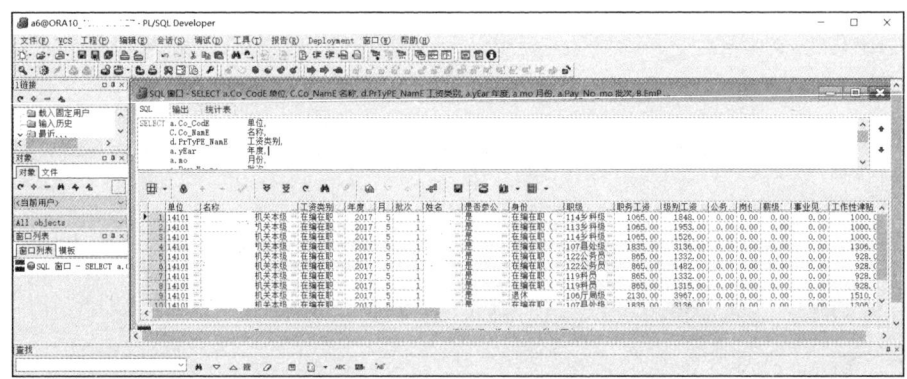

图 8-58　查询职工基本信息

(三) 工资数据的查询

工资数据的查询主要是通过查询 PRS_PAYLIST 已发放工资明细表及人员基本信息表，来查询每个单位发放的情况。

案例 8-8 假设某省气象局查询 2016 年所有单位政府性奖励的发放情况。

通过执行以下查询语句：

```
        SELECT A.CO_CODE              单位,
            C.CO_NAME                 单位名称,
            D.PRTYPE_NAME             工资类别,
            A.YEAR                    年度,
            A.MO                      月份,
            A.PAY_NO_MO               批次,
            B.EMP_NAME                姓名,
            B.IDENTITY_CARD           身份证号,
            G.VAL                     是否参公,
            F.VAL                     身份,
            E.VAL                     职级,
            NVL(A.PR_PAYLIST_N41, 0) + NVL(A.PR_PAYLIST_N42, 0) +
            NVL(A.PR_PAYLIST_N43, 0) + NVL(A.PR_PAYLIST_N44, 0) +
```

```sql
       NVL(A.PR_PAYLIST_N46, 0) 合计,
       NVL(A.PR_PAYLIST_N41, 0) 精神文明奖,
       NVL(A.PR_PAYLIST_N42, 0) 综治奖,
       NVL(A.PR_PAYLIST_N43, 0) 节能奖,
       NVL(A.PR_PAYLIST_N44, 0) 政府绩效奖,
       NVL(A.PR_PAYLIST_N46, 0) 其他
FROM PRS_PAYLIST A

LEFT JOIN (SELECT EMP_UID,
    TYPE_CODE,
    EMP_STAT,
    EMP_NAME,
    DUTY_GRADE,
    IDENTITY_CARD
FROM PRS_EMP
WHERE ND = 2016) B
    ON A.EMP_UID = B.EMP_UID
LEFT JOIN (SELECT VAL, VAL_ID, ORD_INDEX
FROM PRS_VAL
WHERE VALSET_ID LIKE 'VS_DUTY_GRADE') E
    ON E.VAL_ID LIKE B.DUTY_GRADE
LEFT JOIN (SELECT VAL, VAL_ID, ORD_INDEX
FROM PRS_VAL
WHERE VALSET_ID LIKE 'VS_EMP_STAT') F
    ON F.VAL_ID LIKE B.EMP_STAT
LEFT JOIN (SELECT VAL, VAL_ID, ORD_INDEX
FROM PRS_VAL
WHERE VALSET_ID LIKE 'VS_TYPE_CODE') G
```

```sql
            ON G.VAL_ID LIKE B.TYPE_CODE
        LEFT JOIN (SELECT CO_NAME, CO_CODE FROM MA_COMPANY
WHERE ND = 2017) C
            ON C.CO_CODE = A.CO_CODE
        LEFT JOIN (SELECT CO_CODE, PRTYPE_CODE, PRTYPE_NAME
        FROM PRS_TYPE_CO
        WHERE ND = 2016) D
            ON D.CO_CODE = A.CO_CODE
            AND D.PRTYPE_CODE = A.PRTYPE_CODE

        WHERE A.ND = 2016
            AND NVL(A.PR_PAYLIST_N41, 0) + NVL(A.PR_PAYLIST_N42, 0) +
            NVL(A.PR_PAYLIST_N43, 0) + NVL(A.PR_PAYLIST_N44, 0) +
            NVL(A.PR_PAYLIST_N46, 0) > 0
        ORDER BY A.PRTYPE_CODE, G.VAL, A.CO_CODE, A.MO,
            F.ORD_INDEX, G.ORD_INDEX, E.ORD_INDEX;
```

便可查询到所有单位2016年的精神文明奖、综治奖、节能奖、政府绩效奖和其他政府性奖励的发放明细。

三、职工工资查询系统设计方案

职工工资查询系统旨在为单位职工提供便捷的查询和汇总职工个人工资的信息化手段，在一定程度上可以替换原来的工资条形式。职工工资查询系统增加了职工的知情权，减少了财务人员的工作量，同时方便职工统计和填报个人收入、申报个人所得税等。在设计工资查询系统时，要考虑查询的便捷性、数据的安全性、数据的及时性等要素。基于计财业务系统工资发放模块的职工查询方案主要有两种：一种是直接使用综合管理信息系统中的工资查询模块或者基于综合管理信息系统开发工资查询模块；另一种是单独开发查询系统。

（一）基于综合管理信息系统的查询方案

气象部门综合管理信息系统（以下简称"OA办公系统"）目前提供了一个简单的工资查询的通用模块，需各单位每月将工资表按固定的格式导入系统。此模式可在工资发放模块中按导入格式预置相应的查询方案，每月由工资编制人员导出当月的工资表，再导入OA办公系统中。此方案的优点是OA办公系统的通用模块可以直接使用，不需要额外搭建服务器和支付额外的开发费用；缺点是每个单位都需要有专人定期导入，导入的数据具有延后性，而且每个月只能导入一次工资表。

另一种方案是基于OA办公系统重新开发查询系统，直接提取计财业务系统工资发放模块中的人员和工资数据。该方案的优点是重新开发可以自定义需求，数据可以直接同步，减少人工的操作，查询可做到实时；缺点是需要额外支付一定的开发费用。

基于OA办公系统的查询方案可以直接使用OA办公系统的用户验证系统，能够确保数据的安全性和可靠性。但存在一个缺点，OA办公系统一般只有在编在职人员有账号，离退休和外聘等人员无账号，无法查询到自己的工资。

案例 8-9　江西省气象局职工收入查询系统

江西省气象局委托北京中科软信息系统有限公司基于江西省气象局综合管理信息系统开发了个人收入查询系统，如图 8-59 所示。

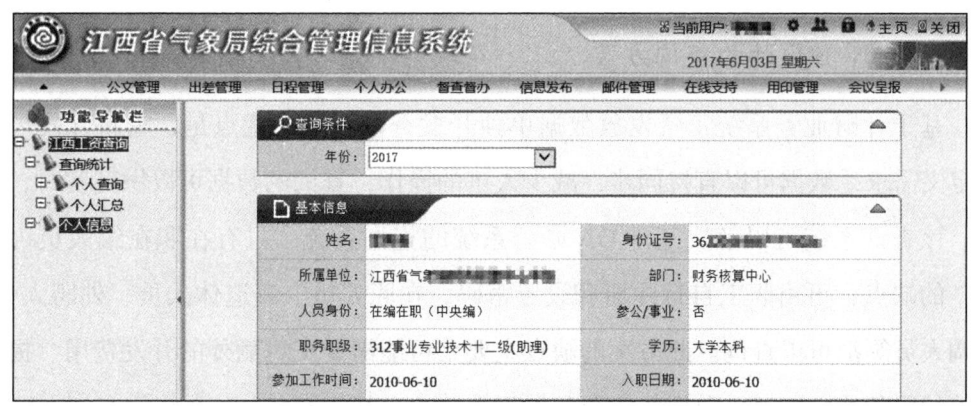

图 8-59　职工查询系统（人员基本信息）

综合管理信息系统提供数据接口，由江西省气象局计财处通过专用的服务器定期将计财业务系统工资发放模块中的相关数据导出后，导入到综合管理信息系统数据接口。

综合管理信息系统中的用户，根据用户的身份证信息匹配数据查询职工的基本信息和工资收入情况，如图8-60、图8-61所示。

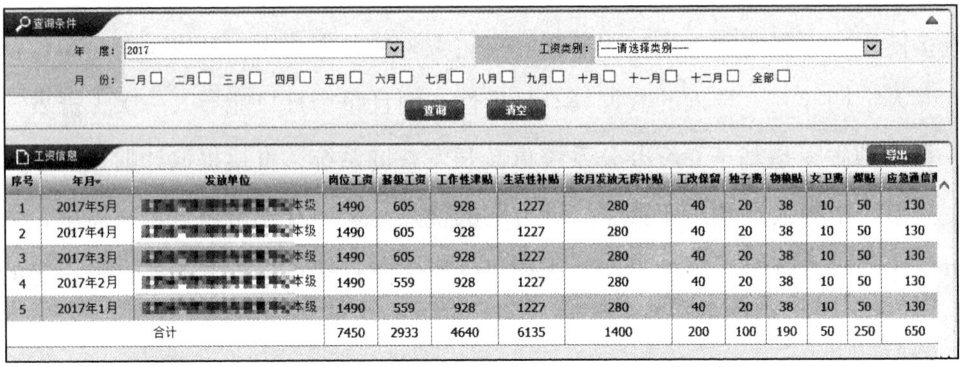

图8-60 职工查询系统（工资明细）

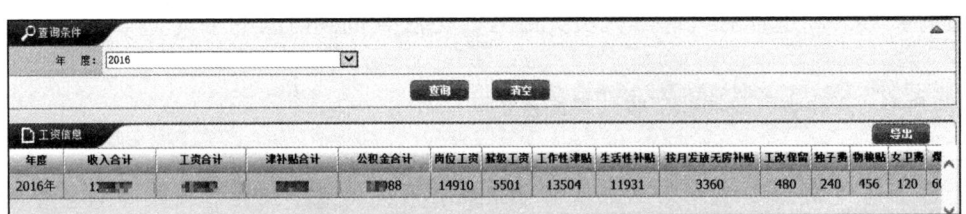

图8-61 职工查询系统（按年汇总）

（二）单独设计的查询方案

基于计财业务系统工资发放数据单独开发查询系统的优点是，重新开发可以自定义需求，数据可以直接同步，减少人工的操作，查询的数据可以做到实时，同时，该查询系统可以解决基于OA办公系统的查询系统"只有在职在编人员可查询"的缺点，可由职工自行注册和设置密码，在职人员、离退休人员、外聘人员、借调人员等都可以查询。此方案的缺点主要是可能需要支付额外的开发费用、提供额外的服务器，同时，数据的安全和保密性稍差于基于OA办公系统的查询方案。

案例 8-10　江西省气象局单独设计的查询方案

在未使用基于 OA 办公系统的职工工资查询系统之前，江西省气象局使用的是自行单独开发的职工工资查询系统（图 8-62、图 8-63）。在江西省气象局内网单独使用一台 PC 主机作为服务器，该服务器每天从计财业务系统数据库提取工资相关数据。系统采用 ASP+ACCESS 开发。系统面向全体职工，包含在职人员、退休人员、外聘人员，职工首次登录可自行设置查询密码。该系统基本能满足日常的工资查询需求，但是数据安全性欠佳。

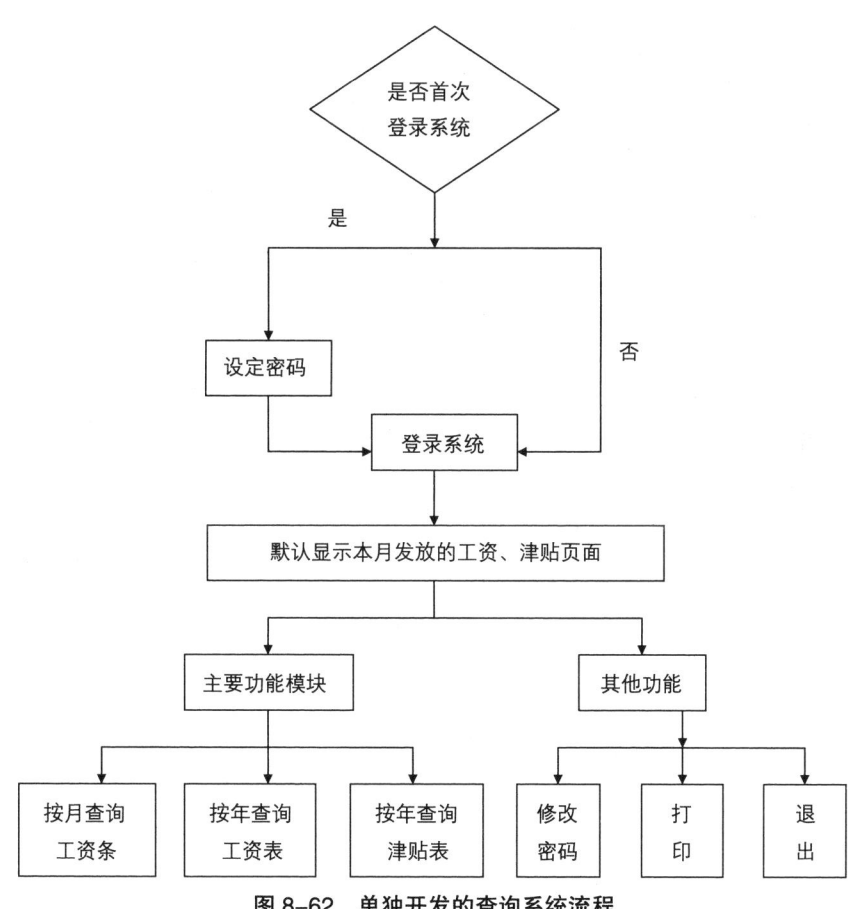

图 8-62　单独开发的查询系统流程

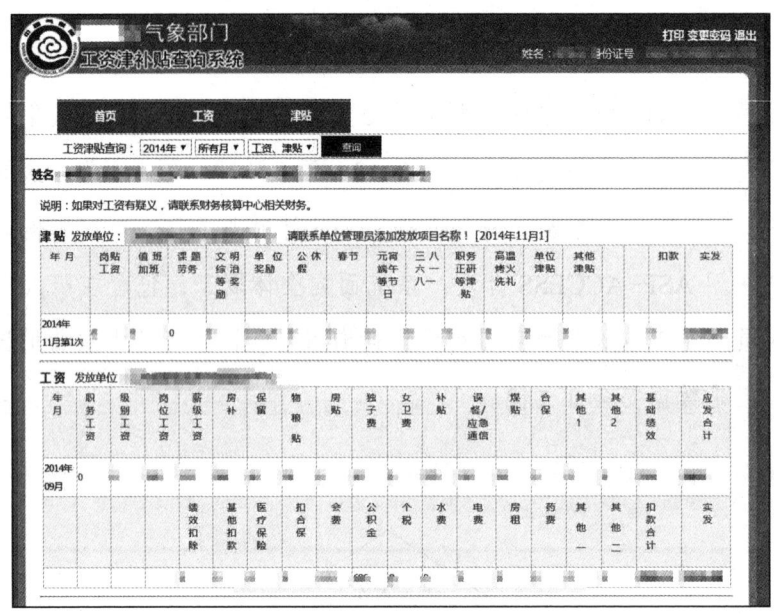

图 8-63 单独开发的查询系统

（三）工资数据传递的安全性

因工资查询系统需要读取计财业务系统中的相关数据，如果让查询系统直接连接计财业务系统正式数据库，会产生严重的安全隐患，增加整个计财业务系统数据泄露和被恶意篡改的风险。同时，直接对数据库进行大量的查询，有可能直接影响计财业务系统的运行效率。

为确保计财业务系统运行的稳定性、财务数据的安全性，计财业务系统在与其他系统进行数据交换和同步时，应建立中间库，通过中间库进行数据的导入和导出。

案例 8-11　江西省气象局计财业务系统数据交换

江西省气象局计财业务系统的数据库服务器位于气象内网的防火墙内，内网中的普通用户无法进行直接连接。为方便计财业务系统与其他系统的数据对接，江西省气象局计财处向省信息中心申请了一台虚拟服务器，该服务器可以连通气象内网和计财业务系统的数据库服务器。该服务器根据需求可以导出计财业务系统内相应的数据，也可以将数据导入内网的其他系统。

四、工资发放模块数据监控

主管部门为确保工资发放模块的正常运行,督促各单位及时录入工资数据,确保工资发放模块人员信息的准确性、工资项目使用的准确性,以及检查下级单位是否按要求将工资津补贴纳入工资发放模块进行发放,可建立一套监控系统,监控单位的使用情况,督促单位按要求完成工资发放相关的工作。

(一) 发放进度监控

通过监控系统中各单位"在职在编""离休""退休退职退养"等工资类别的发放状态,来确认各单位相关工资的发放进度。系统中工资类别分为工资编辑中、工资已提交审核、工资已审核、工资已结账几种状态。

通过"领导查询"—"预算监控",可实时查看工资发放进度,如图8-64所示。

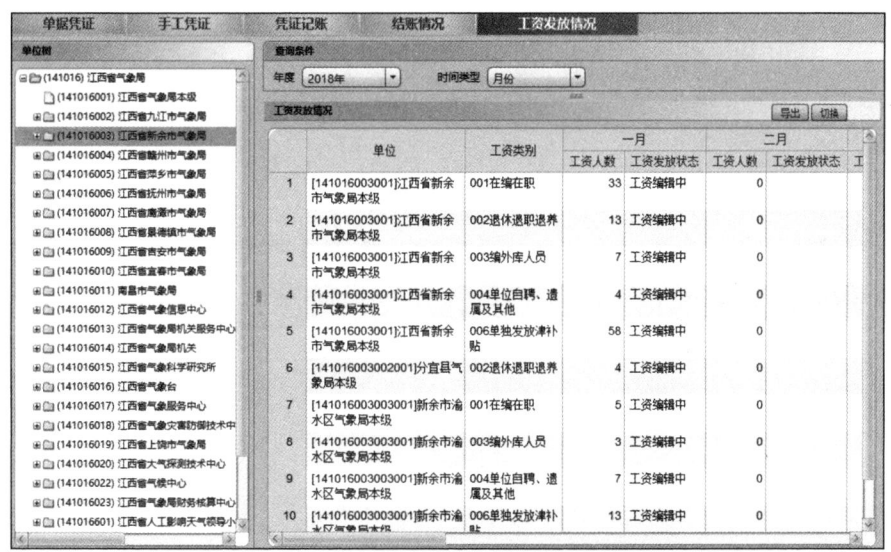

图 8-64 实时监控各单位的工资发放情况

(二) 人员基本信息监控

主要是监控各单位人员的人员类型(是否公务员)、人员状态(在职、退休)、职级等信息填写是否准确。以上信息如果填写有误,将影响人数相关数据的准确性。

(三)工资项目使用监控

主要是监控各单位的工资项目是否使用正确。例如,是否准确使用基本工资项目、规范性津补贴项目等,公务员是否按要求使用了公务员该使用的工资项目。

同时,还可以监控各工资类别"应发合计"的金额是否与该类别"所有应发类工资项"之和一致。

(四)工资发放模块与财务系统监控

监控工资发放模块中的发放金额与账务核算系统中相关支出科目的金额是否一致,主要作用是监控单位是否按要求将所有的工资性收入纳入工资发放模块发放。

第九章 领导查询

第一节 系统概述

一、总体介绍

财政部于2014年10月制定发布《关于全面推进管理会计体系建设的指导意见》,提出"以信息化为支撑、提升管理效率"。2016年10月,印发《会计改革与发展"十三五"规划纲要》,将"推进管理会计广泛应用"作为未来5年会计改革与发展工作的重点任务之一。气象部门计财业务系统中的领导查询模块也正是在这个时代背景下开发的,是单位管理会计活动成果的重要表现形式。该模块集中了各类单一的、零散化的财务信息,利用数据仓库、数据挖掘、数据整合、数据分析和数据传递等技术手段,将纷繁复杂的数据转化为浅显易懂的图表语言,为各级领导、相关管理部门的信息使用者提供了丰富的管理决策数据,实现了业务信息与会计信息的有机融合,提升了计财管理工作效率。领导查询模块通过对预算、报账、账务、项目、基础信息等计财业务系统各模块之间的信息衔接和数据共享,展现了部门预算、预算执行、收入、支出、资金存量、重点费用、监控预警7个方面的查询分析,并提供了各单位各类会计业务的实时监控情况,为各级气象部门提供了可靠、及时、可理解的管理会计报告素材,为单位开展当前和未来的经济活动的规划、决策、控制和评价提供了信息化的技术支撑。

二、目的与目标

通过对领导查询模块的推广应用,将与经济活动相关的信息在本部门或本单位一定范围内,按照相应的权限实时查询,从而达到加强内部监督、促进部门间沟通协调,以及督促相关部门和人员自觉提升工作效率、防范财务风险的目的。

通过各级领导、相关管理部门的深入应用,形成利用系统查询数据提供决策服务的工作方法;形成以系统监控内容为抓手,从事后检查向事前、事中监督转变的工作机制,规范本地区本单位财务业务行为。财务人员应充分掌握系统查询功能,能够以系统为业务工具,参与单位管理,融入气象业务,积极从核算型财务向管理分析型财务转型。

三、系统架构

领导查询模块主要是从各级领导和管理部门的管理需求出发,通过提取计财业务系统中"基础资料""预算指标管理"和"会计核算"3个子系统的数据库信息,经过加工分析,再从7个方面凝练成服务于单位管理需求的各类财务报告。系统中的"单位树"来源于"基础资料"子系统,表页中的预算数、收入、支出、货币资金等会计数据分别来源于"预算指标管理"和"会计核算"子系统,监控预警的数据来源于"工资发放""会计核算""预算指标管理""报销系统"4个模块,如图9-1所示。

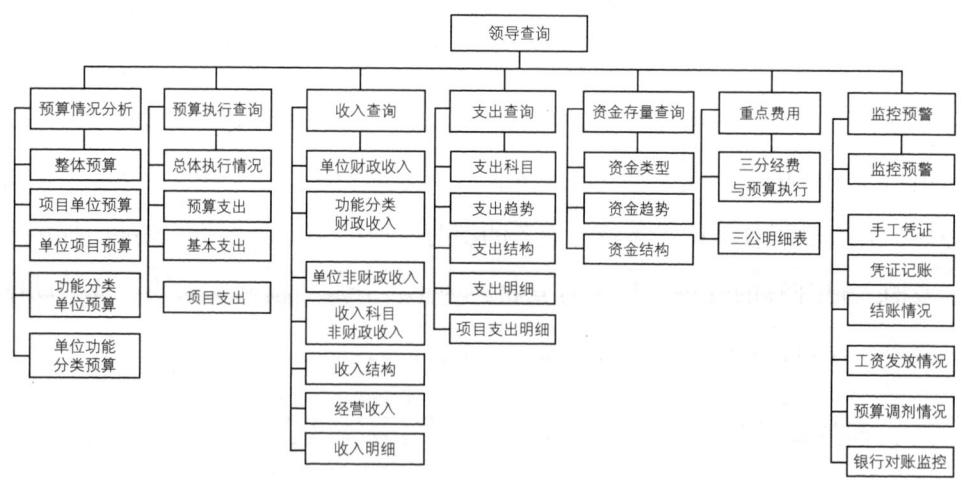

图 9-1 领导查询模块框架

第二节 系统功能

领导查询模块提供了7种功能,包括预算情况分析、预算执行查询、收入查询、支出查询、资金存量、重点费用、监控预警。

一、预算情况分析

预算情况分析功能提供了"整体预算情况""项目单位预算""单位项目预算""功能分类单位预算""单位功能分类预算"5种查询单位部门预算的方式,通过不同的查询方案,用户可全面了解并掌握全口径资金下的多种组合方式的部门预算全貌,如图9-2所示。

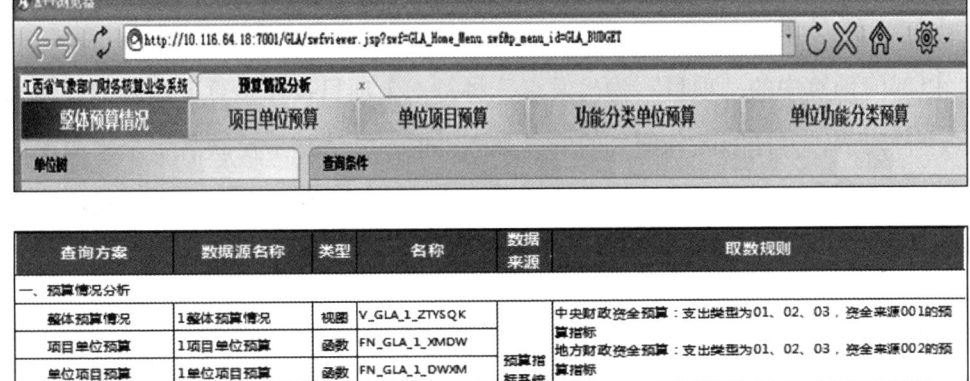

图9-2 预算情况分析

（一）整体预算情况

以单位全口径资金（中央财政资金、地方财政资金、其他资金）下的部门预算为线索,为用户提供了权限范围内的汇总单位与明细单位各年度的部门预算数及各项资金的占比关系。例如,某设区市气象局领导,通过对整体预算情况表的查询,可了解全市汇总的部门预算总数、资金来源渠道,同时还可针对每个县局的预算进行逐一了解。对全区整体预算和各单位详细预算有了充分了解,市局领导能更好地统筹安排全年工作,有序推进各阶段工作任务,如图9-3所示。

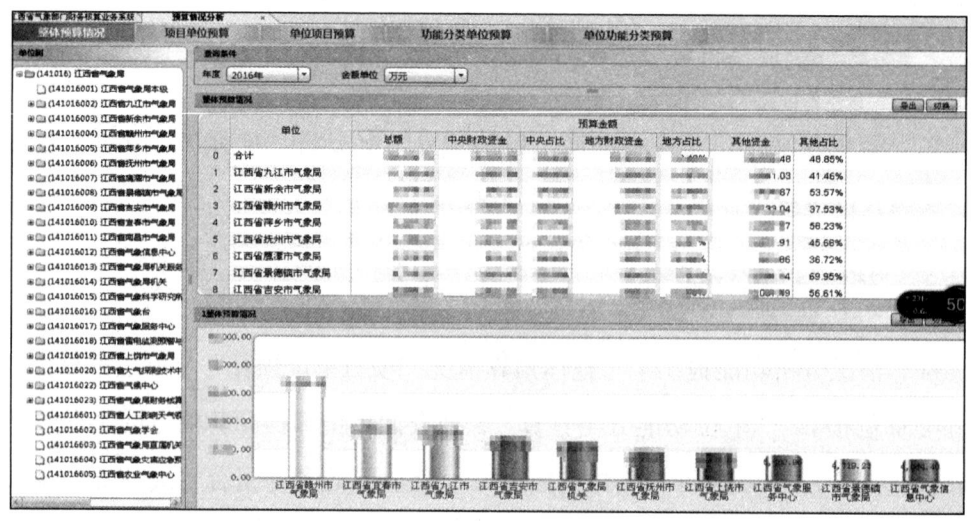

图 9-3　整体预算情况查询

（二）项目单位预算

以部门预算中的"项目"为出发点，将每一个项目按照预算下达到的具体承办单位进行列示，并详细区分项目的资金来源渠道，能清楚地反映各资金来源渠道下安排的项目预算及实施该项目的具体单位，便于预算单位与部门主管对具体项目的跟踪管理，如图 9-4 所示。

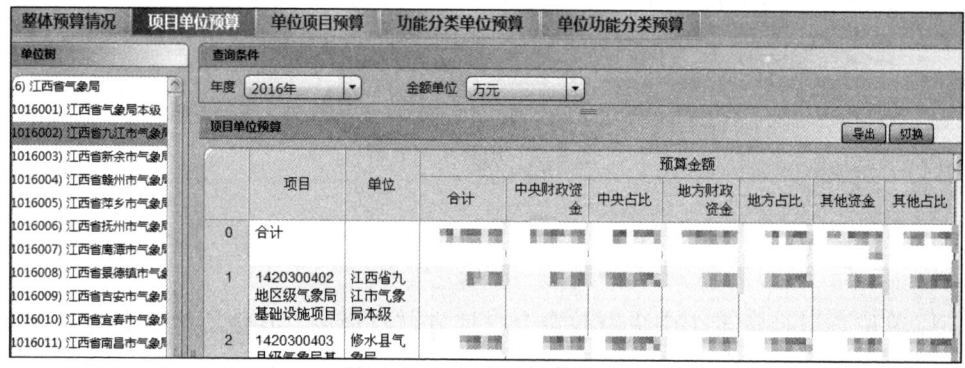

图 9-4　项目单位预算查询

（三）单位项目预算

以部门预算中的"单位"为线索，反映每一个单位在不同资金来源渠道下安排的项目经费。例如，通过查询，某市局主管项目经费的领导可详细了解本单位所安排的具体项目，以及每个项目的经费来源渠道，如图9-5所示。

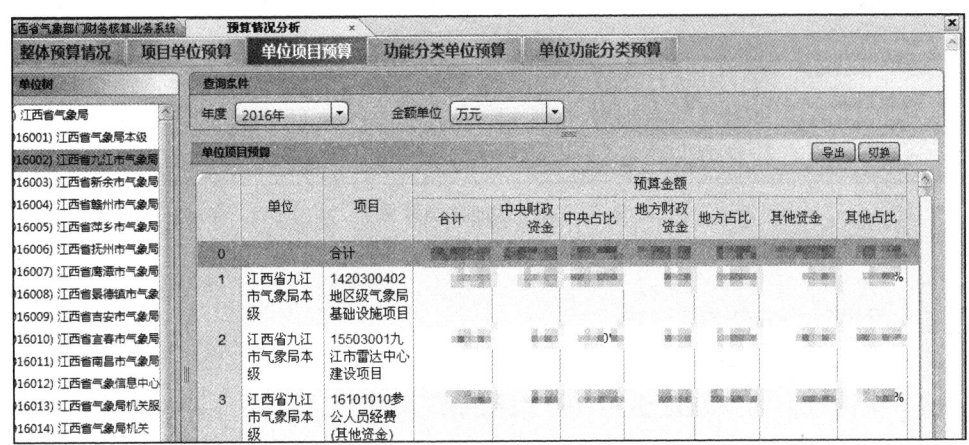

图9-5　单位项目预算查询

（四）功能分类单位预算

以部门预算中资金的"功能分类"科目为线索，提供总体预算中每一个功能分类科目所对应的资金来源情况，以及各类资金来源所占的比重，如图9-6所示。

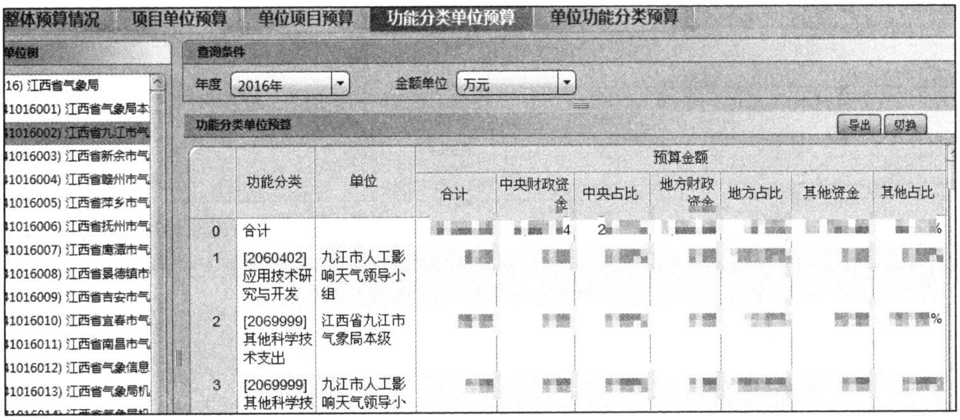

图9-6　功能分类单位预算查询

（五）单位功能分类预算

以具体"单位"为线索，查询单位的部门预算中各类功能分类科目所对应的资金来源情况，以及各类资金来源所占的比重，如图9-7所示。

图 9-7 单位功能分类预算查询

二、预算执行查询

预算执行查询为用户提供了基于报销系统生成凭证后的预算执行情况，会计和出纳人员每日及时处理当日已发生的经济业务，及时审核生成凭证，通过该查询功能即可掌握每日实时的预算执行情况。查询表页从"总体执行情况""预算支出""基本支出""项目支出"4个方面对预算执行情况进行反映，分别以"资金来源渠道""支出类型"为线索，引导用户对预算执行情况进行跟踪，如图9-8所示。

图 9-8 预算执行查询

（一）总体执行情况

总体执行情况查询功能是指单位全口径资金下的部门预算及预算执行情况设置的查询。例如，某单位的主要负责人通过对总体执行表的查询，可清楚地知道本单位上年结转的财政资金余额、本年度安排的部门预算数、查询期间发生的支出情况和预算执行比率。这项查询可使单位领导直观了解部门总体预算及预算执行情况，为业务工作提供财务数据信息支撑，如图9-9所示。

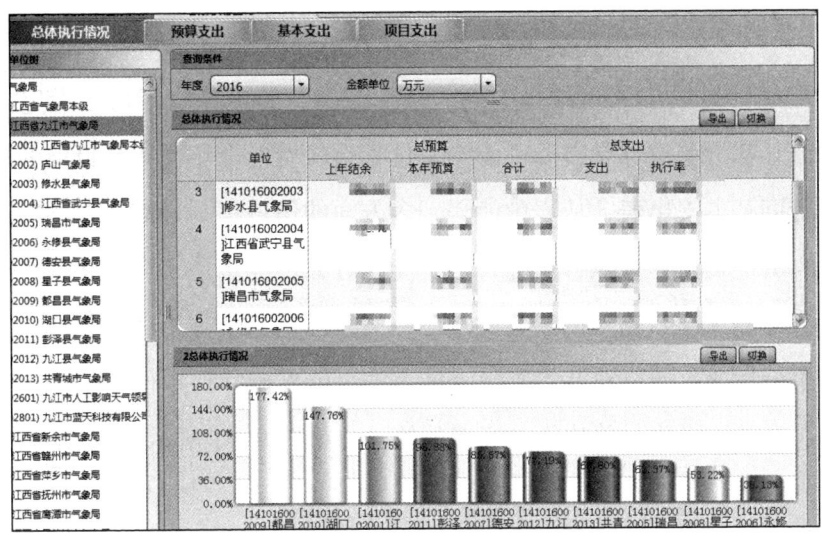

图 9-9　总体执行情况查询

（二）预算支出

预算支出查询，一方面，提供了全口径资金查询方式下的部门预算数、预算支出数、预算总体执行率；另一方面，提供了中央财政资金、地方财政资金、其他资金 3 种资金来源查询方式下的部门预算及预算执行情况。例如，某省气象局计财处分管预算的领导在监管中央财政资金的预算执行进度过程中，通过查询预算支出表可实时、动态、全面地了解全省中央财政资金的总体执行情况，并详细掌握各单位的预算执行进度，为计财处加强对中央财政资金的管理及预算执行的督办工作提供了及时、准确、全面的财务信息支撑，如图 9-10 所示。

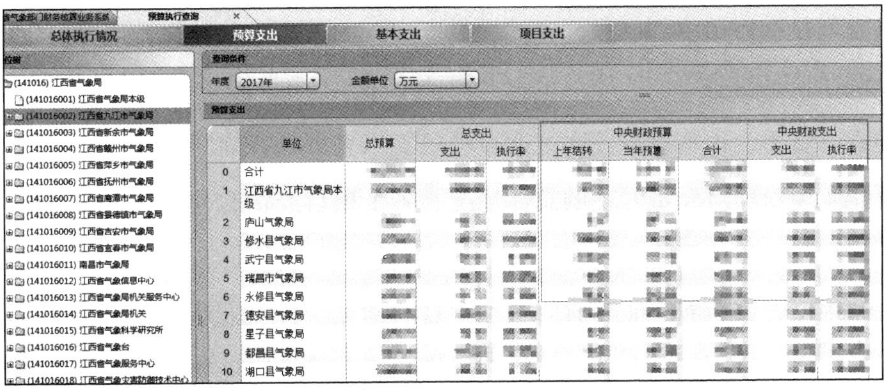

图 9-10　预算支出查询

(三）基本支出

该查询是针对单位部门预算中的"基本支出"的预算执行情况设定的查询方案。例如，某基层单位领导需要了解本单位人员经费的全年预算和目前的预算执行情况，可查询基本支出表，从表中能得到多方面的信息：一是能了解不同资金来源渠道下的人员经费预算及执行情况；二是能区分人员经费是来自于哪个支出功能分类科目；三是能详细了解人员经费的具体用途，即每一个支出经济分类科目中的细化预算及执行情况。通过对基本支出表的查询，能准确掌握单位"基本支出"预算执行进度，有利于强化对单位人员经费的管理，如图9-11所示。

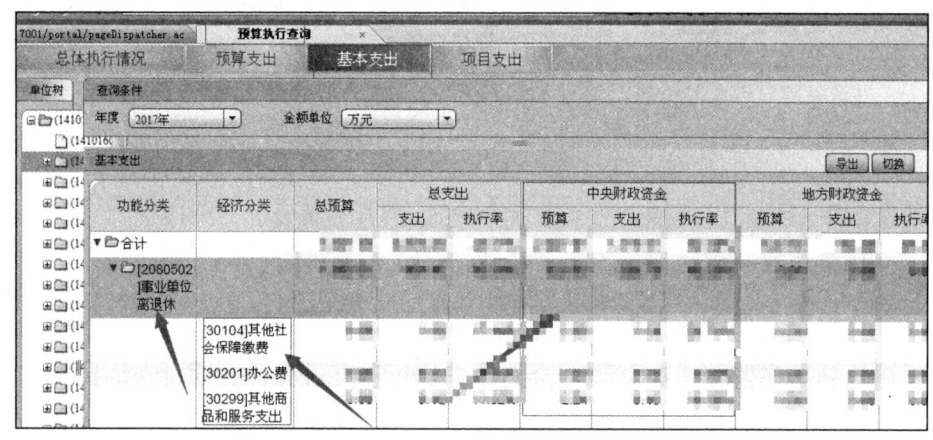

图9-11 基本支出查询

（四）项目支出

该查询是针对单位部门预算中"项目支出"的预算数及其执行情况设定的查询方案。例如，某科研单位的项目负责人需要了解单位不同资金来源渠道下的项目经费的预算、支出、预算执行比率，通过项目支出表页的查询即可得到相关信息。查询表页能实现对项目经费开支的总体情况、各个项目经费的开支用途、具体项目的预算数与实际支出情况的查询，通过单击明细经济分类科目，从中跟踪项目的进展情况。利用该查询功能，能实时对各类项目的预算执行实施动态进行监控，为项目的科学有序实施、项目资金的安全管理提供数据支撑，解决项目负责人因不能及时获取项目执行情况信息而造成预算执行不平衡的问题，如图9-12所示。

图 9-12 项目支出查询

三、收入查询

收入是单位一切活动的经济命脉，是民生之源，与单位的资金流转密切相关，是单位经济运行中的核心业务之一。各级领导对规范单位收入管理、合理有效地使用资金保障事业健康发展，给予了高度的关注。收入查询从收入的性质、收入的来源渠道、收入的结构等多方面提供查询方案，通过查询使管理者能准确掌握本单位、本部门收入的发展趋势、收入的来源结构等收入情况，如图 9-13 所示。

图 9-13 收入查询

（一）财政收入

财政收入是气象部门最主要的收入来源，对气象事业的发展起着至关重要的作用，各级领导都给予重点关注。财政收入查询以领导关注的问题为导向，针对单位当年与历年的财政收入情况设置了详细的查询方案，通过查询可全面、准确地了解单位的中央、地方财政收入的发展趋势，为积极争取财政投入提供了翔实的财务数据信息支撑，如图 9-14 所示。

图 9-14 财政收入查询

(二)功能分类财政收入

该查询以功能分类科目为线索,查询财政收入的功能分类情况,并以图表形式展现各类收入的分布情况。例如,某县气象局想了解本单位财政收入的来源结构,通过收入分布图能清晰地了解财政收入的用途,根据收入用途匹配支出,以达到强化财政资金使用管理、提高财政资金使用效益的目的,如图 9-15 所示。

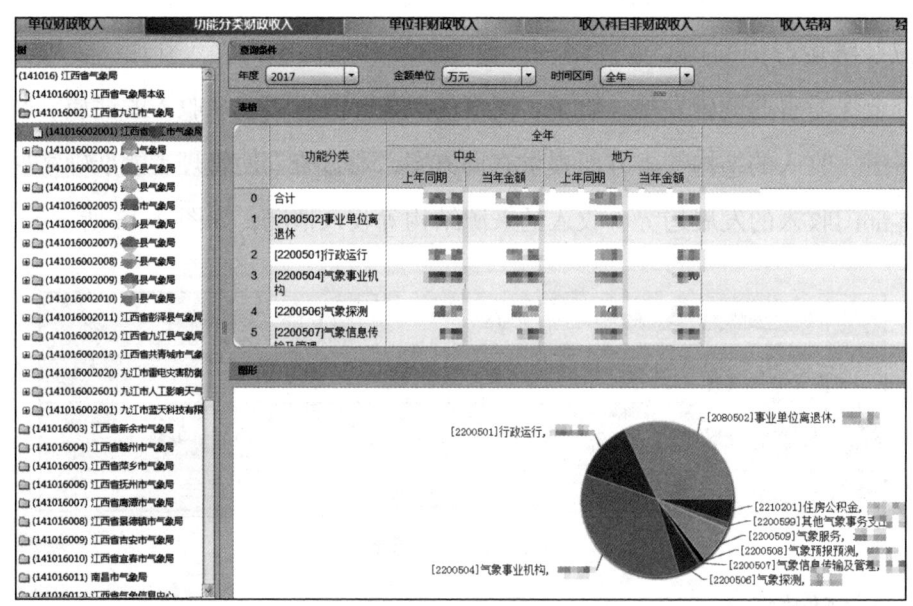

图 9-15 功能分类财政收入查询

(三)单位非财政收入

目前,气象部门的收入除中央与地方财政收入外,还有上级补助收入、附属单位缴款、事业收入、其他收入、经营收入等非财政收入,在部门收入中有着举足轻重的地位。领导查询模块针对单位非财政收入提供了查询页面,查询汇总单位或具体单位当年和历年所取得的非财政收入,并通过图表显示各时期的收入发展趋势,为科学管理和使用非财政收入提供了参考依据,如图9-16所示。

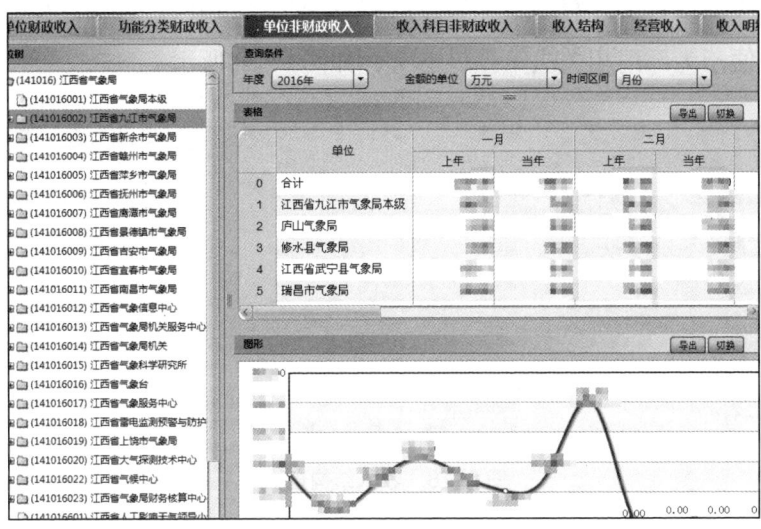

图 9-16 单位非财政收入查询

(四)收入科目非财政收入

针对纳入事业单位科目体系进行核算的非财政收入的查询,查询表页以各类收入科目为线索,反映部门上年与本年同期各项非财政收入情况,并通过饼状图的形式展现非财政收入的构成情况,如图9-17所示。

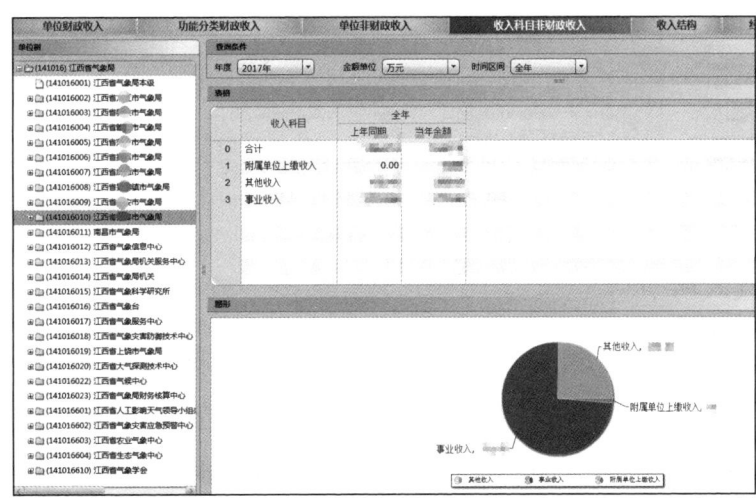

图 9-17 收入科目非财政收入查询

（五）收入结构

反映在事业单位科目体系中进行核算的各单位取得的总收入及各项明细收入的占比情况。可通过查询，对本年及历年的收入结构进行分析，预测单位各项收入的发展趋势，便于为部门相关决策提供参考，如图9-18所示。

图9-18　收入结构查询

（六）经营收入

针对已纳入气象部门经营性收入管理的各项科技服务收入的查询。通过对事业与企业科目体系的筛选，可获取单位本年与上年的各类具体经营项目所取得的收入情况，及时跟踪分析各项科技服务工作的进展情况，如图9-19所示。

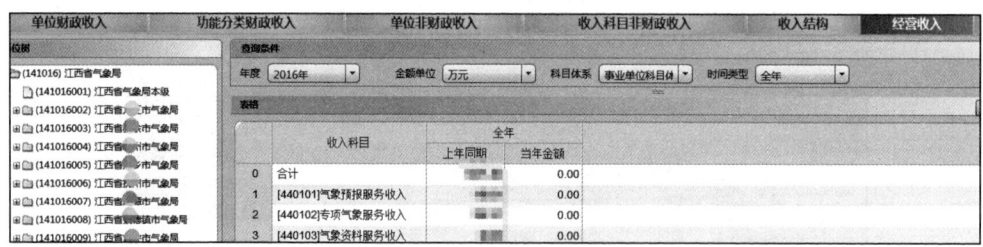

图9-19　经营收入查询

（七）收入明细

该查询为各级领导及相关人员提供了能够全面了解部门收入的查询方案。例如，某主管单位财务管理人员接到上级单位下发的报送部门近3年的收入报表的任务后，借助领导查询模块中的收入明细查询，通过查询条件中时间的切换功能，准确而快捷地提取到汇总单位及其下属具体单位近3年全部收入的汇总与明细项目信息（含独立核算的企业单位收入信息）。此项查询功能为各级管理者提供了全面、准确、及时的收入信息动态查询平台，单位可充分利用该功能加强对收入的管理，在编制部门预算时也可以将系统提供的历年各类收入情况作为收入测算的参考依据，如图 9-20 所示。

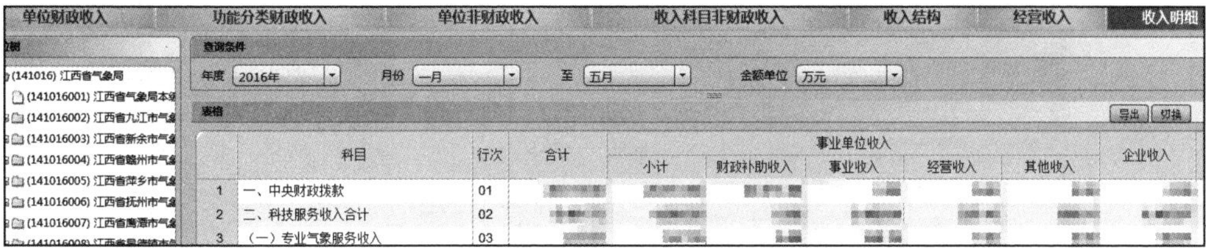

图 9-20 收入明细查询

四、支出查询

支出是行政事业单位预算执行情况的具体反映，是行政事业单位经济活动中最基本的业务。因此，加强支出的事后反映也是单位会计核算与管理的重要环节。支出查询从“支出科目”“支出趋势”“支出结构”“支出明细”“项目支出明细”5 个方面反映部门经费支出的全貌。通过对支出查询功能的应用，各级领导及相关人员能随时动态掌握各类经济活动所发生的支出动向，对支出进行精细化管理，如图 9-21 所示。

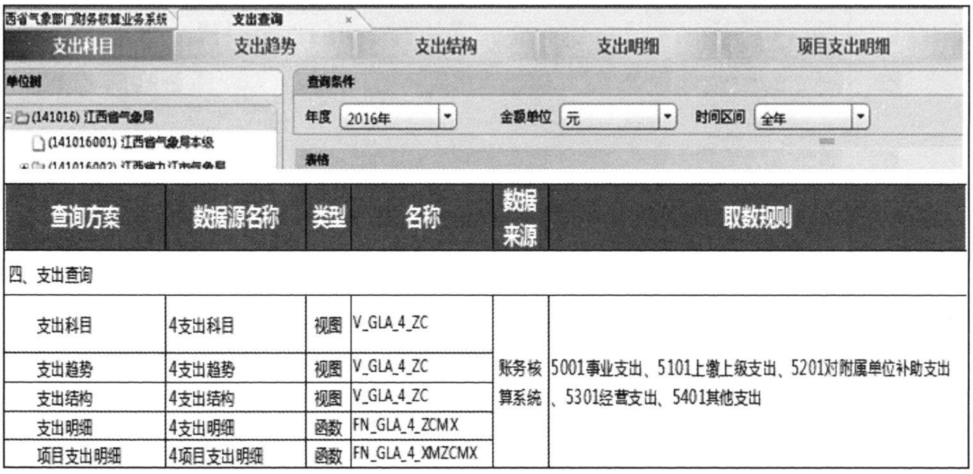

查询方案	数据源名称	类型	名称	数据来源	取数规则
四、支出查询					
支出科目	4支出科目	视图	V_GLA_4_ZC	账务核算系统	5001事业支出、5101上缴上级支出、5201对附属单位补助支出、5301经营支出、5401其他支出
支出趋势	4支出趋势	视图	V_GLA_4_ZC		
支出结构	4支出结构	视图	V_GLA_4_ZC		
支出明细	4支出明细	函数	FN_GLA_4_ZCMX		
项目支出明细	4项目支出明细	函数	FN_GLA_4_XMZCMX		

图 9-21 支出查询

(一)支出科目

以事业单位科目体系下的一级支出科目为线索,查询单位上年与本年同期所发生的各类支出情况。通过查询表中本年与上年同期支出的对比,能使各单位较好地把握各类支出规模,如图9-22所示。

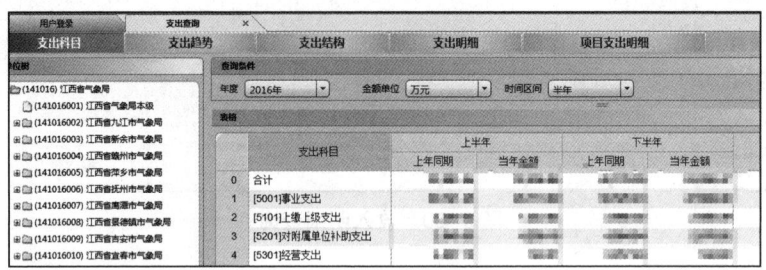

图9-22 支出科目查询

(二)支出趋势

通过对事业单位科目体系中的"支出"科目进行筛选,根据用户的需求,可以按支出科目时间段进行查询。查询表提供"月、半年、年"3个时间段的查询方式,并反映上年与本年同期支出的对比,同时匹配趋势图,方便用户较为直观地了解不同时间段的每一类支出的发展趋势,如图9-23所示。

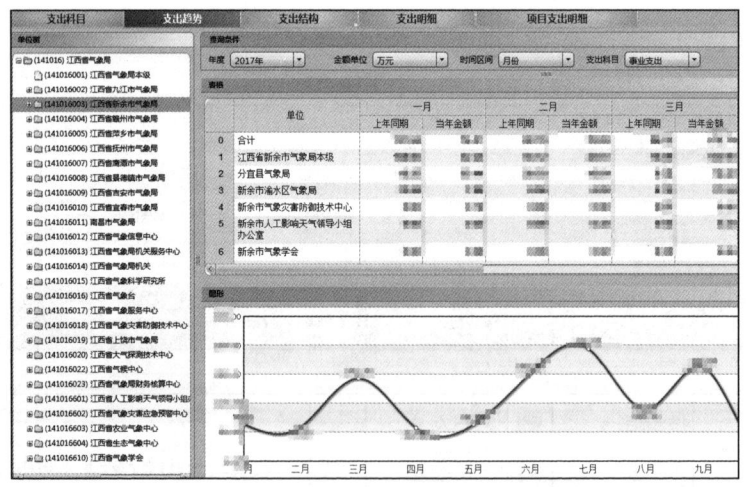

图9-23 支出趋势查询

(三)支出结构

通过对事业单位科目体系中核算的一级支出科目不同时间区域内的发生数及占

比关系设置查询方案,并以饼状结构图进行展示,可以方便快捷地了解单位的资金结构,科学合理地安排各项支出,如图 9-24 所示。

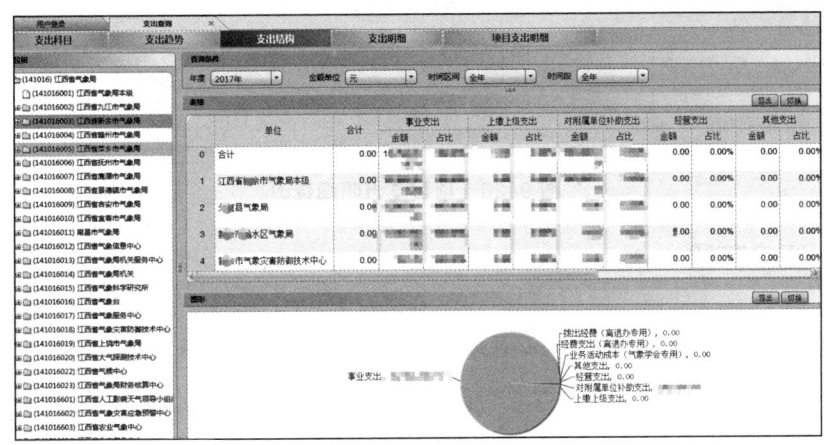

图 9-24　支出结构查询

(四)支出明细

以事业单位科目体系中的"事业支出""经营支出"两个支出科目为线索,提供经济分类科目的明细查询。例如,某单位预算编制人员在编制部门预算支出表时,通过查询并比对支出明细表中历年的经济分类信息,可以较为准确、全面地预测出下一年的支出明细预算,大大提高了部门预算编制效率。另外,各部门领导也可以通过对此表的查询准确地掌握资金的流向,对单位各项支出做到心中有数,如图 9-25 所示。

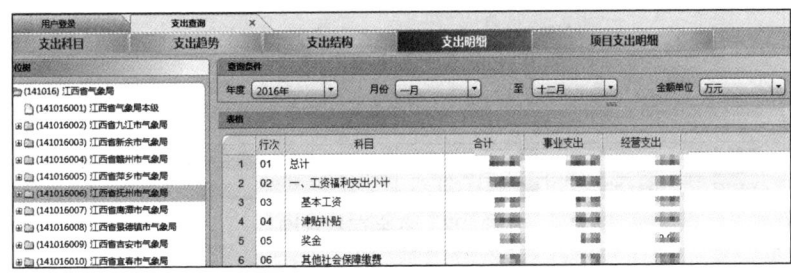

图 9-25　支出明细查询

(五)项目支出明细

以"行政事业类项目""基本建设类项目""横向课题项目"各年度明细项目为线索,查询各项目的支出状况。通过查询可及时了解并跟进项目的进展情况,有利于单位加强对项目经费的管理，如图9-26所示。

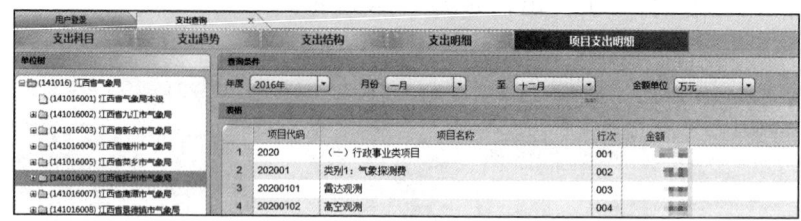

图9-26 项目支出明细查询

五、资金存量

任何单位都拥有一定量的货币资金，它是一切经济活动的血液和生命线，是单位财务管理工作中的重中之重。行政事业单位的货币资金包含库存现金、银行存款、零余额账户用款额度等，资金收支业务贯穿于行政事业单位业务活动的全过程，有着流动性强、风险较高的特点，因此，加强对货币资金的监管管理，提高资金的使用效率，有效防止违法、舞弊现象的发生，对于保证行政事业单位资产安全完整和保障单位各项业务活动正常开展发挥着极其重要的作用。领导查询模块中的货币存量查询功能通过"资金类型""资金趋势""资金结构"3个方面，为各级领导及管理单位动态监控单位的资金流入、流出、结存状态提供了一双"慧眼"，可实时跟踪单位全部货币资金的流动情况，为强化资金管理提供了信息化监控手段和方式，如图9-27所示。

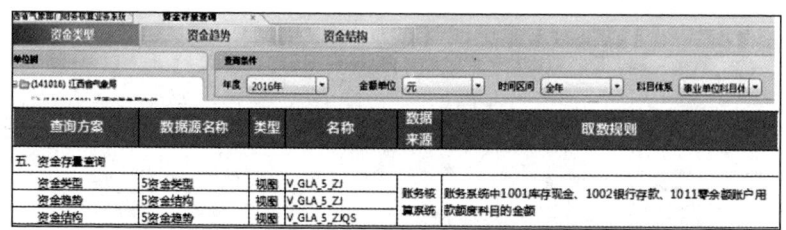

图9-27 资金存量查询

（一）资金类型

反映纳入计财业务系统进行会计核算的单位货币资金结存状态。通过对此类信息的查询，可详细了解单位的现金、银行存款、零余额账户用款额度的资金存量，帮助各级管理者摸清单位的家底、掌握单位的经济实力，同时也是单位加强资金安全防控的工具。例如，某单位领导可随时查看单位的资金存量及资金的流动量，针对查询时点的账面资金与银行资金的差异进行管控，及时查找差异原因，督促财务人员及时处理会计业务，这不但有利于提高会计核算的时效性，还大大增强了资金的防范措施，规避了资金风险。另外，通过此表的查询，计财管理部门能清晰地了解具体单位现金的使用情况，对现金库存量及使用量过大的单位给予警示，从而促进单位按照《现金管理暂行条例》进一步规范现金管理，以防范违法、舞弊风险，保障部门的资金安全，如图9-28所示。

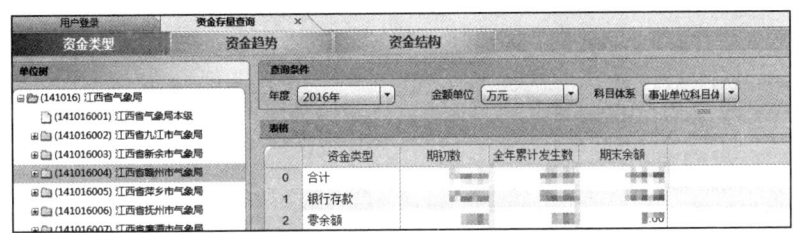

图 9-28　资金类型查询

（二）资金趋势

通过对"科目体系"及"资金类型"的筛选，分别查询不同科目体系下的现金、银行存款、零余额账户用款额度的资金存量及与上年同期对比。同时，还能查询资金随时间变动的情况，掌握资金存量的变动趋势。通过查看资金变动趋势图，各级领导和计财管理部门可加强对货币资金的统筹安排，提高货币资金的使用效率，如图9-29所示。

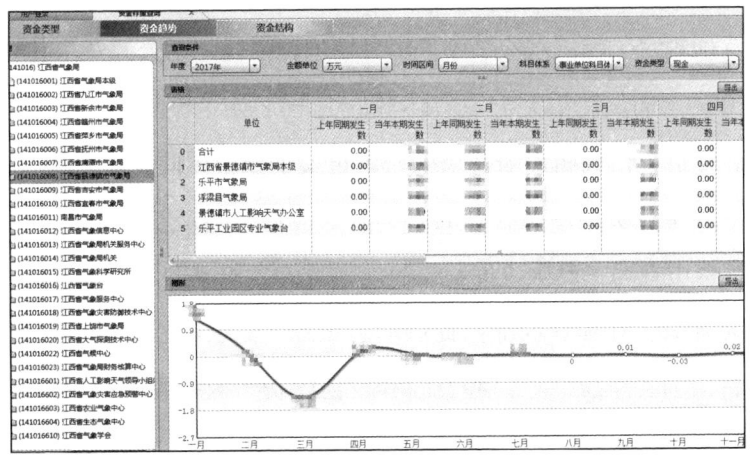

图 9-29　资金趋势查询

（三）资金结构

反映单位拥有的各种形式的货币资金占比情况。通过查看资金占比情况，相关领导和管理部门可以了解单位存量资金的结构，掌控单位库存资金的合理数，督促财务人员按照《现金管理暂行条例》使用资金，提高资金的使用效率，保障资金安全，如图9-30所示。

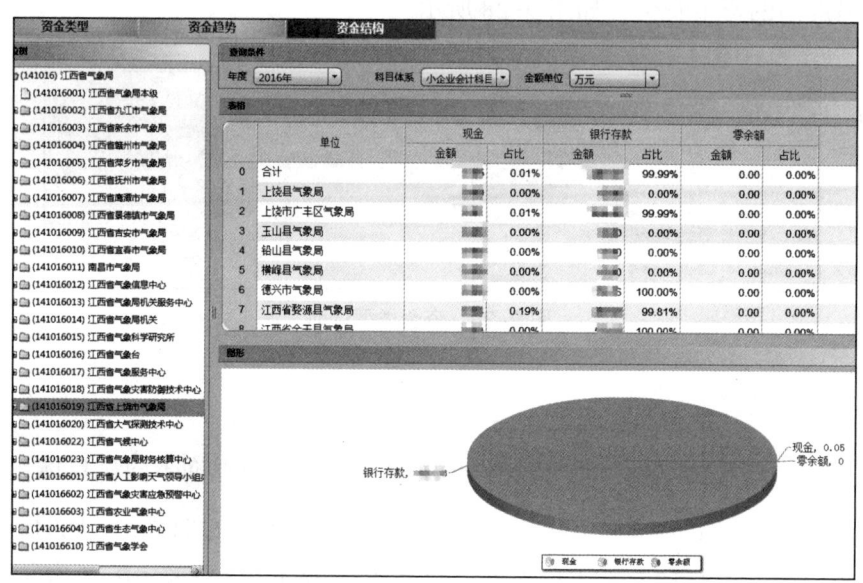

图9-30 资金结构查询

六、重点费用

中央"八项规定"与"六项禁令"出台以来，强化"三公经费"和"会议费"的管理是贯彻落实全面从严治党的重要体现，也是加强财务管理、厉行勤俭节约、防止铺张浪费、推进单位反腐倡廉建设的一个重要手段。因此，建立健全"三公经费"和"会议费"等重点费用使用管理的内部监督检查机制是各单位内控管理的一项重要内容。重点费用查询主要从"重点经费预算执行"和"三公"明细表两个方面设置查询方案，为各级领导和管理部门提供动态跟踪"三公经费"和"会议费"执行情况的监控平台，为各单位"三公经费"和"会议费"内控管理提供信息化手段，如图9-31所示。

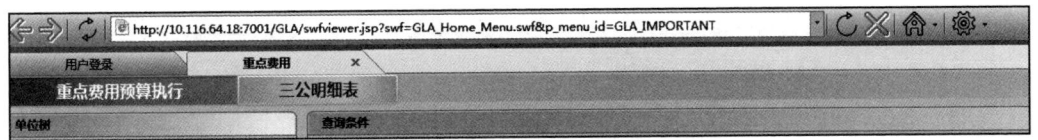

图 9-31 重点费用查询

（一）重点经费预算执行

针对因公出国（境）费用、公务接待费、公务用车运行维护费和会议费当年及历年的预算执行情况的查询。表页分别以中央财政资金、地方财政资金、其他资金 3 种资金方式反映重点经费的预算及预算执行情况，是相关管理部门实时掌控重点经费执行的有效工具，如图 9-32 所示。

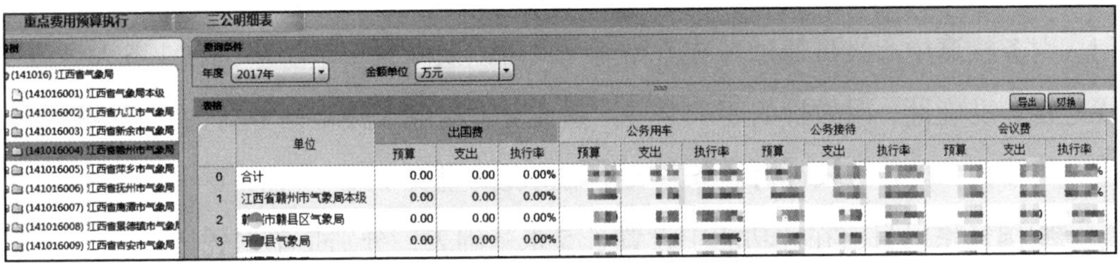

图 9-32 重点经费预算执行查询

（二）"三公"明细表

反映单位在部门全口径资金和中央财政拨款资金下的各时间段"三公经费"的支出情况，方便各级管理部门加强对"三公经费"的监管。例如，某单位财务人员向管理单位报送近 3 年"三公经费"的开支情况，通过查询此表，可快速、准确地获取信息，同时还可以详细区分中央财政资金列支的"三公"经费数，如图 9-33 所示。

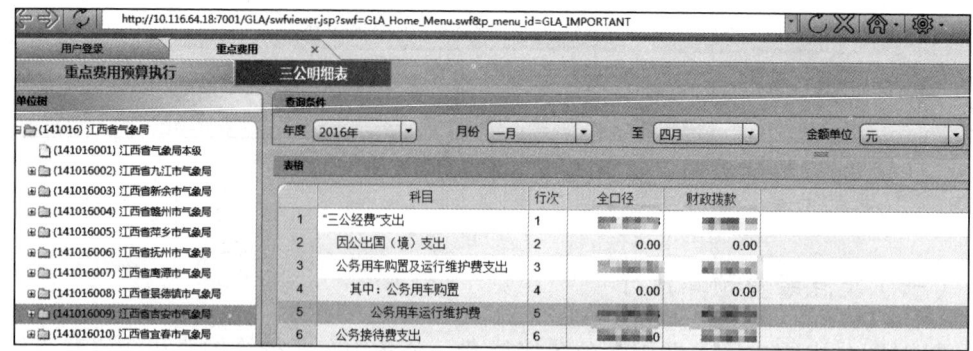

图 9-33 "三公"明细表查询

七、监控预警

监控预警功能为计财管理部门提供了便捷有效的管理工具，能够对计财业务系统中重点业务的处理状态进行全过程动态跟踪、实时监控。各级领导和计财管理部门、财务核算中心人员通过查看监控情况，可以及时督促基层单位和业务人员按照规范性、准确性、时效性的要求开展计财业务，有利于规范财务行为，减少财务风险，可作为各单位考核计财业务系统使用情况的重要手段。

中国气象局目前在此功能中设置了 5 张基础表，分别是单据凭证、手动凭证、凭证记账、结账情况、工资发放情况，各单位也可以自定义相关表，如图 9-34 所示。例如，江西省气象局根据本省的需求，设置了丰富多样的预警监控表，以下将以江西省气象局的财务监控为基础，进行详细的介绍。

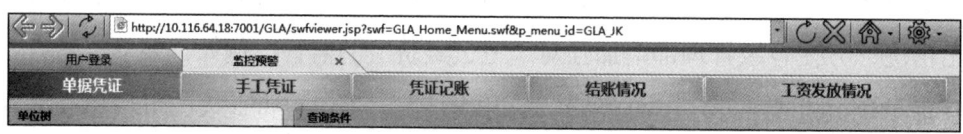

图 9-34 监控预警查询

（一）单据凭证

动态跟踪整个计财业务系统内的单据凭证情况。其中包含：报销单的录入；会计记账凭证单据中由报销系统生成的、由出纳系统生成的，以及由会计手动录入的单据情况；出纳日记账单据中由报销系统生成的和由出纳手动录入的单据情况，如图 9-35 所示。相关管理部门通过及时对监控发现的不规范情况进行通报和督促整改，促进基层单位"报销系统"与"会计核算"两个模块的应用，规范报销流程，倒逼各个流程节点的时效性。

图 9-35　单据凭证查询

（二）手动凭证

监控预警功能提供对各单位账务处理环节的手动录入凭证进行统计，以方便计财部门和财务核算中心对手动录入的凭证实时监控，实现规范化管理的目的。例如，江西省气象局计财处提出严格手动录入支出凭证的管理要求，杜绝不走报销流程直接在账务处理系统中登记支出业务的违规现象，这样有利于规范报销流程，加强内控管理，如图 9-36 所示。

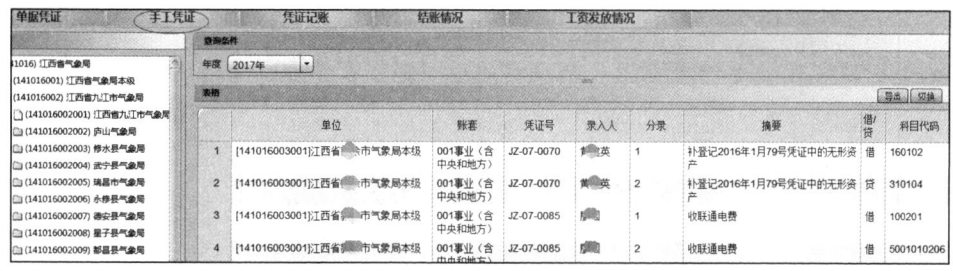

图 9-36　手动凭证查询

（三）凭证记账

监控预警功能能够监控每一个账套中的记账凭证是否按要求完成了审核及记账流程。例如，江西省某设区市核算中心主任通过查询本单位的会计凭证记账情况，可以考核财务人员是否按照江西省气象局计财处的相关工作要求执行，这样可规范会计核算，及时完成各项经济业务的会计处理流程，提高账务处理的准确性，如图 9-37 所示。

凭证记账情况

目录
- 凭证记账情况
  - 三级单位汇总
  - 明细

说明：
- A:凭证数量
- B:其中：未记账的凭证的数量。如果有数据，请审核和记账。

三级单位汇总

截止时间：17-04-18 23:42:59
手动更新：在地址栏最后添加 &purge=true 然后回车。

单位名称	合计		期初		1月		2月		3月		4月		5月		6月		7月		8月		9月		10月		11月		12月	
	A	B	A	B	A	B	A	B	A	B	A	B	A	B	A	B	A	B	A	B	A	B	A	B	A	B	A	B
江西省气象局本级	13	0	1	0	4	0			8	0																		
江西省九江市气象局	2549	385	33	5	549	55	795	7	1104	250	68	68																
江西省新余市气象局	546	546	16	16	83	83	178	178	215	215	54	54																
江西省赣州市气象局	3065	1710	29	17	1071	569	809	430	1107	645	49	49																
江西省萍乡市气象局	668	1	7	0	166	0	185	0	306	0	4	1																
江西省抚州市气象局	1160	146	28	0	415	7	289	7	420	124	8	8																
江西省鹰潭市气象局	464	38	12	0	90	0	131	0	193	0	38	38																
江西省景德镇市气象局	743	235	9	0	274	0	189	57	271	178																		

图 9-37　凭证记账查询

（四）结账情况

动态跟踪计财业务系统中的各单位各账套会计期间的结账情况，便于管理者有针对性地督促单位按照会计基础规范和会计制度要求及时进行凭证审核、记账和结账，有利于提升会计业务处理的规范性和财务信息的可用性，如图 9-38 所示。

单位结账情况

截止时间：17-04-18 23:42:48
手动更新：在地址栏最后添加 &purge=true 然后回车。

单位代码	单位名称	账套	期初凭证	凭证总数	1月	2月	3月	4月	5月	6月	7月	8月	9月	10月	11月	12月
141016001	江西省气象局本级	004	1	13	结账	结账	结账	未结账	未结账	未结账	未结账	未结账	未结账	未结账	未结账	未结账
141016002001	江西省九江市气象局本级	001	1	172	结账	结账	未结账	未结账	未结账	未结账	未结账	未结账	未结账	未结账	未结账	未结账
141016002001	江西省九江市气象局本级	011			结账	结账	未结账	未结账	未结账	未结账	未结账	未结账	未结账	未结账	未结账	未结账
141016002001	江西省九江市气象局本级	021	1	20	结账	结账	未结账	未结账	未结账	未结账	未结账	未结账	未结账	未结账	未结账	未结账

图 9-38　结账情况查询

（五）工资发放情况

监控单位每月工资是否通过计财业务系统正常发放，是管理部门切实了解并掌握各单位工资编制及发放规范性的重要手段之一，为部门预算编制中的人员经费的准确测算提供了数据的信息支撑,如图9-39所示。

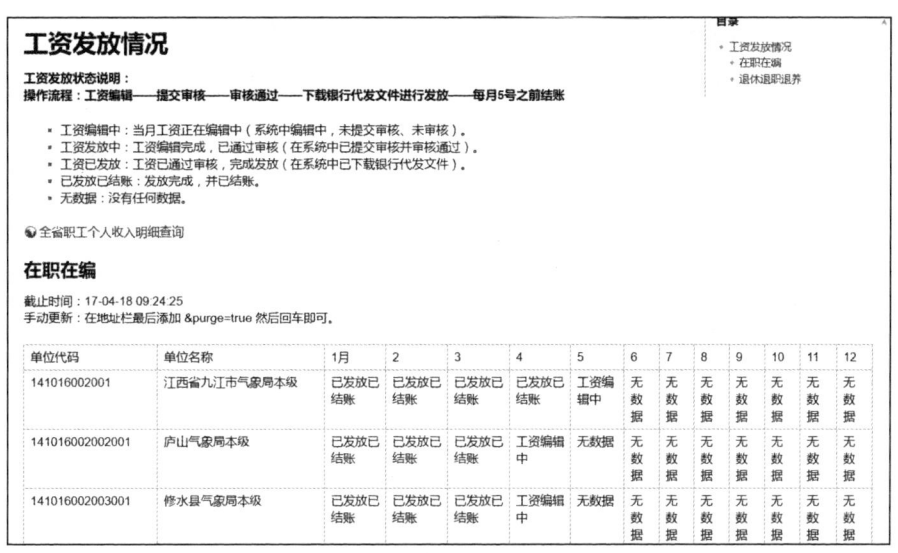

图 9-39　工资发放情况查询

(六) 单据凭证 (当月)

动态跟踪各单位当月已办理的报销单据是否填制,会计与出纳是否及时审核、记账。例如,某市财务核算中心领导在某月中旬通过此项监控信息了解到多个下级单位的当月凭证登记中出现报销单据为零,或报销单据与出纳单据均生成但会计凭证为零的现象,就应及时督促报销人与会计岗位人员严格按照会计基础规范要求按时完成会计处理工作。该项监控与相配套的督促管理相结合,能有效保证会计信息的及时、准确与完整,改变以往会计处理相对滞后、资金监督不及时的局面,如图9-40所示。

单位代码	名称	当月								上月							
		报销单总数	凭证总数				出纳登账数量			报销单总数	凭证总数				出纳登账数量		
			合计	报销生成	出纳生成	手工录入	合计	报销生成	手工录入		合计	报销生成	出纳生成	手工录入	合计	报销生成	手工录入
41016	江西省气象局	227	42	5	6	31	602	126	476	7446	10849	6939	2377	1533	12509	8142	4367
41016001	省气象局本级	0	0	0	0	0	1	0	1	18	0	0	15	3	134	0	134
41016002	江西省九江市气象局	6	0	0	0	0	0	0	0	1181	1762	1116	484	162	1759	1156	603

图 9-40　单据凭证 (当月) 查询

（七）银行对账情况

监督财务人员是否严格按照《会计工作基础规范》的要求，按时完成会计货币资金账簿、出纳日记账、银行对账单之间的相互核对工作而设置的数据监控。这不仅为保障单位资金的安全再加了一道"紧箍咒"，同时也增强了财务人员的资金风险防范意识，如图9-41所示。

序号	单位代码	单位名称	账套代码	账套名称	7月对账情况		8月对账情况		9月对账情况		10月对账情况	
					出纳	会计	出纳	会计	出纳	会计	出纳	会计
	141016001	江西省气象局本级	004	事业（省级拨款）	否	否	Y	否	Y	否	Y	否
	141016002001	江西省□□市气象局本级	001	事业（含中央和地方）	Y	Y	Y	Y	Y	Y	Y	Y
	141016002001	江西省□□市气象局本级	021	工会	Y	否	Y	Y	Y	Y	Y	Y

图9-41 银行对账情况查询

（八）预算调剂情况

通过该查询监控各单位预算指标的新增、减少，以及预算指标的调剂情况。不断提醒各预算单位尽可能地减少由于年初未精打细算而造成年度经费使用过程中频繁调整经济分类科目预算的现象，强化预算编制工作的严肃性及预算管理的刚性约束，如图9-42所示。

单位代码	名称	新增/减少指标情况				指标调剂情况		
		新增笔数	新增金额	减少笔数	减少金额	调增笔数	调减笔数	金额
141016002	江西省九江市气象局	13	611.72	5	221.62	25	23	89.72
141016003	江西省新余市气象局					1	1	1.5
141016004	江西省赣州市气象局	1	10	1	10	138	126	2124.03
141016005	江西省萍乡市气象局	1	24	1	24	3	3	43
141016006	江西省抚州市气象局	1	70			81	66	266.73
141016007	江西省鹰潭市气象局	2	32	3	42			
141016008	江西省景德镇市气象局	2	69	2	8	17	14	52.88
141016009	江西省吉安市气象局	7	20	1	20	4	4	30.57
141016010	江西省宜春市气象局	6	89.96	5	29.96	9	6	16.18
141016011	南昌市气象局					27	26	62.71
141016012	江西省气象信息中心					6	6	59.8
141016013	江西省气象局机关服务中心					1	1	.7

图9-42 预算调剂情况查询

第九章　领导查询

第三节　系统初始化

一、岗位设置

使用系统管理员（或单位管理员）用户登录，登录后单击"切换用户组"，选择"平台管理组"，如图 9-43 所示。

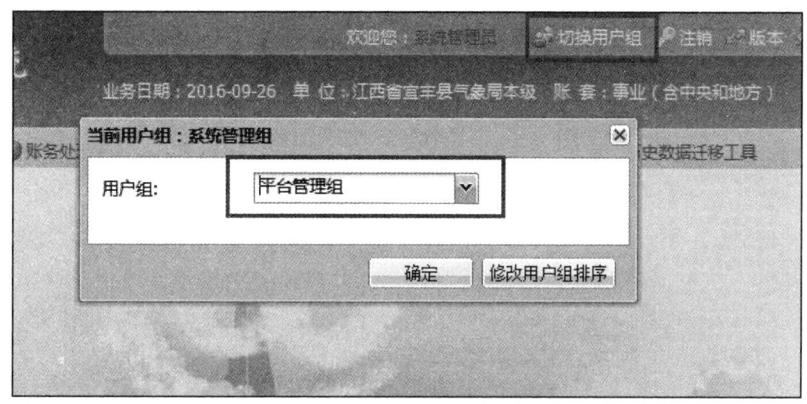

图 9-43　权限设置 –1

单击"应用平台"模块，双击打开"权限设置"目录下的"权限管理"功能，如图 9-44 所示。

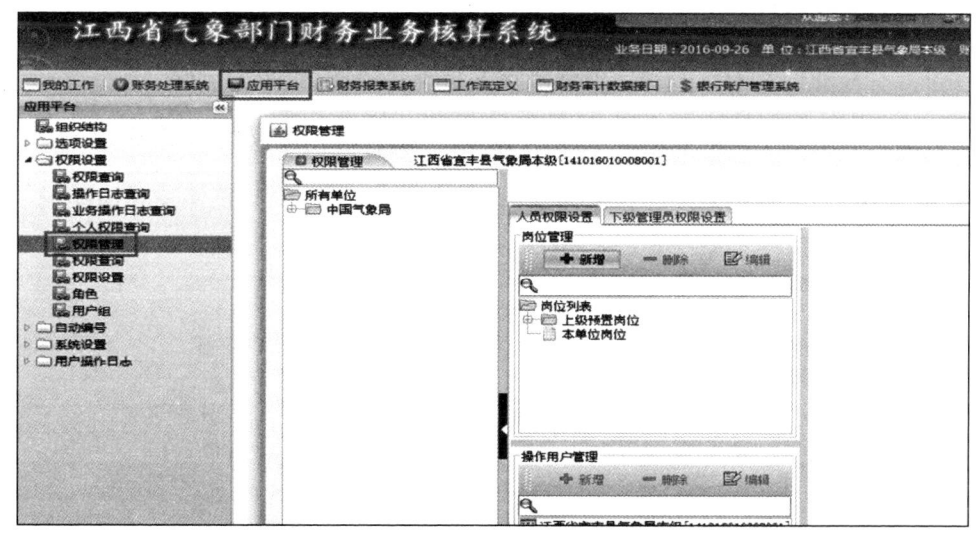

图 9-44　权限设置 –2

打开"权限管理"窗口,在左侧选择需要设置的单位,然后选择"领导查询GLA"岗位,然后再选择用户,将该用户拖至"领导查询GLA"岗位即可,如图 9-45 所示。

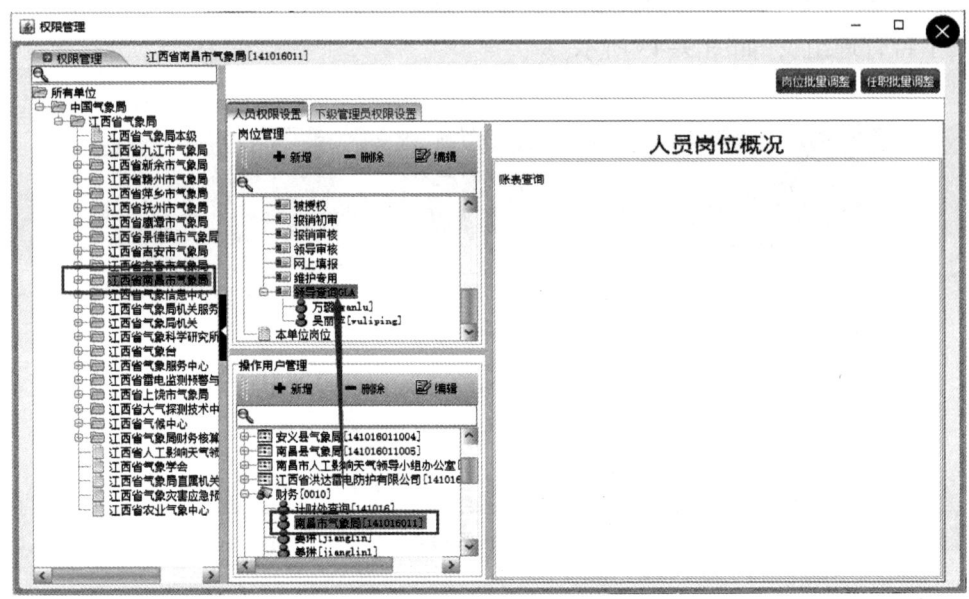

图 9-45 权限设置 -3

二、自定义查询方案

自定义查询方案主要由系统维护技术人员进行设置。

数据来源类型有 4 种:表、视图、自定义 SQL 语句、函数,根据实际情况编写视图、SQL 语句或函数,将报表需要的数据查询出来。以"整体预算情况表"为例,该表编写的视图为 V_GLA_1_ZTYSQK(图 9-46)。

```
create or replace view v_gla_1_ztysqk as
select "CO_CODE","ND","HJ","ZY","DF","QT","IS_LOWEST" from (
select b.co_code,b.nd,sum(a.hj) hj,sum(a.zy) zy,sum(a.df) df,sum(a.qt) qt,b.is_lowest
from
(select co_code,nd,sum(nvl(zy,0)+nvl(df,0)+nvl(qt,0)) hj,nvl(sum(zy),0) zy,nvl(sum(df),0) df,nvl(sum(qt),0) qt
from (
  select t.co_code,t.nd,t.origin_code,sum(t.bi_total_money) zy,null df,null qt
  from bg_balance t
  where t.origin_code like '001%'
  group by t.co_code,t.nd,t.origin_code
  union all
  select t.co_code,t.nd,t.origin_code,null zy,sum(t.bi_total_money) df,null qt
  from bg_balance t
  where t.origin_code like '002%'
  group by t.co_code,t.nd,t.origin_code
  union all
  select t.co_code,t.nd,t.origin_code,null zy,null df,sum(t.bi_total_money) qt
  from bg_balance t
  where t.origin_code not like '001%' and t.origin_code not like '002%'
  group by t.co_code,t.nd,t.origin_code)
group by co_code,nd
order by co_code,nd) a
right join ma_company b on b.nd=a.nd and instr(a.co_code,b.co_code)>0
where a.zy+a.df+a.qt<>0
group by b.co_code,b.nd,b.is_lowest) where hj>0;
```

图 9-46 整体预算情况表编写视图

在数据源管理界面中，输入数据源 ID 和名称，选择类型为"视图"，在数据来源中选择对应视图 V_GLA_1_ZTYSQK，单击"应用"，如图 9-47 所示。

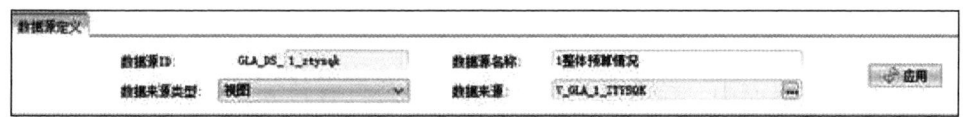

图 9-47 自定义查询方案 -1

单击"应用"后，会在左下方的数据源区域显示数据源的所有字段，根据需要逐个生成报表的字段。单击"新建"，将数据源的字段拖入列名中，输入中文名称，选择"类型"，单击字段区域的"保存"。所有字段设置完成后，单击界面最上方的"保存"（各字段的属性设置可参照领导查询现有的表），如图 9-48 所示。

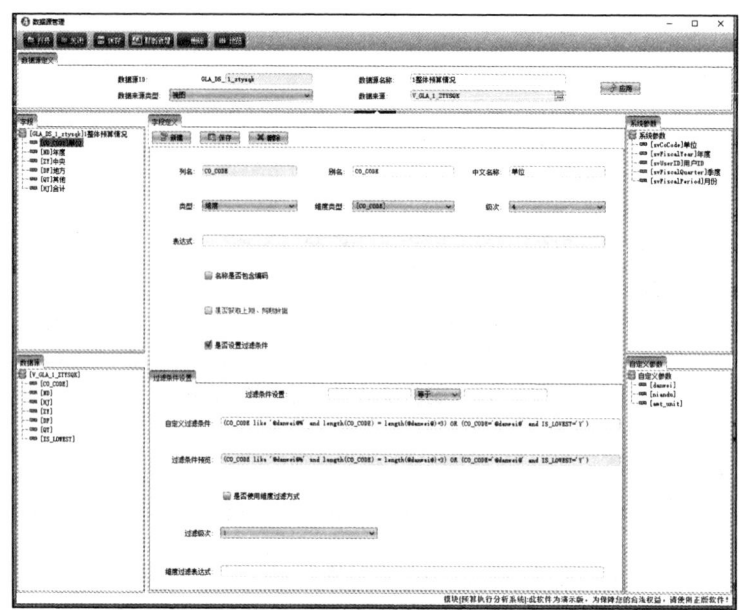

图 9-48　自定义查询方案 -2

在布局管理界面中,输入模版 ID 和名称(若只有报表,则行数设置 1;若有报表和图形,则行数设置 2)。将控件拖入对应区域中,左侧为单位树形,上部为下拉框查询条件,中部为表格,下部为图形,如图 9-49 所示。

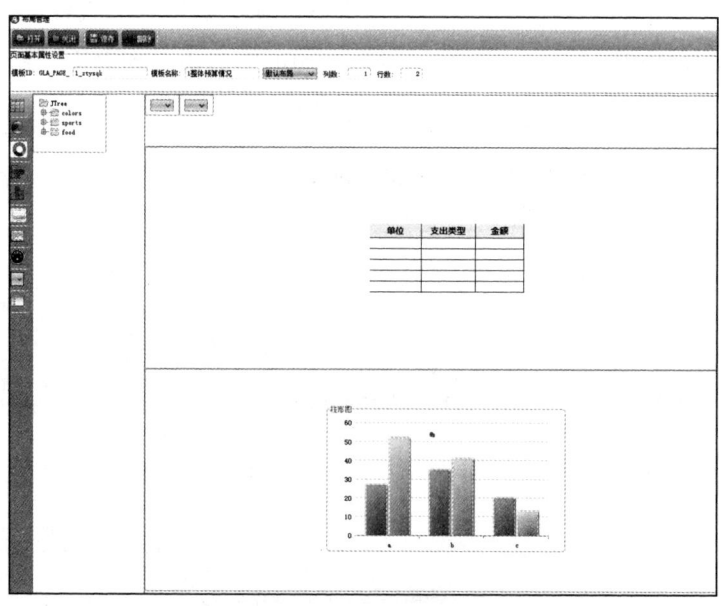

图 9-49　布局管理界面

（1）双击表格打开表格控件设置界面，选择数据集，设置表格属性，设计表样，然后将字段拖入对应的列中，如图 9-50 所示。

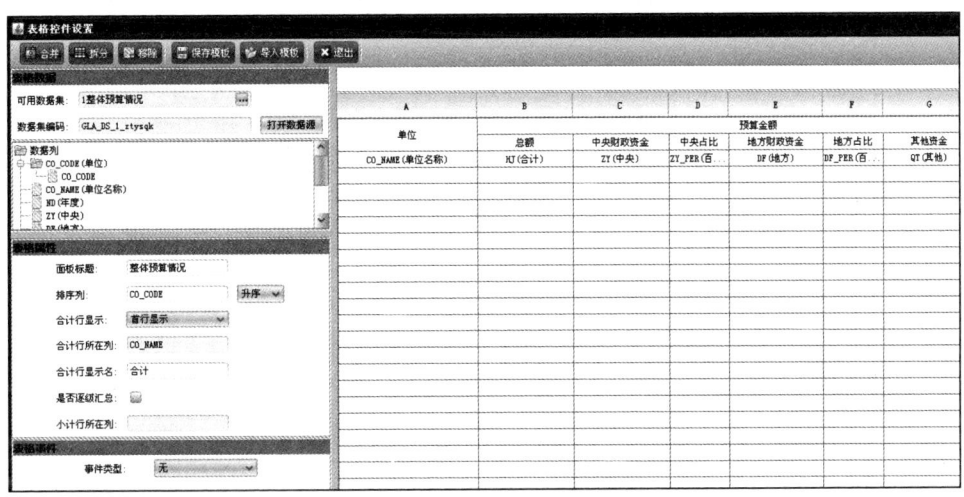

图 9-50　表格控件设置界面

（2）双击图形打开图形控件设置界面，输入标题，选择数据源和图形类型，设置横纵坐标和显示设置，如图 9-51 所示。

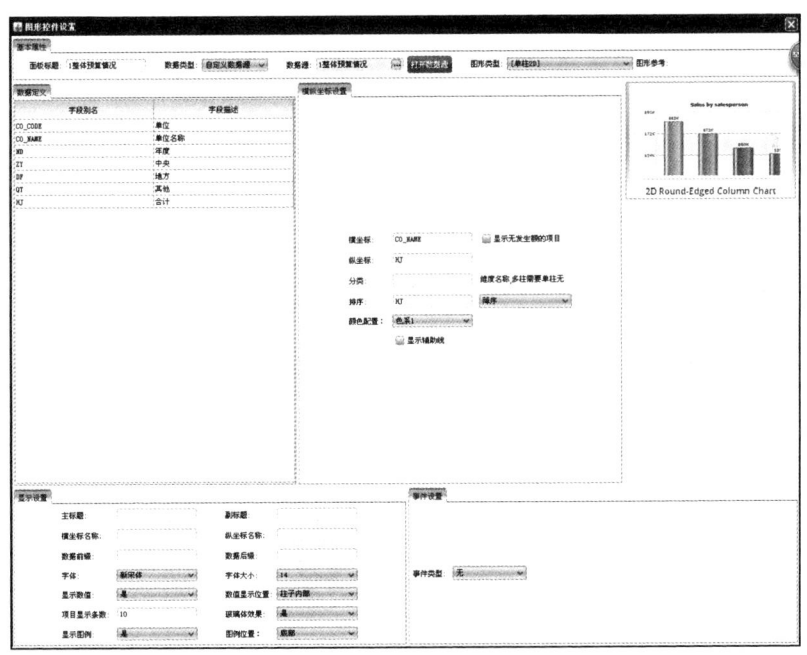

图 9-51　图形控件设置界面

（3）双击单位树形控件，设置各项属性，如图9-52所示。

图9-52　参数控件设置-1

（4）双击下拉框控件，设置各项属性（年度、月份等各类型下拉框的属性设置可参考领导查询现有的表），如图9-53所示。

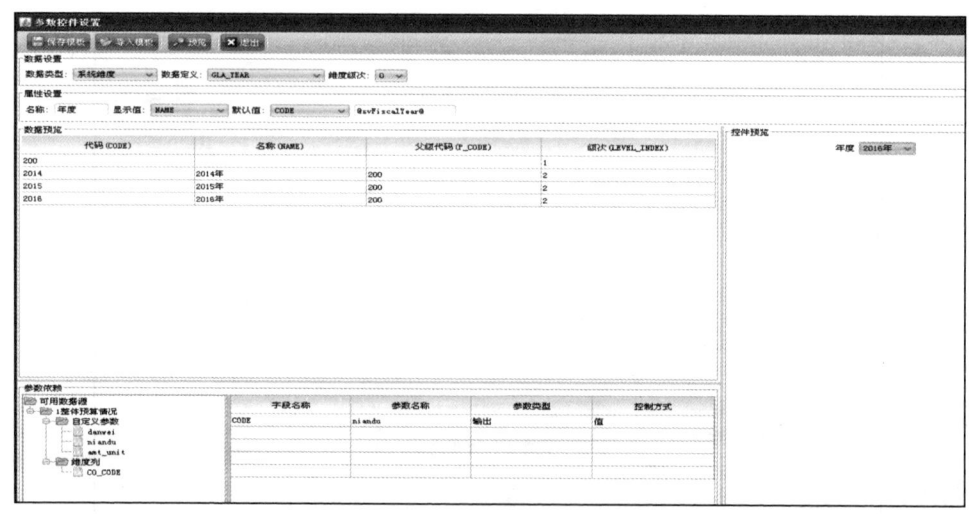

图9-53　参数控件设置-2

在菜单管理界面中，将做好的表放在相应菜单中，输入菜单编码、父级菜单、菜单名称，选择对应页面，输入排序号，如图9-54所示。

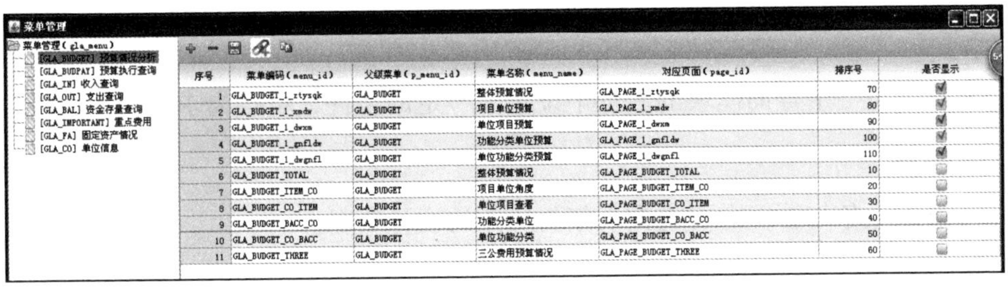

图 9-54　菜单管理界面

第四节　系统操作

一、系统登录

具有领导查询权限的用户登录计财业务系统后,单击"领导查询"即可打开查询模块(图 9-55)。

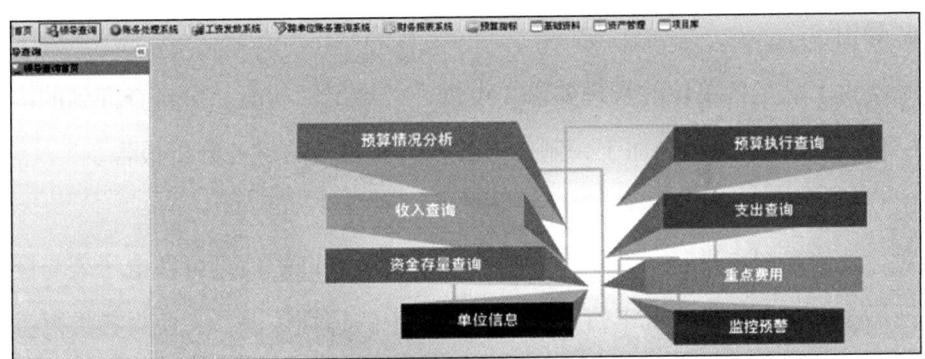

图 9-55　领导查询功能菜单

二、查询方法

(一)单位树

登录查询系统后,首先要在"单位树"中选择所要查询信息的单位。"单位树"中的信息来源于计财业务系统的账务处理、财务报表、工资发放系统、预算指标、财务报销等子系统共同使用的基础信息。

（二）查询条件

系统在每一个查询模块的表页中设定了一定的条件，可按需求进行组合查询。

1. 年度

可根据业务与管理需要查询当年与历年的会计资料。

2. 金额单位

指货币资金的计量单位，系统提供了金额单位间的转换功能，会计数据可在"元"与"万元"之间进行转换。

3. 时间类型

系统将会计信息的查询时间设置为"全年、半年、季度、月份"，可根据对查询时间跨度的需求进行选择，便于数据的纵向分析。

4. 科目体系

对气象部门会计核算所涉及的不同科目体系进行筛选的功能，由用户根据需求进行自由选择。

5. 导出

系统为了满足各单位的管理要求，设置了"导出"功能。可将查询到的内容以Excel表的格式导出进行再加工，制作形成各类有特色的财务分析报告。

6. 切换

对会计信息图表进行"切换"的功能。系统中查询的信息可在电子表与图片两种表现形式下自由切换，既丰富了用户在查询中的感官认识，又使得各类财务数据更加通俗易懂。

第五节　系统应用

本节主要以案例的形式阐述领导查询模块在实际工作中的具体应用，以及如何成为单位计财管理的重要手段。从预算执行、财务分析、质量监控、监控预警4个方面，以江西省气象局实务为案例，阐述如何应用领导查询模块为计财管理服务。

一、预算执行

部门预算全面反映了部门的收支活动,是部门依法行政、依法理财的重要标志。部门的各项工作都要围绕预算的"源头"开展,因此,部门预算执行在行政事业单位的管理工作中占据非常重要的地位。近年来,抓好中央预算支出执行工作已是全国各级气象部门计财管理工作中的重点任务之一,通过计财业务系统的领导查询模块开展预算执行督导,可大大节省人力劳动,提高工作效率。

案例 9-1 江西省气象局运用查询功能开展预算执行督导,有序谋划预算支出执行

为保证局领导及各预算单位领导能及时、动态地了解中央预算支出执行情况,江西省气象局一方面采取每月度 2 次、每季度 4 次编报中央财政预算支出执行快报的方式向全省进行通告;另一方面,积极引导单位领导及对口业务处室相关管理人员根据各自需求登录计财业务系统直接查询预算执行情况,对预算的执行情况进行动态监控,做到对单位的各类开支心中有数,根据预算执行指标分析统筹安排工作,合理安排支出。截至目前,江西省气象局基本上圆满完成了中国气象局下达的预算执行工作任务。预算支出查询表(图 9-56)反映的是江西省某市局在查询时点的整体预算执行情况,框线中的数据是针对中央财政资金预算执行情况的反映,查询表提供了上年结转资金、当年预算、当年支出、预算执行率等信息,通过这些息可以准确掌握江西省气象局中央财政资金的总体预算及预算执行进度,便于单位

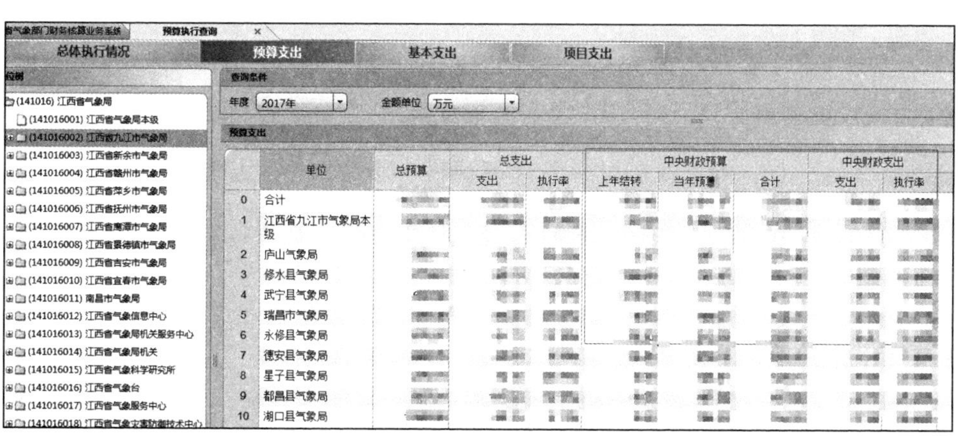

图 9-56 预算支出查询表

管理者对当下和未来工作及资金的安排做出合理规划。

二、财务分析

财务分析工作是各级气象部门计财管理的一部分重要工作,为领导做出财务决策提供重要数据支持。在没有信息化手段的条件下,财务分析功能只能靠统计的方式层层汇总,既浪费时间和精力,又很难保证数据的准确性,还可能因为财务人员对领导的需求理解不到位导致分析的偏差。领导查询模块提供了收入、支出、资金存量等名目的查询模板,既统一了统计口径,又以可视化的图表来体现,清晰、直观、通俗易懂,同时避免了财务人员的理解偏差,使财务分析工作能真正与业务工作结合,发挥参谋助手的作用。

案例9-2　江西省气象局运用领导查询模块开展全省科技服务收入督导

为了加强气象科技服务资金的管理,适当集中部分气象科技服务资金,增强部门宏观调控能力,加快推进江西省气象现代化建设和县级气象机构综合改革进程,促进全省气象事业全面、协调、可持续发展,江西省气象局根据中国气象局《关于切实做好中央和地方以及其他投入统筹集约工作的通知》(气发〔2007〕124号)精神,结合实际,制定了《江西省气象科技服务统筹集约使用管理办法(试行)》(赣气发〔2013〕175号),并设立"江西省气象科技服务资金统筹集约使用管理领导小组",对全省科技服务资金进行统筹管理。江西省气象局财务核算中心通过对领导查询相关数据再次加工处理,形成财务分析报告,定期向"领导小组"提供全省科技服务收入及资金使用情况,为领导的决策提供了翔实的参考依据。如图9-57所示,科技服务收入财务报告通过引用领导查询系统的收入查询数据,再经过对数据的分析,凝练成领导容易理解的语言报告,形成决策参考依据,为保障全省的科技服务资金规范管理与集约使用发挥了积极的作用。

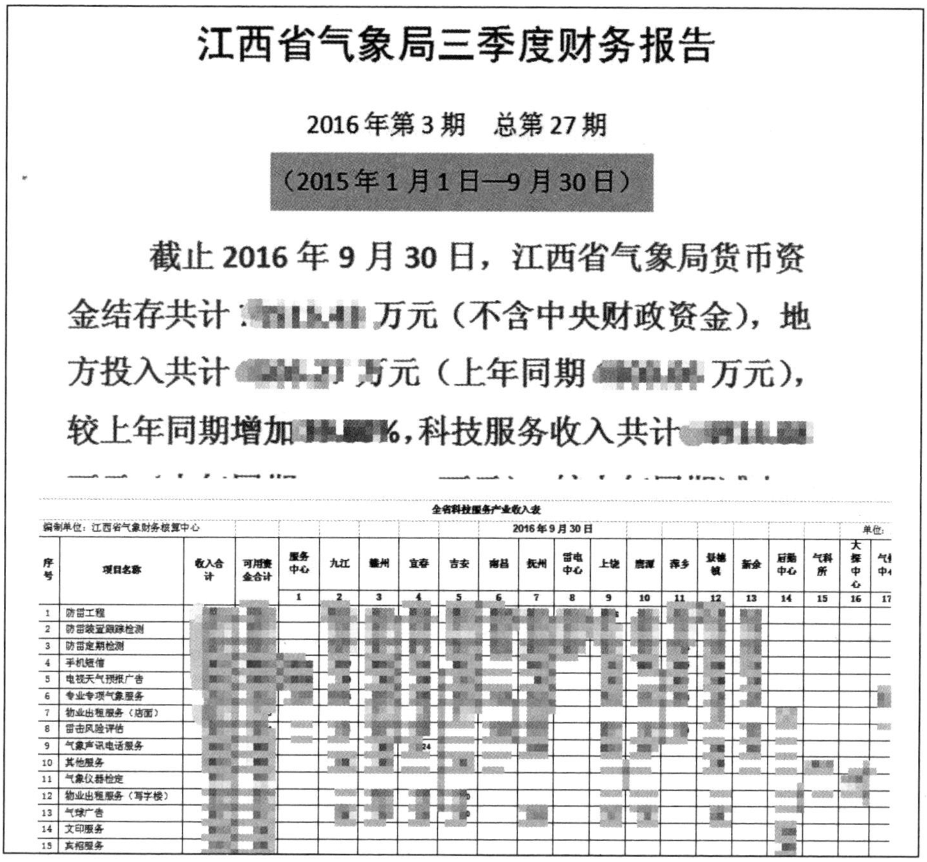

图 9-57 科技服务收入财务报告

三、质量监控

质量监控是对计财业务系统中会计工作质量的监控，会计工作质量的好坏直接影响一个单位的会计核算水平。计财业务系统提供了以信息化手段对会计信息进行实时监控的功能，方便管理者准确掌握单位的会计工作质量，并及时规范和督导，最终实现标准化、规范化、科学化管理。

案例 9-3　江西省气象局利用质量监控对下级单位进行督导与考核

随着计财业务系统建设与整合的深入推进，系统中的各个功能模块的契合度越来越高，以"大监督、大数据、大分析"为导向的动态监管新模式逐渐显现出来，对单位经济业务会计处理的时效性、准确性也能通过"大数据"实现实时动态监督,各级计财管理部门可以充分利用该平台加强对下级单位的业务督导,促进本部门本单位财务会计信息质量提升。2017年,为了强化全省计财业务系统应用中操作的规范性、流程的标准性、数据的完整性、信息的及时性,江西省气象局印发了《江西省气象局关于2017年计财业务系统工作要求的通知》(以下简称《通知》),对会计基础工作、预算指标审核、网上报销会计审核工作、出纳记账、人员权限管理、工资及津补贴发放等方面的工作质量提出了要求,量化了会计工作的考核内容。通过质量监控对《通知》中的各项工作要求进行实时监控、定期通报,及时督促相关单位对发现的问题及时处理,通过以计财业务系统工作要求为抓手,促进业财融合,为实现"全景化无缝式"智慧管理打下了较为坚实的基础。

如图9-58所示,实时监控数据查询表中提示了未走报销系统进行会计处理的手动凭证信息。通过对提取到的数据进行分析,能够清楚地了解财务人员是否严格按照《通知》中的"所有单位的所有的财务报销(除每月固定工资发放、工资表中的代扣业务、银行托收、银行手续费、网上缴纳税金和省本级下拨等)必须通过财务报销子系统进行审核和报销"的相关规定,对不符合规定的会计处理督促财务人员及时整改,有效地制止不按报销流程进行会计处理的违规现象。

图 9-58 手动凭证监控预警

图9-59是监控单位会计结账情况的信息。会计基础工作是进行会计核算与监督的前提,也是会计人员应当履行的职业行为规范。为了进一步夯实会计基础工作,规范会计基础行为,江西省气象局在数据与监控平台中设置了对单位会计信息结账情况的动态查询功能,充分利用计财业务系统这个平台对会计账务处理全过程实时监控。为了提升会计结账工作的严肃性,保证会计信息质量的真实可靠,江

西省气象局针对各单位会计结账工作在《通知》中提出了要求，规定了会计结账时间，对会计反结账行为也有硬性规定，设定了"账务处理"子系统反结账申请表（图9-60），待上级管理单位批准后方能反结账，并将各单位反结账的行为量化，纳入年终计财业务工作考核指标，杜绝了财务人员随意进行会计反结账的现象。

图 9-59　单位结账监控预警

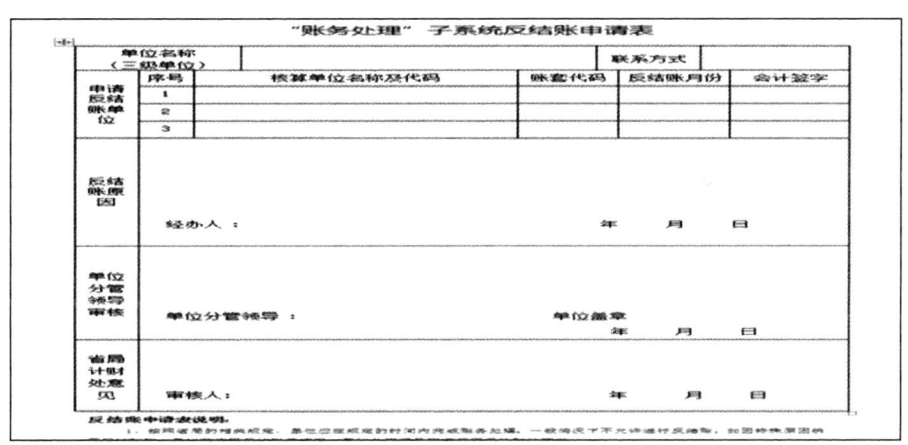

图 9-60　单位反结账申请表

四、监控预警

计财管理的一个重要职责是对单位的各项财务工作起到督导和引领的作用，但因为气象部门涉及层级多、预算单位多，一直以来计财的督导和引领作用很难辐射所有单位，导致气象部门财务管理案件频发。计财业务系统的监控预警功能为计财管理提供了信息化的手段和方法，利用"大数据"强大的统计和汇总功能，能实时提取数据，起到监控预警的作用，可作为计财部门考核管理的一种手段，大大提升计财监管能力与时效。以江西省、市两级气象部门对下级单位财务运行情况进行实时督导举例具体应用。

> **案例 9-4　通过"银行对账"监控结果及时发现并纠正会计、出纳不对账等违反会计基础工作规范的行为，防范财务风险**

2017 年 8 月，江西省气象局综合运用网上银行服务与系统电子银行对账功能，制定了货币资金对账规程，在系统中固化了对账流程，将出纳系统与报账系统、会计核算系统数据有效衔接，建立了市局会计通过网上银行查询权限直接提取县局银行电子对账单，在系统中完成资金核对的工作机制。省、市两级气象局通过监控预警功能加强对银行对账业务的监督，利用计财业务系统实现了分散报账、集中核算下对市、县局资金的监管，实现了会计与银行、出纳与银行、会计与出纳三方间的两两对账。这不仅有助于防范财务人员与银行操作人员记账错误产生的操作风险，还有助于防范单位因缺乏必要的内部控制制度，使得单位的内部工作人员有机会侵占国有资产的管理风险，强化了会计与出纳的岗位牵制，堵塞资金管理漏洞，提高了资金的安全性管理。图 9-61 为监督预警功能动态提示的某局 1—6 月银行对账情况。

单位代码	单位名称	账套代码	账套名称	1月对账情况		2月对账情况		3月对账情况		4月对账情况		5月对账情况		6月对账情况	
				出纳	会计	出纳	会计	出纳	会计	出纳	会计	出纳	会计	出纳	会计
1■■■	■■■■	004	事业（省级拨款）	Y	否	否	否	Y	否	Y	否	Y	否	Y	否
1■■■	■■■■	001	事业（含中央和地方）	Y	否	Y	否	Y	否	Y	否	Y	否	Y	Y
14■■	■■■■	011	基建（含中央和地方）	否	否	Y	否	Y	否	Y	否	Y	否	Y	否
1■■■	■■■■	021	工会	Y	否	Y	否	Y	否	Y	否	Y	否	Y	否

图 9-61　银行对账情况

> **案例 9-5　依托"工资发放"监控结果，并时发现及纠正工资系统处理不规范现象**

工资系统的信息是纳入部门人员经费预算的主要依据，按照中国气象局计财司下发的《关于启用工资发放子系统有关事项的通知》（气计函〔2016〕101 号）的有关规定,江西省气象局于 2016 年 5 月实现了全省预算单位人员工资发放业务全部上线。为使系统线上工资发放工作常态化、制度化,江西省气象局计财处对工资的发放项目、操作流程、处理时间均做了规定,并将对工资业务处理的要求纳入目标考核,江西省气象局管理部门及各市局财务核算中心可借助数据监控平台对各单位的工资发放情况进行实时监控,及时督导。图 9-62 是通过平台监控的全省 9 月以前的计财业务系统工资发放情况,通过查询,发现个别单位的工资发放信息不符合江西省气象局的要求,故在平台中进行督导通报。同时,对县气象局工资性收入支付单据作了硬性规定,市局财务核算中心的管县会计以工资系统打印的标准单据作为支付凭证,有效地预防了部分单位工资支付在系统中"走过场"的行为,强化了县级单位工资支付的规范化操作。

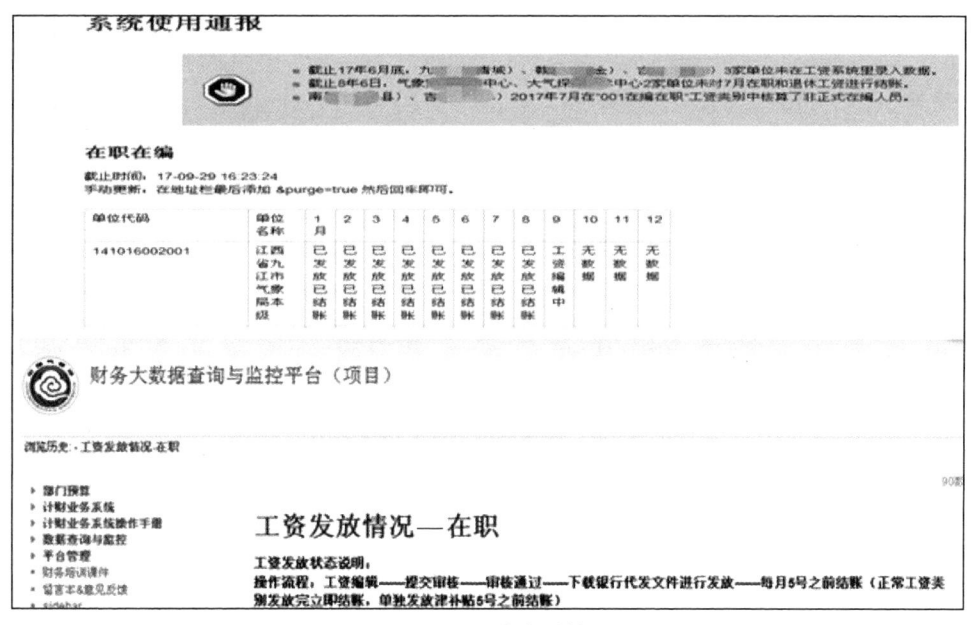

图 9-62 工资发放情况

案例 9-6 各级领导和计财管理部门通过查询功能,及时了解单位财务状况及财务会计工作质量

目前,江西省气象部门单位"一把手"不直接分管财务,但又对单位的财务管理负有主体责任。为了使各级主要领导、财务负责人对单位的收支状况、资金流向、资金结存等有较为全面的了解，掌握各类财务信息，江西省气象局计财处及时为不同层面的领导开通了领导查询功能的权限，动态跟踪单位的资金流动，查看支出结构，掌握各项收入到账情况。如图9-63所示，某县气象局负责人、财务负责人在查看预算执行表中的基本支出预算执行情况时，对查询表中工资项目"津贴补贴"这项内容在查询时间段的支出额为"0"提出疑问，经过了解后是财务人员将"津贴补贴"内容合并计入了基本工资，造成了会计处理错误。通过查询，基层单位领导不仅了解了本单位部门预算分配的详细情况，还及时掌握了支出的动向、各项资金的预算执行进度。通过对查询系统的深入使用，不少领导表示，计财业务系统不仅提升了财务人员的工作效率，同时也为各级领导和管理部门提供了监督的眼睛、管理的手段，是计财管理者离不开的业务工具。

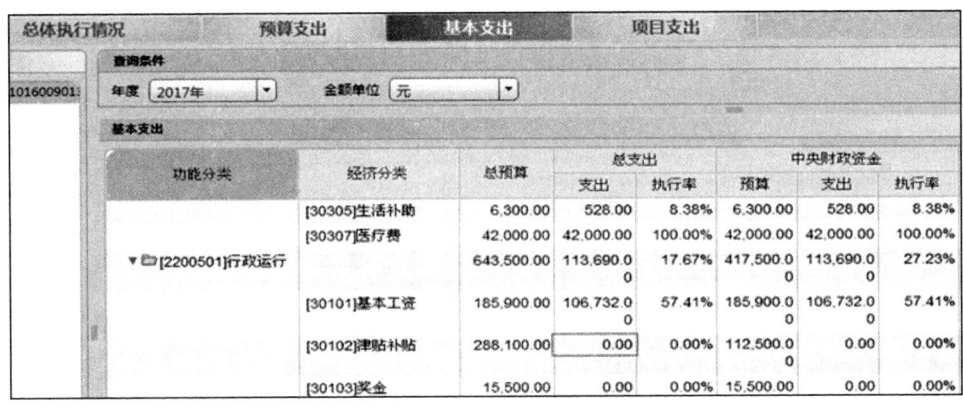

图9-63　预算执行查询—基本支出

第十章 常见问题及解决方案

第一节 基础资料

问题1：单位信息无法在"汇总"级填写

解决方案：各单位信息只能在"本级"填写并保存。

问题2：删除单位时报错

解决方案：选择要删除单位的"本级",在右侧单击"删除",则会自动删除"本级"及其上级"汇总"单位。

第二节 预算指标

问题1：明细预算指标无法按照总预算指标进行控制

解决方案：没有进行预算指标的分解,导致无法控制。应录入总预算指标,向下进行分解,选择指标控制方式时总预算指标选择"禁止",明细的预算指标选择"按上级指标控制",并且明细指标可以设置"提醒",达到的目的是明细的预算指标超出预算时会提醒但是可以继续支出,若预算总指标超出额度将不能够继续支出。

问题2：审核后的指标无法销审

解决方案：检查对应的预算指标是否已录入报销单据、是否有对应的凭证、是否是批量导入预算指标。如果有以上情况按以下操作：

（1）手动录入的指标需要删除在途报销单据和凭证，确保指标额度没有被占用，再进行销审。

（2）批量导入的指标无法销审。如果预算指标加入"审核"环节，可以从审核岗进行销审。

问题3：指标执行进度表查询不到执行数

解决方案：执行数是根据预算指标和凭证的对应关系取数的，指标包含的要素有项目、功能分类、资金来源、部门对应辅助核算项、支出类型和经济分类对应科目的公共基础项（科目信息中的基础项页签），如果取不到执行数可从以下几点排查问题：

（1）确认支出类科目的基础项中是否已设置支出类型，且设置的支出类型必须选到最末级，如图10-1所示。

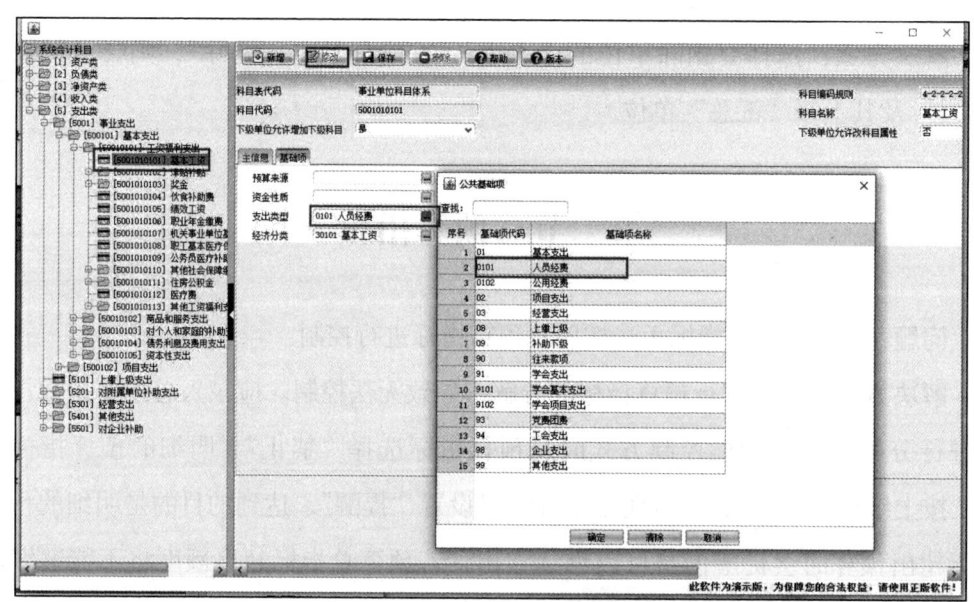

图10-1 设置单位级会计科目对应支出类型

（2）根据指标各要素中录入的信息去查询辅助账，看是否存在对应的凭证。

（3）录入的指标一定要比账务做的"粗"。例如，指标中录入了部门信息，但账务里的支出科目没有挂部门核算，就会取不出执行数。

问题 4：指标执行进度表中的执行数与账面不符

解决方案：可通过系统的设置，将报销金额和凭证金额分别显示出来，便于查找原因。登录系统管理员账号，打开指标系统—实施工具—系统设置，如图 10-2 所示。"指标执行报表和指标管理是否显示账务执行数"选"是"，"指标执行报表和指标管理是否显示全部报销金额"选"是"，"指标执行报表和指标管理是否显示合同未支付金额"选"否"，"指标执行报表和指标管理是否显示借款金额"选"否"，"指标执行报表和指标管理是否显示报销金额（未生成凭证）"选"是"。设置完毕后，打开指标执行情况表查找执行数与账面不符的原因，指标执行取数规则：取账务系统里记账凭证的支出借方数，加报销系统里未记账的支出数。

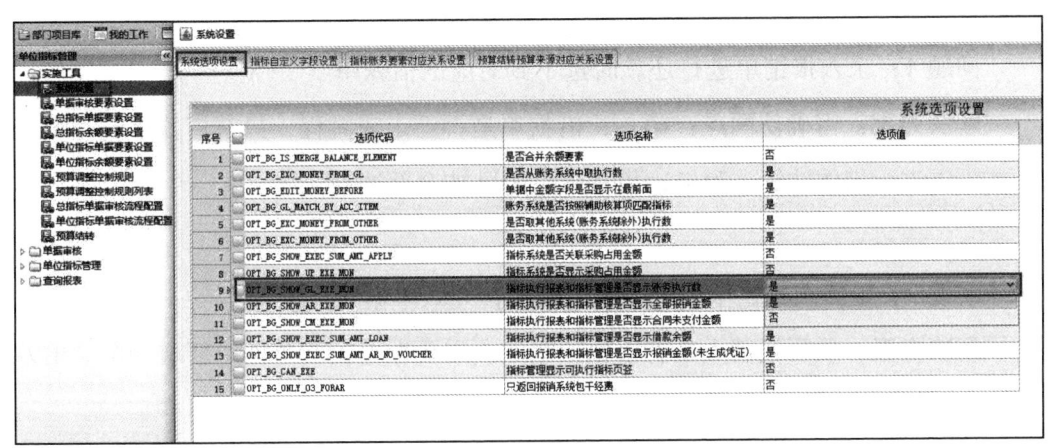

图 10-2　设置单位预算指标系统选项

一般存在以下问题：经办人录入单据时，如已选取指标，但该单据实际并未提交，或提交退回后未进行作废处理，则该指标依然属于占用状态，造成执行进度取数与实际情况差距较大。建议退回单据及时删除，或者由运维定时清理删除退回单据。

问题 5：录入预算指标后，在指标管理或指标执行进度表中出现重复的两条数据

解决方案：请当地用友协助后台检查该单位的辅助核算项基础资料（包括功能分类、项目、资金来源、部门等）是否存在除账套字段，其他数据是否有不一致的

情况，如名称、父级代码等。

问题 6：指标分解不完全，剩余指标无法选择

解决方案：如果要做指标分解，建议进行完全分解，若分解部分指标，取执行数时会有影响。例如，某指标的总金额为 10 万元，按"三公经费"的 3 个经济分类各分解了 2 万元，剩余 4 万元也要进行分解，可以将剩余指标全部分解到"30299 其他商品和服务支出"。

第三节 财务核算

问题 1：录入报销单进行还款时选不到对应的借款单

解决方案：需确认两点：第一，借款单是否已走完流程，只有借款单流程结束后才可以进行借款冲销；第二，借款单是否已被全部冲销。

问题 2：差旅费报销单中姓名录入过多，导致单据无法保存

解决方案：填写报销人是有字数限制的。需要在差旅费单据中新增一个"出差人姓名"信息项，并显示在打印模版中（联系当地用友协助）。

问题 3：报销单中选择指标无法按部门或项目进行控制

解决方案：录入报销单选择指标时，可设置只显示本部门或本项目的预算指标。需进行数值权限设置，若让该人员在指标模块、报销系统、账务系统中只能够使用某些部门或项目信息，可进行如下操作：单击"权限管理"，在弹出的操作界面中设置单位相关人员权限，选择单位和对应填报权限下的登录名，在右侧财务报销页签中勾选处室或项目信息，单击"保存"，如图 10-3 所示。

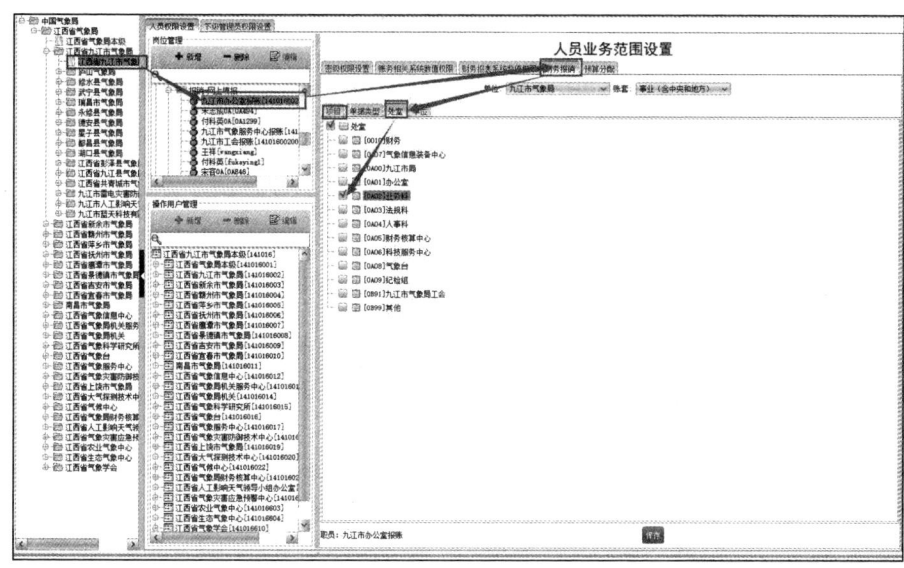

图 10-3　单位指标按部门或项目控制

问题 4：多项目经费报销单，会计审核时无法选择多个项目

解决方案：在填报销单据时，该业务从几个项目支出就填写几行，在会计审核时，会选择不同的项目。例如，小李报销办公用品 1200 元，要从 3 个项目支出，则填写 3 行报销明细，分别为 300 元、700 元、200 元。

问题 5：年末报销无法从多个项目支出费用，只能选取单一指标，实际选择的指标与实际支付的情况不一致，造成执行进度取数与实际情况差距较大

解决方案：多项目差旅费、劳务费报销单系统已预置，可由系统管理员或运维本地化启用并调试后即可使用。

问题 6：某些业务需要录入报销金额为"0"元，但单据无法保存

解决方案：系统不允许报销单据中的报销金额为"0"元。需要录入"0"元的一般有以下两种业务：

（1）之前某笔预借款没有支出，需要全额退款，按冲销的录入方式应在报销单中选择该笔借款单且报销金额为零，此时会自动显示现金为退回。但由于系统不允许录入报销金额为零，所以此类业务需要用到"预借还款确认"功能，不需要录入报销单进行冲销。具体操作步骤：打开"记账会计—预借还款确认"，界面会显示

所有未冲销的借款单,勾选后单击"确认还款",该笔借款单变为已结算状态(进入"手动确认还清一览表"可取消还款确认)。确认还款后需手动录入冲销凭证,如图 10-4 所示。

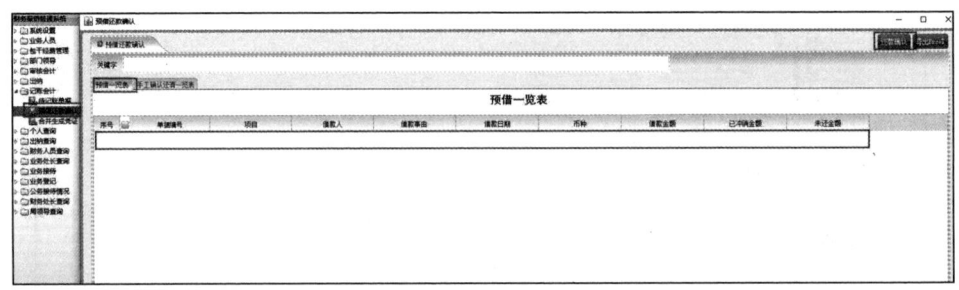

图 10-4 预借还款确认功能

(2)若全部金额都是应付款,但由于系统不允许报销金额为零,所以此类业务无法录入报销单据,只能手动录入凭证。

问题 7:经费报销单打印预览时没有报错,但预览没有显示内容

解决方案:以系统管理员账号登录系统,选择报销系统—系统设置—系统选项,进行勾选保存,如图 10-5 所示。保存后,之前录入的经费报销单需要重新录入,否则打印预览仍然没有内容。

图 10-5 打印预览设置

问题 8：审核会计审核单据时核定金额不能修改

解决方案：用系统管理员账号登录，单击财务报销系统—系统设置—单据定义，选择信息项下的核定金额，只读岗位不设置"会计审核"岗位，如图 10-6 所示。

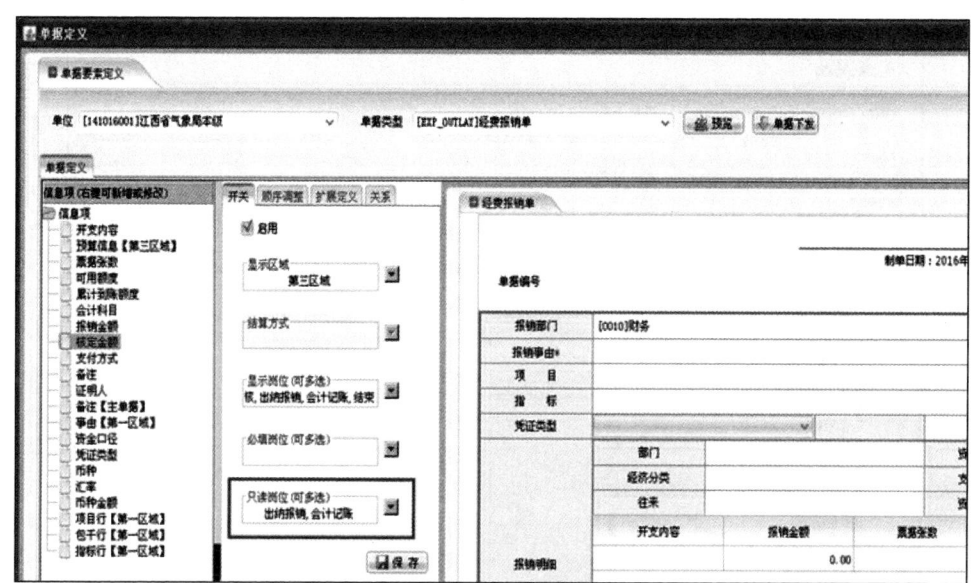

图 10-6　设置审核会计可编辑核定金额

问题 9：填经费报销单，选择指标，可用余额显示为负数，在途金额统计错误

解决方案：报销系统录入的单据未生成凭证，又手动录入了一笔金额相同的凭证，造成额度重复取数的情况。原则是统一在报销系统生成凭证，或者统一账务系统录入凭证。

问题 10：预算指标执行情况有误

解决方案：未报销或已退回的历史单据未删除，造成占用额度的情况，建议定期处理未报销单据，隔月统一后台删除未报销单据。

问题 11：报销单生成凭证失败，提示"未找到费用项对应的记账规则"

解决方案：

（1）网上记账人员单击"财务报销管理系统"—"系统设置"—"记账规则

设置"。

（2）记账规则应分单位、账套分别设置。左上角选相应单位、账套。注意记账规则中单位账套应与工作环境中单位账套一致。一人负责多个账套的，应先在工作环境中选账套，然后在记账规则中选账套，如图10-7所示。

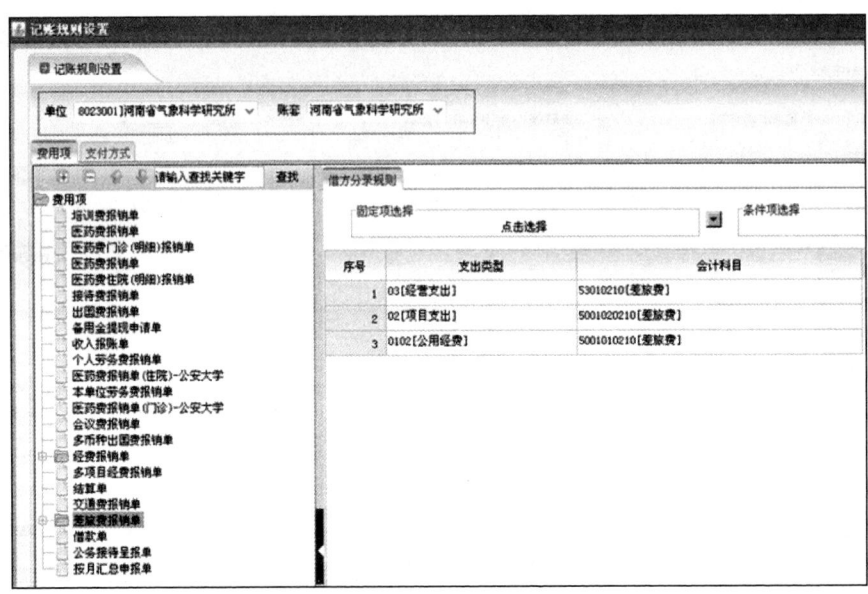

图 10-7　记账规则设置

（3）设置"费用项"。设置借款单、经费报销单、差旅费报销单，如图10-8所示。

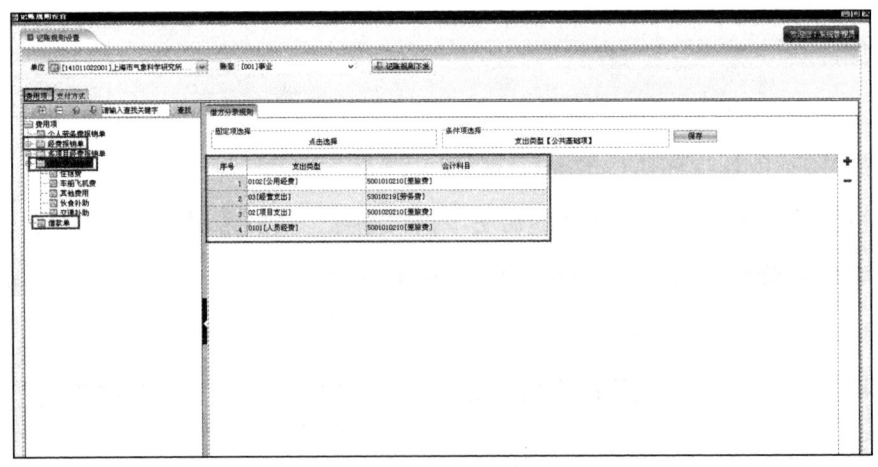

图 10-8　设置费用项对应的会计科目

经费报销单应点开文件夹，对所有具体费用科目进行逐一设置，如图10-9所示。

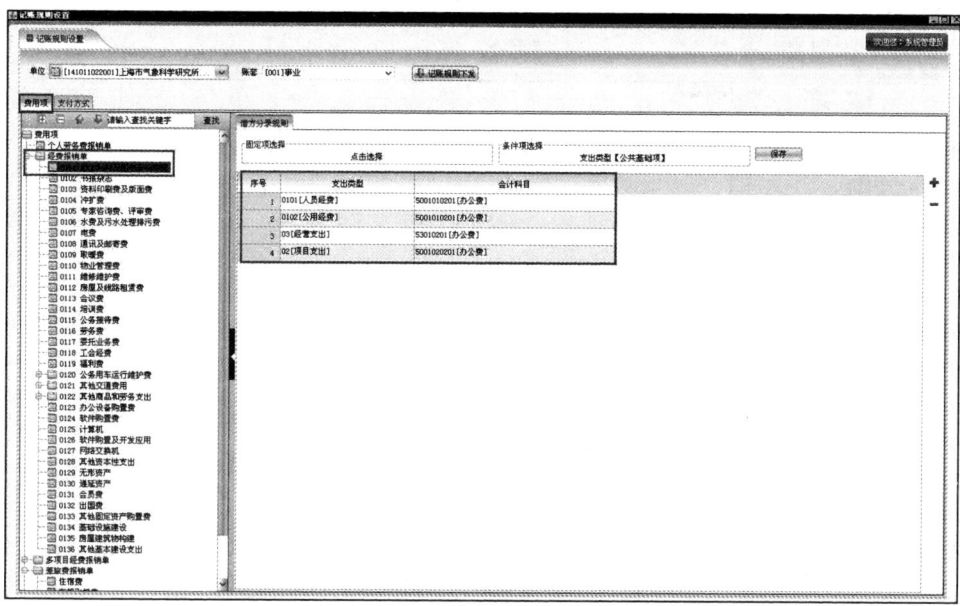

图 10-9　经费报销单费用项对应会计科目

差旅费报销单费用项设置，如图10-10所示。

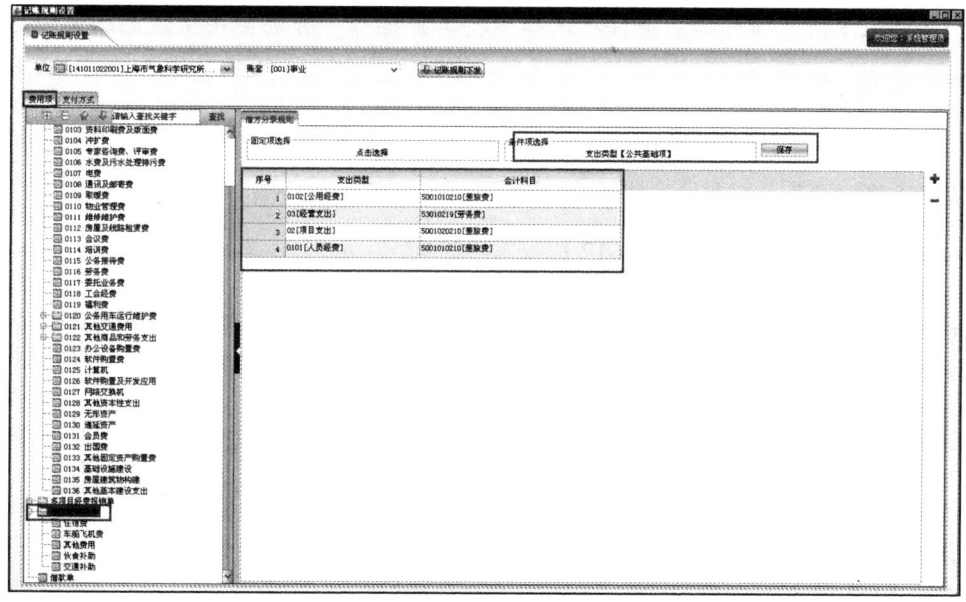

图 10-10　差旅费报销单费用项对应会计科目

借款单费用项设置，如图 10-11 所示。

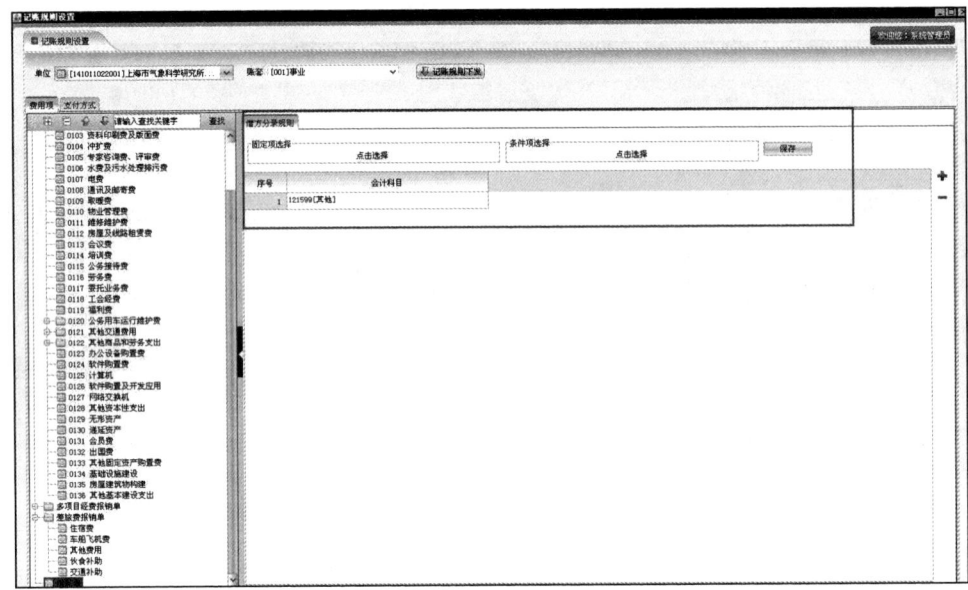

图 10-11　借款单费用项对应会计科目

可通过右侧"+""-"号对借方分录规则进行增加、删除。设置之后单击"保存"。

注：上方固定项选择、条件项选择不要单击操作，否则会在生成记账凭证环节出错。

（4）设置"支付方式"。只需设置借款单、经费报销单、差旅费报销单（是否默认应选择"否"），支付方式应分别选择相应页签进行设置。

①现金的支付方式（图 10-12）

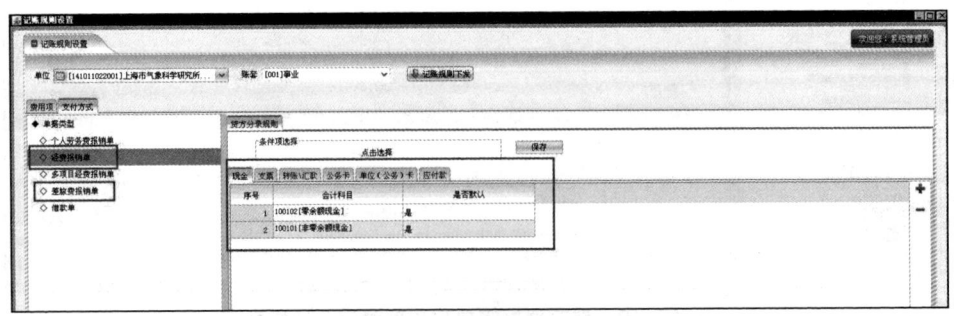

图 10-12　现金对应会计科目

② 转账汇款的支付方式（图 10-13）

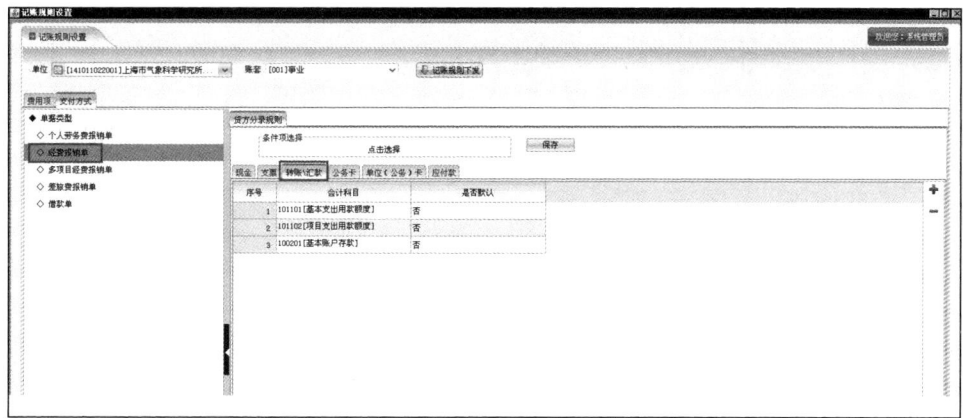

图 10-13　转账汇款对应会计科目

③ 公务卡的支付方式（图 10-14）

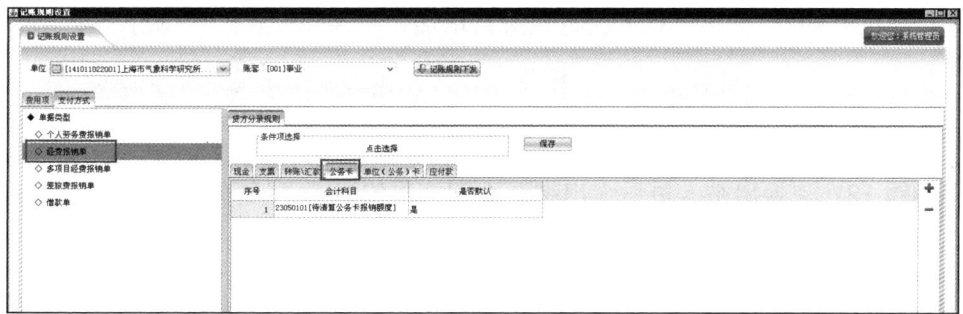

图 10-14　公务卡对应会计科目

④ 支票的支付方式（图 10-15）

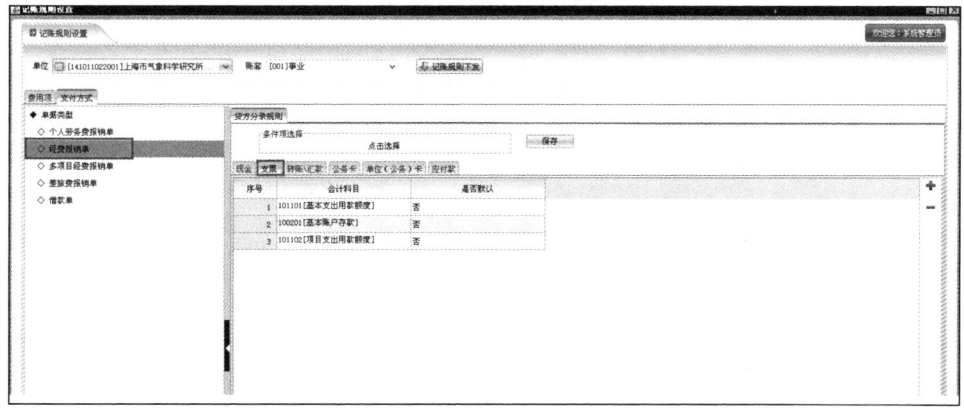

图 10-15　支票对应会计科目

⑤应付款的支付方式（图10-16）

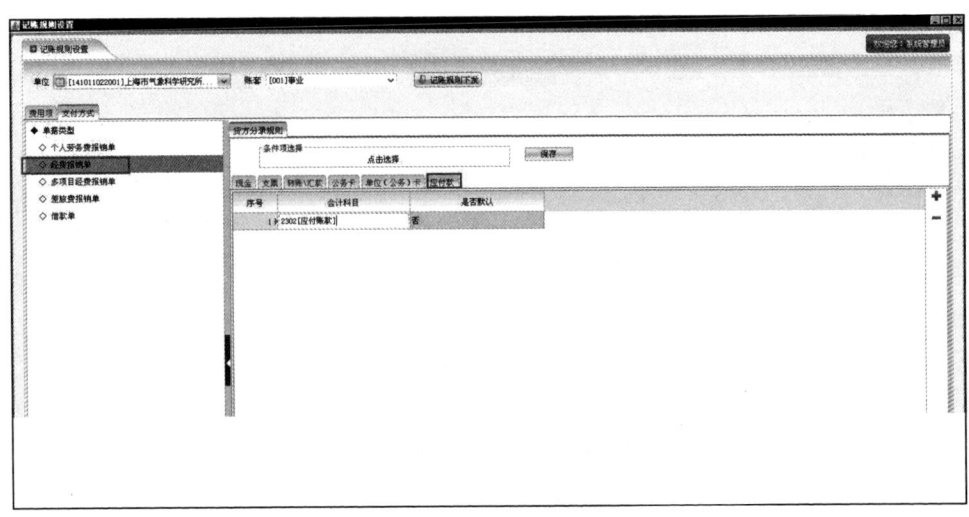

图10-16　应付款对应会计科目

可通过右侧"+""-"对支付方式进行增加、删除。设置之后单击"保存"。

注：上方条件项选择不要单击操作，否则会在生成记账凭证环节出错。

问题12：更换出纳人员后，出纳看不到该单位账簿

解决方案：使用原出纳的登录名进入出纳系统的账簿设置界面，根据账簿类型（现金、银行、零余额）的不同，单击不同区域的"设置权限"按钮，在打开的设置窗口中，将新出纳人员后面的"写权限"和"读权限"选中，单击"保存"。全部设置完成后，单击上方的"完成账簿设置"，如图10-17所示。

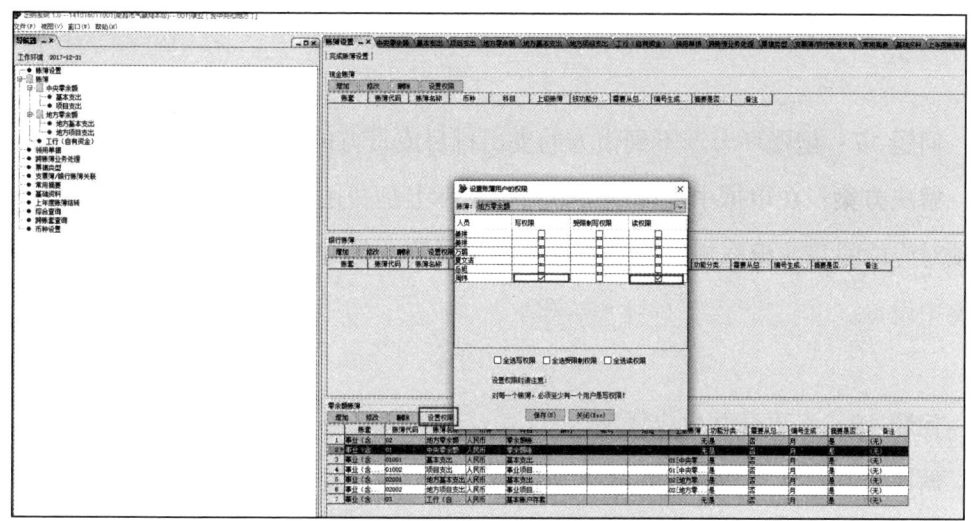

图 10–17　赋予用户出纳账簿权限

问题 13：报销系统单击"生成日记账"，提示"成功"，但在出纳管理系统中没有任何数据

解决方案：出纳建账簿时，需对应到明细科目或报销系统记账规则设置对应出纳账簿明细科目。

问题 14：期初余额录入有误，看不到期初余额单据

解决方案：在登记簿里业务类型选择期初余额，找到对应的单据，双击打开修改。一般业务类型默认为"日常记录"，所以看不到期初的单据，需要选择为"期初余额"，就可以看到相关单据。

问题 15：出纳领取银行回单存在时间差，无法及时对账

解决方案：开通自动对账功能，利用网银对账单对账。在权限管理—账务处理模块，给相应的岗位（如会计）勾选"银行信息管理"权限并保存，对账功能在账务处理系统—银行管理中设置。

问题 16：期初建立账簿时没有对应的科目可以选择

解决方案：会计需要在账务系统下载科目，并且现金科目属性为现金科目，银

行和零余额科目属性为银行科目。

问题17：记账环节选不到借方的支出科目或贷方的现金/银行科目

解决方案：在单据中选择的借方科目实际上是费用项，在单据定义里设置，费用项对应的科目在记账规则的费用项页签中设置，贷方科目在记账规则的支付方式页签中设置。

问题18：无法合并生成凭证

解决方案：该功能需要系统更新最新的报销模块补丁，然后由系统管理员将该功能菜单添加出来，操作步骤如下：

进入权限管理界面，在左侧单位树形中选择最顶级的"所有单位"，在岗位列表中单击报销模块的记账岗位（一般叫网上记账，根据各省岗位设置不同也可能叫其他名称），在右侧报销系统页签中勾选"记账会计_合并生成凭证"，如图10-18所示。

图10-18 设置记账会计_合并生成凭证

问题 19：在会计记账环节，提示无法生成凭证

解决方案：没有设置对应的记账规则。进入财务报销系统—系统设置—记账规则设置，检查是否已设置费用项记账规则和支付方式所对应的会计科目。在"费用项"页签，单击左侧报销单下的"费用项"，在右侧单击"加号"，选择对应科目，如图 10-19 所示。在"支付方式"页签，单击左侧报销单，在右侧相应"支付方式"的页签中选择对应的科目，如图 10-20 所示。

图 10-19　经费报销单费用项设置记账规则

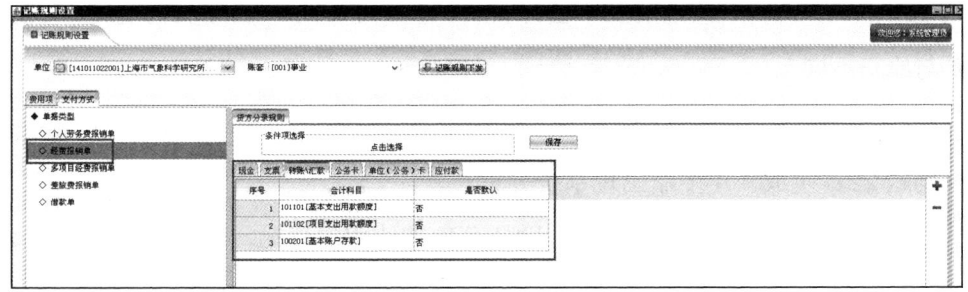

图 10-20　经费报销单支付方式设置记账规则

差旅费报销单的费用项记账规则按单据进行设置，单击左侧的"差旅费报销单"，不要选到下级的费用项。若按条件进行记账规则设置，可在条件项选择下拉

菜单中选择相关条件，如条件选项选支出类型"公共基础项"，对应支出类型选择"人员经费"，对应会计科目选择"差旅费"，项目支出对应支出类型选择"差旅费"等。此时，该条件会显示在下方的科目旁边，支付方式和其他报销单设置相同，如图 10-21 所示。

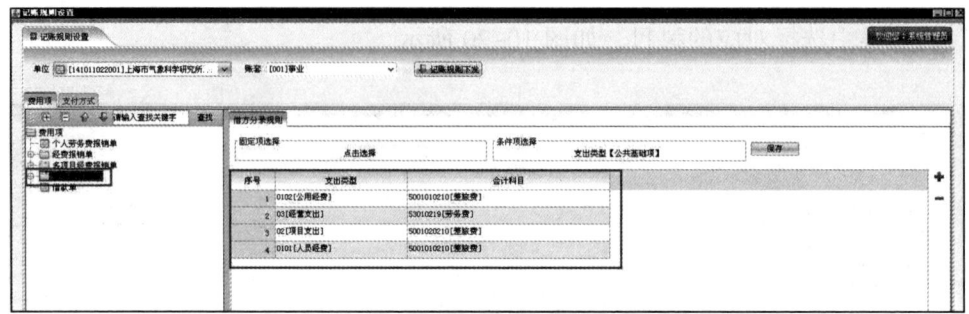

图 10-21　差旅费报销单设置费用项记账规则

问题 20：打印多栏账如果列过多出现折页，需要每页（包括折页）都显示表头表尾

解决方案：打印预览后，先导出 PDF 文件，导出 PDF 文件后再进行打印。

问题 21：出纳选错账簿，重新生成日记账不弹出选择账簿的界面，直接显示"生成日记账成功"

解决方案：在记账规则设置—支付方式中，找到相应报销单的相应支付方式，如现金，将现金支付方式下的几个会计科目调整一下顺序（删除后再重新增加，排序要与原来不同）。

问题 22：生成新年度账出现系统异常

解决方案：单位存在未启用的辅助核算项被使用的情况，确认这种情况，联系运维人员后台处理。

问题 23：同时使用公务卡和现金支付的出差单，登账时不能自动拆分为现金账和银行账

解决方案：需要设置"公务卡生成日记账"功能。多种支付方式的报销单据生成出纳日记账时，会根据不同的支付方式选择登入的出纳账簿，但如果系统设置中未启用"公务卡生成日记账"，则涉及支付方式为公务卡或单位卡的报销单不会提示选择账簿。

问题24：报销系统会计审核时无福利基金、基金等会计科目

解决方案：未设置福利基金、基金的费用项及对应记账规则，"在系统设置—费用项"中新增费用项，然后在"系统设置—记账规则"中设置对应的记账规则。

问题25：其他应付款—保证金没有往来核算

解决方案：在系统级基础资料或单位级基础资料的会计科目中修改"其他应付款"科目属性，添加往来核算。系统级基础资料对全省有效，单位级基础资料仅对登录的单位有效，如图10–22所示。

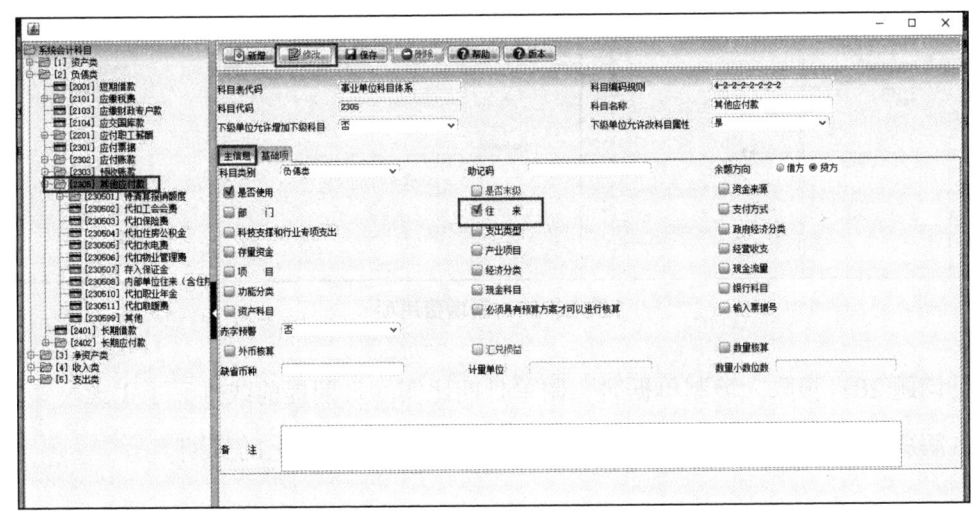

图10–22 添加"其他应付款"科目往来核算

问题26：明细账或总账打印方案初次选择套打模式后，无法重新选择为A4纸方案

解决方案：打印模板可以在前台删除，以系统管理员账号登录，进入"应用平

台"—"系统设置"—"打印模板管理",搜索打印模板名称,找到对应的操作人,双击打开方案后删除。

问题 27:年度中间新增的会计科目,在报销系统中看不到

解决方案:新增会计科目后,系统管理员需在报销系统的"单据定义"中新增费用项,按单位、单据类型添加费用项,然后在记账规则设置中设置该费用项的对应记账科目。可以使用已有费用项的,直接在记账规则设置中修改或新增对应记账科目,如图 10-23 所示。

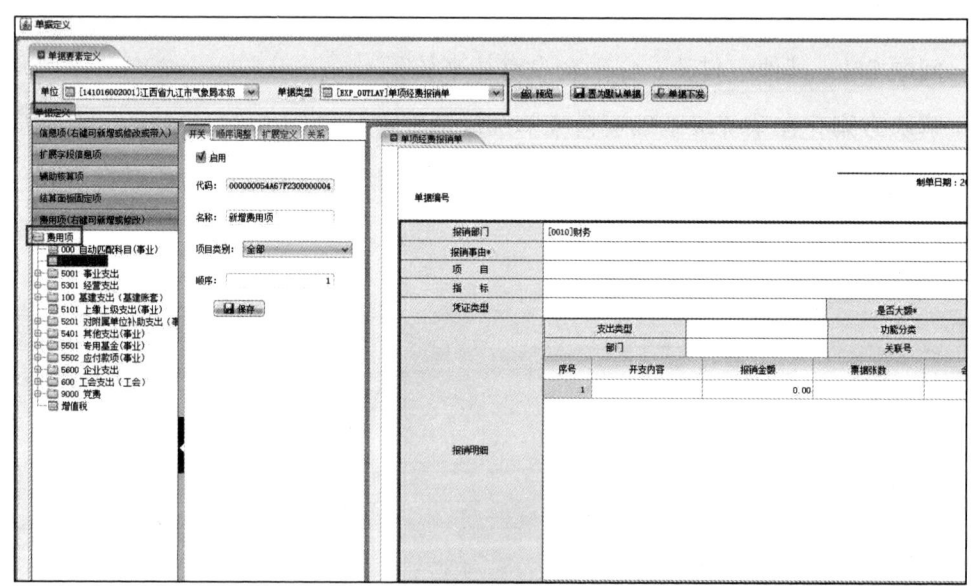

图 10-23 新增费用项

问题 28:报账人填制单据时,制单日期比实际日期提前或推后了 1 天
解决方案:查看电脑时间,软件日期一般是取自电脑上的日期。

问题 29:逆向流程操作时,出纳无"审核不通过"按钮
解决方案:逆向流程操作时,出纳应先删除出纳管理系统中的日记账。

第四节 工资发放系统

问题1：工资系统银行代发文件没有显示信息

解决方案：人员基本信息的银行代发文件格式没有选择。在"人员基本信息"中双击点开明细，在最下方右侧选择银行代发文件格式即可。

问题2：工资管理系统中自动生成的本月应发、补发、扣款3个合计的公式格式不正确，导致无法正常保存

解决方案：可联系当地运维人员在后台按年度、单位、工资类别、工资项的条件，在表 PRS_TYPE_ITEM_CO 和 PRS_ITEM_GETDATA_CO 中找到对应的公式，删除后在前台单击"保存"重新生成。

问题3：工资计算时报错

解决方案：系统必须增加两个关于劳务费的工资项，分别为劳务费（工资项目性质选劳务费）和劳务费合并扣税（工资项目性质选劳务费合并扣税）。

问题4：工资编制时自动计算的数据不准确

解决方案：确认公式定义中的"优先级"是否设置正确，也可单击多次"计算"按钮。

问题5：工资发放系统打开界面在右侧显示，切换另一个界面需要关闭系统重新打开

解决方案：设置为弹出窗口模式，可以解决此问题。以系统管理员登录，切换至门户管理组，进入"门户配置及管理—页面定制"，选择用户组，点开工资发放模块，右键单击菜单"编辑菜单属性"，将"是否在新窗口打开"改为"是"。

问题6：工资系统误操作删除系统预置合计项，导致无法自动计算合计项

解决方案：在工资系统中工资公式定义初始化时，将"应发合计""实发合计"

误删除后，自行录入自定义的合计项，导致工资编制时无法计算。

工资公式定义中系统预置的工资项目均不能删除，删除后自行添加的"应发合计"与"实发合计"在工资编制时无法自动计算合计项。出现误操作后，系统管理员需在后台数据库重新添加相应公式。

可执行以下语句重新添加预置公式，注意替换语句中的汉字部分"单位代码""工资类别代码""年度"。

insert into prs_type_item_co (PRTYPE_CODE, CO_CODE, PRITEM_CODE, PRITEM_CALC_TYPE, IS_TAX_ITEM, FORMULA_NAME, PRIORITY, ORD_INDEX, PAYCLOSE_CLEAR, MAX_VALUE, MIN_VALUE, ND, IS_USED, PRITEM_PRO, PRITEM_CODE_TAX, IS_EDITABLE, TAX_PLUS_ITEM, CAPITAL_NAME, SUPPLY_ITEM, ITEM_SELECT)

(select '替换为相应工资类别代码', '替换为相应单位代码', 'PR_PAYLIST_N00', '', 'N', '', 98, 1, 'Y', null, null, '替换为年度', 'Y', '', '', '2', '', '', '', 'Y' from dual);

insert into prs_type_item_co (PRTYPE_CODE, CO_CODE, PRITEM_CODE, PRITEM_CALC_TYPE, IS_TAX_ITEM, FORMULA_NAME, PRIORITY, ORD_INDEX, PAYCLOSE_CLEAR, MAX_VALUE, MIN_VALUE, ND, IS_USED, PRITEM_PRO, PRITEM_CODE_TAX, IS_EDITABLE, TAX_PLUS_ITEM, CAPITAL_NAME, SUPPLY_ITEM, ITEM_SELECT)

(select '替换为相应工资类别代码', '替换为相应单位代码', 'PR_PAYLIST_N01', '', 'N', '', 98, 2, 'Y', null, null, '替换为年度', 'Y', '', '', '2', '', '', '', 'Y' from dual);

insert into prs_type_item_co (PRTYPE_CODE, CO_CODE, PRITEM_CODE, PRITEM_CALC_TYPE, IS_TAX_ITEM, FORMULA_NAME, PRIORITY, ORD_INDEX, PAYCLOSE_CLEAR, MAX_VALUE, MIN_VALUE, ND, IS_USED, PRITEM_PRO, PRITEM_CODE_TAX, IS_EDITABLE, TAX_PLUS_ITEM,

CAPITAL_NAME，SUPPLY_ITEM，ITEM_SELECT)

(select '替换为相应工资类别代码'，'替换为相应单位代码'，'PR_PAYLIST_N02'，''，'N'，''，98，3，'Y'，null，null，'替换为年度'，'Y'，''，''，'2'，''，''，''，'Y' from dual);

insert into prs_type_item_co (PRTYPE_CODE，CO_CODE，PRITEM_CODE，PRITEM_CALC_TYPE，IS_TAX_ITEM，FORMULA_NAME，PRIORITY，ORD_INDEX，PAYCLOSE_CLEAR，MAX_VALUE，MIN_VALUE，ND，IS_USED，PRITEM_PRO，PRITEM_CODE_TAX，IS_EDITABLE，TAX_PLUS_ITEM，CAPITAL_NAME，SUPPLY_ITEM，ITEM_SELECT)

(select '替换为相应工资类别代码'，'替换为相应单位代码'，'PR_PAYLIST_N03'，''，'N'，'本月应发合计 + 补发合计'，99，4，'Y'，null，null，'替换为年度'，'Y'，''，''，'2'，''，''，''，'Y' from dual)。

insert into prs_type_item_co (PRTYPE_CODE，CO_CODE，PRITEM_CODE，PRITEM_CALC_TYPE，IS_TAX_ITEM，FORMULA_NAME，PRIORITY，ORD_INDEX，PAYCLOSE_CLEAR，MAX_VALUE，MIN_VALUE，ND，IS_USED，PRITEM_PRO，PRITEM_CODE_TAX，IS_EDITABLE，TAX_PLUS_ITEM，CAPITAL_NAME，SUPPLY_ITEM，ITEM_SELECT)

(select '替换为相应工资类别代码'，'替换为相应单位代码'，'PR_PAYLIST_N04'，''，'N'，'应发合计—扣款合计'，100，5，'Y'，null，null，'替换为年度'，'Y'，''，''，'2'，''，''，''，'Y' from dual);

insert into prs_item_getdata_co (CO_CODE，PRTYPE_CODE，PRITEM_CODE，SEQ，FORMULA_SQL，FORMULA_CON_SQL，ND)

(select '替换为相应单位代码'，'替换为相应工资类别代码'，'PR_PAYLIST_N03'，1，'PRS_CALC_DATA.PR_PAYLIST_N00+PRS_CALC_DATA.PR_PAYLIST_N02'，''，'替换为年度' from dual);

insert into prs_item_getdata_co (CO_CODE，PRTYPE_CODE，PRITEM_CODE，SEQ，FORMULA_SQL，FORMULA_CON_SQL，ND)

(select '替换为相应单位代码'，'替换为相应工资类别代码'，'PR_PAYLIST_N04', 1, 'PRS_CALC_DATA.PR_PAYLIST_N03-PRS_CALC_DATA.PR_PAYLIST_N01', ''，'替换为年度' from dual)。

问题 7：工资系统的银行代发文件格式导出后，无法与银行代发文件无缝衔接

解决方案：可以由出纳根据不同银行的要求自行设置银行代发方案，或者由运维人员设置后复制到相关单位。

第五节 软件安装

问题 1：安装财务系统软件出错或登录系统提示"请使用 32 位浏览器"

解决方案：

（1）操作系统：目前支持的操作系统版本为 32 位和 64 位的 Win XP、Win7、Win8、Win10，不支持 Win7 家庭版。

（2）浏览器：建议使用 32 位的 IE7 以上所有版本。

问题 2：安装初始化报错

解决方案：Windows 操作系统要安装在 C 盘；若该计算机安装 Java 6U26 报错，可在网上下载 Java 6 的其他版本安装，如 Java 6U37。

问题 3：账务查询打开是空白界面

解决方案：IE 浏览器设置的问题。需要添加可信站点，将自定义级别中 ActiveX 控件和插件全部启用，IE8 以上需在工具中单击兼容性视图设置，输入计财业务系统地址进行添加。

问题 4：登录系统提示 Java 版本安全级别为高，阻止了某些程序的运行，报销单据打不开

解决方案：Java 版本过高，系统暂时只支持 Java6，需要卸载高版本 Java，安装 Java6 版本。